全訂新版
建築関連法規の解説

■ 設計実務編
■ 営業企画から工事竣工まで

熊谷組設計本部編著

理 工 図 書

推薦のことば

　最近における建築技術及びその関連技術の発達には著しいものがあり、超高層建築物や大規模空間建築物、特殊な構法によるインテリジェントビルなど様々な新しい建築物が誕生しています。

　また、土地の有効利用を計るため、総合設計制度や一団地認定などの手法を用いた開発も積極的に行われるようになり、これらに対応する建築関連法規も年々複雑さを増しています。

　今日、建築に携わる方々にとっては、特に、建築基準法をはじめとする消防法、都市計画法などの建築関連法規の知識は欠くことができなくなってきています。

　建築法規に関する著書が、行政経験者や教育関係者によるものが多い中で、本書は、建物を計画し、建設する建設会社の立場で、第一線の建築技術者あるいは営業関係者が十分に活用するには、という観点から取りまとめられていることが特長です。従って、「営業企画から工事竣工まで」に係わる建築関連法規を幅広く取り上げ、その内容は図表を多くして、大変解りやすい実務的な本となっています。まさに「土の香り」のする建築法規の手引書といっても過言でないでしょう。

　本書により、建築関連法規に対する理解を深め、日常の業務に活用されることを願い、広く推薦する次第であります。

平成2年

元東京都都市計画局局長

青木三郎

全訂新版の発刊にあたって
－ 本書の二つの特徴 －

　平成 8 年の改訂版発刊後、建築関連法規においては大幅な法改正等もあり、内容も複雑さを増してきました。

　本書は、初版発刊より 20 年以上ご好評を頂いてきましたが、継続してご活用していただくために、全訂新版を発刊することと致しました。

　全訂新版は、法改正等に対応するだけではなく、以前から好評を頂いている二つの特徴を更に充実させております。

　第一の特徴は、法文内容を解りやすく解説するため、多くの図及び表を組み込んでまいりましたが、今回は難解な地盤面の算定や天空率の取扱などなど図表を更に充実させ、視覚的な理解を強めました。

　第二の特徴は、設計する立場に立った法解釈をしてまいりましたが、更に行政独特の取扱事例や日本建築行政会議等の適用事例を幅広く集め、より実戦向きな内容と致しました。

　その取扱いにつきましては行政毎に指導指針もありますので、随時確認を行いながら本書をご活用いただきたいと思います。

　また、法の略称や多彩なキーワードなどからも検索が出来る索引を、用意致しました。逆引き的に利用していただければと思います。

　今後も本書が建築に携わる多くの皆様に広く活用され、建築関連法規に関する日常業務の役に立つことを願います。

　最後に、本書の発刊に際し意見、査読の御協力をいただきました方々、並びに改訂作業に御協力をいただきました関係各位に厚く御礼を申し上げます。

平成 29 年 3 月

株式会社　熊谷組　設計本部

本書の特長

1. 「営業企画から工事竣工まで」の法規解説書です。
   本書は従来の建築基準法の解説書ではなく、これまでに「熊谷組」が培ってきた経験に基づくノウハウを、建築に関連した法規の要点としてまとめたものです。

2. 2分冊としました。
   「営業企画編」と「設計実務編」の2冊に分けて構成されています。それぞれの編を使用する対象が異なることから、使いやすさを考慮して分冊としました。

3. ※「営業企画編」について(別冊)
   広い意味での営業企画ではなく、建築物を企画設計する上で必要なさまざまな法規制を解説しています。主に建築営業と建築企画に携わる方々を対象としています。この編の特色は建築に関連する各種法規の要点を付録としてまとめてあることです。

4. 「設計実務編」について
   建築基準法と消防法を中心に実務レベルで理解を深められるように図表等をできる限り多く取り入れて解説しています。主に設計と施工に携わる方々を対象としています。この編の特色は建築物の用途別のチェックポイントと、工事施工時の法的要点をまとめてあることです。

5. ミニ情報欄として「目安箱」を設けました。
   余白を利用して一口メモ的に「目安箱」を設けています。法律に関する情報として参考にしてください。

6. 条例の扱い方について
   条例の規制内容をところどころで解説してあります。東京都の条例を中心としているため、その他の地域では各地方公共団体の条例を必要に応じて、考慮してください。

7. 引用文献について
   図表等に付記されている片カッコ数字は、巻末の引用文献を示しています。

以上の特長をふまえて、建築関連法規の理解、適確な営業活動、設計品質及び施工技術の向上、等のために活用していただければ幸いです。

建築関連法規の解説

第1章　用語の定義

Ⅰ．建築一般に関する用語

1 建築物 ……………………………………………………… 3
2 工作物 ……………………………………………………… 4
3 仮設建築物 ………………………………………………… 6
4 特殊建築物 ………………………………………………… 8
5 建築 ………………………………………………………… 9
6 大規模の修繕、模様替 …………………………………… 9

Ⅱ．建築物と敷地

1 敷地の定義 ………………………………………………… 11
2 敷地面積 …………………………………………………… 14

Ⅲ．建築物と道路

1 道路の定義 ………………………………………………… 15
2 道路幅員 …………………………………………………… 16
3 接道規定 …………………………………………………… 18
4 道路内の建築制限 ………………………………………… 19
5 計画道路の建築制限 ……………………………………… 20
6 壁面線の指定 ……………………………………………… 20
7 道路位置指定の基準 ……………………………………… 21

第2章　建築基準法の集団規定

Ⅰ．用途地域による用途制限

1 用途制限一覧表 …………………………………………… 25
2 外壁の後退 ………………………………………………… 38
3 用途地域の指定のない区域内における規制 …………… 38
4 低層住居専用地域の敷地面積の最低限度 ……………… 38
5 都市計画区域外の規制 …………………………………… 39
6 敷地が2以上の地域、地区にまたがる場合の規制 …… 39

Ⅱ．防火に関する規定

1 構造制限 …………………………………………………… 40
2 耐火建築物と耐火構造 …………………………………… 49
3 準耐火建築物と準耐火構造 ……………………………… 57
4 防火構造・準防火構造 …………………………………… 64
5 主要構造部等 ……………………………………………… 65
6 延焼のおそれのある部分 ………………………………… 66

Ⅲ．形態規制

- **1** 建ぺい率 ……………………………………………………………… 71
- **2** 建築面積の算定 ……………………………………………………… 72
- **3** 容積率 ………………………………………………………………… 74
- **4** 延べ面積 ……………………………………………………………… 81
- **5** 床面積の算定 ………………………………………………………… 82
- **6** 高さ制限一覧表 ……………………………………………………… 89
- **7** 建築物の高さ ………………………………………………………… 91
- **8** 軒の高さ ……………………………………………………………… 93
- **9** 階数 …………………………………………………………………… 94
- **10** 地階 …………………………………………………………………… 95
- **11** 地盤面 ………………………………………………………………… 96
- **12** 道路斜線制限 ………………………………………………………… 99
- **13** 隣地斜線制限 ………………………………………………………… 109
- **14** 絶対高さ ……………………………………………………………… 110
- **15** 北側斜線制限 ………………………………………………………… 110
- **16** 高度地区 ……………………………………………………………… 112
- **17** 天空率 ………………………………………………………………… 113
- **18** 日影規制 ……………………………………………………………… 120

Ⅳ．その他

- **1** 敷地の衛生及び安全 ………………………………………………… 126
- **2** 災害危険区域の制限 ………………………………………………… 126
- **3** 被災市街地における建築制限 ……………………………………… 126
- **4** 伝統的建造物群保存地区内の制限の緩和 ………………………… 126
- **5** 重要文化財等の法の適用の除外 …………………………………… 126
- **6** 地域地区とその規制一覧 …………………………………………… 127

第3章　建築基準法の単体規定

Ⅰ．防火規定

- **1** 防火区画 ……………………………………………………………… 133
- **2** 界壁、間仕切壁、隔壁の制限 ……………………………………… 148
- **3** 内装制限 ……………………………………………………………… 150
- **4** 防火設備(防火戸等) ………………………………………………… 153
- **5** 防火材料 ……………………………………………………………… 154

Ⅱ．避難規定

- **1** 避難階 ………………………………………………………………… 155
- **2** 居室 …………………………………………………………………… 155
- **3** 開口部による規制 …………………………………………………… 155
- **4** 廊下、階段及び出入口 ……………………………………………… 157
- **5** 排煙設備 ……………………………………………………………… 168

ⅴ

6 非常用照明 ······················· 180

7 非常用進入口 ····················· 182

8 非常用エレベーター ················· 187

9 敷地内通路 ······················· 190

10 地下街 ··························· 192

11 避難安全検証法 ··················· 194

Ⅲ．細部規定

1 採光・換気等 ····················· 197

2 遮音構造 ························· 204

3 居室の天井高さ、床の高さ及び防湿方法 ··· 205

Ⅳ．建築設備

1 便所とし尿浄化槽 ················· 206

2 給排水とその他の配管設備 ··········· 210

3 換気設備 ························· 212

4 煙突 ····························· 219

5 冷却塔設備 ······················· 220

6 給湯設備の耐震基準 ················· 220

7 電気設備 ························· 222

8 避雷設備 ························· 223

9 昇降機 ··························· 226

10 中央管理室 ······················· 240

Ⅴ．構造強度

1 構造計算を必要とする建築物 ··········· 241

2 構造関係規定の構成 ················· 241

3 構造計算の進め方 ················· 242

4 基礎の仕様規定 ··················· 246

5 木造の仕様規定 ··················· 249

6 補強コンクリートブロック造の仕様規定 ··· 251

7 鉄骨造の仕様規定 ················· 252

8 鉄筋コンクリート造の仕様規定 ········· 253

9 建築設備の構造強度 ················· 257

10 屋根ふき材の緊結等、耐風計算、特定天井 ··· 258

11 荷重及び外力 ····················· 260

12 指定建築材料 ····················· 262

13 許容応力度と材料強度 ··············· 263

14 構造計算適合性判定 ················· 264

15 構造設計一級建築士制度と安全証明書 ····· 267

16 耐震改修促進法の規定について ········· 268

17 既存不適格建築物への増築 ··········· 276

Ⅵ．その他

1 バリアフリー法による高齢者・身障者に対する配慮 ……………… 277
2 防災評定が必要な建築物 ………………………………………… 286
3 ヘリコプターの屋上緊急離着陸場等の設備 …………………… 289

第4章 法令のしくみ

Ⅰ．法の体系と用語

1 法の体系 …………………………………………………………… 295
2 法文上の用語 …………………………………………………… 296
3 許可と確認等 …………………………………………………… 296
4 行政手続法による用語 ………………………………………… 297

第5章 申請手続き

Ⅰ．確認申請

1 確認申請提出前に必要な各種手続き ………………………… 301
2 確認申請 ………………………………………………………… 302
3 バリアフリー関係規定の手続き ……………………………… 312

Ⅱ．建築基準法の許可申請等

1 許可申請等の種類 ……………………………………………… 313
2 手続きフロー …………………………………………………… 313
3 定期報告 ………………………………………………………… 315

第6章 増築・改築の規定

Ⅰ．既存不適格建築物の取扱い

1 既存不適格建築物に対する制限の緩和 ……………………… 321
2 構造耐力規定に係る既存不適格建築物の増改築における緩和 …… 326
3 既存不適格建築物を用途変更する場合の規定 ……………… 327
4 用途変更における確認申請を要しない類似の用途 ………… 328
5 全体計画認定制度 ……………………………………………… 328
6 公共事業に伴う敷地面積減少による不適格建築物 ………… 330
7 石綿（アスベスト）の使用制限 ……………………………… 330

vii

第7章　消防法の規定

Ⅰ．防火対象物と無窓階

1 消防法のチェックフロー …………………………………… 335
2 防火対象物 ……………………………………………………… 336
3 別の防火対象物としての扱い ……………………………… 340
4 無窓階 …………………………………………………………… 346
5 防火対象物の収容人員算定 ………………………………… 352
6 指定可燃物 …………………………………………………… 353

Ⅱ．消防設備

1 消火設備・排煙設備 ………………………………………… 354
2 警報設備・誘導灯・非常コンセント …………………… 358
3 水噴霧消火設備等 …………………………………………… 360
4 防火対象物の道路の用に供される部分の消防設備 …… 360
5 避難器具 ……………………………………………………… 361

Ⅲ．消防設備の緩和と技術基準

1 消火器具 ……………………………………………………… 362
2 屋内消火栓 …………………………………………………… 362
3 スプリンクラー設備 ………………………………………… 364
4 水噴霧消火設備等 …………………………………………… 365
5 屋外消火栓 …………………………………………………… 367
6 連結散水設備 ………………………………………………… 368
7 連結送水管 …………………………………………………… 369
8 消防用水 ……………………………………………………… 369
9 排煙設備 ……………………………………………………… 370
10 自動火災報知設備 …………………………………………… 371
11 非常警報設備 ………………………………………………… 372
12 誘導灯 ………………………………………………………… 375
13 避難器具 ……………………………………………………… 378
14 消防防災システム、総合操作盤、防災センター ……… 380
15 高層建築物の火気使用 ……………………………………… 383

Ⅳ．防火管理と防炎性能

1 防火管理者 …………………………………………………… 385
2 防火対象物に係る表示・公表制度 ………………………… 386
3 防炎性能 ……………………………………………………… 389

Ⅴ．危険物

1 危険物施設の種類 …………………………………………… 390
2 危険物の指定数量 …………………………………………… 390
3 製造所・屋内貯蔵所・一般取扱所 ……………………… 391
4 給油取扱所 …………………………………………………… 402

第8章　工事施工時の要点

Ⅰ．工事施工と法規制のかかわり合い

■1 工事工程における要点……………………………………………… 409

Ⅱ．工事中の建築物の使用制限等

■1 仮使用認定制度…………………………………………………… 410
■2 仮使用認定申請の手続き………………………………………… 411
■3 仮使用認定に関する基準………………………………………… 414
■4 仮使用認定に関する旧通達について…………………………… 416
■5 安全上の措置等に関する届出…………………………………… 417
■6 工事中の特殊建築物に対する措置……………………………… 417

Ⅲ．工事中の法規制の注意点

■1 敷地と建物………………………………………………………… 418
■2 構造・材料………………………………………………………… 419
■3 区画の構成………………………………………………………… 420
■4 開口部の規制……………………………………………………… 423
■5 避難経路…………………………………………………………… 424
■6 設備………………………………………………………………… 425
■7 その他……………………………………………………………… 428

Ⅳ．工事中の検査と手続き

■1 中間検査と報告書類……………………………………………… 431
■2 完了検査の手続き………………………………………………… 432
■3 完了検査の受け方………………………………………………… 433
■4 その他の検査について…………………………………………… 435

第9章　建物用途別チェックポイント

Ⅰ．事務所………………………………………………………………… 440
Ⅱ．共同住宅……………………………………………………………… 450
Ⅲ．旅館、ホテル………………………………………………………… 480
Ⅳ．病院、診療所………………………………………………………… 495
Ⅴ．高齢者施設…………………………………………………………… 508
Ⅵ．学校…………………………………………………………………… 518
Ⅶ．店舗…………………………………………………………………… 524
Ⅷ．劇場、映画館、集会場等…………………………………………… 539
Ⅸ．工場…………………………………………………………………… 546
Ⅹ．倉庫…………………………………………………………………… 558
ⅩⅠ．自動車車庫…………………………………………………………… 568
ⅩⅡ．専用住宅……………………………………………………………… 584
ⅩⅢ．その他の建物用途…………………………………………………… 596

索　　引…………………………………………………………………… 598

Ⅰ	建築一般に 関する用語
Ⅱ	建築物と敷地
Ⅲ	建築物と道路

第1章 用語の定義

第1章　用語の定義

Ⅰ　建築一般に関する用語

1　建築物
（法2条1項1号）

1．建築物とは

土地定着する工作物

＋

屋根＋柱

又は

屋根＋壁

を有するものをいう
※これに類する構造のものを含むパーゴラ等については、開口部分の範囲により屋根扱いとなる場合あり

2．建築物に含まれるもの

⑴　建築物に附属する門、塀

⑵　観覧のための工作物

（屋外の野球場や競馬場等のスタンドが該当する。これらは屋根がなくても建築物）

⑶　地下又は高架の工作物内に設ける事務所、店舗、興業場、倉庫等その他これらに類する施設（地下街、タワー等の展望室、高架の鉄道敷地内の店舗、飲食店等、高速道路の料金徴収所等が該当する）

⑷　建築物には建築設備を含む

⑸　「これに類する構造のもの」として、一層二段式の自走式駐車場で、床がパンチングメタル等の穴あきのものや、屋根を帆布等で覆ったテニスコート、鉄道用の客車等を土地に定着させたものが該当する。

又、傾斜地に設ける屋根無しの架台等が該当する場合もあるので注意すること。

⑹　船体利用の係留建築物

（岸壁や桟橋のそばに施設を係留してホテル・レストラン、展示場等として営業する場合等）

⑺　トレーラーハウス等（バス、キャンピングカー及びトレーラーハウス等）

住宅・事務所・店舗等として使用するもののうち、以下のいずれかに該当するものは建築物として取り扱う。

①　トレーラーハウス等で随時かつ任意に移動することに支障のある階段、ポーチ、ベランダ、柵等があるもの。

②　給排水、ガス、電気、電話、冷暖房等のための設備配線や配管等をトレーラーハウス等に接続する方式が、簡易な着脱式（工具を要さずに取り外すことが可能な方式）でないもの。

③　規模（床面積、高さ、階数等）、形態、設置状況等から、随時かつ任意に移動できるとは認められないもの。

⑻　コンテナを利用した建築物の取り扱い

（H16.12.6国住指2174号）

貨物輸送等に使用されているコンテナを随時かつ任意に移動できない状態で設置し、継続的に倉庫等の用途に使用する場合は、土地への定着性が確認できるものとしてこれを建築物として取り扱う。（倉庫に限らず、その他の用途（たとえばカラオケルーム）に使用する場合も同様）なお、この場合、「構造耐力（法20条）」、「建築材料の品質（法37条）」等の規定に適合させる必要がある。

⑼　テント工作物の取り扱い

繊維系の膜材を用いて構成された物品等の保管のための施設（テント倉庫）は、膜構造の建築物に該当する。但し、容易に撤去又は膜材の取り外しができる小規模なテ

ントで、一時的な使用を目的としたものは、土地への定着性が認められないものとして、建築物又は建築物の部分として取扱わない。

3．建築物に扱われないもの

(1) 鉄道等の運転保安施設（信号所、踏切番小屋等）、跨線橋、プラットホームの上家、プラットホームの小規模な売店、コンコース
※駅舎、待合所は建築物のため注意が必要

(2) 貯蔵槽その他これらに類する施設
受水槽・浄化槽等のポンプ室・電気室、通信機器収納施設、テレビの中継施設、サーバー設置ボックス、飼料やセメントのサイロ、ガスタンク等については、内部に人が入り、通信機器のメンテナンス等を行うものは原則として建築物として取扱い、外部からこれらを行うものは建築物として取扱わない（図1-Ⅰ-1、図1-Ⅰ-2）

図1-Ⅰ-1　人が内部においてメンテナンス等を行う形の通信機器収納施設の例[14]

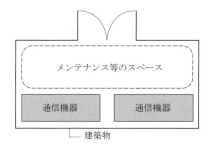

図1-Ⅰ-2　外部からメンテナンス等を行う形の通信機器収納施設の例[14]

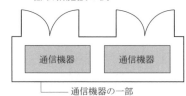

(3) 屋根の天幕、ビニール、すだれ等でふいたもので自由に取りはずしできるもの
海水浴場の休憩所、キャンプテント、公衆電話ボックス、仮設トイレ、園芸作物栽培用のビニールハウス等は、建築基準法上屋根を有するものとしてみなさない

(4) 土地に自立して設置する太陽光発電設備についてメンテナンスを除き架台下への人の立入りがなく架台下の空間を居住等屋内的用途に供しないもの

(5) 小規模な倉庫（物置等を含む）で土地に自立して設置するもので、外部から荷物の出し入れを行うことができ、かつ内部に人が立ち入らないもの
※当該倉庫が既製のものであるか否か、及びその構造種別は問わない。

(6) コンテナ製データセンターで土地に自立して設置するもので、データサーバーとしての機能を果たすため必要な最小限の空間のみを内部に有し、稼働時は無人で、機器の重大な障害発生時以外は人が立ち入らないもので、複数積み重ねていないもの。

2　工作物　（法88条、令138条）

表1-Ⅰ-1　建築基準法の工作物

区分	工作物名	規模等の条件	備考
一般工作物	煙突	高さ＞6m	ストーブの煙突を除く
	RC造の柱、鉄柱、木柱等	高さ＞15m	旗ざお、架空電線用は除く
	広告塔、広告板、装飾塔、記念塔等	高さ＞4m	
	高架水槽、サイロ、物見塔等	高さ＞8m	
	擁壁	高さ＞2m ※高さとは、土圧をうける高さを示す	開発許可、宅造許可によるものは除く

区分	工作物名	適用地域の条件									規模等の条件 A: 車庫用途部分を除いた延べ面積 B: 建築物の一部である自動車車庫 S: 工作物となる自動車車庫 N: 一団地内の敷地単位の数	備考
		第1・2低住専	第1・2中高住専	第1・2住専	準住居	近商	商業	準工業	工業	工専		
特定工作物	観光用エレベーター、エスカレーター	×										建築物と同一敷地内にあるものは除く
	高架の遊戯施設（ウォーターシュート・コースター等）原動機を使用する回転遊戯施設（メリーゴーランド、観覧車等）	×										建築物と同一敷地内にあるものは除く
	クラッシャープラント コンクリートプラント	×	×	×	×	×	×					土木事業等一時使用のものは除く 建築物と同一敷地内にあるものは除く
	アスファルトプラント	×	×	×	×	×	×	×				土木事業等一時使用のものは除く
	飼料、肥料、セメント等のサイロ	×									高さ>8m	土木事業等一時使用のものは除く
	ごみ、汚水等の処理施設	×	×	×	×	×	×	×	×	×		建築物と同一敷地内にあるものは除く 用途地域の指定のない都市計画区域内を含む
自動車車庫	単独	×									$S>50\text{m}^2$	工作物としての自動車車庫とは建築物に該当しない機械式駐車装置及び屋根に該当しない覆いをした駐車場を対象にしており、コンクリート敷にする等地盤を単に工作したにすぎない駐車場は対象としない（S50.3.25 通達 6 号） ※建築物に該当しない機械式駐車装置については高さが8m 以下等の取扱いが多いため事前に特定行政庁に確認しておくこと
	単独		×	×							$S>300\text{m}^2$	
	建築物に附属するもの	×									$S+B>600\text{m}^2$ $\left(\begin{array}{l} A\geqq600\text{m}^2 \text{ の場合は}\\ S+B>A \text{ とする}\end{array}\right)$ ※$S\leqq50\text{m}^2$ のものを除く	
	建築物に附属するもの		×								$S+B>3000\text{m}^2$ $\left(\begin{array}{l} A\geqq3000\text{m}^2 \text{ の場合は}\\ S+B>A \text{ とする}\end{array}\right)$ ※$S\leqq300\text{m}^2$ のものを除く	
	建築物に附属するもの			×							$S+B>A$ ※$S\leqq300\text{m}^2$ のものを除く	
	一団地認定	×									一敷地内 $S+B>2000\text{m}^2$ 一団地内 $S+B$ の総計$>600\text{m}^2\times N$ $\left(\begin{array}{l} A\leqq600\text{m}^2 \text{ の建築物がある}\\ \text{場合は} A \text{ で計算}\end{array}\right)$	
	一団地認定		×								一敷地内 $S+B>10{,}000\text{m}^2$ 一団地内 $S+B$ の総計$>3000\text{m}^2\times N$ $\left(\begin{array}{l} A\leqq3000\text{m}^2 \text{ の建築物があ}\\ \text{る場合は} A \text{ で計算}\end{array}\right)$	
	一団地認定			×							$S+B>A\times N$	

×：建築不可

※ 特定工作物は、本来用途地域に建設できないものを対象としており、法 48 条又は 51 条の許可申請を取得した後、確認申請の提出となる

3 仮設建築物

（法85条）

1．対象となる仮設建築物の区分、条件等

表1-Ⅰ-2　建築基準法の仮設建築物

<table>
<tr>
<td colspan="2">対象建築物の区分</td>
<td>条　件</td>
<td>期間</td>
<td>手続</td>
<td>法の適用</td>
</tr>
<tr>
<td rowspan="4">1.災害時の応急仮設建築物</td>
<td>①災害により破損した建築物の応急の修繕</td>
<td rowspan="3">・非常災害があった場合で特定行政庁の指定区域内であること
・防火地域外であること
・災害発生日より1ヶ月以内に工事着手するもの</td>
<td rowspan="3">①を除き3ヶ月以内（許可を取れば2年以内）</td>
<td rowspan="3">①を除き3ヶ月を超える場合は特定行政庁の許可が必要
（確認申請は不要）</td>
<td rowspan="3">適用しない

※防火地域内に建築する場合はこの限りではない</td>
</tr>
<tr>
<td>②国・地方公共団体・日本赤十字社が災害救助のために建築するもの</td>
</tr>
<tr>
<td>③被災者が自ら使用するために建築するもの（延べ面積≦30㎡）</td>
</tr>
<tr>
<td>④停車場、郵便局、官公署等の公益上必要な建築物</td>
<td>・防火・準防火地域内で延べ面積50m²を超える場合は、防火・準防火地域内の屋根の構造規準に適合させる</td>
<td>3ヶ月以内（許可を取れば2年以内）</td>
<td>3ヶ月を超える場合は特定行政庁の許可が必要（確認申請は不要）</td>
<td>一部適用</td>
</tr>
<tr>
<td colspan="2">2．現場事務所等</td>
<td>・工事を施工するために必要な施設（現場に設ける事務所、下小屋、材料置場、従業員宿舎等）
・現場に設けられるもの
（原則建設地内とするが必ずしも工事施工地そのものでなくともよい。但し相当の距離的、機能的な関係にあること）
・工事完了後、撤去するもの</td>
<td>工事に必要な期間</td>
<td>不要
※建設地外の場合は事前に必ず特定行政庁と取扱いを協議すること</td>
<td>一部適用</td>
</tr>
<tr>
<td colspan="2">3．仮設興行場、博覧会建築物、仮設店舗、展示用住宅（モデルルーム）等

縁日等の夜店、興行小屋、海水浴の浜茶屋（海の家）等で天幕ビニール、すだれ等の簡易な屋根を用いたものは取りはずし自由である為、屋根とはみなさず、建築物の取扱いをしていない</td>
<td>・仮設店舗のうち、銀行、物販店等は本建築物の建替え用に限っている特定行政庁もあるので注意を要する</td>
<td>1年以内（建替え用建築物は工事の施工上必要と認める期間）</td>
<td>特定行政庁の許可、確認申請とも必要</td>
<td>一部適用</td>
</tr>
</table>

２．現場事務所、仮設店舗等への法の適用範囲

⑴現場事務所等（申請手続きは不要であっても、法の規定は満足しなければならない）

表1-Ⅰ-3　仮設建築物扱いの現場事務所等の法の適用

適用される主な規定	条文	適用されない主な規定	条文
①木造の特殊建築物、大規模建築物の防火構造	法24～25条	①敷地の衛生及び安全	法19条
②特殊建築物の構造制限	法27条	②大規模建築物の主要構造部の制限	法21条
③採光、換気等	法28～30条	③22条指定区域内の屋根、外壁の制限	法22～23条
④長屋、共同住宅の各戸の界壁（遮音構造）	法30条の2	④防火壁	法26条
⑤内装制限	法35条の2	⑤便所の排水、構造	法31条、令28～30条
⑥無窓居室の主要構造部の制限	法35条の3	⑥避雷針	法33条
⑦防火、準防火区域内の屋根の制限（延べ面積>50m²に限る）	法63条	⑦非常用エレベーターの設置	法34条2項
⑧建築協定内の制限	法4章	⑧廊下、階段、排煙設備、非常用照明、敷地内通路（階段の寸法の規定は除く）	法35条
⑨居室の天井高さ	令21条	⑨集団規定（防火、準防火地域内の屋根の制限を除く）	法3章
⑩階段の寸法	令23～27条	⑩居室の床の高さ、防湿方法	令22条
⑪構造強度の一部	法20条	⑪構造強度の一部（構造計算については全て）	令3章8節
⑫一般エレベーターの規定	令129条の3～11	⑫防火区画	令112条
		⑬界壁、間仕切壁、隔壁の制限	令114条

※　条例、消防法は原則として適用されない

⑵仮設店舗等

表1-Ⅰ-4　仮設建築物扱いの仮設店舗等の法の適用

適用される主な規定	条文	適用されない主な規定	条文
①敷地の衛生及び安全	法19条	①大規模建築物の主要構造部の制限	法21条
②採光、換気等	法28～30条	②22条指定区域内の屋根、外壁の制限	法22～24条の2
③長屋、共同住宅の各戸の界壁（遮音構造）	法30条の2	③木造の大規模建築物防火構造	法25条
④避雷針	法33条	④防火壁	法26条
⑤廊下、階段、排煙設備、非常用照明、非常用進入口、敷地内通路	法35条、令5章 令23～27条	⑤特殊建築物の構造制限	法27条
⑥景観地区の規定	法68条	⑥便所の排水、構造	法31条、令28～30条
⑦建築協定内の規定	法4章	⑦非常用エレベーターの設置	法34条2項
⑧居室の天井高さ	令21条	⑧内装制限	法35条の2
⑨構造強度の一部	法20条	⑨無窓居室の主要構造部の制限	法3章、法35条の3
⑩一般エレベーターの規定	令129条の3～11	⑩集団規定（景観地区の規定を除く）	法3章
		⑪居室の床の高さ、防湿方法	令22条
		⑫構造強度の一部（構造計算については全て）	令3章8節
		⑬防火区画	令112条
		⑭界壁、間仕切壁、隔壁の制限	令114条

※　条例、消防法は原則として適用されない

⑶一定の工作物について

（令147条2項、3項）

　令138条1項1号の規定による煙突でその存続期間が2年以内のものについては、令139条1項（煙突及び煙突の支線）の一部の規定は適用されない。又、令138条1項2号から4号の規定に鉄筋コンクリート造の柱、広告塔及び高架水槽等で、その存続期間が2年以内のものについては、令140条(鉄筋コンクリート造の柱等)及び141条(広告塔又は高架水槽等)の一部の規定は適用されない。

4 特殊建築物

（法2条1項2号）

表1- I -5　法別表第1の特殊建築物

	法別表第1（い）欄記載の建物用途	令115条の3記載の建物用途	その他含まれる建物用途	適用法規
（一）	劇場、映画館、演芸場			興業場法
	観覧場		野球場、相撲場、競輪場、競馬場、競艇場、オートレース場	
	公会堂		市民会館等	
	集会場		貸ホール、貸講堂、結婚式場等	
（二）	病院		（20ベッド以上）	医療法
	診療所（患者の収容施設があるものに限る）		（19ベッド以下）	
	ホテル、旅館、下宿		保養所（宿泊室のあるもの）等	旅館業法
	共同住宅			
	寄宿舎			（事業附属寄宿舎規程）
		児童福祉施設等	老人デイサービスセンター、老人短期入所施設、養護老人ホーム、特別養護老人ホーム、軽費老人ホーム、老人福祉センター、老人介護支援センター、有料老人ホーム	老人福祉法
			助産施設、乳児院、母子生活支援施設、保育所、幼保連携型認定こども園、児童厚生施設、児童養護施設、障害児入所施設、自動発達支援センター、情緒障害児短期治療施設、児童自立支援施設、児童家庭支援センター、無認可保育所、託児所（事業所内のものは除く）、学童保育所	児童福祉法
			母子保健センター	母子保健法
（三）	学校		幼稚園、小学校、中学校、高等学校、中等教育学校、大学、高等専門学校、特別支援学校、専修学校、各種学校	学校教育法
	体育館	ボーリング場、スキー場、スケート場、水泳場、スポーツ練習場		風営法（風俗営業等の規制及び業務の適性化等に関する法律）
		博物館、美術館、図書館		博物館法、図書館法
（四）	百貨店、マーケット	物品販売業を営む店舗（床面積10㎡を超えるもの）		大店立地法（規模により該当する）
	展示場			
	キャバレー、カフェー、ナイトクラブ、バー	待合、料理店		
	ダンスホール		ダンス教授所	
	遊技場		パチンコ屋、麻雀屋、カラオケボックス、ゲームセンター	
		飲食店		食品衛生法
		公衆浴場		公衆浴場法
（五）	倉庫			倉庫業法
（六）	自動車車庫			駐車場法
	自動車修理工場			
		映画スタジオ、テレビスタジオ		

1．定義

学校（専修学校及び各種学校を含む）、体育館、病院、劇場、観覧場、集会場、展示場、百貨店、市場、ダンスホール、遊技場、公衆浴場、旅館、共同住宅、寄宿舎、下宿、工場、倉庫、自動車車庫、危険物の貯蔵所、と畜場、火葬場、汚物処理場その他これらに類する用途に供する建築物。

2．法別表第1の特殊建築物

建築基準法の特殊建築物に対する防火、避難に関する規制は、法別表第1の特殊建築物に関して制限しており、表1-Ⅰ-5の建物用途が該当する。

5 建築
（法2条1項13号）

建築とは、建築物の新築、増築、改築、移転の4つを指す（図1-Ⅰ-3）。

表1-Ⅰ-6　建築の定義

新　築	建築物のない敷地（更地）に建築物を建てる場合
増　築	すでに建築物の建っている敷地に、建築物を建築することによって床面積（延べ面積）を増加させる場合 なお、別棟で造る場合は、建築物の単位では、新築、敷地単位では増築となる
改　築	建築物の一部を除去し、又はこれらの部分が災害等によって焼失したときに、引き続いて従前の用途、規模、構造が著しく異ならないものを建築するもので、大規模の修繕等に該当しないものをいう。この場合、使用材料の新旧は必ずしも問わない
移　転	建築物の敷地内の別の位置、又は別敷地へ移動させることをいう（解体して移転は新築扱い） ※既存不適格建築物を別敷地へ移転する場合は、特定行政庁が認める場合、現行法への遡及が緩和

6 大規模の修繕、模様替
（法2条1項14号、15号）

大規模とは主要構造部の1種以上について過半のものをいう。たとえば、柱だけの過半の修繕又は模様替をすれば大規模な修繕となるが、柱・梁・床とも修繕又は模様替をしても、そのいずれも過半にならなければ大規模にならない。

過半の算定は階ごとではなく、1棟の建物全体で判断する。よって複数階の建物の1階の間仕切壁だけを撤去して変更するような修繕、模様替は大規模にはならない。

又、模様替とは、既存の建築物に対し概ね同様

の形状・寸法により、材料・構造種別が異なるような工事をいう。柱を木造から鉄骨造へ変更する場合や、瓦ぶきの屋根を亜鉛板ぶきへ更新する工事等がこれに該当する。

過半にならない規模（範囲）による工事が連続して行われる場合は、一連の工事と見なされ「大規模」扱いされる場合がある。又、各工事が別工事と扱われるための休止期間には決まりがないため、特定行政庁との十分な協議が必要となる。

図1-Ⅰ-3　建築の定義の図解

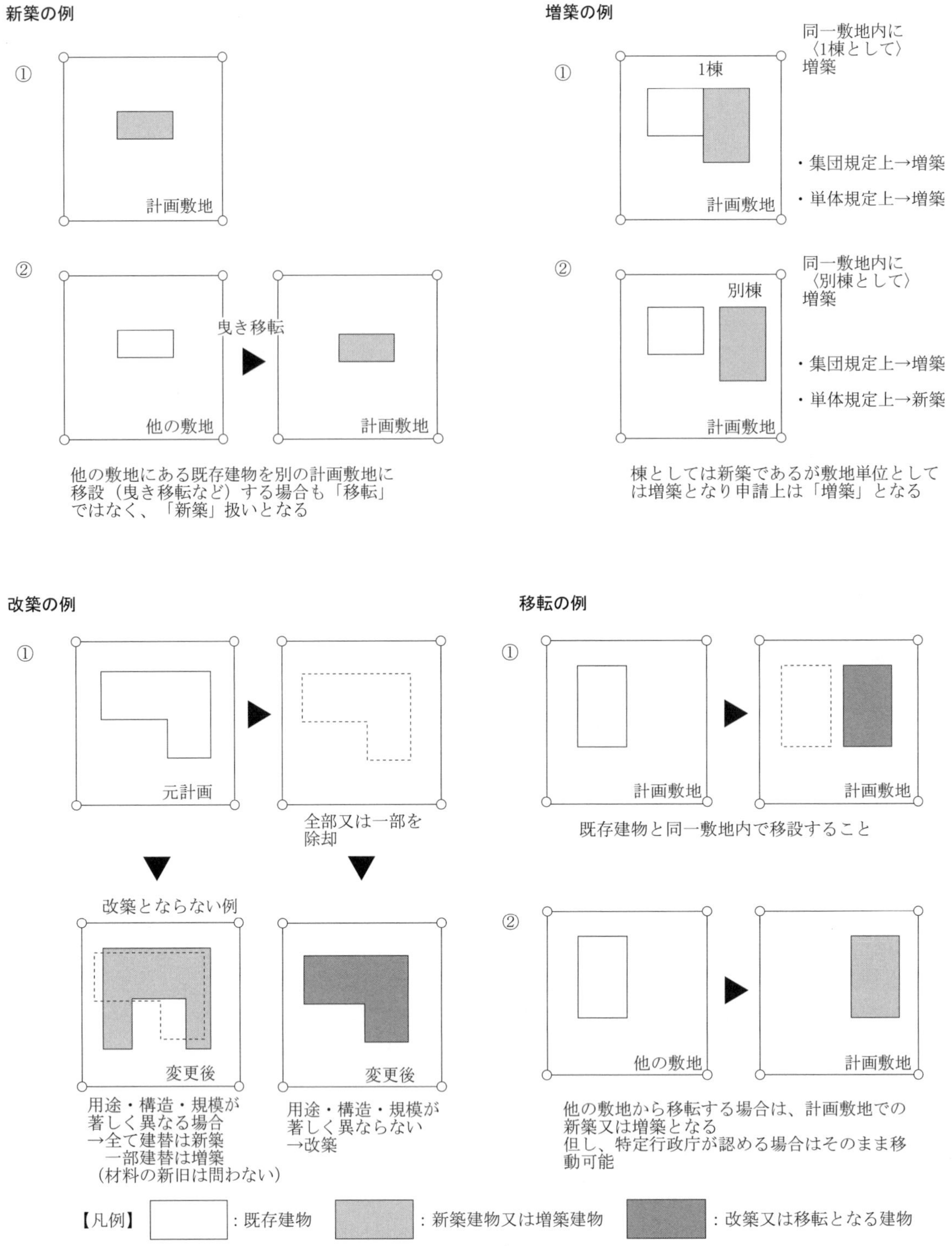

新築の例
①
計画敷地
②
他の敷地
曳き移転
計画敷地
他の敷地にある既存建物を別の計画敷地に移設（曳き移転など）する場合も「移転」ではなく、「新築」扱いとなる
増築の例
①
1棟
計画敷地
同一敷地内に〈1棟として〉増築
・集団規定上→増築
・単体規定上→増築
②
別棟
計画敷地
同一敷地内に〈別棟として〉増築
・集団規定上→増築
・単体規定上→新築
棟としては新築であるが敷地単位としては増築となり申請上は「増築」となる
改築の例
①
元計画
全部又は一部を除却
改築とならない例
変更後
用途・構造・規模が著しく異なる場合
→全て建替は新築
一部建替は増築
（材料の新旧は問わない）
変更後
用途・構造・規模が著しく異ならない
→改築
移転の例
①
計画敷地
計画敷地
既存建物と同一敷地内で移設すること
②
他の敷地
計画敷地
他の敷地から移転する場合は、計画敷地での新築又は増築となる
但し、特定行政庁が認める場合はそのまま移動可能
【凡例】
：既存建物
：新築建物又は増築建物
：改築又は移転となる建物

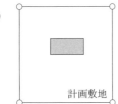

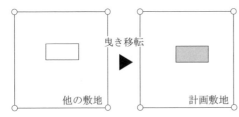

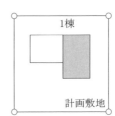

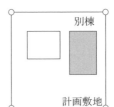

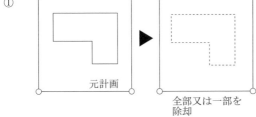

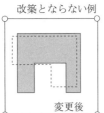

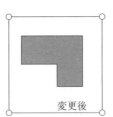

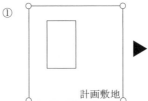

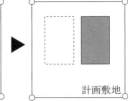

Ⅱ　建築物と敷地

1　敷地の定義
（令1条1項1号）

　建築物の敷地とは「1の建築物又は用途上不可分の関係にある2以上の建築物のある一団の土地」をいう。
　ポイントとなるのは、
① 　用途上不可分の関係にある2以上の建築物
② 　一団の土地（法86条等の規定による）
の定義であり、以下にその解釈を述べる。

1．用途上可分不可分
　一敷地に複数の建築物を建築する場合に、その建物用途が可分か、不可分かで建築基準法の（確認申請上の）敷地の捉え方が異なる。
　建築基準法の敷地の捉え方は、土地や建物の所有権によるのではなく、建物用途及び使用形態が機能上密接に関連しているか否かで判断される。
　又、後から附属棟として建てる建築物の規模が著しく大きい場合等、相互の規模により判断される場合もありえる。

（1）用途上不可分の関係
　　（建築基準法上一敷地とみなせる場合）
　　主要建物とその附属棟が一般的であるが、BはAと機能上の関連があり、Aの用途の一部を構成している場合。又、一般にBがなければAそのものが成り立たない場合である。
　　用途上不可分の関係にある2以上の建築物の例としては、表1-Ⅱ-1がある。

表1-Ⅱ-1　用途上不可分の事例

A.主要用途	B.用途上不可分の建築物（付属棟）
住宅	車庫、物置、納屋、茶室 離れ－隠居部屋、勉強部屋等をいい、台所が設置されたものは住宅としての用途機能が満足するため、別敷地として扱われる場合がある
共同住宅	車庫、物置、自転車置場、電気室、プロパン庫、管理棟
旅館・ホテル	離れ（客室）、浴室棟、東屋、車庫
工場（倉庫）	事務室棟、倉庫、電気室、機械室、厚生棟（更衣室、食堂棟、浴室棟） ※工場
学校	実習棟、図書館、体育館、給食室、倉庫、※学校

※　工場と工場、学校と学校等、管理・運営が一元化されている場合に不可分の扱いとなる場合がある。必ず特定行政庁に確認すること
※　工場や倉庫の場合でも全ての建物が無条件で不可分の扱いとなるわけではないので、確認及び注意が必要である

（2）用途上可分の関係
　　（建築基準法上別敷地とみなす場合）
　　相互の建物が直接の機能上の関連をもたず、単に隣りあっていて、敷地の一部を共通で利用しているにすぎない場合である。
　　例としては表1-Ⅱ-2のようなものがある。この扱いについては、特定行政庁で判断の相違があり、不可分として一敷地で扱っている場合もあるので事前の打合せが必要である。

図1-Ⅱ-1　用途上不可分の関係

表1-Ⅱ-2 用途上可分の事例

1. 共同住宅2棟以上	共同住宅は一棟ごとにお互いに独立した機能をもっており可分である
2. 工場と独身寮、病院と看護婦寮、ホテルと従業員寮	各寮は所有者が同じで隣接しているだけで、直接の機能上の関連をもたず、可分である
3. 再開発等で建てる事務所棟、マンション棟又は店舗棟	これも一区域として、事業者が同じで一体化した土地利用しているだけでは可分である

但し、上記の場合で用途上可分と判断されても、建物相互間を接続する場合、又は法86条の規定による一団地認定とすることにより、一敷地として扱うことは可能である。

(3) 建物接続における1棟扱いの判断基準（特殊事例）

① 東京都の事例
　原則3層以上接続されており、以下の三つの条件が満たされている場合
　イ 外観上接続されている
　ロ 機能上接続されている
　ハ 使い勝手上接続されている

② 横浜市の事例
　イ 原則、全層接続されている（但し、条件等によっては2層以上の接続で認められているケースもある）
　ロ 接続部分の廊下幅員が4.5m以上接続されている
　ハ 外観上接続されている

※ 接続条件については、特定行政庁への確認が必要となる。用途上可分と判断され、別敷地となった場合は、次の点に注意すること。
　a) 接道規定
　b) 容積率、建ぺい率
　c) 斜線制限（隣地斜線、北側斜線等）
　d) 日影規制
　e) 都市計画法の開発行為とみなされないか

2．一団の土地

一団の土地とは、道路や水路により分断されることがない一敷地という意味である。

(1) **道路により分断される土地は別敷地である**
　AとBが同一所有者であり同じ会社の建物を建てる場合であっても、一団の土地とはみなさない（図1-Ⅱ-2）。

(2) **水路により分断される土地の扱いは特定行**

図1-Ⅱ-2　道路により分断される土地

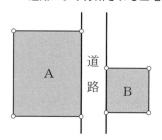

政庁によって異なるが、下記の①～③においては、一団の土地とみなされる

① 水路が暗渠の場合
② 水路が開渠であっても、部分的に暗渠があり、用途上不可分の土地利用がされている場合
③ 水路幅が狭く、橋等の相互の連絡状況が保たれており、用途上不可分の土地利用の場合

但し、この3つのケース（図1-Ⅱ-3）とも、水路占用又は水路使用の手続きを取らなければならない。

図1-Ⅱ-3 敷地内に水路がある場合

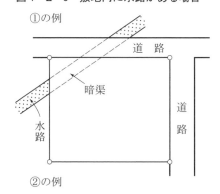

①の例

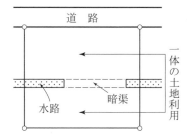

②の例

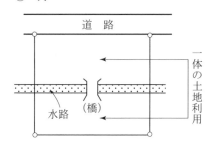

③の例

(3) 敷地の取扱いにおける注意事項
① 敷地測量図については必ず確認する。
（敷地図の根拠を明確にする）
② 青道（水路）、赤道（公図上道路であった土地）の有無については公図等によって必ず確認する（場合により都市計画法に基づく開発行為が必要となる可能性がある）。
③ 暗渠となる水路等がある場合は、取扱いを必ず特定行政庁に確認する。
※いずれの水路の場合においても使用用途及び所管を調査すること。
④ 敷地における過去の使用履歴や計画建築面積によっては、土壌汚染対策法の手続きが必要となる場合がある。
　特に工場跡地の場合や、既存工場内の場合、周辺が工業地帯等の場合は必ず地歴を確認すること。
⑤ 敷地が市街化調整区域の場合は、開発許可を受けた区域以外では原則として、知事等の建築許可がなければ建築等を行うことはできないので注意すること（都市計画法29条1項2号・3号の建築物は除く）。

●目安箱●

◆敷地の二重使用について◆

B敷地（A敷地を含む）に先に建築物がある場合で、A敷地を除くと建ぺい率なり容積率がオーバーしてしまう敷地に、後にA敷地に建築物を建てることができるでしょうか。昭和52年に示された判決では、確認申請の性質上A敷地の計画が適法であれば確認をおろさざるを得ないとしています。但し、B敷地は違反是正命令の対象になるとしています。
ところで、こうしたことが認められれば法の主旨や目的が損なわれることは明白です。そこで、昭和61年に建設省（現国土交通省）が示した判断事例では、A敷地の確認を不適合処分してよい（認めない）旨の取扱いを示しています。

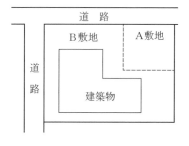

2 敷地面積

（令2条1項1号）

表1-Ⅱ-3　敷地面積の算定

説　　明	図　　解	備　　考
敷地の水平投影面積である （傾斜地においても水平投影による面積算定を行う）	道路　　　　　　　　　道路 水平投影面積	敷地面積は実測した面積とし、登記上の面積ではない
法42条2項又は3項の道路後退の部分は算入しない （幅員4m未満又は6m未満の道路は4m又は6m有するものとする「みなし道路」であるため、敷地面積より除外する）	4m又は6m未満　敷地 この部分は敷地面積より除外する 2.0m〜3.0m（法42条2項道路の場合） 道路中心線	左図\\\\\部分の所有権はそのまま残る ただし、道路が公道の場合は市町村によっては移管するよう指導を受けることもある 特定行政庁より、狭あい道路協議にて道路位置、中心線を決めている場合があるため必ず特定行政庁に確認する
計画道路の場合 ①事業決定されている道路で2年以内に事業が執行される予定として、特定行政庁が指定した道路については敷地面積より除外する ②計画決定の道路は敷地面積に含む	計画道路境界線 現況道路　敷地 ①の場合はこの部分は敷地面積より除外する 計画道路	計画決定であっても開発許可、指導要綱により敷地面積より除外される場合もある
敷地内に水路がある場合 ①水路が暗渠の場合は水路の上を半永久的に占用できれば敷地面積に算入してよい ②開渠の場合は原則として敷地面積より除外すべきである	水路 敷地 暗渠 暗渠の水路部分を敷地面積に算入	水路 敷地 水路は原則として敷地面積より除外する
道路のすみ切り ①開発許可による道路又は位置指定による道路のすみ切り部分は道路の一部であり、敷地面積より除外する ②条例により建築物の建築が禁止されているすみ切り部分は敷地面積に算入する	敷地 条例によるすみ切りは敷地面積に算入	
開発許可により設置される公園等 ①特定行政庁に移管しなければならない場合は敷地面積より除外する ②特定行政庁に移管せず、自主管理の場合は、敷地面積に算入することができる場合がある		指導要綱により設置される公園等は特定行政庁との協議により取扱いが決定されるため、必ず行政協議を行う

Ⅲ　建築物と道路

1　道路の定義
（法42条）

　道路の幅員は、原則として4m以上と定められているが、特定行政庁の指定を受けた区域内では6m以上となる。この指定は、特定行政庁がその地方の気候、風土の特殊性又は土地の状況により必要と認め、都市計画地方審議会の議を経て指定される区域内において適用されるものである。

　開発許可制度を受けて街区設定により道路幅員が設定される地域もあるので注意する。

　道路の取扱いについては必ず特定行政庁の道路台帳等にて確認すること。

表1-Ⅲ-1　道路の定義

法令	区分種類	幅員（L）		説　明	備　考
		4m区域	6m区域		
1項1号	道路法による道路（公道）	L≧4m	L≧6m	一般の公道 （国道、都道府県道、市町村道、区道）	自動車専用道路（高速道路）・高架橋・高架の道路（自動車の沿道への出入りができない構造のもの）も道路であるが、道路内の建築制限を除き接道する道路とはみなされない（法43条） 高架橋がある場合は起点の位置確認も含めて接道の取扱いを特定行政庁に確認する
1項2号	都市計画法　等による 都市再開発法　道路 土地区画整理法 （開発許可による通路）			開発許可 再開発事業　等により築造 区画整理事業　された道路	事業完了後は道路法による道路に受けつがれる 事業完了後に基準法上の道路となるので確認申請時期等に注意する
1項3号	既存道路			都市計画区域内となった際（一般的には基準法施行時のS25.11.23）にあった道	公道・私道の区別は問わない 位置及び取扱いについては必ず特定行政庁に確認する
1項4号	計画道路（事業決定のもの）			2年以内に事業が執行される予定のもので特定行政庁が指定したもの（これを事業決定道路といい、それ以前の計画決定のみの道路は計画決定道路といい、道路とは扱わない）	計画決定道路でも斜線制限の適用上、道路と見なされる場合がある（令131条の2、2項）計画決定道路は道路ではないが、建築制限は受ける（都市計画法54条）
1項5号	位置指定道路			建築基準法により特定行政庁から位置の指定を受けたもの	道路位置指定基準はp19参照
2項	2項道路（みなし道路）	L<4m	L<6m ※1特定行政庁が周囲の状況により安全上支障がないと認める場合はL>4m	都市計画区域内となった際に現に建築物が立ち並んでおり、特定行政庁が指定したもの ①一般的には道路中心線より2m（又は3m）後退した線をもって4m（又は6m）の道路とみなす ②一方ががけ地、川等の場合はその境界線より4m（又は6m）後退した線を道路境界とする ※表1-Ⅲ-3に記載	2項道路となっているか否かの調査は特定行政庁（確認申請の審査部署）の台帳で確認しなければならない ①その他の調査としては、計画概要書の閲覧 ②特定行政庁に現地調査を依頼し判断をあおぐ等がある 2項道路の場合は、道路中心線及び道路後退位置を必ず特定行政庁に確認する
3項	3項道路	L≧2.7m L<4m	L≧2.7m L<6m 但し、上記※1の場合は L≧2.7m L<4m	土地の状況により4m又は6mに拡幅する期待が望み難い場合は4m又は6m未満2.7m以上となるように指定できる（建築審査会の同意を得て指定する）	

15

表1-Ⅲ-1　道路の定義（つづき）

法令	区分種類	幅員（L）		説　　明	備　　考
		4m区域	6m区域		
4項	4項道路	—	L<6m （1号、2号道路の場合 L≧4m）	特定行政庁が次に該当すると認めて指定したものは幅6m未満でも1項の道路とみなす ①周囲の状況により避難・通行の安全上支障がないと認めた幅員4m以上の道 ②地区計画等に適合している幅員4m以上の道 ③6m区域指定時に現に存する幅員6m未満の道	
5項	5項道路	—	L<4m	6m区域指定時に現に道路とされていた4m未満の道は2項、4項3号の規定にかかわらず指定時に境界線とみなされていた線を境界線とする	
6項	6項道路	L<1.8m	L<1.8m	建築審査会の同意を得た幅員1.8m未満の2項道路	（例）古い城下町等で民家が両側に建ち並んでいるような場所

※　駅前広場について——公衆の通行の用に供する駅前広場は道路と扱われる場合があり、特定行政庁の確認が必要となる

表1-Ⅲ-2　建築基準法上道路として取扱われるための要件

		幅員4m未満のもの		幅員4m以上のもの
	4m区域	・特定行政庁の指定（法42条2項〜6項） ・都市計画区域編入時に建築物が立ち並ぶ区域 　（中心線から2mが境界線）		・法42条1項
6m区域指定以内	6m区域	幅員6m未満のもの		幅員6m以上のもの
		・特定行政庁の指定 ・都市計画区域編入時に建築物が立ち並ぶ区域 　（中心線から3m（避難・通行上支障がない場合2m）が境界線） ・避難・通行の安全上支障がない又は地区計画適合 　（幅員4m以上のものに限る。現況幅員で境界線）		・法42条1項
	6m区域指定時に既に存していた道路	幅員4m未満のもの	幅員4m以上6m未満のもの	幅員6m以上のもの
		・特定行政庁の指定 （中心線から2mが境界線）	・特定行政庁の指定 （現況幅員で境界線）	・法42条1項

※　道路幅員による建物等の規模・規制については各建築条例も確認されたい

2 道路幅員

1．道路幅員の測り方

(1) 道路幅員は側溝を含み、法敷は含まない。

道路幅員に関する規制として

① 条例で定める接道規定

② 道路幅員による容積率制限

があり、図1-Ⅲ-1の測定方法とする。

（S58.8.2通達54号）

(2) 道路法による道路の幅員は、道路台帳に記載された幅員と現況幅員が一致するのを原則とするが、両者が一致しない場合は、一般的には現況幅員としている。

※1　特定行政庁によっては、台帳と現況幅員を比べて狭い幅員とする場合もあり、取扱いについては必ず特定行政庁に確認する。

※2　道路境界が不明の場合は、道路境界明示の申請を道路管理者に対して行うことができる。

※3　官民境界査定の申請期間は数か月必要のため注意を要する。

図1-Ⅲ-1　道路幅員の測り方[59]

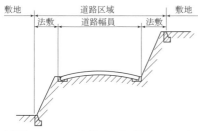

※　道路斜線については法敷（道路区域内にあるもの）の境界線をもって適用する場合もあるため、法敷や高低差がある場合は必ず特定行政庁に確認をすること

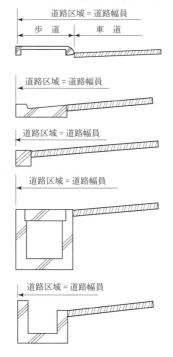

図1-Ⅲ-2　道路位置指定による道路幅員（東京都の例）

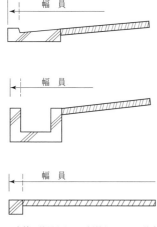

※1　点線の位置をもって幅員としている特定行政庁もある
※2　開発許可による道路築造基準もこれに準じて特定行政庁ごとに定められている

2．42条2項道路の幅員

　道路中心線からそれぞれ2m又は3m後退した位置を道路境界線として、幅4m又は6mの道路幅員とみなす。2項道路の場合、道路反対側の敷地の道路後退は条件とならない。道路斜線制限及び道路幅員による容積率制限とも幅4m又は6mとして適用する。

※　2項道路も含めた道路中心線については、現況道路の中心とは限らないため、必ず道路管理者へ確認すること。

図1-Ⅲ-3　42条2項道路の幅員

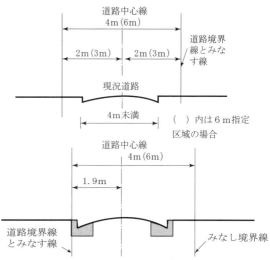

（　）内は6m指定区域の場合

道路境界線とみなす線（後退済）が中心線より2m以下で通路反対側の敷地がすでに街区ごとの後退が完了している場合、その線より4mが道路幅員となり、みなし境界線となる場合がある。そのため、このような場合は必ず特定行政庁に確認すること

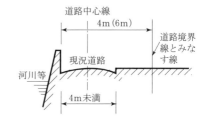

※　6m指定区域内にあっては、各図の2mが3mに、4mが6mとなる。

　但し、特定行政庁が周囲の状況により避難及び通行の安全上支障がないと認めた場合は、6m指定区域内でも幅員4mとして2m後退すればよいとなっているが、ケースとしては稀であり、必ず確認すること。

3 接道規定
（法43条）

「建築物の敷地は道路（自動車専用道路を除く）に2m以上接しなければならない」という法43条の制限があるが、接道規定に関しては各地方公共団体の条例により建物用途・規模・高さ等の制限が規制される場合があるため、特定行政庁に確認が必要である。

〔地方公共団体の条例で定めることができる規定〕
- イ　敷地が接する道路の幅員
- ロ　道路に接する敷地の長さ
- ハ　路地状敷地（旗竿敷地）における接続部分の幅と奥行きの関係
- ニ　特殊な通路の幅員の制限

条例上の注意ポイントは以下の通りである。

(1) **建物規模**（大規模建築物の接する道路幅員）
6m以上の前面道路がないと、一定規模以上の建築物が建築できない旨が定められている場合がある。

(2) **接続規定**（自動車車庫の出入口の道路幅員）
6m以上の前面道路がないと、車庫の出入口を設けられない場合がある。

(3) **建物用途**
（物販店舗、劇場、映画館、集会場等）
6m以上の前面道路がないと、建築できない旨が定められている場合がある。

図1-Ⅲ-4　条例で定める接道規定

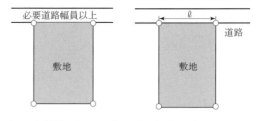

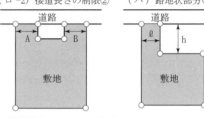

必要接道長さℓはA+Bではなく、A又はBの単独で確保する

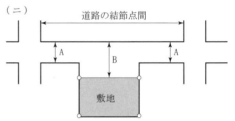

東京都建築安全条例の場合は図のようなへび玉道路（通称）での接続規定における前面道路幅員は、BではなくA（結節点間の道路幅員）となる。
又、自治体における建築条例によって同様の取扱いを行っている場合があるため、必ず確認すること。

●目安箱●

◆行き止まり道路の端部に接道する敷地の接道長さ◆

(1) 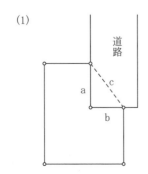　　(2)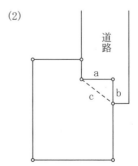

(1)、(2)の敷地の接道長さは、「a+b」ではなく「c」が接道長さとなります。特定行政庁により取扱いが異なることがある為確認ください。

4 道路内の建築制限

（法44条、令145条）

表1-Ⅲ-3　道路内の建築制限

禁止されるもの		(1)　建築物（建築物に附属する門、塀、建築設備を含む） (2)　敷地を造成するための擁壁
認められるもの	許可・認可不要	地盤面下に設ける建築物
	建築審査会の同意を得て許可されれば認められるもの （特定行政庁の許可）	(1)　公益上必要な建築物で特定行政庁が通行上支障がないと認めたもの 　①　公衆便所 　②　巡査派出所 　③　バス停留所の待合所（S49.7.22通達1283号） 　④　自転車駐輪場（S54.2.8通達15号） 　⑤　その他これらに類するもの (2)　特定行政庁が安全上、防火上および衛生上支障がないと認めたもの 　①　公共用歩廊（アーケード）（S30.2.1通達5号） 　②　道路の上空に設けられた渡り廊下（S32.7.15通達37号） 　③　通行または運搬の用途に供する建築物で、次のいずれかのもので主要構造部が耐火構造または不燃材料で造られている建築物に設けられるもの 　　イ　学校、病院、老人ホーム等に供する建築物に設けられるもので生徒、患者、老人等の通行の危険を防止するために必要なもの 　　ロ　建築物の5階以上の階に設けられるもので、その建築物の避難施設として必要なもの 　　ハ　多数人の通行または多量の物品の運搬の用途に供するもので、道路の交通の緩和になるもの 　④　高度地区、高度利用地区または都市再生特別地区内の自動車のみの交通の用に供する道路の上空に設けられる建築物、高架の道路の路面下に設けられる建築物 　⑤　自動車専用道路に設けられる建築物で、休憩所、給油所および自動車修理所
	特定行政庁の認定が必要なもの	地区計画区域内の自動車専用道路又は特定高架道路等の上空または路面下に設ける建築物のうち、当該地区計画の内容に適合し、かつ、政令（令145条1項）で定める基準に適合するもの
備　　考		※道路の上空に設ける渡り廊下の基準 （S32.7.15通達37号　H8.3.19改正） 　①　通路の幅員は6m以下とすること 　②　通路は同一建築物について1箇所を原則とすること 　　但し、用途または規模によりやむを得ない場合は2箇所とすることができる 　③　通路は隣地境界線より10m以内には原則として設けないこと 　④　通路の路面（道路中心線）からの高さは5.5m程度以上とすること

5 計画道路の建築制限
（都市計画法53条、54条）

容易に移転又は除却できるものとして、下記のものに限り許可される。

1. 階数が2以下で地階を有しないもの
2. 主要構造部が木造、鉄骨造、コンクリートブロック造であるもの

なお東京都では都市計画道路の整備状況等を捉え、建築制限の緩和基準として、次の要件に該当する場合も許可される。但し、取扱いについては必ず特定行政庁に確認すること。

表1-Ⅲ-4　東京都内（特別区、26市、2町）における建築制限緩和基準

当該建築物が、次に掲げる要件に該当し、かつ容易に移転し又は除却することができるものである場合、建築制限の緩和を適用することができる。
イ．市街地開発事業（区画整理・再開発等）等の支障にならないこと
ロ．階数が3、高さが10m以下であり、かつ地階を有しないこと
ハ．主要構造部が、木造、鉄骨造、コンクリートブロック造、その他これらに類する構造であること
ニ．建築物が都市計画道路区域の内外にわたる場合は、将来において都市計画道路区域内の部分を分離することができるよう設計上の配慮をすること

6 壁面線の指定
（法46条、47条）

街区内における建築物の位置を整え、その環境の向上を図るために、特定行政庁が指定するものである。

壁面線の指定部分は道路ではないが道路と同等の扱いを受け、

1. 建築物の壁、又はこれに代わる柱
2. 高さ2mを超える門もしくは塀

は壁面線を超えて建築してはならない。

例外として

1. 地盤面下の部分
2. 特定行政庁が建築審査会の同意を得て許可した歩廊の柱、その他これに類するものは壁面線を超えて建築できる。

壁面線の指定については、地区計画や特定行政庁による指導要綱および条例により規制されている場合が多いため、確認が必要である。

7 道路位置指定の基準
（法42条1項5号、令144条の4）

表1-Ⅲ-5 道路位置指定基準[59]

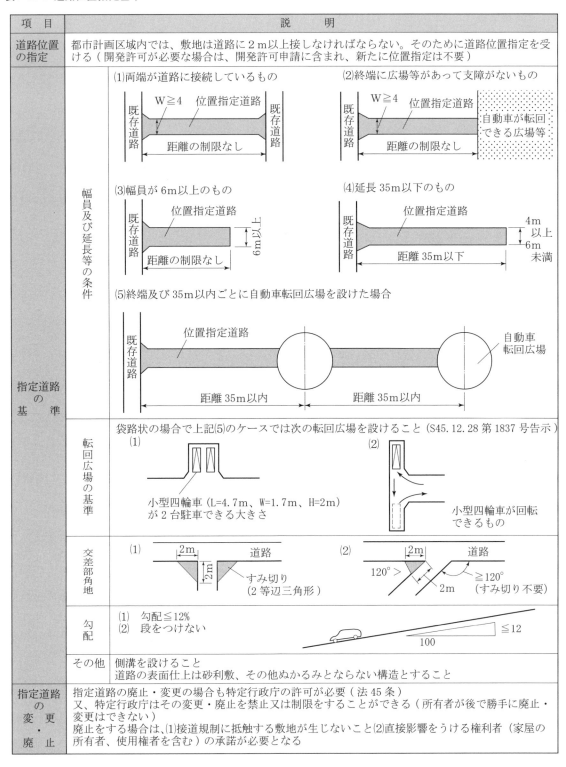

I	用途地域による用途制限
II	防火に関する規定
III	形態規制
IV	その他

第2章　建築基準法の集団規定

第2章　建築基準法の集団規定

Ⅰ　用途地域による用途制限

1　用途制限一覧表

（法48条、別表第2、令130条の2〜130条の9）

表2-Ⅰ-1　用途地域による用途制限

① 用途規制 — 住宅

分類	建築物の用途	規模制限（用途に供する階もしくは条件）	用途に供する床面積	第1種低層住専	第2種低層住専	第1種中高層住専	第2種中高層住専	第1種住居	第2種住居	準住居	近隣商業	商業	準工業	工業	工業専用	無指定
住宅	戸建住宅・共同住宅・長屋・寄宿舎・下宿			○	○	○	○	○	○	○	○	○	○	○	×	○
	事務所併用住宅		事務所部分≦50㎡　事務所≦住宅	○	○	○	○	○	○	○	○	○	○	○	×	○
			上記以外	×	×	×	○	○	○	○	○	○	○	○	×	○
	物販店併用住宅（日用品販売店併用住宅）	—	物販店舗部分≦50㎡　物販店舗≦住宅	○	○	○	○	○	○	○	○	○	○	○	×	○
		≦2階	≦150㎡	×	○	○	○	○	○	○	○	○	○	○	×	○
		≦2階	≦500㎡	×	×	○	○	○	○	○	○	○	○	○	×	○
		≦2階	>500㎡	×	×	×	○	○	○	○	○	○	○	○	×	○
		≧3階		×	×	×	×	○	○	○	○	○	○	○	×	○
	飲食店併用住宅※1（喫茶店等併用住宅）	—	飲食店舗部分≦50㎡　飲食店舗≦住宅	○	○	○	○	○	○	○	○	○	○	○	×	○
		≦2階	≦150㎡	×	○	○	○	○	○	○	○	○	○	○	×	○
		≦2階	≦500㎡	×	×	○	○	○	○	○	○	○	○	○	×	○
		≦2階	>500㎡	×	×	×	○	○	○	○	○	○	○	○	×	○
		≧3階		×	×	×	×	○	○	○	○	○	○	○	×	○
	サービス店舗※2併用住宅※1	—	サービス店舗部分≦50㎡　サービス店舗≦住宅	○	○	○	○	○	○	○	○	○	○	○	×	○
		≦2階	≦150㎡	×	○	○	○	○	○	○	○	○	○	○	×	○
		≦2階	≦500㎡	×	×	○	○	○	○	○	○	○	○	○	×	○
		≦2階	>500㎡	×	×	×	○	○	○	○	○	○	○	○	×	○
		≧3階		×	×	×	×	○	○	○	○	○	○	○	×	○
	店舗併用住宅（作業場※3併用住宅）	原動機有≦0.75kW	店舗及び作業所部分≦50㎡　店舗及び作業所≦住宅	○	○	○	○	○	○	○	○	○	○	○	×	○
		≦2階　作業場の面積≦50m²　原動機有≦0.75kW	≦150㎡	×	○	○	○	○	○	○	○	○	○	○	×	○
			≦500㎡	×	×	○	○	○	○	○	○	○	○	○	×	○
			>500㎡	×	×	×	○	○	○	○	○	○	○	○	×	○
		≧3階		×	×	×	×	○	○	○	○	○	○	○	×	○
	アトリエ・工房併用住宅	原動機有≦0.75kW	作業所部分≦50㎡　作業所≦住宅	○	○	○	○	○	○	○	○	○	○	○	×	○
		—	上記以外	×	×	×	○	○	○	○	○	○	○	○	×	○

○：建築可　×：建築不可　△：物品販売は禁止

※1　理髪店・美容院・クリーニング取次店・質屋・貸衣装屋等・葬儀屋等・学習塾・華道教室・囲碁教室等・武道塾・音楽教室等
※2　洋服店・畳屋・建具屋・自転車店・家庭電気器具店・パン屋・米屋・豆腐屋・菓子屋等

表2-Ⅰ-1　用途地域による用途制限（つづき）

② 用途規制 ─ 事務所・物販・飲食・サービス

分類	建築物の用途	用途に供する階	用途に供する床面積	第1種低層住専	第2種低層住専	第1種中高層住専	第2種中高層住専	第1種住居	第2種住居	準住居	近隣商業	商業	準工業	工業	工業専用	無指定
事務所等	事務所（同一敷地内に令130条の3第1号の駐車施設を設けるものを除く）	≦2階	≦500㎡（銀行の支店、損害保険代理店・宅地建物取引業を営む店舗）	×	×	○	○	○	○	○	○	○	○	○	○	○
			≦1500㎡	×	×	×	○	○	○	○	○	○	○	○	○	○
			≦3000㎡	×	×	×	×	○	○	○	○	○	○	○	○	○
			>3000㎡	×	×	×	×	×	○	○	○	○	○	○	○	○
		≧3階	≦3000㎡	×	×	×	×	○	○	○	○	○	○	○	○	○
			>3000㎡	×	×	×	×	×	○	○	○	○	○	○	○	○
物販	物販店	≦2階	≦150㎡（日用品販売店）	×	○	○	○	○	○	○	○	○	○	○	×	○
			≦500㎡（風俗店を除く）	×	×	○	○	○	○	○	○	○	○	○	×	○
			≦1500㎡	×	×	×	○	○	○	○	○	○	○	○	×	○
			≦3000㎡	×	×	×	×	○	○	○	○	○	○	○	×	○
			>3000㎡	×	×	×	×	×	○※3	○※3	○	○	○	○※3	×	○※3
		≧3階	≦3000㎡	×	×	×	×	×	○	○	○	○	○	○	×	○
			>3000㎡	×	×	×	×	×	○※3	○※3	○	○	○	○※3	×	○※3
	ポルノショップ（もっぱら性的好奇心をそそる写真その他の物品の販売店）			×	×	×	×	×	×	×	○	○	×	×	×	○
飲食	飲食店（風俗店除く）	≦2階	≦150㎡（喫茶店・食堂）	×	○	○	○	○	○	○	○	○	○	○	×	○
			≦500㎡	×	×	○	○	○	○	○	○	○	○	○	×	○
			≦1500㎡	×	×	×	○	○	○	○	○	○	○	○	×	○
			≦3000㎡	×	×	×	×	○	○	○	○	○	○	○	×	○
			>3000㎡	×	×	×	×	×	○※3	○※3	○	○	○	○※3	×	○※3
		≧3階	≦3000㎡	×	×	×	×	×	○	○	○	○	○	○	×	○
			>3000㎡	×	×	×	×	×	○※3	○※3	○	○	○	○※3	×	○※3
風営	キャバレー・料理店（風俗店）・ナイトクラブ			×	×	×	×	×	×	×	×	○	○	×	×	○
サービス等	サービス店舗	≦2階	≦500㎡	×	○	○	○	○	○	○	○	○	○	○	△	○
			≦500㎡	×	×	○	○	○	○	○	○	○	○	○	△	○
			>500㎡	×	×	×	○	○	○	○	○	○	○	○	△	○
	公衆浴場			○	○	○	○	○	○	○	○	○	○	○	○	○
	ソープランド（個室付浴場）			×	×	×	×	×	×	×	×	○	×	×	×	○

○：建築可　×：建築不可　△：物品販売は禁止
※3　大規模集客施設（床面積>1万㎡の店舗・映画館・アミューズメント施設・展示場等）は、原則、建築不可。但し、開発整備促進区で地区整備計画が定められた区域内で、地区整備計画の内容に適合し、特定行政庁が認めたものは立地可能

表2-Ⅰ-1 用途地域による用途制限（つづき）

③ 用途規制— 宿泊・医療・福祉

分類	建築物の用途	用途に供する階	用途に供する床面積	第1種低層住専	第2種低層住専	第1種中高層住専	第2種中高層住専	第1種住居	第2種住居	準住居	近隣商業	商業	準工業	工業	工業専用	無指定
宿泊	ホテル・旅館		≦3000 ㎡	×	×	×	×	○	○	○	○	○	○	×	×	○
	ホテル・旅館		＞3000 ㎡	×	×	×	×	×	○	○	○	○	○	×	×	○
	ラブホテル（もっぱら異性を同伴する客の休憩の用に供する施設）			×	×	×	×	×	×	×	○	○	○	×	×	○
医療	診療所・医院・助産所・施術所・老人保健施設（≦19床）			○	○	○	○	○	○	○	○	○	○	○	○	○
	病院・老人保健施設（≧20床）			×	×	○	○	○	○	○	○	○	○	○	×	○
老人福祉	有料老人ホーム			○	○	○	○	○	○	○	○	○	○	○	○	○
	老人デイサービスセンター・老人短期入所施設・養護老人ホーム・特別養護老人ホーム・軽費老人ホーム			○	○	○	○	○	○	○	○	○	○	○	×	○
	老人福祉センター		≦600 ㎡	○	○	○	○	○	○	○	○	○	○	○	○	○
	老人福祉センター		＞600 ㎡	×	×	○	○	○	○	○	○	○	○	○	×	○
児童福祉	保育所（無認可・幼保連携型認定こども園含む）			○	○	○	○	○	○	○	○	○	○	○	○	○
	児童更生施設（児童館・児童遊園等）		≦600 ㎡	○	○	○	○	○	○	○	○	○	○	○	○	○
	児童更生施設（児童館・児童遊園等）		＞600 ㎡	×	×	○	○	○	○	○	○	○	○	○	×	○
	乳児院・母子寮・養護施設・精神薄弱児施設・精神薄弱通園施設・盲ろうあ児施設・虚弱児施設・肢体不自由児施設・重症心身障害児施設・教護院			○	○	○	○	○	○	○	○	○	○	○	×	○
生活保護	救護施設・更生施設・宿所提供施設			○	○	○	○	○	○	○	○	○	○	○	○	○
	授産施設	継続的入居		○	○	○	○	○	○	○	○	○	○	○	○	○
	授産施設	集会・通園	≦600 ㎡	○	○	○	○	○	○	○	○	○	○	○	○	○
	授産施設	通園	＞600 ㎡	×	×	○	○	○	○	○	○	○	○	○	×	○
身体障害関連	身体障害者更生施設・身体障害者療護施設・身体障害者福祉ホーム			○	○	○	○	○	○	○	○	○	○	○	○	○
	身体障害者授産施設	継続的入居		○	○	○	○	○	○	○	○	○	○	○	○	○
	身体障害者授産施設	集会・通園	≦600 ㎡	○	○	○	○	○	○	○	○	○	○	○	○	○
	身体障害者授産施設	通園	＞600 ㎡	×	×	○	○	○	○	○	○	○	○	○	×	○
	身体障害者福祉センター・補装具製作施設・視聴覚障害者情報提供施設		≦600 ㎡	○	○	○	○	○	○	○	○	○	○	○	○	○
	身体障害者福祉センター・補装具製作施設・視聴覚障害者情報提供施設		＞600 ㎡	×	×	○	○	○	○	○	○	○	○	○	×	○
知的障害関連	知的障害者更生施設・知的障害者福祉ホーム・知的障害者通勤寮			○	○	○	○	○	○	○	○	○	○	○	×	○
	知的障害者授産施設	継続的入居		○	○	○	○	○	○	○	○	○	○	○	×	○
	知的障害者授産施設	集会・通園	≦600 ㎡	○	○	○	○	○	○	○	○	○	○	○	×	○
	知的障害者授産施設	通園	＞600 ㎡	×	×	○	○	○	○	○	○	○	○	○	×	○
精神障害関連	精神障害者生活訓練施設			○	○	○	○	○	○	○	○	○	○	○	×	○
	精神障害者授産施設	継続的入居		○	○	○	○	○	○	○	○	○	○	○	×	○
	精神障害者授産施設	集会・通園	≦600 ㎡	○	○	○	○	○	○	○	○	○	○	○	×	○
	精神障害者授産施設	通園	＞600 ㎡	×	×	○	○	○	○	○	○	○	○	○	×	○
福祉社会	婦人保護施設・更生保護事業に係る施設			○	○	○	○	○	○	○	○	○	○	○	×	○

○：建築可　×：建築不可　△：物品販売は禁止

表2-Ⅰ-1　用途地域による用途制限（つづき）

④ 用途規制─ 教育・遊興・運動・公共

分類	建築物の用途	用途に供する階	用途に供する床面積	第1種低層住専	第2種低層住専	第1種中高層住専	第2種中高層住専	第1種住居	第2種住居	準住居	近隣商業	商業	準工業	工業	工業専用	無指定
教育	幼稚園・小学校・中学校・中等教育学校・高等学校			○	○	○	○	○	○	○	○	○	○	×	×	○
	大学・高等専門学校・専修学校			×	×	○	○	○	○	○	○	○	○	×	×	○
	図書館・公民館・集会所・考古資料館			○	○	○	○	○	○	○	○	○	○	○	×	○
	自動車教習所		≦3000 ㎡	×	×	×	×	○	○	○	○	○	○	○	○	○
			>3000 ㎡	×	×	×	×	×	○	○	○	○	○	○	○	○
興行	劇場・演芸場・映画館・観覧場		<200 ㎡（客席床面積）	×	×	×	×	×	×	○※4	○	○	○	×	×	○
			≧200 ㎡（客席床面積）	×	×	×	×	×	×	×	○	○	○	×	×	○※4
	博物館・美術館・水族館・植物園	≦2階	≦1500 ㎡	×	×	×	○	○	○	○	○	○	○	○	×	○
			1500 ㎡<S（※5）≦3000 ㎡	×	×	×	×	○	○	○	○	○	○	○	×	○
			>3000 ㎡	×	×	×	×	×	○※4	○※4	○	○	○※4	○	×	○※4
		≧3階	≦3000 ㎡	×	×	×	×	○	○	○	○	○	○	○	×	○
			>3000 ㎡	×	×	×	×	×	○※4	○※4	○	○	○※4	○	×	○※4
	ダンスホール			×	×	×	×	×	×	×	○	○	○	○	×	○
	ヌードスタジオ・のぞき劇場・ストリップ劇場			×	×	×	×	×	×	×	×	○	○	×	×	○
遊技等	カラオケボックス等			×	×	×	×	×	○※4	○※4	○	○	○※4	○	○	○※4
	マージャン屋・パチンコ屋・射的場・勝馬投票券発売所・場外車券売場・モーターボート競走の場外車券売場			×	×	×	×	×	○※4	○※4	○	○	○※4	○	×	○※4
運動	ゴルフ練習場・ボウリング場・スケート場・水泳場・スキー場・バッティング練習場		≦3000 ㎡	×	×	×	×	○	○	○	○	○	○	○	○	○
			>3000 ㎡（※4）	×	×	×	×	×	○	○	○	○	○	○	○	○
	体育館・テニス練習場	≦2階	≦1500 ㎡	×	×	×	○	○	○	○	○	○	○	○	○	○
			≦3000 ㎡	×	×	×	×	○	○	○	○	○	○	○	○	○
			>3000 ㎡	×	×	×	×	×	○	○	○	○	○	○	○	○
		≧3階	≦3000 ㎡	×	×	×	×	○	○	○	○	○	○	○	○	○
			>3000 ㎡	×	×	×	×	×	○	○	○	○	○	○	○	○
寺社	神社・寺院・教会・修道院			○	○	○	○	○	○	○	○	○	○	○	○	○
公共	巡査派出所・公衆電話所			○	○	○	○	○	○	○	○	○	○	○	○	○
	郵便局（面積は延べ面積）		≦500 ㎡	○	○	○	○	○	○	○	○	○	○	○	○	○
		≦4階	>500 ㎡	×	×	○	○	○	○	○	○	○	○	○	○	○
		≧5階		×	×	×	○	○	○	○	○	○	○	○	○	○
	税務署・警察署・保健所・消防署	≦4階		×	×	○	○	○	○	○	○	○	○	○	○	○
		≧5階		×	×	×	○	○	○	○	○	○	○	○	○	○
	地方公共団体の支庁・支所（面積は延べ面積）		≦600 ㎡	○	○	○	○	○	○	○	○	○	○	○	○	○
		≦4階	>600 ㎡	×	×	○	○	○	○	○	○	○	○	○	○	○
		≧5階		×	×	×	○	○	○	○	○	○	○	○	○	○
	公益上必要な施設（電気・ガス・水道・下水道等の施設）			○	○	○	○	○	○	○	○	○	○	○	○	○
	路線バスの上屋、近隣居住者用の公園内の公衆便所、休憩所			○	○	○	○	○	○	○	○	○	○	○	○	○

○：建築可　×：建築不可　△：物品販売は禁止

※4　大規模集客施設（床面積>1万㎡の店舗・映画館・アミューズメント施設・展示場等）は、原則、建築不可。但し、開発整備促進区で地区整備計画が定められた区域内で、地区整備計画の内容に適合し、特定行政庁が認めたものは立地可能

※5　当該用途部分の床面積の合計

表2-Ⅰ-1　用途地域による用途制限（つづき）

⑤　用途規制─ 倉庫・工場・危険物・規模制限

分類	建築物の用途	用途に供する階	用途に供する床面積	第1種低層住専	第2種低層住専	第1種中高層住専	第2種中高層住専	第1種住居	第2種住居	準住居	近隣商業	商業	準工業	工業	工業専用	無指定
倉庫	一般倉庫（自己使用・貸倉庫・トランクルーム等）	≦2階	≦1500㎡	×	×	×	○	○	○	○	○	○	○	○	○	○
			≦3000㎡	×	×	×	×	○	○	○	○	○	○	○	○	○
			＞3000㎡	×	×	×	×	×	○	○	○	○	○	○	○	○
		≧3階	≦3000㎡	×	×	×	×	○	○	○	○	○	○	○	○	○
			＞3000㎡	×	×	×	×	×	○	○	○	○	○	○	○	○
	倉庫業を営む倉庫			×	×	×	×	×	×	○	○	○	○	○	○	○
工場（面積は作業場の床面積）	自動車修理工場	原動機有	≦50㎡	×	×	×	×	○※6	○※6	○	○	○	○	○	○	○
			≦150㎡	×	×	×	×	×	×	○	○	○	○	○	○	○
			≦300㎡	×	×	×	×	×	×	×	○	○	○	○	○	○
			＞300㎡	×	×	×	×	×	×	×	×	×	○	○	○	○
	一般の工場（他に業態による制限有）		≦50㎡	×	×	×	×	×	×	○	○	○	○	○	○	○
		原動機無	＞50㎡	×	×	×	×	×	×	×	○	○	○	○	○	○
		原動機有	50㎡＜S（※7）≦150㎡	×	×	×	×	×	×	×	○	○	○	○	○	○
		原動機有	＞150㎡	×	×	×	×	×	×	×	×	×	○	○	○	○
	作業所（※8）付店舗	原動機有≦0.75kW	≦50㎡	○※8	○	○	○	○	○	○	○	○	○	○	○	○
			＞50㎡	×	×	×	○	○	○	○	○	○	○	○	○	○
	食品製造・加工業（※9）	原動機有≦0.75kW	≦50㎡	×	○	○	○	○	○	○	○	○	○	○	○	○
			＞50㎡	×	×	×	○	○	○	○	○	○	○	○	○	○
危険物施設	水素スタンドで圧縮水素等を貯蔵する設備			×	×	×	×	×	×	○	○	○	○	○	○	○
	火薬類・石油類・ガス等の危険物の貯蔵又は処理量が少ない施設（※10、※11）	≦2階	＜1500㎡	×	×	×	×	×	×	○	○	○	○	○	○	○
		≧3階	1500㎡＜危険物施設≦3000㎡	×	×	×	×	×	×	×	○	○	○	○	○	○
			＞3000㎡	×	×	×	×	×	×	×	×	○	○	○	○	○
	卸売市場・と畜場・火葬場・ごみ処理場・汚物処理場・その他の処理施設（産業廃棄物処理施設）			×	×	○※12	○※12	○※12	○※12	○※12	○※12	○※12	○※12	○※12	○※12	○※12
	畜舎	付属建築物	≦15㎡	○	○	○	○	○	○	○	○	○	○	○	○	○
			＞15㎡	×	×	×	○	○	○	○	○	○	○	○	○	○
			≦15㎡	×	×	×	○	○	○	○	○	○	○	○	○	○
			15㎡＜畜舎の面積≦3000㎡	×	×	×	×	○	○	○	○	○	○	○	○	○
			＞3000㎡	×	×	×	×	×	○	○	○	○	○	○	○	○
規模制限	規模制限の建築物（用途で規制されない一定の建築物）	≦2階	≦1500㎡	×	×	×	×	×	○	○	○	○	○	○	○	○
			≦3000㎡	×	×	×	×	×	○	○	○	○	○	○	○	○
			＞3000㎡	×	×	×	×	×	○	○	○	○	○	○	○	○
		≧3階	≦3000㎡	×	×	×	×	×	○	○	○	○	○	○	○	○
			＞3000㎡	×	×	×	×	×	○	○	○	○	○	○	○	○

○：建築可　×：建築不可　△：物品販売店舗・飲食店は禁止
※6　空気圧縮機（原動機の出力の合計＞1.5kW）を使用しないこと　※7　S：作業場の床面積の合計
※8　サービス店：洋服店・畳屋・建具屋・自転車店・家庭電気器具店等、自家販売の食品製造・加工業等：パン屋・米屋・豆腐屋・菓子屋等、美術工芸品の製作アトリエ・工房で兼用住宅店
※9　パン屋・米屋・豆腐屋・菓子屋・自家販売の為の製造等
※10　用途地域において制限される危険物の数量は令130条の9に従う
※11　燃料電池自動車用の水素スタンドに貯蔵する圧縮ガス、液化ガスを除く
※12　都市計画によって位置が決定しているもの。但し、特定行政庁の許可があり、一定範囲以内の新築、増築、用途変更については緩和あり（令130条の2の2、130条の2の3）

表2-Ⅰ-1　用途地域による用途制限（つづき）

⑥ 用途規制 — 車庫

分類	建築物の用途	規模制限 用途に供する階	規模制限 用途に供する床面積 A:建築物車庫の床面積 B:工作物車庫の築造面積	第1種低層住専	第2種低層住専	第1種中高層住専	第2種中高層住専	第1種住居	第2種住居	準住居	近隣商業	商業	準工業	工業	工業専用	無指定
建築物車庫	独立車庫	≦2階	A≦300㎡	×	×	○	○	○	○	○	○	○	○	○	○	○
		≦2階	300㎡<A	×	×	×	×	×	×	○	○	○	○	○	○	○
		≧3階		×	×	×	×	×	×	○	○	○	○	○	○	○
	附属車庫（主たる用途：第1種低層住専～第1種中高層住専許容建築物）[例：共同住宅]	地階1階	A≦300㎡	△※12	△※12	○	○	○	○	○	○	○	○	○	○	○
		地階1階	300㎡<A≦600㎡	△※12	△※12	△※13	△※13	△※14	△※14	○	○	○	○	○	○	○
		地階1階	600㎡<A≦3000㎡	×	×	△※13	△※13	△※14	△※14	○	○	○	○	○	○	○
		地階1階	3000㎡<A	×	×	×	×	△※14	△※14	○	○	○	○	○	○	○
		2階	A≦300㎡	×	×	○	○	○	○	○	○	○	○	○	○	○
		2階	300㎡<A≦3000㎡	×	×	△※13	△※13	△※14	△※14	○	○	○	○	○	○	○
		2階	3000㎡<A	×	×	×	×	△※14	△※14	○	○	○	○	○	○	○
		≧3階		×	×	×	×	×	×	○	○	○	○	○	○	○
	附属車庫（主たる用途：第1種中高層住専禁止建築物）[例：事務所]	≦2階	A≦300㎡	×	×	×	○	○	○	○	○	○	○	○	○	○
		≦2階	300㎡<A≦1500㎡	×	×	×	△※13	△※14	△※14	○	○	○	○	○	○	○
		≦2階	1500㎡<A≦3000㎡	×	×	×	×	△※14	△※14	○	○	○	○	○	○	○
		≦2階	3000㎡<A	×	×	×	×	×	△※14	○	○	○	○	○	○	○
		≧3階		×	×	×	×	×	×	○	○	○	○	○	○	○
工作物車庫	独立車庫		B≦50㎡	○	○	○	○	○	○	○	○	○	○	○	○	○
			50㎡<B≦300㎡	×	×	○	○	○	○	○	○	○	○	○	○	○
			300㎡<B	×	×	×	×	×	×	○	○	○	○	○	○	○
	附属車庫（主たる用途：第1種低層住専～第1種中高層住専許容建築物）[例：共同住宅]		B≦50㎡	○	○	○	○	○	○	○	○	○	○	○	○	○
			50㎡<B≦300㎡	△※13	△※13	○	○	○	○	○	○	○	○	○	○	○
			300㎡<B≦600㎡	△※13	△※13	△※13	△※13	△※14	△※14	○	○	○	○	○	○	○
			600㎡<B≦3000㎡	×	×	△※13	△※13	△※14	△※14	○	○	○	○	○	○	○
			3000㎡<B	×	×	×	×	△※14	△※14	○	○	○	○	○	○	○
	附属車庫（主たる用途：第1種中高層住専禁止建築物）[例：事務所]		B≦300㎡	×	×	×	○	○	○	○	○	○	○	○	○	○
			300㎡<B≦1500㎡	×	×	×	△※13	△※14	△※14	○	○	○	○	○	○	○
			1500㎡<B≦3000㎡	×	×	×	×	△※14	△※14	○	○	○	○	○	○	○
			3000㎡<B	×	×	×	×	×	△※14	○	○	○	○	○	○	○

○：建築可　×：建築不可　△：物品販売は禁止

	附属の条件	車庫以外の床面積（S）	工作物車庫の面積	各床面積の関係	適用条項
△※12	第1種低層住専許容建築物の附属 第2種低層住専許容建築物の附属	S≦600㎡	かつB≦50㎡	A≦S	令130条の5 第1・3号
		S≦600㎡	かつB>50㎡	A+B≦S	
		S>600㎡	かつB≦50㎡	A≦600㎡	
		S>600㎡	かつB>50㎡	A+B≦600㎡	
△※13	第1種中高層住専許容建築物の附属 第2種中高層住専許容建築物の附属	S≦3000㎡	かつB≦300㎡	A≦S	令130条の5の5 第2・3号
		S≦3000㎡	かつB>300㎡	A+B≦S	
		S>3000㎡	かつB≦300㎡	A≦3000㎡	
		S>3000㎡	かつB>300㎡	A+B≦3000㎡	
△※14	第1種住居許容建築物の附属 第2種住居許容建築物の附属	S（制限なし）	—	A+B≦S	令130条の8 第1号

1. 住居系用途地域の用途規制について

第2種中高層住居専用地域内には、「第1種中高層住居専用地域に建築できない建築物」は、2階以下かつ、その用途に供する部分の床面積の合計が1500㎡以下としなければならない（政令で定めるものは除く）。

但し、次の点に注意すること。

(1) 1500㎡以下の考え方において、第1種中高層住居専用地域内に建築できない建物用途が2以上ある場合は、各々の用途に供する部分の床面積の合計が規制される。

図2-Ⅰ-1　2種中高層住居専用地域内の用途規制の考え方

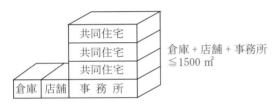

(2) 車庫については、附属車庫であるものを含めて3000㎡以下の規制をうけ、かつ延べ面積の合計の1/2以内としなければならない。

(3) 「政令で定めるもの」とは政令が未制定であるが、改正前の令130条の7の2及び同7の3に関して、この政令の中の「その他これらに類するもの」について、下記の通達（S52.10.31通達778号中の第3〔抜粋〕）が示されている。

S52.10.31　通達778号　第3〔抜粋〕

1. 大学、高等専門学校、専修学校その他これらに類するもの。

   教育施設、研究施設その他の教育文化施設で2種住専の居住環境を害するおそれの少ないもの。具体的には、各種学校、職業訓練校、研修所、学術の研究所等が含まれるが、騒音の発生等により、近隣の居住環境を害するおそれのある用途が主たる場合の建築物は除かれる。

2. 老人福祉センター、児童厚生施設、精神薄弱児通園施設その他これらに類するもの。

   社会福祉事業法第2条に定義される社会福祉事業の用に供する施設のうち、集会施設及び通園施設の類を指す。宿泊施設の類については、養老院に類するものとして1種住専内に建築可能である。

3. 税務署、郵便局、警察署、保健所、消防署その他これらに類するもの。公共性を有する建築物のうち、近隣住民のサービスのため必要な建築物であること。したがって、管理機能が中心である都道府県の本庁等はこれに含まれないが、近隣住民へのサービス機能が中心であるもの、たとえば、町村の庁舎又はこれに準ずる市の庁舎でサービス範囲の小さなものはこれに含まれる。

２．卸売市場、火葬場等の制限

（法51条、令130条の2）

⑴　基本的には、都市計画で位置を決定する。

⑵　都市計画上支障がないと都市計画審議会の議を経て認められた場合は、特定行政庁の許可により建築可能となる（法51条の許可）。

⑶　表2-Ⅰ-2に掲げる小規模なものに限り許可なしで建築可能

表2-Ⅰ-2　小規模な卸売市場等の緩和

種類	新築、増築、用途変更（増築、用途変更は右欄の法51条の許可を受けたもの又は既存不適格のもの以外）		①又は②に該当する増築及び用途変更※3	
卸売市場	1種・2種低層住専 1種・2種中高層住専 1種・2種住居 工業専用	不　可	①法51条の許可を受けたもの	基準時の延べ面積の1.5倍以下又は、延べ面積750㎡以下
	準住居 近隣商業 商業 準工業 工業	延べ面積の合計が500㎡以下のもの	②既存不適格のもの	基準時の延べ面積の1.5倍以下又は、延べ面積750㎡以下
と蓄場 火葬場	不　可		①法51条の許可を受けたもの	許可時の延べ面積の1.5倍以下又は、延べ面積750㎡以下
			②既存不適格のもの	基準時の延べ面積の1.5倍以下又は、延べ面積750㎡以下
汚物処理場 焼却場	処理能力3000人以下（一団地の住宅施設内は10000人以下）		①法51条の許可を受けたもの	許可時の処理能力の1.5倍以下、又4500人以下（一団地の住宅施設内は15000人以下）
			②既存不適格（※2）のもの	基準時の処理能力の1.5倍以下、又は4500人以下（一団地の住宅施設内は15000人以下）
ごみ処理施設 （ごみ焼却場を除く）	処理能力5ｔ/日以上		①法51条の許可を受けたもの	許可時の処理能力の1.5倍以下、又は4500人以下（一団地の住宅施設内は15000人以下）
			②既存不適格（※2）のもの	基準時（※1）の処理能力の1.5倍以下、又は4500人以下（一団地の住宅施設内は15000人以下）
産業廃棄物※処理施設 ※廃棄物の処理及び清掃に関する法律第2条4項に規定する産業廃棄物をいう	1日当たりの処理能力が表2-Ⅰ-3に定める数値以下のもの 工業、工業専用地域に限られる。 第1種・第2種低層住専、第1種・第2種中高層住専、第1種・第2種住居・準住居、近隣商業、商業、準工業地域では不可		①法51条の許可を受けたもの	許可時の処理能力の1.5倍以下、又は処理施設ごとの処理能力の1.5倍以下
			②既存不適格※2のもの	基準時（※1）の処理能力の1.5倍以下、又は処理施設ごとの処理能力の1.5倍以下

（延べ面積の合計・処理能力は、増築又は用途変更の場合にあっては増築後又は用途変更後のもの）
※1　基準時：はじめて法51条の規定を受けるに至った時点
※2　既存不適格：法3条2項の規定により、法51条の規定の適用を受けない建築物
※3　特定行政庁が表中の規模の範囲内で別に規模を定めている場合は、その規模以下とする

表2-Ⅰ-3 工業、工業専用地域で許容される産業廃棄物処理施設

産業廃棄物処理施設	許容される1日あたりの処理能力
イ 汚泥の脱水施設	30 ㎥以下
ロ 汚泥の乾燥施設（ハを除く）	20 ㎥以下
ハ 汚泥の天日乾燥施設	120 ㎥以下
ニ 汚泥（PCB 処理物を除く）の焼却施設	10 ㎥以下
ホ 廃油の油水分離施設	30 ㎥以下
ヘ 廃油（廃 PCB 等を除く）の焼却施設	4 ㎥以下
ト 廃酸または廃アルカリの中和施設	60 ㎥以下
チ 廃プラスチック類の破砕施設	6 t 以下
リ 廃プラスチック類（PCB 汚染物または PCB 処理物を除く）の焼却施設	1 t 以下
ヌ 木くず、がれき類の破砕施設	100t 以下
ル 汚泥のコンクリート固型化施設	4 ㎥以下
ヲ 水銀またはその化合物を含む汚泥のばい焼施設	6 ㎥以下
ワ 汚泥、廃酸または廃アルカリに含まれるシアン化合物の分解施設	8 ㎥以下
カ 廃 PCB 等、PCB 汚染物または PCB 処理物の焼却施設	0.2t 以下
ヨ 廃 PCB または PCB 処理物の分解施設	0.2t 以下
タ PCB 汚染物または PCB 処理物の洗浄施設または分離施設	0.2t 以下
レ 産業廃棄物の焼却施設（ニ、ヘ、リ、カを除く）	6 t 以下

3. 各用途地域において許可を要しない危険物の数量

（令130条の9、令116条（危険物の数量））

⑴ 下記①、②は制限なし

① 土木工事又はその他の事業において一時的に使用するためにその事業中、臨時に貯蔵する危険物の数量の限度

② 支燃性又は不燃性の圧縮ガス又は液化ガスの数量の限度

⑵ 表2-Ⅰ-4に掲げる危険物の2種類以上を、同一の建築物に貯蔵しようとする場合においては、危険物の貯蔵・取扱量数値を危険物の指定数量で除し、それらの合計の指定数量の倍数が1未満である場合は、許可は不要だが市町村の条例で規制されることがあるため特定行政庁に確認されたい（準住居、商業地域における火薬類の貯蔵については、品目別の貯蔵量とし、数量の換算は行わない）。

$$\frac{\text{Aの貯蔵・取扱量}}{\text{Aの指定数量}} + \frac{\text{Bの貯蔵・取扱量}}{\text{Bの指定数量}}$$

$$+ \frac{\text{Cの貯蔵・取扱量}}{\text{Cの指定数量}} = \text{指定数量の倍数}$$

指定数量の倍数が1以上の場合、当該場所は指定数量以上の危険物を貯蔵し、又は取扱っているものとみなされるため、許可が必要となる。

表2-Ⅰ-4　各用途地域において許可を要しない危険物の数量（令130条の9）

		危　険　物	性　質	準住居	商　業	準工業
(一)	火薬類	火薬		20 kg	50 kg	20 t
		爆薬		0	25 kg	10 t
		工業雷管、電気雷管、信号雷管		0	1 万個	250 万個
		銃用雷管		3 万個	10 万個	2500 万個
		実包、空包		2000 個	3 万個	1000 万個
		信管、火管		0	3 万個	50 万個
		導爆線		0	1.5 km	500 km
		導火線		1 km	5 km	2500 km
		電気導火線		0	3 万個	10 万個
		信号炎管、信号火箭、煙火		25 kg	2 t	2 t
		その他の火薬又は爆薬を使用した火工品		当該火工品の原料をなす火薬又は爆薬の数量に応じて、火薬又は爆薬の数量のそれぞれの限度による		
(二)	ガス類	マッチ		15 マッチトン	30 マッチトン	150 マッチトン
		液化ガス		3.5 t	7 t	35 t
		圧縮ガス		350 ㎥	700 ㎥	3500 ㎥
		可燃性ガス		35 ㎥	70 ㎥	350 ㎥
		注）圧縮ガス、可燃性ガスについては容積の数値は 0℃、760mmhg の場合の数値				
(三)	第一石油類 引火点21度未満	原油・ベンジン・ガソリン・キハツ油・ラッカーシンナー・絶縁ワニス用アルコール系シンナー・ソルベントナフサ・タール軽油・ミネラルスピリツリト・リグロイン	非水溶性 ※1	1 kℓ （3 kℓ）※3	2 kℓ （6 kℓ）※4	10 kℓ
			水溶性 ※2	2 kℓ （6 kℓ）	4 kℓ （12 kℓ）	20 kℓ
				（地下貯蔵槽の場合5 万ℓ）		
	第二石油類 引火点21度以上70度未満	燈油・軽油・ディーゼル油・タール中油・ガス油・酒精塗料・石油系シンナー・硝化綿クリヤラッカー・硝化綿ラッカーエナメル・硝化綿下地塗料・アスファルトプライマー・リターダーシンナー・合成樹脂塗料用シンナー・剥離剤・グラビヤ印刷インキ．・絶縁ワニス	非水溶性	5 kℓ （15 kℓ）	10 kℓ （30 kℓ）	50 kℓ
			水溶性	10 kℓ （30 kℓ）	20 kℓ （60 kℓ）	100 kℓ
				（地下貯蔵槽の場合は数量制限なし）		
	第三石油類 引火点70度以上200度未満	重油・モビール油・潤滑油・流動パラフィン・クレオソート油等のタール油・油性下地塗料・油エナメル・油ワニス・合成樹脂エナメル塗料・油性フェノール樹脂ワニス・瀝青ワニス・液状ドライヤー・スピンドル油・トランス油・耐寒油・時計油・ミシン油・タイプライター油・シリンダー油・焼入油・切削油	非水溶性	1 万kℓ （3 万kℓ）	2 万kℓ （6 万kℓ）	10 万kℓ
			水溶性	2 万kℓ （6 万kℓ）	4 万kℓ （12 万kℓ）	20 万kℓ
				（地下貯蔵漕の場合は数量制限なし）		
	第四石油類 引火点200度以上250度未満	ギヤー油・シリンダー油・合成樹脂可塑剤・印刷用ワニス・ポリエーテル等		3 万kℓ （9 万kℓ）	6 万kℓ （18 万kℓ）	30 万kℓ
				（地下貯蔵漕の場合は数量制限なし）		

表2-Ⅰ-4　各用途地域において許可を要しない危険物の数量（令130条の9）つづき

危　険　物		性　質	準住居	商　業	準工業
第一類	塩素酸塩類 過塩素酸塩類 無機過酸化物 亜塩素酸塩類 臭素酸塩類 硝酸塩類 よう素酸塩類 過マンガン酸塩類 重クロム酸塩類 その他のもので政令で定めるもの 前各号のいずれかを含有するもの	第一種酸化性固体	50 kg (150 kg)※3	100 kg (300 kg)※5	1 t (2.5 t)※6
		第二種酸化性固体	300 kg (900 kg)	600 kg (1800 kg)	6 t (15 t)
		第三種酸化性固体	1 t (3 t)	2 t (6 t)	20 t (50 t)
第二類	硫化りん		100 kg (300 kg)※3	200 kg (600 kg)※5	2 t (5 t)※6
	赤りん		100 kg (300 kg)	200 kg (600 kg)	2 t (5 t)
	硫黄		100 kg (300 kg)	200 kg (600 kg)	2 t (5 t)
	鉄粉		500 kg (1500 kg)	1000 kg (3000 kg)	10 t (25 t)
	金属粉 マグネシウム その他のもので政令で定めるもの 前各号のいずれかを含有するもの	第一種可燃性固体	100 kg (300 kg)	200 kg (600 kg)	2 t (5 t)
		第二種可燃性固体	500 kg (1500 kg)	1000 kg (3000 kg)	10 t (25 t)
	引火性固体		1 t (3 t)	2 t (6 t)	20 t (50 t)
第三類	カリウム		10 kg (30 kg)	20 kg (60 kg)	200 kg (500 kg)
	ナトリウム		10 kg (30 kg)	20 kg (60 kg)	200 kg (500 kg)
	アルキルアルミニウム		10 kg (30 kg)	20 kg (60 kg)	200 kg (500 kg)
	アルキルリチウム		10 kg (30 kg)	20 kg (60 kg)	200 kg (500 kg)
	黄りん		20 kg (60 kg)	40 kg (120 kg)	400 kg (1000 kg)
	アルカリ金属（カリウム及びナトリウムを除く）及びアルカリ土類金属 有機金属化合物（アルキルアルミニウム及びアルキルリチウムを除く） 金属の水素化物 金属のりん化物 カルシウム及びアルミニウムの炭化物 その他のもので政令で定めるもの 前各号のいずれかを含有するもの	第一種自然発火性物質及び禁水性物質	10 kg (30 kg)	20 kg (60 kg)	200 kg (500 kg)
		第二種自然発火性物質及び禁水性物質	50 kg (150 kg)	100 kg (300 kg)	1 t (2.5 t)
		第三種自然発火性物質及び禁水性物質	300 kg (900 kg)	600 kg (1800 kg)	6 t (15 t)

表2-Ⅰ-4 各用途地域において許可を要しない危険物の数量(令130条の9)つづき

	危険物	性質	準住居	商業	準工業
(四) 第四類	特殊引火物		50ℓ (150ℓ)	100ℓ (300ℓ)	1kℓ (2.5kℓ)
	アルコール類 (地下貯蔵槽の場合5万ℓまで)		400ℓ (1200ℓ)	800ℓ (2400ℓ)	8kℓ (20kℓ)
	動植物油類		10kℓ (30kℓ)	20kℓ (60kℓ)	200kℓ (500kℓ)
第五類	有機過酸化物 硝酸エステル類 ニトロ化合物 ニトロソ化合物 アゾ化合物 ジアゾ化合物 ヒドラジンの誘導体 その他のもので政令で定めるもの 前各号のいずれかを含有するもの	第一種自己反応性物質	10kg (30kg)	20kg (60kg)	200kg (500kg)
		第二種自己反応性物質	100kg (300kg)	200kg (600kg)	2t (5t)
第六類	過塩素酸 過酸化水素 硝酸 その他のもので政令で定めるもの 前各号のいずれかを含有するもの		300kg (900kg)	600kg (1800kg)	6t (15t)

※1 非水溶性液体とは、水溶性液体以外のものをいう
※2 水溶性液体とは、1気圧において、20℃で同容量の純水と緩やかに混ぜた場合に、流動がおさまった後も当該混合液が均一な外観を維持するものをいう
※3 準住居における(三)、(四)欄の( )内の数字は、特定屋内貯蔵所又は第1種販売取扱所での上限
※4 商業での(三)欄の( )内の数字は、特定屋内貯蔵所、第1種販売取扱所又は第2種販売取扱所での上限
※5 商業での(四)欄の( )内の数字は、特定屋内貯蔵所又は第1種販売取扱所での上限
※6 準工業での(四)欄の( )内の数字は、特定屋内貯蔵所、第1種販売取扱所又は第2種販売取扱所での上限
特定屋内貯蔵所:屋内貯蔵所(危険物の規制に関する政令第2条第1号)のうち位置・構造等について一定の基準(H5告示1439号)に適合するもの
第1種販売取扱所:指定数量の倍数が15以下のもの
第2種販売取扱所:指定数量の倍数が15を超え、40以下のもの

●目安箱●

◆都市計画法による都市計画と用途地域◆

建築計画に大きく係ってくる用途地域と都市計画法による日本の土地利用の関係は図の様になります。日本の土地利用は、「都市計画区域」、「準都市計画区域」、「都市計画区域外」の3つに分けられています。この内、必ず用途地域が定められているのは都市計画区域内の「市街化区域」です。「市街化区域」を除く「都市計画区域」及び「準都市計画区域」は用途地域を定めることができる区域となっています。そのため、これらの区域は用途地域の指定のない区域(白地地域)となっている場合があります。

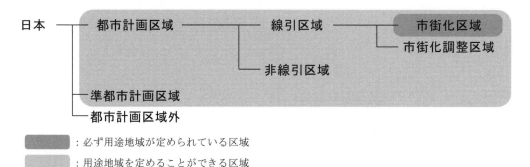

4. 用途地域制限における注意事項

表2-Ⅰ-5 用途地域制限の注意事項一覧表

敷地が2以上の用途地域にまたがる場合（法91条）	敷地の過半の属する用途地域の制限を受ける（建築物の位置には関係しない）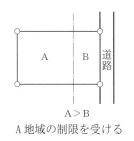A地域の制限を受ける	3以上にまたがり、いずれも過半に属さない場合の考え方には以下の2通りがある。 ①最も大きい用途地域とする考え方（Sa＞Sb＞ScならSaすなわち商業地域の適用を受ける） ②それぞれの建物用途により建てられるか否かを判断する考え方 映画館であれば、商業地域には建てられるが、1種低層住専、2種住居には建てられないためSb+Sc＞Saであれば建てられないとする考え方である。①、②のいずれの取扱いも考えられるため、特定行政庁に確認すること
用途制限に係る既存不適格建築物の制限の緩和（法86条7令137条7）	(1)増改築は基準時の敷地内であること (2)増改築後の建ぺい率、容積率は基準時の敷地面積に対して適合していること (3)増築後の床面積の合計は基準時の床面積の合計の1.2倍以内であること (4)増築後の用途制限に係る不適格部分の床面積は基準時におけるその部分の床面積の合計の1.2倍以内であること (5)増築後の不適格事由に係る原動機の出力・台数・容器等の容量は、基準時の出力・台数・容量の1.2倍以内であること (6)類似の用途（令137条の18第2項）相互間以外の用途変更を伴わないこと ※基準時とは……法3条第2項による不適格になった時期をいい 　①用途地域が新たに指定された又は変更になった時期 　②法改正が行われた時期 　のどちらかである。	
用途地域制限の例外許可（法48条1項〜8項ただし書同9項、10項）	用途地域内で禁止される用途の建築物であっても、①〜③により例外的に許可される場合がある ①用途地域指定の主旨に反しないこと ②周辺の環境や利害を害しないこと ③公益上やむを得ないこと 特定行政庁における許可事務のフロー 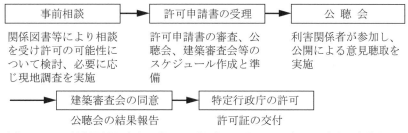公聴会：許可に利害関係を有する者の出頭を求め公開による意見の聴取を実施するもの	
特別用途地区の規制（法49条）	特別用途地区は、用途地域内において地域の特性に応じた特別の目的から土地利用の増進、環境の保護等を図るため建築規制を強化し、又は緩和することによって用途地域の制度を補完するもの。この地区内の建築の規制等に関する事項は、地方公共団体が条例で定める。したがって、特別用途地区の指定内容及び条例の規定等は当該市町村又は特定行政庁で調べる必要がある	

2 外壁の後退(法54条、令135条の20)

　第1種・第2種低層住居専用地域内のみに定められている制限で、敷地境界線から外壁又はこれに代わる柱の面までは1m又は1.5m以上離れなければならない（軒、庇は対象外）。

　なお、第1種・第2種低層住居専用地域でも、都市計画で指定がない場合は制約がない。又、緩和措置として図2-Ⅰ-2の部分は下記に示す場合のみ制限を受けない。

図2-Ⅰ-2　外壁後退の緩和部分

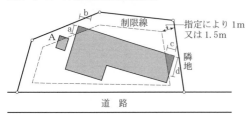

① 外壁又はこれに代わる柱の中心線の長さの合計（a＋b＋c＋d）が3m以下の場合
② 物置等の用途のもの（図中A）で、軒高が2.3m以下、床面積が5㎡以下の場合
※ 但し、取扱いについては特定行政庁と十分に協議する。

3 用途地域の指定のない区域内における規制

（法52条1項、53条1項、56条の2第1項、別表第4）

　用途地域の指定のない区域とは、都市計画区域内で用途地域の指定のされていない区域であって、線引都市計画区域の中の市街化調整区域、未線引都市計画区域内の用途地域未指定地域（白地地域）をいう。

　これらの区域でも、用途地域が指定されている区域と同様、容積率、建ぺい率、道路斜線、隣地斜線等の形態規制を受ける。さらに特定行政庁が都市計画審議会の議を経て指定する区域内では、容積率、建ぺい率、日影規制の制限が強化される。

表2-Ⅰ-6　用途地域の指定のない区域内での規制

容積率（％）	50、80、100、200、300、400	
前面道路の幅員による容積率の制限	6/10（但し特定行政庁が指定する区域内で4/10、8/10のいずれか）	
建ぺい率（％）	30、40、50、60、70	
日影規制	高さ10mを超える建築物の平均地盤面から4m以上の部分について	
	敷地境界線からの水平距離が10m以内の範囲における日影時間	敷地境界線からの水平距離が10mを超える範囲における日影時間
(一)	3時間（道の区域内にあっては2時間）	2時間（道の区域内にあっては1.5時間）
(二)	4時間（道の区域内にあっては3時間）	2.5時間（道の区域内にあっては2時間）
(三)	5時間（道の区域内にあっては4時間）	3時間（道の区域内にあっては2.5時間）

※ 道路斜線　1.25又は1.5より特定行政庁が指定
　 隣地斜線　1.25又は2.5より特定行政庁が指定

4 低層住居専用地域の敷地面積の最低限度(法53条の2)

表2-Ⅰ-7　低層住居専用地域の敷地面積の最低限度

敷地面積の最低限度	200㎡以下の数値で定める
適用除外の敷地	①建ぺい率が8/10の地域内で、かつ、防火地域内の耐火建築物 ②公衆便所、巡査派出所等公益上必要なもの ③その敷地の周囲に広い公園、道路その他の空地を有する建築物で、特定行政庁が市街地の環境を害するおそれがないと認めて許可したもの ④特定行政庁が用途上又は構造上やむを得ないと認め許可したもの
既存不適格敷地の扱い	次のいずれかの既存不適格敷地で、その全部を1つの敷地として使用する場合（敷地分割しないもの）は敷地面積の最低限度の適用はない ①従前から建築物の敷地として使用されている敷地 ②従前から所有権等の権利を有する土地

5 都市計画区域外の規制

（法68条の9、令136条の2の9）

　都市計画区域外であっても、都道府県知事が関係市町村の意見を聴いて、その地域の全部もしくは一部について指定する区域内では、地方公共団体が条例によって、制限を定めることができる。

表2-Ⅰ-8　都市計画区域外で条例で指定できる建築規制

No.	条例で指定できる規制	規 制 の 限 度
1	建築物（敷地）と道路との関係	接道長さを2mより厳しくするなど、法43～45条に定める制限より厳しい制限は不可
2	容 積 率	50%より厳しい制限は不可
3	建 ぺ い 率	30%より厳しい制限は不可
4	建築物の絶対高さ	通常の2階建が可能な高さを下限とする
5	道 路 斜 線	法別表第3、第5項の制限より厳しいものは不可
6	隣 地 斜 線	法56条1項2号ニの制限より厳しいものは不可
7	日 影 規 制	法56条の2、法別表第4の第4項の制限より厳しいものは不可

※　既存建築物または現に施工中である建築物については、緩和規定を定める義務あり
　学校等公益上必要な建築物で、用途上又は構造上やむを得ないものについては、適用除外の規定を定める義務あり

6 敷地が2以上の地域、地区にまたがる場合の規制

表2-Ⅰ-9　2以上の地域地区にまたがる場合の各種規制の考え方

敷地の過半の属する地域等の制限によるもの	用途地域制限 採光斜線（採光上有効な部分の算定）
敷地面積の加重平均によるもの	容積率制限　建ぺい率制限
敷地の各部分ごとの制限によるもの	道路斜線制限　隣地斜線制限　北側斜線制限 外壁後退距離　絶対高さ制限 高度地区制限（但し、地方公共団体で別の定めをしている場合有り） 日影規制制限（対象区域ごとの制限による）
建築物がその地域内にあれば全てその制限によるもの	22条指定区域 防火、準防火地域内の制限

Ⅱ　防火に関する規定

1　構造制限　（構造制限には、特殊建築物としての制限の他、防火地域等からの制限の2種類がある）

1．特殊建築物の構造制限　（法27条、別表第1、令115条の3～令116条）

表2-Ⅱ-1　特殊建築物の構造制限

	用　　途	（い） （い）欄の用途に供する部分	（ろ） （い）欄の用途に供する部分 （一項の場合にあっては客席、(二)項及四項の場合にあっては2階、(五)項の場合にあっては3階以上の部分に限りかつ、病院及び診療所についてはその部分に患者の収容施設がある場合に限る）の床面積の合計
（一）	劇場、映画館、演芸場、観覧場、公会堂、集会場	3階以上の階	客席 200m² 以上 （屋外 1000m² 以上）
		劇場、映画館、演芸場で、主階が1階にないもの	
（二）	病院、診療所（収容有）、ホテル、旅館下宿、共同住宅、寄宿舎、児童福祉施設等 （幼保連携型認定こども園を含む）	3階以上の階	
		――――	2階以上 300m² 以上
		地階を除く階数が3で、3階を下宿・共同住宅・寄宿舎の用途に供するもの （防火地域以外に限る）	――――
（三）	学校、体育館、博物館、美術館、図書館、ボーリング場、スキー場、スケート場、水泳場、スポーツの練習場	3階以上の階	――――
		――――	2000m² 以上
		地階を除く階数が3で、3階を（い）欄の用途に供するもの	――――
（四）	百貨店、マーケット、展示場、キャバレー、カフェ、ナイトクラブ、バー、ダンスホール、遊技場、公衆浴場、待合、料理店、飲食店、物販店舗で床面積が10㎡を超えるもの	3階以上の階	――――
		――――	2階以上 500m² 以上
		3000m² 以上	――――
（五）	倉　　庫	――――	3階以上 200m² 以上
		――――	――――
（六）	自動車車庫、自動車修理工場、映画スタジオ、テレビスタジオ	3階以上の階	――――
（七）	危険物の貯蔵又は処理工場の用途に供するもの	危険物の数量が政令で定め限度を超えるもの （令116条）	――――

床面積については、その用途に供する部分の床面積の合計をいう

※1 児童福祉施設等とは、児童福祉施設、助産所、身体障害者社会参加支援施設（補装具製作施設及び視聴覚障害者情報提供施設を除く）保護施設（医療保護施設を除く）婦人保護施設、老人福祉施設、有料老人ホーム、母子保健施設、障害者支援施設、地域活動支援センター、福祉ホーム、障害福祉サービス事業（生活介護、自立訓練、就労移行支援又は就労継続支援を行う事業に限る）の用に供する施設、又は障害者自立支援法附則41条1項、48条若しくは58条1項の規定により、なお従前の例により運営をすることができることとされた同法附則41条1項に規定する身体障害者更生援護施設、同法附則48条に規定する精神障害者社会復帰施設、若しくは同法附則第58条第1項に規定する知的障害者援護施設が該当する（令第19条第1項）

		(に)		
		(い) 欄の用途に供する部分の床面積の合計	耐火・準耐火の要求（主要構造部）	延焼のおそれのある部分
(一)		――――	耐火建築物又は耐火構造建築物（耐火建築物又は耐火性能検証法）	
		――――		
(二)		――――	耐火建築物又は耐火構造建築物（耐火建築物又は耐火性能検証法）	
		――――	準耐火建築物（ロ準耐1・2）（45分準耐火構造）又は特定避難時間倒壊等防止建築物	
		――――	準耐火建築物（1時間準耐火構造）又は特定避難時間倒壊等防止建築物	
(三)		――――	耐火建築物又は耐火構造建築物（耐火建築物又は耐火性能検証法）	法2条9項の2ロに規定する防火設備（片面20分の屋内への遮炎性のある防火設備）
		――――	準耐火建築物（ロ準耐1・2）（45分準耐火構造）又は特定避難時間倒壊等防止建築物	
		――――	準耐火建築物（1時間準耐火構造）又は特定避難時間倒壊等防止建築物	
(四)		――――	耐火建築物又は耐火構造建築物（耐火建築物又は耐火性能検証法）	
		――――	準耐火建築物（ロ準耐1・2）（45分準耐火構造）又は特定避難時間倒壊等防止建築物	
		――――	耐火建築物又は耐火構造建築物（耐火建築物又は耐火性能検証法）	
(五)		――――	耐火建築物	法2条9項の2ロに規定する防火設備（片面20分の屋内への遮炎性のある防火設備）
		1500m² 以上	準耐火建築物（イ準耐・ロ準耐1・2）	
(六)		――――	耐火建築物	
		1500m² 以上	準耐火建築物（イ準耐・ロ準耐1・2）	
(七)		――――	準耐火建築物	

※2 法別表第2（と）項4号に規定する危険物
※3 予備校の内、学校法人法に基づき認可されたものは学校に含む。結婚式場、葬祭場・セレモニーホールについては集会場扱いされる場合が多いため、その使用形態により特定行政庁等にその用途を確認すること。ソーホー（SOHO）は「トイレ・流し台・浴室」を備えている場合は「共同住宅」とし、それ以外は「事務所」とする

2．防火地域以外の3階建共同住宅等の基準

（法27条、H27.2.23告示255号）

　防火地域以外の3階建共同住宅、寄宿舎又は下宿の用途に供する建築物は、準耐火建築物（法2条9号の3イに該当するもの）で、令115条の2の2に定める技術的基準を満たすもの（木造も含む）とすることができる。

表2-Ⅱ-2　防火地域以外の3階建共同住宅等の基準

	技術的指針基準
階数	3（地階を除く）
用途の制限等	3階の用途を共同住宅、下宿または寄宿舎に供するもの（3階の一部を法別表第1（い）欄の特殊建築物の用途に供する物を除く）
構造の制限	壁（耐力壁である間仕切壁及び外壁）、柱、床、梁、および軒裏等については、耐火時間が1時間で大臣が定めた構造方法又は大臣の認定を受けたもの（H12.5.26告示1380号）
避難に係る規定	⑴　共同住宅の各住戸、下宿の各宿泊室または寄宿舎の各寝室（各住戸等という。）に避難上有効なバルコニーを設けること※1 ⑵　建築物の周囲（道に接する部分を除く）に幅員が3m以上の通路（敷地に接する道まで達するものに限る。）が設けられていること※2 ⑶　3階の各住戸等の外壁面（各住戸等から地上に通ずる廊下、階段等に面するものを除く）に開口部（直径1mの円が内接する窓、幅と高さがそれぞれ75cm、1.2m以上の窓）が、道又は道に通ずる幅員4m以上の通路等に面して設けられていること ※1　各住戸等から地上に通ずる廊下、階段その他の通路が直接外気に開放され、各住戸の通路に面する開口部に法2条9号の2ロに規定する防火設備がある場合 ※2　次の基準に適合しているもの 　①　各住戸等に避難上有効なバルコニー等が設けられていること 　②　各住戸等から地上に通ずる主たる廊下、階段その他の通路が、直接外気に開放されたものであり、かつ、各住戸等の当該通路に面する開口部に法第2条9号の2ロに規定する防火設備が設けられていること 　③　外壁の開口部から上階に開口部へ延焼するおそれがある場合は、当該外壁の開口部の上部に庇等が、防火上有効に設けられていること（H12.5.26告示1381号）
防火上の制限 （準防火地域内の場合のみ）	3階の各住戸等（メゾネット型の各住戸等で階数が2以上のものは2階以下の階の部分を含む。）の外壁の開口部および当該各住戸等以外の部分に面する開口部に法2条9号の2ロに規定する防火設備が設けられていること 次の基準に適合しているもの ・外壁の開口部及び直接外気に開放された廊下、階段その他の通路に面する開口部が、各住戸等以外の開口部から90cm以上離れていること ・各住戸等以外の部分の開口部と50cm以上突出した庇、そで壁等で防火上有効に遮られている場合は防火戸を設けなくてよい

３．防火地域等の構造制限

（法22条、61条〜67条）

（1）防火、準防火地域の制限

表2-Ⅱ-3　防火、準防火地域内の構造制限

防火地域の制限			準防火地域の制限		
対　象		構造	対　象		構造
①	地階を含む階数が3以上又は延べ面積が100㎡以上を超える建築物（法61条）	耐火建築物	①	地階を除く階数が4以上又は延べ面積が1500㎡を超える建築物（法62条1項）	但し、主要構造部が不燃材料で造られた卸売市場の上家又は機械製作工場の類を除く	耐火建築物
②	≦2階　S≦100㎡　その他の建築物（法61条）	但し③を除く　耐火建築物又は準耐火建築物	②	地階を除く階数が3又は延べ面積500㎡を超え1500㎡以下の建築物（法62条1項）		耐火建築物、又は準耐火建築物　地階を除く階数が3のもので、一定の防火措置を講じた建築物も可（次項※参照）
③	1. 外壁及び軒裏が防火構造で延べ面積50㎡以内の平家建附属建築物（法61条1号） 2. 主要構造部が不燃材料で造られた卸売市場の上家又は機械製作工場の類（特定行政庁確認要）（法61条2号） 3. 不燃材料で造り又はおおわれた高さ2mを超える門及び塀（法61条3号） 4. 高さ2m以下の門及び塀（法61条4号）	制限なし	③	①、②以外の木造建築物	外壁及び軒裏で延焼のおそれのある部分（法62条1項）	防火構造
					高さ2mを超える附属の門又は塀で延焼のおそれのある部分（法62条1項）	不燃材料で造るか、覆う

※機械製作工場とは機械による製作を行っている工場ということでなく、製作している製品が機械類や金属製品・部品ということであるので注意すること

その他の制限（防火・準防火地域内の屋根・外壁の開口部）

イ　耐火構造又は準耐火構造でない屋根は不燃材料で造り又はふくこと
　　・市街地における通常の火災による火の粉により、防火上有害な発炎をしないものとする
　　・屋内に達する防火上有害な溶融、亀裂等の損傷が生じないものとする
　　　防火地域と準防火地域内はすべての建築物で延焼のおそれのある部分にある外壁の開口部に防火設備が必要となる（法64条）

ロ　耐火、準耐火建築物以外のものは、延焼のおそれのある部分の開口部に防火設備（防火戸、ドレンチャー、その他火炎を遮る設備）設けること

ハ　外壁が耐火構造のものは、その外壁を隣地境界線に接して設けることができる

ニ　防火地域内の看板、広告塔等の工作物で屋上に設けるもの、高さが3mを超えるものは、主要部分を不燃材料で造り又は覆うこと（アクリル板等の材を使用する場合は、材料の認定書等にて使用条件等を確認すること）

ホ　建築物が防火地域、準防火地域と指定のない区域にわたる場合は、建築物全てを防火地域又は準防火地域にあるものとする。但し、その建築物が防火地域、準防火地域外において防火壁で区画する場合は、その区画された外の部分は、その指定区域の制限による

※**準防火地域内で、建築できる3階建木造建築物等の技術基準**（法62条　令136条の2）

① 隣地境界線等から水平距離1m以下の外壁の開口部には換気孔又は便所・浴室等（居室及び火気使用室を除く）に設ける換気用窓で開口面積0.2㎡以内のものを除き、常時閉鎖式、煙・熱感知器・温度ヒューズ連動閉鎖式又ははめ殺し防火戸を設ける。

② 隣地境界線等又は道路中心線からの水平距離が5m以下の部分にある外壁の開口部は、隣地境界線又は道路中心線からの水平距離に応じて開口部の面積を制限する（表2-Ⅱ-4）。
(S62.11.10告示1903号)

③ 外壁の構造
防火構造とすると共に、外壁の屋内側に厚さ12mm以上の石膏ボード等の防火被覆を設けるほか、防火被覆の取合い等の部分を外壁の内部に炎が入らない構造とする。

④ 軒裏の構造
防火構造とする。

⑤ 主要構造部である柱及び梁の構造
柱及び梁は原則としてその小径を12cm以上とする。

⑥ 床又はその直下の天井の構造
床の裏側に12mm以上の石膏ボード等の防火被覆を設ける他、防火被覆の取合い等の部分から床又は天井裏に炎が入らない構造とする（但し、最下階の床は除く）。

⑦ 屋根又はその直下の天井の構造
屋根の裏側に12mm＋9mm以上の石膏ボード等の防火被覆を設けるほか、防火被覆の取合い等の部分から、屋根内部又は天井裏に炎が入らない構造とする（天井の場合も上記と同じ構造）。

⑧ 3階部分の区画
3階の室の部分と、その他の部分とは、壁又は戸（ふすま、障子等を除く）で区画する。

※ ③⑤⑥⑦の具体的基準は、S62.11.10告示1904、1905号参照

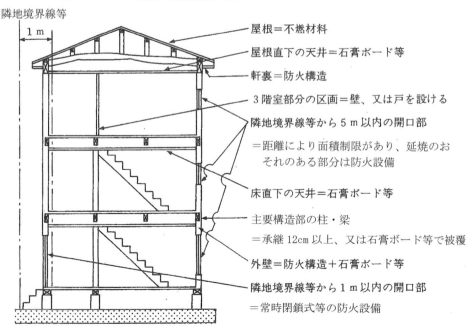

図2-Ⅱ-1　準防火地域内の3階建木造建築物の基準

表2-Ⅱ-4　5m以内の開口部の面積制限

隣地境界線等からの水平距離 (ℓ)	開口部の許容面積
ℓ≦1m	9 ㎡
1m<ℓ≦2m	16 ㎡
2m<ℓ≦3m	25 ㎡
3m<ℓ≦4m	36 ㎡
4m<ℓ≦5m	49 ㎡

※1　開口部の許容面積は各外壁面ごとに考える（各外壁面ごとに1～3階の合計とする）

※2　常時閉鎖式、煙、熱感知器・温度ヒューズ連動閉鎖式又は、はめ殺し防火設備を設けた開口部以外の開口部は、その1.5倍の面積を有すると見なす

※3　1面の外壁長さが10mを超える建築物は10m以内ごとに開口部の許容面積を考えてよい

※4　道路幅員又は同一敷地内の他の建築物（延べ面積の合計≦500㎡である場合を除く）の外壁との水平距離が6mを超える場合は、道路中心線又は外壁間の中心線を「（その水平距離 (m)/2）-3m」の位置とみなす

(2) 法22条指定区域の制限

　法22条指定区域とは、防火・準防火地域以外の地域で火災による延焼防止のために、屋根及び外壁について防火上の規制を設けた区域である。

(3) 屋根にポリカーボネート板を用いた建築物に関する基準

　法22条1項、63条の区域の屋根にポリカーボネート板等を使用する場合は、大臣認定を受けたポリカーボネート板とする他、建物用途が「不燃性の物品を保管する倉庫に類する用途」に供するものとする。

表2-Ⅱ-6　不燃材の物品を保管する倉庫、その他これに類する用途 （H28告示693号1項抜粋）

項目	基　準
用途	1号：スケート場、水泳場、スポーツの練習場その他これらに類する運動施設 ※　その他これらに類する運動施設とはテニスの練習場、ゲートボール場等で収納 可燃物がほとんどなく見通しのよい用途とする
	2号：不燃性の物品を取り扱う荷さばき場、その他これと同等以上に火災の発生のおそれの少ない用途とする ※　通路、アーケード、休憩所、十分に外気に開放された停留所、自動車車庫（床面積が30㎡以下のものに限る）自転車置場、機械制作工場等があげられる
	3号：畜舎、堆肥舎ならびに水産物の増殖場及び養殖場
	4号：劇場、映画館、演芸場、観覧場、公会堂及び集会場
	5号：アトリウムその他の大規模な空間を通行の用に供する用途

ポリカーボネート板や強化プラスチック板等については「火の粉により燃え抜けはするが、燃え広がりはおこさない」とする、基準に適合するものとしての大臣認定を受けたものとする。
屋根以外の必要構造部は準不燃材料とする。

表2-Ⅱ-5　法22条指定区域の構造制限

対象部分	対象建築物	構造等
1 屋根 （法22条・令109条の5）	耐火、準耐火建築物以外の建築物 但し、下記のものは除く (1) 茶室、あずまや等の建築物 (2) 物置、納屋等で延べ面積10㎡以内で延焼のおそれのある部分以外の部分	次のいずれかによる ①不燃材料で造るか又はふく ②準耐火構造（屋外面は準不燃材料） ③耐火構造＋屋外面に断熱材（50mm以上）及び防水材
	屋根以外の主要構造部が準不燃材料の不燃性物品の倉庫等 （スポーツ練習場、不燃性の物品を扱う荷さばき場、畜舎等）	上記のいずれかの他、難燃材料で造るか、又はふく
2 延焼のおそれのある部分の外壁 （法23条）	木造建築物等	土塗壁と同等以上の構造又は準防火構造
3 延焼のおそれのある部分の外壁軒裏（法24条）	木造の特殊建築物（準耐火建築物を除く）で下記のもの (1) 学校、劇場、映画館、演芸場、観覧場、公会堂、集会場、マーケット、公衆浴場 (2) 自動車車庫で床面積の合計が50㎡を超えるもの (3) 下記のうち階数が2で床面積の合計が200㎡を超えるもの百貨店、共同住宅、寄宿舎、病院、倉庫	防火構造

※　簡易な構造の建築物（法84条の2）は法22条区域の構造制限を受けない

4. 簡易な構造の建築物

(1) 構造・規模の条件

用途・規模が限られた建築物は「簡易な構造の建築物」とされ、防火性能等の緩和をうける。

（法84条の2、令136条の9〜11、H5告示1427号、1434号、1435号、H12告示1443号）

表2- II -7　簡易な構造の建築物と認められるための条件（令136条の9）

種　別		条　件
構造規模	①壁を有しない建築物その他の大臣指定の高い開放性を有する構造の建築物	・間仕切壁を有しない ・階数が1 ・床面積が3000 ㎡以内 ・イ〜ニのいずれかに該当
	②屋根及び外壁が帆布その他これに類する材料でつくられている建築物	・間仕切壁を有しない ・階数が1 ・床面積が3000 ㎡以内 ・ロ〜ニのいずれかに該当
用途	イ　自動車車庫の用途に供するもの（1階を車庫として、その屋上部分を駐車スペースとする場合は階数を1とする） ロ　スケート場、水泳場、スポーツの練習場、その他これらに類する運動施設 ハ　不燃性の物品の保管その他これと同等以上に火災のおそれの少ない用途に供するもの（通路、休憩所、自転車置場等含む） ニ　畜舎、堆肥舎、水産物の増殖場及び養殖場	

※　高い開放性を有する構造（H5.6.22告示1427号）

・壁を有しない建築物

・常時開放されている開口部の面積の合計が、外壁、柱の中心線又は軒、庇、はね出し縁の先端の水平投影面積の1/6 以上であること

・高さ2.1m以上(梁、天井の下端が2.1m未満ならその線まで)の常開の開口部の中の総和が柱・壁の中心線の長さの 1/4 以上であること

・各部分から外壁の避難上有効な開口部へ至る距離が20m以内であること

(2) 構造の基準（令136条の10）

表2-II-8 簡易な構造の建築物とは

用途	地域・規模		柱・梁	外壁	屋根
スポーツ練習場等、不燃物品保管等、畜舎等（自動車車庫以外）	防火地域		準耐火構造 不燃材料	準耐火構造 不燃材料 建設大臣指定構造 （H12告示1443号）	準耐火構造 不燃材料 建設大臣指定構造 （H12告示1443号）
	準防火地域	500 ㎡超			
		500 ㎡以下	（延焼のおそれのある部分に限る） 準耐火構造 不燃材料	（延焼のおそれのある部分に限る） 準耐火構造 不燃材料 建設大臣指定構造 （H12告示1443号）	
	法22条区域				
	その他の地域	1000 ㎡超			
		1000 ㎡以下	制限なし		
自動車車庫	150 ㎡以上		準耐火構造 不燃材料	準耐火構造 不燃材料 建設大臣指定構造 （H12告示1443号）	準耐火構造 不燃材料 建設大臣指定構造 （H12告示1443号）
	150 ㎡未満	防火地域			
		準防火地域 法22条区域	（延焼のおそれのある部分に限る） 準耐火構造 不燃材料	（延焼のおそれのある部分に限る） 準耐火構造 不燃材料 建設大臣指定構造 （H12告示1443号）	
		その他の地域	制限なし		

※1 隣地境界線等からの水平距離が1m以下の部分には、不燃材料等でつくられた防火塀（※2）を設けなければならない。また、1層2段の自走式自動車車庫で、床面積が1000㎡を超える場合は、①屋根の開口率を一定に制限し（H5告示1435号）、②屋上から地上に通じる2以上の直通階段を設けなければならない

※2 防火塀の基準（H5告示1434号）
  ・高さ2m（開放的簡易建築物の屋上の周囲で隣地境界線等からの水平距離が50cm以上の部分にあるものは1.5m）以上
  ・開放的簡易建築物の床面又は床版面からの高さ50cm以上の部分を覆うもの
  ・不燃材料又は準不燃材料でつくられ、又は覆われているもの

(3) 規制の緩和

簡易な構造の建築物に対しては、以下の規定は適用されない（法84条の2、令136条の11）

① 防火地域、準防火地域外で特定行政庁が指定する区域内の建築物の防火性能に関する規定（法22条、法23条、法24条、法24条の2）

② 建築物単体の防火性能に関する規定（法25条、法26条、法27条2項、法35条の2）

③ 防火地域、準防火地域内の建築物の防火性能に関する規定（法61条、法62条、法63条、法64条、法67条の2第1項）

④ 防火区画、防火戸等に関する規定（令112条）

⑤ 界壁、間仕切壁等に関する規定（令114条）

⑥ 特殊建築物等の内装制限（令128条の3の2、令128条の4、令129条）

5. 大規模の木造建築物等の制限

表 2-Ⅱ-9　大規模の木造建築物の構造制限

	規　模	条　件	備　考
構造制限 (法 21 条)	高さ 13m を超える 又は 軒高 9m を超える　(第 1 項) (第 2 項) 延べ面積 3000 ㎡を超える	左記のいずれかの建築物は主要構造部を木造としてはならない (床、屋根、階段を除く) 但し、耐火構造物とするか、耐火性能検証法で建築物の火災に対する安全性を確認すればよい	高さ 13m を超える建築物、軒高 9m を超える建築物でも、安全上、防火上必要な技術基準に適合するものは、木造でも建築可能 (令 129 条の 2 の 3、令 115 条の 2 の 2) ※防火上危険性の高い倉庫や自動車車庫は建築不可 (令 129 条の 2 の 3 第 2 項)
外壁 (法 25 条)	延べ面積 1000 ㎡を超える (敷地内に 2 以上の木造建築物がある場合はその延べ面積の合計)	1. 外壁、軒裏の延焼のおそれのある部分を防火構造とする 2. 屋根は不燃材料で造り又はふくこと	法文上は木造の建築物を規制しているが、特定行政庁の指導として耐火・準耐火建築物以外の建築物を規制している場合があるので注意すること
防火壁 (法 26 条)	延べ面積 1000 ㎡を超える	1000 ㎡以内ごとに防火壁で区画する。 但し、下記の場合は設けなくてよい 1. 耐火建築物、準耐火建築物 2. 卸売市場の上家、機械製作工場で主要構造部が不燃材料のもの又は、構造方法、主要構造部の防火措置等をしたもの (令 115 条の 2 の技術基準による) 3. 畜舎、堆肥舎、養殖場の上家等で構造、用途、周囲の状況により避難上、延焼防止上支障がないと認めたもの (H6.7.28 告示 1716 号)	防火壁とは (令 113 条) (1)自立する耐火構造とする 　(木造の建築物は無筋コンクリート又は組積造としないこと) (2)外壁、屋根より 50cm 以上突き出すこと (但し、緩和規定有「H12.5.25 告示 1367 号」) (3)防火壁に設ける開口部は幅、高さとも 2.5m 以下とし、特定防火設備を設けること (4)防火壁貫通する風道、配管は防火区画と同等の措置をすること

※　主要構造部を木造にするためには、以下の条件が必要 (令 129 条の 2 の 3)
　(1) 地階を除く階数が 3 以下
　(2) 主要構造部が耐火構造 (1 時間) 又は準耐火構造
　(3) 道路側以外の建物外周に幅 3m 以上の通路が回っている又は次の 2 条件を満たすこと
　　①200 ㎡超では 200 ㎡以内ごとに、準耐火構造の床若しくは壁又は防火設備で区画する
　　②防火上有効な庇 (通常の火災に加熱開始後 20 分間耐える性能を有する構造物のもの) によって、外壁の開口部から上階への延焼が防げること
※　「敷地内通路」及び「構造耐力上必要な軸組」の規定については別の項を参照のこと

2 耐火建築物と耐火構造

1. 耐火建築物の定義（法2条1項9号の2）

主要構造部を耐火構造とした建築物で、外壁の開口部で延焼のおそれのある部分に防火戸（網入りガラス、FD等）を設けたものをいう。

2. 耐火構造の耐火性能（令107条）

階段以外の主要構造部について、最上階から下がるに従い高い耐火性能を有するように、表2-Ⅱ-10に示すような耐火時間が規定されている。

表2-Ⅱ-10 階数別、部分別耐火時間

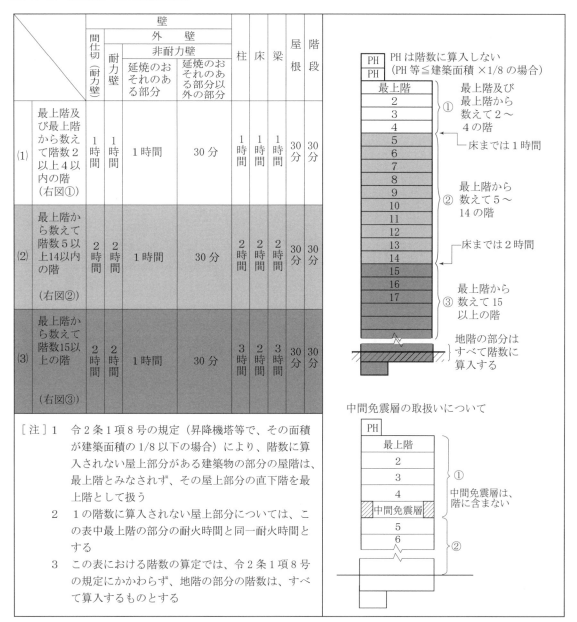

		間仕切（耐力壁）	壁 外壁 耐力壁	壁 外壁 非耐力壁 延焼のおそれのある部分	壁 外壁 非耐力壁 延焼のおそれのある部分以外の部分	柱	床	梁	屋根	階段
(1)	最上階及び最上階から数えて階数2以上4以内の階（右図①）	1時間	1時間	1時間	30分	1時間	1時間	1時間	30分	30分
(2)	最上階から数えて階数5以上14以内の階（右図②）	2時間	2時間	1時間	30分	2時間	2時間	2時間	30分	30分
(3)	最上階から数えて階数15以上の階（右図③）	2時間	2時間	1時間	30分	3時間	2時間	3時間	30分	30分

［注］1　令2条1項8号の規定（昇降機塔等で、その面積が建築面積の1/8以下の場合）により、階数に算入されない屋上部分がある建築物の部分の屋階は、最上階とみなされず、その屋上部分の直下階を最上階として扱う

2　1の階数に算入されない屋上部分については、この表中最上階の部分の耐火時間と同一耐火時間とする

3　この表における階数の算定では、令2条1項8号の規定にかかわらず、地階の部分の階数は、すべて算入するものとする

3．耐火構造の注意事項

（1） 耐火時間の考え方は最上階から数えた階数により算定することが原則である。しかし、建築物の形態によっては、判断が難しいので図2-Ⅱ-2、図2-Ⅱ-3を参考にされたい。

図2-Ⅱ-2　吹抜け等があり、部分的に階数が異なる場合[87]

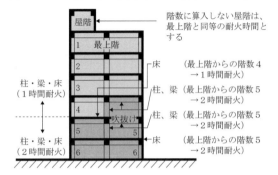

図2-Ⅱ-3　高層部と低層部があり、部分的に階数が異なる場合[87]

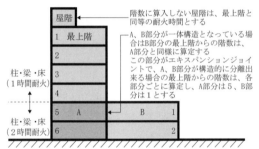

（2） 耐火建築物の屋根は30分耐火が必要となり、トップライトとする場合は、網入りガラスを併設する等の対応が必要である。

図2-Ⅱ-4　耐火建築物の屋根に設けるトップライト

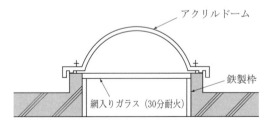

（3） 耐火建築物（鉄骨造等の場合）であっても、筋かい等の主要構造部にあたらないものは、原則として耐火被覆する必要はない。但し、水平力だけでなく鉛直力も負担するものは、主要構造部に該当するので耐火被覆を必要とするため、特定行政庁等に必ず確認すること。

（4） 玄関の寄付き（キャノピー）で柱で支えられているものは屋根に該当する。耐火構造にしなければならない建築物は、寄付きをポリカーボネート板等の材料とすることはできないので注意を要する。

（5） メゾネット住宅に設ける住戸内の専用階段は、避難に使用する階段なので、主要構造部として鉄骨造等の耐火構造とすること。

（6） 耐火建築物の屋根スラブの上に修景の目的で設ける置き屋根は、不燃材料で造ればよい。
　但し、当該置き屋根の内部に可燃材料がある場合、又は置き屋根の内部を利用する場合には、当該置き屋根部分も耐火構造とする。なお、この場合は原則として階数に算入される。

図2-Ⅱ-5　耐火建築物の屋根に設ける修景のための置き屋根[76]

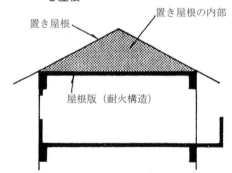

（7） 耐火建築物、準耐火建築物でも下記の要領に従えば、外装材として木材を取り付けることができる（H4.3.30建住指103号）。

① 防火地域、準防火地域以外の地域
② 延焼の恐れのある部分以外の部分
③ 外壁の開口部の上端から3m以内、両端から1.5m以内が耐火構造の壁・床であり、その部分に他の開口部がある時に、開口部の上端から2m以内、両端から0.5m以内を除く
④ 法2条9号の3ロに該当する簡易耐火建築物の外壁あっては、耐火建築物又は防火構造とした部分

4．耐火構造

（法2条1項7号、令107条）

建設省告示(H12.5.30第1399号)により指定されている「告示指定」と、試験を受けた上で、大臣の認定を受けている「個別認定」がある。

表2-Ⅱ-11　建設省告示による壁（耐力壁である間仕切壁及び耐力壁である外壁）の耐火構造[11]

H12告示 1399号 1号1項	耐火時間	構　造	厚さ（B, b）	塗厚さ、かぶり厚さ等（t）
（イ）	2時間	鉄筋コンクリート造（図-1）鉄骨鉄筋コンクリート造、鉄骨コンクリート造（図-2）	B≧10cm	t≧3cm（鉄骨に対するかぶり厚さ）
（ロ）		鉄骨造	——	t≧3.5cm（図-3）（鉄網モルタル（両面）の塗厚さ）（塗り下地は不燃材料）
（ハ）			t≧5cm（図-4）（両面をコンクリートブロック、れんが、石のいずれか）	——
（ニ）			——	t≧3.5cm（図-3）（鉄網パーライトモルタル（両面）の塗厚さ）（塗り下地は不燃材料）
（ホ）		鉄材で補強されたコンクリートブロック、れんが、石のいずれか（図-5）	B=b1+b2≧8cm	t≧5cm（鉄材に対するコンクリートブロック、れんが、石のいずれか）
（ヘ）		木片セメント版（図-6）	B≧8cm	t≧1cm（モルタル（両面）の塗厚さ）
（ト）		高温高圧養生気泡コンクリート製パネル（図-7）	B≧7.5cm	——
（チ）		中空鉄筋コンクリート製パネル（図-8）	b≧5cm かつ b1+b2≧12cm（中空部にパーライト又は気泡コンクリート充填）	——

（図-1）　　　（図-2） 　　　（図-3） 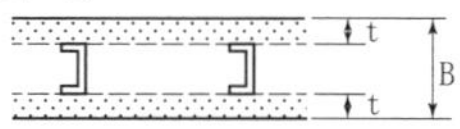　　　（図-4）

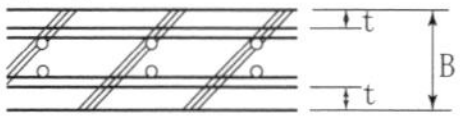

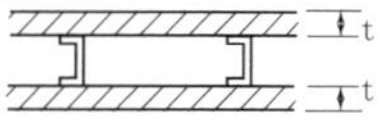

（図-5） 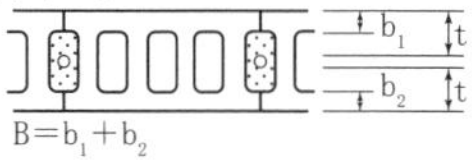　　　（図-6） 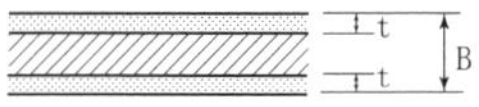　　　（図-7） 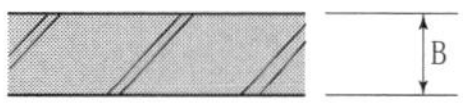　　　（図-8）

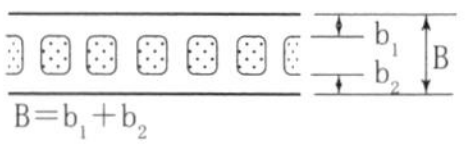

B=b₁+b₂　　　　　　　　　　　　　　　　　B=b₁+b₂

表2-Ⅱ-12　建設省告示による壁(耐力壁である間仕切壁、非耐力壁である間仕切及び耐力壁である外壁)の耐火構造[11]

H12告示 1399号 1号2項	耐火時間	構　造	厚さ（B, b）		塗厚さ、かぶり厚さ等（t）
（イ）	1時間	鉄筋コンクリート造 （図 -1） 鉄骨鉄筋コンクリート造、鉄骨コンクリート造 （図 -2）	B≧7cm		——
（ロ）		鉄骨造	——		t≧3cm（図 -3） （鉄鋼モルタル（両面）の塗厚さ） （塗り下地は不燃材料）
（ハ）			B≧4cm（図 -4） （両面をコンクリートブロック、れんが、石のいずれか）		——
（ニ）		鉄材で補強されたコンクリートブロック、れんが造、石造（図 -5）	B=b1+b2≧5cm		t≧4cm （鉄材に対するコンクリートブロック、れんが、石のいずれか）
（ホ）		コンクリートブロック造 無筋コンクリート造 れんが造 石造（図 -6）	B≧7cm		——
（ヘ）		間柱及び下地を木材又は鉄材で造ったもの	b≧42mm （図 -7）	（両面に強化石膏ボード※を2枚以上張ったもの）	——
			b1 （≧8mm） b2 （両面の合計≧36mm） （図 -8）	(b1は両面繊維混入ケイ酸カルシウム板を張ったもの) (b2は両面に強化石膏ボード※を2枚以上張ったもの)	——
			外壁に当っては、上記2つの方法のいずれかに加え、屋外側に金属板等を張ったもの又はモルタル等を塗ったもの		——

（図 -1）　（図 -2） 　（図 -3） 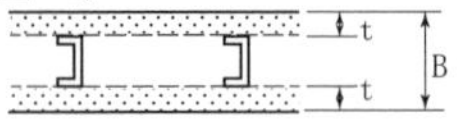　（図 -4）

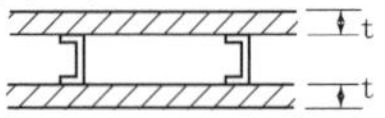

（図 -5） 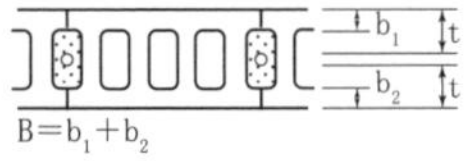　（図 -6） 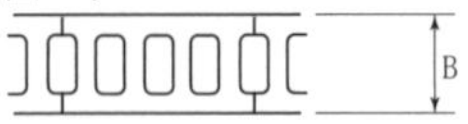　（図 -7） 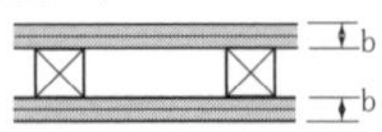　（図 -8）

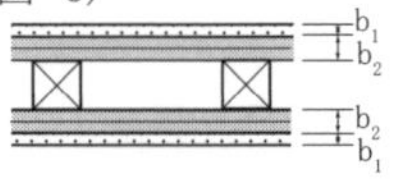

※　ボード用原紙を除いた部分の石膏の含有率を95％以上、ガラス繊維の含有率を0.4％以上とし、かつ、蛭石の含有率を2.5％以上としたものに限る

表2-Ⅱ-13　建設省告示による柱の耐火構造[11]

H12 告示 1399 号 2 号	耐火時間	構造	小径（B）	塗厚さ、かぶり厚さ等（t）
一（イ）	3 時間	鉄筋コンクリート造（図 -1）	B≧40cm	t≧6cm（鉄骨に対するかぶり厚さ）
一（ロ）	2 時間	鉄骨鉄筋コンクリート造、鉄骨コンクリート造（図 -2）	B≧25cm	t≧5cm（鉄骨に対するかぶり厚さ）
三（ロ）(1)	1 時間		——	——
一（ロ）	3 時間	鉄骨造（図 -3）	B≧40cm	t≧8cm（鉄鋼モルタルの塗厚さ）（軽量骨材の場合は t≧7cm）t≧9cm（コンクリートブロックで覆う）（軽量骨材の場合は t≧8cm）t≧9cm（れんが若しくは石で覆う）
二（ロ）(2)	2 時間	鉄骨造（図 -3）	B≧25cm	t≧6cm（鉄鋼モルタルの塗厚さ）（軽量骨材の場合は t≧5cm）t≧7cm（コンクリートブロックで覆う）（軽量骨材の場合は t≧6cm）t≧7cm（れんが若しくは石で覆う）
二（ロ）(3)				t≧4cm（鉄鋼パーライトモルタルの塗厚さ）
三（ロ）(2)	1 時間		——	t≧4cm（鉄鋼モルタルの塗厚さ）（軽量骨材の場合は t≧3cm）t≧5cm（コンクリートブロックで覆う）（軽量骨材の場合は t≧4cm）t≧5cm（れんが若しくは石で覆う）
三（ロ）(3)	1 時間	鉄材で補強されたコンクリートブロック、れんが造、石造（図 -4）	——	t≧5cm（鉄材に対するコンクリートブロック、れんが、石のいずれか）

（図 -1）　（図 -2） 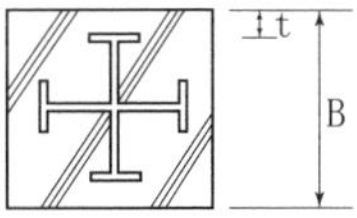　（図 -3） 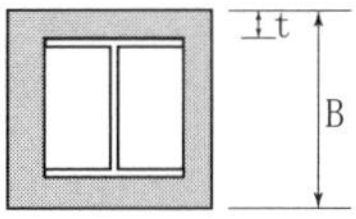　（図 -4）

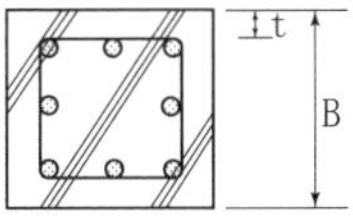

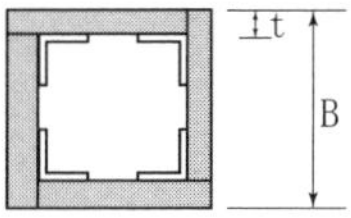

表2-Ⅱ-14　建設省告示による床の耐火構造[11]

H12告示1399号3号	耐火時間	構造	厚さ（B, b）	塗厚さ、かぶり厚さ等（t）
一（イ）	2時間	鉄筋コンクリート造 鉄骨鉄筋コンクリート造 （図-1）	B≧10cm	――
一（ロ）		鉄材で補強されたコンクリートブロック、れんが造、石造（図-2）	B＝b1＋b2≧8cm	t≧5cm （鉄材に対するコンクリートブロック、れんが、石のいずれか）
一（ハ）		鉄材（図-3）	――	t≧5cm （鉄鋼モルタル若しくはコンクリート（両面）の塗厚さ） （塗り下地は不燃材料）
二（イ）	1時間	鉄筋コンクリート造 鉄骨鉄筋コンクリート造 （図-1）	B≧7cm	――
二（ロ）		鉄材で補強されたコンクリートブロック、れんが造、石造（図-2）	B＝b1＋b2≧5cm	t≧4cm （鉄材に対するコンクリートブロック、れんが、石のいずれか）
二（ハ）		鉄材（図-3）	――	t≧5cm （鉄鋼モルタル若しくはコンクリート（両面）の塗厚さ） （塗り下地は不燃材料）

（図-1）　　　　　　　　　（図-2）　　　　　　　　　（図-3）

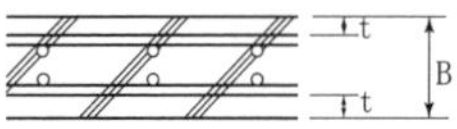

$B = b_1 + b_2$

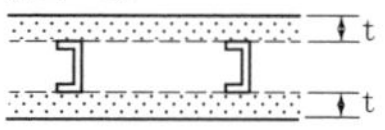

表2-Ⅱ-15　建設省告示による梁の耐火構造[11]

H12 告示 1399 号 4号	耐火時間	構　造	塗厚さ、かぶり厚さ等（ t ）
一（イ）	3時間	鉄筋コンクリート造 （図 -1）	t≧6cm （鉄骨に対するかぶり厚さ）
二（イ）	2時間	鉄骨鉄筋コンクリート造、 鉄骨コンクリート造 （図 -2）	t≧5cm （鉄骨に対するかぶり厚さ）
二（ロ）	1時間		――――
一（ロ）	3時間		t≧8cm （鉄鋼モルタルの塗厚さ） （軽量骨材の場合は t≧7cm） t≧9cm （コンクリートブロックで覆う） （軽量骨材の場合は t≧8cm） t≧9cm （れんが若しくは石で覆う）
一（ハ）			t≧5cm （鉄鋼パーライトモルタルの塗厚さ）
二（ロ）	2時間	鉄骨造（図 -3）	t≧6cm （鉄鋼モルタルの塗厚さ） （軽量骨材の場合は t≧5cm） t≧7cm （コンクリートブロックで覆う） （軽量骨材の場合は t≧6cm） t≧7cm （れんが若しくは石で覆う）
二（ハ）			t≧4cm （鉄鋼パーライトモルタルの塗厚さ）
三（ハ）	1時間		t≧4cm （鉄鋼モルタルの塗厚さ） （軽量骨材の場合は t≧3cm） t≧5cm （コンクリートブロックで覆う） （軽量骨材の場合は t≧4cm） t≧5cm （れんが若しくは石で覆う）
三（二）			床面から梁の下端までの高さが４m以上の鉄骨造の小屋組で、その真下に天井がないもの又は真下に不燃材料又は準不燃材料で造られた天井があるもの（図 -4、図 -5）

（図 -1）　（図 -2） 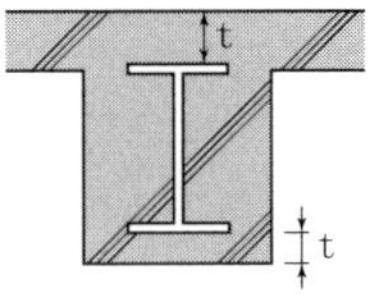　（図 -3） 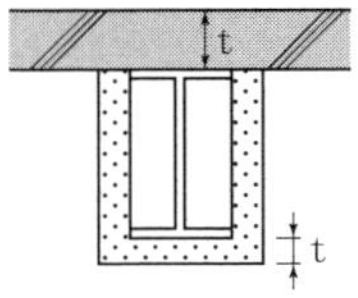　（図 -4） 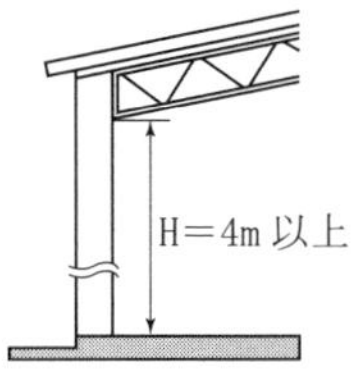　（図 -5）

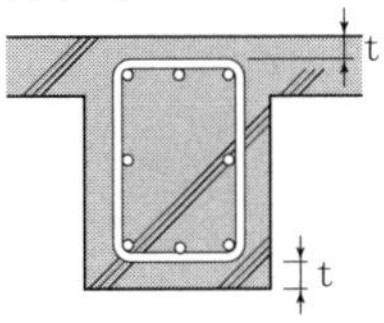

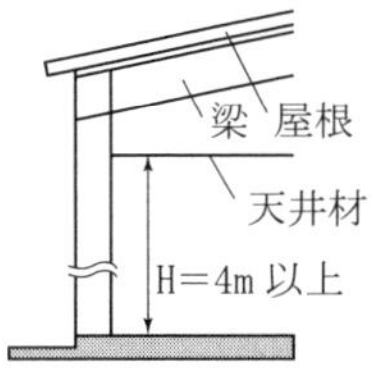

（図 -4）H＝4m 以上

（図 -5）梁　屋根　天井材　H＝4m 以上

表2-Ⅱ-16　建設省告示による屋根の耐火構造(1)[59]

H12告示 1399号 5号	構　　造
一	鉄筋コンクリート造又は鉄骨鉄筋コンクリート造（図-1）
二	鉄材で補強されたコンクリートブロック、れんが造、石造
三①	鉄網コンクリート若しくは鉄網モルタルで葺いたもの（図-2）
三②	鉄網コンクリート、鉄網モルタル、鉄材で補強されたガラスブロック若しくは網入りガラスで造られたもの（図-3）（図-4）
四	鉄筋コンクリート製パネルで厚さ (B) 4cm以上のもの
五	高温高圧蒸気養生された軽量気泡コンクリート製パネル（図-5）

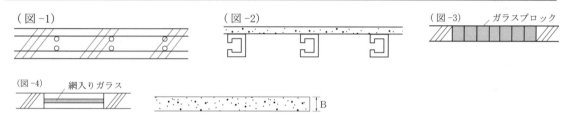

表2-Ⅱ-17　建設省告示による階段の耐火構造(1)[59]

H12告示 1399号 6号	構　　造
一	鉄筋コンクリート造又は鉄骨鉄筋コンクリート造（図-1）
二	無筋コンクリート造、れんが造、石造又はコンクリートブロック造
三	鉄材によって補強されたれんが造、石造又はコンクリートブロック造
四	鉄造（図-2）

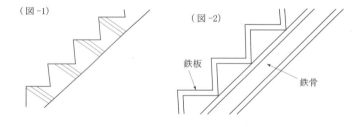

3 準耐火建築物と準耐火構造

1．準耐火建築物の定義

耐火建築物以外の建築物で、次の2種類がある。
- イ準耐(主要構造部を準耐火構造又は耐火構造としたもの)
- ロ準耐(外壁耐火と不燃軸組とがある)

いずれも外壁の延焼のおそれのある部分に防火設備等を設ける(法2条1項9号の3、令107条の2、令109条の3)。

表2-Ⅱ-18 準耐火建築物

主要構造部			イ準耐	ロ準耐第1号(外壁耐火)	ロ準耐第2号(不燃軸組)
壁	間仕切壁		耐火構造、準耐火構造	───	準不燃材料
	外壁	延焼のおそれのある部分	耐火構造、準耐火構造	耐火構造	耐火構造、準耐火構造又は防火構造及び準不燃
		一般	耐火構造、準耐火構造	耐火構造	不燃材料、準不燃材料
屋根	延焼のおそれのある部分		耐火構造、準耐火構造	不燃材料、準耐火構造 告示1367号による基準	不燃材料
	一般		耐火構造、準耐火構造	不燃材料	不燃材料
床	3階以上の床、又はその直下の天井		耐火構造、準耐火構造	───	準不燃材料、準耐火構造 告示1368号による規準
	2階以下(最下階を除く)		耐火構造、準耐火構造	───	不燃材料、準不燃材料
柱・梁			耐火構造、準耐火構造	───	不燃材料
階段			耐火構造、準耐火構造	───	不燃材料、準不燃材料
開口部(延焼のおそれのある部分)			特定防火設備又は防火設備	特定防火設備又は防火設備	特定防火設備又は防火設備

2．準耐火構造 (法2条7号の2)

準耐火構造とは、耐火構造以外のもので、木材、又は鉄材の軸組に石膏ボード等の不燃性の防火被覆を設けたもので、耐火構造に準じた耐火性能を持つと認められたものである。

建設省告示により指定されている「告示指定」と、試験を受けた上で大臣の指定を受けている「個別認定」とがある。

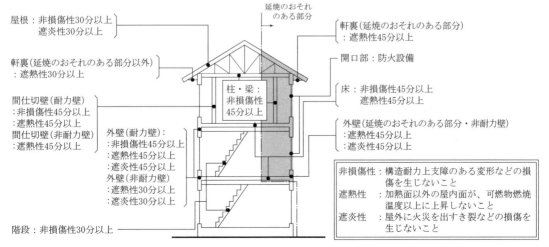

図2-Ⅱ-6 イ準耐 (45分) (令107条の2)

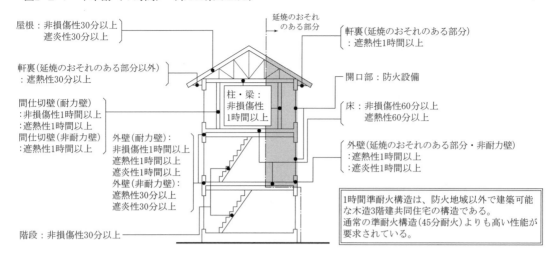

図2-Ⅱ-7 イ準耐（1時間）（令115条の2の2）

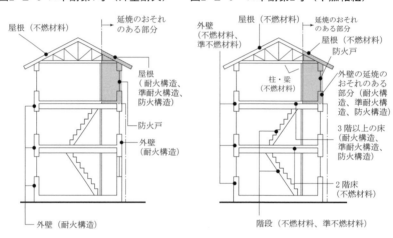

図2-Ⅱ-8 ロ準耐第1号（外壁耐火）　図2-Ⅱ-9 ロ準耐第2号（不燃軸組）

表2-Ⅱ-19　準耐火構造の耐火性能（令107条の2）

建築物の部位				加熱開始後の時間
壁	間仕切壁※			45分
	外壁	耐力壁※		45分
		非耐力壁	延焼の恐れのある部分※	45分
			延焼の恐れのある部分以外の部分	30分
柱※、床※、梁※				45分
屋根				30分
軒裏	延焼の恐れのある部分※			45分
	延焼の恐れのある部分以外の部分			30分
階段				30分

※　法27条1項ただし書による3階建て共同住宅等の準耐火構造及び主要構造部を木造とすることができる大規模建築物の準耐火構造は※印部分を1時間耐火としなければならない
（令129条の2第1項1号ロ、H27.2.23告示255号）

表2-Ⅱ-20　30分の耐火性能をもつ準耐火構造

部位	下地	箇所	仕上材（材質、最小の厚み）
外壁（非耐力壁）	間柱及び下地を木材又は鉄材とする	延焼のおそれのある部分以外の部分	耐火構造
			45分間倒壊等防止認定構造
		屋内側	①スラグ石膏系セメント板 8mm ②石膏ボード 12mm
		屋外側	表2-Ⅱ-21「外壁（耐力壁）」の「屋外側」①～⑤の防火被覆のいずれか
屋根	———		耐火構造
	———		45分間倒壊等防止認定構造
			①不燃料で作られ又はふかれている
	———	屋内側又は直下の天井軒裏	①強化石膏ボード 12mm ②石膏ボード 9mm＋石膏ボード 9mm ③石膏ボード 12mm＋ロックウール又はグラスウール 50mm ④硬質木片セメント板 12mm ⑤表2-Ⅱ-21「外壁（耐力壁）」の「屋外側」の①～⑤の防火被覆のいずれか ⑥鉄鋼モルタル 20mm 以上 ⑦繊維混入ケイ酸カルシウム板 2 枚貼以上で厚さ合計が 16mm 以上
		防火被覆の取合い等の部分	当該建築物の内部への炎の侵入を有効に防止することができる構造とする
階段			耐火構造
	———		45分間倒壊等防止認定構造
	木材	———	①段板、段板を支える桁の厚みが 60mm 以上
	段板、段板を支える桁の厚みが 35mm 以上のもの		②次の (1) かつ、(2) 又は (3) の防火被覆
		段板の裏面	(1)「屋根」の「屋内側又は直下の天井軒裏」①～⑤のいずれか
		桁の外側（屋内側）	(2)「外壁（非耐力壁）」の「屋内側」①又は②
		桁の外側（屋外側）	(3)「外壁（耐力壁）」の「屋外側」①～⑤のいずれか
	———		③次の (1) かつ、(2) 又は (3) の防火被覆
		段板の裏面	(1) 表2-Ⅱ-21「床」の「裏側又は直下の天井」①又は②
		桁の外側（屋内側）	(2) 表2-Ⅱ-21「間仕切壁」の「間柱及び下地を木材又は鉄材とする」①～④のいずれか
		桁の外側（屋外側）	(3) 表2-Ⅱ-21「外壁（耐力壁）」の「屋外側」①～⑤のいずれか

1) 令46条第2項
　　1号イ　強度、耐久性が国土交通大臣の定める基準に適合していること
　　　ロ　柱の脚部が、鉄筋コンクリート造の布基礎に緊結している土台又は鉄筋コンクリートの基礎に緊結している
　　　ハ　イ及びロの他、国土交通大臣が定める基準に従った構造計算によって、構造耐力上安全であることが確かめられた構造であること
　　2号　方づえ、控柱、または控壁があって構造耐力上支障がないもの
2) S62 建告 1901 号
　　1号　木材で造られた継手・仕口の表面から次に掲げる集成材その他の木材の区分に応じ、それぞれイ又はロに掲げる値の部分を除いた部分で、全応力の伝達ができること
　　　イ　S62 建告 1898 号第 1 号から 3 号までに規定する規格に適合するものは 2.5 ㎝
　　　ロ　S62 建告 1898 号第 6 号に規定する規格に適合するものは 3 ㎝
　　2号　継手、仕口にボルト、ドリフトピン、釘、木ねじ等の金物を用いた時は、木材その他の材料で被覆すること
　　3号　継手、仕口に鋼材の添え板を用いるときは、木材等で覆われた構造であること（但し、圧縮応力のみが働いている時は、むき出しでも良い）
　　4号　鋼材で作られたピンジョイントを用いる時は、鋼材の厚さが 9mm 以上であること
3) S62 建告 1902 号
　　1号　柱・梁に生ずる応力の構造計算を行う
　　2号　木材で造られた柱・梁では、表面から次に掲げる集成材その他の木材の区分に応じ、それぞれイ又はロに掲げる値の部分を除いた部分で全応力を負担するとして、長期応力を計算する
　　　イ　S62 建告 1898 号第 1 号から 3 号までに規定する規格に適合するものは 2.5 ㎝
　　　ロ　S62 建告 1898 号第 6 号に規定する規格に適合するものは 3 ㎝
　　3号　2号の長期応力度が短期応力度を超えないこと
　　4号　耐火構造となっていない鋼材の柱・梁では、長期応力が圧縮力のみであり、火災時に座屈による急激な耐力の低下を起こさないことを確かめる

表2-Ⅱ-21　45分の耐火性能をもつ準耐火構造 (H12.5.24告示1358号、改正H13.2.1告示63号)

部位	下地	箇所	仕上材（材質、最小の厚み）
間仕切壁（耐力壁・非耐力壁）	————	————	1時間準耐火構造
	————	————	45分間倒壊等防止認定構造 ※1
	間柱及び下地を木材又は鉄材とする（取合い部の裏側に当て木等をすること）	両側（同一ではなくても良い）	①石膏ボード（強化石膏ボードを含む、以下同じ）15mm ②石膏ボード12mm＋{石膏ボード 又は難燃合板} 9mm ③{石膏ボード 又は難燃合板} 9mm＋石膏ボード12mm ④石膏ラスボード7mm＋石膏プラスター8mm ∥ ※2
	間柱及び下地が不燃材料で造られたもの	両側	①鉄網モルタル15mm以上 ②{木毛セメント板張り 又は石膏ボード張り}＋{モルタル 又は漆喰} 10mm以上 ③木毛セメント板＋{モルタル 又は漆喰}＋金属板 ∥ ※2
	間柱若しくは下地が不燃材料以外で造られたもの	両側	①{鉄網モルタル塗 又は木ずり漆喰塗} 20mm以上 ②{木毛セメント板張り 又は石膏ボード張り}＋{モルタル 又は漆喰} 15mm以上 ③モルタル塗＋タイル張り 計25mm以上 ④{セメント板 又は瓦張り}＋モルタル計25mm以上 ⑤土蔵造 ⑥土壁真壁造＋裏返塗 ⑦石膏ボード12mm以上＋亜鉛鉄板 ⑦岩綿保温板張25mm以上＋亜鉛鉄板 ∥ ※2
外壁（耐力壁）	————	————	1時間準耐火構造
	————	————	45分間倒壊等防止認定構造 ※1
	間柱及び下地を木材又は鉄材とする	屋内側	「間仕切壁」の「間柱及び下地を木材又は鉄材とする」の①～④のいずれかの防火被覆 ※2
		屋外側	①石膏ボード12mm＋金属板 ②{木毛セメント板 又は石膏ボード}＋{モルタル 又は漆喰} 15mm以上 ③モルタル＋タイル 計25mm ④{セメント板 又は瓦}＋モルタル 計25mm ⑤ロックウール保温板25mm＋金属板 ∥ ※2
外壁（非耐力壁）		延焼のおそれのある部分	1時間準耐火構造
			45分間倒壊等防止認定構造 ※1
			「外壁（耐力壁）」の「間柱及び下地を木材又は鉄材とする」時の構造
柱	————	————	1時間準耐火構造
	————	————	45分間倒壊等防止認定構造 ※1
			①「間仕切壁」の「間柱及び下地を木材又は鉄材とする」①～④のいずれかの防火被覆 ②次の条件を満たす集成材等 　(1) 令46条2項1号イ及びロ（表2-Ⅱ-20.1)） 　(2) 継手又は仕口がS62建告1901号を満たす（表2-Ⅱ-20.2)） 　　（告示中1号イの2.5cmを3.5cmで、同号ロの3cmを4.5cmで読みかえる） 　(3) 建物全体がS62建告1902号を満たす（表2-Ⅱ-20.3)） 　　（告示中2号イの2.5cmを3.5cmで、同号ロの3cmを4.5cmで読みかえる） 　(4) 防火被覆の取合い等の部分を、当該建築物の内部への炎の侵入を有効に防止することができる構造とする

部位	下地	箇所	仕上材（材質、最小の厚み）
床	———	———	1時間準耐火構造
	———	———	45分間倒壊等防止認定構造 ※1
	根太及び下地を木材又は鉄材とする	表側	①合板等 12mm＋ $\begin{cases} 石膏ボード 9mm \\ 又は軽量気泡コンクリート 9mm \\ 又は硬質木毛セメント板 3mm \end{cases}$ ②合板等 12mm＋ $\begin{cases} モルタル \\ 又はコンクリート \\ 又は石膏 \end{cases}$ 9mm ③木材 30mm ④畳（畳床がポリスチレンフォームのものは不可）
		裏側又は直下の天井	①強化石膏ボード 15mm ②強化石膏ボード 12mm＋ロックウール 又はグラスウール50mm
	———		防火被覆の取合い等の部分を、当該建築物の内部への炎の侵入を有効に防止することができる構造とする
梁	———	———	1時間準耐火構造
	———	———	45分間倒壊等防止認定構造 ※1

	———	———	①強化石膏ボード 15mm
			 ②強化石膏ボード 12mm＋ロックウール 50mm
			 ③次の条件を満たす集成材等
			 （1）令46条2項1号イ及びロ（表2-Ⅱ-20.1））
			 （2）継手又は仕口がS62建告1901号を満たす（表2-Ⅱ-20.2））
			  （告示中1号イの2.5cmを3.5cmで、同号ロの3cmを4.5cmで読みかえる）
			 （3）建物全体がS62建告1902号を満たす（表2-Ⅱ-20.3））
			  （告示中2号イの2.5cmを3.5cmで、同号ロの3cmを4.5cmで読みかえる）
			 (4) 防火被覆の取合い等の部分を、当該建築物の内部への炎の侵入を有効に防止することができる構造とする

軒裏 ※3	———	———	1時間準耐火構造
	———	———	45分間倒壊等防止認定構造 ※1
	———		防火被覆の取合い等の部分を、当該建築物の内部への炎の侵入を有効に防止することができる構造とし、かつ、次のいずれかの防火被覆を設けたもの ①硬質木片セメント板 12mm ②石膏ボード 12mm 以上＋金属板 ③ $\begin{cases} 木毛セメント板張り \\ 又は石膏ボード張り \end{cases}$ ＋ $\begin{cases} モルタル \\ 又は漆喰 \end{cases}$ 15mm以上 ④モルタル塗り＋タイル張り 計25mm 以上 ⑤ $\begin{cases} セメント板 \\ 又は瓦張り \end{cases}$ ＋モルタル 計25mm 以上 ⑥ロックウール保温板 25mm 以上＋金属
		———	野地板 30mm 以上＋垂木（木材）＋外壁との隙間に木材の面戸板 45mm 以上（取り合い等内部への炎の侵入を有効に防止できる構造）

※1 特定避難時間が45分間以上である特定避難時間倒壊等防止建築物の主要構造部（法27条1項の規定による認定を受けたものに限る）の構造方法をいう

※2 防火被覆の取合いの部分、目地の部分その他これらに類する部分を、当該取合い等の部分の裏面に当て木を設ける等当該建築物の内部への炎の侵入を有効に防止することができる構造とするものに限る

※3 外壁によって小屋裏又は天井裏と防火上有効に遮られているものを除く

表2-Ⅱ-22　1時間の耐火性能をもつ準耐火構造（H27.2.23告示253号）

部位	下地	箇所	仕上材（材質、最小の厚み）
間仕切壁（耐力壁・非耐力壁）	―	―	耐火構造
	―	―	1時間倒壊等防止認定構造 ※3
	間柱及び下地を木材又は鉄材とする（取合い部の裏側に当て木等をすること）	両側（同一でなくて良い）	①石膏ボード 12 mm＋石膏ボード 12mm ②スラグ石膏系セメント 板 8mm＋石膏ボード 12mm ③強化石膏ボード 16mm ④強化石膏ボード 12mm＋$\left\{\begin{array}{l}\text{石膏ボード}\\\text{又は難燃合板}\end{array}\right\}$9mm ⑤$\left\{\begin{array}{l}\text{石膏ボード}\\\text{又は難燃合板}\end{array}\right\}$9mm ＋強化石膏ボード 12mm
外壁（耐力壁）	―	―	耐火構造
	―	―	1時間倒壊等防止認定構造 ※3
	間柱及び下地を木材又は鉄剤とする	屋内側	①石膏ボード 12 mm＋石膏ボード 12mm ②スラグ石膏系セメント 板 8mm＋石膏ボード 12mm ③強化石膏ボード 16mm ④強化石膏ボード 12mm＋$\left\{\begin{array}{l}\text{石膏ボード}\\\text{又は難燃合板}\end{array}\right\}$9mm ⑤$\left\{\begin{array}{l}\text{石膏ボード}\\\text{又は難燃合板}\end{array}\right\}$9mm ＋強化石膏ボード 12mm
		屋外側	①硬質木片セメント板18mm ②鉄鋼モルタル20 mm
外壁（非耐力壁）		延焼のおそれのある部分	耐火構造 1時間倒壊等防止認定構造 「外壁（耐力壁）」の防火被覆を設けたもの
柱	―	―	耐火構造
	―	―	1時間倒壊等防止認定構造 ※3
			①石膏ボード 12 mm＋石膏ボード 12mm ②スラグ石膏系セメント 板 8mm＋石膏ボード 12mm ③強化石膏ボード 16mm ④強化石膏ボード 12mm＋$\left\{\begin{array}{l}\text{石膏ボード}\\\text{又は難燃合板}\end{array}\right\}$9mm ⑤$\left\{\begin{array}{l}\text{石膏ボード}\\\text{又は難燃合板}\end{array}\right\}$9mm ＋強化石膏ボード 12mm ⑥次の条件を満たす集成材等 (1) 令 46 条2 項1 号イ及びロの基準を満たす（表2-Ⅱ-20.1)） (2) 継手又は仕口が建告 S62 建告 1901 号を満たす（表2-Ⅱ-20.2)） 　（告示中1号イの2.5cmを4.5cmで、同号ロの3cmを6cmで読みかえる） (3) 建物全体が、建告 S62 1902 号を満たす（表2-Ⅱ-20.3)） 　（告示中2号イの2.5cmを4.5cmで、同号ロの3cmを6cmで読みかえる） (4) 防火被覆の取合い等の部分を、当該建築物の内部への炎の侵入を有効に防止することができる構造とする
床	―	―	耐火構造
	―	―	1時間倒壊等防止認定構造 ※3
	根太及び下地を木材又は鉄材とする	表側	①合板等（※1）12mm＋$\left\{\begin{array}{l}\text{石膏ボード}\\\text{又は硬質木毛セメント板}\\\text{又は軽量気泡コンクリート}\end{array}\right\}$12mm ②合板等（※1）12mm＋$\left\{\begin{array}{l}\text{モルタル}\\\text{又はコンクリート}\\\text{又は石膏}\end{array}\right\}$12mm ③木材 40mm ④畳（畳床がポリスチレンフォームのものは不可）
		裏側又は直下の天井	①石膏ボード 12mm＋石膏ボード 12mm＋$\left\{\begin{array}{l}\text{ロックウール}\\\text{又はグラスウール}\end{array}\right\}$50mm ②強化石膏ボード 12mm＋強化石膏ボード 12mm ③強化石膏ボード 15mm＋$\left\{\begin{array}{l}\text{ロックウール}\\\text{又はグラスウール}\end{array}\right\}$50 mm ④強化石膏ボード 12mm＋ロックウール吸音板 9mm
		―	防火被覆の取合い等の部分を、当該建築物の内部への炎の侵入を有効に防止することができる構造とする

部位	下地	箇所	仕上材（材質、最小の厚み）
梁	──	──	耐火構造
	──	──	1時間倒壊等防止認定構造 ※3
			①石膏ボード12mm＋石膏ボード12mm＋$\left\{\begin{array}{l}\text{ロックウール}\\\text{又はグラスウール}\end{array}\right\}$50mm ②強化石膏ボード12mm＋強化石膏ボード12mm ③強化石膏ボード15mm＋$\left\{\begin{array}{l}\text{ロックウール}\\\text{又はグラスウール}\end{array}\right\}$50mm ④強化石膏ボード12mm＋ロックウール吸音板9mm ⑤次の条件を満たす集成材等 　⑴令46条2項1号イ及びロの基準を満たす（表2-Ⅱ-20.1) 　⑵継手又は仕口が建告S62 建告1901号を満たす（表2-Ⅱ-20.2)) 　　（告示中1号イの2.5cmを4.5cmで、同号ロの3cmを6cmで読みかえる） 　⑶建物全体が、建告S52 1902号を満たす（表2-Ⅱ-20.3)) 　　（告示中2号イの2.5cmを4.5cmで、同号ロの3cmを6cmで読みかえる） 　⑷防火被覆の取合い等の部分を、当該建築物の内部への炎の侵入を有効に防止することができる構造とする
軒裏 ※2	──	──	①防火被覆の取合い等の部分を、当該建築物の内部への炎の侵入を有効に防止することができる構造とし、かつ、次のいずれかの防火被覆を設けたもの 　⑴強化石膏ボード15mm＋金属板 　⑵繊維混入ケイ酸カルシウム板2枚以上　計16mm以上 　　硬質木片セメント板18mm以上 　　鉄網モルタル塗20mm以上 ②野地板30mm以上＋垂木（木材）＋外壁とのすき間に下記のいずれかの防火被覆を設け、取合い部内部への炎の侵入を有効に防止できる構造 　⑴面戸板（木材）12mm以上＋漆喰塗等（屋内側）40mm以上 　⑵面戸板（木材）30mm以上＋漆喰塗等（屋内側又は屋外側）20mm以上 　（屋内側に漆喰等を塗ったものにあっては、漆喰等が自立できる構造に限る）

※1　合板等とは、構造用合板、構造用パネル、パーティクルボード、デッキプレートその他これらに類するもの
※2　外壁で小屋裏又は天井裏と防火上有効に遮られているものを除く
※3　特定避難時間が1時間以上である特定避難時間倒壊等防止建築物の主要構造部（法27条1項の規定による認定を受けたものに限る）の構造方法をいう

●目安箱●

◆デッドスペースの面積◆

建築物において利用できない空間、利用されていない空間、不要な空間についても原則床面積に算入されます。しかし、下記条件の場合、床面積へ算入されません。特定行政庁により取扱いが異なることがある為確認ください。

(1)建物外部

建物の外部に面して利用上及びデザイン等により柱型を囲い大きく見せるような場合、又は、飛び出させる場合。

(2)

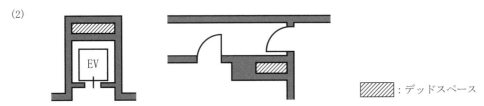

同一構造、又は、簡易ではない構造の壁で囲い、容易にデッドスペースを利用するよう変更できない場合。

4 防火構造・準防火構造

下地材と仕上材の組合わせにより表2-Ⅱ-23のものが政令で指定されている（法2条8号、令108条）。
この他にH12告示1359号、1362号により定められているものがある。

表2-Ⅱ-23　政令で指定されている防火構造[9]

防火構造 （H12建告 1359号）	耐力壁	①準耐火構造（耐力壁である外壁）		
		間柱・下地が 不燃材料	次の防火被覆 を設けた構造	**屋内側** ②石膏ボード（厚さ≧9.5mm） ③グラスウール又はロックウール充填（厚さ≧75mm） 　＋合板、構造用パネル、パーティクルボード若しくは 　木材（厚さ≧4mm）
				屋外側 ④鉄鋼モルタル塗り（塗厚さ≧15mm） ⑤木毛セメント板、又は石膏ボード 　＋モルタル、又は漆喰塗り（厚さ≧10mm） ⑥木毛セメント板＋モルタル、又は漆喰塗り 　＋金属板 ⑦モルタル塗り＋タイル張り 　（合計厚さ≧25mm） ⑧セメント板、又は瓦＋モルタル塗り 　（合計厚さ≧25mm） ⑨石膏ボード（厚さ≧12mm） 　＋亜鉛鉄板 ⑩岩綿保温板（厚さ≧25mm） 　＋亜鉛鉄板
		間柱・下地が 不燃材料以外	次の防火被 覆を設けた 構造 ※2	⑪土蔵造 ⑫土塗真壁造の裏返塗り（塗厚さ≧それぞれ20mm 合計40mm）※1
				屋内側 上記②、又は③ ⑬土塗壁（塗厚さ≧30mm）
				屋外側 ⑭鉄鋼モルタル塗り、又は木摺漆喰塗り 　（塗厚さ≧20mm） ⑮木毛セメント板、又は石膏ボード 　＋モルタル、又は漆喰塗り（厚さ≧15mm） ⑯土塗壁（塗厚さ≧20mm、下見板張りを含む） ⑰下見板（厚さ≧12mm） 　（屋内側は塗厚さ≧30mm の土塗壁に限る） 上記の⑦～⑩のいずれか
	非耐力壁	上記の②～⑰のいずれか ⑱準耐火構造		
	軒裏	⑲準耐火構造 ⑳土蔵造 ㉑上記の⑦～⑩、⑭～⑯のいずれか		
準防火構造 （H12建告 1362号）	耐力壁	㉒防火構造 ㉓土塗真壁構造（塗厚さ≧30mm）※2		
		木造建築物等	次の防火被覆 を設けた構造	**屋内側** 上記の②、または③のいずれか
				屋外側 ㉔土塗壁（裏塗りなし、下見板張りを含む） ㉕亜鉛鉄板を表面に張ったもの 　（下地は準不燃材料） ㉖石膏ボードか木毛セメント板を表面に張ったもの 　（準不燃材料＋表面を防水処理） ㉗アルミニウム板張りペーパーハニカム芯パネル
	非耐力壁	上記の㉒～㉗のいずれか		

※1　裏塗りしないものは、間柱の屋外側のチリ≦15mm か、間柱の屋外側に木材（厚さ≧15mm）を張ったものに限る
※2　真壁造の場合の柱・梁を除く

表2-Ⅱ-24　防火性能・準防火性能

性能		外壁(耐力壁)	外壁(非耐力壁)	軒裏
防火性能(令108条)	非損傷性※2	30分	—	—
	遮熱性※3	30分	30分	30分
準防火性能(令109条の6)	非損傷性※2	20分	—	—
	遮熱性※3	20分	20分	—

※1　建築物の周囲において発生する通常の火災による火熱が加えられた場合
※2　構造耐力上支障のある変形、溶融、破壊その他の損傷を生じないこと
※3　当該加熱面以外の面(屋内に面するものに限る)の温度が可燃物燃焼温度以上に上昇しないこと

5　主要構造部等

（法2条1項5号）

建築基準法には「主要構造部」と「構造耐力上主要な部分」という似たような用語がある。耐火、準耐火建築物の制限として、主要構造部の制限をしている。

主要構造部とは、壁・柱・床・梁・屋根・階段をいい、建築物の構造上（構造耐力上ではなく用途上、防火上の意味）重要でない部分(間仕切壁、間柱等)を除いている。

1. 主要構造部（法2条5号）
建築基準法上の、建築物に耐火建築物の規定や防火上の制限において使われる用語。損傷すると構造的に影響が大きく、建築物の変形・溶融・破壊につながると考えられる部分を指す。

表 2-Ⅱ-25　主要構造部

対象	除かれる部分（防火上重要でないもの）	
壁	間仕切壁	・左記以外でその他これらに類する建築物の部分等も対象外
柱	間柱・付け柱	
床	揚げ床・最下段の床・廻り舞台の床	
梁	小梁	
屋根	庇	
階段	局部的な小階段・屋外階段	

2. 構造耐力上主要な部分（令1条3号）
建築基準法の構造規定の条文で主に使われる用語。建築基準法施行令1条3号に定義されており、建物自体を支え、台風や地震等の外力による振動や衝撃に耐える部分を指す。

表 2-Ⅱ-26　構造耐力上主要な部分

対　象	除かれる部分
建築物の自重若しくは積載荷重、積雪荷重、風圧、土圧若しくは水圧又は地震その他の震動若しくは衝撃を支えるもの ・基礎、基礎杭、壁、柱、小屋組み、土台、斜材（筋かい、方杖、火打材その他これらに類するもの）、床版、屋根版又は横架材（梁、桁その他これらに類するもの） ・上記の部材の接合部（継手・仕口）	左記以外のもの

3. 品確法上の「構造耐力上主要な部分」（品確法94条、令5条）
品確法（住宅の品質確保の促進等に関する法律）では、「構造耐力上主要な部分」に10年間の瑕疵担保責任が義務付けられている。この「構造耐力上主要な部分」は、建築基準法とは異なり、以下のものを指す。

表 2-Ⅱ-27

対　象	除かれる部分
住宅の基礎、基礎杭、壁、柱、小屋根、土台、斜材（筋かい、方杖、火打材その他これらに類するもの）、床版、屋根版、横架材（梁、桁その他これらに類するもの）で、その住宅の自重若しくは積載荷重、積雪荷重、風圧、土圧、水圧、地震その他の振動・衝撃を支えるもの（品確法94条・令5条）	左記以外のもの

6 延焼のおそれのある部分
（法2条1項6号）

　耐火、準耐火建築物、防火地域等の外壁、軒裏、開口部について制限をうける「延焼のおそれのある部分」とは、隣地境界線、道路中心線又は同一敷地内の2以上の建築物（延べ面積の合計が500m²以内の建築物は一の建築物とみなす）相互の外壁の中心線から、1階では3m以下、2階以上では5m以下の距離にある建築物の部分をいう。但し、防火上有効な公園、広場、川等の空地、水面又は耐火構造の壁、その他これらに類するものに面する部分は除かれる。

図2-Ⅱ-10　延焼のおそれのある部分

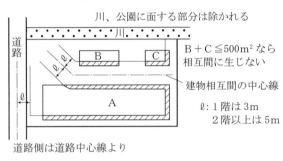

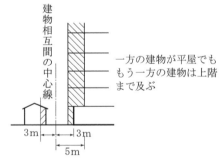

1．建築物相互間の取り扱い

　同一敷地内に2以上の建築物（延べ面積の合計が500m²以内の建築物は1つの建築物とみなす）がある場合の建築物相互間の延焼のおそれのある部分について、外壁面が平行でない場合及び外壁面の長さが異なる場合の扱いは次の図2-Ⅱ-11のとおりとする。

図2-Ⅱ-11　建築物相互間の中心線の設定方法[76]

(1) 外壁面が平行でない場合

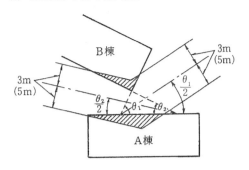

(2) 外壁面の長さが異なる場合

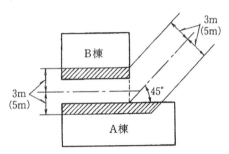

2．附属建築物の取り扱い

　附属建築物のうち自転車置場（バイク置場は除く）、平屋建の小規模な物置（建築物扱いとなるもの）、受水槽上屋、屎尿浄化槽上屋、ポンプ室等で主要構造部が不燃材料で造られたもの、その他の火災の発生のおそれが著しく少ないものについては、それ自体が火災の発生のおそれが少ない用途であり、かつ、主要構造部が不燃材料で造られ、開口部には防火戸が設けられていれば、他の建築物からの類焼も想定されないためこれらを防火上有効な公園、広場、川等の空地若しくは水面又は耐火構造の壁と同等のものとして取り扱い、本体建築物においては「延焼のおそれのある部分を生じないもの」とする。

但し、特定行政庁によって取り扱いが異なる場合があるので必ず確認すること。

図2-Ⅱ-12　附属建築物の取り扱い[76]

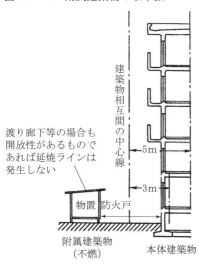

　附属建築物(物置)の主要構造部が不燃材料で造られ、防火戸が設けられている場合、本体建築物は「その他これらに類するもの」に面するものとして扱い、附属建築物との間の延焼のおそれのある部分は生じない。又、図2-Ⅱ-13のように不燃材で造られた屋外階段部分（開放廊下、バルコニー等を含む）については、この部分についても法2条6号ただし書の「その他これらに類するもの」として取り扱い、同一敷地内の他の建築物においては延焼のおそれのある部分を生じない。

図2-Ⅱ-13　屋外階段等の取り扱い

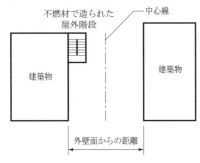

3．建築物相互をつなぐ開放された渡り廊下の取り扱い

　外気に対し有効に開放されており、屋内的用途に供しない渡り廊下（接続される建築物と独立した構造であり、主要構造部が不燃材料で造られたものに限る）と、エキスパンションジョイント等で接続されている建築物については「その他これらに類するもの」（法2条6号ただし書き）として取り扱い、延焼のおそれのある部分は生じないものとする。

　外気に有効に開放されている廊下とは、床面積の算定方法S61.4.30建設省住指発115号による「吹きさらしの廊下」の条件である「外気に有効に開放されている部分の高さが、1.1m以上であり、かつ、天井の高さの1/2以上である廊下」に該当するかどうかにより判断されたい。

図2-Ⅱ-14　建築物相互をつなぐ開放の渡り廊下と建築物との関係[14]

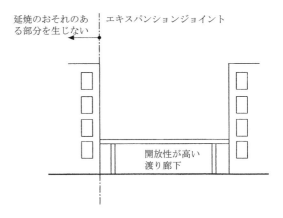

4．線路敷及び公共水路・緑道等の取り扱い

　鉄道の線路敷(駅舎等駅構内に面する部分は除く)は、建築物が建築される可能性も少ないため、防火上有効な公園、広場、川等の空地に類するものとして取扱う。

　また、公共の用に供する水路及び緑道等については、公的な管理に属するものであれば建築物の

図2-Ⅱ-15　線路敷及び公共水路・緑道等の取り扱い[76]

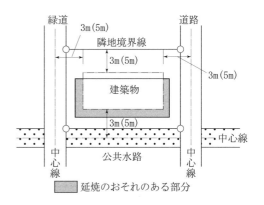

敷地として使用される可能性はないため、道路等と同様に扱い、これらの水路及び緑道等の中心線より算定する。

5．地階において延焼のおそれのある部分が生じる場合

延焼のおそれのある部分は地階について規定されていないが、地階は必ずしも完全に地中に埋もれたものばかりではなく、その開口部が地上部分にあっては延焼の観点からすると1階と同様なものがある。したがって、図2-Ⅱ-16に類する地階の形状の場合は、延焼防止上、地階を1階とみなし、延焼のおそれのある部分を算定する。但し、ドライエリアの壁等で防火上有効に遮られている部分は原則除く。

※ ドライエリアのある地階の取扱いについては、1階と同じ規則とする等、特定行政庁等にて取扱いが異なる場合があるので確認すること。

図2-Ⅱ-16　地階における延焼のおそれのある部分の取扱い（ドライエリアのある地階）[76]

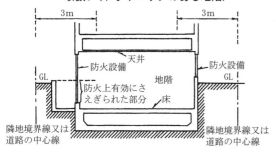

6．開放自動車車庫の開放部の取り扱いについて（S48 住指発110号）

外壁の開口部で延焼のおそれのある部分に防火設備の設置を要する建築物において、ピロティ部分で延焼のおそれのある部分を車庫等の屋内的用途に供する場合は、外壁の開口部となるため、防火設備を設ける必要がある。

なお、誘導車路その他、専ら通行の用に供し通常車を駐留させない部分にあっては、防火設備の設置が不要となる場合がある。いずれの場合でも特定行政庁等に確認すること。

図2-Ⅱ-17　開放自動車車庫の開放部

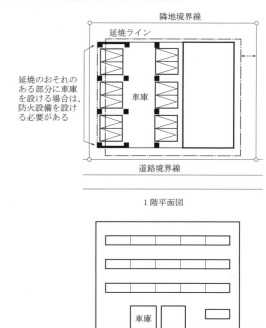

7．延焼のおそれのある部分に設ける防火設備とみなす「そで壁・塀」等

延焼のおそれのある部分の開口部に設けるその他の防火設備として、次のものが該当する（この規定はあくまで延焼のおそれのある部分に関するものであり、防火区画等でいう防火戸ではないので注意を要する――令109条）。

(1) 開口部に設けるドレンチャーで消防の行う検定に合格したもの。

(2) 隣地境界線、道路中心線又は同一敷地内の2以上の建築物（延べ面積の合計が500㎡以内の建築物は一の建築物とみなす）相互の外壁の中心線のあらゆる部分で、開口部の四隅から1階では3m、2階以上では5mの半径で描いた球と隣地境界線等との交点で囲まれた部分を、当該開口部とをさえぎる耐火構造、準耐火構造又は防火構造の外壁、そで壁、塀等（図2-Ⅱ-18）。

(3) 開口面積が100㎠以内の換気孔に設ける鉄板、モルタル板等で造られた防火覆い又は地面からの高さ1m以下の換気孔に設ける網目2mm以下の金網。

※1 防火覆いのベントキャップ等の材料はスチール製又はステンレス製は認められる（クーラースリーブは原則ステンレス）が、アルミ製は特定行政庁により取り扱いが異なるため、確認すること。

※2 燃焼機器等に直結する排気筒は煙突であるため、当該排気筒内に防火ダンパー等燃焼機器等の正常な燃焼及び排気を妨げるおそれのあるものは設けてはならない（S45告示1826号、H12告示2465号改正）。

排気筒が延焼のおそれのある部分に設けられる場合は、開口面積を100cm²以内とし、防火覆いを設けること。

なお、開口面積が100cm²を超えることがやむを得ない場合は、延焼のおそれのある部分に設けないよう計画すること。

図2-Ⅱ-18　防火上有効なそで壁等

1. 開口部の正面に防火塀を設ける場合

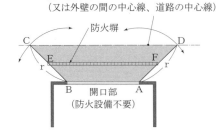

平面図

$\overline{AD}$と$\overline{BC}$で囲まれた部分の間に設けた耐火構造等の防火塀（$\overline{EF}$）は、防火設備とみなす

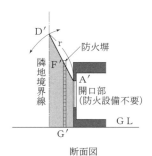

断面図

$\overline{A'D'}$までの部分に設けた耐火構造等の防火塀（$\overline{F'G'}$）は、防火設備とみなす

2. 開口部の脇に防火そで壁を設ける場合

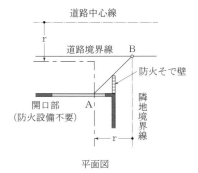

平面図

隣地境界線と道路境界線の交点Bと隣地境界線からの延焼のおそれのある部分と開口部の交点Aを結ぶ直線$\overline{AB}$まで突出した防火そで壁は、防火設備とみなす

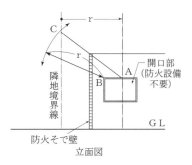

立面図

開口部の点Bから半径rで描いた円弧と道路境界線との交点Cと、延焼のおそれのある部分と開口部の交点Aを結ぶ直線$\overline{AC}$まで突出した防火そで壁は、防火設備とみなす

凡例

延焼のおそれのある部分
r：1階では3m、2階以上では5m
▨▨▨：防火設備とみなす防火塀、防火そで壁等

III　形態規制

表2-III-1　形態規制一覧（原則規定）

用途地域	容積率（%）	建ぺい率（%）	斜線制限 道路 適用距離L（m）	斜線制限 道路 勾配	斜線制限 隣地 立上り（m）	斜線制限 隣地 勾配	斜線制限 北 立上り（m）	斜線制限 北 勾配	斜線制限 側 勾配	外壁の後退距離（m）	絶対高さ制限（m）	日影規制 適用建築物	日影規制 測定面（m）	日影規制 日影時間（時間）5〜10m	日影規制 日影時間（時間）10m超	敷地面積
第一種低層住居専用地域 第二種低層住居専用地域	50 60 80 100 150 200 ※1	30 40		1.25/1	規制なし	規制なし	5		1.25/1	0 1.0 1.5 ※1	10 12 ※1	地上3階建以上 軒高7m以上	1.5	3[2] 4[3] 5[4] ※4	2[1.5] 2.5[2] 3[2.5] ※4	場合により規制あり ※5
第一種中高層住居専用地域 第二種中高層住居専用地域	100 150 200 300 400 500 ※1	50 60 ※1	1.25/1	1.25/1	20 [31]	1.25/1	10 ※3					10m超	4 又は 6.5	3[2] 4[3] 5[4] ※4	2[1.5] 2.5[2] 3[2.5] ※4	
第一種住居地域 第二種住居地域 準住居地域	100 150 200 300 400 500 ※1	50 60 80	[1.5]/1	[2.5]/1										4[3] 5[4] ※4	2.5[2] 3[2.5]	
近隣商業地域	100 150 200 300 400 500 ※1	60 80	20													
商業地域	200 300 400 / 500 600 / 700 800 / 900 1000 1100 1200 1300 ※1	80	20 / 25 / 30 / 35	1.5/1	31	2.5/1	規制なし	規制なし	規制なし	規制なし	規制なし		規制なし			規制なし
準工業地域	100 / 150 / 200 300 400 500 ※1	50 60 80	20 / 25 / 30									10m超	4 又は 6.5	4[3] 5[4]	2.5[2] 3[2.5]※4	
												規制なし				
工業地域	100 / 150 / 200 300 400 ※1	50 60	20 / 25 / 30									10m超	4 又は 6.5	4[3] 5[4]	2.5[2] 3[2.5]※4	
												規制なし				
工業専用地域	100 150 200 300 400 ※1	30 40 50 60 ※1	20 25 30									規制なし				
無指定地域	50 80 / 100 200 300 / 400	30 40 / 50 60 / 70 ※2	20 / 25 / 31	1.25/1 / 1.5/1	20 / 31	1.25/1 / 2.5/1	規制なし	規制なし	規制なし	規制なし	10m超	4	3[2] 4[3] 5[4] ※4	2[1.5] 2.5[2] 3[2.5] ※4	規制なし

［　］の数値は北海道における規制値

※1　これらの数値のうちから、都市計画で決定する

※2　これらの数値のうちから、特定行政庁が都市計画地方審議会を経て定める

※3　第1種中高層住居専用地域および第2種中高層住居専用地域の北側斜線制限は、日影規制の条件が適用される区域内には適用されない

※4　これらの組合せのうちから、地方公共団体の条例で決定する。但し、その条例ではいずれの組合せも採用しない（日影規制を適用しない）という選択も可能

※5　敷地面積の最低限度が200㎡を超えない範囲で都市計画で定められることがある

1 建ぺい率
（法53条）

建ぺい率とは、建築物の建築面積に対する敷地面積の割合を示したものである。
※建築面積の算定は、第2章Ⅲ2参照

1．建ぺい率の限度

表2-Ⅲ-2 建ぺい率の限度

		1種・2種 低層住専	1種・2種 中高層住専	1種・2種住居 準住居	近隣 商業	商業	準工業	工業	工業 専用	無指定
原則	都市計画で 定める数値 （％）	30 40 50 60	30 40 50 60	50 60 80	60 80	80	50 60 80	50 60	30 40 50 60	30 40 50 60 70
緩和	特定行政庁の指定 する角地等	+10	+10	+10	+10	+10	+10	+10	+10	+10
	防火地域内の 耐火建築物　一般	+10	+10	+10	+10	制限なし	+10	+10	+10	+10
	角地	+20	+20	+20	+20	制限なし	+20	+20	+20	+20

※ 用途地域による制限の他に、風致地区、国立公園等は別の数値が定められているので注意

2．角地の指定

各特定行政庁の指定による。たとえば、東京都では3つの指定がある（細則21条）。
敷地境界線の1/3以上が道路または公園・川等に接し、かつ図2-Ⅲ-1の一に該当するもの。

図2-Ⅲ-1 東京都の角地指定

1. 幅員がそれぞれ4m以上6m以下である場合

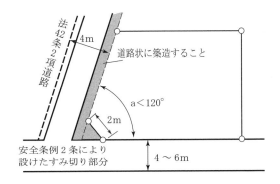

2. 幅員がそれぞれ4m以上でいずれかが6mを超える場合

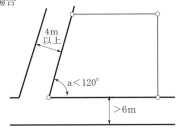

3. 幅員がそれぞれ8m以上の道路の間にある敷地で、道路境界相互間の間隔が35m以下のもの

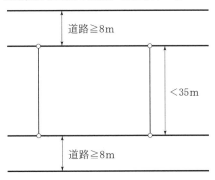

3. 敷地が2以上の地域にわたる場合

それぞれの敷地面積の比例配分とする。
(加重平均)

図2-Ⅲ-2　建ぺい率の加重平均

この敷地に建築できる建築面積 B_A は、
$$B_A = (S_1 \times C_1) + (S_2 \times C_2)$$
したがって、この敷地の建ぺい率の限度Cは、
$$C = \frac{B_A}{S_1 + S_2} = \frac{(S_1 \times C_1) + (S_2 \times C_2)}{S_1 + S_2} \text{ となる}$$

図2-Ⅲ-3　加重平均の計算例

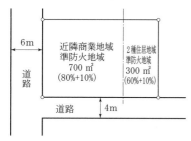

この敷地が特定行政庁の指定する角地である場合は
(700×0.9+300×0.7)/1000=84%
一の敷地であれば両用途地域とも角地緩和が適用される

2　建築面積の算定
(令2条1項2号)

建築物の外壁又はこれに代わる柱の中心線で囲まれた部分の水平投影面積による。

次の(1)〜(3)の点に注意すること。

(1)　地階で地盤面上1m以下にある部分を除く。

(2)　軒・庇等で1m以上突き出しているものがある場合、その先端より1m後退した線で囲まれた部分を算入する。

(3)　開放性が高いと認められた構造の建築物又はその一部では、端から1m以内の部分の面積を除いて良い。(図2-Ⅲ-5)

※共同住宅等のバルコニーの場合は3方向共に開放されていることが条件であり、正面のみが開放されているような場所は先端から1m以内の部分を除くことはできない。

なお、建築面積の算定について国土交通省より示された各部分ごとの具体的基準はないが、外廊下、外階段、バルコニーについては、下記を参考の上、特定行政庁の扱いを確認する必要がある。

図2-Ⅲ-4　建築面積の算定[59]

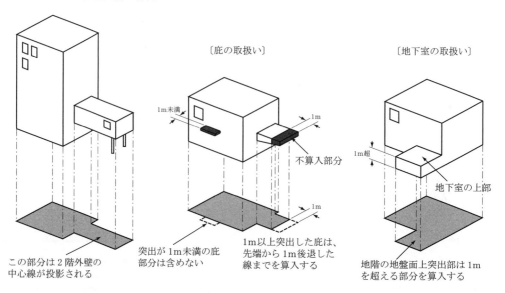

図2-Ⅲ-5　高い開放性を有すると認められる構造の条件と建築面積の算定（H5告示1437号、H12告示2465号改正）

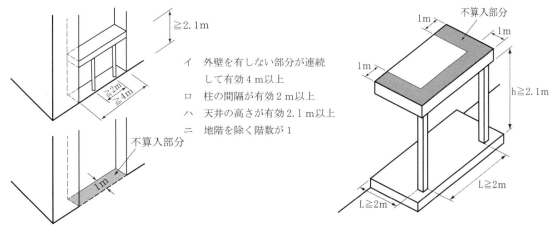

イ　外壁を有しない部分が連続して有効4m以上
ロ　柱の間隔が有効2m以上
ハ　天井の高さが有効2.1m以上
ニ　地階を除く階数が1

※　建物の内側に入り込んでいる様な形態の場合は算入としている特定行政庁もあるため、必ず確認すること

※　柱の有無による取扱は十分審査機関等と協議すること

表2-Ⅲ-3　外廊下、外階段、バルコニーの建築面積の算定例

部　分	立　面	平　面	算　定　基　準
開放式片廊下			外気に十分開放され床面積に算入されない型式のもの ――先端から1m後退した部分を算入 床面積に算入されるもの ――全て算入 ※3方向共に開放されており、先端に柱等がない事が条件となる
屋外階段			床面積に算入されないもの ――先端から1m後退した部分を算入 又は、階段に柱や壁があるものは柱や壁に囲まれた部分を算入 床面積に算入されるもの ――全て算入
バルコニー			Ⓐで床面積に算入されないもの ――先端から1m後退した部分を算入 Ⓐで床面積に参入されないもの及びⒷ 床面積に算入されるもの ――全て算入 ※Ⓐの場合、3方向共に開放されいることが、先端から1m後退する条件となる

3 容積率
（法52条、令135条の4の4）

容積率の限度は表2-Ⅲ-4の数値とする。

※床面積の算定基準は、第2章Ⅲ 5 参照。

1．容積率の限度

表2-Ⅲ-4　容積率の制限（(1)又は(2)のうち小さい数値とする）

		1種・2種低層住専	1種・2種中高層住専	1種・2種住居 準住居	近隣商業	商業	準工業	工業	工業専用	無指定 ※2
(1)	都市計画で定める数値（％）	50 60 80 100 150 200	100 150 200 300 400 500	100 150 200 300 400 500	200 300 400 500	200 300 400 500 600 700 800 900 1000 1100 1200 1300	100 150 200 300 400 500	100 150 200 300 400	100 150 200 300 400	50 80 100 200 300 400
(2)※1	前面道路による数値（幅員＜12(m)の場合）（×100％）	\multicolumn{3}{c}{前面道路幅員（m）×0.4}		\multicolumn{5}{c}{前面道路幅員（m）×0.6 （但し、特定行政庁指定区域内では 前面道路幅員（m）×0.4又は0.8）}

※1 前面道路が2以上ある場合は、その幅員の最大のものを採用する
※2 特定行政庁が都市計画審議会の議を経て指定するもの

2．敷地が2以上の地域にわたる場合の考え方

それぞれの敷地面積の比例配分とする。
（加重平均）

前面道路の幅員により低減がある場合は、その数値を含めての加重平均となる（図2-Ⅲ-7）。

図2-Ⅲ-6　容積率の加重平均

容積率V₁の地域　容積率V₂の地域
面積S₁　面積S₂

この敷地に建築できる延べ面積F_Aは、

$$F_A = (S_1 \times V_1) + (S_2 \times V_2)$$

である。
したがって、この敷地の容積率の限度Vは、

$$V = \frac{F_A}{S_1 + S_2} = \frac{(S_1 \times V_1) + (S_2 \times V_2)}{S_1 + S_2}$$

となる。

図2-Ⅲ-7　加重平均の計算例

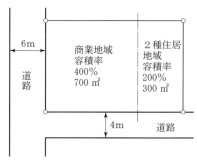

※敷地としては一敷地となるため、前面道路による容積率の検討の道路幅員は最大幅員の6mを採用する

商業地域の前面道路による容積率は、

$$6m \times 0.6 = 360\% < 400\% \rightarrow 360\%$$

第2種住居地域の前面道路による容積率は、

$$6m \times 0.4 = 240\% > 200\% \rightarrow 200\%$$

加重平均より

$$\frac{700 \times 3.6 + 300 \times 2.0}{1000} = 312\%$$

3．前面道路の幅員による容積率算定

図2-Ⅲ-8　前面道路の幅員が一律でない場合

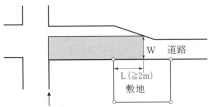

道路幅員Wの採用については、必ず道路端部が起点（接点）まで接続していることが条件となる。

　前面道路幅員は、法43条に規定する2m以上の接道長さ以上かつ、条例による接道長さ以上接することが必要であるため、必要接道長さLの部分の幅員Wとして考える。

　但し、必要接道長さLを2mとしている特定行政庁や、前面道路の敷地と接する部分の幅員の平均値として扱っている特定行政庁もある。

図2-Ⅲ-9　広い道路に路地状で接している場合

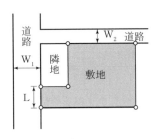

　図2-Ⅲ-9に示す様に、W_1道路にLの長さが必要接道長さ以上接していればW_1幅員とし、それ以下の接道長さであればW_2幅員として考えることが妥当である。

　路地状（旗竿）敷地の取扱いについては、特定行政庁の建築条例により規制されている場合があるので必ず確認すること。

4．特定道路（幅員15m以上）までの距離による容積率緩和

前面道路の幅員が6m以上	→	6/10又は4/10の算定において、前面道路幅+α (Wa)として計算できる
前面道路の幅員が15m以上の特定道路に接続		
特定道路から敷地までの延長が70m以内		

図2-Ⅲ-10　特定道路による容積率の緩和[60]

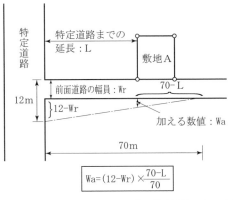

$$Wa=(12-Wr)\times \frac{70-L}{70}$$

したがって、敷地Aにおける前面道路幅員による容積率制限は $(Wr+Wa)\times 6/10$ （又は4/10）となる。

図2-Ⅲ-11　特定道路による容積率の緩和例

例：商業地域（都市計画指定の容積率600%）の場合

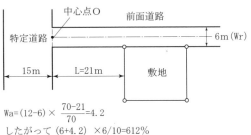

$Wa=(12-6)\times \dfrac{70-21}{70}=4.2$
したがって $(6+4.2)\times 6/10=612\%$
→都市計画で指定された600%となる。

敷地から特定道路までの延長Lの測り方

前面道路が特定道路に接する部分の中心点と、

敷地の前面道路に接する部分の特定道路に最も近い点から、前面道路の中心線に対して降ろした垂線の交点までの水平距離をLとする。

図2-Ⅲ-12　特定道路からの距離の測り方[60]

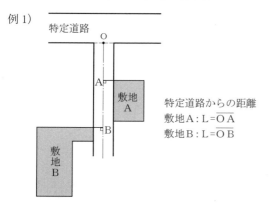

例1)

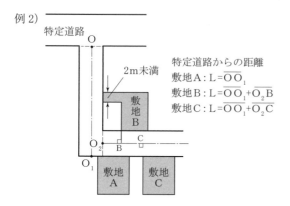

例2)

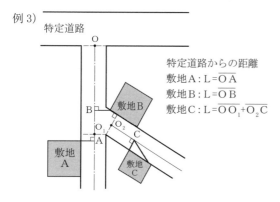

例3)

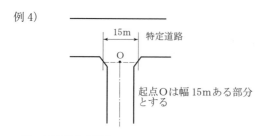

例4)

※　Oは起点を示す
※　すみ切りがある場合は行政庁に確認する

5．計画決定道路等の前面道路扱いによる緩和

計画道路の扱いは、「事業決定道路」については建築基準法上の道路とみなすが、「計画決定道路」については、現況道路の幅員で容積率の算定を行う。

但し、特定行政庁が建築審査会の同意を得て許可した場合は、計画決定道路の幅員をもって、算定することができる（この場合、計画決定道路部分は敷地面積から除かれる）。

国土交通省より、許可基準が示されている。
建設省住街発33号（S59.4.19通達）

地区計画等の予定道路についても、特定行政庁の許可により、この緩和が適用される。

※予定道路とは、地区計画区域等で地区施設として整備すべき道路について特定行政庁が指定を行い、道路内建築制限の適用により、適切な道路網の整備が行われるものである（法68条の7）。道路名称については、第1章Ⅲ**1**表1-Ⅲ-1を参照。

6．壁面線の指定がある場合の道路幅員による数値の考え方

（法52条11項）

(1) 許可を要する場合（容積率の増加）

前面道路の境界線、又はその反対側の境界線からそれぞれ後退して壁面線の指定がある場合に、前面道路と壁面線の間の敷地の部分が、道路と一体的に連続して使われているとして特定行政庁の許可が得られた場合（義務ではない）には、壁面線までの距離を前面道路の幅員に含めて考えられる。この場合は壁面線までの敷地の部分は、容積率算定上の敷地面積から除かれる（法52条11項）。

※壁面後退部分の取扱いについては、特定行政庁により取扱いが示される場合があるので、確認すること。

① 商業地域（都市計画で指定された容積率600%）の場合の例

図2-Ⅲ-13　壁面線指定による容積率の増加例

（a）通常の場合

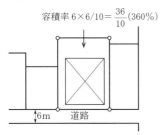

容積率 6×6/10＝36/10（360%）

（b）法52条11項の許可による場合

容積率 （6+2+1）×6/10＝54/10（540%）

② 許可を要する場合の床面積の増加の例
商業地域（都市計画で指定された容積率600%）の場合の例（法52条11項関連）

図2-Ⅲ-14　壁面線指定による許容床面積の増加例

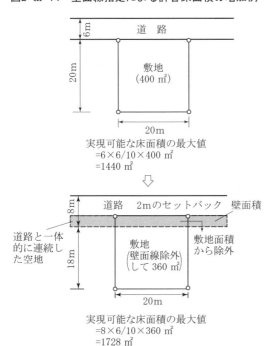

実現可能な床面積の最大値
＝6×6/10×400 m²
＝1440 m²

⇩

実現可能な床面積の最大値
＝8×6/10×360 m²
＝1728 m²

(2) 住居系地域の場合

前面道路の幅員が12 m未満であり、前面道路の境界線から後退して壁面線の指定がある場合、又は法86条の2、第1項の規定に基づく条例で定める壁面の位置の制限がある場合、前面道路と壁面線の間の部分を前面道路と考えて、容積率の算定を行うことができる。

但し、容積率の限度は「現況の前面道路の幅×0.6」以下とする。この場合、壁面線までの敷地の部分は、容積率算定上の敷地面積から除かれる（法52条12項、13項）

① 第1種住居地域（都市計画で指定された容積率400%）の場合の例（図2-Ⅲ-15）

図2-Ⅲ-15　壁面線指定による容積率の増加例

法52条12項による場合
容積率 （6+2）×4/10＝32/10（320%）

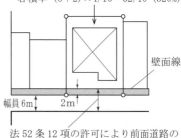

法52条12項の許可により前面道路の幅員とみなす。
6×6/10＝36/10（360%）より小さいので320%で可能

7．駐車場又は自転車置場がある場合の緩和

敷地内の建築物の床面積の1/5を限度として容積率算定の延べ面積の合計から以下は、除外できる（令2条1項4号、3項）。

図2-Ⅲ-16　駐車場等の容積率の緩和

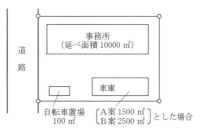

- 車庫
- 自転車置場
- 自動車又は自転車の停留又は駐車のための施設の用に供する部分の床面積

$$\frac{駐車場等除外}{許容面積} = \frac{駐車場等を含めた床面積の合計}{5}$$

（※この場合に容積率限度いっぱいの建築物を計画したとしたら、容積率に算入されない駐車場等の許容面積は、$\frac{許容延べ面積}{4}$ として計算できる。）

A案（車庫1500㎡）では

$$\frac{10000 + 1500 + 100}{5} = 2320$$

であり、車庫及び自転車置場の面積が2320㎡以下なので、車庫及び自転車置場面積はすべて容積率算定の延べ面積から除外できる。

よって、容積対象延べ面積は10000㎡となる。

B案（車庫2500㎡）では

$$\frac{10000 + 2500 + 100}{5} = 2520$$

であり、車庫及び自転車置場の面積が2520㎡を超えるので、容積対象延べ面積は
10000+（2500+100-2520）= 10080㎡ となる。

8．備蓄倉庫等がある場合の緩和

（令2条1項4号、3項）

備蓄倉庫、蓄電池設置部分、自家発電設備設置部分、貯水槽設置部分の床面積は敷地内の建築物の床面積に対して、それぞれ下記を限度として容積率算定の延べ面積から除外とする。

① 備蓄倉庫部分　1/50
② 蓄電池設置部分　1/50
③ 自家発電設備設置部分　1/100
④ 貯水槽設置部分　1/100

9．住居等及び老人ホームの地下部分における床面積の緩和 （法52条3項、4項）

(1) 戸建住宅

住宅の地階の住宅用途に供する部分については、住宅用途の部分の床面積の合計の1/3を限度として、容積率を算定する面積に算入しないことができる。

① 住宅の用途には、住宅の居室、物置、浴室、便所、廊下、階段が入る。車庫等は算入されない。
② 店舗、事務所等と合築されている住宅では、店舗等の部分は緩和の対象とならない。

図2-Ⅲ-17　店舗併用住宅の場合の計算例

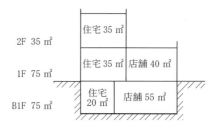

③ 地下部分が住宅用途以外なら、算入される。

延べ面積　　　75 + 75 + 35 = 185 ㎡
住宅用途の部分　20 + 35 + 35 = 90 ㎡

したがって、地階の住宅用途の部分は

90 × 1/3 = 30 ㎡まで算入されない。

よって、容積率算定の対象となる床面積は、

55 + 75 + 35 = 165 ㎡

となる。

(2) 共同住宅、長屋、老人ホーム

共同住宅の他、長屋、老人ホームも緩和の対象となる。

① **住宅用途とみなされる部分**
- 各住戸の専用部分（各戸専用の物置を含む）
- エントランスホール
- 屋内階段、廊下、エレベーター
  （住宅の用途の部分のみに属するもの）
- 共用倉庫
- 管理人室
- 住宅用の設備機械室（電気室等含む）
- 集会室（居住者のみに使用されるもの）
- 別棟の住宅用地下室

② **住宅用途とみなされない部分**
- 併設されるスポーツクラブ
- 居住者以外の利用する会議室

・自動車車庫等

※ 寮、寄宿舎、ウィークリーマンションは共同住宅として扱われない。

(3) 自動車車庫の緩和と併せて適用される場合

自動車車庫等の緩和の算定の時には、地下部分の住宅用途の部分も延べ面積に算入する。

図2-Ⅲ-18 自動車車庫の緩和の算定

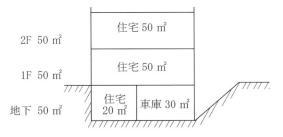

建物の延べ面積は

$20 + 30 + 50 + 50 = 150\ m^2$

車庫面積のうち、$150 × 1/5 = 30\ m^2$までは不算入にできる。

又、住宅の地下部分の面積のうち、$120 × 1/3 = 40\ m^2$まで不算入することができる。

この図では住宅の地下部分は$20\ m^2$のため、$20\ m^2$を不算入とする。

よって容積率算定の対象となる床面積は、

$150 - 30 - 20 = 100\ m^2$

となる。

(4) 容積不算入の対象となる地階の判定

法文上地階と扱われるのは、床が地盤面下にある階で床面から地盤面までの高さがその階の天井の高さの1/3以上のものである。

※ この緩和規定での地階の判定に関し、地盤の高低差が3mを超える場合、建物全体として周囲の地面に接する位置の平均により行う場合があるので、特定行政庁や各審査機関に確認すること。

不算入の対象となる地下階は図2-Ⅲ-19かつ、天井が地盤面からの高さ1m以内にあるもの図2-Ⅲ-20となる。

※ 各室の天井の高さが異なる場合には、室ごとに算定する。

※ 地階と判定された階は全て対象となる。

図2-Ⅲ-19 地階の判定

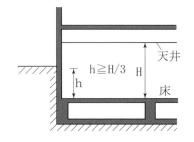

図2-Ⅲ-20 容積不算入の対象となる地下階

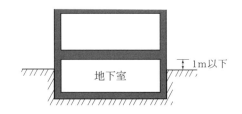

図2-Ⅲ-21 傾斜地の場合の考え方

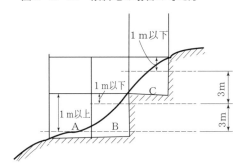

① A室は地階だが、天井が地盤面より1mを超えているので算入される。
② B室は地階かつ天井が地盤面から1m以内なので算入されない。
③ C室は地階扱いにならない(地上階の)室なので、天井が地盤面から1m以内でも算入される。

(5) 地方公共団体が条例で定める地盤面

(法52条5項、令135条の15)

住宅の地下部分の床面積不算入に係る地盤面の位置は法52条4項に定められているが、地方公共団体は土地の状況等により条例で区域を限定し、別に定めることができる。

【地方公共団体が条例で定める地盤面の例】

※ 横浜市の例(概略)

① 周囲の地面と接する位置の高低差が3mを超える建築物の場合 (図2-Ⅲ-22(a))

図 2-Ⅲ-22 地方公共団体が条例で定める地盤面（横浜市の例）

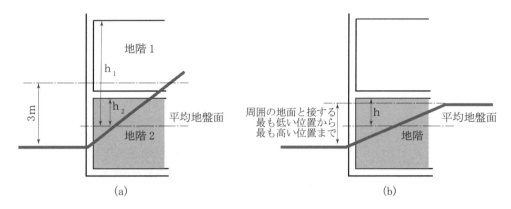

$h_2 \leq 1$ m の場合は地階 2 は緩和の対象となる。地階 1 は、$h_1 > 1$ m のため、地階であっても緩和対象とはならない。

② 周囲の地面と接する位置の高低差が 3 m 以下の建築物の場合（図 2-Ⅲ-22(b)）

$h \leq 1$ m の場合に、地階は緩和の対象となる。$h > 1$ m の場合は、地階であっても緩和対象とならない。

10. 共同住宅の共用の廊下、階段等の（床面積不算入）緩和

（法 52 条 6 項）

共同住宅の共用の廊下、階段等については容積率の対象となる床面積から除外となる。

この緩和規定については、現国土交通省より運用方針が示されている。

(1) 対象となる共同住宅の範囲について

法 52 条 6 項の規定により共同住宅の共用の廊下または階段の用に供する部分の床面積を延べ面積に不算入とする措置（以下「共用廊下等の部分に係る容積率の不算入措置」という。）の対象となる共同住宅は、共用の廊下または階段の用に供する部分を有するすべての共同住宅であり、分譲の共同住宅および賃貸の共同住宅を含むものである。

また、共同住宅の住戸で、事務所を兼ねるいわゆる兼用住宅については、本制度の対象となる共同住宅に該当しないものである。

(2) 対象となる共同住宅の共用の廊下または階段の用に供する部分（以下「共用の廊下等の部分」という）について

共用の廊下等の部分に係る容積率の不算入措置の対象となる共用の廊下等については、以下のとおり取扱うものとする。

① 共用の廊下の用に供する部分には、いわゆるエントランスホールおよびエレベーターホールで共用のものを含むものであり、収納スペース、ロビーとして区画された部分等の居住、執務、作業、集会、娯楽または物品の保管もしくは格納その他の屋内的用途に供する部分を含まないものであること。

② 共用の階段の用に供する部分には、階段に代わる共用の傾斜路の部分を含むものであり、昇降機機械室階段やその他の特殊な用途に用いる階段の部分を含まないものであること。

(3) 共同住宅の用途に供する部分とその他の用途に供する部分が複合している建築物の取扱いについて

共同住宅の用途に供する部分とその他の用途に供する部分が複合している建築物に対する本規定の適用については、以下のとおり取扱うものである。

① 専ら住戸の利用のために供せられている共用廊下等の部分は本規定の対象とする。

たとえば、一定の階の専用部分のすべてが共同住宅の用途に供されている場合には、その階の共用廊下等の部分は本規定の対象とする。

② 専ら住戸以外の利用のために供せられている共用廊下等の部分は本規定の対象としない。

③ ①および②以外の共用廊下等の部分については、当該建築物における住戸の用に供されている専用部分等の床面積の合計と住戸以外の用に供されている専用部分等の床面積との合計との按分による。

図2-Ⅲ-23 容積不算入の例（法52条6項）[9]

(a)「共用の廊下、階段等」の例

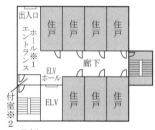

凡例
  □「共用の廊下・階段等」
  ▨ 専ら住戸の利用のために供されている専用部分

※1 ロビーや収納スペース等、区画されている居室・執務・作業・集会・娯楽・物品の保管・格納等の屋内的用途に供する部分は対象外となる
※2 共用の階段が特別避難階段である場合、「付室」及び「付室に代わるバルコニー」は、階段の一部であり、「共用の廊下等の部分」に含まれるため、階段と併せて容積率対象の延べ面積には算入されない

(b) 複合用途のある共同住宅の「共用の廊下、階段等」の按分算出の例

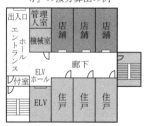

凡例
  □ 按分対象の共用廊下等の部分
  ▨ 当該建築物の住戸専用部分等（住戸専用の部分）
  ▨ 専ら住戸以外の利用のために供されている専用部分

※ エントランスホールについては、ソファー等を設置する等ラウンジ的な部分は緩和できないため注意すること。

11. エレベーターに係る昇降路部分の緩和
（法52条6項）

エレベーターの昇降路の部分の床面積については、容積率対象の延べ面積に算入しないという緩和がある。

令129条の3第1項1号に規定する「エレベーターの昇降路の部分」（建物用途の限定なし）にこの緩和が適用される。この緩和では最下階も含め、停止階分のすべての面積が容積率不算入となる。但し、エスカレーターや小荷物専用昇降機、「エレベーターの昇降路の部分」に該当しない機械室等は容積率に算入される。

なお、機械室を設けずに昇降路内に駆動装置等を設置するいわゆる「マシンルームレスエレベーター」の昇降路の部分は容積率不算入としてよい。

表2-Ⅲ-5 昇降機種類別容積率算入表

昇降機の種類	容積率不算入	容積率算入
機械式駐車場 機械式駐輪場	総延べ面積の1/5 までは緩和可能	○
生産・搬送設備用 立体自動倉庫		○
オープンタイプ ELV	○	
段差解消機	○※	○
ダブルデッキ ELV	○	
斜行エレベーター	○	

※ 昇降機の囲い等により、昇降路の部分が他の目的に使用されることがない場合は容積率不算入となる

4 延べ面積
（令2条1項4号）

延べ面積は各階の床面積の合計とする。

階数に算入されない塔屋や地階の倉庫、機械室も算入される。

又、延べ面積には、容積率算定により除外される駐車場等の床面積も含まれる。

5 床面積の算定

(令2条1項3号)

建築物の各階又はその一部で、壁その他の区画の中心線で囲まれた部分の水平投影面積による。

これまで床面積の算定方法については、特定行政庁で統一されていなかったが、S61.4.30建住指115号が出され、その解説と併せて示された（表2-Ⅲ-6）。

表2-Ⅲ-6　建設省通達による床面積の算定方法 [14)]

	図	床面積に算入しない	床面積に算入する	解　説
ピロティ	平面／立面	十分に外気に開放され、かつ、屋内的用途に供しない部分	左記以外の部分で、例えば自動車車庫、自転車置場等に供する部分等	1.「十分に外気に開放され」とは、ピロティ部分がその接する道路又は空地と一体の空間を形成しかつ常時人の通行が可能な状態であることをいう 2.「屋内的用途」とは、居住、執務、作業、集会、娯楽、物品の陳列、保管、格納等の用途をいう 3. ピロティの一部を屋内的用途に供する場合は、全体を算入するのではなく屋内的に供する当該部分のみを算入する 4. 椅子やベンチ等の設置についても、基本的には用途が発生すると考え、床面積に算入をする
ポーチ（庇型）	壁／平面／立面	（右記を除き、原則として床面積に算入しない） ※但し、建物の主フレーム内の場合は必ず特定行政庁に確認する	屋内的用途に供する部分	外気に有効に開放されている部分とは ①隣地境界線からの距離が1m以上であること（東京都、千葉県、神奈川県、大阪府は50cm） ②当該部分が面する同一敷地内の他の建物又は当該建物の部分からの距離が2m以上であること
ポーチ（寄り付き型）	※／平面／立面			

	図	床面積に算入しない	床面積に算入する	解　説
公共用歩廊	平面 立面	十分に外気に開放され、かつ、屋内的用途に供しない部分 ※特定行政庁により取扱いが異なるため要確認	左記以外の部分	屋内的用途に供されている場合の傘型の床面積算定は下記とする
傘型	平面 立面			
壁を有しない門型	平面 立面			
吹きさらしの廊下	廊下 平面 立面	$h_1 \geqq 1.1$mかつ$h_1 \geqq 1/2 h_2$で、aのうち2mまでの部分 h_1：当該廊下の外気に有効に開放されている部分の高さ h_2：当該廊下の天井の高さ a：当該廊下の幅（芯々）	左記以外の部分 h_1が取れないものはaの幅に関係なく算入する h_1が取れていてaが2mを超える部分を算入する	外気に有効に開放されている部分とは ①隣地境界線からの距離が1m以上であること（東京都、千葉県、神奈川県、大阪府、大阪市、神戸市（商業・近隣商業地域内のみ）は50cm） ②当該部分が面する同一敷地内の他の建物又は当該建物の部分からの距離が2m以上であること
バルコニー・ベランダ	バルコニー 手すり 平面 立面	$h_1 \geqq 1.1$mかつ$h_1 \geqq 1/2 h_2$で、aのうち2mまでの部分 h_1：当該バルコニー・ベランダの外気に有効に開放されている部分の高さ h_2：当該バルコニー・ベランダの天井の高さ a：当該バルコニー・ベランダの幅（芯々）	左記以外の部分 （吹きさらしの廊下に同じ）	外気に有効に開放されている部分の扱いは吹きさらしの廊下に同じ

83

表2-Ⅲ-6　建設省通達による床面積の算定方法（つづき）

		図	床面積に算入しない	床面積に算入する	解　説
屋外階段		平面／立面	外気に有効に開放されている部分の長さ≧1/2×階段周長〔2（a＋b）〕で、h_1≧1.1mかつh_1≧1/2h_2 $\left[\begin{array}{l}h_1：当該階段の外気に有効\\に開放されている部分\\の高さ\\h_2：当該階段の天井の高さ\end{array}\right]$	左記以外の部分	外気に有効に開放されている部分の扱いは吹きさらしの廊下に同じ 最上階の階段で屋根がなければ、左記にかかわらず床面積に算入しない ※形状による取扱いは特定行政庁により異なるため確認のこと
エレベーターシャフト		EVシャフト 平面／立面	乗降口のない階の部分 $\left[\begin{array}{l}高層階エレベーターで、乗降\\口のない低層階部分など\end{array}\right]$	左記以外の部分 ※平成26年の法施行より容積対象面積から除外となったが延べ面積には算入されるので注意すること	斜行式のエレベーターは各階ごとにシャフトの水平面積を床面積に算入する
パイプシャフト等		煙突／ダクトスペース／パイプスペース 平面	煙突	パイプシャフト ダクトスペース	煙突は各階において利用されるものではないので算入しない パイプシャフト、ダクトスペースは各階において横引きされ利用されるものであるので算入する

	図	床面積に算入しない	床面積に算入する	解　説
給水タンクを設置する又は地下ピット貯水タンク	平面／断面	タンクの周囲に保守点検用の専用の空間のみを有するもの（S61建住指115号）	左記以外の部分 （ポンプ併置型等、他用途が生ずる恐れのある場合）	保守点検のためのスペースの幅は概ね0.6〜1.5m程度とする当該部分の出入はタラップとし出入口を上蓋とするもので保守点検用の空間であれば算入しなくてよいが、保守点検用の空間のみでも出入りを階段とするものは、算入すべきである 階段を設置の際は、室の取扱い、階数の算入について特定行政庁の確認を行うこと
出　窓	▽天井 ▽床 h d／出窓 d／床面積に算入 棚等 出窓	h≧30cm、d＜50cmかつ見付け面積の1/2以上が窓であるもの h：下端の床面からの高さ d：周囲の外壁面からの水平距離	左記以外のもの	出窓の天井が室内の天井の高さ以上に位置する場合や、出窓が屋根と一体となっていて下屋となっていない場合は床面積に算入する 棚等の物品の保管や格納の用途に供される部分が相当ある場合
機械式駐車場	独立の［立体駐車場 垂直循環方式 エレベーター方式 エレベータースライド方式］	床として認識することが困難なものは、駐車台数1台につき15m²とみなし算定した数値と各階のフロアと同位置に床があるものとして算定した数値のうち大きい方の数値とする		
	［立体駐車場（同上方式）］	床として認識することが困難なものは、駐車台数1台につき15m²とみなし算定した数値と各階のフロアと同位置に床があるものとして算定した数値のうち大きい方の数値とする		
	［水平循環方式 多層循環方式 二段方式］	建物の一つの階に床として認識することが困難な立体の駐車装置が設けられる場合は、駐車台数1台につき15m²とみなし算定した数値と当該装置設置部分の床面積のうち大きいほうの数値とする		単純昇降機の機械を建物内に設けた場合の取扱いとして「水平投影面積＋上段台数×15m²」とする特定行政庁もあるので確認する

85

表2-III-6　建設省通達による床面積の算定方法（つづき）

	図	床面積に算入しない	床面積に算入する	解　説
機械式駐輪場	独立の ［立体駐輪場 垂直循環方式 エレベーター方式 エレベーター スライド方式］	床として認識することが困難のものは駐輪台数1台につき1.2 m² として床面積を算定する		
	立体駐輪場 （同上方式）	床として認識することが困難のものは駐輪台数1台につき1.2 m² とみなし算定した数値と各階のフロアと同位置に床がある ものとして算定した数値のうち大きいほうの数値とする		
体育館等のギャラリー等	平面 / 立面 / 平面 / 立面	保守点検等一時的な使用を目的と している場合	左記以外の場合	観覧のためのギャラリーは人が 一定時間以上そこに滞留して使 用されるので床面積に算入する 幅が1m程度以下で、保守点検等 一時的な使用を目的とする キャットウォークの類は床面積 に算入しない

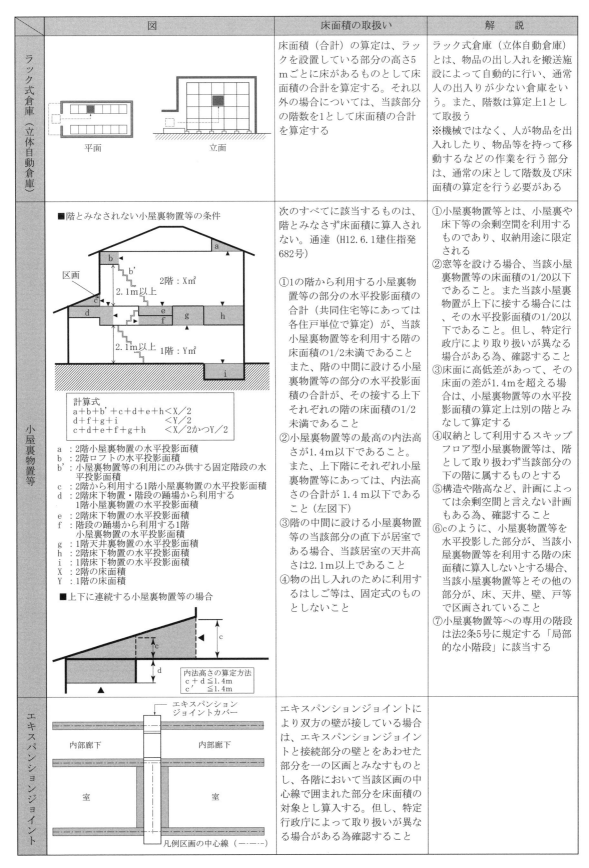

	図	床面積の取扱い	解　説
ラック式倉庫（立体自動倉庫）	平面／立面	床面積（合計）の算定は、ラックを設置している部分の高さ5mごとに床があるものとして床面積の合計を算定する。それ以外の場合については、当該部分の階数を1として床面積の合計を算定する	ラック式倉庫（立体自動倉庫）とは、物品の出し入れを搬送施設によって自動的に行い、通常人の出入りが少ない倉庫をいう。また、階数は算定上1として取り扱う ※機械ではなく、人が物品を出入れしたり、物品等を持って移動するなどの作業を行う部分は、通常の床として階数及び床面積の算定を行う必要がある
小屋裏物置等	■階とみなされない小屋裏物置等の条件 区画 2階：X㎡／1階：Y㎡　2.1m以上 計算式 a＋b＋b'＋c＋d＋e＋h＜X/2 d＋f＋g＋i　　　　　＜Y/2 c＋d＋e＋f＋g＋h　＜X/2かつY/2 a：2階小屋裏物置の水平投影面積 b：2階ロフトの水平投影面積 b'：小屋裏物置等の利用にのみ供する固定階段の水平投影面積 c：2階から利用する1階小屋裏物置の水平投影面積 d：2階床下物置・階段の踊場から利用する1階小屋裏物置の水平投影面積 e：2階床下物置の水平投影面積 f：階段の踊場から利用する1階小屋裏物置の水平投影面積 g：1階天井裏物置の水平投影面積 h：2階床下物置の水平投影面積 i：1階床下物置の水平投影面積 X：2階の床面積 Y：1階の床面積 ■上下に連続する小屋裏物置等の場合 内法高さの算定方法 c＋d≦1.4m c'　≦1.4m	次のすべてに該当するものは、階とみなさず床面積に算入されない。通達（H12.6.1建住指発682号） ①1の階から利用する小屋裏物置等の部分の水平投影面積の合計（共同住宅等にあっては各住戸単位で算定）が、当該小屋裏物置等を利用する階の床面積の1/2未満であること　また、階の中間に設ける小屋裏物置等の部分の水平投影面積の合計が、その接する上下それぞれの階の床面積の1/2未満であること ②小屋裏物置等の最高の内法高さが1.4m以下であること。また、上下階にそれぞれ小屋裏物置等にあっては、内法高さの合計が1.4m以下であること（左図下） ③階の中間に設ける小屋裏物置等の当該部分の直下が居室である場合、当該居室の天井高さは2.1m以上であること ④物の出し入れのために利用するはしご等は、固定式のものとしないこと	①小屋裏物置等とは、小屋裏や床下等の余剰空間を利用するものであり、収納用途に限定される ②窓等を設ける場合、当該小屋裏物置等の床面積の1/20以下であること。また当該小屋裏物置が上下に接する場合には、その水平投影面積の1/20以下であること。但し、特定行政庁により取り扱いが異なる場合がある為、確認すること ③床面に高低差があって、その床面の差が1.4mを超える場合は、小屋裏物置等の水平投影面積の算定上は別の階とみなして算定する ④収納として利用するスキップフロア型小屋裏物置等は、階として取り扱わず当該部分の下の階に属するものとする ⑤構造や階高など、計画によっては余剰空間と言えない計画もある為、確認すること ⑥cのように、小屋裏物置等を水平投影した部分が、当該小屋裏物置等を利用する階の床面積に算入しないとする場合、当該小屋裏物置等とその他の部分が、床、天井、壁、戸等で区画されていること ⑦小屋裏物置等への専用の階段は法2条5号に規定する「局部的な小階段」に該当する
エキスパンションジョイント	エキスパンションジョイントカバー／内部廊下／室／凡例区画の中心線（—・—）	エキスパンションジョイントにより双方の壁が接している場合は、エキスパンションジョイントと接続部分の壁とをあわせた部分を一の区画とみなすものとし、各階において当該区画の中心線で囲まれた部分を床面積の対象とし算入する。但し、特定行政庁によって取り扱いが異なる場合がある為確認すること	

表 2- III -7　面積算定における算定区画の中心線の設定方法

構造、工法の区分		中心線、設定方法	図　　解（例）
木造の建築物	軸組工法の場合	柱の中心線	
	枠組壁工法の場合	壁を構成する枠組材の中心線	頭つなぎ／上枠／たて枠
	丸太組構法の場合	丸太材等の中心線	丸太材
RC、SRC の建築物		RC の躯体、PC 板等の中心線	外装材／内装材／目地／断熱材／外装材／内装材／コンクリート打放し（打放しの場合は外側を打増すが、躯体部分のみの中心線とする）
鉄骨造の建築物	金属板、石綿スレート、石膏ボード等の薄い材料を張った場合	胴縁等の中心線	石膏ボード等／柱／胴縁
	上記以外の場合	RC 板、ALC 板等の中心線	モルタル／モルタル／ALC 床板／梁／ALC 外壁板等
組積造、補強コンクリートブロック造の建築物		コンクリートブロック、石、れんが等の主要な構造部材の中心線	臥梁／ブロック

6 高さ制限一覧表

（法55条、法56条1項、法56条の2、法58条）

表2-Ⅲ-8　高さ制限一覧表

	第1種・第2種低層住居専用	第1種・第2種中高層住居専用	第1種・第2種住居、準住居	近隣商業準工業	商業、工業工業専用	無指定	高さ算定の基準面	屋上突出物等で算入しなくてよい高さ
絶対高さ	10m 又は12m（都市計画で定める）	―	―				地盤面	1・2種低層住居　5m以下 その他　　　　　12m以下 ※水平投影面積の合計が建築面積1/8以内の場合
道路斜線	1.25ℓ 但し、容積率限に応じて前面道路の反対側から20m～35mの範囲内のみ	1.25ℓ(※1:1.5ℓ)		1.5ℓ 但し、容積率限に応じて前面道路の反対側から20m～50mの範囲内のみ		1.25ℓ、1.5ℓ	前面道路の路面の中心からの高さ	12m以下 ※水平投影面積の合計が建築面積1/8以内の場合
隣地斜線	―	20m+1.25ℓ 31m+2.5ℓ※1		31m+2.5ℓ※2		20m+1.25ℓ 31m+2.5ℓ※1	地盤面	
北側斜線	5m+1.25ℓ	10m+1.25ℓ	―	―	―	―		全てを算入
高度地区	都市計画により定める（全国一律の規制ではない）						地盤面	北側斜線　全てを算入 絶対高さ　12m以下
日影規制	①3-2(2-1.5) ②4-2.5(3-2) ③5-3(4-2.5) ※3 ※4	①4-2.5(3-2) ②5-3(4-2.5) ※3 ※4		― （制限なし）		①3-2(2-1.5) ②4-2.5(3-2) ③5-3(4-2.5) ※3 ※4	1種・2種低層住専 GL+1.5m その他 GL+4.0m 又は +6.5m	対象建築物の建物高さ算定　5m以下 日影規制の建物高さ算定　すべて算入

ℓ：道路境界線又は敷地境界線から建築物までの距離を示す
GL：平均地盤面を示す
日影規制中の数値は、時間を表す
道路斜線・隣地斜線・北側斜線については天空率により緩和が可能。但し、絶対高さ、高度地区・日影規制はできない
※1　特定行政庁が都市計画審議会の議を経て指定するもの
※2　高層住居誘導地区内の建築物で、その住宅の用途に供する部分の床面積の合計が延べ面積の2/3以上あるものに適応
※3　①～③については地方公共団体の条例で定める
※4　（）については、北海道の規制値

1. 屋上突出物等建物高さ制限に関する取扱い

（1）階段室等（ペントハウス）について

階段室等は北側斜線の規制対象となる（図2-Ⅲ-24）。

図2-Ⅲ-24　北側斜線と階段室

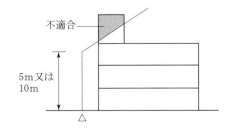

道路斜線、隣地斜線、絶対高さについては12m又は5mの範囲内であれば支障ない（図2-Ⅲ-25）。

※　階段室等と認められる用途について

階段室、昇降機塔、装飾塔、物見塔、屋窓その他これらに類する建築物の屋上部分で、これらの部分の水平投影面積の合計が建築面積の1/8以内かつ、高さ12m（法55条1項、2項、56条の2第4項、59条の2第1項（55条1項に係る部分に限る）法別表第4「日影による中高層の建築物の制限」の2の項、3の項及び4の項ロの場合は5m）以内のもの。

図2-Ⅲ-25 北側斜線以外の階段室の考え方

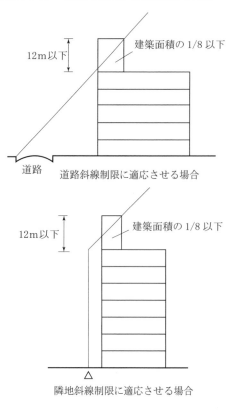

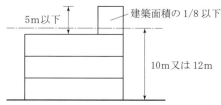

第1・2種低層住居専用地域内の場合

但し、倉庫、機械室、電気室等があれば、原則としてペントハウスとは認められないので注意を要する。

この場合、設備機器等については屋外露出とする方法がよく取られているが、設備機器等の水平投影面積も建築面積の1/8以内としての対象に該当するので注意すること。

又、屋上設置の太陽光発電設備は、単独で水平投影面積1/8以内である場合は高さに不算入とし、超える場合は算入する（国住指4936号）。

(2) 高架水槽、手すり等

図2-Ⅲ-26 斜線制限と屋上突出物[67]

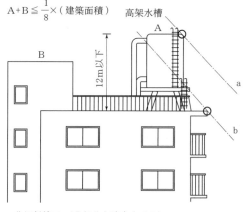

北側斜線はa（○部分を適合させる）
道路・隣地斜線はbとする（○部分を適合させる）

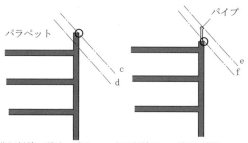

北側斜線、道路・隣地斜線共にcとする（○部分を適合させる）

北側斜線はe、道路・隣地斜線はfとする（○部分を適合させる）

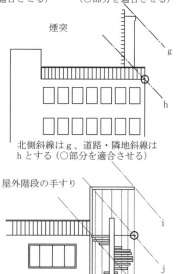

北側斜線はg、道路・隣地斜線はhとする（○部分を適合させる）

北側斜線はi、道路・隣地斜線はjとする（○部分を適合させる）
北側斜線はe、g、iの適合が基本だが特定行政庁によりf、h、j、iと認められる場合があるので、確認すること

7 建築物の高さ
（令2条1項6号）

一般には地盤面から建築物の最高部までの高さを指す。道路斜線制限に関わる場合には、前面道路の路面の中心からの建築物の最高部までの高さを指す。

(1) 建築物の高さの基本的な考え方

① 高さに算入されない塔屋階を除いて、RC造のパラペット天端、木造の棟の高さをいう
② 棟飾、防火壁の屋上突出物、金網等の手すり等は通常高さの算定から除外する。
③ 階段室、昇降機塔、装飾塔、物見塔、屋窓等で、屋上部分の面積の水平投影面積が建築面積の1/8以内、かつ、一定の高さ（条文による）以内のものは高さの算定から除外する。制限内容ごとの高さの算定方法を表2-Ⅲ-9に示す。
④ 屋上設置の太陽光発電設備は高さに算入する。

(2) 屋上部分の高さについて

建築面積の1/8以内の屋上部分で、12 m（第1種住居専用地区の高さの限度、日影規制の建物高さ算定の場合には5 m）を超えるものについては、12 m（若しくは5 m）を超えた分だけ高さに算入する。

図 2-Ⅲ-27 手すりの扱い

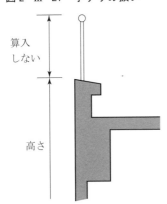

図 2-Ⅲ-28 高さの取り方

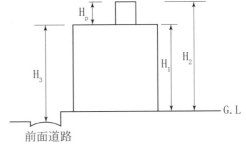

表 2-Ⅲ-9 高さの算定方法

制限内容		条文	基準点	高さの取り方（図2-46）	高さに算入しないPH階の高さ
避雷針の設置義務		法33条	地盤面	H_2	全て算入
低層住居専用地域内の高さ制限		法55条	地盤面	H_1	$H_p \leq 5m$
道路斜線		法56条1項1号	前面道路の路面の中心	H_3	$H_p \leq 12m$
隣地斜線		法56条1項1号	地盤面	H_1	$H_p \leq 12m$
北側斜線		法56条1項1号	地盤面	H_1	全て算入
日影規制		法56条の2	平均地盤面	H_1	$H_p \leq 5m$
高度地区	北側斜線との関係の制限	法58条	地盤面	H_2	全て算入
	その他（絶対高さ）		地盤面	H_1	$H_p \leq 12m$
その他の規定			地盤面	H_1	$H_p \leq 12m$

※ 表内 H_1、H_2、H_3、H_p については図2-Ⅲ-28を参照

たとえば、15mの屋上部分では、定められた値から超過している3m（若しくは10m）を高さとして算入する。また、傾斜屋根に設置される屋上部分の高さは、原則として、その最下端からの値を取り扱う。

(3) 屋上突出部の取り扱い

高さに算入されない屋上突出物の例を次に示す。

① 躯体の軽微な突起物
・採光、換気窓等の立上がり部分
・パイプ、ダクトスペース等の立上がり部分
・箱むね

② 軽微な外装等部材
・鬼瓦、装飾用工作物等（装飾塔に類するものを除く）
・手すり（開放性の大きいもの）

③ 軽微な建築設備
・避雷針、アンテナ等

なお、煙突については、避雷針の取り扱いを除き、高さに算入されない。

(4) 高さに算入しない屋上部分について

高さに算入しない屋上部分の例を以下に示す。又、その面積の合計は建築面積の1/8以下を条件とする。

① 昇降機の昇降ロビー（通常の乗降に必要な規模のもののみ）
② 各種機械室（空調機械室、排煙機械室、発電機室、吊り上げ式自動車車庫の機械室等）で上に設けることが適当であるもの
③ 雪降ろし塔屋
④ 時計塔、教会の塔状部分
⑤ 高架水槽、キュービクル等の電気設備機器、クーリングタワー等の空調設備機器

なお、通常の居室や、下階の部分と用途上一体として使用される物置専用の部屋等は1/8以下であっても高さに算入される。

(5) 屋上面が複数存在する場合

傾斜地等において、建築物の部分により高さが異なり、屋上面が複数存在する場合には、個々の屋上部分の水平投射面積を合計したものと、全体の建築面積を比較検討する（それぞれの屋上面と、そこに存在する屋上部分について取り扱うのではない）。

なお、隣接する同じ建物の内部から、常時進入可能な部分は、屋上部分としては扱われない。

図2-Ⅲ-29　屋上面が複数ある場合

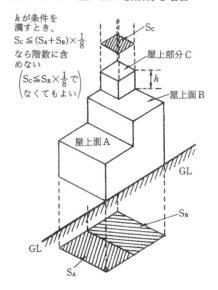

8 軒の高さ
（令2条1項7号）

　地盤面（道路斜線の後退距離の緩和の場合は前面道路の路面の中心）から、小屋組又はこれに代わる横架材を支持する壁、敷桁又は柱の上端までの高さを指す。

　木造の場合は明確に示されているが、他の構造では、下記のとらえ方が妥当である。
① RC造：屋上スラブの上端
② 鉄骨造：梁上端
③ 組積（ブロック）造：壁上端

　なお、片流れ屋根の場合は原則として高い側の軒の高さを指す。

　屋根が小屋組で形成されているものは、それを支持する壁、敷桁又は柱の上端までとする。

図2-Ⅲ-31　片流れ屋根の軒の高さ[14]

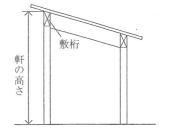

屋根が小屋組で形成されていない場合

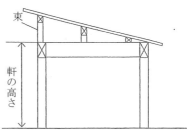

屋根が小屋組で形成されている場合

図2-Ⅲ-30　軒の高さの例[14]

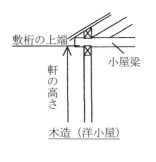
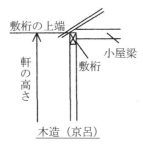
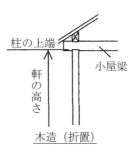
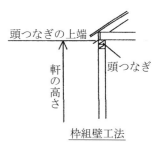

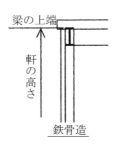

9 階数
(令2条1項8号)

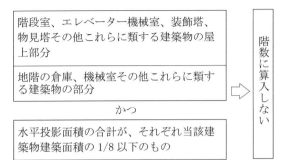

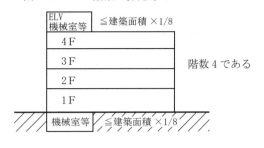

図2-Ⅲ-32 階数の算定その1

(1) 屋上部分の塔屋の扱い

階数に算入しない塔屋部分の条件を以下に示す。
① 形式的には「階」に該当する屋内的空間（屋根及び柱若しくは壁がある空間）であっても、保守点検時、非常時等を除き、通常は人が中に入らないもの
② 用途、機能、構造上、屋上に設けることが適当なもの

よって、水平投影面積が条件を満たしていても、倉庫、機械室、電気室、便所等水回り、ラウンジ又、大型の設備機器等については階数に含まれるので注意を要する。トイレや自動販売機の設置をした場合の物見小屋、塔屋等、及び屋上に設置するハト小屋の天井高さが1.4mを超えた場合は階数に算入するよう指導される場合があるため、取り扱いには特定行政庁との協議が必要である。

なお、高架水槽の点検時のみしか用いられない階段室等は、水平投影面積が条件を満たしていれば算入されない。

(2) 地階部分の扱い

階数に算入されない地階の条件を以下に示す。
① 形式的には「階」に該当する屋内的空間であっても、居室に使用していないもの
② 用途、機能、構造上、地階に設けることが適当なもの

よって、地階に物置と、そこに通じる階段を設けた場合、水平投影面積が条件を満たしていれば階数に算入されない（この場合の水平投影面積には階段部分も含める）。

(3) 吹抜け、斜面地等の扱い

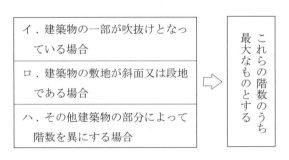

図2-Ⅲ-33 階数の判定その2

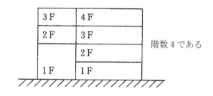

図2-Ⅲ-34 階数の算定その3

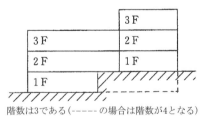

階数は3である（-----の場合は階数が4となる）
（但し特定行政庁により取扱いが異なる）

※ 建築基準法上「階」の定義はない。

又、「階数が3以上」とは上記のように算定すべきであり「3階以上の階」とは地上階数3以上と解釈すべきである。

なお、階数に算入されない塔屋や地階等の部分でも、延べ面積算定の際には算入する。

10　地階
（令1条1項2号）

　床が地盤面下にある階で、床面から地盤面までの高さが、その階の天井の高さの1/3以上のものをいう。地階の判定は、同一階で判定し、部分的な判定は行わない。

図2-Ⅲ-35　床と天井に段差がある場合の地階の算定[14]

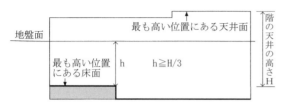

図2-Ⅲ-36　斜面地に建つ建築物[14]

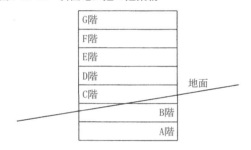

図2-Ⅲ-37　B階の判定[14]

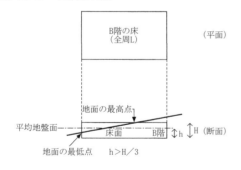

A階：階全体が地面よりも下にあるため地階とする

B階：床の全周が地面よりも下にあり、床面から地盤面までの高さhが床面から天井面までの高さHの1/3よりも大きいため（図2-Ⅲ-37）地階とする。

C階：床のうち地面よりも下にある部分の長さℓが床の全周Lの過半でないため（図2-Ⅲ-38）地階としない。

D～G階：階全体が地面よりも上にあるため地階としない。

　地階算定上の地盤面とは、通常3mごとの平均の地盤面を指すが、法文上は3m以内ごとの平均の地盤面とは定義しておらず（令2条2項中、前条1項2号が入っていない）傾斜地や部分的に接する地盤面が異なる場合などの取り扱いについては特定行政庁と打合せを行うこと。

※　横浜市の取り扱い事例

　横浜市では、地下階を判定する際に基準とする地盤面については3m以内ごとに関わらず階ごとに算定する。

図2-Ⅲ-38　C階の判定[14]

11 地盤面
（令2条1項，法別表第4）

地盤面とは、建築物が周囲の地盤と接する位置の平均の高さにおける水平面をいう。又、その接する位置の高低差が3mを超える場合は、その高低差3m以内ごとの平均の高さにおける水平面をいう。

3m以内ごとの地盤面の起算点については原則として最高点又は最低点となるが、特定行政庁等によっては、接道面や避難面等の取り扱いとなる場合があるため協議が必要である。

図2-Ⅲ-39 地盤面の算定

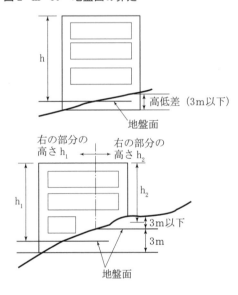

図2-Ⅲ-40 地盤面の計算方法

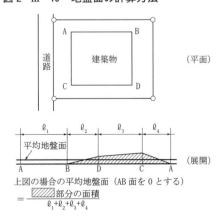

地盤面算定上の注意事項
(1) 地盤面と平均地盤面

建築基準法上「地盤面」とは、高低差3mごとに算定したものをいい、「平均地盤面」とは、日影規制の水平測定面からの高さを算定するために、高低差3mに関係なく全体の高さで算定したものをいう。法文上の正式な用語の使い方には注意が必要である。

(2) 「建築物が周囲の地面と接する位置」の設定

① ドライエリア等がある場合

ドライエリアの周壁の外側を周囲の地面と接する位置として扱う。但し、斜面地や高低差がある敷地に、大規模な擁壁を設けて土地を造成してドライエリアを設けた場合には、建築物がドライエリアの下端に接する地表面の位置とする。

図2-Ⅲ-41 ドライエリアがある場合

② 建築物が接する位置に盛土が行われている場合

原則として実際に地面と接する位置（盛土後の高さ）とする。但し、下記の場合は、確認申請時の現状の地盤と、盛土後の接する位置との間の適切な位置に協議の上設定する。

・敷地からの排水経路、避難経路の確保、基礎の保護等のため、盛土が一般的な高さより著しく高い場合（それぞれの土地の特性により判断する）

・盛土が意匠的に設けられる小規模なもの（フラワーポット等）である場合

・盛土の上部の水平な面が幅2m未満の場合（道路境界線に向けて道路と同程度に盛土をした場合は別途協議による）

③ 地面と接する位置にピロティ、屋外階段、廊下、バルコニー等がある場合

　ピロティ等がある場合、実際に地面と接するのは、柱等の周りのみである。しかし、便宜上、実際に地面に接していない部分も、最も外側の柱及び壁等の中心線を結んだ位置で地面と接しているものとして、この位置で地盤面の算定を行う。

図2-Ⅲ-42　上階が下階より張出している部分がある場合[14]

図2-Ⅲ-43　屋外階段がある場合[14]

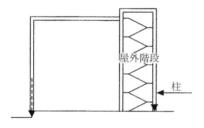

図2-Ⅲ-44　バルコニー、廊下がある場合[14]

(3) 地面と接する位置の高低差が3mを超える場合の地盤面の算定について

① 地盤面を算定する領域の設定の方法

　原則としては、最高点又は最低点から3mごとに地盤を切り分け、これにより領域を設定する。領域ごとに存在するそれぞれの建築物の部分について、周囲の地面と接する位置の平均の高さを算出し、各領域における地盤面として扱う（図2-Ⅲ-45）。

図2-Ⅲ-45　領域の設定例①[14]

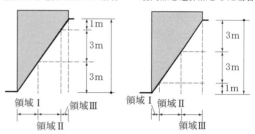

※図における算定方法

イ　最高点若しくは、最低点から3mごとに切りわけ、領域Ⅰ～Ⅲを設定する。

ロ　領域ごとに地面と接する位置の平均の高さを算出する。

ハ　それぞれの領域における高さは、ロで得られた地盤からのものとする。

　但し、領域の設定に際して、斜面地に階段状に設けられた集合住宅をその段ごとに切り分けて領域の設定を行う場合、敷地又は建物の形状により3mごとに切り分けることが不合理と考えられる場合には、3m未満ごとに切り分けるものとする（図2-Ⅲ-46）。

図2-Ⅲ-46　領域の設定例②[14]

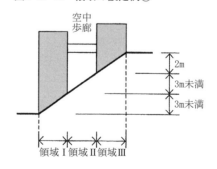

また、垂直な面に建築物の一部が接する場合には、建築物を低い地盤面に接する部分と高い地盤面に接する部分に切り分けることで領域を設定する（図2-Ⅲ-47）。

図2-Ⅲ-47　垂直な面に建築物の一部が接する場合

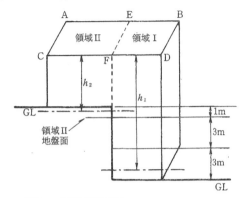

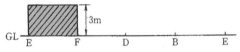

※領域の境界線上であるEFは、GLから「地面と接する位置」まで実際には7mあるが、3mとしてあつかう

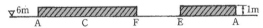

※低い方のGLから3mずつ切りとり領域を設定しているため、領域Ⅱの地盤面算定に用いるのは低い方のGLから6mの地盤面である。領域の境界線上であるEFは、この地面と接するものとしてあつかう。（よって0mとなる）他の部分に関しては、この地盤から1mの部分で地面と接する

この場合、領域ごとに切り分けられたそれぞれの建築物の部分について「接する位置」の平均の高さを算出し、各領域の地盤面として扱う。

② 地盤面の位置の算定方法
　設定した領域ごとに、領域に含まれる建築物の部分の全周囲が接する位置の平均の高さを算定する。この際、各領域の境界線上の建築物の部分は実際に「地面」に接していなくても地面に接していると仮定し、境界線部分も含めて算定を行う（図2-Ⅲ-48、図2-Ⅲ-49）。

図2-Ⅲ-48　高低差が3mを超える場合の地盤面

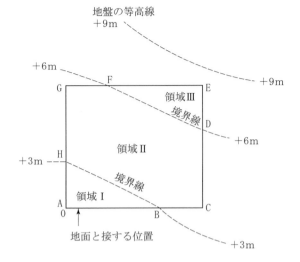

領域Ⅰの地盤面　$\dfrac{S_{AB}+S_{BH}+S_{HA}}{l_{AB}+l_{BH}+l_{HA}}$

領域Ⅱの地盤面　$\dfrac{S_{BC}+S_{CD}+S_{DF}+S_{FC}+S_{GH}+S_{HB}}{l_{BC}+l_{CD}+l_{DF}+l_{FC}+l_{GH}+l_{HB}}$

領域Ⅲの地盤面　$\dfrac{S_{DE}+S_{EF}+S_{FD}}{l_{DE}+l_{EF}+l_{FD}}$

図2-Ⅲ-49　3mを超える場合の地盤面の算定例

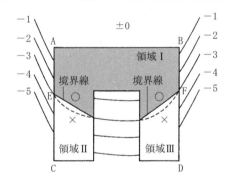

以下の場合に相当する場合は、より合理的な方法を用いて領域を設定する。

・敷地の形状の特殊性により、直線での設定が著しく不適当であると認められるもの
　例：盆地、谷状の敷地、一部が隆起した敷地等に広がりを持って建築物が建築される場合

・建築物の形状の特殊性により、直線での設定が著しく不適当と認められるもの

12 道路斜線制限
(法56条1項1号、法別表第3、令130条の11～135条の2)

1. 道路斜線の原則
(1) 道路斜線制限とその適用範囲

道路斜線の適用範囲は前面道路の反対側の境界線から、基準容積率に応じて定められる距離内（表2-Ⅲ-10（は））とし、その斜線勾配は表2-Ⅲ-10（に）の数値とする。

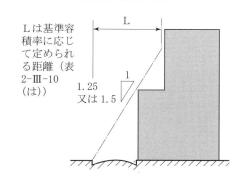

図2-Ⅲ-50　道路斜線の適用範囲

表2-Ⅲ-10　基準容積率による道路斜線の適用範囲と斜線勾配（法別表第3）

	（い）建築物がある地域、地区又は区域	（ろ）法52条1、2、7、9項による容積率V（％）	（は）距離L（m）	（に）斜線勾配
1	第1種低層住居専用地域 第2種低層住居専用地域 第1種中高層住居専用地域 第2種中高層住居専用地域	V≦200 200＜V≦300 300＜V≦400 400＜V	20 25 30 35(30)※1	1.25 1.25(1.5)※1
2	第1種住居地域 第2種住居地域 準住居地域 （5を除く）	V≦200 200＜V≦300 300＜V≦400 400＜V	20 25(30)20※1 30(30)25※1 35(30)※1	1.25(1.5)※1
3	近隣商業地域 商業地域	V≦400 400＜V≦600 600＜V≦800 800＜V≦1000 1000＜V≦1100 1100＜V≦1200 1200＜V	20 25 30 35 40 45 50	1.5
4	準工業地域（5を除く） 工業地域 工業専用地域	V≦200 200＜V≦300 300＜V≦400 400＜V	20 25 30 35	1.5
5	高層住居誘導地区内の建築物で、住宅部分≧2/3×延べ面積※2	―	35	1.5
6	無指定	V≦200 200＜V≦300 300＜V	20 25 30	1.25※3 又は 1.5

※1　特定行政庁が都市計画審議会の議を経て指定する区域内の建築物
※2　第1種住居地域、第2種住居地域、準住居地域、準工業地域内について定められた高層住居誘導地区内の建築物
※3　特定行政庁が都市計画審議会の議を経て指定する

(2) 基準容積率によるLの求め方

① 前面道路幅員による容積率の低減がある場合は、その容積率の数値とする（特定道路による緩和を含む）。

図2-Ⅲ-51　道路斜線適用範囲と基準容積率

$5m × \frac{4}{10} = 200\% < 300\%$

数値の小さい方である200%となり、道路斜線を算定する
前面道路幅員による容積率が200%となるため、適用距離Lは20mとなる

※ 前面道路が12m以下であるため、前面道路幅員による容積率の算定を行う

② 2以上の地域又は区域にわたる場合は、その加重平均の数値とする。

図2-Ⅲ-52　容積率の加重平均と道路斜線適用範囲-1

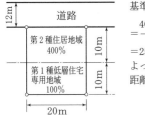

基準容積率
$= \frac{400 × 200m^2 + 100 × 200m^2}{400m^2}$
$= 250\%$
よって道路斜線制限の適用距離は25mとなる

図2-Ⅲ-53　容積率の加重平均と道路斜線適用範囲-2

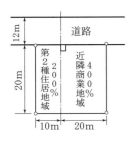

基準容積率
$= \frac{200 × 200m^2 + 400 × 400m^2}{600m^2}$
$= 333\%$
よって道路斜線制限の適用距離は、第2種住居地域においては30m、近隣商業地域においては20mとなる

(3) 2以上の用途地域等にまたがる場合の取扱い

道路に直接面して用途地域がまたがる場合は注意を要する。

図2-Ⅲ-54　2以上の用途地域にまたがる場合の基本的な考え方（基準容積率350%の場合）[60]
適用距離：商業地域　20m、第2種住居地域：30m

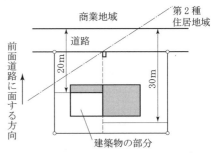

図2-Ⅲ-55　ケース1[60]

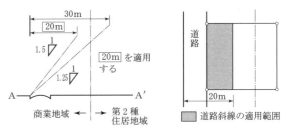

図2-Ⅲ-56　ケース2[60]

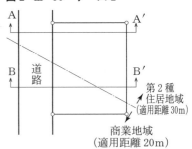

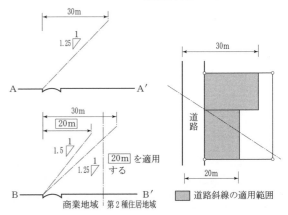

図2-Ⅲ-57 ケース3[60]

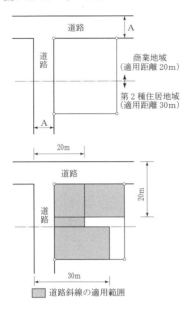

図1-Ⅲ-59 建物の後退距離の考え方

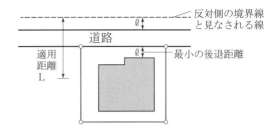

図1-Ⅲ-60 後退距離と道路斜線適用範囲

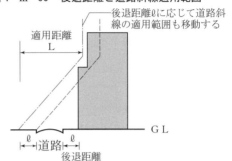

2．道路斜線の緩和

(1) 建物の後退による緩和

① 建物の後退による前面道路の反対側の緩和
（法56条2項、令130条の12）

建築物の道路からの後退距離だけ前面道路の反対側の境界線が向い側に移動したものとして道路斜線制限を適用する。

図2-Ⅲ-58 建物の後退と道路斜線

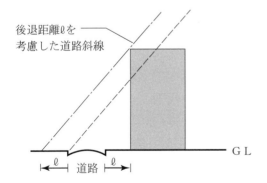

この後退距離ℓは、建築物（地盤面下の部分及び②（後退距離の算定において除かれる部分）を除く）から前面道路の境界線までの水平距離のうち最小のものとする（ℓの必要最小寸法の規制はない）。

天空率の算定においては、全て含めて検討を行うこと。

② 後退距離の算定において除かれる部分
（法56条2項、4項、令130条の12）

イ　物置、自転車置場その他これに類する用途（1号）に供するもので、次の要件を満たす建築物の部分（受変電設備等も該当する場合があるため、審査機関、特定行政庁への確認が必要である。）

a　軒の高さが前面道路の路面の中心から2.3m以下であり、かつ、床面積の合計が5㎡以内であること

b　間口率（当該建物の前面道路に面する部分の長さを、敷地の前面道路に接する部分の長さで除した数値）が1/5以下であること

c　前面道路の境界線から1m以上後退していること（建築物の壁、柱等の面で測定する）

※　建物から突出する袖壁の取扱いについても特定行政庁に確認する必要がある。

図2-Ⅲ-61 後退距離の算定から除かれる物置等[60)]

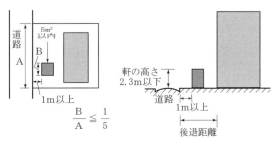

ロ　ポーチその他これに類するもので、次の要件を満たす建築物の部分（2号）

a　前面道路の路面の中心からの高さが5m以下であること

b　間口率が1/5以下であること

c　前面道路の境界線から1m以上後退していること（建築物の壁、柱等の面で測定する）

※　ポーチの場合は面積規定はない。

図2-Ⅲ-62 後退距離に含まれるポーチ等[60)]

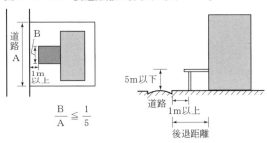

※敷地内に物置、ポーチ等が複数ある場合の間口率の算定については、図2-Ⅲ-63①②ごとに敷地単位で算定する。

図2-Ⅲ-63 複数の物置等の後退距離の考え方

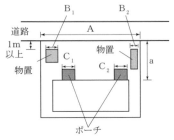

ハ　道路に沿って設けられる前面道路の路面の中心からの高さが2m以下の門、塀で、前面道路の路面の中心からの高さが1.2mを超える部分が、網状その他これに類する形状のもの（3号）

図2-Ⅲ-64 後退距離に含まれる門、塀[60)]

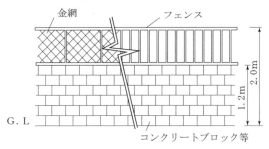

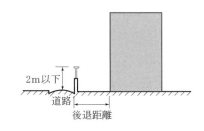

③　道路と敷地に高低差がある場合の考え方

イ　擁壁等の上部に塀等を設けた場合の塀等の高さの算定は、前面道路の路面の中心からの高さとなる。

ロ　敷地の地盤面が前面道路の路面の中心より1m以上高い場合、令135条の2の規定により、高低差緩和で前面道路の路面中心とみなされた位置からの高さとなる。なお、特殊な地形と特定行政庁が認める場合は別途適切な高さに定められる。また、その高さについては特定行政庁の規則により定められる。

ハ　法56条2項の後退距離は、上記位置から塀等の高さが2m以下（1.2mを超える部分が網状等の形状であるものに限る。）の場合、建築物までの距離（a）、それ以外の場合は塀等までの距離（b）とする。

ニ　6号イ及び令135条の2により、図2-Ⅲ-65に示すAからCまでとなる。

ホ この場合（図2-Ⅲ-65）、AからBまでは、透過性のない塀の一部とみなす。
ヘ 以下のすべてに該当するものは、後退距離をaとする。
1) AからCまでの高さが2m以下の場合
2) AからBまでの高さが1.2m以下で、BからCまでの部分を「網状その他これに類する形状」とした場合
ト 上記以外の場合は、後退距離はbとなる。
※ 特定行政庁により取扱いが異なるため確認が必要である。

図2-Ⅲ-65 道路と高低差がある場合の後退距離[14]

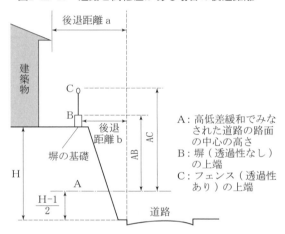

④ 隣地境界線に沿って設けられる門、塀（4号）

図2-Ⅲ-66 隣地境界線上の門、塀の考え方[60]

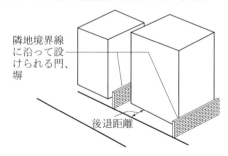

⑤ 歩廊、渡り廊下その他これに類する建築物（5号）の部分で特定行政庁がその地方の気候、もしくは風土の特殊性又は土地の状況を考慮して規則で定めた建築物の部分

特定行政庁の規則で定めるものの例としては、具体的には、多雪区域等におけるいわゆる「がんぎ」や道路上に設けられた公共用歩廊等と接続する部分等が考えられる。

⑥ 前面道路の路面の中心からの高さが1.2m以下の建築物の部分（6号）

図2-Ⅲ-67 1.2m以下の部分の後退距離の考え方[60]

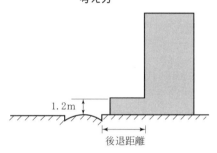

(2) 住居系用途地域の斜線勾配の緩和
（法56条3項、4項）

第1種・第2種中高層住居専用地域及び第1種・第2種・準住居地域の前面道路幅員が12m以上である場合は、前面道路の反対側の境界線からの水平距離が前面道路の幅員の1.25倍より大きい区域では部分的に斜線勾配が1.5に緩和される。

図2-Ⅲ-68 第1種・第2種中高層住居専用地域、第1種・第2種・準住居地域での斜線制限

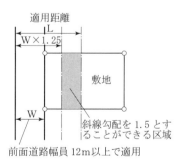

103

建物の後退による緩和を用いる際は、図2-Ⅲ-69の範囲が緩和される。

図2-Ⅲ-69　斜線勾配の緩和を受ける際における建物の後退についての考え方

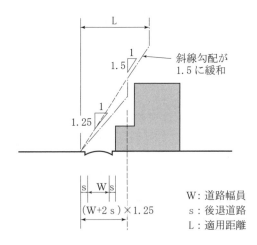

図2-Ⅲ-71　四面道路の緩和の考え方

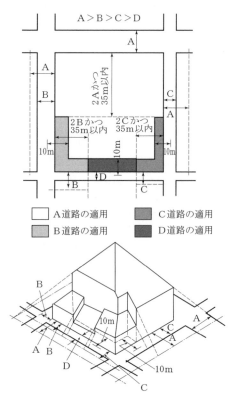

(3) 2以上の前面道路がある場合
（法56条6項、令131条、132条）

図2-Ⅲ-70　二面道路の緩和の原則

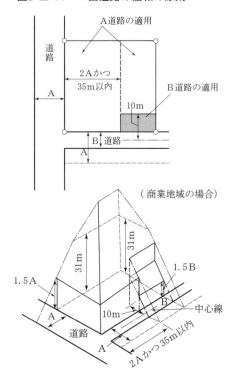

図2-Ⅲ-72　建物の後退がない場合の適用範囲の考え方

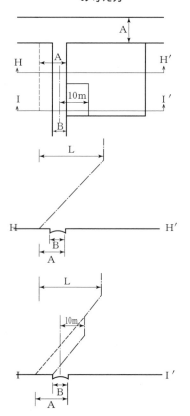

図2-Ⅲ-73 建物の後退がある場合の適用範囲の考え方

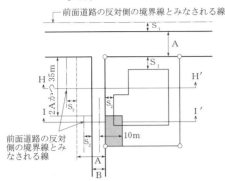

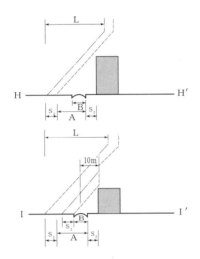

(4) 前面道路の反対側に公園、水面、線路敷等がある場合の緩和

（法56条6項、令134条）

図2-Ⅲ-74 公園等がある場合の適用範囲[60]

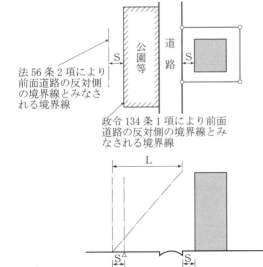

図2-Ⅲ-75 川＋2面道路の場合の考え方

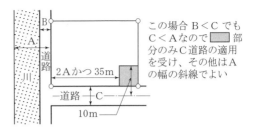

図2-Ⅲ-76 公園等が敷地をまたがる場合 ケース1

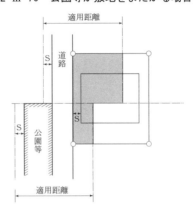

図2-Ⅲ-77 公園等が敷地にまたがる場合 ケース2

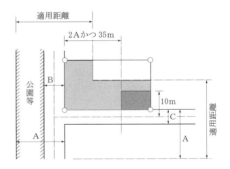

※ 鉄道の線路敷の緩和範囲について

駅舎等駅構内に面する部分は緩和できない。駅舎以外の部分は駅舎等の建築計画がある場合を除き、プラットホームを含めて緩和してよい。（S46.11.19住街発1164号）

但し、プラットホーム付近の扱いは特定行政庁により見解の相違があるので注意を要する。建築計画のない場合の判断として、特定行政庁が鉄道会社の念書を要求している場合がある。

105

図2-Ⅲ-78　線路敷の道路斜線の緩和（通達の考え方）

A敷地は、緩和なし
B敷地の取扱いについては、原則緩和不可であるが、上下線の第1信号機の位置も含めて特定行政庁に確認されたい
C敷地は、原則緩和あり。但し、上下線の第1信号機の位置により緩和不可の場合がある

　鉄道会社としては、「建築計画はない」との念書は出せないケースが多く、この場合に、上下線の第1信号機から第1信号機の間はプラットホームを含めて、緩和が認められないケースがあるので注意を要する 。

(5)　道路面と敷地の地盤面に高低差がある場合
　　（法56条6項、令135条の2）

図2-Ⅲ-79　高低差がある場合の道路斜線

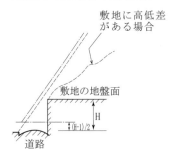

敷地の地盤面が道路より1m以上高い場合は、その高さの $(H-1)/2$ だけ道路が高い位置にあるものとみなす
但し、敷地に高低差がある場合はHの算定に関して取扱いが特定行政庁により異なる場合があるため確認すること
※敷地における一番低いポイントを基準とするように指導しているケースがある

敷地の地盤面が道路より低い場合は、道路の高さからの斜線でよい

図2-Ⅲ-80　3m以上の高低差がある場合

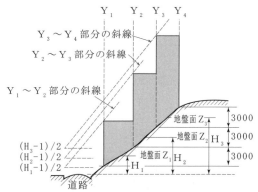

※3mごとの起点の取扱いは、前面道路の接する面より3mごととすることを原則とする

(6)　建築物が制限の異なる2以上の用途地域等にわたる場合

　建築物が地域、地区または区域の2以上にわたる場合は、それぞれの地域等に属する建築物の部分ごとにその地域等の道路斜線制限（斜線勾配等）を適用する。また、適用距離については、前面道路に面する方向において、当該道路に接する地域または区域の適用距離が接しない区域にも適用される。

図2-Ⅲ-81　制限の異なる用途地域にわたる場合の適用距離1[11]

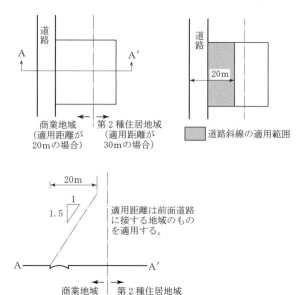

図2-Ⅲ-82　制限の異なる用途地域にわたる場合の適用距離2[11]

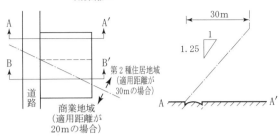

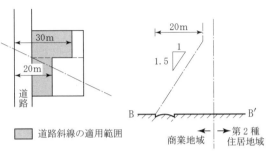

(7) 計画道路等の扱い

（法56条6項、令131条の2）

敷地に接して又は敷地内に計画決定道路がある場合は、特定行政庁の認定により、この計画決定道路を前面道路とみなして道路斜線制限を適用する。地区計画等の予定道路についても、同様に扱われる。

次のものは前面道路とみなして道路斜線制限を適用する。

① 土地区画整理事業を施行した地区等で特定行政庁が指定した街区に接する道路

② 計画道路や法68条の7第1項の規定により指定された予定道路に接する場合または当該敷地内に計画道路や予定道路がある場合において、特定行政庁が交通上、安全上、防火上および衛生上支障がないと認める建築物についての、当該計画道路または予定道路

③ 壁面線の指定がある場合や地区計画等の区域内で壁面の位置の制限がある場合で、特定行政庁が交通上、安全上、防火上および衛生上支障がないと認める場合の当該壁面線または壁面の位置の制限の線

図2-Ⅲ-83　道路斜線の緩和の考え方

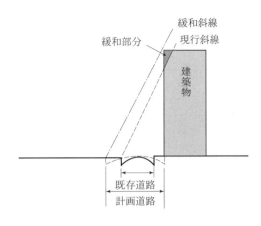

3．特殊な場合の道路斜線の考え方

(1) 路地状で広い道路に接している場合

図2-Ⅲ-84の場合に、2以上の前面道路がある場合としてA道路の緩和（2Aかつ35m及び道路中心線10m）が使えるか否かは、広い道路であるAに接する幅ℓが法43条の接道規定である2m以上接しており、かつ条例による接道長さ以上接していれば、適用して差しつかえないが、条例による接道長さ以上接してなくても、2m以上接していれば適用している特定行政庁もある。

図2-Ⅲ-84　路地状敷地の斜線制限

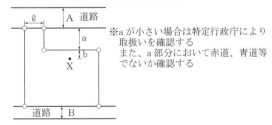

なお、この場合にX点における高さの限度は
（住居系地域の場合）

① $1.25(A + a + b)$（道路斜線）

② $20m + 1.25b$（隣地斜線）

のうち不利な方とするのが妥当である。

(2) 水路等の反対側に道路がある場合

図2-Ⅲ-85　川＋道路の部分の斜線制限

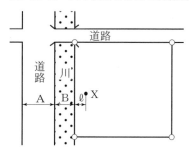

X点における高さの限度は（第2種住居地域の場合）

① 1.25(A＋B＋ℓ)（道路斜線）
② 20m＋1.25(B/2＋ℓ)（隣地斜線）

のうち不利な方とするのが妥当である。

なお、この場合、2以上の前面道路がある場合としての緩和は敷地がA道路に接していないので適用はできない。

(3) 特殊な場合の道路斜線制限の取扱い

① 敷地が2以上の前面道路に接し、一の道路に路地状の形で接する場合

下図のような2以上の前面道路がある場合の道路の緩和規定（2Aかつ35mおよび道路中心線から10m）の適用について

図2-Ⅲ-86　路地状敷地の道路斜線

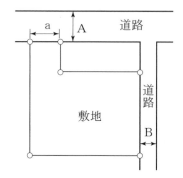

イ　Aに接する長さaが法43条1項の規定による2m以上接する場合は、道路の緩和規定は適用する。

ロ　Aに接する敷地で、地方公共団体で定める条例の規定により、敷地と道路や特殊建築物等について前面道路に接する長さに制限がある場合は、その規定に沿った適用とする。

一般的には「イ」による取扱いが考えられる。

② 突き当たり道路の先端部で接する敷地

図2-Ⅲ-87　突き当り道路の道路斜線

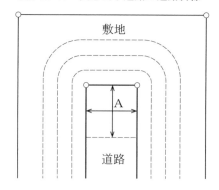

図2-Ⅲ-87に示すように道路先端部において当該道路と同じ幅員Aの道路が回転するものとみなして反対側境界線を設定する。

③ L型道路（角部）の突き当たりの敷地の場合

図2-Ⅲ-88　L型道路の道路斜線

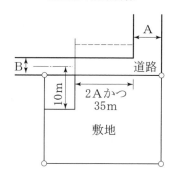

イ　図のように2Aかつ35mおよび道路中心線から10mを超える範囲は、幅員Aとみなして適用する。

ロ　幅員Bの部分に面する建築物は幅員Bにより道路斜線制限を適用する。

一般的には「イ」による取扱いが考えられる。

13 隣地斜線制限
（法56条1項2号、6項、令135条の3）

1．隣地斜線の原則
(1) 第1種・第2種中高層住居専用地域、第1種・第2種・準住居地域

図2-Ⅲ-89 隣地斜線 その1

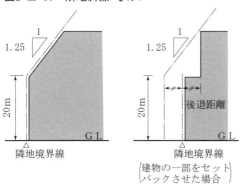

(2) 近隣商業地域、商業地域、準工業地域、工業地域、工業専用地域、無指定

図2-Ⅲ-90 隣地斜線 その2

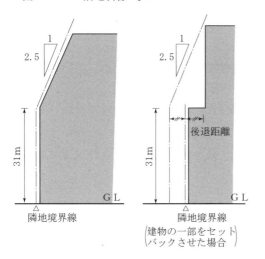

(3) 建物をセットバックさせた場合の考え方
① 後退距離の算定は、建築物の高さ20m又は31mを超える部分における壁面と隣地境界線との間の距離である。
② 適用にあたっては、建築物の高さ20m又は31mを超える建築物の部分から、隣地境界線までの最小の水平距離で算定する（図2-Ⅲ-91、図2-Ⅲ-92参照）。

図2-Ⅲ-91 最小の水平距離の考え方 ケース1

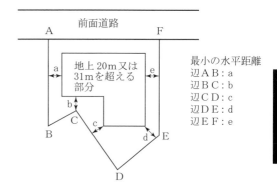

図2-Ⅲ-92 最小の水平距離の考え方 ケース2

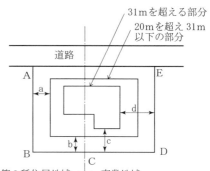

・第2種住居地域における隣地斜線制限の場合の後退距離
　辺ＡＢ：a
　辺ＢＣ：b

・商業地域における隣地斜線制限の場合の後退距離
　辺ＣＤ：c
　辺ＤＥ：d

③ バルコニー、庇、出窓等があった場合は、その先端から隣地境界線までの水平距離とする。

図2-Ⅲ-93 庇等の後退距離の考え方

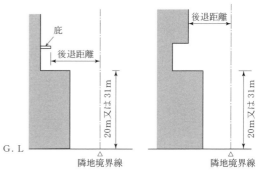

※ 庇以外にも樋、フード、ベントキャップ等の突出物がある場合は、それらの最も突出している部分と隣地境界線までが後退距離となる

2．隣地斜線の緩和

(1) 敷地が公園、広場、水面、線路敷に面する場合（児童公園は除く）
（令135条の3）

図2-Ⅲ-94　水路等に面する部分の隣地斜線

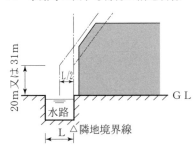

隣地境界線がその幅の1/2だけ外側にあるものとみなす。

図2-Ⅲ-95　水路等に面する部分の後退距離

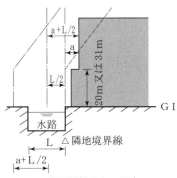

後退距離がある場合

隣地境界線はその幅の1/2＋後退距離分外側にあるものとみなす。

(2) 敷地と隣地に高低差がある場合

図2-Ⅲ-96　隣地が高い場合の隣地斜線

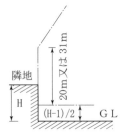

※隣地に傾斜がある場合、最低の高さでとるか、又は平均地盤を採用するか、特定行政庁に確認する

隣地の地盤面が敷地の地盤面より1m以上高い場合は、その高さの(H−1)/2だけ高い位置に地盤面があるものとみなす。

図2-Ⅲ-97　隣地が低い場合の隣地斜線

隣地の地盤面が敷地の地盤面より低い場合は、敷地の地盤面からの高さでよい。

14　絶対高さ
（法55条）

第1種・第2種低層住居専用地域内は、建物の最高高さを10m以下又は12m以下としなければならない。10m又は12mの指定は都市計画において定められている。

(1)から(3)のいずれか該当する場合は緩和される。また通達により3階建住宅の高さ制限の緩和規定もある。

(1) 都市計画上10m以下の区域において敷地の建ぺい率の限度に空地率を10％加えた空地を有し、敷地面積が1500㎡以上で特定行政庁が周辺環境を害しないと認める場合は、最高高さを12mまで緩和。また空地率及び敷地面積についてのただし書き有。

(2) 特定行政庁が、学校等の用途上やむを得ないと許可したもの。

(3) 敷地周囲に広い公園、広場、道路等があり特定行政庁が周辺の環境を害するおそれがないと認めて許可したもの。

15　北側斜線制限
（法56条1項3号、令135条の4）

1．北側斜線の原則

図2-Ⅲ-98　第1種・第2種低層住居専用地域の北側斜線

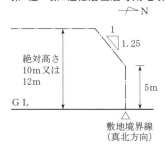

図2-Ⅲ-99　第1種・第2種中高層住居専用地域の北側斜線

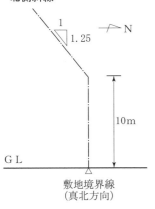

※屋上突出物等の扱いについては本章Ⅲ6を参照。

2．北側斜線の緩和

(1) 北側に水路、線路敷がある場合

（公園は都市計画公園であっても緩和されない）

図2-Ⅲ-100　北側が道路＋水路の場合の北側斜線

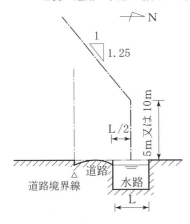

・北側が道路の場合は道路の反対側の境界線からの斜線となる。
・北側に水路がある場合は、その幅の1/2だけ北側に緩和される。
・北側が道路＋水路の場合は、道路幅＋水路幅の1/2だけ緩和される。

(2) 敷地と北側の地盤面に高低差がある場合

敷地の地盤面が北側の隣地の地盤面より1m以上低い場合は、その高さの $(H-1)/2$ だけ高い位置に地盤面があるものとみなす。

図2-Ⅲ-101　北側隣地が高い場合の北側斜線

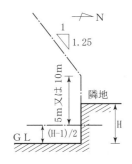

敷地の地盤面が北側の隣地の地盤面より高い場合は、敷地の地盤面からの高さでよい。

図2-Ⅲ-102　北側隣地が低い場合の北側斜線

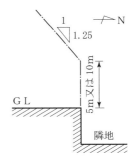

北側の道路の反対側の敷地と高低差がある場合は、道路との高低差ではなく、道路の反対側の敷地との高低差で $(H-1)/2$ と算定する。

図2-Ⅲ-103　北側道路の反対側が高い場合の北側斜線

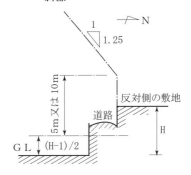

(3) 日影規制の対象区域内の場合

第1種・第2種中高層住居専用地域内にあっては、日影規制の対象区域内であれば北側斜線は適用されない。

第1種・第2種低層住居専用地域では、日影規制と北側斜線の両方の制限が適用される。

16 高度地区
（法58条）

各地方公共団体により定められる高さに関する制限である（高度地区に関する都市計画が定められていない地方公共団体も多い）。

一般的には北側斜線の制限であるが、まれに絶対高さ又は最低限度が定められている場合がある（例：東京都内、横浜市内の一部）。

図2-Ⅲ-104　東京都高度地区

第1種高度地区

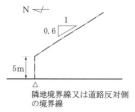

第2種高度地区

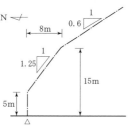

第3種高度地区

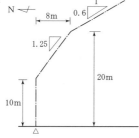

図2-Ⅲ-105　横浜市高度地区

第1種高度地区（第1種・第2種低層住居専用地域）

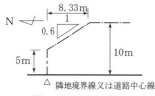

第2種高度地区（第2種低層住居専用地域の一部）

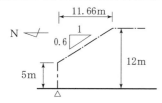

第3種高度地区（第1種・第2種中高層住居専用地域）

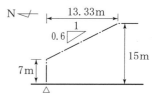

第4種高度地区（第1種・第2種・準住居地域）

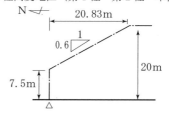

第5種高度地区
（近隣商業地域の一部－200％、準工業地域）

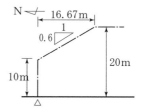

第6種高度地区（近隣商業地域の一部－300％、400％）

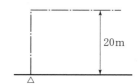

第7種高度地区（商業地域、工業地域）
　　　　　　（準工業地域の一部－400％）

又、北側に道路、水面等がある場合や、高低差がある場合の緩和措置については、第1種・第2種低層住居専用地域、第1種・第2種中高層住居専用地域の北側斜線の緩和措置に準じた規定を各地方公共団体で定めている。

17 天空率

（法56条7項、令135条の5〜11）

1．天空率と斜線制限

従来の斜線制限は、計画建築物の断面形状で建築物の高さを制限している。これに対し、これらと同程度以上の環境（採光・通風等）を確保できるかを判断する規定が天空率である。

法56条7項の天空率は、道路斜線制限・隣地斜線制限・北側斜線制限による高さ制限の適用において、一定の基準を満たすことにより緩和できる規定として追加されたものである。

2．天空図とは

複数の一定位置に置いた想定半球の表面に映された建築物の姿を、さらに水平面上に正射影（水平投影）したものが天空図であり、全天空に対して建築物の水平投影面積を除いた天空の占める割合を示したのが天空率である。

予定建築物の形状（計画建築物）の天空率が斜線制限で建築可能な立体（適合建築物）の天空率以上になることを確認する。

図2-Ⅲ-106　斜線制限と天空率の適合例

①道路斜線制限に適合した建築物

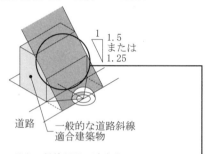

・従来の斜線制限に適合する
・斜線の内側で設計（斜めの形状）
・両端は規制なく端までとする

天空率では斜線制限で利用できなかった容積率を、より有効に使える

②天空率の規定に適合した建築物

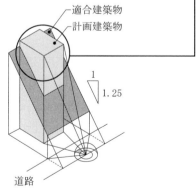

・斜めの形状にしなくてもよい
・高層化や容積率の有効活用が可能
・シンプルな形状が可能となり施工上有利

図2-Ⅲ-107　天空率の規定に適合した建築物と道路高さ制限適合建築物（イメージ）

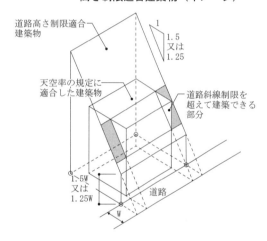

図2-Ⅲ-108　正射影の概念図

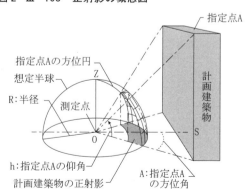

3．天空率の規定

天空図による天空率の比較

天空率の規定では、道路・隣地・北側高さ制限の区分ごとに、所定の測定点（天空率の算定位置）の全てにおいて、計画建築物と高さ制限適合建築物の天空図を所定の方法で作成し、その天空図から算出される天空率をそれぞれ比較する。全ての測定点における計画建築物の天空率が、高さ制限適合建築物の天空率以上である場合に、従来の斜線制限を適用しない。

図2-Ⅲ-109　天空図による比較

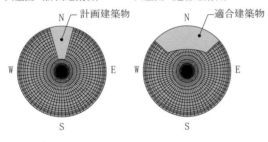

4．天空率の算定式

計画建築物の天空図と高さ制限適合建築物の天空図からすべての測定点におけるそれぞれの天空率を算出し、比較を行うことになる。

想定半球の投影面積（As）から建築物の投影面積（Ab）を差し引いた面積を、想定半球の投影面積（As）で除した割合が天空率（Rs）である。

$$天空率 Rs (\%) = \frac{As - Ab}{As} \times 100$$

As：地上にある水平面に想定する半球（想定半球）の水平投影面積
Ab：想定半球表面に投影した建築物の投影面積

図2-Ⅲ-110　天空図と天空率の関係

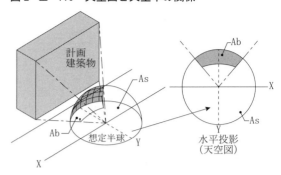

5．天空率の算定方法

算定位置（測定点）

天空率の算定位置（測定点）は、道路・隣地・北側高さ制限の区分ごとに異なり、道路、敷地、隣地等の状況により決まる。

図2-Ⅲ-111　算定位置（測定点）の算定例（道路高さ制限）

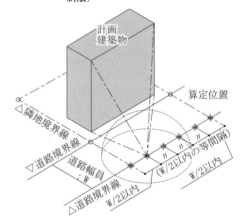

(1) 道路の場合
　算定位置：道路の反対側境界線
　算定間隔：前面道路の最小幅員の1/2以内の等間隔

(2) 隣地の場合
・住居系用途地域（勾配1.25）
　　算定位置：隣地境界線に平行で外側へ水平距離16 m
　　算定間隔：8 m以内の等間隔

・商業系地域（勾配 2.5）
　　算定位置：隣地境界線に平行で外側へ水平距離 12.4 m
　　算定間隔：6.2 m 以内の等間隔

(3) 北側の場合
　第 1 種、第 2 種低層住居専用地域
　（立上り 5 m）
　　算定位置：隣地境界線から真北方向へ水平距離外側 4 m
　　算定間隔：1 m 以内の等間隔
　第 1 種、第 2 種中高層住居専用地域
　（立上り 10 m）
　　算定位置：隣地境界線から真北方向へ水平距離外側 8 m
　　算定間隔：2 m 以内の等間隔

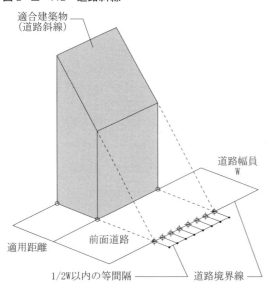

図 2-Ⅲ-112　道路斜線[9]

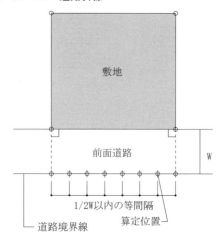

図 2-Ⅲ-113　道路斜線[9]

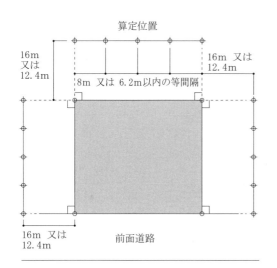

図 2-Ⅲ-114　隣地斜線[9]

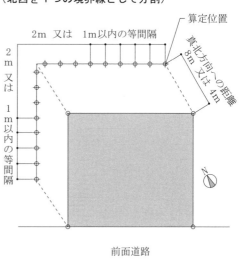

図 2-Ⅲ-115　北側斜線[9]
（北西を 1 つの境界線として分割）

図 2-Ⅲ-116 勾配が異なる地域等にわたる敷地の適合建築物（隣地斜線の場合）[9]

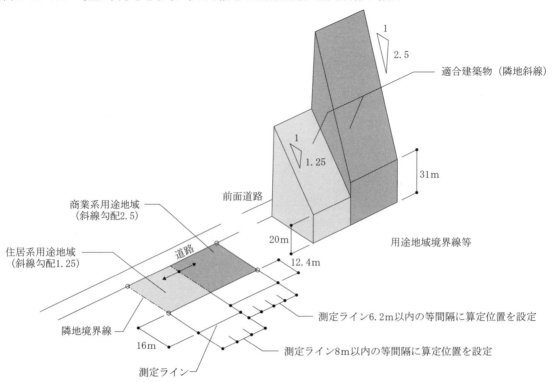

図 2-Ⅲ-117 北側斜線における適合建築物[9]

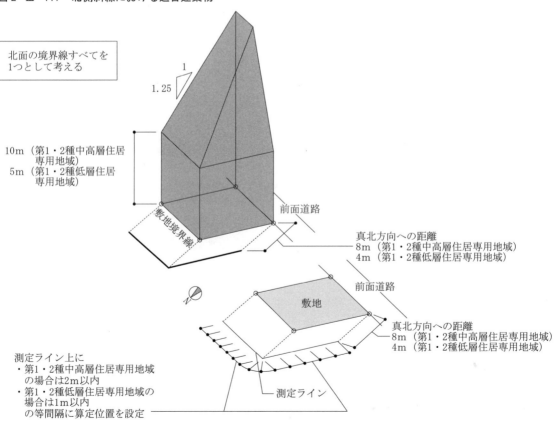

6．天空率の利用における留意点（注意点）

(1) 共通事項

① 天空率の適用について

道路・隣地・北側斜線いずれについても斜線制限と天空率のどちらの規定を適用させるかは自由に選択することができる。

※一の斜線制限において部分的に斜線制限と天空率を組み合わせて適用することはできない。

※日影規制や高度地区内の高度斜線については天空率による緩和はできないため注意されたい。

② 天空率では、採光、通風等の環境を確保するという観点から、従来の斜線制限対象外である屋上手すり、階段室、昇降機塔、装飾塔、棟飾り、物見塔等の突出部分、門塀、ポーチ、物置、自動車車庫、受水槽等も対象とする。

但し、広告塔等の工作物は対象外である。

③ 敷地形状が屈曲形状、入隅形状、路地状敷地、行き止まり道路等の場合は、建築主事又は審査機関により取扱いが異なる場合があるため、確認が必要である。

（東京方式、JCBA方式等）

(2) 道路斜線適合建築物

① 前面道路に高低差（傾斜）がある場合は、道路の傾斜なりに算定位置を配置する。

② 敷地が道路より1m以上高い場合、道路の中心高は（H‐1）/2だけ高いものとみなす。

図 2-Ⅲ-119　敷地の地盤面と道路に高低差のある場合の緩和

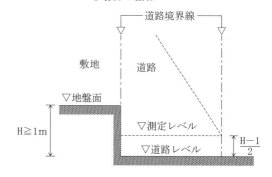

③ 道路斜線、隣地斜線の天空率算定においても後退距離の緩和を適用できる。但し、その際、適合建築物の高さを求めた場合でも、天空図の算定位置は変わらず、後退線上とはならない。

④ 前面道路の反対側に公園・広場・水面等が接している場合、これらの反対側から適合建築物を考えることができる。但し、算定位置はこれらの緩和幅によらず位置は変わらない。また、特定行政庁により判断が異なる場合があるため、確認が必要である。

図 2-Ⅲ-118　高さ制限適合建築物と計画建築物

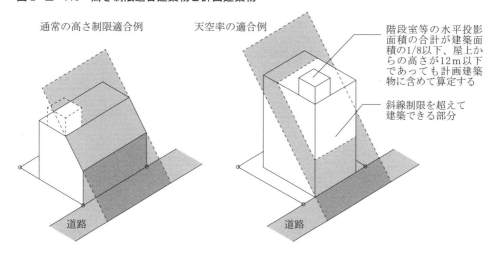

(3) 隣地斜線適合建築物

① 敷地内で隣地高さ制限の勾配が異なる場合は、異なる区域ごとに区分し算定する。

② 敷地に3m以上の高低差がある場合は、3m以内ごとの高さに区分し算定する。

計画建築物は各地域（地盤）の高さに合わせて適合建築物を考える。

また、その際の測定ポイントも適合建築物の各領域の地盤高さに合わせる。

③ 計画地盤が隣地の地盤よりも1m以上低い場合、算定位置の高さは $(H-1)/2$ だけ高いものとみなす（図2-Ⅲ-120）。

④ 敷地に公園・広場・水面等が接している場合、接している幅の1/2だけ外側に隣地境界線があるものとみなして適合建築物を考えることができる。但し、算定位置はこれらの緩和幅によらず位置は変わらない。また、特定行政庁により判断が異なる場合があるため、確認が必要である。

(4) 北側斜線適合建築物

① 道路・隣地斜線適合建築物とは異なり、北に面する境界線全てに対して1つの適合建築物として考えることができる。

② 敷地内で北側高さ制限の高さが異なる場合は、異なる区域ごとに区分し算定する。

③ 敷地に3m以上の高低差がある場合は、3m以内ごとの高さに区分し算定する。

計画建築物は各地域（地盤）の高さに合わせて適合建築物を考える。

また、その際の測定ポイントも適合建築物の各領域の地盤高さに合わせる。

④ 計画地盤が隣地の地盤よりも1m以上低い場合、算定位置の高さは $(H-1)/2$ だけ高いものとみなす（図2-Ⅲ-120）。

⑤ 敷地に公園・広場・水面等が接している場合、接している幅の1/2だけ外側に隣地境界線があるものとみなして適合建築物を考えることができる。但し、算定位置はこれらの緩和幅によらず位置は変わらない。また、特定行政庁により判断が異なる場合があるため、確認が必要である。

図2-Ⅲ-120　敷地の地盤面と隣地に高低差のある場合の緩和

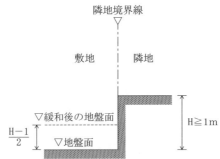

(5) 適合建築物の地盤面と計画建築物との地盤面の取扱い

図 2-Ⅲ-121　計画建築物と地盤面

計画建築物が周囲の地面と接する位置の高低差が 3 m を超える場合は、接する位置の高低差が 3 m 以内になるように敷地を区分する。

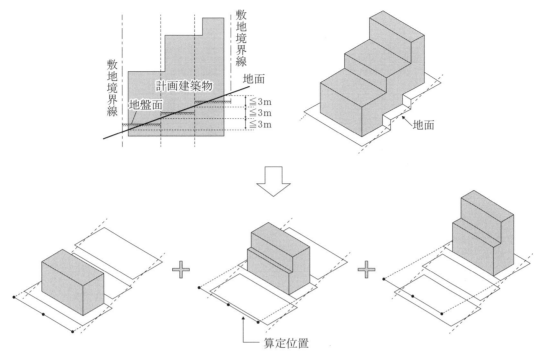

図 2-Ⅲ-122　隣地及び北側高さ制限適合建築物と地盤面

隣地高さ適合建築物は、敷地が区分された区域ごとに、計画建築物の地盤面と同一の地盤面となるよう敷地高さ制限適合建築物を想定する。

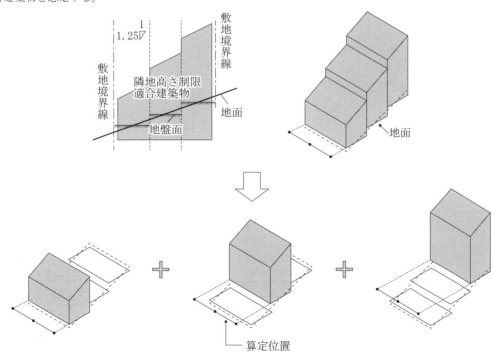

18 日影規制（法56条の2、法別表第4、令135条の4の2、4の3）

1. 日影規制一覧表

表2-Ⅲ-11　日影規制一覧表（※規制値は各地方公共団体の条例で指定されている）[16]

用途地域	対象建築物	測定水平面（平均地盤面より）	区分	規制値（冬至日の8:00〜16:00の間　北海道では9:00〜15:00の間）敷地境界線からの水平距離 5m＜ℓ≦10m	ℓ＞10m
第1種・第2種低層住居専用地域	軒高7mを超える又は地階を除く階数3以上	1.5m	（一）	3時間（2時間）	2時間（1.5時間）
			（二）	4時間（3時間）	2.5時間（2時間）
			（三）	5時間（4時間）	3時間（2.5時間）
第1種・第2種中高層住居専用地域	高さ10m超える	4m又は6.5m	（一）	3時間（2時間）	2時間（1.5時間）
			（二）	4時間（3時間）	2.5時間（2時間）
			（三）	5時間（4時間）	3時間（2.5時間）
第1種・第2種・準住居　近隣商業　準工業	高さ10m超える	4m又は6.5m	（一）	4時間（3時間）	2.5時間（2時間）
			（二）	5時間（4時間）	3時間（2.5時間）
用途地域の指定のない区域	軒高7m超える又は地階を除く階数3以上	1.5m	（一）	3時間（2時間）	2時間（1.5時間）
			（二）	4時間（3時間）	2.5時間（2時間）
			（三）	5時間（4時間）	3時間（2.5時間）
	高さ10mを超える	4m	（一）	3時間（2時間）	2時間（1.5時間）
			（二）	4時間（3時間）	2.5時間（2時間）
			（三）	5時間（4時間）	3時間（2.5時間）

図解　　第1種低層住居専用地域（二）の例　　　　第2種住居地域（二）の例

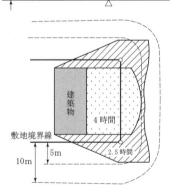

※日影規制における平均地盤面は、複数棟の場合でも1敷地に1つである
※（　）内は北海道の場合の数値
※日影規制の対象区域・規制時間は地方公共団体の条例で指定する
※敷地に3mを超える高低差がある場合の対象建築物となるか否かの判断は、3m以内ごとの地盤面より算定する
※平均地盤面の高さとは、その建築物が周囲の地盤面と接する部分の平均の高さをいい、1つの敷地に2以上の建築物がある場合は、敷地内にあるすべての建築物が地面と接する位置の平均の高さを平均地盤面とする
※屋上の階段室、昇降機塔などで、水平投影面積の合計が建築面積の1/8以内のものは、その部分の高さ5mまで建築物の高さに算入しない
※高層住居誘導地区内及び都市再生特別地区内の建築物は、日影規則の適用がない（法56条の2第12項）
※特定街区（法60条）、景観重要建造物（法85条の2）も適用除外となる

2．日影規制の注意点

(1) 平均地盤面の算定方法

日影算定における測定水平面からの高さは、3 m以内ごとではなく、敷地全体の平均地盤面より算定する。

(2) 同一敷地内に2以上の建築物がある場合の扱い

2以上の建築物を1の建築物とみなして適用する。

① 一つの建築物が対象建築物であれば、高さが10 m未満（又は軒高7 m以下、階数2以下）の建築物も対象建築物となる。

② 平均地盤面の算定はすべての建築物で一つの平均地盤面を算定する。

図2-Ⅲ-123　2以上の建築物の平均地盤面

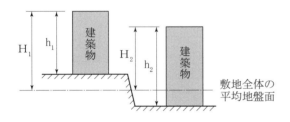

この場合の高さは、それぞれH_1、H_2で算定する旨の規定であるが、

イ　対象建築物となるか否かの算定

ロ　対象建築物となった場合の高さの算定の2つの規定については、ロについてはH_1、H_2で算定して支障ない。イについてはケースにより有利、不利があるが、個々の建築物の地盤面ごとのh_1、h_2の算定とする考え方が法文上は正しい。但し、特定行政庁に確認が必要である。

(3) 高さの算定における塔屋等の扱い

階段室、昇降機室等については水平投影面積が建築面積の1/8以内のものは、その部分の高さ5 mまでは建築物の高さに算入しない。

図2-Ⅲ-124　対象建築物の判断の塔屋の扱い

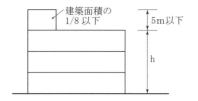

又、屋上に設ける高架水槽、クーリングタワー等の建築設備についても建築物の一部であるので同様の扱いを受けるので注意を要する（煙突、避雷針は屋上突出物とみなして高さに算入しない）。

なお、この高さの算定はあくまで対象建築物となるか否かの算定であって、対象建築物となれば、その塔屋の部分の日影も含めて規制値を満足しなければならない。

工作物は日影規制の準用を受けないが（法88条）、屋上広告塔については、形態的に日影に影響を及ぼす為、行政指導している特定行政庁もあるので注意を要する。

(4) 区域がまたがる場合の取扱い（例）

① 日影規制では影が生じた区域の規制がそれぞれ適用される。

図2-Ⅲ-125　商業地域にある建築物（高さ＞10m）が第2種住居地域に日影を生じさせる場合

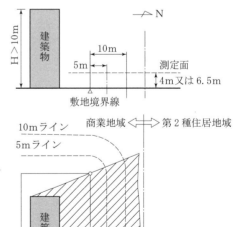

5m、10mラインは商業地域内なので規制を受けず、第2種住居地域の境界線上で10m以降の規制値に適合させる。

なお、この逆のケースでは、10m以降の規制値が、商業地域内でオーバー（図2-Ⅲ-126のハッチ部分）しているが対象区域外なので規制を受けない。

図2-Ⅲ-126　商業地域に日影を生じさせる場合

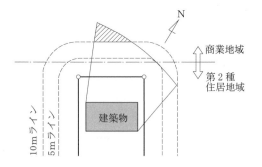

② 制限の異なる区域に日影を生じさせる場合日影が生ずる各区域内にあるものとみなして制限を受ける。

図2-Ⅲ-127　区域境界線が実質的に規制ラインとなる例

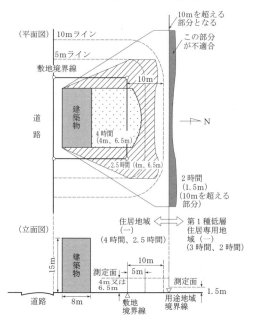

図2-Ⅲ-128　日影の測定面が厳しくなる例

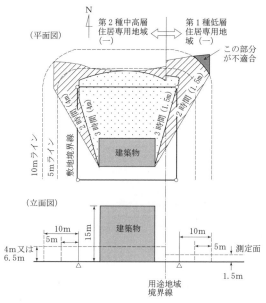

いずれの場合も、図中 ■ 部分が適合していない例である。

特に第1種低層住居専用地域に影が生ずる場合は測定水平面が変わる点（4m→1.5m）に注意しなければならない。

③ 建築物が第1種・第2種低層住居専用地域の内外にわたる場合の対象建築物となるか否かの判定。

図2-Ⅲ-129　建築物が第1種低層住居専用地域の内外にわたる場合　その1

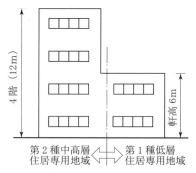

第1種低層住居専用地域内の部分が軒高7m以下、かつ、地上2階以下なので規制対象にならないように思われがちだが、全体としては高さが10mを超え、地上階数も3を超えるので、第1種低層住居専用地域及び第2種中高層住居専用地域のいずれの対象区域内に生じさせる日影も適用される。

図2-Ⅲ-130 建築物が第1種低層住居専用地域の内外にわたる場合 その2

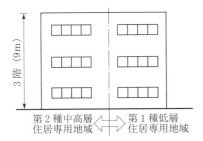

　第1種低層住居専用地域内の部分が地上3階なので、規制対象建築物となるが、高さは10m以下なので、第1種低層住居専用地域内に生じさせる日影だけが制限される。

図2-Ⅲ-131 建築物が第1種低層住居専用地域の内外にわたる場合 その3

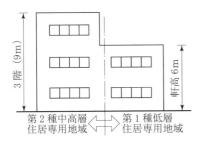

　高さが10m以下であり、また、第1種低層住居専用地域内の部分の軒高が7m以下、かつ、地上2階なので、規制対象建築物にはならない。

図2-Ⅲ-132 第1種低層住居専用地域内の建築物（高さ＜10m）が第2種住居地域に日影を生じさせる場合

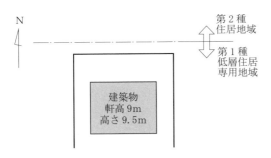

　建築物が第1種低層住居専用地域内にあり、軒高9mであるが、高さが10m以下なので、北側の住居地域の規制は受けない（第1種低層住居専用地域内のみの規制となる）。

3．日影規制の緩和規定
（令135条の12）

(1) 敷地が道路、水面、線路敷等に接する場合
（公園は緩和されない）

図2-Ⅲ-133 幅員10m以下の場合の測定ラインの緩和

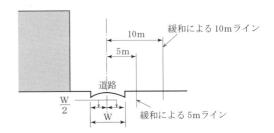

　道路等の幅の中心線を敷地境界線と見なして5m、10mラインを定める。

図2-Ⅲ-134 幅員が10mを超える場合の測定ラインの緩和

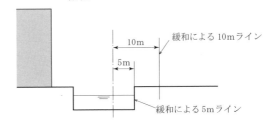

　道路等の反対側の境界線から当該敷地側へ5mの線を敷地境界線とみなす。
　すなわち、反対側の境界線が5mラインとなる。

(2) みなしラインについて
① 閉鎖方式

　(1)による緩和を平面図で示すと、図2-Ⅲ-135のように円を描いてラインを設定できるが、これは「閉鎖方式」と呼ばれる規制ラインの設定方法である。
　施行令の条文を厳密に解釈すると、円で描いた線がつながらないことも考えられるが、この方式が最も一般的な取扱いである。

図2-Ⅲ-135　閉鎖方式によるみなしライン

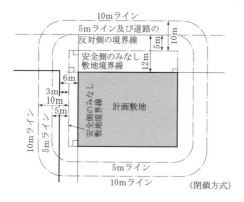

② 発散方式

「発散方式」と呼ばれるもので、道路等に直面する部分以降を放射状に発散方向を設定するものであり、道路内には日影が規制される範囲が生じないことになる。

※ 発散方式を採用していない特定行政庁もあるので、事前に確認すること。道路への発散は認められる場合があるが、隣接地がある場合には使えないこともある。

図2-Ⅲ-136　発散方式によるみなしライン

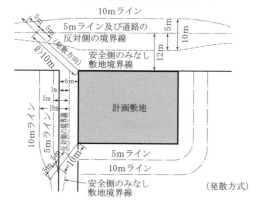

(3)　敷地が隣地の地盤面より1m以上低い場合

図2-Ⅲ-137　隣地が高い場合の測定面の緩和

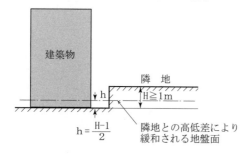

高低差から1mを減じたものの1/2だけ高い位置に平均地盤面があるものと見なされ、この平均地盤面より1.5m又は4m等のラインが測定水平面となる。

※1　隣地に建築物がない場合は土地の平均地表面とする

※2　特定行政庁は規則で別の定めをすることができる

上記※1、※2共に取扱いについては、必ず特定行政庁に確認すること。

日影規制の緩和においては、日影の及ぶ範囲が広いので隣地のみならず、これに隣接する土地についても緩和の対象となる。

なお、建築物がない場合の平均地表面の取り方についてはこれを設定することは非常に難しく、

① 敷地に相当する範囲のとり方
② 地盤のレベルの測定（他人の土地に対して）
③ 将来ともその高さが変更されない保証

等の問題があり、実際の適用にあたっては、土地の造成等により現にその位置が確定している場合あるいはそれに近い状態でないと認められない場合がある。

又、隣地の地表面レベルにおける最も低いレベルを平均地表面とするように指導される場合もあり、取扱いについては必ず特定行政庁に確認すること。

なお、隣地が低い場合は規制が強化されることはなく建築物の地盤面より1.5m又は4m（6.5m）のラインを測定水平面とする方法でよい。

図2-Ⅲ-138　隣地が低い場合の測定面

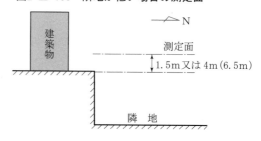

(4) 日影の既存不適格建築物に関する増築の許可の取扱い

法文上、日影規制に対する既存不適格建築物の緩和は定められてなく、各特定行政庁で個々に対応しているのが実情である。

具体的には「周囲の居住環境を害するおそれがない」との判断として、次のような扱いがある。

① 増築部分が既存建築物の日影の影響の範囲内であれば可能性あり
② 新たに生じさせる日影があっても、敷地境界線からの水平距離が5m以下の範囲内に収まるものは可能性あり

実際問題として、日影規制上不適格な建築物の南側に一部分増築する場合や、物置、車庫等の小規模な建築物を増築する場合（この場合、平屋建てで高さが3m程度のものでも、2以上の建築物を1の建築物とみなす旨の法56条の2、第2項の規定より、一般的には増築できなくなる）も困難となり、極めて大きな制約になっている。

そこで、特定行政庁では、ただし書の規定の許可により、一定の条件のもとで緩和している。

なお、附帯条件として、基準時の床面積の1.2倍の範囲内であることや、外壁の後退距離を定めている特定行政庁もあり、それぞれの内容を必ず確認すること。

●目安箱●

◆屋上目隠しフェンスの取扱い◆

・屋上目隠しフェンスを外壁と同じ仕上げとする場合は、構造体が繋がっておらず、かつ、その間が50cm以上離れていることにより、建築物の高さはパラペットの天端とします。
目隠しフェンスと構造体の間が50cm以下の場合は、目隠しフェンスの最上部を建築物の高さとします。
・目隠しフェンスが4.0mを超える場合は、工作物申請が必要になります。工作物となる場合　建築物として扱わないため、天空率・日影等は、高さに算入しないため考慮する必要はありません。

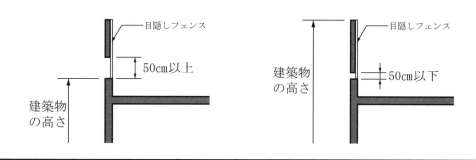

Ⅳ　その他

1　敷地の衛生及び安全
（法19条）

表2-Ⅳ-1　敷地の衛生及び安全

敷地の地盤高	敷地は道路の境より高くし、建築物の地盤面は周囲より高くしなければならない（敷地内の排水に支障がない場合又は防湿の必要がない場合は除く）
盛土・地盤改良等	湿潤な土地、出水のおそれの多い土地、ごみ等により埋め立てられた土地に建築物を建築する場合は、盛土又は地盤の改良等の衛生上又は安全上必要な措置を講じなければならない
排水設備	敷地内には、雨水及び汚水を排水し又は処理するために下水管、下水溝、ためます等を設けなければならない
擁壁の設置等	建築物が、がけ崩れ等により被害を受けるおそれのある場合は、擁壁の設置、がけから建築物を離す等の安全措置を講じなければならない →各地方公共団体の条例により具体的な規制がある場合がある

2　災害危険区域の制限
（法39条）

　地方公共団体が、津波、高潮、出水等により危険の著しい区域を指定するものであり、条例で住居の用に供する建築物の禁止その他建築物の制限で災害防止上必要なものを定めている。

3　被災市街地における建築制限
（法84条）

　特定行政庁は、市街地での災害時において都市計画又は、土地区画整理法による土地区画整理事業のため必要がある場合は、区域を指定し、災害が発生した日から1ヶ月以内の期限に限り（さらに1ヶ月を超えない範囲内において延長できる）、その区域内における建築物の建築を制限し、又は禁止することができる。

4　伝統的建造物群保存地区内の制限の緩和
（法85条の3）

　文化財保護法による伝統的建造物群保存地区内においては、市町村は条例で建築基準法の一部（構造制限、形態規制等）を適用しない又は緩和できる旨を定めることができる。

5　重要文化財等の法の適用の除外
（法3条1項）

　文化財保護法による、国宝、重要文化財等又は旧重要美術品等の保存に関する法律による重要美術品等として認定された建築物の原形を再現するものは、法の適用を受けない。
　（特定行政庁が建築審査会の同意を得て指定したもの、又は原形の再現がやむを得ないと認めた場合に限る）

6 地域地区とその規制一覧

表2-IV-2　都市計画法の地域地区

地 域 地 区	規 制 の 概 要
都市計画区域内	建ぺい率、容積率、斜線制限、接道規制、開発行為等の規制あり
都市計画区域外	同上規制なし
市街化区域	用途地域等の指定、一定規模以上の開発行為の規制
市街化調整区域	一定条件以外の建物用途等の禁止
非線引都市計画区域	原則として3000㎡以上の敷地では開発行為許可申請が必要
用途地域（12種類）	建物用途規制、建ぺい率、容積率、斜線制限、日影規制等の指定
特別用途地区（11種類）	建物用途規制（各地方公共団体の条例で定める）
防火、準防火地域	建物構造制限（耐火、準耐火、防火構造、不燃材料等）
高度地区	建物高さ制限（最高限又は最低限）
高度利用地区	建ぺい率、容積率、壁面後退等の指定（容積率緩和の指定も可能、許可を受ければ道路斜線の緩和も可能）通常は市街地再開発事業施行区域内に指定
特定街区	容積率、壁面後退、高さ制限の指定あり容積率、高さ制限の緩和あり
景観地区・準景観地区	地区の位置・種類・面積、形態意匠、建物高さ、壁面の位置、敷地面積
特別容積率適用地区	用途地域で指定された容積率の未利用分の容積率を移転して活用する制度
特定用途制限地域	建物用途制限
高層住居誘導地区	容積率、斜線制限、日影規制等の緩和
都市再生特別地区	地域地区の位置・区域・面積、用途、容積率、建ぺい率、建築面積、建物高さ、壁面位置
特定防災街区整備地区	敷地面積、壁面位置、建物高さ、建築物の構造（耐火・準耐火建築物）
風致地区	建ぺい率、外壁後退、高さ制限、外壁、屋根の色彩、造成、伐採等の制限（条例で定める）
駐車場整備地区	一定規模以上の建築物の駐車場付置義務台数の確保（条例で定める）
臨港地区	分区ごとに建物用途規制あり（港湾関連施設、官公署の事務所、一部サービス施設以外は禁止（条例で定める））
歴史的風土特別保存地区	建物の建築制限（高さ制限、屋根、外壁の材料、色彩規制）
歴史的風土保存地区	建物の建築制限（高さ制限、屋根、外壁の材料、色彩規制）
特別緑地保全地区	建物の建築、宅地造成、木材の伐採の規制
流通業務地区	建物用途規制（流通業務関連施設以外は禁止）
生産緑地地区	建物用途規制（農林漁業関連施設以外は禁止）
伝統的建造物群保存地区	伝統的建造物の増改築等の制限、その他の建築物の建築制限
航空機騒音障害防止地区・特別地区	特別地区内の防音構造建築物以外の建築物の禁止 防止地区内の学校、住宅、病院、福祉施設等の防音工事の実施

表2-IV-3　都市計画法の地域地区以外の都市計画

都 市 計 画		規 制 の 概 要
都市施設	都市計画道路	事業決定道路内の建築物の建築の禁止 計画決定道路内の一定規模以下の建築物以外の禁止
	都市（計画）公園	公園施設以外の建築物の禁止、公園施設としての建築物の建ぺい率規制 計画決定公園内の一定規模以下の建築物以外の禁止
	その他	ごみ焼却場、河川、教育文化施設、医療施設、火葬場、市場と畜場一団の住宅施設等が定められている
市街地開発事業	土地区画整理事業施行区域	仮換地以前の一定規模以下の建築物以外の禁止 仮換地後の許可申請手続き
	市街地再開発事業施行区域	都市計画決定後の事業予定地の建築の制限（一定規模以下でも不許可の場合有） 事業許可告示後の施行障害となる土地の形質変更、建築物の建築の制限
	その他	新住宅市街地開発、工業団地造成、新都市基盤整備、住宅街区整備の各施行区域がある
市街地再開発促進区域等		一定規模以下の建築物以外の禁止、小規模開発行為の許可対象 他に土地区画整理、住宅街区整備促進区域、拠点業務市街地整備土地区画整理促進区域がある
遊休土地転換利用促進地区		一定の要件に該当する遊休土地の有効かつ適切な利用を促進
市街地開発事業等予定区域		建築物の建築、土地の形質変更の制限、土地建築物等の先買い・土地の買取請求の制限
地区計画等	地区整備計画区域	建物用途、容積率、建ぺい率、高さ制限、壁面後退、敷地面積の最低限度、建築物の形態、意匠、緑化率、かき、さくの構造等の制限（条例で定める） 一般型の地区計画の他に誘導容積型・容積適正配分型・高度利用型・用途別容積型・街並み誘導型立体道路制度の地区計画がある
	沿道整備計画区域	地区整備計画区域の制限の他、建築物の間口率、高さの最低限度、遮音構造、防音構造の制限（条例で定める）
	集落地区計画区域	地区整備計画区域の制限と同じ（条例で定める）
	再開発地区計画区域	地区整備計画区域の制限の他、容積率、斜線制限、用途地域の建物用途制限について緩和される場合あり
	住宅地高度利用地区計画区域	地区整備計画区域の制限の他、容積率、建ぺい率、絶対高さ制限、斜線制限、用途地域の建物用途制限について緩和される場合あり 第1種住居専用地域、第2種住居専用地域に指定

表2-IV-4　農地、森林、自然公園等の地域地区等

地 域 地 区 等		規 制 の 概 要
農用地区域内農地		宅地等への転用の禁止
農地	甲種農地（市街化調整区域内）	農地転用は原則として禁止
	第1種農地	農地転用は原則として禁止（但し一定条件にあてはまるものは転用可）
	第2種農地	立地条件により農地転用可否の判断をする
	第3種農地	原則として農地転用が認められる
地域森林計画対象民有林		1haを超える民有林の開発行為の許可基準（林地開発）
（国立・国定・県立公園）自然公園	特別保護地区 海域公園地区 第1種特別地域	既存の建築物の建替え、災害により滅失した建築物の復旧、公益上必要な建築物以外の建築の禁止
	第2種特別地域 第3種特別地域	土地の形状、建ぺい率、容積率、高さ制限、壁面後退、屋根、外壁の色彩、形態等の制限
	普通地域	高さ制限、延べ面積制限、形態等の制限 地域によっては、特別地域に準ずる基準を設けているところもある
自然環境保全地域		特別地区内の高さ制限、床面積の制限、建築物の形態、用途の制限 普通地区内は一定規模以上は届出が必要

表2-Ⅳ-5　その他の地域地区

地 域 地 区	規 制 の 概 要
宅地造成工事規制区域	一定規模以上の宅地造成工事の基準（地盤、擁壁、がけ面保護、排水）
急傾斜地崩壊危険区域	建築物の建築、宅地造成の制限
災害危険区域	基礎、主要構造部、居室の窓の位置の制限（条例で定める）
地すべり防止区域	建築物の建築、宅地造成の制限
河川保全区域	建築物の建築、宅地造成の制限
海岸保全区域	一定規模以上の載荷重の建築物の建築、宅地造成の制限
近郊緑地保全区域	建築物の建築、宅地造成、木材の伐採の規制
史跡名勝地域	史跡、名勝の現状変更、保存の制限
埋蔵文化財包蔵地	発掘調査の義務
飛行場周辺区域	建築物の高さ制限（進入表面、水平表面、転移表面等）
電波伝搬障害防止区域	31mを超える建築物の制限及び届出
建築協定区域	建築物の敷地、位置、構造、用途、形態、意匠、設備の制限（条例で定める）
特定都市河川流域	雨水貯留浸透施設の整備、その他の措置
特別沿道区域	区域内の建築物の制限
都市公園地域	建築物の面積制限
砂防指定地	開発、建築等の禁止
津波災害（特別）警戒区域	特定開発行為、特定建築行為の制限
土砂災害（特別）警戒区域	建築物の構造制限、特定開発行為の許可

●目安箱●

◆確認申請の指摘項目ワースト10（記入もれ編）◆

1. 敷地内及び道路、隣接地の高低差の明示（配置図）
2. 道路斜線及び隣地斜線の緩和のための後退距離の最小寸法の記入（配置図及び立・断面図）
3. 敷地境界の塀、フェンス、擁壁等の明示（配置図）
4. 廊下の有効幅員（平面図）
5. 耐火構造、防火構造等の壁の凡例（平面図）
6. 面積区画、高層区画の区画面積の記入（平面図）
7. 前面道路の種別、有効幅員（配置図、平面図）
8. 仕上げ材料の認定番号と下地材の材質（仕上表）
9. 鉄骨造等の耐火被覆の材料、厚さ、認定番号（断面図）
10. 真北測定方法、測定者、計算式等の明示（日影図）

第3章　建築基準法の単体規定

Ⅰ	防火規定
Ⅱ	避難規定
Ⅲ	細部規定
Ⅳ	建築設備
Ⅴ	構造強度
Ⅵ	その他

第3章　建築基準法の単体規定

I　防火規定

1 防火区画
（令112条）

1. 防火区画一覧表

表3-I-1　防火区画一覧表[73]

区画種類	条項	イ 対象建築物 構造	ロ 対象建築物 規模	ハ 区画面積	ニ 区画の方法	ホ 緩和措置	ヘ 適用除外
面積区画	1項	主要構造が耐火構造	延べ面積 >1500 ㎡	1500 ㎡以内ごと	耐火構造又は1時間準耐火構造の床及び壁、特定防火設備※2	スプリンクラー等の自動消火設備を設けた部分の床面積1/2に相当する面積をロ、ハの面積から除く（全体に設けた場合は、区画面積が2倍になるということである）	①劇場、映画館、演芸場、観覧場、公会堂又は集会場の客席、体育館、工場、ボーリング場等で用途上やむを得ないもの ②階段室の部分、昇降機の昇降路部分（乗降ロビーを含む）で耐火構造又は1時間準耐火構造の床又は壁、特定防火設備で区画したもの
		任意に準耐火建築物としたもの	同　上	同　上	同　上		
	2項	法27条1項による特定避難時間倒壊等防止建築物（特定避難時間45分）法27条3項又は法62条1項、又は法67条の3、1項によりイ準耐（1時間準耐火を除く）及びロ準耐第1号該当（外壁耐火）としたもの	延べ面積 >500 ㎡	①500 ㎡以内ごとかつ ②防火上主要な間仕切壁（全て）	①同上 ②耐火又は1時間準耐火構造、小屋裏又は天井裏まで	①同上 ②床面積が200㎡以下の階又は床面積200㎡以内毎に準耐火構造の壁若しくは防火設備で区画されている部分でスプリンクラー等の自動消火設備を設けた部分又は、防火上支障がないものとして国土大臣が定める部分（H26告示860号） ③強化天井の場合は区画壁は天井までで良いものとする（H28告示694号）	①体育館、工場、ボーリング場等で天井（ない場合は屋根）、壁の内装を不燃又は準不燃とした部分 ②上欄の②に同じ

133

表3-Ⅰ-1　防火区画一覧表（つづき）

区画種類	条項	イ 対象建築物 構造	ロ 規模	ハ 区画面積	ニ 区画の方法	ホ 緩和措置	ヘ 適用除外
面積区画	3項	法21条但し書に基づく1時間イ準耐 法27条1項による特定避難時間倒壊等防止建築物（特定避難時間1時間）法27条3項、法62条1項又は法67条の3・1項に基づく1時間イ準耐・ロ準耐第2号該当（不燃軸組）としたもの	延べ面積 >1000㎡	1000㎡以内ごと	耐火構造又は1時間準耐火構造の床及び壁、特定防火設備※2	スプリンクラー等の自動消火設備を設けた部分の床面積1/2に相当する面積をロ、ハの面積から除く（全体に設けた場合は、区画面積が2倍になるということである）	①体育館、工場、ボーリング場等で天井（ない場合は屋根）、壁の内装を不燃又は準不燃とした部分 ②前項欄の②に同じ
高層区画	5項	11階以上の部分	11階以上の部分で各階の床面積の合計が100㎡を超えるもの	100㎡以内ごと	耐火構造の床及び壁、特定防火設備若しくは防火設備※2	同上	共同住宅の住戸（床面積≦200㎡）11階以上の階段室の部分、昇降機の昇降路の部分（乗降ロビーを含む）廊下その他避難のための部分で、耐火構造の床、壁、特定防火設備（5項の場合は防火設備）で区画したもの
高層区画	6項	11階以上の部分で壁（床上1.2m以下を除く）、天井の仕上げ及びその下地を不燃又は準不燃とした部分		200㎡以内ごと	耐火構造の床及び壁、特定防火設備※2	同上	
高層区画	7項	同上を不燃とした部分		500㎡以内ごと	同上	同上	
竪穴区画	9項	主要構造が耐火構造又は準耐火構造とした建築物又は、特定避難時間倒壊等防止建築物で、地階又は3階以上の階に居室を有するもの	階数が2以上である住戸（メゾネット型）、吹抜け、階段、昇降機の昇降路、ダクトスペース等の部分とその他の部分との境界（開放廊下、バルコニー等は除く）		耐火構造若しくは準耐火構造の床、壁、特定防火設備若しくは防火設備（遮煙性能）※3		①竪穴区画からのみ出入することができる公衆便所、公衆電話所等はそれを含み防火区画し、竪穴区画部分と公衆便所、公衆電話所等との境界は区画不要 ②竪穴区画の部分が、1項へ①の用途で、壁（床上1.2m以下を除く）、天井の室内に面する部分の仕上げ、下地ともに、不燃か準不燃でしたもので用途上区画できないもの（共同住宅の開放廊下に接続する階段室等）③避難階から直上階又は直下階のみに通ずる吹抜け部分、階段の部分等で、壁、天井の室内に面する

区画種類	条項	イ 対象建築物 構造	ロ 対象建築物 規模	ハ 区画面積	ニ 区画の方法	ホ 緩和措置	ヘ 適用除外
異種用途区画	12項	建物の一部が次のいずれかに該当する場合 ・学校、劇場、映画館、演芸場、観覧場、公会堂、集会場、マーケット、公衆浴場 ・50 ㎡を超える自動車車庫 ・2階建で200 ㎡を超える百貨店、共同住宅、寄宿舎、病院、倉庫 (一部が法24条各号のいずれかに該当する特殊建築物)		法24条各号の一に該当する部分とその他の部分との境界	耐火構造若しくは準耐火構造又は両面防火構造の壁、又は特定防火設備又は防火設備(遮煙性能)※2・3	主たる用途と従属用途の関係で（デパートの一角の喫茶店等）自動車車庫、倉庫等の用途以外は、一定の要件を満たす場合に区画を免除されることがある	
	13項	建物の一部が耐火建築物又は準耐火建築物等異種用途区画に該当する用途としなければならない特殊建築物に該当したとき (一部が法27条に該当する特殊建築物)		法27条1項各号、2項各号又は3項各号に該当する部分とその他の部分との境界	耐火構造又は1時間準耐火構造の床、壁、特定防火設備(遮煙性能)※2・3		

※1 スプリンクラー、水噴霧、泡等の自動消火器設備を設置した部分の床面積はその1/2を免除可能
※2 常時閉鎖式。随時閉鎖式の場合は、煙感知器、熱感知器に連動する
※3 法2条9号の2ロ

(1) 異種用途区画に該当する用途

① 法24条に該当

イ 学校・劇場・映画館・観覧場・公会堂・集会場・マーケット又は公衆浴場の用途に供するもの

ロ 自動車車庫の用途に供するもので50 ㎡を超えるもの

ハ 百貨店・共同住宅・寄宿舎・病院又は倉庫の用途に供するもので、階数が2であり、かつその用途に供する部分の床面積の合計が200 ㎡を超えるもの

② 法27条に該当

イ 法別表第1(ろ)欄に掲げる階を同表(い)欄の当該各項に掲げる用途に供するもの

ロ 法別表第1(い)欄に掲げる用途に供するも

●目安箱●

◆確認申請の指摘項目ワースト15(法規制項目編)◆

1. 防火区画(建具含む)
2. 排煙設備
3. 換気設備
4. 構造制限(延焼のおそれを含む)
5. 床面積の算定
6. 内装制限
7. 非常照明
8. 非常用進入口に代る開口部
9. 申請書類の書き込み
10. 階段、廊下の寸法
11. 自動火災報知設備
12. 斜線制限
13. 敷地内避難通路
14. 誘導灯
15. 採光

ので、その用途に供する部分の床面積の合計が同表(は)欄に該当するもの（同表(一)項の場合は客席、(五)項の場合は３階以上の部分に限る）

ハ　劇場・映画館又は演芸場の用途に供するもので、主階が１階にないもの

ニ　法別表第１(い)欄に掲げる用途で、その用途に供する部分の床面積の合計が同表(に)欄に該当するもの（同表(二)・(四)項の場合は２階の部分に限り、かつ病院及び診療所については、患者の収容施設がある場合に限る）

ホ　法別表第２(と)項第四号に規定する危険物

２．防火区画に接する外壁の措置
（令112条10項、11項）

面積区画（令112条２項の防火上主要な間仕切壁は除く）、高層区画、竪穴区画の壁と接する外壁は、接する部分を含み幅90cm以上の部分を耐火構造又は準耐火構造としなければならない（スパンドレルという）。但し外壁面から50cm以上突出した耐火構造又は準耐火構造の庇、床、そで壁等で防火上有効にさえぎられている場合はこの限りでない。

又、この耐火構造又は準耐火構造としなければならない部分に開口部がある場合は、特定防火設備若しくは防火設備を設けなければならない。

図3-Ⅰ-1　防火区画に接する外壁の措置　その1[73)]

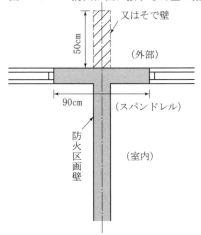

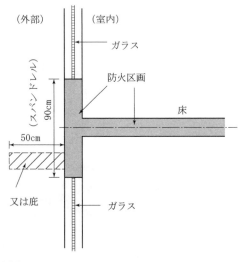

図3-Ⅰ-2　防火区画に接する外壁の措置　その2[73)]

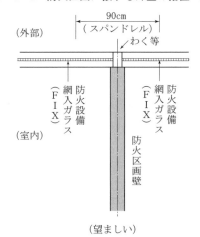

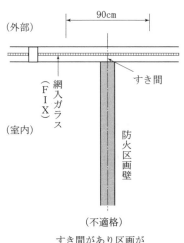

すき間があり区画が完結されていない

図3-I-3 外壁（スパンドレル）を貫通するダクトの措置[17]

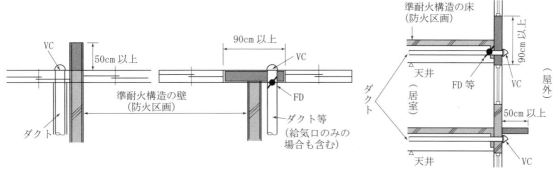

袖壁区画例（平面図）　　貫通部措置例（平面図）　　貫通部措置例（断面図）

外壁部分に設けられたスパンドレルをダクトが貫通する場合には、口径に関係なく貫通部分に防火設備（防火ダンパー）を設けなければならない。

3. 防火区画に設ける防火設備（防火戸）の区分
（令112条14項）（表3-I-2）

表3-I-2　防火区画に設ける防火戸の区分

防火区画の区分		防火戸の区分	閉鎖方法				遮煙性能の要否
^^		^^	常閉	煙感	熱感	ヒューズ付	^^
面積区画		特定防火設備	○	○	○	○	×
面積区画（1項2号）		特定防火設備	○	○	○	○	○
高層区画	100 ㎡	特定防火設備 又は 防火設備	○	○	○	○	×
^^	200 ㎡	特定防火設備	^^	^^	^^	^^	^^
^^	500 ㎡	特定防火設備	^^	^^	^^	^^	^^
竪穴区画		特定防火設備 又は 防火設備	○	○	×	×	○
異種用途区画	12項	特定防火設備 又は 防火設備	○	○	×	×	○
^^	13項	特定防火設備	^^	^^	^^	^^	^^

● 目安箱 ●

◆ 確認申請の指摘項目ワースト10（意匠編）◆

1. 平均地盤面の算定ミス
2. 防火区画における90cmのスパンドレルの措置
3. 屋外避難階段より2mの開口部制限
4. 排煙必要室の排煙方法の不適合（告示緩和等）
5. 建築面積・延べ面積の算定ミス
6. 非常用進入口に代る開口部の10m以内ごとの設置不足
7. 駐車場とその他の部分との異種用途区画の構成
8. 直通階段の避難階までの直通性
9. 内装制限における仕上材の不適合（排煙告示室含む）
10. 屋外避難階段等から道路までの避難通路幅の不足

4. 防火区画に設ける防火設備（防火戸）における注意事項

(1) 防火戸の大きさは下記とする
　① 避難経路に設けるものは、幅75cm以上、高さ1.8m以上、床面からの高さ15cm以下
　② 扉の面積は3㎡以内（3㎡を超える場合は子扉を設置する）

図3-Ⅰ-4　防火設備の構造[5]

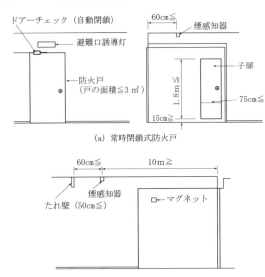

(a) 常時閉鎖式防火戸

(b) 常時開放式防火戸

・防火戸等から10m以下の位置に居室等の出入口がある場合は、当該出入口付近に設ける
・壁等から60cm未満の狭い場所でやむを得ない場合には中央に設ける
・空調等の吹出口からは1.5m以上離れた位置に設ける
・火気使用室等の出入口がある場合は、当該出入口付近に設ける

(2) 直接手で開くことができ、自動的に閉鎖することができること（ドアクローザー付ストッパーなし等——常時閉鎖式防火戸）

(3) 連動閉鎖式の防火戸（常時開放式）にあっては随時閉鎖できること（シャッターの場合も手動閉鎖装置付とする）

(4) 遮煙性能のシャッターの基準（個別認定品）（S48.12.28 告示 2564 号）
　① 内のり幅が5m以下で遮煙性能試験に合格したものであること
　② シャッターに近接して、網入りガラスを固定して併設したものは内のり幅8m以下とする

図3-Ⅰ-5　遮煙性能シャッターの幅

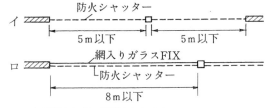

ハ　個別認定品（幅規定なし）

　③ その他大臣の認定を取得したもの

(5) ヒューズ付の防火戸は試験に合格したものであること

(6) 階段区画内の倉庫等のドアにガラリを設ける場合があるが、階段区画は煙感連動の防火戸が要求されるので、FD付（ヒューズ付）では不可である

(7) 両開きドア、親子ドアで防火区画を構成している場合に、片側ドア又は子扉をフランス落しで閉鎖状態とし、自閉装置が設置されていない例があるが（機械室等で、大型機械を搬入後、片側又は子扉をビス止にする場合は可能）、両方とも自閉装置付とすべきである（この場合には、当然順位調整付とすべきである）

(8) 防火戸の床面との納まりは、戸当り付のくつずりを設ける。やむを得ず戸当りを設けない場合でも、くつずりは設けること。防火戸と床面（くつずり面）とのすき間は極力小さくなるように納め、最低でも3mm程度としたい

図3-Ⅰ-6　防火戸と床面との納まり

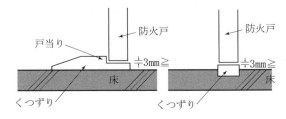

(9) 閉鎖又は作動時の強度について
　当該防火設備に挟まれたり衝突したりすることにより周囲の人に重大な危害が及ばない様、下記の基準を満たすこと（通行の用

に供する部分に設けるものに限る）

〔防火設備の質量（kg）〕×
〔閉鎖時の速度（m/s）〕^{2} ≦ 20

防火設備の質量（kg）≦ 15kg（水平方向に閉鎖又は作動するもので閉鎖する力が150N以下であるもの、又は周囲の人と接触することで停止し避難後に再度閉鎖、作動する物を除く）

5．防火区画の貫通する配管の措置

（令112条15項、令129条の2の5、1項7号）

給水管、配電管等が防火区画を貫通する場合は、管と防火区画とのすき間をモルタルその他の不燃材料で埋めるとともに、貫通部分とその両側1m以内の部分を不燃材料で造らなければならない。

なお、この緩和基準として硬質塩化ビニル等の使用にあたっての告示が出ている。

（H12.5.31告示1422号、改正H12.12.26告示2465号）

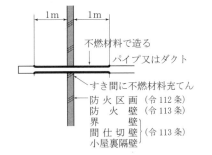

図3-I-7 防火区画貫通部の配管の措置[71]

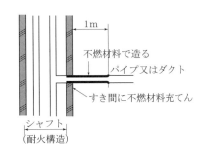

表3-I-3 防火区画貫通部の硬質塩ビ管等の寸法

給水管等の用途	覆いの有無	給水管等の外径（mm）				肉厚(mm)
		給水管等が貫通する床壁柱又は梁等の構造区分				
		防火構造	30分耐火構造	1時間耐火構造	2時間耐火構造	
配電管		90	90	90	90	5.5以上
給水管		90	90	90	90	5.5以上
排水管及び排水管に附属する通気管	覆いのない場合	115	115	115	90	6.5以上
		61	61	61	61	4.1
	厚さ0.5mm以上の鉄板で覆われている場合	90	90	90	61	5.5
		115	115	90	61	6.6
		90	90	90	61	5.5
		115	115	115	90	6.6
		141	141	115	90	7.0

① この表において30分耐火構造、1時間耐火構造及び2時間耐火構造とは、通常の火災時の加熱にそれぞれ30分、1時間及び2時間耐える性能を有する構造をいう
② 給水管等が貫通する令112条10項ただし書きの場合における同項ただし書きの庇、床、袖壁との他これらに類するものは30分耐火構造とみなす
③ 内部に電線等を挿入していない予備配管にあっては当該管の先端を密閉してあること

図3-Ⅰ-8　冷媒配管の防火区画貫通部措置工法例[17]
（国土交通大臣認定工法（概念図））

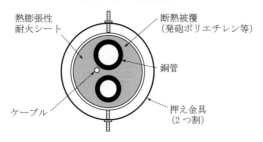

(1) 給水管、配電管その他の管（以下「給水管等」という）は難燃材料又は硬質塩化ビニルで造られていること。

(2) 給水管等の太さは、その用途、覆いの有無及び当該給水管等が貫通する床、壁柱又は梁等の防火性能若しくは耐火性能に応じて、それぞれ表3-Ⅰ-3に掲げる寸法以下であること。

(3) 内部に電線等を挿入していない予備配線にあっては、当該管の先端を密閉してあること。

6. 防火区画を貫通するケーブルの措置

(1) 配管を用いて施工する場合

防火区画貫通部分に加え両側に長さ１m以上の管を用いて施工する。この場合に金属管であれば管径の寸法制限はないが、硬質塩化ビニル管（VP）等は告示に従って外径を90mm以下とする。

図3-Ⅰ-9　防火区画貫通部のケーブルの措置（その1）[17]
（コンクリート壁、床）

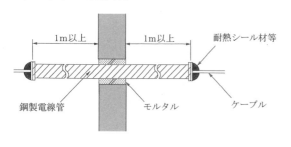

図3-Ⅰ-10　防火区画貫通部のケーブルの措置（その2）[17]
（中空壁）

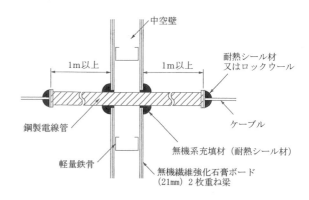

図3-Ⅰ-11　防火区画貫通部のケーブルの措置（その3）[17]
（コンクリート壁、床貫通片側プルボックス取付け）

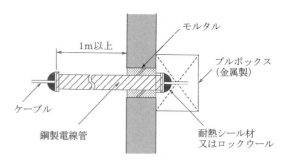

なお、共同住宅の住戸玄関のPSのようにグループ化しないケーブルで、開放廊下に面する部分等は、両側に1mの配管措置をせず、貫通部分のスリーブ管にすき間の措置をすればよい（特定行政庁により扱いが違うので注意する）。

図3-Ⅰ-12　防火区画貫通部のケーブルの措置（その4）[17]
（国土交通大臣認定工法（概略図））

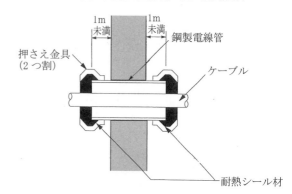

(2) 配管を用いずに施工する場合

　法的には明確な基準はないが、評定機関の防災性能評定の評定工法を用いて施工する。

図3-Ⅰ-13　防火区画貫通部のケーブルの措置(その5)[17]
（サンドイッチ工法/国土交通大臣認定工法（概念図））

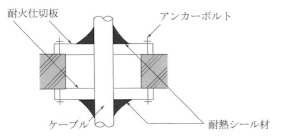

図3-Ⅰ-14　防火区画貫通部のケーブルの措置(その6)[17]
（サンドイッチ工法/国土交通大臣認定工法（概念図））

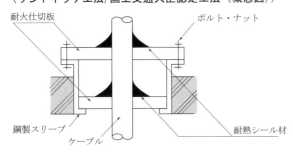

図3-Ⅰ-15　防火区画貫通部のケーブルの措置(その7)[17]
（丸孔工法/国土交通大臣認定工法（概念図））

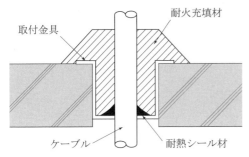

図3-Ⅰ-16　保温等のあるダクトの防火区画貫通部の措置(そのa)[17]

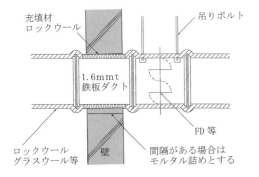

図3-Ⅰ-17　保温等のあるダクトの防火区画貫通部の措置(そのb)[17]

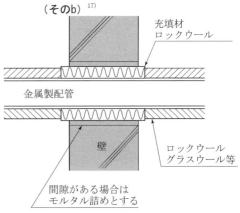

7．防火区画を貫通するダクトの措置
（令 112 条 16 項）

(1) ダンパーの設置

　換気、暖冷房のダクトが防火区画を貫通する場合は、次に定める構造のダンパーを設けなければならない（S48 告示 2565 号、改正 H12 告示 1375 号）。

① 鉄製で鉄板の厚さが 1.5mm 以上であること
② 自動閉鎖機構は表 3-Ⅰ-4 によること
③ 閉鎖した場合に防火上支障のあるすき間がないこと
④ ダンパーの設置方法
イ 主要構造部に堅固に取り付けること。
ロ ダンパーを防火区画に近接して設ける場合は、ダンパーと防火区画の間の風道を、厚さ 1.5mm 以上の鉄板で造り、又は鉄網モルタル塗等の不燃材料で被覆する。
ハ ダンパーは、天井、壁等に一辺の長さが 45cm 以上の保守点検が容易に行える点検口、並びに翼の開閉及び作動状態を確認できる検査口を設ける。

表3-Ⅰ-4　防火区画貫通ダクトのダンパー

煙感知器連動	竪穴区画、異種用途区画の貫通
	主要構造部を耐火構造とし、かつ地階又は 3 階以上の階に居室を有する建築物で、2 以上の階に換気口を有する同一系統の風道が床の防火区画を貫通する場合
煙感知器、温度ヒューズ又は煙感知器連動	面積区画、高層区画の貫通
	1 の階にのみ換気口を有する風道が床の防火区画を貫通する場合

図3-Ⅰ-18 防火区画貫通ダクトのダンパー[17]

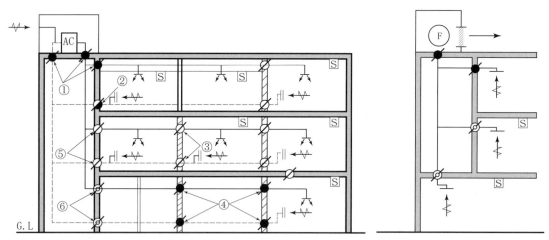

① 最上階 FD※
② 竪穴区画貫通 SD、但し、空調機が煙感知器と連動して停止する場合は FD
③ 異種用途区画貫通（煙の伝播あり）（吹出し口）SD
④ 異種用途区画貫通（煙の伝播なし）FD
⑤ 竪穴区画貫通 SD
⑥ 竪穴区画貫通 SD でよいが、煙感知器が別の部屋にあるため SFD
※ 煙は基本的に上方のみに伝播するものであり、特に最上階に設ける防火ダンパーは、空調機が煙感知器連動運転制御監視付の場合、必ずしも煙感知器連動ダンパーとする必要はない。

⌀	SFD 防火防煙ダンパー（煙感知器及び温度シューズと連動して閉鎖するダンパー）	AC	空調機
⌀	SD 防煙ダンパー（煙感知器と連動して閉鎖するダンパー）	▨	耐火構造等の防火区画（異種用途区画を除く）
⌀	FD 防火ダンパー（熱感知器及び温度シューズと連動して閉鎖するダンパー）	▧	異種用途区画
⌀	SD（空調機が煙感知器運動運転制御装置付の場合は FD）	─	間仕切壁
S	煙感知器（熱煙複合式感知器を含む）	⊐	吹出し口
		⊐╷	吸込み口
		Ⓕ	排気機又は給気機

表3-Ⅰ-5 防火ダンパーの設置基準

防火区画等の種類	ダンパーの閉鎖方式 FD	ダンパーの閉鎖方式 SD（SFD）
面積区画	○	○
高層区画	○	○
竪穴区画	×	○
異種用途区画	×	○
共同住宅や長屋の各戸の界壁 学校や病院等の防火上主要な間仕切壁 木造等の隔壁	○	○
大規模木造建築物の防火壁	○	○
地下街	×	○

FD ：防火ダンパー
SD ：防煙ダンパー
SFD ：防火防煙ダンパー
※ 共同住宅の界壁については、遮音上有効であることが必要とされているため、界壁を換気ダクト等が貫通することは遮音性能上望ましくない

(2) ダンパーの設置の緩和

（S49.12.28 告示 1579 号）

図3-Ⅰ-19 密閉式燃焼設備・器具専用ダクトスペースの場合[71]

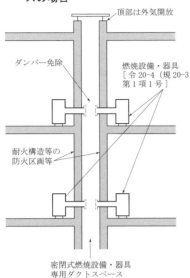

図3-Ⅰ-20 換気専用ダクトスペースの場合[71]

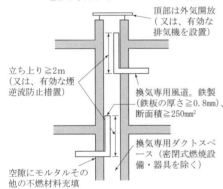

図3-Ⅰ-21 耐火構造の外壁（防火区画）を貫通する場合[71]

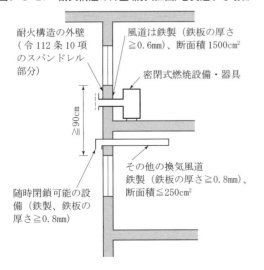

7．感知器の設置位置

（S48.12.28 告示 2563 号、H12.5.25 告示 1370 号、H13.2.1 告示 65 号）

(1) 防火戸又はダンパーからの水平距離が 10 m 以内で、かつ、防火戸、ダンパーとの間に間仕切壁等がない場所（防火戸の感知器にあっては、階段の区画（竪穴区画）を除き、その防火戸の両側に設置すること）

(2) 壁（天井から 50cm 以上下方に突出した垂れ壁を含む）から 60cm 以上離れた天井等の室内に面する部分（廊下等狭い場所であるために 60cm 以上離すことができない場合にあっては、当該廊下等の天井等の室内に面する部分の中央の部分）

(3) 次に掲げる場所以外の場所

①換気口等の空気吹出口に近接する場所

②じんあい、微粉又は水蒸気が多量に滞留する場所

③腐食性ガスの発生するおそれのある場所

④厨房等正常時において煙等が滞留する場所

⑤排気ガスが多量に滞留する場所

⑥煙が多量に流入するおそれのある場所

⑦結露が発生する場所

※ 煙感知器連動が必要なダンパーにあっては、間仕切等で区画された場所で、当該ダンパーに係る風道の換気口等がある場所

図3-Ⅰ-22 防火区画の感知器の設置位置

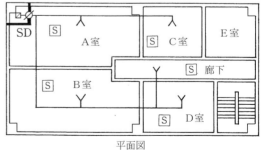

平面図

A・B・C・D室、廊下には換気口等があるため、それぞれの部屋に煙感知器（Ⓢ）を設ける。E室には不要

8 面積区画の注意点

(1) スプリンクラー等を設けた場合の面積規定について（1500 ㎡区画の場合）

図3-Ⅰ-23　建築物の一部にスプリンクラー等を設けた場合の例

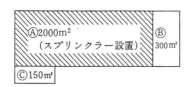

$\frac{2000}{2}+300+150=1450㎡<1500㎡$
となり防火区画不要である

$\frac{2000}{2}+500+300=1800㎡>1500㎡$
となり防火区画が必要

(2) 用途上やむを得ない場合について（1500 ㎡区画）

① その他これらに類する用途の範囲
（令112条12項）
工場類似の用途として倉庫、荷さばき施設が含まれる（S44.3.3通達26号）。
体育館類似の用途としてボーリング場、スキー場、スケート場、水泳場等のスポーツ練習場が含まれる。

② 用途上やむを得ない場合とは、劇場、映画館等の客席及び体育館等をいい、建物の機能上より用途上やむを得ない場合に該当する。工場、倉庫、荷さばき施設にあっては、クレーン、ベルトコンベアー等が設けられている場合に区画することによって、生産工程上建物の機能に支障を及ぼす部分が該当する。但し、防火区画が免除された場合でも、その他の区画できる部分との防火区画は必要である。

なお、確認申請にあたって、防火区画の免除を受けようとするものは、生産機器のレイアウト等の関係書類を添付の上「防火区画免除願」を申請先に提出しなければならない。

③ 工場・倉庫等で荷さばきスペースとして利用される大規模な庇を有する場合、庇下が床面積に算入される部分であっても、十分に外気に開放されているものは、用途上やむを得ない場合として、面積区画の対象面積から除いてもよいと扱われる場合がある。

図3-Ⅰ-24　大規模な庇を有する工場倉庫等の面積区画の考え方[76]

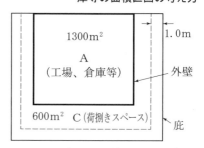

A≦1500㎡なので面積区画は不要)

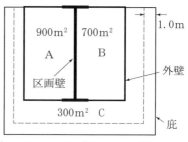

(A+B>1500㎡なのでA、B間に面積区画に必要)

(3) 法規制により準耐火建築物とした建築物の500 ㎡、1000 ㎡の区画は、体育館、工場等で仕上げを準不燃材料としたものは適用されないが、この場合でも防火区画が免除される場合を除き 1500 ㎡ 区画は必要である。

9 竪穴区画の注意点

(1) 避難階の直上階又は直下階のみに通ずる吹抜け、階段等の部分は、当該部分の内装制限（下地、仕上げとも不燃）をする事により緩和される。

なお、下地・仕上げを不燃材料とする範囲は、当該吹抜けを含め、耐火構造の床若しくは壁又は防火設備で区画された部分のすべてとする。

また、避難階の直上階又は直下階のみに通ずる吹抜けの部分とは、避難階と直上階又は避難階と直下階のそれぞれ2層にわたる空間のみを指し、避難階の直下階から直上階までの3層にわたるものは緩和の対象とはならない。

図3-Ⅰ-25 竪穴区画緩和（内装制限）の例

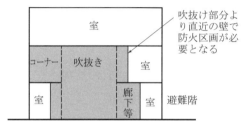

(2) 劇場、映画館等（A）の竪穴区画の緩和（下地、仕上げ準不燃）及びメゾネット住宅（B）の竪穴区画の緩和については、当該部分（A・B）内の竪穴区画は不要となるが、当該部分（A・B）とその他の部分との防火区画は必要となる。

メゾネット型共同住宅（建築物内の住戸数が1のものを含む）は、住戸内の階段の区面（竪穴区画）は不要となるが、その住戸の階数は3以下、かつ、床面積200㎡以下のもの（令112条9項2号の準用）に適用することが妥当と思われる。なお、メゾネット型住戸内の竪穴区画不要の階段であっても、耐火建築物の主要構造部にあたるので耐火構造（鉄骨造等）としなければならない。

(3) 自走式立体駐車場における上下階を連絡する車路についての竪穴区画の取扱いについては、特定行政庁及び審査機関と確認する必要がある。

又、管理室等の部分の面積区画は必要となる。

※ 認定品を採用する場合は、その認定条件に注意すること。

図3-Ⅰ-26 メゾネット型共同住宅の住戸の竪穴区画

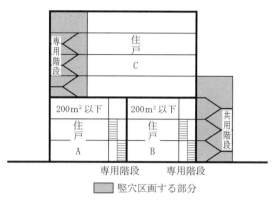

- 住戸A、Bは階数がで床面積200㎡以内であり、住戸の部分とその他の部分を区画しているため住戸内専用階段の竪穴区画は不要
- 住戸Cについては、階数が4となるので住戸内専用階段の竪穴区画が必要となる

10. 異種用途区画の注意点

(1) 主たる用途に包含される従属用途の考え方

① 管理体制による異種用途区画の考え方

異種用途区画は、建築物内のそれぞれの用途の管理体制及び使われ方等が各々異なることから、防火上の安全を確保するために必要となる区画である。したがって、火災の発生が同程度であり、統一のとれた管理・避難等が可能な建築物については、区画は不要と考えられる。百貨店の一角にある喫茶店・食堂、ホテルのレストラン等が該当し、次の要件により、異種用途区画は不要と考えられる。

- 管理者が同一であること
- 利用者が一体施設として利用するものであること
- 利用時間がほぼ同一であること
- 自動車車庫、倉庫以外の用途であること

※ 物流倉庫における荷さばきスペースと倉庫の間には、異種用途区画が必要となる場合が多いので注意すること。

※ 倉庫については、業態により居室（作業場）と扱われる場合があるので使用形態に関しても確認が必要である。

② 駐車場の異種用途区画

駐車場は機能的に従属用途であっても、単体規定の適用において、例外的に独立用途として扱われることが多い。運転手控室や監視室も他の部分として駐車場と区画すべきである。

11. その他の注意点

(1) カーテンウォールのスパンドレル

床スラブ等との取合い部分（取付け部）については、特に防煙性能を含めた区画の配慮が必要であり、床スラブとカーテンウォールとの間のすき間を耐火性能のある充てん材を入れるのが一般的であるが、ディテールによっては施工が難しいこともある。特にガラス張りの壁の場合は注意を要する。

(2) エキスパンション・ジョイント

防火区画の壁・床にエキスパンション・ジョイントを設ける場合、次の工法を参考とする。

① 両面を1.5mm以上の鉄板（ステンレスを含む）で覆い、内部にロックウール等の不燃材料を充てんする。

② 耐火時間に応じた耐火性能があると日本建築センターの防火性能評定を受けた認定工法（BCJ認定工法）とする。

図3-Ⅰ-28 エキスパンション・ジョイントの例[32]

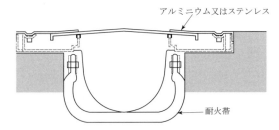

(3) 和風便器、グリース阻集器の防火区画貫通部の措置

和風便器、グリース阻集器が防火区画を構成している床に設けられいる場合は、次の措置を行うこと。

① 床スラブにピットを設け防火区画を構成する（図3-Ⅰ-29）

② グリース阻集器

和風便器が耐火性能を有する構造であること。

図3-Ⅰ-27 メタルカーテンウォールのスパンドレル部の構造（方立方式）について[44]

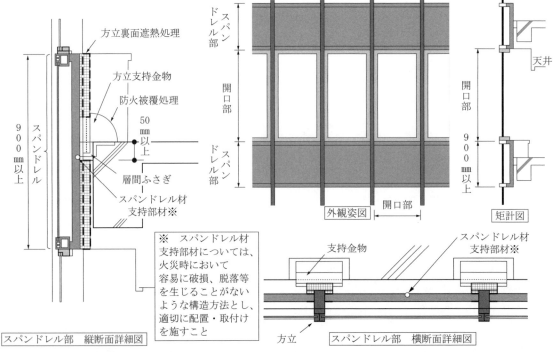

なお、「耐火被覆型グリース」及び「防火区画等を貫通する和風大便器の耐火カバー」を使用する場合は、令129条の5第1項七号ハの規定に基づく大臣認定を取得したものとする（図3-Ⅰ-30、図3-Ⅰ-31）。

図3-Ⅰ-29 スラブにピットによる防火区画の措置[17]

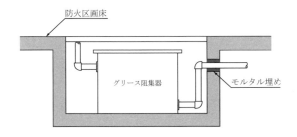

図3-Ⅰ-30 耐火構造による防火区画の措置（大臣認定工法）[17]

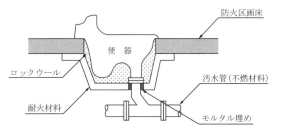

図3-Ⅰ-31 グリース阻集器の耐火構造の例（大臣認定工法）[17]

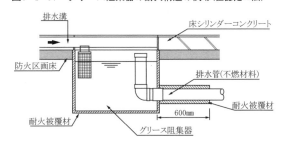

12. 防火区画に関するその他の規制

表3-Ⅰ-6 防火区画に関する各種規制

規制項目	条文	規制内容
排煙緩和	令126条の2、1項1号 告示1436号4-(ニ)	令126条の2、1項1号——別表第一、(二)項の建物用途は100㎡区画（高さ31m以下にある共同住宅の住戸にあっては200㎡区画）することにより排煙緩和される 告示1436-4号-(ニ)-3——防火区画＋内装制限した100㎡以内の居室は排煙緩和される
内装緩和	令129条1項	別表第一(二)項の建物用途は100㎡区画（共同住宅の住戸にあては200㎡区画）することにより内装緩和される （高さ31m以下の部分のみ）
避難階段の緩和	令122条1項	全館100㎡区画することにより避難階段扱いとされない
避難階段の区画	令123条	屋内避難階段——階段室は防火区画する 屋外避難階段——屋内部分と防火区画する 特別避難階段——階段室及び附室は防火区画する
非常用エレベーターの緩和	令129条の13の2、1項3号	100㎡区画することにより非常用エレベーターが緩和される 但し31mを超える階数が4以下の場合に限る
非常用エレベーターの乗降ロビーの区画	令129条の13の3、3項3号、4号	乗降ロビーは防火区画する
スプリンクラーの緩和	消防法施行規則13条	防火区画＋内装すれば、スプリンクラー設備の設置の緩和がある
二酸化炭素及びハロン消火設備等設置室	消防法施行規則18条1項3号イ（消防法施行令16条1項1号）	防護区画（不燃＋防火戸）すること
電気室、ボイラー室、厨房	火災予防条例（都条例3条の2、4条、11条、12条参考）	不燃＋防火戸区画すること（電気室にあっては20kW以上、ボイラー室にあっては15万kW/h以上、厨房にあっては350kW/h以上が対象）
共同住宅における消防設備の緩和	40号省令	住戸等と住戸等を防火区画すること、及びその他の条件により消防設備の緩和を受けられる
エスカレーターの区画（竪穴区画）	令112条9項	エスカレーターの竪穴区画部分とその他の部分を区画する（乗り口等部分も含む）
ダクトスペース等の区画（竪穴区画）	令112条9項	竪穴区画となるダクトスペースについては、床又は壁面にて竪穴区画を行う

2 界壁、間仕切壁、隔壁の制限
（令114条）－通称114条区画

共同住宅や長屋の各戸の界壁、学校や病院等の防火上主要な間仕切壁、木造等の隔壁は準耐火構造の壁で区画する（表3-Ⅰ-7）。

表3-Ⅰ-7　114条区画

用途等　＼　制限	建物の部分	構造	防火上の措置等
(1) 長屋・共同住宅	各戸の界壁	耐火構造、準耐火構造	・小屋裏、天井裏をすき間なくふさぐこと ・界壁等を貫通する配管、ダクトは防火区画に準じて措置すること
(2) 学校・病院・診療所・児童福祉施設等・ホテル・旅館・下宿・寄宿舎・マーケット	防火上主要な間仕切壁		
(3) 建築面積が300㎡を超える建物※（小屋組木造）	小屋裏隔壁 (けた行間隔 12m以内ごと)		
(4) 延べ面積が各々200㎡を超える耐火建築物以外の建築物の相互を連絡する渡り廊下（小屋組木造かつ桁行>4m）	渡り廊下の小屋裏隔壁		

※避難通路（廊下）と居室部分との区画を基本とする
※次の要件のいずれかに該当する建築物は小屋裏隔壁は不要
　イ　法2条9号の2（イ）の基準に適合するもの
　　（主要構造部が耐火構造又は耐火性能の技術的基準に適合するもの）
　ロ　建築物の各室及び各通路について、壁（床面から1.2m以下を除く）・天井の室内に面する部分の仕上げを不燃材料・準不燃材料・難燃材料とする。又はスプリンクラー設備等で自動式のもの及び排煙設備を設けたもの
　ハ　畜舎等で、避難上及び延焼防止上支障がないもの（H6.8.26告示1882号、改正H12.12.26告示2465号）

(1) 界壁の範囲及び構造

各戸の界壁とは、住戸間の壁を指し、住戸と廊下の境の壁は該当しない。

但し、中廊下式の共同住宅における廊下部分の小屋裏には、住戸間の延焼防止のため、各戸の界壁と同様の措置とする。なお、各戸の界壁は防火上重要なので、耐火建築物にあっては耐火構造、準耐火建築物にあっては準耐火構造以上とする。

また、共同住宅と長屋の各戸の界壁は、遮音構造も併せて必要となるので注意が必要である。

図3-Ⅰ-32　中廊下形式による共同住宅の各戸の界壁[76]

①中廊下形式の場合

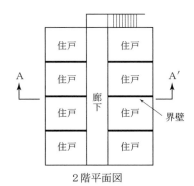
2階平面図

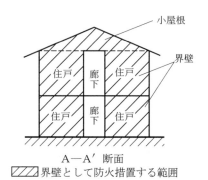
A—A'断面
▨界壁として防火措置する範囲

図3-Ⅰ-33 片廊下形式による共同住宅の各戸の界壁[76]

②開放されていない片廊下形式の場合

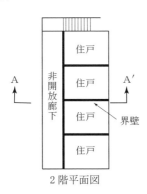

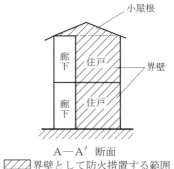

(2) 防火上主要な間仕切壁の範囲及び構造

① 範囲

イ 学校の教室相互を区画する壁及び教室等と避難経路（廊下・階段等）を区画する壁は防火上主要な間仕切壁とする。ただし、教室と廊下を区画する壁の大半が開口部の場合（枠組み及び開口部が不燃材で造られており、開口部と一体成形されたもの）は、当該壁の部分を開口部として取り扱うことができる。

ロ 病院・診療所・児童福祉施設等・ホテル・旅館・下宿及び寄宿舎における防火上主要な間仕切壁は、病室、就寝室等の相互間の壁で、3室以下、かつ、100 m²以下（100 m²を超える室にあってはこの限りでない）のもの及び廊下、避難経路と区画する壁。また、病室や就寝室等以外の室（居室以外の火災発生の少ない室を除く）も同様とする。

ハ マーケットにあっては、各店舗相互間の壁及び廊下・避難経路と区画する壁。

ニ 火気使用室とその他の部分を区画する壁。

② 構造

防火上主要な間仕切壁（令114条2項）について、耐火建築物に設ける場合にあっては、耐火構造とする。

図3-Ⅰ-34 114条区画（ホテル客室階の例）

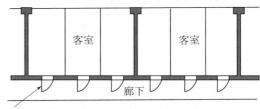

③ 防火上主要な間仕切壁に係る規制の合理化

（令112条2項、令114条2項、規則1条の3第1項の表2、H26.8.22告示860号、H28.4.22告示694号）

イ 床面積が200 m²以下の階又は床面積200 m²以内ごとに準耐火構造の壁等で区画されている部分で、スプリンクラー設備等、消火設備を設置した部分にある間仕切壁については、準耐火構造とし、小屋裏又は天井裏に達せしめなくてもよい。

ロ 居室の床面積が100 m²以下の階、又は居室の床面積100 m²以内ごとに準耐火構造の壁等で区画されている部分で、各居室に煙感知式の住宅用防災報知設備等が設けられ、避難を容易とする次のa・bの構造とするものにある間仕切壁については準耐火構造とし、小屋裏又は天井裏に達せしめなくてもよい。

a 各居室から直接屋外、避難上有効なバルコニー又は100㎡以内ごとの他の区画（屋外及び避難上有効なバルコニーは、幅員50cm以上の通路、その他の空地に面するものに限る）に避難ができるもの。

b 各居室の出入口から屋外等に、歩行距離8m（各居室と通路の内装不燃化の場合は16m）以内で避難でき、かつ、各居室と避難経路とが間仕切壁及び常時閉鎖式の戸（ふすま・障子等を除く）等で区画されてるもの。

ハ 平成28年の告示により新たに天井面を区画する強化天井の構造方法が示された。その場合、防火上主要な間仕切壁を天井裏まで達することなく強化天井面で止めることが可能となった（天井裏区画不要）。また、天井面を貫通する配管等がある場合については、区画貫通処理が必要となる。（建築物全体のみならず、階ごと、又は各室ごとに強化天井を採用することが可能）

3 内装制限

（法35条の2、令128条の3の2～129条）

1. 内装制限について

表3-Ⅰ-8 内装制限一覧表

	用途等	耐火建築物	準耐火建築物	その他の建築物	内装個所※1 壁及び天井の室内に面する部分	仕上材料 不：不燃材料 準：準不燃材料 難：難燃材料	備考
①	劇場、映画館、演芸場、観覧場、公会堂、集会場	客席≧400㎡	客席≧100㎡	客席≧100㎡	居室（床上1.2m以下の腰壁を除く）	難、準、不（3階以上の階に居室を有する建築物の居室の天井は準、不）	
					通路等※2	準、不	
		地階又は地下工作物内は全部適用			居室、通路等※2	準、不	
②	病院、診療所（患者の収容施設があるもの）、ホテル、旅館、下宿、共同住宅、寄宿舎、児童福祉施設等	3階以上の合計≧300㎡共同住宅の住戸にあっては200㎡その他のものにあっては100㎡以内ごとに防火区画された部分を除く	2階部分≧300㎡病院、診療所については2階に病室のある場合に限る	床面積の合計≧200㎡	居室（床上1.2m以下の腰壁を除く）	難、準、不（3階以上の階に居室を有する建築物の居室の天井は準、不）	
					通路等※2	準、不	
		地階又は地下工作物内は全部適用			居室	準、不	
					通路等※2	準、不	

③	百貨店、マーケット、展示場、キャバレー、カフェー、ナイトクラブ、バー、ダンスホール、遊技場、公衆浴場、待合、料理店、飲食場、床面積10m²を超える物販店舗（物品加工、修理業を含む）	3階以上の合計≧1000 ㎡	2階部分≧500 ㎡	床面積の合計≧200 ㎡	居室（床上1.2m以下の腰壁を除く	難、準、不（3階以上の階に居室を有する建築物の居室の天井は準、不）
					通路等※2	準、不
		地階又は地下工作物は全部適用			居室	準、不
					通路等※2	準、不
④	自動車車庫、自動車修理工場	全部適用			当該用途部分	準、不
					通路等※2	準、不
⑤	すべての建築物 次のものは除く (1) 学校等（スポーツ施設を含む）(2)100㎡以内ごとに防火区画され、特殊建築物の用途に供しない居室で高さが31m以下の部分 (3) 高さ31m以下の②の用途	階数3以上……延べ面積>500 ㎡ 階数2……延べ面積>1000 ㎡ 階数1……延べ面積>3000 ㎡			居室（床上1.2m以下の腰壁を除く）	難.準、不
					通路等※2	準、不
⑥	排煙上無窓居室 天井又は天井から80cm以内の開放できる窓が居室床面積の1/50未満の居室	当該居室床面積>50 ㎡（天井の高さが6mを超えるものを除く）			居室	準、不
					通路等※2	準、不
⑦	採光上無窓居室 法28条ただし書により有効採光のない温湿度調整を要する作業室等	全部適用（天井の高さが6mを超えるものを除く）			居室	準、不　法28条1項により採光を要求される建築物の居室に限る
					通路等※2	準、不
⑧	住宅、併用住宅の調理※3、浴室等（主要構造部を耐火構造としたものを除く）	—	階数2以上の建築物の最上階以外の階		調理室等	準、不　かまど、こんろ、ストーブ、炉、ボイラー、内燃機関、その他火を使用する設備又は器具を設けた室をいい、季節的にストーブを使用する室は含まないが、壁付だんろは含まれる
⑨	住宅以外の調理室、浴室、乾燥室、ボイラー室（主要構造部を耐火構造としたものを除く）	—	全部適用		調理室等	準、不

※1　回り縁、窓台その他これに類する部分を除く

※2　内装制限を受ける居室、車庫、火を使用する室等から地上に通ずる主な廊下・階段その他の通路をいう

※3　ダイニングキッチン、リビングキッチンの場合は、調理室と食堂または居間との境に高さ50cm以上の垂れ壁で区画しなければ、食堂または居間も内装制限の対象となる

注1　これらの規定については、スプリンクラー設備、水噴霧消火設備、泡消火設備その他で自動式のもの、及び法令の規定に適合する排煙設備を設けた建築物の部分については適用しない

注2　①、②、③、⑤の建築物（①、②、③については3階以上の階に居室を持たないもの）の地下以外の部分の居室に木材を用いるときは、下記の緩和条件がある（H12.5.31 第1439号）

　1. 天井の仕上げを不燃又は準不燃とする

　2. 壁の仕上げを木材、合板、構造用合板、パーティクルボード、繊維板等の表面に火災伝搬を著しく助長する溝等が設けられていないこと

　3. 木材の厚さにより

　　t＜10㎜では不燃、準不燃、難燃仕上の壁に直接取り付けることができる

　　10㎜≦t＜25㎜では壁の内部での火炎伝搬を有効に防止するすることができるよう配置された柱、間柱その他の垂直部材及び梁、胴縁その他の横架材（それぞれ相互の間隔1m以内に配置されたものに限る）に取り付け、又は不燃、準不燃、難燃の壁に直接取り付けることができる

　　25㎜≦tでは特に制限なし

表3-Ⅰ-9 内装制限に関するその他の規制

規 制 項 目	条 文	規 制 内 容
排煙緩和	告示 1436 号第 2 号 告示 1436 号第 4 号	告示 1436 号第 2 号――500 ㎡以内の防煙区画を緩和する条件の 1 つとして、仕上げを準不燃材料とする 告示 1436 号第 4 号――1) 仕上げを準不燃材料として、防煙区画した室（非居室）は排煙が緩和される 2) 仕上げを準不燃材料として、防火区画した 100 ㎡以内の居室は排煙が緩和される 3) 下地、仕上げを不燃材料とし 100 ㎡以内に防煙区画した居室は排煙が緩和される
防火区画緩和	令 112 条 6 項、7 項、9 項	高層区画緩和――1) 下地、仕上げを準不燃材料としたものは 200m² 区画に緩和される 2) 下地、仕上げを不燃材料としたものは 500 ㎡区画に緩和される 竪穴区画緩和――避難階の直上又は直下階のみの竪穴は、下地、仕上げを不燃材料とすれば防火区画が緩和される
避難上の無窓	法 35 条の 3、令 111 条	避難上の無窓居室となった場合は、その居室を区画する主要構造部（壁・床）を耐火構造又は不燃材料で造らなければならない。 （法別表第一（い）欄（一）項に掲げる用途に供するものを除く）
歩行距離の緩和	令 120 条、2 項	仕上げを準不燃材料とすれば歩行距離が＋10mに緩和される
避難階段、特別避難階段	令 123 条	階段室及び附室は、下地、仕上げを不燃材料とする
非常エレベーターの乗降ロビー	令 129 条の 13 の 3、3 項	乗降ロビーは下地、仕上げを不燃材料とする
屋内消火栓の緩和	消防法施行令 11 条 2 項	耐火建築物で内装（難燃材料以上）したものは、3 倍読み、準耐火建築物で内装したものは 2 倍読みできる
スプリンクラーの緩和	消防法施行規則 13 条	内装（難燃材料）＋防火区画すれば、スプリンクラー設備の設置の緩和がある
危険物施設	危険物の規制に関する政令 9 条 1 項 5 号	指定数量以上の危険物を取り扱う施設は、下地材を含めて不燃材料とする
電気室、ボイラー室	火災予防条例（都条例 4 条, 11 条, 12 条）	下地材を含めて不燃材料とする
共同住宅における消防設備の緩和	40 号省令	共用部分は仕上げを準不燃材料とすること。その他の条件により消防設備の緩和をうけられる（下地材を含めて制限する消防庁もある）

4 防火設備（防火戸等）

（法2条9号の2ロ、令109条1項）

　外部からの延焼防止や建築内部の防火区画のために建物の開口部に設けるもので、特定防火設備と防火設備の2種類がある。表3-Ⅰ-10の他に国土交通大臣が、消防庁長官の意見を聞いて同等以上の防火性能を有すると認めて個別指定したものがある。

表 3-Ⅰ-10　防火設備または特定防火設備の遮煙性能に関する技術的基準

防火設備 （令109条の2）	通常の火災による火熱が加えられた場合に、加熱開始後20分間当該加熱面以外の面に火炎を出さないものとして大臣が定めた構造方法を用いるもの、または大臣の認定を受けたもの
特定防火設備 （令112条1項）	通常の火炎による火熱が加えられた場合に、加熱開始後1時間当該加熱面以外の面に火炎を出さないものとして、大臣が定めた構造方法を用いるもの、または大臣の認定を受けたもの

表 3-Ⅰ-11　防火設備の構造方法

防火設備の構造方法（H12.5.24 告示 1360 号）	
次の①から⑦までのいずれかに該当する構造	
① 鉄製で鉄板の厚さ 0.8mm 以上 1.5mm 未満	周囲の部分（防火戸から内側に 15 cm以内の間に設けられた建具がある場合においては、その建具を含む）が不燃材料で造られた開口部に取り付ける
② 鉄および網入りガラス	
③ 鉄骨コンクリート製または鉄筋コンクリート製（厚さ 3.5 cm未満）	
④ 土蔵造の戸（厚さ 15 cm未満）	
⑤ 骨組木材製（防火塗料を塗布）＋屋内面（1.2 cm以上の木毛セメント板または 0.9 cm以上の石膏ボード）＋屋外面（亜鉛鉄板）	
⑥ 開口面積が 0.5 ㎡以内の開口部に設ける戸で、防火塗料を塗布した木材および網入りガラスで造られたもの	
⑦ 換気、暖房又は冷房の設備の風道が防火区画等を貫通する場合に設けるもので、令 114 条 5 項において準用する令 112 条 16 項に規定する構造	
特定防火設備の構造方法（H12.5.25 告示 1369 号）	
次の①から⑥までのいずれかに該当する構造	
① 鉄製骨組＋両面鉄板張り　各厚さ 0.5mm 以上	周囲の部分（防火戸から内側に 15 cm以内の間に設けられた建具がある場合においては、その建具を含む）が不燃材料で造られた開口部に取り付ける
② 鉄製で鉄板（厚さ 1.5mm 以上）を張った防火戸または防火ダンパー	
③ 鉄骨コンクリート製または鉄筋コンクリート製の戸　厚さ 3.5 cm以上	
④ 土蔵造の戸　厚さ 15 cm以上	
⑤ 防火設備とみなされる外壁、そで壁、塀等は、防火構造とするもの	
⑥ 開口面積が 100 ㎠以内の換気孔に設ける鉄板、モルタル板等で造られた防火覆い、または地面からの高さが 1m 以下の換気孔に設ける網目 2mm 以下の金網	

注1　防火戸がわく又は防火戸と接する部分は、相じゃくりとするか、定規縁、戸当たりなどを設けて、閉鎖したときにすき間が生じない構造とし、かつ、防火戸の取付金物は、取付部分が閉鎖したときに露出しないように取り付けること

注2　鉄板を用いた特定防火設備又は鉄板か網入りガラスを用いた防火設備、その周囲の部分と、内側 15 cm以内の間に別の建具がある場合には、その建具を不燃材料で造ること

注3　防火設備について、大臣認定を取得しているものについては、H12 告示 1360 号には該当しないため「防火戸から内側に 15cm 以内の不燃材」の規定にも該当しない。そのため、「防火戸（窓等）から内側に 15cm 以内の範囲に可動式網戸等の可燃物が入っていても問題ない

5 防火材料

（法2条1項9号、令1条5号、6号、令108条の2）

防火材料として不燃材料、準不燃材料、難燃材料、準難燃材料が認定されており、それぞれに告示指定と個別認定がある。表3-Ⅰ-13に代表的な防火材料を示す。

表3-Ⅰ-12　防火材料の性能及び技術的基準

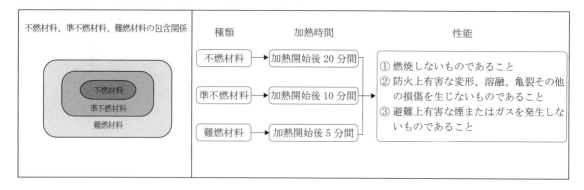

表3-Ⅰ-13　代表的な防火材料

防火材料の区分	防火材料
不燃材料 H12建告1400号改正 H16建告1178号	1. コンクリート 2. れんが 3. 瓦 4. 陶磁器質タイル 5. 繊維強化セメント板 6. ガラス繊維混入セメント板（厚さ≧3mmのもの） 7. 繊維混入ケイ酸カルシウム板（厚さ≧5mmのもの） 8. 鉄鋼 9. アルミニウム 10. 金属板 11. ガラス 12. モルタル 13. しっくい 14. 石 15. 石膏ボード（厚さ≧12mm、ボード用原紙の厚さ≦0.6mmのものに限る・厚さ9.5mmは不燃認定品） 16. ロックウール 17. グラスウール板
準不燃材料 H12建告1401号	1. 不燃材料のうち国土交通大臣が定めたもの（準不燃材料には不燃材料も含まれる） 2. 石膏ボード（厚さ≧9mm、ボード用原紙の厚さ≦0.6mmのものに限る） 3. 木毛セメント板（厚さ≧15mmのもの） 4. 硬質木片セメント板（厚さ≧9mm、かさ比重≧0.9のものに限る） 5. 木片セメント板（厚さ≧30mm、かさ比重≧0.5のものに限る） 6. パルプセメント板（厚さ≧6mmのもの）
難燃材料 H12建告1402号	1. 準不燃材料のうち国土交通大臣が定めたもの（難燃材料には準不燃材料、不燃材料も含まれる） 2. 難燃合板（厚さ≧5.5mmのもの） 3. 石膏ボード（厚さ≧7mm、ボード用原紙の厚さ≦0.5mmのものに限る）

II　避難規定

1　避難階

（令13条の3、1項1号）

直接地上に通じる出入口のある階をいう。

一般的には1階が避難階であるが、人工地盤や高低差を利用したアプローチなど一定以上の幅員により地上に有効に通じるものは、地階や2階であっても避難階になる場合があり、敷地が斜面地であったり段差がある場合も含めて2以上の階が避難階になることもある。

2　居室

（法2条1項4号）

居住、執務、作業、集会、娯楽その他これらに類する目的のために継続的に使用する室をいう。

「継続的に使用」の意味は、特定の者の継続的使用のみならず、特定の部屋が不特定の者によって、時間的に継続して使用される場合を含む。

表3- II -1　居室と非居室 [14]

居室とみなされるもの	住　宅→食堂、居間、応接間、寝室、書斎、食堂等と一体の厨房、家事室等 事務所→事務室、応接室、役員室、会議室、宿直室等 店　舗→売場、事務室、喫茶室、調理室等 工　場→作業所、食堂、事務室、休憩室等 病　院→病室、診察室、看護師室、医師室、待合室等 公衆浴場→脱衣室（浴室についても、居室と見なしている特定行政庁もある） ※スーパー銭湯（娯楽風呂等）は浴場、飲食コーナー及びマッサージコーナー等の機能を有する複合用途建築物であることから、各用途、個別での判断が必要となる 各室の取扱いについては、特定行政庁に確認されたい ※喫煙室については、原則居室とする
居室とみなされないもの	玄関、廊下、階段、便所、洗面所、湯沸室、浴室、機械室、車庫、更衣室、リネン室、倉庫、納戸、独立した厨房、物置等

3　開口部による規制

建築基準法上「無窓居室」という用語そのものはないが、無窓の居室に関する各種の規制（採光、換気、排煙等）があり、表3- II -2にまとめる。

表3- II -2　無窓居室に関する各種規制

法規制項目	条　文	無窓居室の定義	無窓居室となった場合の規制
採　光	法28条 令19条、20条	採光に関しては建物用途が限定されているものの、必ずその建物用途の居室には開口部がなければならないものであり、代替措置は例外を除き認められない 採光が必要な建物用途——住宅、学校、病院、寄宿舎、児童福祉施設等 採光の基準——採光上有効な部分の開口部（道又は一定以上の空地に面する部分）は各居室面積の1/5～1/10以上とする	
換　気	法28条	換気に有効な部分の開口部が居室面積の1/20未満のもの	機械換気とする
排　煙	法126条の2 令116条の2、1項2号	排煙上有効な部分の開口部（天井から80cm以内）が居室面積の1/50未満のもの	機械排煙設備とするか又は、建設省告示により同等以上のものとする
非常用照明	法126条の4 令116条の2、1項1号	採光上有効な部分の開口部が居室面積の1/20未満のもの	非常用照明の設置

表3-Ⅱ-2 無窓居室に関する各種規制（つづき）

法規制項目	条　文	無窓居室の定義	無窓居室となった場合の規制
内装制限	令128条の3の2	下記の1）又は2）のどちらかの居室 1) 50㎡を超える居室で、排煙上有効な部分の開口部が居室面積の1/50未満のもの 2) 温湿度調整を必要とする作業その他の用途上やむを得ない居室で採光が確保されないもの	壁、天井の仕上げを準不燃材料とする
主要構造部	法35条の3 令111条	下記の1）又は2）のどちらかの居室 1) 採光上有効な部分の開口部が居室面積の1/20未満のもの 2) 避難上有効な開口部で、大きさが幅75cm以上、高さ1.2m以上ないもの又は、1m以上の円が内接できないもの	居室を区画する主要構造部を耐火構造又は不燃材料とする
歩行距離	令120条1項の表中㈠ 令116条の2、1項1号	採光上有効な部分の開口部が居室面積の1/20未満のもの	歩行距離30m以内とする

　表3-Ⅱ-2はすべて居室に関する規制であるが、居室以外の開口部の大きさに関する規制として、次の2項目（表3-Ⅱ-3）がある。

表3-Ⅱ-3 居室以外の開口部の大きさに関する規制

法規制項目	条　文	無窓の定義	無窓となった場合の規制
非常用進入口に代る開口部	令126条の6	高さ31m以下の部分にある3階以上の階で、道又は道に通ずる幅員4m以上の空地に、下記の開口部を外壁面の長さ10m以内毎に設けてないもの 　　　開口部の大きさ 　　　幅75cm以上、高さ1.2m以上、又は1m以上の円が内接する開口部で屋外から進入を妨げる構造でないもの	非常用進入口の設置又は非常用エレベーターの設置
		※この項目に関しては、条文上は非常用進入口の設置を義務づけているものであり、緩和基準として代る開口部で足りるという形の条文になっているものを、便宜上上記のようにまとめている	
消防法の無窓階 （避難上又は消火活動上有効な開口部を有しない階）	消防法施行規則5条の2	下記の開口部を有する階（普通階）以外の階を無窓階という ・10階以下 ⑴ 1m以上の円が内接する開口部又は幅75cm、高さ1.2m以上の開口部を2以上有し、50cm以上の円が内接する開口部が各階の床面積の合計の1/30を超える階 ⑵ 上記の開口部は 　① 床面から開口部の下端までの高さが1.2m以内であること 　② 道又は道に通ずる幅員1m以上の空地に面していること ・11階以上 ⑴ 50cm以上の円が内接する開口部が各階の床面積の合計の1/30を超える階（「普通階」） ⑵ 上記の開口部は床面積から開口部の下端までの高さが1.2m以内であること ※バルコニーが設置されている場合、その手すり高さはH1.2m以下とする必要がある	消防設備の設置基準が強化される

4 廊下、階段及び出入口

1. 階段の構造(令23条～27条)

表3-Ⅱ-4 階段の寸法

	階段の種類	階段幅 踊場幅 (cm)	けあげ (cm)	踏面 (cm)	踊場位置	備 考
1	小学校の児童用	≧140	≦16（≦18）	≧26	高さ≦3m ごと	(1)小学校の児童のけあげについては下記条件により18cm以下とすることができる ①階段の両側に手すりを設けたもの ②階段の踏面の表面を粗面とし、又はすべりにくい材料とする (2)回り階段の踏面寸法は踏面の狭いほうから30cmの位置で測る (3)直階段の踊場の踏幅は120cm以上とする (4)階段及び踊場の両側に壁がないときは手すりを設ける（高さ1mを超える部分) (5)階段幅が3m超える時は、中間に手すりを設ける（但し、けあげ≦15cmかつ踏面≧30cmの時は不要) (6)階段に代わる傾斜路 ①勾配1/8以下 ②表面は粗面とし、又はすべりにくい材料とする (7)特殊建築物については各地方自治体の条例等で規制されている場合がある
2	中学校・高等学校の生徒用 劇場・映画館・公会堂・集会場等の客用 物品販売業を営む店舗（加工修理業を含む)で床面積の合計＞1500㎡の客用	≧140	≦18	≧26		
3	直上階の居室の床面積合計＞200㎡の地上階 居室の床面積の合計＞100㎡の地階又は地下工作物内のもの	≧120	≦20	≧24	高さ≦4m ごと	
4	1～3以外及び住宅以外の階段	≧75	≦22	≧21		
5	住宅（共同住宅の共用階段を除く)	≧75	≦23	≧15		
6	昇降機の機械室用（令129条8、4項、5項)	規定なし	≦23	≧15	規定なし	
7	屋外階段 直通階段（令120条、121条)	≧90	けあげ、踏面、踊場、位置はそれぞれ1～5の数値とする			
	その他の階段	≧60				

※昇降機機械室用階段、物見塔用階段その他特殊の用途に専用する階段は適用しない
　昇降機機械室用階段の幅の規定はないが、出入口の幅と同等の70cm以上とする
※直通階段の階段（屋内・外共）に面して設備等も含めた開口部を制限している特定行政庁や民間審査機関があるので注意すること

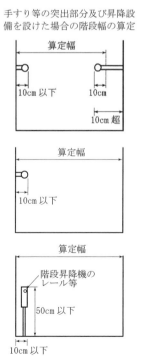

けあげ・踏面の算定

R：けあげ
T：踏面

直階段における踊場の算定
120cm以上
階段幅　踊場

直階段（直線状の階段）の踊場の踏幅は1.2m以上必要
120cm以上
(4m)未満
3m(4m)を超える場合

3m(4m)を超える階段では3m(4m)未満ごとに踊場を設ける

階段幅・踊場幅の算定
踊場幅
階段幅

回り階段の踏面Wは内側から30cmの位置で測定する

2. 避難規定の適用範囲及び別建物規定
   [2項区画]（令117条）

   ※以下3.4.5.6.の規定も同じ扱い

(1) 適用範囲（令117条1項）

   廊下の幅員や避難階段の設置等令117条〜令126条までの避難規定については、次の建物及び部分に適用する。

   ① 法別表第一（い）欄㈠項から㈣項までにあげる用途の建築物
   ② 階数が3以上である建築物
   ③ 令116条の2、1項1号に該当する窓、その他の開口部（1/20以上の採光上有効な開口部）を有しない居室を有する階
   ④ 延べ面積が1000㎡を超える建築物

(2) 別建物規定［2項区画］（令117条2項1号・2号、H28.6.1告示695号）

   下記①または②に該当する場合、令117条〜令126条までの避難規定について、それぞれ別建物とみなして適用する。

   ① 建築物の接続が、開口部のない耐火構造の床又は壁で区画されている場合
   ② 通常の火災時において相互に火熱又は煙若しくはガスによる防火上有害な影響を及ぼさない構造方法をもつ渡り廊下を設置する場合

   イ 通行の用に供し（可燃物を設置しない廊下）、壁及び天井の仕上げは準不燃材料とする
   ロ 渡り廊下を各建物からの避難経路としない
   ハ 区画部分に連絡する開口部（区画開口部）同士が区画開口部の寸法に応じた離隔距離を設ける。

   離隔距離は、以下の数値の内いずれか大きい数値に2.5を乗じた数値以上が必要
   ・区画開口部の幅（複数ある場合は、合計の数値）
   ・区画開口部の高さ（複数ある場合は、最大の数値）

   ニ 耐火構造であること
   ホ 区画開口部以外の屋外に面する開口部は、防火設備とする。但し、区画された部分から90cm以上隔離、又は50cm以上突出した袖壁で有効に遮られていれば防火設置は不要

   ヘ 区画開口部は、避難方向に開くことができる特定防火設備を設置する。但し、渡り廊下に排煙設備を設けた場合は、遮煙性能は設けなくてよい
   ト 区画開口部（特定防火設備）からの垂直及び水平距離が開口部面積の平方根以下の室内に面する部分の下地又は仕上げを下記のいずれかの防火上の措置をする

   ・下地を準不燃材料とする
   ・仕上げを塗り厚さ25mm以上石膏または、塗り厚さ45mm以上のモルタルとする
     但し、天井または、渡り廊下の区画を構成する壁は、区画開口部（特定防火設備）の上端から天井まで垂直距離、又は区画開口部（特定防火設備）から当該壁までの水平距離が下記数値以上は不要

   $A/25+0.28$（$0.38a$を超える場合は、$0.38a$）
     A：防火設備の面積（㎡）
     a：防火設備の高さ（m）

   チ 給水管等の換気等の風道が渡り廊下の壁を貫通する場合、防火措置を行う
   リ 開口部は、居室の出入口から直通階段の出入口に通ずる通路との離隔距離を確保する。離隔距離は、区画開口部の幅、又は高さのいずれかの大きい数値の1.5倍以上を確保する。

図3-Ⅱ-1　別建物規定［2項区画］の区画開口部に関する離隔距離

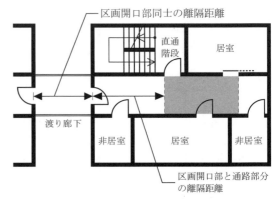

3.　廊下の幅員

表3-Ⅱ-5　廊下の幅員

廊下の用途 ＼ 廊下の配置	両側に居室がある廊下の場合	その他の廊下における場合
小学校、中学校又は高等学校における児童用又は生徒用のもの	2.3m以上	1.8m以上
病院における患者用のもの 共同住宅の住戸若しくは住室の床面積の合計が100 ㎡を超える階における共用のもの 居室の床面積の合計が200 ㎡（地階にあっては100 ㎡）を超える階におけるもの（3室以下の専用のものを除く）	1.6m以上	1.2m以上

注）幅は有効幅のことである

有効幅＝L

幅1.2m又は1.8m以上

・両側居室とは廊下の両側に居室の出入口がある場合をいう
・その他の廊下は居室に通ずる廊下に限る
・3室以下の専用とは、居室が3室以下の行き止り廊下をいう
・扉が90°ずれている場合は両側居室には該当しない
・W₁は両側居室、W₂は片側居室の廊下幅となる。但し、片側居室の部分であっても、両側居室から直近の階段までの廊下幅は両側居室の廊下幅と同様にW₁を指導される場合があるので特定行政庁・指定確認検査機関等に確認が必要である

第3章

4.　直通階段の設置と歩行距離（令120条）

（1）歩行距離

表3-Ⅱ-6　避難階以外の階における居室の各部分から直通階段までの歩行距離

	建物構造 → 階数 → 内装 ＼ 居室の種類	主要構造部が耐火構造、準耐火構造又は不燃材料				その他
		14 階以下		15 階以上		
			準不燃以上で内装		準不燃以上で内装	
1	無窓居室（有効採光面積＜居室面積×1/20）	≦30m	≦40m	≦20m	≦30m	≦30m
2	百貨店・マーケット・物販店舗（床面積の合計＞10 ㎡）・展示場・公衆浴場・カフェ・ナイトクラブ・バー・キャバレー・ダンスホール・遊技場・飲食店・料理店・待合	≦30m	≦40m	≦20m	≦30m	≦30m
3	病院・診療所（患者の収容施設のあるものに限る）・ホテル・旅館・下宿・共同住宅・寄宿舎・児童福祉施設等	≦50m	≦60m	≦40m	≦50m	≦30m
4	1、2、3 以外の居室	≦50m	≦60m	≦40m	≦50m	≦40m
5	主要構造部を準耐火構造としたメゾネット型共同住宅の住戸（3 の適用外）	≦40m				―

※　内装は床上 1.2m以下の部分を除く

注　避難階における歩行距離（令 125 条）
　　⑴　階段から屋外の出口までの歩行距離——上表の数値以下とする
　　⑵　居室から屋外の出口までの歩行距離——上表の数値の 2 倍以下とする

159

(2) 直通階段

直通階段は避難階まで連続している必要があり、途中階で乗りかえる階段（図3-Ⅱ-2、3）は直通階段ではない。乗りかえ経路が短く、明確な経路が設定されていれば直通階段と見なせる（図3-Ⅱ-5）。

図3-Ⅱ-2 直通階段と見なせない例1
（長い廊下を介した計画）

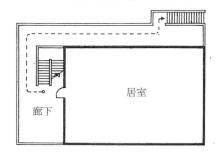

図3-Ⅱ-3 直通階段と見なせない例2
（階段と階段をつないだ計画）

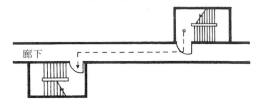

図3-Ⅱ-4 直通階段と見なせない例3
（階段の途中に戸を設けた計画）

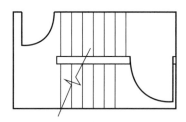

図3-Ⅱ-5 直通階段と見なせる例
（廊下を介しているが、次の階段までの距離が短く避難階段が明確なもの）

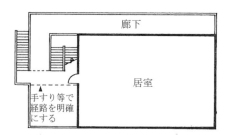

5. 2以上の直通階段の設置と重複距離
（2方向避難）

(1) 2以上の直通階段の設置（令121条）

表3-Ⅱ-7 2以上の直通階段の設置

	建築物の用途	下記用途のある階	面積等の基準
1	劇場・映画館・演芸場・観覧場	客席等	規模に関係なく全部に適用
	公会堂・集会場	集会室等	規模に関係なく全部に適用
	物販店舗（床面積の合計>1500㎡）	売場等	規模に関係なく全部に適用
2	キャバレー・カフェ・ナイトクラブ・バー等	客席客室等	規模に関係なく全部に適用（但し、下記条件を満たす時、適用除外） 適用除外1（(1)～(4)全て満たすこと） 　(1) 5階以下にあること 　(2) その階の居室床面積合計≦200㎡（100㎡） 　(3) 避難上有効なバルコニー・屋外通路あり 　(4) 屋外避難階段又は特別避難階段あり 適用除外2 　避難階の直上・直下階で居室床面積合計≦200㎡（100㎡）
3	病院・診療所	病室	その階の病院の床面積合計>100㎡（50㎡）
	児童福祉施設等	主たる居室	その階の主たる居室の床面積合計>100㎡（50㎡）
4	ホテル・旅館・下宿	宿泊等	その階の宿泊室の床面積合計>200㎡（100㎡）
	共同住宅	居室	その階の居室の床面積合計>200㎡（100㎡）
	寄宿舎	寝室	その階の寝室の床面積合計>200㎡（100㎡）

	建築物の用途		下記用途のある階	面積等の基準
5	1～4以外の階	6階以上の階	居　室	規模に関係なく全部に適用（但し、下記条件のすべてを満たす時、適用除外） (1) 1、2、3以外の用途であること (2) その階の居室床面積合計≦200 ㎡（100 ㎡） (3) 避難上有効なバルコニー・屋外通路あり (4) 屋外避難階段又は特別避難階段あり
		5階以下の階　避難階の直上階	居　室	その階の居室の合計＞400 ㎡（200 ㎡）
		その他の階	居　室	その階の居室の合計＞200 ㎡（100 ㎡）

※1　（　）内は主要構造部が耐火構造、準耐火構造又は不燃材料以外の場合の面積を示す

　避難上有効なバルコニー等の基準は、次の構造とすることが望ましい。なお、延焼のおそれのある部分に設置することも可能である。

　①　避難上有効なバルコニー等の構造

イ　バルコニーの位置は、直通階段の位置と概ね対称の位置とし、かつ、その階の各部分と容易に連絡するものとすること。

ロ　バルコニーは、その1以上の側面が道路等又は、幅員75cm以上の敷地内の通路に面し、かつ、タラップその他の避難上有効な手段により道路等に安全に避難できる設備（避難タラップ等の設置）を有すること。

※　特定行政庁により幅員75cmの通路をバルコニーの正面側に確保するように指導している場合があるので注意を要する。

ハ　バルコニーの面積は、2㎡以上（当該バルコニーから安全に避難する設備の部分を除く）とし、奥行の寸法は75cm以上とすること。

※　特定行政庁により2㎡かつ「その階の居室面積の3/100以上」を合わせて指導している場合があるので注意を要する。

ニ　バルコニー（共同住宅の住戸等に附属するものを除く。）の各部分から2m以内にある当該建築物の外壁は耐火構造（準耐火建築物にあっては準耐火構造）とし、その部分に開口部がある場合は、特定防火設備又は両面20分の防火設備を設けること。

ホ　屋内からバルコニーに通ずる出入口の戸の幅は75cm以上、高さは180cm以上及び下端の床面からの高さは15cm以下とすること。

ヘ　バルコニーは十分外気に開放されていること。

ト　バルコニーの床は耐火構造、準耐火構造その他これらと同等以上の耐火性能を有するものとし、かつ、構造耐力上安全なものとすること。

　②　避難上有効なバルコニーに面する屋外通路の構造

イ　当該階の外壁面に沿って設けられ、かつ、直通階段の位置と概ね対称の位置で屋内と連絡するものであること。

ロ　当該階の各部分と容易に連絡するものであること。

ハ　幅は60cm以上とし、手すりその他安全に通行できるための措置を講じたものであること。

ニ　通路の一端は、直通階段に連絡し、他端はタラップその他の避難上有効な手段により安全な場所に通ずるものであること。但し、直通階段に連絡することが困難でやむを得ない場合にあっては、両端に避難上有効な手段を設けたものであること。

ホ　屋内部分との区画、出入口の戸及び構造については、バルコニーにおける場合と同様のものであること。但し、出入口の戸の幅は60cm以上とし、窓その他の開口部は避難上支障のない位置に設けること。

③ その他

下階の屋根、庇等（耐火構造のものに限る）及び避難橋等で①又は②で規定する避難上有効なバルコニー又は屋外通路と同等以上に避難上有効なものは「その他これらに類するもの」とみなす。

図3-Ⅱ-6 避難上有効なバルコニーの設置例

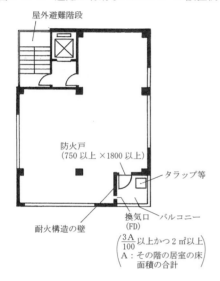

④ 重複距離（令121条3項）

階段を2以上設ける場合に、2方向避難を確実にするために、それぞれの直通階段への経路が重なる部分の長さは、歩行距離の1/2以下としなければならない。

但し、居室の各部分から、重複区間を経由しないで、避難上有効なバルコニー等に避難することができる場合は緩和される。

図3-Ⅱ-7のB居室においても重複距離を満足するよう計画しなければならないが、避難上有効なバルコニーを設ければ緩和される。

図3-Ⅱ-7 重複距離の考え方

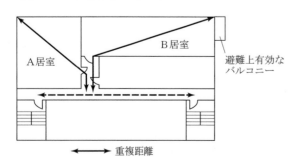

⑤条例等による付加

各地方自治体の条例により2方向避難の確保について規制を強化している場合がある。必ず各条例を確認すること。

図3-Ⅱ-8 横浜市の場合

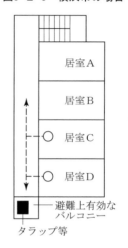

学校、病院、ホテル、共同住宅等、用途及び規模により、各居室（準耐火構造物の壁で区画された室は1居室とみなす）から出口に通じる避難上有効な通路（廊下、階段、固定タラップ、バルコニー等）を当該各居室ごとに2以上設けなければならないと条例にて規定されている。

図3-Ⅱ-9 横浜市の場合2

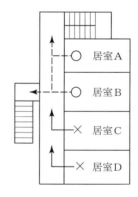

居室C、Dは、避難上有効な通路が2方向に確保されていないため不可となる。

※ 歩行距離、重複距離が満足していても避難上有効な2方向通路が確保されていない場合は不可となる。

6. 避難階段と特別避難階段（令122条）

(1) 避難階段、特別避難階段が必要な建築物

表3-Ⅱ-8　避難階段等が必要な建築物

	地上階	地階
避難階段又は特別避難階段とすべきもの	5階以上の階に通ずるもの	地下2階以下の階に通ずるもの
特別避難階段とすべきもの	15階以上の階に通ずるもの	地下3階以下の階に通ずるもの
緩和基準	① 主要構造部が耐火構造又は準耐火構造又は不燃材料で作られている建築物で、5階以上又は地下2階以下の床面積の合計が100m² 以下の場合 ② 主要構造部が耐火構造である建築物で全階を100㎡以内（共同住宅の住戸は200㎡以内）ごとに耐火構造の床、壁又は特定防火設備（直接外気に開放されている階段室に面する換気のための窓で開口面積が0.2m²以下のものに設けられる防火設備を含む）で区画されている場合	

※ 床面積の合計が1500㎡を超える物販店舗については、別の規定があり第9章Ⅶ**2**参照のこと

(2) 避難階段、特別避難階段の構造（令123条）

図3-Ⅱ-10　屋内避難階段の構造

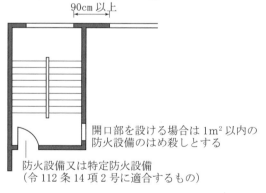

図3-Ⅱ-11　屋外避難階段の構造

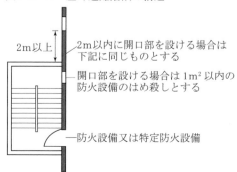

図3-Ⅱ-12　特別避難階段の構造 1
（外気開放窓のある付室付）

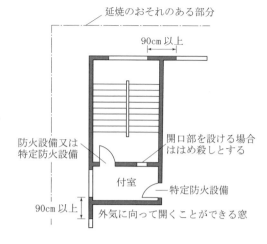

図3-Ⅱ-13　特別避難階段の構造 2
（排煙設備のある付室付）

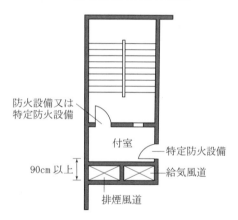

図3-Ⅱ-14　特別避難階段の構造 3
（バルコニー付）

① 共通事項
イ 階段は耐火構造とし、避難階（屋外避難階段にあっては地上）まで直通させること
ロ 防火戸の構造
常時閉鎖式又は煙感知器連動とする。
直接手で開くことができ、自動的に閉鎖するものとし、その部分の幅は75cm以上高さは180cm以上、床面から下端の高さを15cm以下とし、避難の方向に開くこと
② 屋内避難階段、特別避難階段の共通事項
イ 階段室（及び付室）は耐火構造の壁で囲むこと
※ 特別避難階段はすべて屋内式とする（屋外式はない）
ロ 内装は仕上げ、下地とも不燃材料とすること
ハ 階段室には採光上有効な開口部（特別避難階段にあっては、付室に面する窓を含む）又は予備電源付の照明設備を設けること
③ 特別避難階段の面積
15階以上の各階又は地下3階以下の各階における、階段室及びバルコニー又は、付室の床面積の合計は表3-Ⅱ-9とする（地下2階から地上14階までの各階においても同様とする）

表3-Ⅱ-9 特別避難階段の面積

用　途	階段室とバルコニー又は付室の床面積の合計
劇場・映画館・演芸場・観覧場・公会堂・集会場 百貨店・物販店舗（床面積の合計＞10㎡）・展示場・キャバレー・カフェ・ナイトクラブ・バー・ダンスホール・遊技場・料理店・飲食店・マーケット・待合・公衆浴場	その階における居室の床面積の合計 × $\frac{8}{100}$
その他の用途の建築物	その階における居室の床面積の合計 × $\frac{3}{100}$

⑷ 特別避難階段のバルコニー又は付室の面積
特別避難階段のバルコニー又は付室の単独の床面積については規定されていないが、付室に設置される排煙設備や消防活動、避難時における有効な幅の確保等から、最低でも5㎡以上の大きさを確保することが望ましい。

⑸ 特別避難階段の付室の排煙

図3-Ⅱ-15　外気に向かって開けることができる窓の基準（S44.5.1告示1728号）

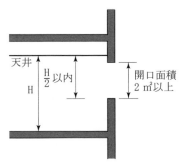

①排煙時に煙が接する部分は不燃材料で造る
②開口部が常時閉鎖されている部分の開放は、手動開放装置による
③手動開放装置は床面から0.8m≦h≦1.5mとし、使用方法を示す標識を設ける
※排煙窓は、延焼のおそれのある部分以外に設ける

図3-Ⅱ-16　外気に向かって開けることができる窓がドライエリアに面する場合の基準[77]

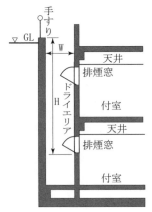

①ドライエリア（からぼり）の水平面積、必要排煙開口面積以上とする
②深さHは最下階の排煙窓の下端までとし、階段は地下2層分を最大とする
③ドライエリア奥行きWは、深さ（H）の1/4以上とする

図3-Ⅱ-17 排煙設備の基準

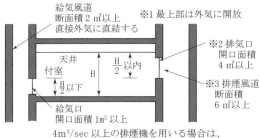

4m³/sec以上の排煙機を用いる場合は、この※1、2、3の規定は適用されない

① 排煙口、排煙風道、給気口、給気口、給気風道その他排煙時に煙に接する排煙設備部分は、不燃材料で造る
② 排煙口には図3-Ⅱ-15と同様の手動開放装置を設ける
③ 排煙口は閉鎖状態を保持し、開放時に排煙に伴う気流により閉鎖されるおそれのないこと。但し、手動開放装置、煙感知器と連動する自動開放装置又は、遠隔操作方式による開放装置により開放された場合は除く
④ 排煙風道は鉛直に設け、その上部は直接外気に開放する
⑤ 排煙口の開放に伴い、作動を自動開始する排煙機を設けた場合、建告1728号第2、2号の開口面積に関する部分及び5号によらなくてもよい
⑥ 電源が必要な排煙設備には予備電源を設ける
⑦ 排煙設備に設ける電気配線には防火措置を講じる
⑧ 排煙設備に用いる電線は耐熱性を有するものとする

図3-Ⅱ-18 給気の外気取入れ口[75]

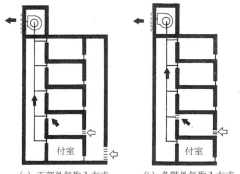

※給気口は常時閉鎖で気密性の高いものとし、排気口と連動して開放する形式とする

図3-Ⅱ-19 望ましくない外気取入れ口[66]

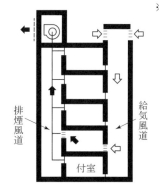

※頂部からの外気取入れ方式は、火災室窓から噴出した煙が再侵入する可能性があり望ましくない。外気取入れ口はできるだけ低い位置が要求される。又、避難口と外気取入れ口が接近している場合、排出した煙が給気風道に吸い込まれることのないよう注意されたい

図3-Ⅱ-20 特別避難階段を分ける例[76]

5階から地下2階までを特別避難階段とする

| 5階（売場） |
| 4階（〃） |
| 3階（〃） |
| 2階（〃） |
| 1階（売場） |
| 地下1階（駐車場） |
| 地下2階（〃） |

[特別避難階段1本と扱われる例]

避難階において階段を耐火構造の壁で区画した場合
[特別避難階段と避難階段を分ける例]

⑨ 付室に設ける排煙設備の排煙出口及び給気取入口は、令123条3項五号の規定により、延焼のおそれのある部分に

図3-Ⅱ-21 垂直排出方式[17]

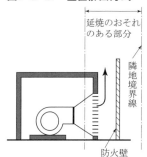

設けられない。やむを得ず延焼のおそれのある部分に位置する場合は、法2条六号による耐火構造の防火壁を設ける等の防火上の措置を行うこと。
⑩ 平成28年の法改正により煙が付室に流入することを有効に防止することができるものとして、加圧防排煙設備の規定が追加された。

(6) その他の注意点
① 地上階と地階の双方に通ずる特別避難階段
　地上階と地階の双方に通ずる直通階段は、1の直通階段として扱う。したがって、階数（15階以上、地下3階以下、物販店舗の5階以上のうち1以上）により、地上階のみに特別避難階段が必要とされる場合（地下階は避難階段で可）、又は地下階のみに特別避難階段が必要とされる場合（地上階は避難階段で可）であっても、1の直通階段として扱い、全階を特別避難階段としなければならない。

　但し、1階（避難階）において、特別避難階段の部分と、避難階段の部分を耐火構造の壁で区画し、それぞれ出入口を設けた場合には、特別避難階段と、避難階段を別の直通階段とみなすことができる。

② 屋内避難階段の階段室内に設けるエレベーターの出入口
　屋内避難階段の階段室内には、原則としてエレベーターの出入口を設けることはできないが、すべての階でエレベーターの昇降路等の部分が他の部分と防火区画され、出入口が階段室内にある場合は設けることができる（図3-Ⅱ-22）。

③ 屋外避難階段とエレベーターの出入口
　屋外避難階段から2m以内の範囲であっても、エレベーターの乗降ロビーが屋外避難階段の踊場及び開放廊下と一体的となる場合は、全体として十分外気に開放されていると認められ、屋外避難階段から2m以内にエレベーターの出入口を設置することができる（図3-Ⅱ-23）。

図3-Ⅱ-23　屋外避難階段に面するエレベーターの出入口[76)]

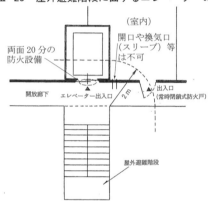

図3-Ⅱ-24　屋外避難階段に近接した開口部の扱い[76)]

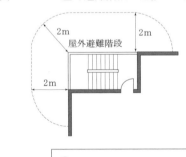

図3-Ⅱ-22　屋内避難階段の階段室内に設けるエレベーター[76)]

(1) すべての階において屋内避難階段と昇降機の部分が一体的に防火区画されている場合

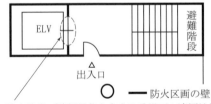

(2) 途中階においてエレベーターの出入口が屋内避難階段の区画の外にある場合
（階段室の内外にある場合）

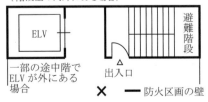

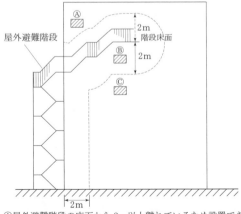

Ⓐ屋外避難階段の床面から2m以上離れているため設置できる
Ⓑ屋外避難階段の床面から2m以内にあるため設置できない
Ⓒ屋外避難階段の床面から2m以上離れているが、防煙上、設置は望ましくない

④ 屋外避難階段の直上・直下にある開口部

屋外避難階段において、直上にある開口部は階段の床面より２ｍ以上離れていれば設けることができるが、階段の床面の直下にある開口部（開口面積が各々１㎡以内の防火設備ではめ殺し戸を除く）は、火災時の煙の拡散形状等を想定すると、２ｍ以上離れていても設置することは望ましくない。

図3-Ⅱ-25　屋外避難階段から2m以内にある1㎡以内の開口部の構造[76]

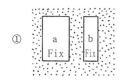
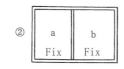

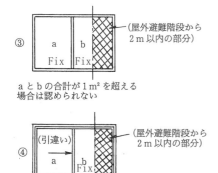

⑤ 屋外避難階段から２ｍ以内に設けるはめ殺し戸

屋外避難階段から２ｍ以内の範囲に１㎡以内の法２条９号の２ロに規定する防火設備で、はめ殺し戸を連続して設置する場合、当該はめ殺し戸相互の部分は耐火構造の壁で区切られるものとし、単に窓枠等で区切られた場合は、窓枠相互で区切った面積の合計が１㎡を超えることはできない。

又、ガラスブロックは２ｍ以内の開口部に設ける１㎡以内の法２条９号の２ロに規定する防火設備で、はめ殺し戸と同様な扱いはできない。但し、ガラスブロックパネル等で耐火性能を有するものは、耐火構造の外壁として使用できる。

7. 屋外の出口等の施錠装置（令125条の2）

表3-Ⅱ-10に掲げる出口に設ける戸の施錠装置は、次の(1)、(2)としなければならない。

表3-Ⅱ-10　旋錠装置等の規定を受ける出口等

1	屋外避難階段に屋内から通ずる出口
2	避難階段から屋外に通ずる出口
3	維持管理上常時鎖錠状態にある出口で、火災その他の非常の場合に避難の用に供すべきもの

※　人を拘束する目的の建築物を除く

(1) 屋内からカギを用いることなく解錠できる
(2) 戸の近くの見やすい場所に、その解錠方法を表示する

屋外の出口がシャッターの場合又は出口の手前にシャッターがある場合は、それに近接した位置にドアとしての出口を設けるべきであり、又、オートドアとする場合は、近接した位置に、手動のドアがある場合を除き、電源が切れた状態で開放できる構造（引き戸の場合は把手付き）とすべきである。

8. 手すり（令126条1項）

屋上広場、バルコニー等には、高さ1.1ｍ以上の手すりを設けなければならない。

この場合に、手すりに足がかりがある場合や、腰高の低い窓の場合の基準は法的に明文化されてないが、特に居住用施設では注意すべきであり、一般的には図3-Ⅱ-26の形態が望ましい。

※　手すり子が縦の場合、足がかりとならない様に有効幅は110mm以下とする。

図3-Ⅱ-26　バルコニーの手すりの例　　図3-Ⅱ-27　腰窓の例

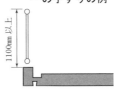
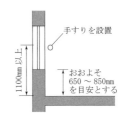

5 排煙設備

(令126条の2、126条の3)

1. 排煙設備を必要とする建築物(令126条の2)

表3-Ⅱ-11　排煙設備を必要とする建築物

		排煙設備を必要とする建築物又は建築物の部分			排煙設備の不要部分及び緩和規定
1	特殊建築物（法別表第一中(い)欄(一)～(四))	(一) 劇場・映画館・演芸場・観覧場・公会堂・集会場	延べ面積 >500 ㎡	—	※2 (1)階段の部分、昇降路の部分、乗降ロビーその他これらに類する建築物の部分 ※3 (2)機械製作工場、不燃性の物品を保管する倉庫、その他これらに類する用途に供する建築物で主要構造部が不燃材料で作られたもの、その他これらと同等以上に火災発生のおそれの少ない構造のもの (3)開口部のない耐火構造の床・壁又は、防火戸（特定防火設備又は防火設備、常時閉鎖式又は煙感連動）で区画されている場合は、それぞれ別の建築物と見なして1～4に該当するかどうか検討すればよい（通常2項区画という） 　但し、この扱いは本来既存建築物の増改築に伴う救済規定として設けられたものであり、新築建築物には適用していない特定行政庁や、適用しても、建築物の形態や面積に条件を受けている特定行政庁もあり注意を要する (4)H12 国土交通省告示 1436 号の適用を受けるもの
		(二) 病院・診療所（患者の収容施設あるもの）ホテル・旅館・下宿・共同住宅・寄宿舎・児童福祉施設等		100 ㎡以内に防火区画された部分 共同住宅の住戸では200 ㎡以内に防火区画された部分	
		(三) 学校・体育館・博物館・美術館・図書館・ボーリング場・スキー場・スケート場・水泳場・スポーツ練習場		※1 学校・体育館・ボーリング場・スキー場・スケート場・水泳場・スポーツ練習場	
		(四) 百貨店・マーケット・展示場・遊技場・キャバレー・カフェ・ナイトクラブ・バー・ダンスホール・待合・料理店・飲食店・床面積が 10 ㎡を超える物販店舗・公衆浴場		—	
2		階数 3 以上で延べ面積 500 ㎡を超える建築物（階数は地下を含めて算定する）		高さが 31m 以下の部分で 100 ㎡以内ごとに防煙壁で区画された居室 （4 の無窓居室のチェックは必要）	
3	居室	延べ面積 1000 ㎡を超える建築物で床面積が 200 ㎡を超える居室 （居室の床面積の合計ではなくそれぞれの居室の床面積である）			
4		排煙上の無窓居室 （令 116 条の 2、1 項 2 号による） （天井の下方 80cm 以内の部分の開口部の面積が床面積の 1/50 未満のもの）		—	

※1「学校等」にはスポーツ施設が含まれるが、観覧席を設けて観覧場として、本来のスポーツ施設より幅広い利用をする場合は、原則として排煙設備を設ける

※2「その他これらに類する建築物の部分」については、防火区画（竪穴区画）や防煙区画された「DS、PS、EPS」とし「便所、局部的倉庫、更衣室、機械室、電気室」等については、H12 国土交通省告示 1436 号を適用させる

※3「機械製作工場」とは、「機械を」製作する工場であり「機械で」製作する工場の意味ではない。又、「機械を」の意味から、不燃性物品の加工工場も含むものとする
　なお、天井が高い（気積が大きい）、小間仕切壁がない、危険物等の保管場所と区画されている等の条件を満たす必要がある

2．無窓居室（排煙上有効な部分の開口部）の算定（令116条の2、1項2号）

「排煙上有効な部分の開口部」と「排煙設備である窓」とはよく似た算定方法であるが、排煙上有効な部分の開口部は、下記の違いがある。

(1) 防煙区画が不要である
(2) 有効開口部は防煙壁の位置に関係なく、一律天井から80cm以内である
(3) 法文上は手動開放装置は不要
(4) 2室緩和有り
(5) 排煙口までの水平距離（30m）の規定なし

※居室の屋外に面する部分に設ける出入口の戸についても同様に開放できるので、排煙上有効な開口部として取扱ってよいが、開放後、自動的に閉鎖する機能を持つ戸の場合は、原則不可とする（常時閉鎖式防火戸・オートドア等）。

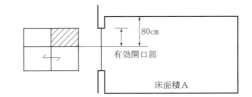

図3-Ⅱ-28　排煙上有効な部分の開口部

排煙上有効な開口部S

$S \geq \dfrac{1}{50} A$

（ふすま、障子、その他、随時開放することができるもので仕切られた2室は1室とみなす）

3．国土交通省告示1436号による排煙設備の緩和

この告示に適合していれば、排煙設備を設けたものと同等以上の効力があると認められ、排煙設備は不要となる（表3-Ⅱ-12）。

表3-Ⅱ-12　国土交通省告示1436号による排煙設備の緩和

告示1436号	建築物の対象部分の位置		部屋の用途	床面積の制限	区画の方法	下地、仕上げの制限
4号ニ	31m以下の部分（地階の特殊建築物の主たる部分を除く）	1	居室以外の室（廊下を含む）	制限なし	居室又は避難の用に供する部分に面するものは防火戸それ以外は戸又は扉を設ける	仕上げを不燃又は準不燃材料
		2		100㎡未満	防煙壁により区画する	制限なし
		3	居室	100㎡以内ごとに耐火構造若しくは準耐火構造又は防火設備（令112条14項1号）で区画する		仕上げを不燃又は準不燃材料
		4		100㎡以下	防煙壁により区画する	下地、仕上げとも不燃材料
4号ホ	31mを超える部分		非居室及び居室	100㎡以下	耐火構造又は防火設備（令112条14項1号）で区画する	仕上げを不燃又は準不燃材料
4号イ	階数が2以下の住宅・長屋で延べ面積200㎡以下かつ、居室には換気上有効な窓（居室床面積の1/20以上）があるもの					
4号ロ	避難階又は避難階の直上階で、以下の基準に適合する部分（他の部分全てが令126条の2第1項の規定に適合する場合に限る） 　イ　法別表第1(い)欄以外の用途又は児童福祉施設等（入所施設を除く）、博物館、美術館若しくは図書館の用途であること 　ロ　当該用途に供する各居室に屋外への出口（屋外の出口、バルコニー又は屋外への出口に近接した出口）等（避難支障がないものに限る）が設けられていること					
4号ハ	危険物の貯蔵所、自動車車庫、通信機械室、繊維工場等で、不燃性ガス又は粉末消火設備を設けたもの					

※4号ニ-2　床面積100㎡未満の室に適用するものであり、この室とは壁で区画されたものを指し、防煙垂れ壁のみの区画ではない。したがって、通常出入口に相当する部分のみに戸を設けない場合（基本的に便所等水回りに限る）に、防煙垂れ壁での区画を認めたものである
※4号ニ-3　「100㎡以内ごとに…」の扱いは、100㎡以内に区画された部分が2室以上に分割された場合（間仕切壁の仕上げには準不燃以上）も適用される
※4号ニ-4　出入口の戸の上部に50cm以上の防煙壁（戸が常時閉鎖式の場合は30cm以上）を有することとし、戸は不燃性のものとする。又、本文には明文化されていないが、防煙壁による区画が必要となる
※4号ハ　不燃性ガス消火設備を設けるコンピュータールーム・データ保管室等で、在室者が少なく、避難が容易なものについては適用できる部分とみなす場合もあるので特定行政庁に確認のこと
※4号ハ　対象としているのは、水又は泡による消火設備が建築物の用途から不適当であって、密閉式消火設備による必要がある部分なので、不特定多数の人が利用する用途の場合は適用できない

図3-Ⅱ-29 国土交通省告示1436号の適用範囲[76]

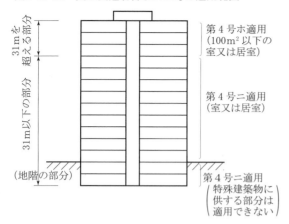

(1) 居室と廊下・ホール等をつなぐ小規模な前室的空間（概ね5～15㎡）は、4号ニ（2・3・4）又は4号ホの規定を受けることができる
(2) 4号ニの規定は、特殊建築物の主たる用途に供する部分の地階は適用できないが、当該部分の利用用途が特殊建築物の用途そのものでなければ、適用を受けられる。たとえば、物品販売店舗の地階にある事務室等は適用を受けられる
(3) 4号ニ-3の規定の「100㎡以内ごとに…」の扱いは100㎡以内に区画された部分が2室以上に分割された場合（間仕切壁の仕上げは準不燃以上）も適用される

4．排煙設備の適用除外部分

(1) 風除室（建築物の出入口）で、風除のみの用途であって、避難上支障がなく、最終的な屋外避難場所に接する場合は不要である。
(2) 刑務所等の居房棟は、一定条件により不要となる（S46住指発744号）。

5．排煙設備が必要な建築物の考え方

(1) 複合用途建築物で建築物の一部が特殊建築物500㎡であっても、建物全体を特殊建築物として扱い、延べ面積が500㎡を超えるものは排煙設備が必要となる。

図3-Ⅱ-30 排煙設備が必要な建築物の考え方 その1

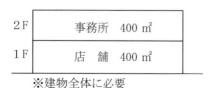

※建物全体に必要

(2) 階数3以上とは、地上、地下を問わず三層ある場合はすべて該当する。
(3) 延べ面積が1000㎡を超える建築物における200㎡を超える居室とは「それぞれの居室ごと」に算定し、図3-Ⅱ-31では1階事務所が該当する。

図3-Ⅱ-31 排煙設備が必要な建築物の考え方（その2）

2 F	倉庫 900㎡	事務所 150㎡
1 F	倉庫 800㎡	事務所 250㎡

(4) 防煙壁で100㎡以内ごとに区画されていれば、居室の排煙設備は不要である。但し、この場合も無窓居室でないことが条件となる。又、階数が3以上で延べ面積が500㎡を超えていれば、廊下の排煙設備は必要となる（この防煙壁による100㎡以内の区画による緩和は、実例として使えるケースはほとんどない）。

図3-Ⅱ-32 100㎡以内の防煙区画

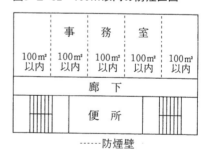

(5) 新築建築物で2項区画（令126条の2、第2項）を認める特定行政庁の場合、図3-Ⅱ-33のようなケースでは各階500㎡以下であるため、居室がすべて排煙上の無窓居室でなければ排煙設備は不要となる場合がある。
※ 2項区画の採用については、必ず特定行政庁と協議が必要である。原則として、2項区画は新築建築物には適用しない。

図3-Ⅱ-33　2項区画

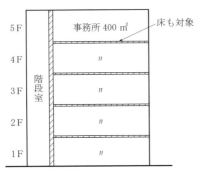

(6)　共同住宅、ホテル、病院等の100 m²区画の適用については（高さ31 m以下の部分にある共同住宅の住戸にあっては200 m²）、床面積が100 m²以内ごとに防火区画されていれば、その部分について排煙設備の設置が免除される。

6．防煙壁

防煙壁とは、次のものをいう。

(1)　間仕切壁
(2)　天井面から50 cm以上下方に突出した垂れ壁
(3)　その他これらと同等以上に煙の流動を妨げる効力のあるもので、不燃材料で造り、又は覆われたもの（防煙壁、防煙垂壁共）。

※　防煙壁は天井裏まで達する旨の規定はないが、天井材が不燃又は準不燃材料以外の場合は、指導している特定行政庁もある。

※　安全次数を異にする防煙区画のあり方
法令では室と廊下、廊下と階段室等の安全次数の異なる防煙区画のあり方について規定を設けていないが、火災時の避難経路の安全を確保するため、安全次数の異なる区画については、防煙区画されるべきであり、少なくとも30 cm以上の固定防煙垂壁を設けることを原則とする。

図3-Ⅱ-35　安全次数を異にする防煙区画

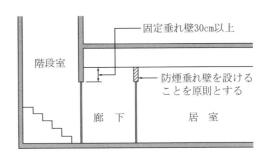

図3-Ⅱ-34　防煙壁

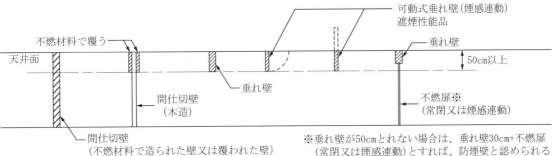

7. 排煙設備の構造基準（令126条の3）

表3-Ⅱ-13　排煙設備の構造基準

<table>
<tr><td colspan="2"></td><td>自　然　排　煙</td><td>機　械　排　煙</td><td>緩　和　規　定</td></tr>
<tr><td colspan="2">防煙区画</td><td colspan="2">床面積500m²以内ごとに防煙壁で区画する</td><td>劇場・工場等で天井高3m以上のもの→告示1436号第2号</td></tr>
<tr><td rowspan="14">排煙口</td><td>大きさ</td><td colspan="2">防煙区画部分の床面積の1/50以上の開口面積とする</td><td>──</td></tr>
<tr><td rowspan="2">位　置</td><td colspan="2">防煙区画内の各部分からの水平距離は30m以内とする</td><td rowspan="2">天井高3m以上のもの→告示1436号第3号</td></tr>
<tr><td colspan="2">天井から80cm以内で防煙壁下端の高さより上に設ける（機械排煙口の位置も含む）</td></tr>
<tr><td rowspan="3">手動開放装置</td><td>引違い窓等のクレセント・手掛け等も手動開放装置とみなす</td><td>連動装置、遠隔操作を設けた場合でも手動開放装置は必ず設けること</td><td>──</td></tr>
<tr><td colspan="2">壁に設ける場合は床面より0.8m～1.5mの高さに設ける
天井からつり下げる場合は、床面より概ね1.8mの高さに設ける</td><td>──</td></tr>
<tr><td>外倒し窓等の排煙専用のものは見やすい方法で使用方法を明示する</td><td>見やすい方法で使用方法を明示する</td><td>──</td></tr>
<tr><td>材　料</td><td colspan="2">不燃材料とする</td><td>──</td></tr>
<tr><td>閉鎖状態</td><td colspan="2">手動開放装置等により開放された場合を除き、常時閉鎖状態を保持すること
開放時に排煙に伴い生ずる気流により閉鎖されるおそれのない構造の戸等を設けること</td><td>告示1436号第1号</td></tr>
<tr><td>排煙風道</td><td>──</td><td>天井裏等にある部分は風道の上、又は周囲にたまるちりを風道内の熱により燃焼させないものとして大臣が定めた構造方法又は大臣の認定をうけたものとする
厚さ10cm以上の金属以外の不燃材料で覆う場合を除き木材等の可燃材料から15cm以上離すこと
防煙壁を貫通する場合は風道と防煙壁とのすき間をモルタル等で埋めること</td><td>──</td></tr>
<tr><td>排煙機</td><td>──</td><td>排煙口の開放に伴い自動的に作動すること
排煙容量は1分間に120m³以上かつ防煙区画部分の床面積1m²につき1m³（2以上の防煙区画に係る排煙機にあっては床面積1m²につき2m³）以上とすること</td><td>──</td></tr>
<tr><td>予備電源</td><td>──</td><td>自動充電装置・時限充電設置・自家発電装置等で常用電源が断たれた場合に自動的に切り替えられて接続される予備電源を設けること（電気配線を含めS45.12.28第1829号告示による）</td><td>──</td></tr>
<tr><td>中央管理</td><td>特別避難階段の付室、非常用エレベーター乗降ロビーの排煙窓の作動状態について中央管理室にて監視できるようにする（中央管理室が必要な建築物に限る）</td><td>高さ31mを超え非常用エレベーターが必要な建築物又は、各構えの床面積の合計が1000㎡を超える地下街の排煙設備の制御及び作動状態の監視は中央管理室において行うこと</td><td>──</td></tr>
<tr><td>送風機を設けた排煙設備等</td><td colspan="2">送風機を設けた特殊な排煙設備で通常の火災時に生ずる煙を有効に排出することができるものとして、大臣が定めた構造方法を用いる場合は、各排煙構造基準を適用しなくてよい</td><td>告示1437号</td></tr>
</table>

8. 国土交通省告示による排煙設備の構造の緩和

表3-Ⅱ-14　国土交通省告示による排煙設備の構造の緩和

⑴　排煙口が閉鎖状態でなくてよい緩和基準（告示1436号1号）

排煙設備が1つの防煙区画にのみ係る場合は、常時開放状態の排煙口でよい
（ガラリ等の自然排煙にあっては手動開放装置も不要となる）

⑵　500㎡を超えるものの防煙設備の構造の緩和（告示1436号2号）

用　　途──劇場、映画館、公会堂、集会場等の客席
　　　　　　体育館、工場、倉庫等の建築物の部分に限る
天井高──天井高（天井がない場合は屋根高）が3m以上であること
区　　画──他の部分と防煙壁で区画されていること
内　　装──壁・天井の仕上げを不燃又は準不燃材料とすること
排煙機──機械排煙の場合の排煙機の排出能力は500m³/min かつ、防煙区画面積1㎡につき、毎分1㎡以上（2以上の防煙区画に係るものはその床面積の合計）とすること

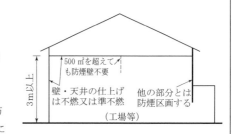

⑶　排煙口の位置の緩和（告示1436号3号）

天井高が3m以上の建築物の部分の排煙口の位置は下記とすることができる（通常の天井から80cm以内が緩和される）
　①　床面からの高さは2.1m以上
　②　天井高さの1/2以上
　③　防煙壁の下端より上方
※勾配屋根（天井）の場合は平均天井高さによる

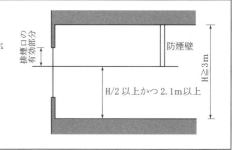

9. 防煙区画について

(1) 法的には500㎡以内に防煙区画すればよい。但し、原則室ごととする。
　・排煙計算は室、居室ごとに確認する。
　・それぞれ排煙口を防煙区画ごとに設ける。
　・安全次数の異なる廊下と居室間及び用途の異なる部屋間は防煙区画する。
　　（図3-Ⅱ-36　──■■■■──部分）

図 3-Ⅱ-36　1フロアー 500㎡以内の防煙区画

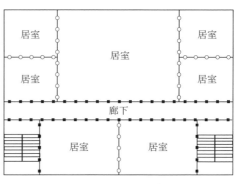

1フロアー 500m² 以内

（2）2室を同一防煙区画とみなす場合の取扱い

個々に間仕切された室であっても、間仕切壁の上部で天井面から50cm下方までの部分が開放され、かつ、当該開放部分の面積がそれぞれ排煙を負担する床面積の1/50以上である場合、同一の防煙区画(2室まで可)とみなされる。

図3-Ⅱ-37　2室を同一防煙区画とみなす場合
（A室とB室、A室とC室を1室となみす）

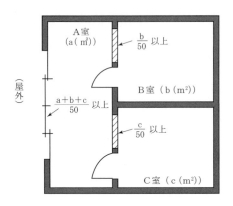

凡例　a、b、c:各室床」面積
////// :排煙上有効な開口部（常開）

（3）吹抜け部分の防煙区画

① 図3-Ⅱ-38の様に、吹抜け部分に防煙垂れ壁を設けⅠ、Ⅱ及びⅢに区画した場合は、それぞれに排煙口を設ける。また、開放装置もそれぞれに設ける。面積の算定は、Ⅰ=A_1+B+C、Ⅱ=A_2、Ⅲ=A_3とする。

図3-Ⅱ-38　吹抜け部分の防煙区画1[66]

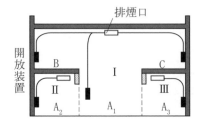

② 図3-Ⅱ-39の様に一防煙区画の場合は、開放装置は図の位置に設ける。

但し、Ⅰ= $A_1+A_2+A_3$+B+C ≦ 500 ㎡

図3-Ⅱ-39　吹抜け部分の防煙区画2[66]

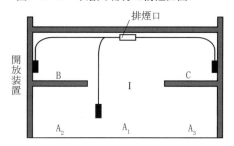

（4）シャッターによる防煙区画

煙感知器連動による遮煙性能を有すシャッターは認められているが、迅速性に欠けるので、別に垂れ壁を設けるよう指導している場合もある。

（5）下り天井部分の垂れ壁の設置方法

図3-Ⅱ-40　下り天井部分の垂れ壁[66]

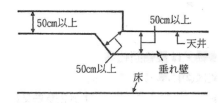

10．自然排煙について

（1）排煙上有効な開口部（自然排煙口）の計算

図3-Ⅱ-41　自然排煙の有効開口部

※実施設計に当っては、1/50以上の有効開口部を確保する為に、50〜80cmの間の防煙垂れ壁の高さを決めることになる

（2）外倒し窓等の角度

①横軸又は縦軸回転窓

開口部面積(S)と有効開口面積(S_0)の関係は、回転角度(α)に応じて次の算定式により扱う。

90°≧α≧45°のとき S_0=S

45°>α≧0°のとき S_0= α/45°×S

図3-Ⅱ-42 自然排煙口の有効開口面積[76]

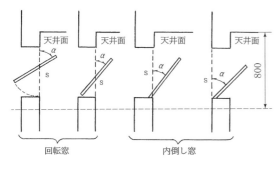

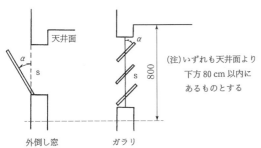

ストッパーにより回転角度が2段階又は3段階に調整できる場合は、その操作が簡単に行えるものであれば最大角度で考えてよい。

②突き出し

突き出し窓の場合は取扱いが異なる場合があるので、審査機関等に必ず確認すること。

図3-Ⅱ-43 突き出し窓の有効開口

(3) シャッターがある場合

自然排煙口の内側外側を問わず、パイプシャッター以外は有効とは認められない。但し、シャッターが閉鎖している状態で建築物が利用されないことが明らかな場合は認められる場合があるので協議すること。

図-Ⅱ-44 シャッターと排煙窓

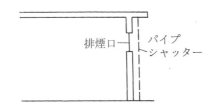

(4) 手動開放装置の方式

外倒し窓等の手動開放装置は単一動作により操作できる必要があり、チェーンを引く方式のものや、レバーを倒す方式のものとし(ワンタッチ開放式)ハンドル等の回転動作の場合は、1回転程度で開放できる操作のものとする必要がある。

又、引違い窓の場合はクレセントが手動開放装置となる。

手動開放装置の装置の操作部は、壁に設ける場合は、床から800mm以上1500mm以下、天井から下げる場合は床から概ね1800mmの高さに設け、使用方法を見やすくわかりやすい方法で表示し、視認性のよい場所に設ける。

引違い窓のクレセント高さも床から800mm以上1500mm以下とする。

図3-Ⅱ-45 排煙窓の手動開放装置

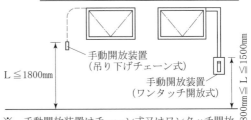

※ 手動開放装置はチェーン式又はワンタッチ開放式とする
※ 天井から吊り下げる場合は床から概ね1800mmの高さに設ける

(5) 天井高さが違う部分の有効開口部の取り方

いずれも高い方の天井から、80cm以内及び垂れ壁の下端以上を有効開口部とする(図3-Ⅱ-46のh部分)。又、平均天井高より80cm以内とする考え方もある。

排煙窓側の天井の一部が高い場合は図3-Ⅱ-47を原則とするが、取扱いは特定行政庁、各審査機関と協議が必要である。

(6) その他の注意点

① 自然排煙口の内側に障子又は二重サッシュがある場合は、排煙操作上支障がなければ排煙上有効なものとして扱うことができる。

② 屋根に設けるベンチレーターは、排煙効果が期待できるので、自然排煙口として扱うことができる。

図3-Ⅱ-46 天井高さが違う部分の有効開口部 1

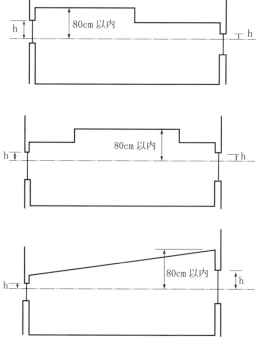

図3-Ⅱ-47 天井高さが違う部分の有効開口部 2

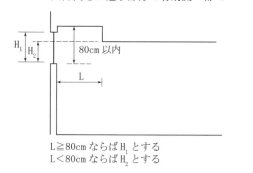

図3-Ⅱ-48 換気に有効な外部空間[17]

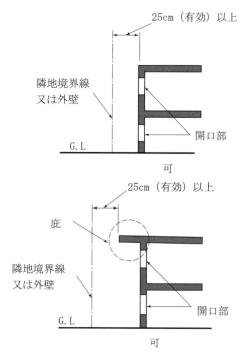

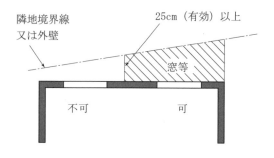

③ ダクトによる自然排煙は原則として認められない。但し、縦ダクト又はシャフトがその部分専用等であり、排煙上有効なものであればこの限りでない。

④ 自然排煙口の前面で、直接外気に開放される空間は、隣地境界線（同一敷地内の他の建築物若しくは当該建築物の他の部分）より、有効25cm以上確保し、かつ、その空間の横断面の面積は空間に面する1フロア分の排煙面積の合計以上とする。但し、公園、広場、川等の空地又は水面等に面する部分は除く（外倒し窓、回転窓等は開放した状態で、敷地境界線を出ないこと）。

11. 排煙に関するその他の規定

（1） 排煙風道が防火区画を貫通する場合は、防火区画貫通部分にて280℃の防火ダンパーが必要である。

排煙計画において、枝管にHFDを設けてもよいが、メインダクトにHFDを設置することはできない。

（2）防煙区画を貫通する一般空調ダクト等の措置として、法的にはダンパーは不要（行政指導しているところもある）。

（3）機械排煙作動時は、空調換気を連動停止とすること。

図3-Ⅱ-49 排煙ダクトの防火区画貫通例[17]

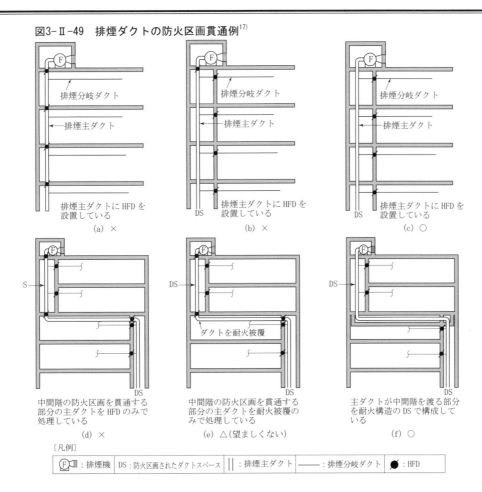

図3-Ⅱ-50 異種排煙区画1[77]

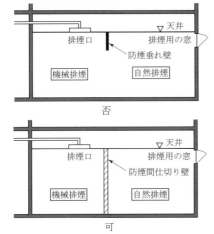

図3-Ⅱ-51 異種排煙区画2[17]

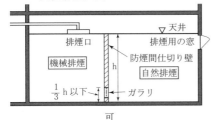

(4) 自然排煙と機械排煙の併用する場合
（異種排煙区画）

同一防煙区画内――不可

隣接した区画――防煙垂れ壁による区画では不可。間仕切壁とする（機械排煙と告示緩和、排煙不要部分とも、間仕切壁による区画とすること）。

(5) 防煙間仕切壁及び自閉式扉にガラリを設ける場合は、天井高さの3分の1以下の部分に設けること。なお、この場合の天井高さは、当該扉に面する室の天井のうち最も低いものとする。

(6) 天井チャンバー方式

居室における将来の間仕切変更に対応しやすい排煙方式として、事務所ビルによく採用されている。換気口、照明設備等をモジュール化したシステム天井の開口部から均等排煙するプレナムチャンバー方式のみ認められる。天井面の一部に開口

表3-Ⅱ-15　排煙種別における壁・開口部の仕様について

告示適用室の相互間は、当該室からみた防煙区画とすること

		自然排煙・排煙不要室		機械排煙室	
		壁	開口部	壁	開口部
自然排煙		防煙壁	ー	防煙間仕切壁	自閉式不燃扉
機械排煙		防煙間仕切壁	自閉式不燃扉	防煙壁	ー
国土交通省告示1436号四号二適用室	(1) 室	防煙間仕切壁	自閉式防火設備又は戸、扉 ※1	防煙間仕切壁	自閉式防火設備又は戸、扉 ※1
	(2) 室	防煙壁	戸、扉 ※2	防煙間仕切壁	自閉式扉 ※2
	(3) 居室	準耐火間仕切壁	自閉式防火設備	準耐火間仕切壁	自閉式防火設備
	(4) 居室	防煙間仕切壁	自閉式不燃扉	防煙間仕切壁	自閉式不燃扉

※1　(1)室のうち、居室又は避難通路等に面する開口部に設ける扉は防火設備に限る
※2　戸、扉の上部には、500mm以上の防煙垂れ壁があるものに限る
　　300mm以上500mm未満の場合は自閉式不燃扉とする

防煙壁：令126条の2第1項に規定する防煙壁（不燃材料で造り又は覆われたもの）をいう
防煙間仕切り壁：防煙壁のうち間仕切壁をいう
防煙垂れ壁：防煙壁のうち垂れ壁をいう
準耐火間仕切壁：準耐火構造の間仕切壁をいう
自閉式扉：常時閉鎖又は火災により煙が発生した場合に自動的に閉鎖する扉をいう
自閉式不燃扉：自閉式扉のうち、不燃材料で造り又は覆われたものをいう
自閉式防火設備：令112条14項一号に規定する構造であり防火設備をいう

図3-Ⅱ-52　天井チャンバー方式の排煙設備[77]

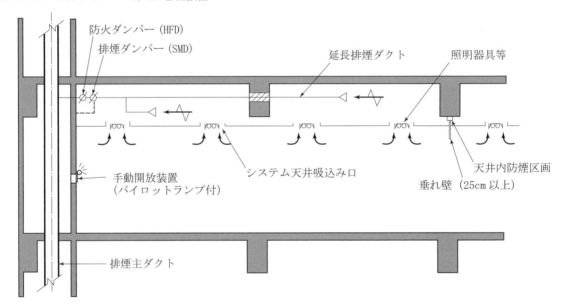

部を設ける局所的な天井チャンバー方式は認められない。適正な排煙量を確保するために、次のような注意が必要である。

① 排煙区画は500㎡以内とし、スラブ面から天井面までと直下の天井面から25cm以上に垂れ壁を設ける。

② 天井内の小梁・ダクト等により排煙が不均等になる場合は、排煙ダクトを延長する。この延長分のダクトには、断熱処置は不要。

③ 天井内防煙区画に空調リターン用の開口部を設けないこと。設ける場合はSDが必要となる。

④ 手動開放装置には、排煙口の開口表示用のパイロットランプを設ける。電気式開放装置の場合は、通電表示用にパイロットランプを設ける。

⑤ 天井チャンバー内の排煙ダンパーの開口部の吸込風速を測定して、総排煙風量を求める。併せて、天井スリット面での吸込風速を測定し、均等に排煙されていることを確認すること。吸込風速が不均等の場合は、開口部面積の拡大、ダクト延長等の措置をすること。

(7) 直結エンジンを使用する場合の排煙機

排煙機は、電動機で駆動させ、かつ、予備電源を設けなければならない。排煙機の駆動部として認められるものは、「電動機（常用の電源）＋専用のエンジン」であり、電動機がなくエンジン駆動のみの排煙機は認められていない。

(8) 内燃機関により駆動される場合の排煙設備

排煙機の常用の電源が断たれた場合の駆動をディーゼルエンジンによる方式によるものにすると、予備電源の設置は不要である。但し、次の構造とする（S46住指発510号）。

① 起動前、又は運転中のいずれかの場合にあっても、常用の電源が断たれた場合には、自動的にディーゼルエンジンの起動回路に切替えられること。

② ディーゼルエンジンの燃料は、当該建築物の他の部分から防火上安全に区画されていること。

③ ディーゼルエンジンは、排煙ファン及び排煙ダクトからの熱伝導又は熱輻射から十分熱絶縁又は熱遮断されていること。

④ 屋外に設置されるディーゼルエンジンその他、機構上重要な機器は雨水、塵埃その他から保護すること。

イ 潤滑機構及び給気機構の加熱又は冷却装置を設ける等、冬季又は夏季の機能低下を防止する措置を講ずること。

ロ 屋内に設置する場合は、設置場所に自然換気等の有効な換気設備を設けること。

ハ 当該設備へ至る電気配線は、S45告示1829号第1号（電気室低圧盤遮断器からの専用配線）の適用は受けるが、第2号及び第3号（耐熱配線）の適用は受けないものとする。

(9) 機械排煙の作動に伴う場合の換気・空調設備の運転停止

排煙設備は火災時に天井付近に滞留する煙を排出するものであり、換気・空調設備が排煙時に運転されると、室内の空気をかくはんして排煙効果を阻害する。そのため、局所的な換気・空調設備のやむを得ない場合を除き、自動火災報知設備又は排煙口の開放と連動して、換気・空調設備は停止させなければならない。

特に地下駐車場に設けられている機械排煙時の換気停止方法については、煙感知器等の非火災報による誤作動を避けるため、排煙口と連動させる。

なお、局所的でやむを得ない場合とは、複数の防煙区画を構成しない1の居室で単独換気・空調を行っているような場合である。

(10) 自然排煙シャフトの取扱いについて

排煙シャフト面積、排煙出口面積は、排煙に必要な面積以上であること。

なお、排煙シャフトは耐火構造等とし、かつ、一防煙区画のみとする。

図3-Ⅱ-53 防煙シャフトの場合の排煙上必要な面積[17]

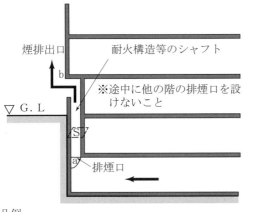

凡例

a	排煙口の必要開口面積（㎡）
b	煙排出口の面積（㎡）
S	排煙シャフトの水平面積（㎡）

b≧S≧a（㎡）

6 非常用照明
(令126条の4、令126条の5)

1. 非常用照明を必要とする建築物
(令126条の4、H12.5.31告示1411号)

表3-Ⅱ-16　非常用照明を必要とする建築物

	必要とする建築物又は建築物の部分		設置を要する部分	不要部分及び緩和規定	
①	特殊建築物（法別表第一い欄㈠〜㈣）	㈠ 劇場・映画館・演芸場・観覧場・公会堂・集会場	1) 居室 2) 居室から地上に通ずる廊下・階段・通路（採光上有効に直接外気に開放された通路・階段は除く） 3) その他の通常照明装置を要する部分	―	H12告示1411号の適用を受ける居室の部分
		㈡ 病院・診療所（患者の収容施設あるもの）ホテル・旅館・下宿・共同住宅・寄宿舎・児童福祉施設等		病院の病室・下宿の宿泊室・寄宿舎の寝室・共同住宅の住戸・その他これに類する居室（②〜④も同じ）	
		㈢ 学校・体育館・博物館・美術館・図書館・ボーリング場・スキー場・スケート場・水泳場・スポーツ練習場		学校・体育館・ボーリング場・スキー場・スケート場・水泳場・スポーツ練習場（②〜④も同じ）	
		㈣ 百貨店・マーケット・展示場・遊技場・キャバレー・カフェ・ナイトクラブ・バー・ダンスホール・公衆浴場・待合・料理店・飲食店・物販店舗		―	
②	階数3以上で延べ面積500㎡を超える建築物			一戸建の住宅・長屋若しくは共同住宅の住戸	
③	延べ面積1000㎡を超える建築物				
④	採光上の無窓居室 （令116条の2、1項1号による） （採光上有効部分の開口部が居室床面積の1/20未満のもの）				

2. 国土交通省告示1411号による緩和

（居室に対する緩和規定であり、階段、廊下は対象にならない）

表3-Ⅱ-17　建設省告示による非常用照明の緩和

適用される居室の部分	緩和条件		
	出口の種類	歩行距離	その他
避難階の居室	避難階の屋外への出口	30m以下	採光上有効な開口部を有すること（床面積の1/20以上）令116条の2、1項1号による避難上支障ないこと
避難階の直上階又は直下階の居室	避難階の屋外への出口	20m以下	
	屋外避難階段に通ずる出口	20m以下	

図3-Ⅱ-54　避難階における非常用照明の緩和

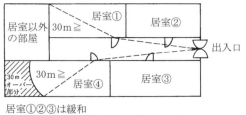

居室①②③は緩和
居室④は30mを超える部分があり、この「居室すべて」に必要になる

図3-Ⅱ-55　避難階の直上階の非常用照明の緩和1

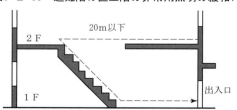

図3-Ⅱ-56 避難階の直上階の非常用照明の緩和2　　図3-Ⅱ-57 1部屋とみなしてよい例（ホテル等）[17]

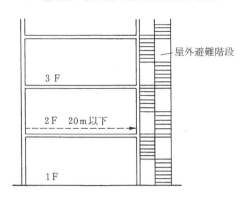
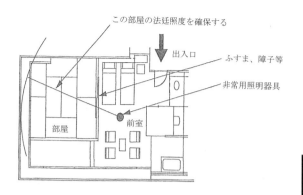

3. 宿泊室に設ける非常用照明の緩和

ホテル等の客室で、前室と奥の部屋とがふすま、障子その他随時開放することができるもので仕切られている場合は、両室を1部屋とみなし、避難経路となる前室のみに非常用の照明装置を設置すれば、避難上支障ないものとして取り扱うことができる（図3-Ⅱ-57）。

4. 採光上有効な部分の開口部の算定

有効な部分の開口部とは令20条により算定された部分であり、居室床面積の1/20以上を有しなければならない。

5. 非常用照明の構造基準

（令126条の5、S45.12.28告示1830号、改定H12.5.30告示1405号）

表3-Ⅱ-18　非常用照明の構造基準

項　目	構　造　基　準
照　度	直接照明において水平面照度で1lx以上確保
照明器具	照明カバー等を含み主要な部分は不燃材料で造り、又は覆うこと
予備電源	蓄電池又は蓄電池と自家発電装置を組み合わせたもので、充電することがなく、30分間継続して点灯できるもの等 常用の電源が断たれた場合に自動切り替えでき、復旧した際も自動切り替えできること （10秒起動型自家用発電装置は、建物用途等により認められない場合もあるので、注意を要する）
電気配線	配線は600V2種ビニール電線等、耐熱性を有するもの等とすること
その他	建設省告示1830号（S45.12.28）参照のこと

照明は、直接照明とし、令126条の5第1号及びS45建告1830号により、照度については、常温下で床面における水平面照度で1lx、蛍光灯を用いる場合にあっては2lx以上と規定されている。

避難行動に際して特に重要な出入り口の近傍は必ず被照面に含めなければならないが、避難行動の支障とならない以下の部分は、被照面から除外できるものとして取り扱う（図3-Ⅱ-58）。

(1) 居室及び廊下等の隅角部一辺1m以内の部分
(2) 柱の突出による影
(3) 物陰

図3-Ⅱ-58　法定照度を必要とする範囲（白熱灯の場合）[17)]

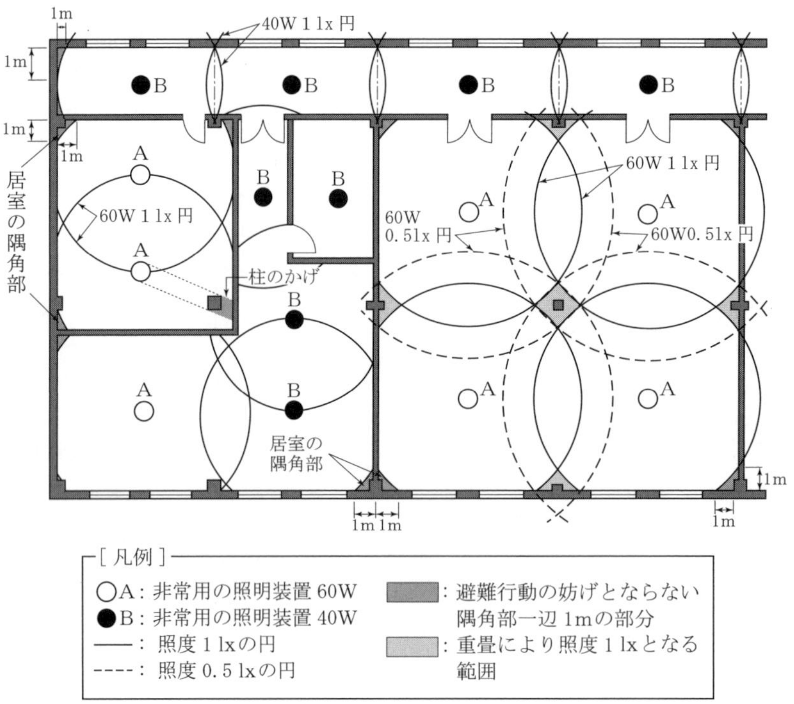
1m
40W 1 1x 円
1m
B
B
B
B
1m
1m
居室の隅角部
A
60W 1 1x 円
A
B
B
60W 1 1x 円
60W
0.51x 円
A
A
60W0.51x 円
柱のかげ
B
A
B
A
A
居室の
隅角部
1m
1m 1m
1m
[凡例]
○A：非常用の照明装置 60W
●B：非常用の照明装置 40W
——：照度 1 lxの円
----：照度 0.5 lxの円
：避難行動の妨げとならない隅角部一辺 1mの部分
：重畳により照度 1 lxとなる範囲

7　非常用進入口

（令126条の6、126条の7、H28.5.30告示786号）

1．非常用進入口及び進入口に代わる開口部の設置基準

表3-Ⅱ-19　非常用進入口及び進入口に代わる開口部の設置基準

設置する階	構造等	非常用進入口	進入口に代る開口部
建築物の高さ 31m 以下にある 3 階以上の階（非常用エレベーターを設けたものは除く）	設置する部分	各階の外壁面で道又は道に通ずる 4m以上の通路・空地に面する部分	同左
	間　隔	40m以下（外壁端部が 20m以内との行政指導もある）	外壁の長さ 10m以内ごと
	出入口の寸法	幅 75cm 以上、高さ 1.2m以上 床面より下端の高さ 80cm 以下	幅 75cm 以上、高さ 1.2m以上又は 1m以上の円が内接するもの
	進入方法	外部より開放又は破壊することにより進入できること	同左
	バルコニー	奥行 1m以上、長さ 4m以上	不要
	標識 （告示 1831 号）	赤色灯——直径 10cm 以上の半径が内接する大きさとする 予備電源付とする 常時点灯とする 表　示——一辺 20cm 以上の正三角形の赤色反射塗料とする	不要 （但し、正三角形の表示は消防より指導される場合有り）

図3-Ⅱ-59 非常用進入口又は進入口に代わる開口部を設置すべき外壁面

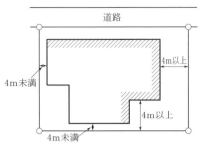

「道に面する外壁面」又は「幅員4m以上の通路に面する外壁面」のいずれかに設ける
(両方に設けるように指導している特定行政庁もある)
※ 道路又は空地と高低差がある場合、又は法地等の場合も原則は必要である

図3-Ⅱ-60 中庭等を有する建築物の場合（1）

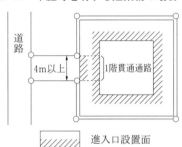

中庭等に進入できる通路（≧4m）がある場合は、中庭等に面する外壁面にも、非常用の進入口又は代替進入口を設置することを基本とする。

図3-Ⅱ-61 中庭等を有する建築物の場合（2）

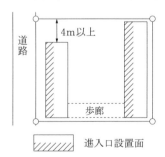

道に面しない棟がある場合は、道から中にはに通ずる通路（≧4m）を設け、中庭等に面する外壁面に非常用の進入口又は代替進入口を設置すること

図3-Ⅱ-62 進入口に代わる開口部の間隔(1)

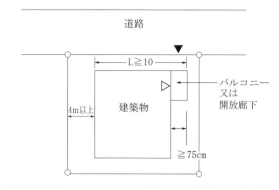

バルコニー又は開放廊下を経由して代替進入口に準ずる開口部から室内に進入できる場合は、バルコニー又は開放廊下（共同住宅を除く）が道又は通路等に75cm以上面していればよい

図3-Ⅱ-63 非常用進入口の間隔(1)

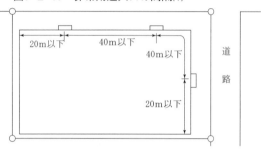

※ 建築物の角面まで20m以下という法規制はないが、1つの進入口はその両側20mを受け持つという考え方より、20mとすべきである

図3-Ⅱ-64 進入口に代わる開口部の間隔(2)

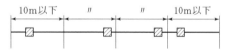

☐進入口に代わる開口部
　（外壁面10m以内ごとに任意に設ける）
※ 同一外壁面で「進入口」と「代替進入口」の併用はできない。但し「外壁面」が変ればよい

図3-Ⅱ-65 進入口に代わる開口部の間隔(3)

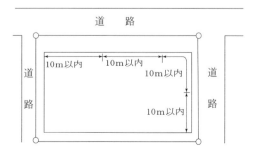

183

2. 設置基準における法改正について
（令126条の6、令126条の7、H28告示786号）

　平成28年の法改正により、設置免除の規定として令126条の6第3号が追加となった。
　吹抜きとなっている部分その他の一定の規模以上の空間において、国交大臣が定めた構造方法又は、認定を受けたものとすることにより、非常用進入口又は進入口に代わる開口部の設置を免除することが可能となった。
　又、法改正に合わせ、技術的基準として告示786号が示された。

3. 非常用進入口の構造

図3-Ⅱ-66　非常用進入口の構造(1)

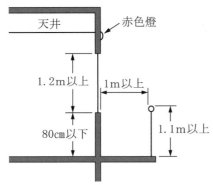

図3-Ⅱ-67　非常用進入口の構造(2)

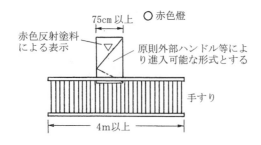

4. 進入口に代わる開口部の注意事項

図3-Ⅱ-68　進入口に代わる開口部の注意事項(1)

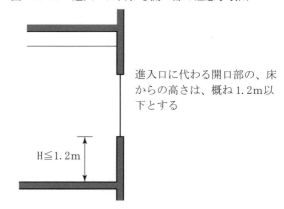

進入口に代わる開口部の、床からの高さは、概ね1.2m以下とする

図3-Ⅱ-69　進入口に代わる開口部の注意事項(2)

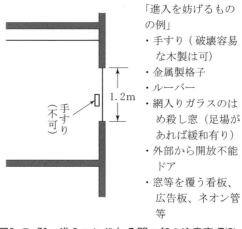

「進入を妨げるものの例」
・手すり（破壊容易な木製は可）
・金属製格子
・ルーバー
・網入りガラスのはめ殺し窓（足場があれば緩和有り）
・外部から開放不能ドア
・窓等を覆う看板、広告板、ネオン管等

図3-Ⅱ-70　進入口に代わる開口部の注意事項(3)

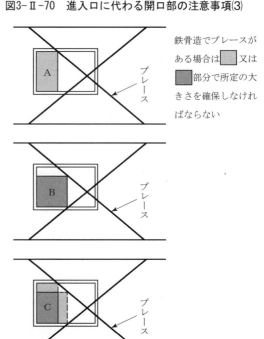

鉄骨造でブレースがある場合は■又は■部分で所定の大きさを確保しなければならない

表3-Ⅱ-20　非常用進入口（代替開口部）の判定としての開口部構造の取扱い[15]

ガラス開口部の種類	開口部の条件		非常用進入口	代替開口部			
				足場あり	足場なし		
					窓ガラス用フィルムなし	窓ガラス用フィルムA	窓ガラス用フィルムB
普通板ガラス フロート板ガラス 磨き板ガラス 型板ガラス 熱線吸収板ガラス 熱線反射ガラス	厚さ8mm以下（厚さが6mmを超えるものは，ガラスの大きさが概ね2㎡以下かつガラスの天端の高さが，設置されている階の床から2m以下のものに限る）	引き違い	○	○	○	○	△
		FIX	○	○	○	○	×
網入板ガラス 線入板ガラス	厚さ6.8mm以下	引き違い	○	△	△	△	△
		FIX	○	×	×	×	×
	厚さ10mm以下	引き違い	○	△	×	×	×
		FIX	○	×	×	×	×
強化ガラス 耐熱板ガラス	厚さ5mm以下	引き違い	○	○	○	○	△
		FIX	○	○	○	○	×
合わせガラス	フロント板ガラス6.0mm以下+PVB（ポリビニルブチラール）30mil（膜厚0.76mm）以下+フロート板ガラス6.0mm以下	引き違い	○	△	△	△	×
		FIX	○	×	×	×	×
	網入板ガラス6.8mm以下+PVB(ポリビニルブチラール)30mil(膜厚0.76mm)以下+フロート板ガラス5.0mm以下	引き違い	○	△	△	△	×
		FIX	○	×	×	×	×
	フロート板ガラス5.0mm以下+PVB(ポリビニルブチラール)60mil(膜厚1.52mm)以下+フロート板ガラス5.0mm以下	引き違い	○	△	×	×	×
		FIX	○	×	×	×	×
	網入板ガラス6.8mm以下+PVB(ポリビニルブチラール)60mil(膜厚1.52mm)以下+フロート板ガラス60mm以下	引き違い	○	△	×	×	×
		FIX	○	×	×	×	×

第3章

合わせガラス	フロート板ガラス3.0mm以下+PVB（ポリビニルブチラール）60mil（膜厚1.52mm）以下+型板ガラス4.0mm以下	引き違い	○	△	×	×	×
		FIX	○	×	×	×	×
	フロート板ガラス6.0mm以下+EVA（エチレン酢酸ビニル共重合体）中間膜0.4mm以下+PETフィルム0.13mm以下+EVA中間膜0.4mm以下+フロート板ガラス6.0mm以下	引き違い	○	△	△	△	×
		FIX	○	×	×	×	×
	フロート板ガラス6.0mm以下+EVA（エチレン酢酸ビニル共重合体）中間膜0.8mm以下+フロート板ガラス6.0mm以下	引き違い	○	△	△	△	×
		FIX	○	×	×	×	×
	網入板ガラス6.8mm以下+EVA（エチレン酢酸ビニル共重合体）中間膜0.4mm以下+PETフィルム0.13mm以下+EVA中間膜0.4mm以下+フロート板ガラス5.0mm以下	引き違い	○	△	△	△	×
		FIX	○	×	×	×	×
	網入板ガラス6.8mm以下+EVA（エチレン酢酸ビニル共重合体）中間膜0.8mm以下+フロート板ガラス5.0mm以下	引き違い	○	△	△	△	×
		FIX	○	×	×	×	×
倍強度ガラス	——	引き違い	○	×	×	×	×
		FIX	○	×	×	×	×
複層ガラス	構成するガラスごとに本表（網入板ガラス及び線入板ガラス（窓ガラス用フィルムを貼付したもの等を含む）は、厚さ6.8mm以下のものに限る）により評価し、全体の判断を行う						

［凡例］
○：省令5条の2第2項3号後段に規定する開口部として取り扱うことができる
△：ガラスの一部を破壊し、外部から開放できる部分（引き違い窓の場合概ね1／2の面積で算定する）を省令5条の2第2項3号後段に規定する開口部として取り扱うことができる
×：省令5条の2第2項3号後段に規定する開口部として取り扱うことはできない
参考資料：東京消防庁監修『予防事務審査・検査基準』改訂第11版

［備考］
1　ガラスの厚さの単位は、日本工業規格（JIS）において用いられる「呼び厚さ」の「ミリ」を用いる
2　「足場有り」とは、避難階又はバルコニー（令126条の7第5号に規定する構造以上のもの）、屋上広場等破壊作業のできる足場が設けられているもの
3　「引き違い」とは引き違い窓、片開き戸、開き戸等、通常は部屋から解放することができ、かつ、当該ガラスを一部破壊することにより外部から開放することができるもの
4　「FIX」とは、はめ殺し窓をいう

5 合わせガラス及び倍強度ガラスは、それぞれ JIS R 3205 及び JIS R 3222 に規定するもの
6 「窓ガラス用フィルムなし」は、ポリエチレンテレフタレート（以下「PET」という。）製窓ガラス用フィルム（JIS A 5759 に規定するもの。以下同じ）等を貼付していないガラスをいう
7 「窓ガラス用フィルム A」は次のものをいう
   (1) PET 製窓ガラス用フィルムのうち、多積層（引裂強度を強くすることを目的として数十枚のフィルムを重ねて作られたフィルムをいう。以下同じ）以外で、基材の厚さが 100μm 以下のもの（内貼り用、外貼り用は問わない）を貼付したガラス
   (2) 塩化ビニール製窓ガラス用フィルムのうち、基材の厚さが 400μm 以下のもの（内貼り用、外貼り用は問わない）を貼付したガラス
   (3) 低放射ガラス（通称 Low－E 膜付きガラス）（金属又は酸化金属で構成された薄膜を施した低放射ガラスであること）
8 「窓ガラス用フィルム B」は、次のものをいう
   (1) PET 製窓ガラス用フィルムのうち、多積層以外で、基材の厚さが 100μm を超え 400μm 以下のもの（内貼り用、外貼り用は問わない）を貼付したガラス
   (2) PET 製窓ガラス用フィルムのうち、多積層で、基材の厚さが 100μm 以下のもの（内貼り用、外貼り用は問わない）を貼付したガラス
9 「足場有り」欄の判定は、窓ガラス用フィルムの有無にかかわらず、すべて（窓ガラス用フィルムなし、窓ガラス用フィルム A、窓ガラス用フィルム B）同じ判定であること
10 合わせガラスに用いる EVA（エチレン酢酸ビニル共重合体）中間膜は㈱ブリヂストン製のものに限る
※ 開き戸でガラス厚 6.8mm 以上及びスチール又はアルミ製の開口部は、外部から開放できる把手付とすれば認められる

8 非常用エレベーター
（法 34 条 2 項、令 129 条の 13 の 2、129 条の 13 の 3）

1. 非常用エレベーターを必要とする建築物
（法 34 条 2 項、令 129 条の 13 の 2）

高さ 31m を超える建築物には非常用エレベーターを設置しなければならないが、高さ 31m を超える部分が表3-Ⅱ-21の(1)～(4)のいずれかに該当する場合は緩和される。

表3-Ⅱ-21　高さ31mを超える部分の非常用エレベーターの緩和

(1)	階段室・機械室・装飾塔・物見塔・屋窓等の用途の場合
(2)	各階の床面積の合計が 500 ㎡以下の場合
(3)	階数が 4 以下の主要構造部を耐火構造とした建築物で、100 ㎡以内ごとに防火区画したもの 防火区画――壁・床は耐火構造 　　　　　　　開口部は特定防火設備（常閉又は煙感連動）又は廊下に面する窓は、1 ㎡以内の防火設備とする）
(4)	機械製作工場、不燃性の物品を保管する倉庫等で主要構造部が不燃材料で造られたもの

図3-Ⅱ-71　階の途中で31mを超える部分の扱い[78]

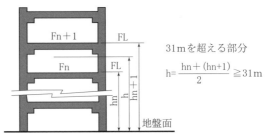

※その階の FL と直上階の FL の中間（1/2 の位置）が 31m 以上である場合「超える階」として扱う
（共同住宅等の場合、SL という扱いもあり協議が必要）

図3-Ⅱ-72　非常用エレベーターの設置免除[78]

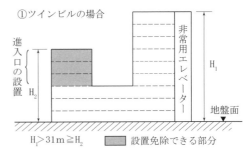

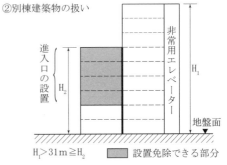

図3-Ⅱ-73 非常用エレベーターの停止階の取扱い（局部的な階の例）[76]

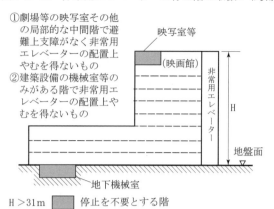

2. 非常用エレベーターの構造等
（令129条の13の3）

表3-Ⅱ-22　非常用エレベーターの構造基準

要　項	説　明	
(1) 設置台数	高さ＞31mで、床面積が最大の階の床面積 (S)	設置台数
	S≦1500 ㎡	≧1
	1500 ㎡を超える部分にあっては、3000 ㎡以内を増すごとに、1台を加えていく	
(2) 乗降ロビー	・各階（避難階を除く）において、屋内と連絡する ・仕上・下地は不燃材料で造る ・床面積≧10 ㎡/非常用エレベーター1台（正方形に近い形とする） ・バルコニー、外気に向かって開放できる窓、又は排煙設備を設ける（S45告示1833号による） ・出入口（昇降路及び特別避難階段の階段室に通ずる出入口を除く）は特定防火設備（常閉又は煙感連動）を設ける（特別避難階段の出入口は防火設備でよい） ・窓・排煙設備・出入口を除き耐火構造で囲むこと ・予備電源をもつ照明設備、消火設備（屋内消火栓・連結送水管の放水口・非常コンセント設備等）を設ける ・見やすい方法で、非常用エレベーターである旨・積載荷重・最大定員、避難階における避難経路等を明示した標識を掲げし、非常の時にその旨を明示した表示灯を設ける	
(3) 昇降路	2台以内ごとに耐火構造の壁・床で囲む（出入口・機械室に通ずる鋼索・電線等の周囲を除く）	
(4) 昇降路の出入口の戸（H12告示1428号による）	不燃材料で造り、又は覆うこと （但し、構造上軽微な部分を除く）	
(5) 昇降路出入口からの歩行距離	避難階の昇降出入口・乗降ロビー出入口から、屋外への出口（道路又は道路に通じる通路で幅員4m以上の空地等に接しているものに限る）までの歩行距離≦30m	
(6) かご	不燃材料で造り、又は覆うこと （但し、構造上軽微な部分を除く）	

表3-Ⅱ-22 非常用エレベーターの構造基準（つづき）

要項	説明
(7)かごの寸法 (S46告示112号による)	JIS A 4301のうちのE-17-C0とする 積載荷重：1150kg 最大定員：17人 かご内のり寸法：間口=1.8m、奥行=1.5m、高さ=2.3m 昇降路の最小寸法：間口=2.4m、奥行=2.35m 有効出入口：幅=1.0m、高さ=2.1m
(8)その他	・かごを呼び戻す装置を設け、当装置の作動は避難階又はその直上階・直下階の乗降ロビー又は中央管理室で行う ・かご内と中央管理室を連絡する電話装置を設ける ・かごの戸が閉じなければ、かごが昇降しない装置の機能を停止させて、かごの戸を開いたままかごが昇降できる装置を設ける ・かごの定格速度≧60m/分 ・非常用エレベーターには予備電源を設ける

3．乗降ロビーの排煙

（S45.12.28告示1833号）

図3-Ⅱ-74 乗降ロビーの自然排煙

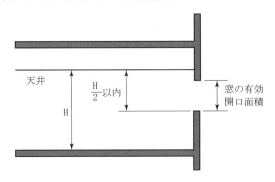

図3-Ⅱ-75 乗降ロビーの機械排煙

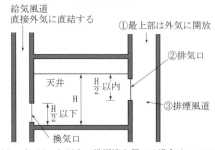

※ 4m²/sec(6m²/sec)以上の排煙機を用いる場合は、この①、②、③の規定（表2+b）は適用されない

表3-Ⅱ-23 付室又は乗降ロビーに設ける外気に向かって開くことのできる窓の基準[75]

	特別避難階段の付室	非常用エレベータの乗降ロビー	付室兼用ロビー
窓の面積（有効開口）	2㎡以上	2㎡以上	3㎡以上
取付け高さ	天井又は壁の上部　天井の高さの1/2以上の高さ			
操作	手動開放装置　床面から0.8m≦h≦1.5m 使用方法を示す標識を設ける			
材料	煙に接する部分は不燃材料とする。			

※ 付室及び乗降ロビーの排煙窓は、延焼のおそれのある部分以外に設ける

表3-Ⅱ-24 機械排煙設備の設置基準[75]

	特別避難階段の付室	非常用エレベータの乗降ロビー	付室兼用ロビー
給気口の開口面積	1㎡以上	1㎡以上	1.5㎡以上
給気風道の断面積	2㎡以上	2㎡以上	3㎡以上
排煙機	4㎥/s以上	4㎥/s以上	6㎥/s以上
排煙風道排煙口(m²)	指定されていない		
材質	排煙口、排煙風道、給気口、給気風道、その他煙に接する排煙設備の部分は不燃材料で造る		
排煙口の手動開放装置	手で操作する部分は、壁面の床面から0.8m以上1.5m以下に設ける、使用方法を示す標識を設ける。天井から吊り下げる場合は1.8m以下の高さとする		

※ 排煙機は予備電源を設ける
※ 給気取入口は、延焼のおそれのある部分以外に設ける

表3-Ⅱ-25　スモークタワー方式[75]

	特別避難階段の付室	非常用エレベーターの乗降ロビー	付室兼用ロビー
給気口の開口面積	1 ㎡以上	1 ㎡以上	1.5 ㎡以上
給気風道の断面積	2 ㎡以上	2 ㎡以上	3 ㎡以上
排煙機の開口面積	4 ㎡以上	4 ㎡以上	6 ㎡以上
排煙風道の断面積	6 ㎡以上	6 ㎡以上	9 ㎡以上
材　質	排煙口、排煙風道、給気口、給気風道、その他煙に接する排煙設備の部分は不燃材料で造る		
排煙口の手動開放装置	手で操作する部分は、壁面の床面から0.8m以上1.5m以下に設ける。使用方法を示す標識を設ける。天井から吊り下げる場合は1.8m以下の高さとする		

※　乗降ロビーの排煙設備の給気の外気取入れ口は図3-Ⅱ-18参照のこと。

　非常用エレベーターの乗降ロビーは、基本的には他の用途（一般エレベーターのロビー、一般階段への通路等）と兼用できないが、特別避難階段の付室に限っては兼用を認めている。

　乗降ロビー（付室兼用）の床面積は、非常用エレベーターの乗降ロビーの必要床面積（1基あたり10㎡）と特別避難階段の付室の必要床面積（概ね5㎡）との合算とし、令123条3項11号の規定にも適合しなければならない。また、形状についても、出来るだけ正方形に近いものとすることが望ましく、消防活動に支障がないように、短辺でも2.5m以上を確保する。

図3-Ⅱ-76　乗降ロビー（付室兼用）の構造[78]

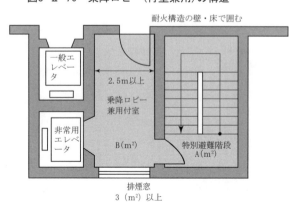

B（㎡）≧10（㎡）＋5（㎡）
（A＋B）㎡≧令123条3項11号の規定面積＋10㎡

4．乗降ロビーの排煙設備における技術的基準の追加（H28.4.22告示697号）

　平成28年の法改正により、煙が付室に流入することを有効に防止することができるものとして、加圧防排煙設備の規定が追加された。

9　敷地内通路

（令127条、128条、128条の2）

1．敷地内通路

　下記①～④に該当する建築物の避難階における出入口及び、屋外避難階段から道路等に通ずる通路は幅1.5m以上とする。

① 法別表第1（い）欄(1)項から(4)項までの特殊建築物
② 階数3以上の建築物
③ 無窓居室（1/20未満の採光上の有効開口部又は1/50未満の排煙上の有効開口部）
④ 延べ面積が1000㎡を超える建築物（2棟以上ある場合はその延べ面積の合計）

※敷地内通路、出入口の位置については条例で制限をきびしく定めている場合があるので注意を要する。

図3-Ⅱ-77　敷地内通路

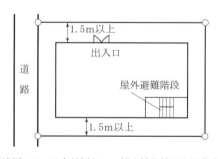

※　通路幅1.5mは有効幅とし、樋や植栽等にも注意すること
※　外壁付の照明器具や排気口（ベンドキャップ）等の突出物については床面より高さ1.8m以上の位置とする

2. 大規模木造建築物等の敷地内通路

表3-Ⅱ-26 大規模木造建築物等の敷地内通路

適用条件		通路の位置	幅員
敷地内に1棟の木造建築物がある場合（一部が木造の場合を含む）	1000 ㎡＜延べ面積≦3000 ㎡（但し1棟の建築物の一部に防火区画された耐火構造部分がある場合はその部分は床面積に算入しない）	他の建物との間	≧3m
		隣地に面する部分	≧1.5m
	3000 ㎡＜延べ面積（但し1棟の建築物の一部に防火区画された耐火構造部分がある場合はその部分は床面積に算入しない）	他の建物との間	≧3m
		隣地に面する部分	≧3m
同一敷地内に2棟以上の木造建築物がある場合（耐火、準耐火建築物、1棟で延べ面積＞1000 ㎡の建築物を除く）	延べ面積の合計＞1000 ㎡の場合は1000 ㎡以内ごとに区画し、右記の条件を満たすこと	他の建物との間	≧3m
		隣地に面する部分	≧0m
	耐火建築物・準耐火建築物により延べ面積1000 ㎡以内ごとに防火上有効にさえぎられている場合（但し、木造建築物の延べ面積が3000 ㎡以内）	他の建物との間	≧0m
		隣地に面する部分	≧0m
	耐火建築物・準耐火建築物により延べ面積1000 ㎡以内ごとに防火上有効にさえぎられ、かつ、木造建築物の延べ面積が3000 ㎡を超える場合、3000 ㎡以内ごとに区画する	他の建物との間	≧3m
		隣地に面する部分	≧0m

※1 通路の位置が道路に面する部分である場合は、通路幅員は問わない
※2 上表の各通路は、敷地の接する道路まで達すること
※3 通路を横断する渡り廊下がある場合は、廊下幅B≦3mとし、廊下を横切る通路幅L≧2.5m、同高さH≧3mとする（図3-Ⅱ-78参照）
又、通行・運搬以外の用途に供しないこととする

図3-Ⅱ-77 大規模木造建築物等の敷地内通路の例[73]

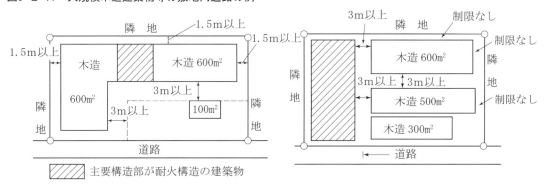

図3-Ⅱ-78 敷地内通路を横断する渡り廊下

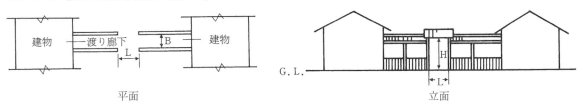

10 地下街

（令128条の3）

地下街とは、「一般公共の歩行の用に供される地下道（地下工作物内の道）に面して設けられた店舗、事務所等の一団」を指す。

表3-Ⅱ-27　地下道・地下街の構造基準

	各項目	基準
地下道	壁・柱・梁・床版	・火災時の加熱に1時間以上耐えるもの（鉄筋コンクリート造、れんが造等の構造の性能に限る）
	形状	・幅員5m以上 ・天井高3m以上 ・段を設けない ・1/8を超える勾配の傾斜路を設けない
	天井・床の材料	・下地、仕上げとも不燃材
	歩行距離	・各店舗の一番奥から地下道への出入口まで：30m以下 ・各店舗の地下道に接する出入口から階段まで：30m以下
	地下道の末端	・地下道の幅員以上の幅員の出入口で道に通じる（出入口が2以上の場合は、その合計が地下道の幅員以上あればよい）
	設備	・非常用の照明設備、排煙設備、排水設備を設ける
地下街の各構え	地下道との関係	・上記の地下道に2m以上接する （公衆便所、公衆電話所等は2m未満でも可）
	防火区画	・地下道と各構え、各構えと各構えの間は、耐火構造または常時閉鎖式若しくは煙感連動閉鎖の遮煙性能の特定防火設備で区画する
	準用する条文	・地下街の各構えについては令112条5項～11項、14～16項、令129条の2の5第1項7号の規定が準用される

※　地方公共団体の各条例に注意すること

●目安箱●

◆非常用エレベーター乗降ロビーと一般エレベーター乗降ロビーの兼用◆

基本的に、非常用エレベーターと一般エレベーターの乗降ロビーを兼用することは、認められておりません。
ところが計画上どうしても兼用せざるを得ない状況が生じた場合は、一般エレベーターの乗降口に特定防火設備を設けて区画することで、兼用をしているケースが見受けられます。
但し、特定行政庁によっては兼用自体を認めていない場合や、規模や構造などの条件により認めているなど状況により取扱が様々なため、乗降ロビーの兼用を計画する場合は、その可否を必ず事前に確認する必要があります。

1. 非常用エレベーターと一般エレベーターの乗降ロビーを兼用する場合の例

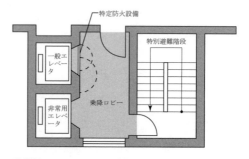

2. 非常用エレベーター、一般エレベーターの乗降ロビーと特別避難階段の付室を兼用する場合の例

表3-Ⅱ-28　地下道、地下街の設備基準（S44.5.1告示1730号、改正H12.12.26告示2465号）

	各項目	基　　準
非常用の照明設備	照度	地下道の床面で10 lx以上
	予備電源	・電源が断たれた時に自動切り替えされるものとする ・自家用発電装置又は30分間の継続作業可能な蓄電池とする
	照明器具	・不燃材料で造る ・光源の最下部が天井面から50cm以上下方になるよう設置する
	配　線	・電源に接続する部分以外は他の電気回路に接続しない ・原則として開閉器を設けない ・耐熱電線又はこれと同等以上の耐熱性を有するものを用いる ・耐火構造部への埋設等の防火措置をする
非常用の排煙設備	防煙区画	・300㎡以内ごとに不燃材でつくられた（若しくは覆われた）防煙垂れ壁（80cm以上）若しくは同等以上の効力のあるもので区画する
	排煙口	・不燃材料で造る ・上記の防煙区画ごとに1つ以上、天井若しくは天井から80cm以内の距離にある壁面に設ける ・排煙風道に直結するように設ける ・手動開放装置を設ける（この手動開放装置の設置位置は天井の場合床面から概ね1.8mの高さで、壁面の場合床面から0.8m以上1.5m以下の高さとする。また、使用方法を示す標識を見やすい方法で設ける） ・手動開放装置及び煙感知器と連動する自動開放装置又は遠隔操作方法による開放装置により開放された場合を除き、閉鎖状態を保持するものとする ・開放時に排煙に伴う気流によって閉鎖されない構造とする
	排煙風道	・不燃材料で造る ・防煙区画部分を区画する壁等を貫通する場合には、風道と壁のすき間を不燃材料（モルタルその他）で埋める
	排煙	・排煙口が直接外気に接し、その開口面積が防煙区画部分の床面積の1/50以上の場合は、自然排煙でよい ・機械排煙の場合の排煙機は、排煙口の1つの開放に伴って、自動的に作動を開始し、1秒間に5㎡（2つ以上の防煙区画に係る場合は10㎡）以上の室内空気を排出できる構造とする
	予備電源・配線	・上記地下道の非常用照明の基準に準ずる
非常用の排水設備	配管、ためます等	・耐水材料で、かつ、不燃材料で造る
	末端	・公共下水道、都市下水路等に有効に連結する
	排水能力	・地下道及びその各構えの汚水排水量（地下湧水等も含む）の2倍以上とする
	予備電源・配線	・上記地下道の非常用照明の基準に準ずる

第3章

11 避難安全検証法

（令129条の2、129条の2の2、H12.5.31告示1441号、1442号）

建築物の避難施設や防火区画などに関する規定について、避難安全性能について検証を行うことによってこれらの仕様基準の一部を適用除外とすることができる。告示による避難安全検証法「ルートB」と高度な検証を行い大臣の認定を受ける方法「ルートC」がある。一般に仕様基準に適合するように設計するものを「ルートA」と呼ぶ。これに対してどのルートを選択するかは設計者の自由である。

避難安全検証法には、建築物の階を特定してその階の避難安全性能について検証する「階避難安全検証法」と、建築物全体の避難安全性能を検証する「全館避難安全検証法」がある。「階避難安全検証法」は階ごとに適用できるため、階によって適用するルートを選択することができるが、「全階避難安全検証法」を適用する場合は、すべての階に「階避難安全検証法」を適用する必要がある。

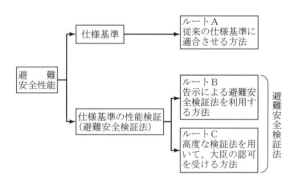

1. 避難安全検証法適用上の注意点

(1) 避難安全検証を行うことができる建築物は、主要構造部が準耐火構造または不燃材料以上であること。

(2) 病院、児童福祉施設等、在館者が自力で避難することが困難な建築物への適用は不可。

(3) 工場用途等の建築物で、そこで扱われる材料等に関し、可燃物の発熱量について判断ができないものは、ルートBの適用対象外となる場合がある。

(4) 階避難安全検証、全館避難安全検証を行う場合、排煙規定のただし書きや排煙告示を適用して部分的に検証を省略することはできない。避難安全検証を行う場合には、対象となる階または建築物のすべての部分について避難安全検証法による検証をしなければならない（告示検証法「ルートB」、大臣認定を受ける「ルートC」共に同じ）。

(5) 消防法の規定により排煙設備が必要となる場合は、避難安全検証によって排煙設備の設置や構造が緩和できる場合でも、消防法の規定に適合する排煙設備を設置する必要がある（建築基準法に基づく規定は緩和）。

(6) 全館避難安全検証法は、避難階以外の階の避難者が安全に屋外まで避難できることの検証であるが、平屋建の建築物の場合は検証する対象がなく、階避難安全検証をもって、全館避難安全検証も同時に検証されたこととなる。

(7) 全館避難安全検証を行った場合、堅穴区画は免除できるが、それによって面積区画は緩和できない（大臣認定を受けるルートCも同様）。

2. 適用除外となる避難関係規定

（令129条の2、129条の2の2）

建築物の階または建築物全体の避難安全性能が避難安全検証法により検証されたものについては、現行の避難関係規定のうち一部の規定が適用除外される。但し、2以上の直通階段の設置、歩行距離の重複距離の制限など、避難安全検証法による検証の対象外となっている規定もある。それらの規定については仕様基準の適用がされる。

表3-Ⅱ-29　階避難安全検証法によって適用除外となる規定

避難施設等	令 119 条	廊下の幅
	令 120 条	直通階段までの歩行距離
	令 123 条 3 項 1 号	特別避難階段の付室の設置
	令 123 条 3 項 9 号	特別避難階段の付室等に通じる出入口の特定防火設備の設置
	令 123 条 3 項 11 号	特別避難階段の付室等の床面積
	令 124 条 1 項 2 号	物販店舗の避難階段等に通じる出入口の幅
	令 126 条の 2	排煙設備の設置
	令 126 条の 3	排煙設備の構造
内装制限	令 129 条 1 項	特殊建築物の内装（階段に係る部分を除く）
	令 129 条 3 項	地階等の特殊建築物の内装（階段に係る部分を除く）
	令 129 条 4 項	規模別による建築物の内装（階段に係る部分を除く）
	令 129 条 5 項	無窓居室の建築物の内装（階段に係る部分を除く）

表3-Ⅱ-30　全館避難安全検証法によって適用除外となる規定

防火区画	令 112 条 5 項	11 階以上の 100m² 区画
	令 112 条 9 項	竪穴区画
	令 112 条 12 項	異種用途区画
	令 112 条 13 項	異種用途区画
避難施設等	令 119 条	廊下の幅
	令 120 条	直通階段までの歩行距離
	令 123 条 1 項 1 号	屋内避難階段の耐火構造の壁
	令 123 条 1 項 6 号	屋内避難階段に通じる出入口の防火設備
	令 123 条 2 項 2 号	屋外避難階段に通じる出入口の防火設備
	令 123 条 3 項 1 号	特別避難階段の付室の設置
	令 123 条 3 項 2 号	特別避難階段の耐火構造の壁
	令 123 条 3 項 9 号	特別避難階段の付室等に通じる出入口の特定防火設備の設置
	令 123 条 3 項 11 号	特定避難階段の付室等の床面積
	令 124 条 1 項 1 号、2 号	物販店舗の避難階段等の幅、避難階段等に通じる出入口の幅
	令 125 条 1 項	屋外出口までの歩行距離
	令 125 条 3 項	物販店舗の屋外出口の幅
	令 126 条の 2	排煙設備の設置
	令 126 条の 3	排煙設備の構造
内装制限	令 129 条 1 項	特殊建築物の内装（階段に係る部分を除く）
	令 129 条 3 項	地下等の特殊建築物の内装（階段に係る部分を除く）
	令 129 条 4 項	規模別による建築物の内装（階段に係る部分を除く）
	令 129 条 5 項	無窓居室の建築物の内装（階段に係る部分を除く）

3．避難安全検証の流れ

⑴　階避難安全検証法の検証の流れ

　　各居室の避難安全性能を検証し、次いで当該階の避難安全性能を検証する。

　　① 各居室の避難安全性能の検証

イ	居室からの避難終了時間	当該階の各居室について在室者が居室からの避難を終了する時間を計算
ロ	煙、ガスの危険領域までの降下時間	当該居室について火災により発生する煙、ガスの降下により避難上危険な状態となる時間を計算
ハ	イとロの時間を比較し、すべての居室について当該居室から安全に避難できることを確認 （居室からの避難終了時間）≦（煙、ガスの危険領域までの降下時間 ）	

　　② 階の避難安全性能の検証

イ	階からの避難終了時間	火災の発生する室ごとに当該階の在室者が当該階からの避難を終了する時間を計算
ロ	煙、ガスの危険領域までの降下時間	火災の発生する室ごとに当該階の避難経路について火災室から流失した煙、ガスの降下により避難上危険な状態となるまでの時間を計算
ハ	イとロの時間を比較し、すべての避難経路について当該階から安全に避難できることを確認 （居室からの避難終了時間）≦（煙、ガスの危険領域までの降下時間 ）	

⑵　全館避難安全検証法の検証の流れ

　　階避難安全検証法により、すべての階が階避難安全性能を有していることを検証したうえで、以下の手順で在館者のすべてが当該建物から安全に避難できることを検証する。

イ	建築物からの避難終了時間	火災の発生する室ごとに当該建築物の全在館者が当該建築物からの避難を終了するまでの時間を計算
ロ	階段または直上階以上の階への煙、ガスの流入時間	火災の発生する室ごとに、火災室の存する階から、竪穴部分および火災発生階の上階に煙、ガスが流入するまでの時間を計算
ハ	イとロの時間を比較し、当該建築物から安全に避難できることを確認 （建築物からの避難終了時間）≦（階段または直上階以上の階への煙、ガスの流入時間 ）	

Ⅲ　細部規定

1　採光・換気等

1. 採光上必要な開口面積等
（法28条～30条、令19条）

表3-Ⅲ-1　採光上必要な開口面積と換気

採　　光			備　　考
建物用途	対象居室	有効採光面積／居室の床面積	
1　住宅（共同住宅の住戸を含む）	すべての居室	1/7 以上	居住のために使用されるもの
2　寄宿舎（独身寮）	寝　室	1/7 以上	―
	食堂その他の居室	1/10 以上	
3　下　宿	宿泊室	1/7 以上	―
4　児童福祉施設等※1	寝　　室	1/7 以上	入所者が使用するものに限る
	保育室・訓練室	1/7 以上	入所・通所者の保育、訓練、食事や各種福祉サービスの提供等の日常生活に必要な便宜の供与、その他これらに類する目的のために使用される居室も含む
	談話室・娯楽室	1/10 以上	入所者の談話、娯楽、その他これらに類する目的のために使用される居室も含む
5　病院、診療所	病　室	1/7 以上	―
	談話室・娯楽室	1/10 以上	入院患者の談話、娯楽、その他これらに類する目的のために使用される居室も含む
6　幼稚園、小学校、中学校、高等学校中等教育学校、幼保連携型認定こども園	教室・保育室	1/5 以上	―
	教室・保育室	1/7 以上	①200 lx以上の照明設備を設置し、床からの高さが50 cmの水平面における場合（S55 告示 1800 号）②窓その他の開口部で採光に有効な部分（床からの高さが 50 cm以上）の面積が、その教室の床面積の 1/7 以上であること（S55 告示 1800 号）
	事務室・職員室	1/10 以上	上記①に加え、音楽教室および視聴覚教室（幼稚園は除く）は換気設備（令20条の2）が設けられていること（S55 告示 1800 号）

表3-Ⅲ-1　採光上必要な開口面積と換気（つづき）

採　　光			備　　考
建物用途	対象居室	有効採光面積／居室の床面積	
7　上記以外の学校（大学・専修学校・病院等の実験室・研究室等）	教　室	1/10 以上	―
8　保育室、幼保連携型認定こども園	保育室	1/5 以上	S55 告示 1800 号により 1/7 まで緩和あり
		1/7 以上	①200 lx 以上の照明設備を設置した床面からの高さが 50 cm の水平面における場合（S55 告示 1800 号）②窓その他の開口部で採光に有効な部分（床面からの高さが 50 cm 以上）の面積が、その教室の床面積の 1/7 以上であること（S55 告示 1800 号）
9　隣保館	すべての居室	1/10 以上	―
特殊条件1	・地階もしくは地下工作物（地下街）に設ける居室・温湿度調整を必要とする作業※2・用途上やむを得ない居室（※3）は除く（法 28 条本文ただし書）		
特殊条件2	・襖、障子等の随時開放できるもので仕切られた 2 室は、1 室とみなす（法 28 条 4 項）		
特殊条件3	・国土交通大臣が別に算定方法を定めた建築物の開口部については、その算定方法による（令 20 条 1 項ただし書、H15.3.28 告示 303 号）		

※1　児童福祉施設・助産所・身体障害者社会参加支援施設（補装具制作施設・視聴覚障害者情報提供施設を除く）・精神障害者社会復帰施設・保護施設（医療保護施設を除く）・婦人保護施設・老人福祉施設・有料老人ホーム・母子保護施設・障害者支援施設・地域活動支援センター・福祉ホーム・障害福祉サービス事業（生活介護、自立訓練、就労移行支援又は就労継続支援を行う事業に限る）・障害者自立支援法に規定する障害者更生支援施設・精神障害者社会復帰施設・知的障害者視線施設の用に供する施設

※2　大学、病院等の実験室、研究室、調剤室等（H7.5.25 住指発 153 号）

※3　住宅の音楽練習室・リスニングルーム等で防音措置の必要のある居室。大学、病院等で細菌・ほこりの侵入を防ぐ必要のある居室

※4　採光・換気注意事項

　⑴　住宅の居室、学校の居室、病院の病室、寄宿舎の寝室は地階に設けてはならない

　　（居室の前面にドライエリアがある場合は除く）

　⑵　表中の建物用途に限らず全ての建築物の居室には、1/20 以上の換気上有効な開口部を設けなければならない

　　（換気設備を設けたものは除く）

2.　採光上必要な開口部を設ける必要のない居室の扱い

（H7.5.25通達153号）

　表 3-Ⅲ-2 に該当する居室は、法 28 条第 1 項ただし書きに規定する「温湿度調整を必要とする作業を行う作業室その他用途上やむを得ない居室」として扱われる。

表3-Ⅲ-2　採光上必要な開口部を設ける必要のない居室の扱い

	分　類	居室の区分	細部の条件又は除外規定
1	温湿度調整を必要とする作業を行う作業室	①大学、病院等の実験室、研究室、調剤室等温湿度調整を必要とする実験、研究、調剤等を行う居室	小・中学校、高校の生徒用実験室を除く
		②手術室	
		③エックス線撮影室等精密機器による検査、治療等を行う居室	
		④厳密な温湿度調整を要する治療、新生児室等	
2	その他用途上やむを得ない居室その1（開口部を設けることが用途上望ましくない居室）	①大音量の発生その他音響上の理由から防音措置を講ずることが望ましい居室	
		イ．住宅の音楽練習室、リスニングルーム等	遮音板を積み重ねた浮き床を設ける等遮音構造であること並びに当該住宅の室数及び床面積を勘案し、付加的な居室であることが明らかなものに限る
		ロ．放送室	スタジオ、機械室、前室等で構成されるものをいう
		ハ．聴覚検査室等外部からの振動・騒音が診察、検査等の障害となる居室	
		②暗室、プラネタリウム等現像、映写等を行うため自然採光を防ぐ必要のある居室	小・中学校、高校の視聴覚教室を除く
		③大学、病院等の実験室、研究室、消毒室、クリーンルーム等放射性物質等の危険物を取り扱うため、又は遺伝子操作実験、病原菌の取扱い、滅菌作業、清浄な環境の下での検査、治療等を行う上で細菌若しくはほこりの侵入を防ぐため、開口部の面積を最小限とすることが望ましい居室	
		④自然採光が治療、検査等の障害となる居室	
		イ．眼科の診療室、検査室等自然光が障害となる機器を使用する居室	
		ロ．歯科又は耳鼻咽喉科の診療室、検査室等人工照明により診察、検査等を行う居室	
3	その他用途上やむを得ない居室その2（未成年者、罹病者、妊産婦、障害者、高齢者等以外の者が専ら利用する居室で法的に採光を要さない居室に類する用途に供するもの）	①事務室（オフィスオートメーション室を含む）、会議室、応接室、職員室、校長室、院長室、看護士詰所（ナースステーション）等事務室その他執務を行う居室に類する用途に供する居室	
		②調理室、印刷室等、飲食店等の厨房、事務所等の印刷室、その他作業を行う居室に類する用途に供する居室	住宅の調理室で食事室と兼用されるものを除く
		③舞台及び固定された客室を有し、かつ、不特定多数の者が利用する用途に供する講堂等劇場、演芸場、観覧場、公会堂、集会場等に類する用途に供する居室	
		④管理事務室、守衛室、受付室、宿直室、当直室等事務所の管理室に類する用途に供する居室	
		⑤売店等物品販売業を営む店舗の売場に類する用途に供する居室	

第3章

3. 採光上有効面積の算定方法（令20条1項）

令20条1項の法文は非常に難解であり、特に他の建築物に面する場合の解釈は、特定行政庁により取扱いが異なるので注意をすること。

表3-Ⅲ-3　採光上有効部分の算定方法

有効採光面積の算定式	有効採光面積＝開口部の面積 × 採光補正係数（K）			
採光補正係数（K）の算定式	$K=(d/h) \times a - b$ （※K≦3） d/h：採光関係比率	a,b：地域・区域に応じ定められた数値 d：開口部の真上の庇等の先端から敷地境界線までの水平距離 h：開口部の真上の庇等の先端から開口部の中心までの垂直距離		
算定式内の数値	用途地域	係数a	係数b	D（算定式の例外で使用）	適用条項（令20条）
	住居系地域	6	1.4	7m	2項1号
	工業系地域	8	1.0	5m	2項2号
	商業系地域	10	1.0	4m	2項3号
算定式内の数値	要件		Kの値	適用条項（令20条）
	算定式の例外	開口部が道に面する場合	K＜1	K＝1	2項各号イ〜ハ
		開口部が道に面する場合	d≧D かつ K＜1	K＝1	
			d＜D かつ K＜0	K＝0	
	算定式の例外（天窓がある場合）		K×3	2項本文かっこ書
	外側に幅90cm以上の縁側（濡れ縁を除く）等がある開口部の場合		K×0.7	
	K＞3 の場合		K＝3	2項本文ただし書

［算定の手順］
① 採光関係比率（d/h）を求める
② 採光補正係数（K＝(d/h)×a－b）を求める
③ 有効採光面積を求める

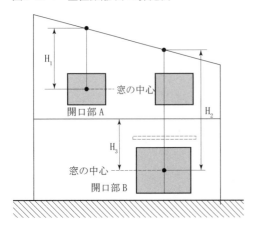

図3-Ⅲ-1　垂直距離(h)の算定例

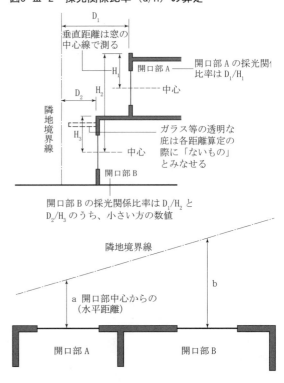

図3-Ⅲ-2　採光関係比率（d/h）の算定

図3-Ⅲ-3　採光関係比率（d/h）の関係

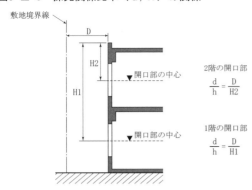

図3-Ⅲ-4　採光関係比率（d/h）の関係

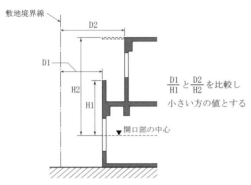

図3-Ⅲ-5　採光関係比率（d/h）の関係

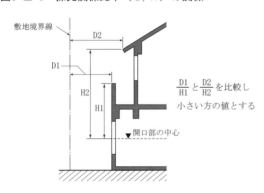

図3-Ⅲ-6　天窓の場合の算定例

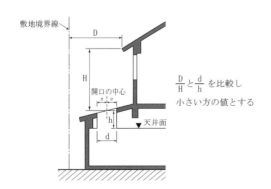

図3-Ⅲ-7　天窓の場合の算定例

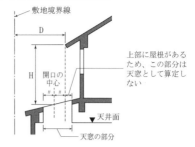

図3-Ⅲ-8　道路に面する場合

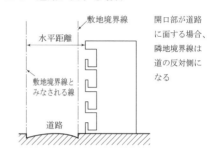

図3-Ⅲ-9　水面・公園・広場等に面する場合

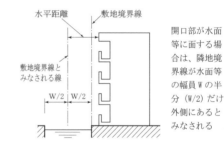

図3-Ⅲ-10　道路の反対側に公園・広場・川等がある場合

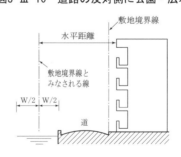

図3-Ⅲ-11　公園・広場・川等の反対側に道がある場合

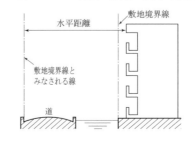

201

4. 住宅の居室を地階に設ける場合の取扱い

(法29条、令22条の2、H12.5.31告示1430号)

法30条より、住宅等の居室は、学校の教室、病院の病室、寄宿舎の寝室等は地階に設けることが原則として禁止されているが、下表の基準を満足することで地階に居室を設けることができる。

表3-Ⅲ-4　住宅の居室を地階に設ける場合の取扱い

告示における分類（いずれかによる）		基準となる条件
居室	(1)からぼり等に面して開口部を設ける場合	開口部の条件（H12告示1430号） ①開口部を次のイ〜ロのいずれかの場所に設けること 　イ　雨水の排水設備を設けたからぼりに面する場所（図3-Ⅲ-12） 　　・上部が外気に開放されていること 　　・$D \geq 1m$ かつ $D \geq 0.4H$ 　　・$W \geq 2m$ かつ $W \geq H$ 　　　D：居室の外壁から周壁までの水平距離 　　　H：開口部下端からからぼり上端までの高さ 　　　W：居室の壁に沿った水平方向の長さ 　ロ　傾斜地等の敷地で開口部の前面が開口部下端よりも高い位置に地面がない場所（図3-Ⅲ-13） ② その他の場合 　ニ　開口部の有効換気面積≧居室の床面積×1/20
	(2)換気設備を設ける場合	・令20条の2（換気設備の技術基準）に適合する換気設備を設ける ・排気筒等を設けること
	(3)除湿設備を設ける場合	・建築設備として配管等と接続されるもの ・移動可能な除湿器等は不可である
外壁等の構造	(1)外壁等の構造を令22条の2の基準に適合させたもの ※常水面以上の部分を耐水材料で造り、かつ、材料の接合部及びコンクリートの打継ぎ部分に防水措置を講じた場合は適用しない	① 直接土に接する外壁・床・屋根、またはこれらの部分 　H12告示1430号の規定に基づく方法で防水層を設ける ・埋戻しの工事中に防水層が損傷を受けるおそれがある場合は、亀裂、破断、その他の損傷を防止する保護層を設けること（図3-Ⅲ-14） ・下地の種類、土圧、水圧の状況に応じ、隙間等が生じないよう、継ぎ目に十分な重ね合わせをする等の措置をとること ② 直接土に接する外壁・床 ・直接土に接する部分を耐水材料で造り、かつ、直接土に接する部分と居室に面する部分の間に居室内への水の浸水を防止するための空隙を設ける。 ・空隙内に浸透した水は有効に排出する設備を設けること（図3-Ⅲ-14）
	(2)大臣の認定を受けたもの	―

図3-Ⅲ-12　からぼりに面して開口部を設ける場合

図3-Ⅲ-13　傾斜地に面して開口部を設ける場合

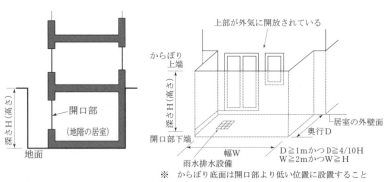

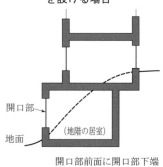

図3-Ⅲ-14　居室を地階に設ける場合の外壁等の構造

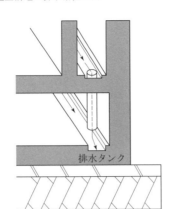
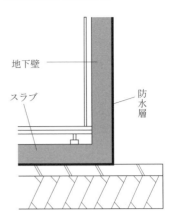

5. 採光に関する注意点

(法28条4項、令20条2項、3項、法20条4項)

(1) ふすま、障子その他随時開放できるもので仕切られた2室は、1室とみなす。

図3-Ⅲ-15　2室採光の取扱い(1)

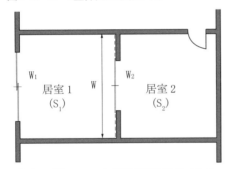

居室2の開口Wの1/2程度が随時開放できるものとする必要がある

(2) 壁で仕切られた内部の室の場合（図3-Ⅲ-16）（H15.3.28告示303号）

次の条件に該当すること

① 近隣商業地域又は商業地域にあること
　（住宅か共同住宅の住戸が対象）
② 区画された2室間の壁に開口部があり、その面積が内側の室の床面積の1/7以上あること
③ 外壁の室の開口部は、採光に有効な部分の面積が2室合計の床面積の1/7以上あること

図3-Ⅲ-16　2室採光の取扱い(2)

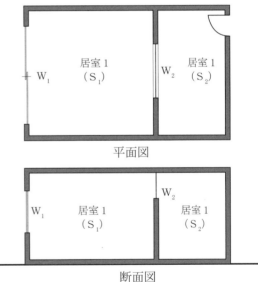

W_1、W_2：開口部の面積
S_1、S_2：床面積

$$W_2 \geq \frac{1}{7} S_2$$

$$W_1 \geq \frac{1}{7}(S_1 + S_2)$$

k：採光補正係数
W_2は間仕切壁内であればどの位置にあってもよい

(3) 開口部の外側に幅90cm以上の縁側（ぬれ縁を除く）等がある場合は、開口部面積の7/10の面積を有効とみなす。

図3-Ⅲ-17　縁側付きの取扱い

$K \times 0.7 \times W \geqq S \times 1/7$
縁側付きの場合、有効採光は通常の70%

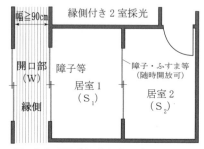

$K \times 0.7 \times W \geqq (S_1 + S_2) \times 1/7$

(4) 天窓がある場合は、開口部面積の3倍の面積を有効とみなす。

図3-Ⅲ-18　トップライトの取扱い

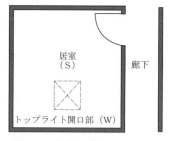

$K \times 3 \times W \geqq S \times 1/7$

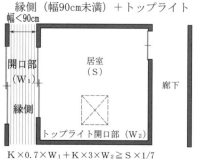

$K \times 0.7 \times W_1 + K \times 3 \times W_2 \geqq S \times 1/7$
それぞれの和として計算

(5) 共同住宅の開放廊下側からの採光を6.2)に準じて7/10としている特定行政庁がある。

(6) 台所（キッチン）の採光は、独立形式の台所（LDKやDKではなく4.5畳程度のもの）は採光不要としている特定行政庁もある。

(7) 2室緩和の時のふすまの幅は原則として180cm必要であるが、特定行政庁により扱いが違っており注意を要する。
（特定行政庁により1200φ～1500φの円の軌跡が通過できれば2室を1室と見ることが可となる場合がある）

(8) 屋外階段に面する場合、鉄骨造の場合は良しとするが鉄筋コンクリート造の場合は不可となる場合がある。

(9) コーナーサッシの採光

L_1及びL_2の方向にℓ_1、ℓ_2の幅にて採光を算定する事を原則とするが、協議によりℓw_1とℓw_2の合計幅にて算定できる場合があるので審査機関と十分協議すること。

図3-Ⅲ-19　コーナーサッシの取扱い

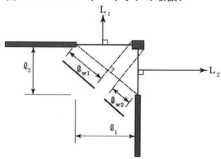

2　遮音構造（法30条、令22条の3）

長屋又は共同住宅の各戸の界壁は、小屋裏又は、天井裏に達するようにすること。

その構造は遮音性能に関しては国土交通大臣（以下大臣）が定めた構造、又は大臣の認定を受けたものとする。

図3-Ⅲ-20　小屋裏等を含めた遮音構造

点線に該当する天井裏小屋裏も遮音構造にしなければならない

3 居室の天井高さ、床の高さ及び防湿方法（令21条、22条）

表3-Ⅲ-5　居室の天井高さ、床の高さ、防湿方法[5]

項　目	規制内容	備　考
1．居室の天井 　　高さ 　　（令21条）	居室の天井の高さは2.1m以上とする	1室で天井高さが異なるときには平均天井高さとする $平均の高さ = \dfrac{居室の全容積（m^3）}{居室の床面積（m^2）}$
2．居室の床の 　　高さ 　　（令22条）	最下階の居室の床が木造の場合 (1) 床高は床直下の地盤面から床の上面まで45cm以上とする (2) 外壁の床下部分には、壁の長さ5m以下ごとに面積300cm²以上の換気孔を設け、これにねずみ等の導入を防ぐための網等の設置をする	・床下をコンクリートや大臣指定を受けた防湿フィルムを施す等の防湿上有効な措置をした時は、左記の制限は除外される
3．地階におけ 　　る居室基準 　　（法29条） 　　（令22条の2）	下記の示す地階に設ける居室は、壁・床の防湿の措置等の技術的基準に適合するものとしなければならない ・住宅の居室 ・学校の教室 ・病院の病室 ・寄宿舎の寝室	

205

Ⅳ　建築設備

❶　便所とし尿浄化槽

1.　便所の型式

（法31条、令30条）

表3-Ⅳ-1　便所の型式

地　域	便所の型式	放　流　先
下水道法2条8号による処理区域	水洗便所	直接公共下水道（終末処理場有り）へ放流
特定行政庁が地下浸透方式で支障ないと規則で指定した区域	水洗便所地下浸透方式	
その他の区域	(1)水洗便所（合併処理浄化槽付） (2)改良便槽式便所 (1)水洗便所（合併処理浄化槽付） (2)改良便槽式便所 (3)くみ取便所	(1)水洗便所＋合併処理浄化槽 　→公共下水道以外の下水路等の排水施設 (2)改良便槽式便所　→　― (3)くみ取便所　→　―

2.　便所の構造

（令28条、29条、31条、33条、34条 、H12告示1386号）

表3-Ⅳ-2　便所の構造

便所の種類	項目	基　　準
くみ取便所	汚水管便槽と上口	耐水材料で造り、汚水が漏水しない構造とする。浸透質の耐水材料で造る場合には防水モルタル塗等、有効な防水措置を講じる
	床　下	耐水材料で造り、他の部分と区画する （汚水管及び便槽に開口部がない場合を除く）
	くみ取口	道路に直接面しない 下端を地盤面から10cm以上高くする 密閉できる蓋（耐水材料で造られたもの）を設ける くみ取口の前方、両側とも、それぞれ30cmの範囲内はコンクリートたたき等で覆う
	窓	直接外気に接する窓を設ける（採光及び換気のため）
	井戸との距離	5m以上離す（閉鎖式井戸では1.8m以上※） ※地盤面下3m以上埋設した閉鎖式井戸で、導水管が外管を有せず、不浸透質で造られている場合、又はその導水管が内径25cm以下の外管を有しかつ導水管及び外管が不浸透質で造られている場合
改良便槽式便所	便　槽	貯溜槽とくみ取便槽を組み合わせる。天井、底、周壁、隔壁は耐水材料で造り、防水モルタル等の有効な防水をして、漏水を防ぐ
	貯溜槽	2槽以上に区分する 汚水を貯留する部分の深さ≧0.8m、容積≧0.75㎥とし、100日以上貯留できるようにする 掃除用のマンホールを設け、密閉できるフタを設ける
	汚水管	小便器からの汚水管は、その先端を貯溜槽の汚水面下0.4m以上の深さに差し入れる
	窓	直接外気に接する窓を設ける（採光及び換気のため）
	漏水検査	満水して、24時間以上漏水しないことを確かめる

3. 水洗便所のし尿浄化槽及び合併処理浄化槽の性能（令32条）

し尿浄化槽及び合併処理浄化槽の構造は、下表の性能を有する構造としなければならない（令35条、S55. 7. 14告示1292号による）。又、満水して24時間漏水しないことを確かめなければならない（令33条）。

表3-Ⅳ-3　処理対象人員とし尿浄化槽及び合併処理浄化槽の性能

し尿浄化槽又は合併処理浄化槽を設ける区域	処理対象人員（人）	性　能	
		BODの除去率（%）	放流水のBOD（ppm）
特定行政庁が衛生上支障があると認めて指定する区域	50 以下 51 ～ 500 501 以上	65 以上 70 以上 85 以上	90 以下 60 以下 30 以下
特定行政庁が衛生上支障がないと認めて指定する区域		55 以上	120 以下
その他の区域	500 以下 501 ～ 2000 2001 以上	65 以上 70 以上 85 以上	90 以下 60 以下 30 以下
水質汚濁防止法（法3条1項又は3項）及び浄化槽法（4条1項）により公共用水域に放流するもので、より厳しい排水基準が定められている場合	501 以上 （指定地域特定施設は） 201 以上	90 以上	20 以下 （より厳しい排水基準 及びBOD以外の排水 基準が定められてい る場合有り）
特定行政庁が地下浸透方式を認めて指定する区域	SSの除去率	流出水のSS	地下浸透能力
	55% 以上	250ppm 以下	流出水が滞留しない程度のもの

※1　BOD（生物化学的酸素要求量）の除去率

$$=\frac{（流入水の\,BOD）-（放流水の\,BOD）}{（流入水の\,BOD）}$$

※2　SS（浮遊物物質量）の除去率

$$=\frac{（流入水の\,SS）-（放流水の\,SS）}{（流入水の\,SS）}$$

※3　ppmは100万分の1と示す単位（令32条ではmg/ℓの単位）

※4　放流水に含まれる大腸菌群数は1cm³につき3000個以下とする

4. 処理対象人員の算定方法

（令32条、S44. 7. 3告示3184号）

建築物の用途別によるし尿浄化槽の処理対象人員算定基準（JIS A 3302-2015）

⑴　建築用途別処理対象人員算定基準

建築物の用途別によるし尿浄化槽の処理対象人員算定基準は、表3-Ⅳ-4のとおりとする。但し、建築物の使用状況により、表3-Ⅳ-4が明らかに実情に添わないと考えられる場合は、この算定人員を増減することができる。

⑵　特殊の建築用途の適用

①　特殊の建築用途の建築物又は定員未定の建築物は、表3-Ⅳ-4に準じて算定する。

②　同一建築物が2以上の異なった建築用途に供される場合は、それぞれの建築用途の項を適用加算して処理対象人員を算定する。

③　2以上の建築物が共同でし尿浄化槽を設ける場合は、それぞれの建築用途の項を適用加算して処理対象人員を算定する。

④　学校その他で、特定の収容される人だけが移動することによって、2以上の異なった建築用途に使用する場合には、②及び③の適用加算又は建築物ごとの建築用途別処理対象人員を軽減することができる。

表3-IV-4　し尿浄化槽の処理対象人員[36]

類似用途別番号	建築用途			処理対象人員	
				算 定 式	算 定 単 位
1	集会場施設関係	イ	公会堂・集会場・劇場・映画館・演芸場	n=0.08A	n：人員（人） A：延べ面積（㎡）
		ロ	競輪場・競馬場・競艇場	n=16C	n：人員（人） C：総便器数（個）
		ハ	観覧場・体育館	n=0.065A	n：人員（人） A：延べ面積（㎡）
2	住宅施設関係	イ	住宅	n=5（A≦130） n=7（A＞130） ・当該地域における住戸の1戸あたりの平均的な延べ面積に応じて増減できるものとする	n：人員（人） A：延べ面積（㎡）
		ロ	共同住宅	n=0.05A	n：人員（人）※4 A：延べ面積（㎡）
		ハ	下宿・寄宿舎	n=0.07A	n：人員（人） A：延べ面積（㎡）
		ニ	学校寄宿舎・自衛隊キャンプ宿舎・老人ホーム・養護施設	n=P	n：人員（人） P：定員（人）
3	宿泊施設関係	イ	ホテル・旅館 結婚式場又は宴会場を有する場合	n=0.15A	n：人員（人） A：延べ面積（㎡）
			ホテル・旅館 結婚式場又は宴会場を有しない場合	n=0.075A	n：人員（人） A：延べ面積（㎡）
		ロ	モーテル	n=5R	n：人員（人） R：客室数
		ハ	簡易宿泊所・合宿所・ユースホステル・青年の家	n=P	n：人員（人） P：客室数
4	医療施設関係	イ	病院療養所伝染病院 業務用の厨房設備又は洗濯設備を設ける場合 300床未満の場合	n=8B	n：人員（人） B：ベット数（床）
			病院療養所伝染病院 業務用の厨房設備又は洗濯設備を設ける場合 300床以上の場合	n=11.43（B-300）+2400	
			病院療養所伝染病院 業務用の厨房設備又は洗濯設備を設けない場合 300床未満の場合	n=5B	n：人員（人） B：ベット数（床）
			病院療養所伝染病院 業務用の厨房設備又は洗濯設備を設けない場合 300床以上の場合	n=7.14（B-300）+1500	
		ロ	診療所・医院	n=0.19A	n：人員（人） A：延べ面積（㎡）
5	店舗関係	イ	店舗・マーケット	n=0.075A	n：人員（人） A：延べ面積（㎡）
		ロ	百貨店	n=0.15A	
		ハ	飲食店 一般の場合	n=0.72A	
			飲食店 汚濁負荷の高い場合	n=2.94A	
			飲食店 汚濁負荷の低い場合	n=0.55A	
		ニ	喫茶店	n=0.80A	

表3-Ⅳ-4　し尿浄化槽の処理対象人員（つづき）

類似用途別番号	建築用途			処理対象人員	
				算　定　式	算　定　単　位
6	娯楽施設関係	イ	玉突場・卓球場	n=0.075A	n：人員（人） A：延べ面積（㎡）
		ロ	パチンコ店	n=0.11A	
		ハ	囲碁クラブ・マージャンクラブ	n=0.15A	
		ニ	ディスコ	n=0.50A	
		ホ	ゴルフ練習場	n=0.25S	n：人員（人） S：打席数（席）
		ヘ	ボーリング場	n=2.50L	n：人員（人） L：レーン数（レーン）
		ト	バッティング場	n=0.20S	n：人員（人） S：打席数（席）
		チ	テニス場　ナイター設備を設ける場合	n=3S	n：人員（人） S：コート面数（面）
			テニス場　ナイター設備を設けない場合	n=2S	
		リ	遊園地・海水浴場	n=16C	n：人員（人） C：総便器数（個）
		ヌ	プール・スケート場	$n=\dfrac{20c+120u}{8}\times t$	n：人員（人） C：大便器数（個） u：小便器数（個） 民間プール t=1〜2 会員制プール t=1〜2 学校プール t=1〜2
		ル	キャンプ場	n=0.56P	n：人員（人） P：収容人員（人）
		ヲ	ゴルフ場	n=21H	n：人員（人） H：ホール数（ホール）
7	駐車場関係	イ	サービスエリア　便所　一般部	n=3.60P	n：人員（人） P：駐車ます数（ます）
			サービスエリア　便所　観光部	n=3.83P	
			サービスエリア　便所　売店なしPA	n=2.55P	
			サービスエリア　売店　一般部	n=2.66P	
			サービスエリア　売店　観光部	n=2.81P	
		ロ	駐車場・自動車車庫	$n=\dfrac{20c+120u}{8}\times t$	n：人員（人） c：大便器数（個） u：小便器数（個） t：単位便器あたり 1日平均使用時間（時間）(t=0.4〜2.0)
		ハ	ガソリンスタンド	n=20	n：人員（人） 1営業所あたり
8	学校施設関係	イ	保育所・幼稚園・小学校・中学校	n=0.20P	n：人員（人） P：定員（人）
		ロ	高等学校・大学・各種学校	n=0.25P	
		ハ	図書館	n=0.08A	n：人員（人） A：延べ面積（㎡）
9	事務所関係	イ	事務所　業務用厨房設備を設ける場合	n=0.075A	n：人員（人） A：延べ面積（㎡）
			事務所　業務用厨房設備を設けない場合	n=0.06P	n：人員（人） P：定員（人）
10	作業場関係	イ	工場作業所研究所試験場　業務用厨房設備を設ける場合	n=0.75P	n：人員（人） P：定員（人）
			工場作業所研究所試験場　業務用厨房設備を設けない場合	n=0.30P	n：－人員（人） P：定員（人）

表3-Ⅳ-4　し尿浄化槽の処理対象人員（つづき）

11	1〜10の用途に属さない施設	イ	市場		n=0.02A	n：人員（人） A：延べ面積（㎡）
		ロ	公衆浴場		n=0.17A	
		ハ	公衆便所		n=16C	n：人員（人） C：総便器数（個）
		ニ	駅、バスターミナル	P<10万人	n=0.008P	n：人員（人） P：乗降客数（人／日）
				10万人≦P 　　<20万人	n=0.010P	
				20万人≦P	n=0.013P	

※1　大便器数、小便器数及び両用便器数を合計した便器数
※2　居室とは、建築基準法による用語の定義でいう居室であって、居住、執務、作業、集会、娯楽その他これらに類する目的のために継続的に使用する室をいう。但し、共同住宅における台所及び食事室を除く
※3　女子専用便所にあっては、便器数の概ね1/2を小便器とみなす
※4　但し、1戸当りのnが3.5人以下の場合は、1戸当りのnを3.5人又は2人（1戸が1居室だけで構成されてる場合に限る）とし、1戸当りのnが6人以上の場合には1戸当りのnを6人とする

5．合併処理浄化槽の構造
（令35条、S55.7.14告示1292号）

　合併処理浄化槽の構造は、令32条の汚物処理性能に関する技術的基準に適合するもので、大臣が定めた構造方法を用いるもの、又は大臣の認定を受けたものとしなければならない。

2　給排水その他の配管設備
（令129条の2〜2の5）

表3-Ⅳ-5　配管の設置基準

項　目	基　　準
共通事項	エレベーター、エスカレーターの昇降路内には配管しないこと（エレベーターに必要な配管設備の設置及び構造は除く）
風道ダストシュート等	地上階数3以上の建築物 地階に居室を有する建築物 延べ面積3000㎡を超える建築物 に設けるものは、不燃材料で造ること 但し屋外に面する部分等として大臣が定める部分を除く（H12告示1412号）
給水管配電管	防火区画等を貫通する場合は貫通部及び貫通部分から両側1m以内の部分を不燃材料で造ること
ガス管	3階以上の階を共同住宅の用途に供する場合は、次のいずれかとしなければならない ①ガス栓とガス設備又は器具と接続する金属管等とは、ねじ接合とする ②ガス栓は自動ガス流出停止機構（ヒューズコック等）とする （S56.6.1告示1099号による）
飲料水の配管	①他の配管設備と直接連結させないこと ②水槽、流し等の水栓の開口部とあふれ面との垂直距離を適当に保つ等有効な逆流防止装置を講ずること ③次の基準に適合するものとして、大臣が認めた構造方法（H12告示1390号）又は大臣の認定を受けたものとする ・配管設備から漏水しないもの ・配管設備から溶出する物質によって汚染されいなもの ④材質は不浸透質の耐水材料で汚染されることのないようにし、給水管には防凍措置をすること ⑤給水タンク等は、ほこり等有害なものが入らない構造とし、金属製のものは有効なさび止め措置をする ⑥その他国土交通大臣の定める構造とする（S50.12.20告示1597号）
排水のための配管設備	①排水する雨水・汚水の量、水質に応じた容量・傾斜・材質とすること ②配管設備には、排水トラップ、通気管等衛生上必要な措置を講ずること ③配管設備の末端は、公共下水道、都市下水路等の排水施設に連結させること ④汚水に接する部分は不浸透質の耐水材料で造ること ⑤その他国土交通大臣の定める構造とする（S50.12.20告示1597号）

給水タンク、貯水タンクの構造

(S50.12.20 告示 1597 号)

(1) 外部から天井、底、周壁の保守点検が容易に行うことができること。
　　(6面点検とよばれているもので、あき寸法 60cm 及び 100cm（上部）を必要とする)
(2) 給水タンク等の天井、底、周壁は、建築物の他の部分と兼用しないこと
(3) 内部には飲料水の配管設備以外の配管を設けないこと。
　　(消防設備用の配管は給水系統を同じくする配管設備であり、認められる— S51.3.3 通達 136 号、但し東京都は認めていない)
(4) タンクには、直径 60cm 以上のマンホール、水抜管、オーバーフロー管、通気管等を設ける
　　(但しタンクの有効容量で 2 ㎥未満のもの、圧力タンク等は通気管不要。又、オーバーフロー等、通気管には防虫網を設ける)
(5) 最下階の床下その他浸水によりオーバーフロー管から逆流のおそれのある場所に設置する場合は、浸水を検知し警報させること。
(6) 給水タンク等の上にポンプ等の機器を設ける場合、飲料水を汚染しないよう措置すること。

図3-Ⅳ-1　受水槽の6面点検

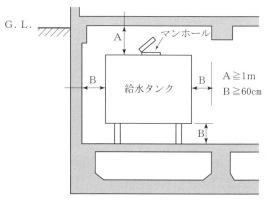

(7) 屋外の地下に設ける場合で、し尿浄化槽、排水管、ガソリンタンク等との距離が 5 m 未満の時は上記(1)(3)(4)(5)とする。5 m 以上離れている時は(3)(4)とする。
(8) 屋外で地上設置の場合は(3)(4)(5)とする。
(9) その他
　　給水タンク等室内には排水管の配管は行わないこと（漏水事故防止のため）。

図3-Ⅳ-2　給水タンク等に設置するオーバーフロー管及び通気のための装置（例）[77]

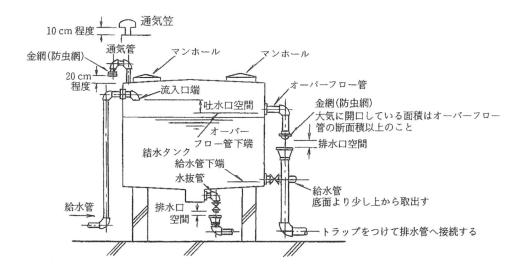

211

3 換気設備

（法28条、令20条の2、3、令129条の2の6　S45.12.28告示1826号、改正H12.12.26告示2465号）

1. 換気設備の種類

表3-Ⅳ-6　換気設備の種類[17]

設置が義務づけられている場合	換気設備の種類
無窓居室 （換気に有効な窓その他の開口部の面積が、その居室の床面積の1/20 未満）	自然換気設備 機械換気設備 中央管理方式の空気調和設備 上記以外の設備で国土交通大臣認定を受けたもの
劇場、映画館、演芸場、観覧場、公会堂、集会場の居室	機械換気設備 中央管理方式の空気調和設備 上記以外の設備で国土交通大臣認定を受けたもの
建築物の高さ31mを超える建築物で非常用エレベーターがあるもの 地下街の各構えの床面積の合計が1000㎡を超えるもの	機械換気設備又は中央管理方式の空気調和設備の制御及び作動状態の監視は、中央管理室において行う
火を使用する部屋 （調理室、浴室、その他の室でかまど、こんろ等の設備又は器具を設けたもの）	火気使用室の自然換気設備 火気使用室の機械換気設備 （但し下記の場合は不要）

火を使用する部屋で換気設備不要のもの（令20条の3）
(1) 密閉式燃焼器具等（直接屋外から空気を取り入れ、かつ、廃ガスその他の生成物を直接屋外に排出する構造のもの等、室内の空気を汚染するおそれがないもの）のみを設けた室
(2) 床面積の合計が100㎡以内の住宅又は住戸に設けられた調理室で発熱量の合計（密閉式燃焼器具等又は煙突を設けた設備、器具を除く）が12kW以下、かつ、当該調理室の床面積の1/10以上かつ0.8㎡以上の有効開口部を設けたもの
(3) 発熱量の合計（密閉式燃焼器具等又は煙突を設けた設備器具を除く）が6kW以下の設備器具を設けた室（調理室を除く）で換気上有効な開口部（サッシの小窓、レジスター等）を設けたもの
　→ガスカラン等を設けた居室がこれに該当する
電化厨房の換気設備について
電化厨房は、火気使用室でないため法28条による換気設備の設置は適用されないが、熱、水蒸気、臭気等により、不快感や結露発生の原因になる。このため良好な室内環境を維持するため、電化厨房においても換気設備を設けることが望ましい

2. 無窓居室の換気設備

表3-Ⅳ-7　自然換気設備

項　目	基　準	
給気口	天井高の1/2以下に設け、常時外気に開放する	有効開口面積は排気筒の有効断面積以上とする 給排気口の位置構造は、室内空気分布を均等にし、局部的な空気の流れが生じないようにする
排気口	給気口より高い位置に設ける 常時開放された構造とし、排気筒の立ち上がり部分に直結する	
排気筒	不燃材料で造る 排気上有効な立ち上がりがあり頂部は気流に妨げられない構造とする 頂部、排気口を除き開口部を設けない 排気筒の有効断面積（Av） $Av = \dfrac{Af}{250\sqrt{h}}$（㎡）かつ0.00785㎡（78.5cm²）以上とする Af：居室の床面積 （換気有効な開口部がある場合は 居室の床面積－（20×有効開口面積）とする） h：給気口中心から排気筒頂部中心までの高さ	
その他	給気口、排気口、排気筒は雨水、ねずみ、虫、埃等の侵入の防止措置をする	

表3-Ⅳ-8　機械換気設備

項目	説　明
機械の組み合わせ	機械給気＋機械排気（通常「1種換気」という） 機械給気＋自然排気（通常「2種換気」という） 自然給気＋機械排気（通常「3種換気」という） のうちいずれかをとる
給排気口の位置・構造	室内の空気分布を均等にする 局部的な空気の流れを生じないこと
外気取入口 外気に開放された給排気口	雨・ねずみ・虫・埃等の進入を防ぐ設備をする
換気扇（設置の場合）	外気の流れで換気能力が低下しないこと
風道	空気汚染をしない材料を使う
給気機・排気機	換気経路の全圧力損失を考慮して計算により確かめられた給気又は排気能力とする （S45告示1826号）
有効換気量（V）	$V = \dfrac{20 \times Af}{N}$ (m³/h) Af：居室の床面積 　　換気上有効な開口部がある場合は居室の床面積－(20× 有効開口面積)とする N：実状に応じた1人あたりの占有面積 　　(10を超える時は10とする) 2以上の居室に係る場合は、それぞれの有効換気量の合計以上とする
	劇場・映画館・集会場等の居室の有効換気量 $V = \dfrac{20 \times 居室の床面積}{N}$ とし、Nが3を超える場合は3とする
その他	S45.12.28 告示1826号を参照

表3-Ⅳ-9　中央管理方式の空調設備

項目	基　準
機械の組み合わせ、構造等	機械換気設備に同じ
性能　浮遊粉じん量	0.15mg/m³ 以下
CO含有量	10ppm 以下
CO_2 含有率	1000ppm 以下
温度	17℃～28℃、外気との差を著しくしない
相対湿度	40％ ～ 70％
気流	0.5m/sec 以下
その他	S45.12.28 告示1826号を参照

(1) 換気に有効な部分について

　換気に有効な部分は、外部について隣地境界線又は同一敷地内で隣接する建築物の外壁から25cm以上の空間を確保すること。

図3-Ⅳ-3　換気開口部の隔離距離[17]

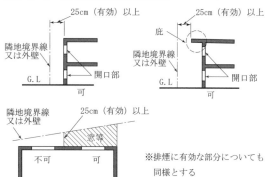

表3-Ⅳ-10　有効換気量算定基準のN値[17]

建築用途	単位あたり算定人員 (≒Af/N)	1人あたり占有面積 (N)	備　考
公会堂・集会場	同時に収容しうる人員	0.5 ～ 1m²	Nが3を超える場合は3とする
劇場・映画館・演芸場	同時に収容しうる人員	0.5 ～ 1m²	
体育館	同時に収容しうる人員	0.5 ～ 1m²	
旅館・ホテル・モーテル	―	10m²	客室に限る
簡易宿泊所・合宿所	―	3m²	
ユースホステル・青年の家	同時に収容しうる人員	―	
病院・診療所・伝染病院	―	4 ～ 5m²	
診療所・医院	―	5m²	居室の床面積
店舗・マーケット	―	3m²	営業の用途に供する部分の床面積
料亭・貸席	―	3m²	居室の床面積
百貨店	―	2m²	
飲食店・レストラン・喫茶店	―	3m²	営業の用途に供する部分の床面積

表3-Ⅳ-10　有効換気量算定基準のN値（つづき）

キャバレー・ビアホール・バー	—	2m²	営業の用途に供する部分の床面積
玉突場・卓球場・ダンスホール・ボーリング場	—	2m²	営業の用途に供する部分の床面積
パチンコ店・囲碁クラブ・マージャンクラブ	—	2m²	営業の用途に供する部分の床面積
保育所・幼稚園・小学校	同時に収容しうる人員	—	
中学校・高等学校・大学・各種学校	同時に収容しうる人員	—	
図書館	—	3m²	
事務所	—	5m²	事務室の床面積
工場・作業所・管理室	作業人員	—	
研究所・試験所	同時に収容しうる人員	—	
公衆浴場	—	4〜5m²	脱衣所の床面積
特殊浴場	—	5m²	営業の用途に供する部分の床面積
廊下	—	10m²	
ホール	—	3〜5m²	
便所	—	1m²当り30m³	
手洗所	—	1m²当り10m³	
蓄電室等	—	1m²当り35m³	
自動車車庫	—	1m²当り25m³	

3. 火気使用室の換気設備

(1) 換気扇等の有効換気量

（S45.12.28 告示1826号3号、4号）

$$V = NKQ$$

V：換気扇等の有効換気量（m³/h）

K：燃料の単位燃料当たりの理論排ガス量（m³）、
　（表3-Ⅳ-11による）

N：排気フード、煙突の形状毎の係数

① 排気フード、煙突のない場合 ──── N＝40
② 図3-Ⅳ-4のような排気フードⅠ型（家庭用）
　　を有する場合 ──── N＝30
③ 図3-Ⅳ-5のような排気フードⅡ型（業務用）
　　を有する場合 ──── N＝20
④ 煙突に設ける場合 ──── N＝2

Q：燃料器具の燃料消費量（kW、kg/h）

表3-Ⅳ-11　理論排ガス量

燃料の種類		理論排ガス量
燃焼の名称	発熱量	
都市ガス		0.93m³/kW・h
LPガス（プロパン主体）	50.2MJ/kg	0.93m³/kW・h
灯油	43.1MJ/kg	12.1m³/kg

図3-Ⅳ-4　火源の周囲を十分に覆った排気フードⅠ型（家庭用）

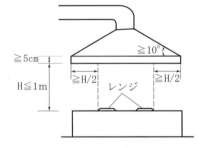

図3-Ⅳ-5　簡易な排気フードⅡ型（業務用）

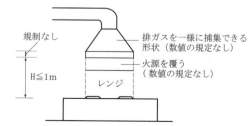

(2) 換気口の大きさ

有効開口面積は燃料消費量1kW当り8.6cm^{2}以上とする。

建築基準法では、排気口等を含めて計算式を定めているが、実際の運用は、上記の数値としている。

(3) その他

建築基準法施行令20条の3、S45.12.28告示1826号第3及び、日本ガス協会「ガス機器の設置基準及び実務指針」を参照されたい。

4. シックハウス関連

(1) クロルピリホス（令20条の6）・ホルムアルデヒド（令20条の7）に関する規則

① クロルピリホスに関する規則（令20条の6）

クロルピリホス（有機リン系シロアリ駆除材）を有する建築材料は、居室を有する建築物には使用が禁止されている。

② ホルムアルデヒドに関する規制（令20条の7）

ホルムアルデヒドを発散する建材を使用する場合は、下記及び図3-Ⅳ-6の対策が必要となる。

イ　内装仕上げの制限（令20条の7、H14告示1113号〜1115号）

ロ　換気設備の義務（令20条の8、H15告示273号、274号）

ハ　天井裏などの制限（H15告示274号）

(2) 内装仕上げの制限

内装仕上げに使用するホルムアルデヒドを発散する建築材料については、ホルムアルデヒドの発散速度に応じて、4つの区分に分類され、表3-Ⅳ-12②のような制限がかかる。

内装制限については、下記の居室については適用除外となる。

・一定の基準（令20条の8第1項1号ハ）に適合する中央管理方式の空調設備のある居室

・一年を通じてホルムアルデヒドの濃度を0.1mg/m^{3}以下に保つことができるとして大臣認定を受けた居室（令20条の9）

規制対象となる範囲

居室（法2条4号と同様）のほか、換気計画上居室と一体とみなされる屋内空間（廊下・便所・洗面所など）を含む。

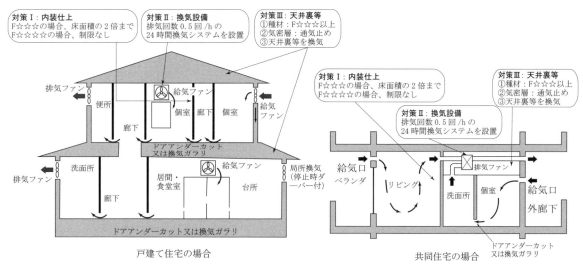

図3-Ⅳ-6　換気計画の例

表3-Ⅳ-12　シックハウス対策（内装仕上げの制限）

建築材料の区分	ホルムアルデヒドの発散	JIS、JAS等の表示記号	内装仕上げの制限
建築基準法の規制対象外	少ない ↑ ↓ 多い	F☆☆☆☆	制限なしに使える
第3種ホルムアルデヒド発散建築材料		F☆☆☆	使用蓄積が制限される
第2種ホルムアルデヒド発散建築材料		F☆☆	
第1種ホルムアルデヒド発散建築材料		旧E_2、Fc_2又は表示なし	使用禁止

規制対象となる建材は次の通りで、これらには原則としてJIS、JAS又は国土交通大臣認定による等級付けが必要となる
木質建材（合板、本質フローリング、パーティクルボード、MDF等）、壁紙、ホルムアルデヒドを含む断熱材、接着材、塗料、仕上げ塗材等

次の式を満たすように、居室の内装仕上の使用面積が制限される

$$N_2S_2+N_3S_3 \leq A$$

N_2: 次の表の(一)の値の数値
N_3: 次の表の(二)の値の数値
S_2: 第2種ホルムアルデヒド発散建築材料の使用面積
S_3: 第3種ホルムアルデヒド発散建築材料の使用面積
A: 居室の床面積

居室の種類	換　気	(一)	(二)
住宅等の居室※1	0.7回/h以上※2	1.2	0.20
	その他（0.5回/h以上0.7回/h未満）※2	2.8	0.50
住宅等の居室以外の居室	0.7回/h以上※2	0.88	0.15
	0.5回/h以上0.7回/h未満※2	1.4	0.25
	その他（0.3回/h以上0.5回/h未満）※2	3.0	0.50

※1 住宅等の居室とは、住宅の居室、下宿の宿泊室、寄宿舎の寝室、家具その他これに類する物品の販売業を営む店舗の売場をいう
※2 換気について、表に示す換気回数の機械換気設備を設けた場合と同等以上の換気が確保されるものとして、大臣が定めた構造方法を用いるもの、又は大臣の認定を受けたものを含む

(3) 換気設備設置の義務付け
　　（令20条の8、H15告示273号・274号）

ホルムアルデヒドを発散する建築材料を使用しない場合でも、家具等により発散があるため、原則として全ての建築物に機械換気設置が義務付けられた（表3-Ⅳ-13、表3-Ⅳ-14、表3-Ⅳ-15、表3-Ⅳ-16参照）。

・開口部、すき間により換気回数が確保できる居室（H15告示278号第2第2号から4号）
・1年を通じてホルムアルデヒドの濃度を0.1mg/m³以下に保つことができるものとして大臣認定を受けた居室（令20条の9）

① 規制の対象となる範囲

換気計画上、換気経路となる倉庫・洗面所・便所・廊下等の非居室も換気対象となる。

換気経路となる開き戸・折れ戸には、アンダーカット（10mm程度）が必要となるが、引き戸についてはガラリ等は不要となる。但し、行政によっては別に他の換気経路が必要になる場合もある。

② 天井裏等の制限（H15告示274号）

天井裏、床下、壁内、収納スペース等からの居室へのホルムアルデヒドの流入を防ぐため表3-Ⅳ-17の措置が必要となる。

表3-Ⅳ-13　シックハウス対策（換気設備の構造）[11]

a	b	c
機械換気設備（b 以外）	空気を浄化して供給する方式の機械換気設備	中央管理方式の空気調和設備
機械換気設備に関する一般的な技術基準（令 129 条の 2 の 6 第 2 項）に適合すること		中央管理方式の空気調和設備の一般的な技術基準（令 129 条の 2 の 6 第 3 項）に適合すること
住宅等の居室で換気回数 0.5 回 /h 以上、その他の居室で換気回数 0.3 回 /h 以上の換気が確保できる有効換気量（次の式にて計算）を有すること $V_r=nAh$ V_r：必要有効換気量（m³/h） n：「住宅等の居室」にあっては 0.5，その他の居室ににあっては 0.3 A：居室の床面積（m²） h：居室の天井の高さ（m）	住宅等の居室で換気回数 0.5 回 /h 以上、その他の居室で換気回数 0.3 回 /h 以上の有効換気量に相当する換気量（次式にて計算）を有することについて、告示基準に適合するもの、又は大臣認定を受けたものとすること $V_q=Q(C-C_p)/C+V$ V_q：有効換気換算量（m³/h） Q：浄化して供給する空気の量（m³/h） C_p：浄化した空気に含まれるホルムアルデヒドの量（mg/m³） C：居室内の空気に含まれるホルムアルデヒドの量（mg/m³） V：有効換気量（m³/h）	原則として、次の式によって計算した必要有効換気量以上の換気能力を有するものであること $V=10(E+0.02nA)$ V：必要有効換気量（m³/h） E：内装仕上げのホルムアルデヒドの発散量（mg/m³・h） n：住宅等の居室の場合は 3、その他の居室の場合は 1 A：居室の床面積（m²）
給気機又は排気機は、原則として換気経路の全圧力損失を考慮した計算により確かめられた必要な能力を有するものであること		
居室の通常の使用時に、作動等の状態の保持に支障が生じないものであること		

※　1 つの機械換気設備が 2 以上の居室に係る場合の有効換気量は、それぞれの居室に必要な有効換気量の合計以上とする
※　非常用エレベーターの設置が必要な建築物等に設ける機械換気設備（1 の居室のみに係るものを除く）又は中央管理方式の空気調和設備の制御及び作動状況の監視は中央管理室においてできること

天井の高さが高い場合の換気回数の緩和

(H15 告示 273 号)

天井の高さが一定の高さ以上の居室について は、天井の高さに応じて必要有効換気量を求める際の換気回数を低減することができる。

表3-Ⅳ-14　換気回数0.7回/h相当の換気が確保される居室/天井の高さ2.7m以上

天井の高さ（m）	2.7 以上 3.3 未満	3.3 以上 4.1 未満	4.1 以上 5.4 未満	5.4 以上 8.1 未満	8.1 以上 16.1 未満	16.1 以上
換気回数（回 /h）	0.6	0.5	0.4	0.3	0.2	0.1

表3-Ⅳ-15　換気回数0.5回/h相当の換気が確保される居室/天井の高さ2.9m以上

天井の高さ（m）	2.9 以上 3.9 未満	3.9 以上 5.8 未満	5.8 以上 11.5 未満	11.5 以上
換気回数（回 /h）	0.4	0.3	0.2	0.1

表3-Ⅳ-16　換気回数0.3回/h相当の換気が確保される居室/天井の高さ3.5m以上

天井の高さ（m）	3.5 以上 6.9 未満	6.9 以上 13.8 未満	13.8 以上
換気回数（回 /h）	0.2	0.1	0.05

表3-Ⅳ-17　シックハウス対策（天井裏等の制限）

建材による措置	天井裏等に第1種、第2種のホルムアルデヒド発散建築材料を使用しない（F☆☆☆☆以上とする）
気密層、通気止めによる措置	気密層又は通気止めを設けて天井裏等と居室とを区画する
換気設備による措置	換気設備を居室に加えて天井裏等も換気できるものとする

図3-Ⅳ-7　規制の対象となる範囲の例[11]

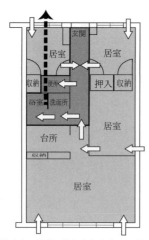
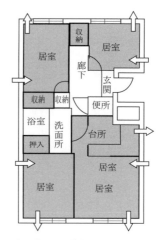

居室と一体的に換気を行う廊下・便所等は居室と同等の規制をうける

押入等の戸に換気口が設けられている場合は居室と同等の規制をうける

凡例：　　　規制の対象となる居室
　　　　　　居室と一体であるとみなされる室内空間

⇨　給気・排気の向き
▶　天井内排気ルート

5．その他の規制について

(1) 異なる用途の換気方法について

　居室、駐車場、火気使用室の換気系統については、安全上及び衛生上の観点から、原則として各々の用途ごとに排気機を設けて別系統にすること。やむを得ず排気ダクトの排出出口に供用チャンバーを設けることによって、火気使用室等の排気が他の排気ダクトに逆流するおそれがある場合には、チャンバー内に隔板を設けること（図3-Ⅳ-8）。

図3-Ⅳ-8　異種用途空間における換気方法[17]

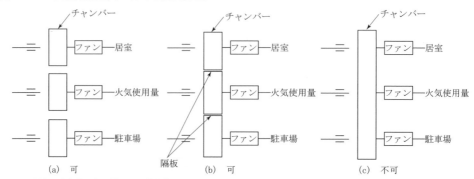

※　図中の火気使用室の排気は、排気筒によるものであり、煙突を対象としたものではない

(2) 機械式駐車場（立体駐車場等）の換気について

機械式駐車場は、場内での運転時間が入庫及び出庫時のみで、排気ガス等の発生も少ない。又、機械式駐車場は、駐車場法施行令15条に規定されている「特殊な装置を用いた方式による駐車場」であるとし、換気設備はは、次の通り取扱うものとする。

① 機械式駐車場を地下部分に設置する場合には、排気ガスやガソリン蒸気を排除するため、2〜3回/h程度の換気量を有する換気設備を設けること。

② 垂直循環方式で下部出入口を有する地上式立体駐車場は、上部に面積1〜2㎡程度の換気ガラリを設けること。

図3-Ⅳ-9 立体駐車場の自然換気例[17]

4 煙突
（令115条）

表3-Ⅳ-18 煙突の設置基準

項　目	基　準
屋上突出部	屋根からの垂直距離≧60cm 但し、れんが造・石造・コンクリートブロック造で鉄製支枠のないもの≦90cm
煙突の高さ	その先端から水平距離1m以内に建築物がありその建築物に軒がある場合、その建築物の軒から高さ≧60cm
煙突の構造 (1)又は(2)のいずれか	(1)①木材その他の可燃材料からの距離≧15cm 　　（但し、厚さ10cm以上の金属以外の不燃材料で覆う部分は除く） 　　②小屋裏・天井裏・床裏等にある場合は、不燃材料で造りかつ有効に断熱された構造又は金属その他の気密性を有しない不燃材料で造った部分について基準に適合したものとする（H16告示1168号） (2) 大臣の認定を受けたもの
壁付暖炉煙突	(1) れんが造・石造・コンクリートブロック造の場合には内部に陶管の煙道を差し込むかセメントモルタル塗 (2) 煙道の屈曲120度以内の場合、屈曲部に掃除口を設ける
腐食又は腐朽のおそれのある部分	腐食又は腐朽しにくい材料を用いるか、有効な錆止め、腐食のための措置を講ずること
ボイラーの煙突	上記に定めるものの他、煙道接続口の中心から頂点までの高さがボイラーの燃料消費量に応じて大臣が定める基準に適合し、かつ煙突の地盤面からの高さは15m（重油・軽油・灯油・コークス・ガスを使用するものは9m）以上とする。その他、S56.6.1告示1112号を参照
備考	廃ガスの温度が低く（260℃以下）国土交通大臣の定める基準に適合する暖房機においては、屋上突出部、煙突の高さ等は上記によらなくてもよい（S56.6.1告示1098号）

図3-Ⅳ-10 煙突の設置基準[69]

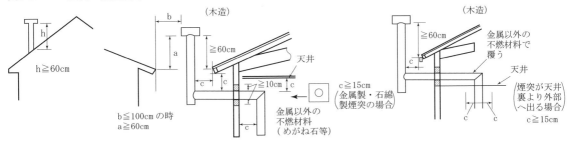

5 冷却塔設備

(令129条の2の7 S40.12.18告示3411号)

地階を除く階数が 11 以上である建築物の屋上に設けるものは下記の構造とする。

(1) 主要な部分を不燃材料で造るか、又は国土交通大臣の定める防火上支障のない構造とする。

(2) 建築物の他の部分までの距離は、次に定める構造の冷却塔から他の冷却塔までにあっては 2 m（防火上有効な隔壁が設けられている場合を除く）以上とし、かつ建築物の開口部との間隔を 3 m（法 2 条 9 号の 2 ロに規定する防火設備が）設けられている場合を除く）以上とする。

① 充てん材を難燃性の材料以外とし、ケーシングを難燃材料に準ずる材料で、その他の主要な部分を準不燃材料で造る。

② 冷却塔の容量を 2200kW 以下とする。

③ ケーシングの開口部に網目又は呼称網目の大きさが 26mm 以下の金網を張る。

(3) 冷却塔設備の内部が燃焼した場合においても建築物の他の部分を 260 度以上に上昇させないものとして大臣の認定を受けたもの（S40 告示 3411 号第 3）

6 給湯設備の耐震基準

給湯設備の地震に対して安全上支障のない構造について（H12.5.29 告示 1388 号）

電気給湯器、ガス給湯器、石油給湯器等の給湯の用に供する配管をされた設備（以下「給湯設備」という）の地震等に対して安全上支障のない構造方法について基準が示され、建築確認の要否や新築、リフォームにかかわらず全ての建築物に適用されることになった。

(1) **適用の範囲**

給湯設備のうち満水時の質量が 15kg を超える給湯設備に適用する。

屋上水槽、給湯設備でないもの（暖房専用機等給湯機能がないもの、ヒートポンプ式給湯器及び家庭用燃料電池コージェネレーションシステム発電ユニット）、丈夫な壁や囲いを設け、給湯設備の転倒、移動により人が危害を受ける恐れがない浴室内設置の壁貫通型給湯器は除外される。

(2) **転倒防止措置が必要な部位**

給湯設備を建築物又は、敷地の部分等に固定する部位であり、具体的には図3-Ⅳ-11〜16の部位が該当する。

(3) **告示に適合する転倒防止措置とは**

告示に適合する転倒防止措置については下記による。

① 固定部位、設置場所（設置階）、質量に応じて告示に示されたアンカーボルトの種類、本数による固定（告示第 5 の 1、2、3）

② 計算により安全上支障のないことを確認（告示第 5 の 4）

図3-Ⅳ-11 貯湯ユニットを基礎に固定する部位[43]　　図3-Ⅳ-12 ガス給湯の底部のみを基礎に固定する部位[43]

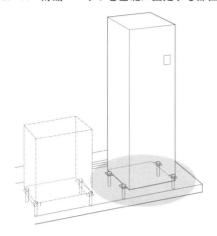
エネファーム、エコウィル、SOLAMO（貯湯ユニット）

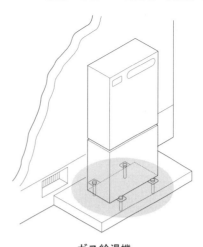
ガス給湯機

図3-Ⅳ-13 据置型給湯器の上部を壁に固定する部位[43]　　図3-Ⅳ-14 壁掛型給湯器を壁に固定する部位[43]

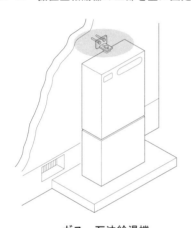
ガス・石油給湯機

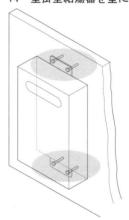
ガス・石油給湯機（壁掛型）

図3-Ⅳ-15 壁掛型給湯器をALC壁に挟み込み金具で固定する部位[43]　　図3-Ⅳ-16 PS内設置の給湯器を全枠に固定する部位[43]

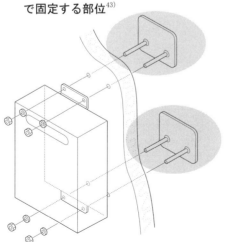
ガス給湯機（ALC挟み込み）

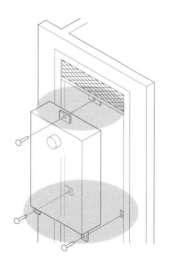
ガス給湯機（パイプシャフト設置）

221

7 電気設備

（法82条）

建築物に設ける電気設備は、電気事業法に基づく「電気設備に関する技術基準を定める省令」（H9通商産業省令52号）により行う。この一般規定の他に、防火区画、排煙設備、非常用照明等の配管、配線、電源等がそれぞれ表3-Ⅳ-19の国交省告示により定められている。

1. 防災電源

建築基準法及び消防法に関わる防災設備の電源選択は、表3-Ⅳ-20による。

表3-Ⅳ-19　電気設備を規制する告示

項　目	国交省告示
防火区画を貫通する配電等の管の外径を定める基準	H12.5.31 第1422号
防火戸の自動閉鎖機構	H17.12.1 第1392号
防火区画を貫通する風道に設ける防火設備の構造方法	H12.5.25 第1372号
排煙設備の電気配線及び予備電源	S45.12.28 第1829号（特別避難階段の付室にあっては S44.5.1 第1728号、非常エレベーター乗降ロビーにあっては S45.12.28 第1833号
非常用照明の構造基準	S45.12.28 第1830号 H12.5.30 第1405号
非常用進入口の赤色灯の基準	S45.12.28 第1831号

表3-Ⅳ-20　防災設備における電源の種類

	防災設備	電源の種類			容量
		非常電源専用受電設備	自家用発電装置	蓄電池設備	
建築基準法	非常用の照明装置		△　※2	○	30分
	非常用の進入口（赤色灯）			○	30分
	排煙設備		○	○	30分
	地下道（地下街）の非常用の照明・排水設備		○	○	30分
	防火区画等に用いる防火設備		○	○	30分
	非常用エレベーター		○		60分
	エレベーターの安全装置の照明装置（停電灯）		△　※2	○	30分
	エレベーターの地震時等管制運転装置		○	○	
消防法	室内消火栓設備	△　※1	○	○	30分
	スプリンクラー設備	△　※1	○	○	30分
	水噴霧消火設備	△　※1	○	○	30分
	泡消火設備	△　※1	○	○	30分
	不活性ガス消火設備		○	○	60分
	ハロゲン化物消火設備		○	○	60分
	粉末消火設備		○	○	60分
	屋外消火栓設備	△　※1		○	30分
	自動火災報知設備	△　※1	△　※3	○	10分
	ガス漏れ火災警報設備			○	10分
	非常警報設備	△　※1	△　※4	○	10分
	誘導灯		○	○	20分　※5
	排煙設備	△　※1		○	30分
	連結送水管	△　※1	○	○	120分
	非常コンセント設備	△　※1		○	30分
	無線通信補助設備	△　※1	※6	○	30分
	緊急離着陸場等（夜間照明）				240分

○：適合できるものを示す

△：以下の条件を満たすものに限り適応できるものを示す

※1：特定防火対象物以外の防火対象物又は特定防火対象物で延べ面積1000㎡未満のものに限る
　　　但し、市町村で定める火災予防条例により条件が異なる場合がある

※2：40秒以内に起動する自家用発電装置で、10分間容量の蓄電池設備を併設する場合に限る

※3：40秒以内に電源切換えが完了する自家用発電装置で、1分間容量の蓄電池設備を併設する場合に限る

※4：20分間を超える容量部分に限る

※5：大規模、高層の防火対象物（H11消告2号）の主要な避難経路に設ける誘導灯いあっては容量を60分とする

※6：自家発電設備又はポータブル発電機とする

8 避雷設備

(法33条、令129条の14、15)

1. 避雷針の設置基準

高さ20mを超える建築物に設置する。但し、周囲の状況によって安全上支障がない場合においてはこの限りではない。高さには、階段室等のペントハウス、高架水槽、煙突等の建築設備も含む。

傾斜地における建築物の受雷部の高さは図3-Ⅳ-17に示すように、地面上、建築物の最下部から受雷部の先端までの鉛直線の長さで示すものとする。これは雷保護範囲の算定を雷放電特性を考慮して安全側としたものである。

高さ20mを超える部分を保護するように下記

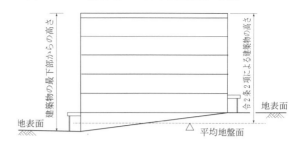

図3-Ⅳ-17 傾斜地上における建築物の高さ[17]

により設置する（JIS A 4201）

なお、避雷針の構造は、日本工業規格 JIS A 4201:2003（新JIS）により規定されているが、これらの新旧JISの規定の一部を複合的に適用することは認められていないので注意すること。

表3-Ⅳ-21　避雷設備の概要（JIS A 4201-1992）[69]

項　目	基　準
突針部	〔保　護　角〕保護角≦60°（危険物貯蔵庫≦45°）
	〔突針先端〕被保護物から25cm以上突き出す。風圧に対して安全であること
	〔突　針　部〕直径12mm以上の銅棒を使用し、避雷導線によって接地電極に接続する
	〔支持金物〕突出支持金物として鉄管を用いる場合、避雷導線を管内に通してはならない
	〔腐蝕対策〕突針その他避雷針の部分で腐蝕ガスにさらされるものは厚さ1.6mm以上の鉛板で覆うこと
	〔突出部を設置出来ない時〕「むね上導線」をむね・パラペット上に架設する。又陸屋根の場合はループ状とする。この場合可燃物との距離は20cm以上離すこと
	〔簡　略　法〕鉄骨造又は金属板で覆われた場合それ等を以って突出部にあてることが出来る
避雷導線	〔間　　　隔〕被保護建物の外周に沿った引下導線の間隔は原則として50mを超えてはならない
	〔突出部の複数の時〕導線相互を接続する
	〔引下導線〕引下導線の数は2条とする（但し、煙突、旗竿灯水平投影面積の極めて少ないものは1条でもよい）
	〔材　　　料〕断面積30mm²以上の銅線、又は、断面積50mm²以上のアルミニウム線とする
	〔静電対策〕避雷導線から1.5m以内の電線、ガス管及び電線管等の金属体の間に静電的に遮蔽物が有る場合は適用外とする
	〔接　　　地〕避雷導線から距離1.5m以内に接近する電線管、雨どい、鉄管、鉄はしご等の金属体は接地する
	〔地中に入る部分の養生〕コンクリート管・石綿セメント管・硬質塩化ビニール管等を通し地上2.5mから地下0.3m以上を保護する
	〔簡　略　法〕S造・SRC造・RC造の場合、その鉄骨・鉄筋（2条以上）を以って、避雷導線に替えることが出来る
接地電極	〔個　　　数〕各引下導線に1個以上を設ける（但し、1条の引下導線に2個以上の設置電極を並列する時はその間隔は2m以上とする）
	〔埋設深さ〕常水面下又は地下3m以上とする
	〔材　　　料〕厚さ≧1.4mm、面積≧0.35㎡の銅板又はこれと同等以上のもの
	〔接地抵抗値〕総合の場合≦10Ω、単独の場合≦20Ω
	〔簡　略　法〕S造・SRC造・RC造の場合、水道給水管又は配水管を接地電極の一つに出来る（但し、水道事業者の承認が必要）

2. 避雷針の分類と構造（JIS A 4201：2003）[31,55]

被保護建築物のクラス分類

リスクアセスメントと要求保護レベルの決定

4段階（Ⅰ〜Ⅳ）の保護レベルを設定し、これらに対応する雷保護システムを構築する。

表3-Ⅳ-22　保護レベルと保護効率等

保護レベル	保護効率	最大雷撃電流	最小雷撃電流	最小雷撃電流波高値以下の雷の発生確率	回転球体半径
Ⅰ	98%	200kA	2.9kA	1%	20m
Ⅱ	95%	150kA	5.4kA	3%	30m
Ⅲ	90%	100kA	10.1kA	9%	45m
Ⅳ	80%	100kA	15.7kA	16%	60m

危険物施設（指定数量の10倍以上）は原則として保護レベルⅠとすることとなっている。

（H17.1.14消防危14号）

受雷部システム

受雷部方式については「突針」、「水平導体」、「メッシュ導体」の3種類が規定されており、各要素又はそれらの組合せによって構成する。又、建築物等の部分を"構造体利用"として受雷部構成部材とすることができる。

受雷部の配置については表3-Ⅳ-23の要求事項に適合しなければならない。保護空間については、回転球体法・保護角法・メッシュ法から個別又はそれらを組合せて使用することができる。

表3-Ⅳ-23　保護レベルに応じた受雷部の配置（JIS A 4201：2003表1）

保護レベル	脅威レベル	回転球体法の球体半径R(m)	保護角法の適用高さh(m) ※印は回転球体法及びメッシュ法だけを適用しなければならない。					メッシュ法のメッシュ幅L(m)
			h≦20m α(度)	h≦30m α(度)	h≦45m α(度)	h≦60m α(度)	h≦60m超過 α(度)	
Ⅰ	高	20m	25度	※	※	※	※	5×5m
Ⅱ	↓	30m	35度	25度	※	※	※	10×10m
Ⅲ	↓	45m	45度	35度	25度	※	※	15×15m
Ⅳ	低	60m	55度	45度	35度	25度	※	20×20m

備考1　Rは、回転球体法の球体半径
備考2　hは、地表面から受雷部の上端の高さとする。但し、陸屋根の部分においては、hを陸屋根から受雷部の上端の高さとすることができる

図3-Ⅳ-18　保護空間の計画方法

(1)回転球体法

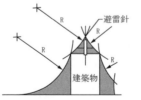

2つ以上の受雷部、又は1つ以上の受雷部と大地とに同時に接する様に球体を回転させた時に、球体表面の包絡面から被保護物間を保護範囲とする方法。球体の半径は、表3-Ⅳ-23のRにより決まる

(2)保護角法

受雷部の上端から、その上端を通る鉛直線に対して保護角を見込む綾線の内側を保護範囲とする方法。陸屋根の部分では、陸屋根から受雷部上端までの高さを表3-Ⅳ-23のhとして適用できる

(3)メッシュ法

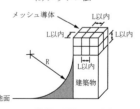

メッシュ導体で覆われた内部を保護範囲とする方法。メッシュ部の幅は表3-Ⅳ-23のL以下にしなければならない

雷撃点から大地までの雷電流の経路を引下げ導線を以下のように施設する。

- ・複数の電流経路を並列に形成する
- ・電流経路の長さを最小に保つ

配置

(1)独立した雷保護システムの場合

　　受雷部が独立した複数の柱（又は1本の柱）上に取り付けた突針からなる場合には、各柱には1条以上の引下げ導線が必要である。柱が金属又は相互接続した鉄筋からなる場合には、新たに引下げ導線を施設する必要はない。

　　受雷部が独立した複数の水平導体（又は1条の導体）である場合には、導体の各端末に1条以上の引下げ導線が必要である。

　　受雷部がメッシュ導体からなっている場合には、各支持構造物に1条以上の引下げ導線が必要である。

(2)独立しない雷保護システムの場合

　　引下げ導線は、被保護物の外周に沿って、相互間の平均間隔が表3-Ⅳ-24に示す値以下となるように引き下げる。いずれも2条以上の引下げ導線が必要である。但し、一般建築物等の被保護物の水平投影面積が25㎡以下のものは、1条でよい。

引下げ導線は、地表面近く及び垂直方向最大20m間隔ごとに、水平環状導体などで相互接続しなければならない。

表3-Ⅳ-24　保護レベルに応じた引下げ導線の平均間隔

保護レベル	平均間隔（m）
Ⅰ	10
Ⅱ	15
Ⅲ	20
Ⅳ	25

又、建築物等の部分を"構造体利用"として引下げ導線とみることができる。

構造体を使用した統合単一の接地システムとするのが雷保護の観点から望ましい。材質の異なるものを使用した接地システムを相互に接続する場合には、特に腐食に注意する。

接地極

単独の長い接地導体を施設するよりも、数条の導体を適切に配置するほうが望ましい。

接地極の形態は基本的に以下の2種類がある。

A型接地極：放射状接地極、垂直接地極又は板状接地極から構成し、各引下げ導線に接続
B型接地極：環状接地極、基礎接地極又は網状接地極から構成し、各引下げ導線に接続

又、金属製地下構造物を"構造体利用"の接地極とすることができる。

接地極の施工

外周環状接地極：0.5m以上の深さで壁から1m以上離して埋設するのが望ましい。
　接地極　　　：被保護物の外側に0.5m以上の深さに施設し、地中において相互の電気的結合の影響が最小となるように、できるだけ均等に配置しなければならない。
　埋設接地極　：施工中に検査が可能なように施設しなければならない。又、腐食、土壌の乾燥及び凍結の影響を最小限に抑え、又、それによって安定した等価接地抵抗が得られるようなものでなければならない。

引下げ導線システム

接地システム

内部雷保護システム、雷電磁インパルスの設計

雷保護システムの設計と仕様

225

9 昇降機（令129条の3～13）

1. エレベータ

人又は人及び物を運搬する昇降機並びに物を運搬するための昇降機で、かごの水平投影面積が 1 ㎡を超える、又は、天井の高さが 1.2 mを超えるもの。

表3-Ⅳ-25　エレベータの設置基準[69]

項　目	基　　　　準	図　解
構造上主要な部分	(1)かご及びかごを支え、又はつる構造上主要な部分の構造は通常の使用状態における摩損及び疲労破壊を考慮して大臣が定めた構造方法を用いるもの (2)かごを主索で吊るエレベーター、油圧エレベーター、その他大臣が定めるエレベーターは、エレベーター強度検証法により基準に適合するものであることについて、確かめられたもの (3)通常の使用状態における摩損又は疲労を考慮して行う大臣の認定を受けたもの (4)腐食若しくは腐朽しにくい材料を用いるか、又は有効なさび止め若しくは防腐のための措置を講じたものであること (5)摩損又は疲労破壊を生ずるおそれのあるものにあっては、2以上の部分で構造され、かつそれぞれが独立してかごを支え又は吊ること (6)滑節構造の接合部は、地震その他の震動によって外れるおそれがないもの (7)滑車を使用してかごを吊るエレベーターにあっては、地震その他の震動によって索が滑車から外れないもの (8)釣合おもりを用いるエレベーターにあっては、地震その他の震動によって釣合おもりが脱落するおそれがないものとして大臣が定めた構造方法を用いるもの (9)大臣が定める基準に従った構造計算により構造耐力上安全であることが確かめられたもの (10)屋外に設けるエレベーターで昇降路の壁の全て又は一部を有しないものは、大臣が定める構造計算により風圧に対して構造耐力上安全であることが確かめられたもの	換気装置 制御盤　巻上機 エレベーター機械室平面図 トロリービーム　駆動綱車 C　マシンビーム そらせ車 A　かごわく 最上階の床（仕上面） 出入口の高さ かご アキ≦4cm アキ≦12.5cm G.L つり合い重り 最下階の床（仕上面） 緩衝器 B エレベーターの構造図（参考）
荷　重	(1)各部の固定荷重はエレベーターの実況に応じて計算する (2)かごの積載荷重は、エレベーターの実況に応じて定める。但し、かごの種類に応じて一定値を下まわってはならない	
かごの構造	(1)各部は、かご内の人又は物による衝撃に対して安全なものとする (2)構造上軽微な部分を除き、難燃材料で造り又は覆う 　※但し、地階又は3階以上の階に居室を有さない建築物に設けるエレベーターのかご、その他防炎上支障のないものとして大臣が定めるエレベーターのかごは除く（H12告示1416号） (3)かご内の人又は物がつり合うおもり、昇降路の壁等かご外の物に触れるおそれのない構造とした壁又は囲い及び出入口の戸を設ける (4)非常の場合において、かご内の人をかご外に救出することができる開口部をかごの天井部に設ける (5)用途、積載量（kg）、最大定員（乗用・寝台用）を明示した標識をかご内の見やすい場所に提示する	
昇降路の構造	(1)昇降路外の人又は物がかご又は釣合おもりに触れるおそれのない構造とした丈夫な壁または囲い及び出入口（非常口を含む）の戸を設ける (2)構造上軽微な部分を除き、昇降路の壁又は囲い及び出入口の戸は難燃材で造りまたは覆う 　※但し、地階又は3階以上の階に居室を有さない建築物に設けるエレベーターのかご、その他防炎上支障のないものとして大臣が定めるエレベーターのかごは除く（H12告示1416号） (3)出入口の戸には、かごがその戸の位置に停止していない場合において昇降路外の人又は物の昇降路内への落下を防止することができるものとして大臣が定める基準に適合する施錠措置を設ける（H20告示1447号）	

項　　目	基　　　　準
昇降路の構造	(1)出入口の床先とかごの床先との水平距離は、4 cm以下とし、乗用および寝台用エレベーターにあっては、かごの床先と昇降路壁との水平距離は 12.5 cm以下とする (2)レールブラケットその他のエレベーターの構造上昇降路内に設けることがやむを得ないものを除き、突出物を設けない (3)地震時に昇降機のかごの昇降、かご及び出入口の中の開閉、その他の昇降機に機能並びに配管設備の機能に支障がないものとして次の内容による配管設備は昇降路内に設けることができる 　① 昇降機に必要な配管設備 　② 光ファイバー又は光ファイバーケーブル（電気導体を組み込んだものを除く）で上記①に挙げるもの以外のもの 　③ 上記②に挙げる配管設備のみを通すための配管設備 　④ 地震時においても昇降機のかごまたは釣合おもりに触れるおそれのないもの 　⑤ 上記②③については次に適合するものであること 　　・地震時においても鋼索、電線その他のものの機能に支障が生じない構造のものであること 　　・昇降機の点検を行う者も見やすい場所に当該配管設備の種類が表示されているものであること 　⑥ 上記③については上記⑤に規定するほか、難燃材料で造り、又は覆ったものであること
駆動装置および制御器	(1)駆動装置および制御器は、地震その他の震動によって転倒し又は移動するおそれがないものとして大臣が定める方法により設置する（H21 告示 703 号） (2)制御器の構造は、次の基準に適合するものとして大臣が定めた構造又は大臣の認定を受けたものとする 　① 荷重の変動により、かごの停止位置が著しく移動しないこと 　② かご及び昇降路のすべての出入り口の戸が閉じた後、かごを昇降させるもの 　③ 保守点検を安全に行うために、必要な制御ができるもの
機械室	(1)床面積は昇降路の水平投影面積の 2 倍以上とする 　（機械の配置及び管理に支障がない場合を除く） (2)床面から天井又は梁の下端までの垂直距離はかごの定格速度に応じて定める数値以上とする

定格速度（m/min）	垂直距離 C（m）
60m以下の場合	2.0
60mを超え 150m以下の場合	2.2
150mを超え 210m以下の場合	2.5
210mを超え場合	2.8

	(3)換気上有効な開口部又は換気設備を設ける (4)出入口は幅 70 cm以上、高さ 1.8m以上とし施錠装置付きの鋼製戸を設ける (5)機械室に通ずる階段は、けあげ 23 cm以下、踏面 15 cm以上とし、かつ、両側に側壁又はこれに代わるものがない場合においては手すりを設ける
安全装置	(1)制動装置を設ける。その構造は次に揚げる基準に適合するものとし、大臣が定めた構造方法を用いるか又は大臣の認定を設けたものとする 　① かごが昇降路の頂部又は底部に衝突するおそれがある場合に自動的かつ段階的に作動し、かごに生ずる垂直方向の加速度 9.8m/s^2、水平方向の加速度 5.0m/s^2 を超えることなく安全にかごを制止させることができるもの 　② 保守点検をかごの上に人が乗り行うエレベーターにあっては、点検を行う者が昇降路の頂部とかごの間に挟まれることのないよう自動的にかごを制止させることができるもの (2)制御装置のほか、次に揚げる安全装置を設ける 　① 駆動装置又は制御器に故障が生じ、かごの停止位置が著しく移動した場合又は、かご及び昇降路の全ての出入口の戸が閉じる前にかごが昇降した場合に自動的にかごを制止する装置 　　（大臣が定めた構造方法を用いるもの又は大臣の認定を受けたもの） 　② 地震時その他の衝撃により生じた大臣が定める加速度を検知し自動的にかごを昇降路の出入口の戸の位置に停止させ、かつ、当該かごの出入口の戸及び昇降路の出入口の戸を開き、又はかご内の人がこれらの戸を開くことができる装置 　　（大臣が定めた構造方法を用いるもの又は大臣の認定を受けたもの）

表3-Ⅳ-25　エレベータの設置基準（つづき）

項　　目	基　　　準
安全装置 （つづき）	③ 停電時の非常の場合において、かご内からかご外に連絡することができる装置 ④ 積載荷重の1.1倍を超えた荷重が作用した場合に警報を発し、かつ出入口の戸の閉鎖を自動的に制止する装置 　（乗用エレベーター又は寝台用エレベーターに限る） ⑤ 停電の場合においても床面で11ℓx以上の照度を確保することができる照明装置 　（乗用エレベーター又は寝台用エレベーターに限る） 〈定格速度表〉
適用の除外（令129条の11）	乗用及び寝台用以外のエレベーターのうち、昇降路、制御器、安全装置について安全上支障がないものとして大臣が定めた構造方法を用いるものについては、一部の基準を適用しなくて良い
特殊な構造または使用形態（令129条の3第2項1号）	特殊な構造又は使用形態のエレベーターで大臣が定めた構造方法を用いるもの（一部の規定の適用除外あり） ① かごの天井部に救出用の開口部を設けないエレベーター ② 昇降路の壁又は囲いの一部を有しないエレベーター ③ 機械室を有しないエレベーター ④ 昇降行程が7m以下の乗用及び寝台用エレベーター ⑤ かごの定格速度が240m/min以上の乗用及び寝台用エレベーター 　（※非常用エレベーターは①〜⑤までの規定は適用しない） ⑥ かごが住戸内のみを昇降する、昇降行程10m以下のエレベーターでかごの床面積が1.1㎡以下のもの ⑦ 自動車運搬用エレベーターで、かごの壁または囲い、天井及び出入口の戸の全部または一部を有しないもの ⑧ ヘリコプターの発着の用に供される屋上に突出して停止するエレベーターで屋上部分の昇降路の囲いの全部または一部を有しないもの ⑨ 車いすに座ったまま使用するエレベーターで、かごの定格速度が15m以下でかつ、その床面積が2.25㎡以下のものであって、昇降行程が4m以下のもの、又は階段及び傾斜路に沿って昇降するもの ⑩ 階段及び傾斜路に沿って1人の者がいすに座った状態で昇降するエレベーターで、定格速度が9m以下のもの （※⑦〜⑩までのエレベーターは、①〜⑥までの規格は適用しない）

安全装置欄内の表：

定格速度（m/min）	頂部すき間 A(m)	ピット深さ B(m)
45m以下の場合	≧1.2	≧1.2
45mを超え60m以下の場合	≧1.4	≧1.5
60m　〃　90m　〃	≧1.6	≧1.8
90m　〃　120m　〃	≧1.8	≧2.1
120m　〃　150m　〃	≧2.0	≧2.4
150m　〃　180m　〃	≧2.3	≧2.7
180m　〃　210m　〃	≧2.7	≧3.2
210m　〃　240m　〃	≧3.3	≧3.8
240mを超える場合	≧4.0	≧4.0

表3-Ⅳ-26　エレベーターの非常時用救出口及び出入口の設置基準

名称	(1) かご天井救出口	(2) 昇降路救出口	(3) かご室側部救出口	(4) 非常着床用出入口
目的	かご上部からの乗客救出	正規出入口を設けない階でのかご内乗客救出(昇降路外部から)	同左(隣接エレベーターから)	連続して出入口を設けない場合で、地震時の早期な最寄階着床を行うかご内乗客の避難用
設置条件	天井を設けたかごに設置	停止階床の垂直距離が10mを超えるときに設置	(2)の設置条件があるときに昇降路救出口の代替措置として設置（複数エレベーターが同一昇降路内に設置されているときのみ）	連続して乗場出入口がなく、最寄階までの走行距離が長く停止可能な時間が10秒を超える場合
設置場所	かご天井	10mを超えない範囲	かご室側部(隣接エレベーター側)	30秒以内に最寄階又は非常着床用出入口に停止(但し出入口間の最大距離は42m以下とする)
構造要件	かご外側からのみ開けられること	・昇降路の内側及び外側のいずれからも鍵を使用しなければ開かないこと ・自閉機能つき、自動施錠機能	・かごの外側からは鍵を使用することなく開けられ、かごの内側からは鍵を使用しなければ戸が開かないこと ・戸はかごの内側に向って開くこと	就役階と同様の着床装置及びかご着床時にかごの戸を自動的に開く機構を設ける
安全装置	救出口を開けたとき、かごの運転を不能とするスイッチ	令129条の10第3項のドアスイッチ	令129条の10第3項のドアインターロックスイッチ	令129条の10第3項のドアインターロックスイッチ
寸法	最小幅0.4mでかつ面積0.2m²	開口0.75m以上かつ高さ1.2m以上※	開口0.35m以上かつ高さ1.5m以上※	就役階の出入口幅及び高さとそれぞれ同じ寸法※

※　(2)昇降路救出口と(4)非常着床用出入口を同一階に設置しなければならない場合は、兼用とし、(4)の寸法を優先する

2. エレベーターピット下の使用について

ピット床下部の利用については、一般に出入のごく少ない物置程度に利用する以外は好ましくない。特に居室や、人が多数出入りする通路等などに使用することは不可である。止む得ず他の目的に使用する場合は次の何れかの処理をすること。

(1) ピット床を二重スラブとし、つり合いおもり側にも非常止め装置を設ける。
(2) ピット床を二重スラブとし、つり合いおもり側下部を厚壁にする。

　第一スラブは、安全装置が作動する以前の最大速度で緩衝器に衝突した場合における、強度上の安全を確保するものであり、第二スラブは衝撃時における、第一スラブのはく離したモルタル等を受ける機能を持つものである(図3-Ⅳ-19)。

図3-Ⅳ-19　ELVピット下を使用する場合の措置[78]

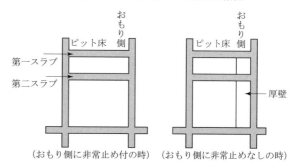

(おもり側に非常止め付の時)　(おもり側に非常止めなしの時)

3. エレベーター機械室の注意点

表3-Ⅳ-25の他、次の点に注意する。

(1) 機械室へ至る通路、階段等

① 機械室出入口の直前に階段を設ける場合は、戸の開閉時、保守点検者の安全に支障のない大きさの踊場を設ける。

② 機械室に至る階段を回り階段とする場合は、令23条2項の規定を準用する。

③ 屋上を「屋上広場」に供しない建築物にあっても、屋上部分を機械室に至る経路とする場合は、保守点検者の安全のため高さ1.1m以上のパラペット又は手すりを設ける。

④ 屋内から屋上への出口部に、屋上防水等により高さ23cmを超える段差がある場合は、踏面20cm以上、幅70cm以上の固定の踏段を設ける。

図3-Ⅳ-20 屋上を機械室への通路として使用する場合[78]

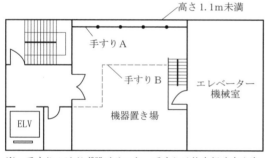

※ 手すりAは必ず設けること。手すりは特定行政庁や審査機関が安全上支障がないと認めた場合は設けなくてもよい。但し、通路の位置は明確にすること

図3-Ⅳ-21 屋上に高さ23cmを超える段差がある場合[78]

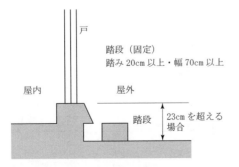

⑤ 通路が屋上にある設備配管等を交差する場合は、適切な歩廊を設ける。また、歩廊の高さが1mを超える場合は、手すりを設ける（図3-Ⅳ-22）。

図3-Ⅳ-22 屋上の通路が配管等と交差する場合の例[78]

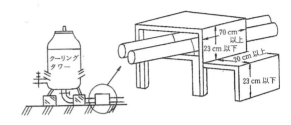

(2) 機械室の構造

① 機械室の床は平面にする。やむを得ず23cmを超える段差が生じる場合は側壁又は手すり付き階段（幅は概ね70cm以上）若しくは垂直タラップを設ける。但し、段差の全高が1m以下の場合は側壁又は手すり不要である。なお、段差が1.5m以上の場合は垂直タラップは不可であり、上部床の周囲に高さ1.1mの手すりを設ける（図3-Ⅳ-23）。

図3-Ⅳ-23 機械室に段差がある場合の措置[78]

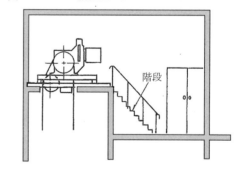

② 機械室の床面は機械台以外は突出部分ができないように押えコンクリート等で平面に仕上げる。やむを得ず配線用ダクト等が床面より突出する場合は注意標識（トラマーク等）を施す。

③ 機械室の床面に設けられるロープ等の貫通穴には、スリーブ等により5cm程度の立上がりを設ける。

④ 機械室の各機器の配置は、機械間及び機械から柱又は壁までの水平距離を50cm以上確保する。

但し、機械の配置及び保守に支障がない場合はこの限りではない。

⑤ 法令上、機械室の出入口には鋼製戸を設けるとされているが、堅固なアルミニウム製の戸でも支障ないものと考えられる。（この場合は特定行政庁と打合せが必要）

但し、延焼のおそれのある部分、防火区画等の場合は防火戸としなければならない。

⑥ 屋外に面した機械室については、次のことを考慮する。

・出入口戸に給気ガラリ等を設ける場合は、雨水等の進入を考慮し、機器等に近接した場所は避ける。また、延焼のおそれのある部分には防火ダンパーを付ける。

・出入口戸に採光窓を設ける場合は、出入口戸の高さの1/2以上の部分で網入りガラスのはめごろし窓とし、強風時に戸があおられて破損することのないように自閉装置付の扉とする。

・出入口の上部には、庇を設けることが望ましい。（図3-Ⅳ-24）

⑦ 機械室を他の設備等の保守管理のための通り抜け通路としてはならない。やむを得ず空調機械室、電気室、その他の設備に至る通路として、一部を使用する場合は、エレベーター機器の配置部分と高さ1.8m以上のクリンプ金網等で堅固に仕切り、その部分に設ける出入口は施錠装置付の金網等の戸とする。この場合の通路部分は機械室の有効床面積に算入できない。

(3) 機械室の換気設備

① 機械室には、室温を40℃以下に保つようにサーモスイッチと連動する換気設備を設ける。

② 換気扇の取付け位置は、床上1.8m以上とする。やむを得ず1.8m以下の位置に設ける場合は安全ガード等を取付ける。

③ 空調設備を設ける場合は、冬期や中間期の室温にも配慮し、必要に応じて換気設備を併設する。

図3-Ⅳ-24 機械室の出入口（給気ガラス）、庇及び換気設備[78]

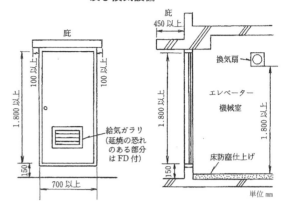

4．共同住宅等の建築物に設けるエレベーターの防犯窓

共同住宅等の建築物において、エレベーター内の犯罪を防止するため、防火区画上支障のない範囲で、出入口の戸に防犯窓を設ける場合は、次の図を基準（自主設置の場合も同基準）とする。

※特定行政庁によっては条例にて共同住宅等のエレベーターに防犯窓設置としている場合もあるので注意すること。

また、かごに監視カメラを設けて、昼夜共常駐の管理人が監視する場合、防犯窓の代替とできる場合があるので、協議されたい。

図3-Ⅳ-25 エレベーターの防犯窓[78]

5. 開放廊下に面するエレベーターの乗降ロビーの雨対策

　昇降路の出入口を吹きさらしとなる開放廊下に面して設けると、強風雨時に昇降路に雨水が進入し、エレベーターの機能を著しく低下させてしまう。従って、このような位置に昇降路の出入口を設けることを避けなければならないが、やむを得ず設ける場合は、次の図に準じた雨水対策を講じることとする。なお、積雪寒冷地においては、加えて、地域の気象条件に応じた考慮が必要となるので、特定行政庁と打合せが必要である。

　また、防雨スクリーン等の設置については、延べ面積の算定に関連する場合があるので注意すること。

図 3-Ⅳ-26　開放廊下に面するエレベーターの乗降ロビーの雨対策 [78]

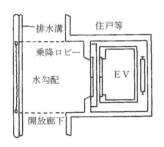

雨除け用スクリーン
　スクリーン幅は、乗降ロビーの幅以上とする

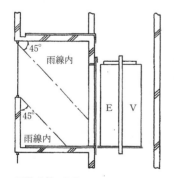

雨除け用スクリーン
　雨線内に昇降路の出入口部分がすべて入れば、スクリーンは不要

6. 昇降路の防火区画

(1) 防火区画において必要とされる主な性能

　エレベーターの昇降路は、竪穴部分としてその昇降路とその他の部分とを準耐火構造の壁又は常時閉鎖若しくは煙感知器運動の防火設備（乗場戸の近傍で遮炎・遮煙の両者の性能を有したもの）で区画する必要がある。

　区画に用いる防火設備としては、次による性能を有したもので、大臣の認定を受けたもの又は大臣の定めた例示仕様のものとなっている。

表 3-Ⅳ-27　昇降路の防火設備の仕様

性能	大臣認定の場合	例示仕様の場合
遮炎性能	法2条9号の2ロに基づく大臣認定 ・令109条の2（防火設備） ・令112条1項（特定防火設備）	H12建告1360号 H12建告1369号
遮煙性能	令112条14条2号に基づく大臣認定	S48建告2564号 （シャッターの場合は遮煙性能試験に合格したもの）

(2) 防火区画の対策例

表3-Ⅳ-28　昇降路の防火設備の種類

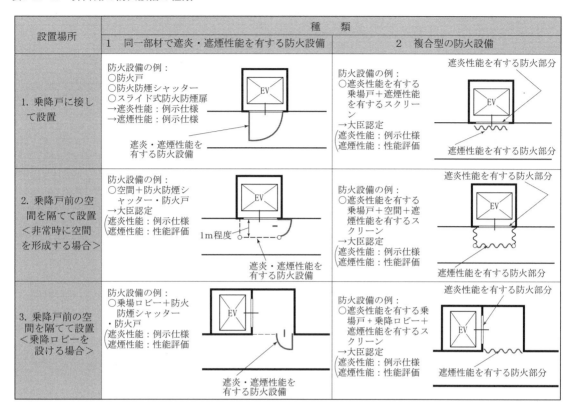

●目安箱●

◆よく使う法文略称一覧（規制内容編）◆

22条指定区域（建築基準法22条）――――――――防火、準防火以外の市街地に指定する区域
2項道路（建築基準法42条2項）――――――――幅4m未満の特定行政庁が指定した道路
9項区画（建築基準法施行令112条9項）――――――防火区画のうちの竪穴区画をさす
114条区画（建築基準法施行令114条）――――――学校、病院、ホテル等の主要間仕切壁の区画
2項区画（建築基準法施行令126条の2、2項）――――排煙設備の規制上の別棟区画
4(二)の告示緩和（H12国交省告示1436号4(二)）―――排煙設備の緩和告示の4(二)には1～4がある
40号省令（総務省令40号）――――――――――共同住宅等の消防設備の緩和基準
令8区画（消防法施行令8条）―――――――――消防法上の防火対象物の別棟扱いの区画
規則13条区画（消防法施行規則13条）――――――スプリンクラー設備の緩和のための区画

(3) 防火区画の対策の詳細

表3-Ⅳ-29　昇降路の防火区画の詳細

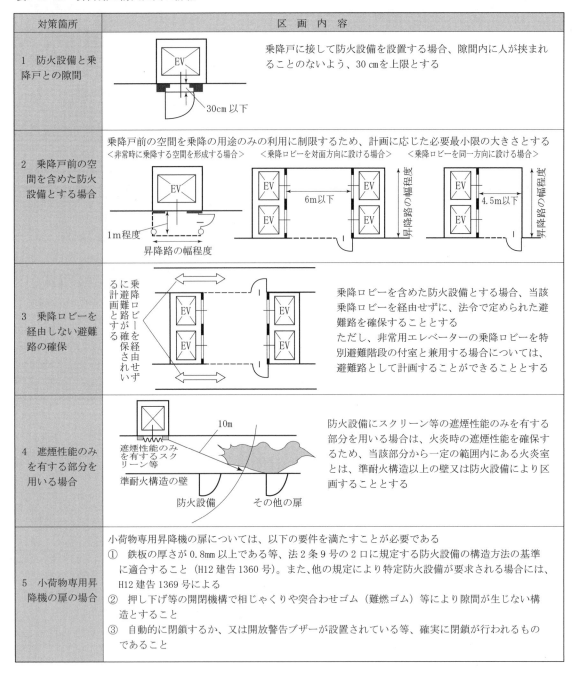

対策箇所	区画内容
1 防火設備と乗降戸との隙間	乗降戸に接して防火設備を設置する場合、隙間内に人が挟まれることのないよう、30cmを上限とする
2 乗降戸前の空間を含めた防火設備とする場合	乗降戸前の空間を乗降の用途のみの利用に制限するため、計画に応じた必要最小限の大きさとする
3 乗降ロビーを経由しない避難路の確保	乗降ロビーを含めた防火設備とする場合、当該乗降ロビーを経由せずに、法令で定められた避難路を確保することとする ただし、非常用エレベーターの乗降ロビーを特別避難階段の付室と兼用する場合については、避難路として計画することができることとする
4 遮煙性能のみを有する部分を用いる場合	防火設備にスクリーン等の遮煙性能のみを有する部分を用いる場合は、火炎時の遮煙性能を確保するため、当該部分から一定の範囲内にある火炎室とは、準耐火構造以上の壁又は防火設備により区画することとする
5 小荷物専用昇降機の扉の場合	小荷物専用昇降機の扉については、以下の要件を満たすことが必要である ① 鉄板の厚さが0.8mm以上である等、法2条9号の2ロに規定する防火設備の構造方法の基準に適合すること（H12建告1360号）。また、他の規定により特定防火設備が要求される場合には、H12建告1369号による ② 押し下げ等の開閉機構で相じゃくりや突合わせゴム（難燃ゴム）等により隙間が生じない構造とすること ③ 自動的に閉鎖するか、又は開放警告ブザーが設置されている等、確実に閉鎖が行われるものであること

(4) 昇降路防火区画の事例（H14.5.27国土交通省住宅局建築指導課日本建築行政会議）

建築基準法施工令112条9項の竪穴区画は、開放廊下等に面する場合は適用除外とされており、次に開放廊下に面する場合の参考事例を示す。

表3-Ⅳ-30 開放廊下に面する場合として竪穴区画が適用除外となる例[23)]

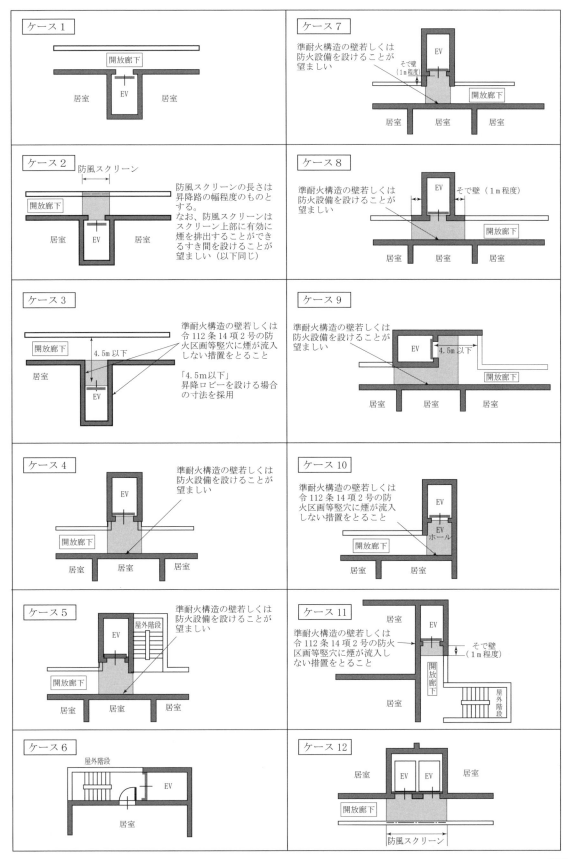

なお、直接外気に開放されている廊下等とは、開放されている部分が、下図Hが天井高の1/2以上、かつ1.1m以上、廊下の長さ(L)が廊下の幅(W)以上の開放面を有する場合である。しかし、天井高の1/2又は1.1m以上の数値に満たない場合であっても、直接外気に開放されている廊下と扱われる可能性もあり、必ず打合せが必要である。

図3-Ⅳ-27　開放廊下の基準

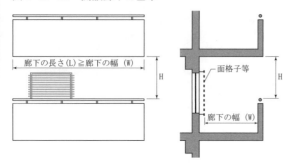

7．エスカレーター

表3-Ⅳ-31　エスカレーターの設置基準

設置基準	(1) 通常の使用状態において人又は物が挟まれ、又は障害物に衝突することがないようにする（H12.5.31告示1417号） 　① 踏段側部とスカートガードのすき間は、5mm以下とする 　② 踏段と踏段のすき間は、5mm以下とする 　③ エスカレーターの手すりの上端部の外側とこれに近接して交差する天井、梁その他これに類する部分又は他のエスカレーターの下面（以下「交差部」という。）の水平距離が50cm以下の部分には、保護板を次のように設ける 　　イ　交差部の下面に設けること 　　ロ　端は厚さ6mm以上の角がないものとして、エスカレーターの手すりの上端部から鉛直に20cm以下の高さまで届く長さの構造とすること 　　ハ　交差部のエスカレーターに面した側と段差が生じないこと (2) 勾配は、30度以下とする (3) 踏段の両側に手すりを設け、手すりの上端部が踏段と同一方向に同一速度で連動するようにする (4) 踏段の幅は、1.1m以下とし、踏段の端から当該踏段の端の側にある手すりの上端部の中心までの水平距離は、25cm以下とする (5) 踏段の定格速度は、50m以下の範囲内において、エスカレーターの勾配に応じ大臣が定める毎分の速度以下とする 　① 勾配が8度以下のもの　　50m/min 　② 勾配が8度を超え30度（踏段が水平でないものにあっては15度）以下のもの　45m/min (6) 制動装置及び昇降口において踏段の昇降を停止させることができる装置を設ける (7) 制動装置の構造は、動力が切れた場合、駆動装置に故障が生じた場合、人又は物が挟まれた場合、その他の人が危害を受け又は物損傷するおそれがある場合に自動的に作動し、踏段に生ずる進行方向の加速度が1.25m/s²を超えることなく安全に踏段を制止させることができるものとして、大臣が定めた構造方法を用いるもの又は大臣の認定を受けたものとする

8．エスカレーターの安全対策

(1) 人・物が挟まれ、障害物に衝突することがないようにしたエスカレーターの構造
（H12.5.31 告示 1417 号）

エスカレーターの手すりの上端部の外側とこれに近接して交差する天井、梁等又は他のエスカレーターの下面の水平距離が 50 cm 以下の部分には、保護板を次のように設ける（図3-Ⅳ-28）

① 交差部の下面に設けること
② 端は厚さ 6mm 以上の角がないものとし、エスカレーターの手すりの上端部から鉛直に 20 cm 以下の高さまで届く長さの構造とすること
③ 交差部のエスカレーターに面した側と段差が生じないこと

図3-Ⅳ-28 エスカレータの保護板等の構造[30]

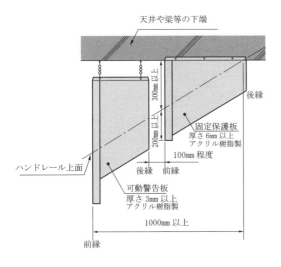
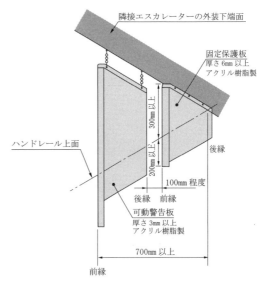
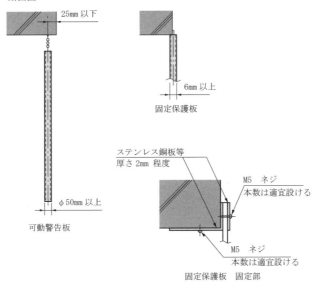

図3-Ⅳ-29　エスカレータの安全設備配置図[30]

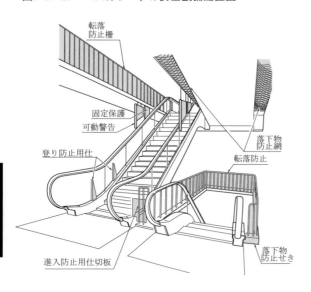

図3-Ⅳ-30　落下物防止せき、進入防止用仕切板の構造[30]

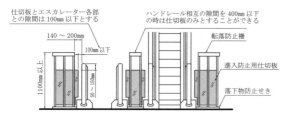

(2) エスカレーターの安全対策標準
(S52.1.19 住指発25)

① 乗降口に近い位置にスカートガード・スイッチを設け、異物が踏段側面とスカートガードとの間に強く挟まった場合などに運転を停止させる構造とする。

② 運転操作盤は、乱用防止カバーを有する赤色非常停止ボタンを最も操作しやすい位置に組み込むなどとし、上下両乗降口附近に各1個設ける

③ エスカレーターと交差する天井等（隣接エスカレーの側下面を含む。）の下面が移動手すり外縁からの水平距離で50cm以内に近接する場合は、軽量で十分な強さを持つ材料（透明アクリル板等）などによる三角部ガード板を設ける（図3-Ⅳ-29）。

④ エスカレーターと建築物床の開口部との間に間隙のある場合は、柵及び転落物防止せきを設ける（図3-Ⅳ-30）。

⑤ エスカレーター相互間又はエスカレーターと建築物床等の開口部との間に20cm以上の隙間のある場合は、落下物による危害を防止するための網等を隔階ごとに設置する。

9．エスカレーターの構造安全基準

表3-Ⅳ-32　エスカレータの落下防止措置

仕様ルート1又は2	対策1	端部に十分なかかり代の確保 a．かかり代長さ≧一次設計地震時の層間変位 ×5＋20mm 　建築物の層間変位を構造計算により確かめた場合…1/100を下限 b．層間変位によりトラスが圧縮をうけないように隙間を設けること c．非固定部は層間変位に対して支障なく追従できること d．固定部は地震に対して破断が生じないこと
	対策2	かかり代によらないバックアップ措置 a．かかり代長さ≧昇降高さ×1/100＋20mmを確保した上で、次のバックアップ措置を講ずる 　・バックアップ措置は、エスカレーターを落下させずに支持し、層間変位に追従できること b．c．d．については対策1に同じ
特別検証ルート		仕様ルートによらない場合は、大臣認定が必要
適用除外		エスカレーターが床や地盤に自立する構造である場合など、脱落するおそれがないことが明らかな場合など

図3-Ⅳ-31　エスカレーターの断面の模式図

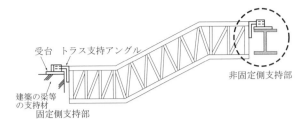

図3-Ⅳ-32　非固定側支持部

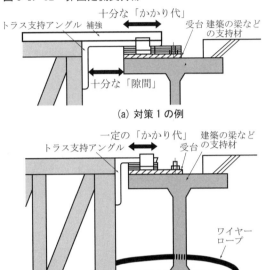

10. エスカレーターの吹抜け部の対策

① 当該階のエスカレーター乗降口に対面するシャッターが、ハンドレール折り返し部の先端から2m以内にあるものは、当該エスカレーターはそのシャッター下端が閉鎖開始後、床面より1.8mまでに達しないうちに連動して踏段の昇降を停止させる。なお、シャッター区画内から避難できるくぐり戸（H=1800mm以上　W=750mm以上　立上り=150mm以下）を設置する。

② 防火シャッターと網入りガラスのスクリーンを併設する場合は、網入りガラスを区画の外側に、防火シャッターを区画の内側（エスカレーター側）に設ける。また、網入りガラスと手すり又は仕切板等の間に、防火シャッターが降りる構造の場合は、網入りガラスと手すり又は仕切り板等のすき間は、100mm以下とする。

図3-Ⅳ-33　エスカレーターの吹抜け部の対策[78]

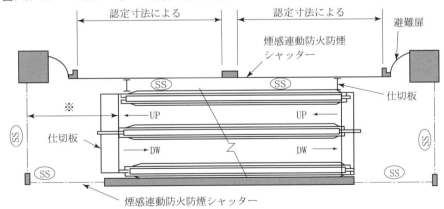

※　2m以下の場合は、シャッターとの連動停止が必要。最小寸法は1.2m

11. 小荷物専用昇降機

（令 129 条の 13）

荷物専用の昇降機で、かごの水平投影面積が 1 m²以下、天井の高さが 1.2 m以下のものをいう。

法 6 条 1 項 1 号～ 3 号に掲げる建築物に設ける場合は、確認申請・完了検査が必要となる。

表3-Ⅳ-33　小荷物専用昇降機の設置基準

項目	基　準
小荷物専用昇降機	① 昇降機には昇降路外の人又は物がかご又は釣合おもりに触れるおそれのないものとして大臣が定める基準に適合する壁又は囲い及び出し入れ口の戸を設ける。 ② 昇降路の壁又は囲い及び出し入れ口の戸は、難燃材料で造り、又は覆う。（地階又は 3 階以上の階に居室を有さない建築物に設ける昇降路その他防火上支障のないものとして大臣が定める昇降路を除く。） ③ 昇降路のすべての出し入れ口の戸が閉じた後、かごを昇降させるものであること。 ④ 昇降路の出し入れ口の戸には、かごがその戸の位置に停止していない場合においては、かぎを用いなければ外から開くことができない装置を設ける。（当該出し入れ口の下端が当該出し入れ口が設けられる室の床面より高い場合を除く）

12. ホームエレベーター

（令 129 条の 3、第 129 条の 5、第 129 条の 6、H12.5.31 告示 1413 号・1415 号）

住戸内のみを昇降するエレベーターで、昇降行程が 10 m以下で、かつ、かごの床面積が 1.1 m²以下のもので、積載荷重を床面積 1 m²につき 1800N として計算した数値で、かつ、1300N 以上の数値としたものをいう。

10　中央管理室

（令20条の2、1項2号ハ、3号イ、令126条の3、1項11号、令129条の13の3、7項、8項）

1. 中央管理室の設置基準

表 3-Ⅳ-34　中央管理室の設置基準

項　目	基　　準	
対象建築物	高さ 31mを超える建築物で非常用エレベーターがある建築物 地下街の各構えの床面積の合計が 1000 m²を超えるもの	
設置位置	避難階又はその直上階、又は直下階とし、常時管理者が勤務する場所とする	
機　能	機械換気設備及び空調設備 排煙設備 非常用エレベーター	の制御及び作動状態の監視を行う又、非常用エレベーターと中央管理室とを連絡する電話装置を設ける
その他	消防法による消防設備を含む。又、各自治体の火災予防条例により、防災センターとしているところもある	

2. 特別避難階段の付室及び非常用エレベーターの乗降ロビーの排煙設備の作動監視

付室及び乗降ロビーは、避難及び消火・救助活動のための重要な安全部分であるので、排煙設備を確実、かつ、適切に作動させ、中央管理室において、監視ができるようにしなければならない。

（1）自然排煙設備の作動の監視

窓等による自然排煙設備について、作動状態の監視ができるようにする。

（2）機械排煙設備の制御及び作動の監視

機械排煙設備の排煙口、給気口及び排煙機の作動は、手動又は遠隔を問わず、中央管理室で「排煙口の開放→給気口が開放→排煙機が起動」の作動状態が把握できるシステムとする。

V 構造強度

1 構造計算を必要とする建築物
（法20条1項一号～三号、法6条1項二号～三号）

表3-V-1 構造計算を必要とする建築物

建築物の種類	基 準
(1) 木造	階数≧3 又は延べ面積＞500 ㎡、高さ＞13m、軒高＞9m
(2) 木造以外のもの	階数≧2 又は延べ面積＞200 ㎡
(3) 組積造・無筋コンクリート造等	高さ＞13m 又は軒高＞9m

小規模であるため計算が不要とされる建築物は法20条1項四号に定められており、「20条四号建築物」と呼ばれている。それを超える規模の建築物が構造計算を必要とされる。

なお、単に「四号建築物」という場合は、法6条1項四号に該当するものであることが多い。この場合には確認申請時に仕様規定の確認も不要となる。

2 構造関係規定の構成

図3-V-1 主要な構造関係規定の適用関係[24]

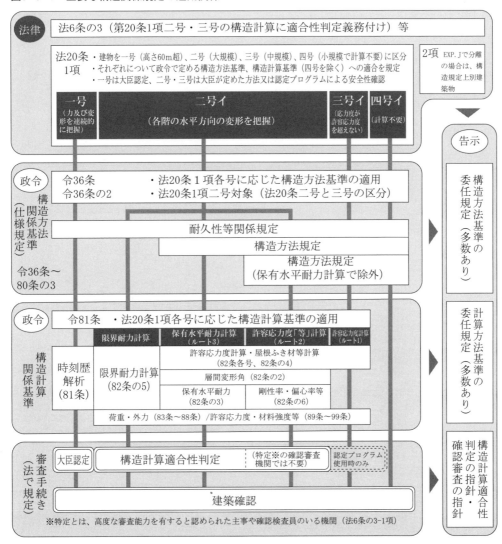

3 構造計算の進め方 （令81条～82条の4）

1. 構造計算の概要
   (1) 一次設計

図3-Ⅴ-2　耐震計算のフロー[24]

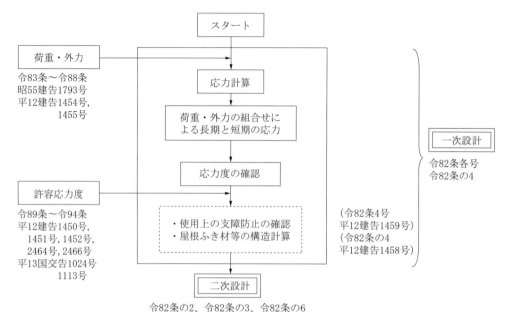

(2) 二次設計

① 鉄骨造の二次設計のフロー

図3-Ⅴ-3　鉄骨造建築物の二次設計の構造計算フロー[24]

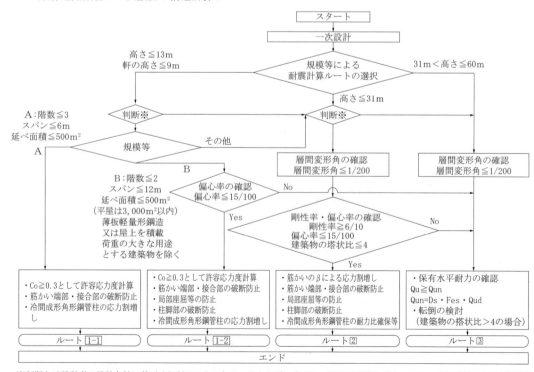

※判断とは設計者の設計方針に基づく判断のことである。たとえば、高さ31m以下の建築物であっても、より詳細な検討を行う設計法であるルート3を選択する判断等のことを示している。

② 鉄筋コンクリート造の二次設計のフロー

図3-V-4　鉄筋コンクリート造の建築物の二次設計の構造計算フロー[24]

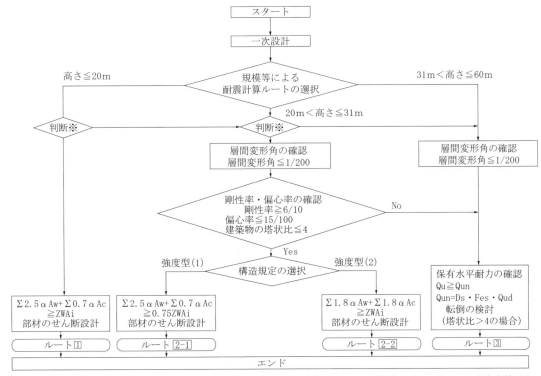

※判断とは設計者の設計方針に基づく判断のことである。たとえば、高さ31m以下の建築物であっても、より詳細な検討を行う設計法であるルート③を選択する判断等のことを示している。

③ 鉄骨鉄筋コンクリート造の二次設計のフロー

図3-V-5　鉄筋コンクリート造の建築物の二次設計の構造計算フロー[24]

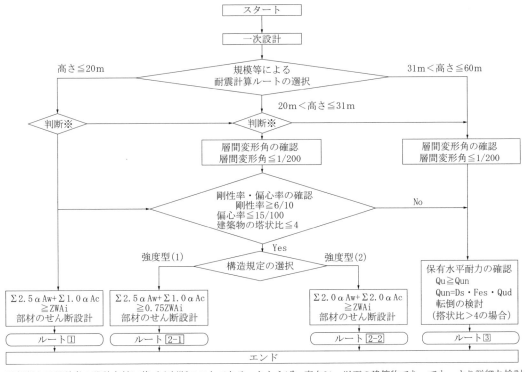

※判断とは設計者の設計方針に基づく判断のことである。たとえば、高さ31m以下の建築物であっても、より詳細な検討を行う設計法であるルート③を選択する判断等のことを示している。

④ 木造の二次設計のフロー

図3-Ⅴ-6 木造建築物の構造計算フロー[34]

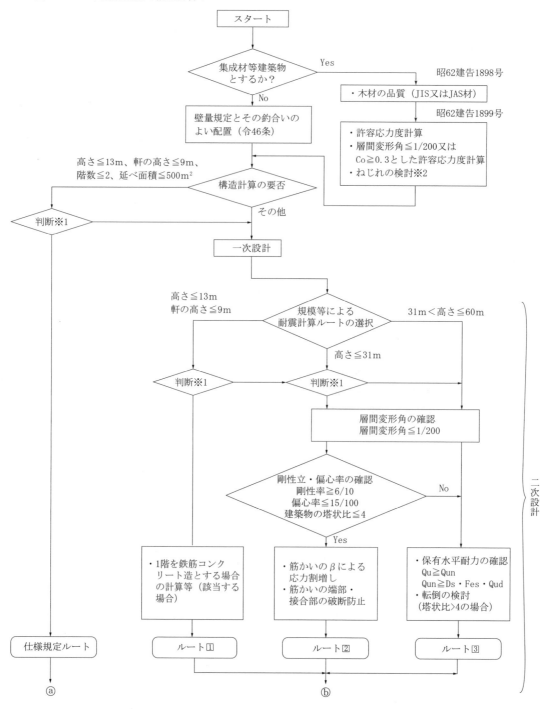

※1 判断とは設計者の設計方針に基づく判断のことである。たとえば31m以下の建築物であっても、より詳細な検討を行う設計法であるルート③を選択する判断等のことを示している。
※2 偏心率が0.3を越える場合は保有水平耐力の確認を、また、偏心率が0.15を超え0.3以下の場合は、Feによる外力割り増し、ねじれ補正又は保有水平耐力の確認のいずれかを行う。

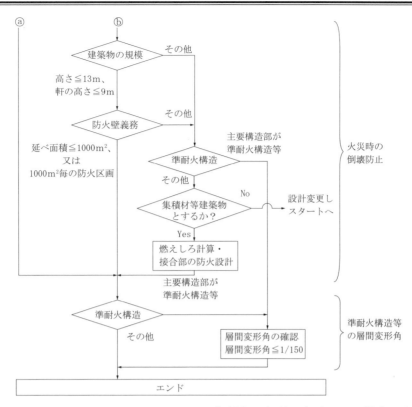

2．構造計算の適用の特例

(1) エキスパンションジョイント等により接続されている建築物（法20条2項、令36条の4）

2以上の部分がエキスパンションジョイント、その他の相互に応力を伝えない構造方法のみで接している建築物の当該建築物の部分は、それぞれ別の建築物とみなす。

① 意匠計画上「一の建築物」であっても、エキスパンションジョイント等を設けた場合には、別の建築物として取扱い、構造計算をすることができる。
② 計算ルートはそれぞれの棟ごとに決定される。
③ 構造適判の要否もそれぞれの棟ごとに決定される（法6条の3）。
④ 増築の場合、既存部分が不適格かどうかに関わらず増築部分は、その部分の規模に応じた計算ルートが選べ、適判の要否もそれに応じて決定される。

エキスパンションジョイント等を設けた場合には、建築物を別個のものとして取扱い、構造計算を行うことができる。この場合のクリアランスとしては、最低限一次設計用地震力（令88条第1項に規定する地震力をいう。以下同じ）による各々の変形量の和を考えておくことが必要である（変形が計算されないルート1の場合はクリアランス1/100）。

歩廊の離れる方向に対しては落下防止を考慮し、1/50のクリアランスで設計を行い、さらにストッパー等による落下防止の配慮が求められる。又、エキスパンションジョイント等が避難経路となる場合には、大地震時のさらに大きな変形を想定すべきとされている。

なお、地下部分や基礎については一体とし、上部構造にのみエキスパンションジョイントを設けた場合においても、別個の建築物として上部構造の計算を行ってよいとされている。

渡り廊下で二つの建築物を結ぶ場合等では、雨仕舞のためエキスパンションジョイントを設けることが難しい場合もある。これらの場合には、両側の建築物の変形を吸収できるようにしておくならば別個の建築物とし、お互いの相互作用を無視して計算してよい。

4 基礎の仕様規定

（令38条）

表 3-Ⅴ-2[24)] 基礎の仕様規定

項　目	基　　準	耐久性等関係規定※1	適　用除外規定
要求性能	①　建築物に作用する荷重及び外力を安全に地盤に伝えられること 　　→　許容応力度計算においては許容支持力を超えないこと ②　地盤の沈下または変形に対して構造耐力上安全であること 　　→　基礎の許容変形量を超えないこと（下表参照）	○	
異種基礎	異なる構造方法による基礎（異種基礎）の併用の禁止		H12 告示1347 号第 2 ※2
基礎構造の種類と地盤の許容応力度 (H12 告示1347 号第 1)	①　地盤の許容応力度と基礎の構造の組合せ 但し、 　1)　木造建築物で、茶室、あずまや等、または延べ面積 10 ㎡以内の物置、納屋などの基礎には適用しない 　2)　木造建築物等で土台を設けない場合は、地盤の長期許容応力度は 70 kN/ ㎡以上としなければならない 　3)　門、塀等の基礎には適用しない ②　建築物が、高さ＞13m 又は延べ面積＞3000 ㎡で、作用荷重＞最下階の床面積につき 100 kN/㎡ の場合は、基礎の底部（基礎杭は先端）を良好な地盤に達すること		H12 告示1347 号第 2 ※2
杭基礎 (H12 告示1347 号第 1)	①　基礎杭は上部を構造耐力上安全に支えるように配置する ②　一体の RC 造の基礎梁を設ける（木造、組積造、補強コンクリートブロック造） ③　代表的な基礎杭の構造方法は下表による。また、これらと同等以上の支持力を有する他の構造の杭も適用可能（例として、木杭、H 形鋼杭等） ④　打撃、圧力、振動により設けられる基礎杭は、その打撃等の外力に対して構造耐力上安全なものとする ⑤　木杭は、常水面下に打つ（平屋の木造を除く）	④⑤	H12 告示1347 号第 2 ※2

地盤の許容応力度と基礎の構造の組合せ

地盤の長期許容応力度fa(kN/㎡)		fa＜20	20≦fa＜30	30≦fa
可能な基礎構造	杭基礎	○	○	○
	べた基礎	×	○	○
	布基礎	×	×	○

代表的な基礎杭の構造方法

基礎杭種別	構造方法
場所打ちコンクリート杭	主筋は異形鉄筋 6 本以上、かつ、帯筋と緊結、主筋比≧0.4%
高強度プレストレストコンクリート杭	JIS A 5337-1995 に適合
遠心力鉄筋コンクリート杭	JIS A 5310-1995 に適合
鋼管杭	肉厚≧6mm、かつ、杭の直径の 1/100

※1 時刻歴計算（大臣認定）又は限界耐力計算の場合は、耐久性等関係規定以外の規定は適用除外される

246

<table>
<tr><td rowspan="1">べた基礎
及び
布基礎</td><td>

① べた基礎・布基礎は一体のRC造とする。但し、地盤の長期許容応力度が70 kN/m² 以上かつ密実な砂質地盤で著しい不同沈下等の生じるおそれのない地盤などの場合は無筋コンクリート造とすることができる

② 土台や耐力壁の下には、連続した立ち上がり部分を設ける（木造、組積造、補強コンクリートブロック造）

③ 立上り部分の高さ≧30cm、厚さ≧12cm。基礎の底盤の厚さ≧12cm

④ 根入れの深さ≧12cm（基礎の底部を雨水等の影響を受けるおそれのない密実で良好な地盤に達したものとした場合を除く）、かつ、凍結深度より深くするなど凍上防止の措置を講ずる

⑤ RC造とする場合は、下図とする

</td><td></td><td>H12告示
1347号
第2 ※2</td></tr>
</table>

※ 図（布基礎、べた基礎、開口部まわりの補強例）省略せず以下に記載

補強筋：径9mm以上の鉄筋@300以下
径9mm以上の鉄筋@300以下
径9mm以上の鉄筋
120以上
主筋：径12mm以上の鉄筋
内部 外部
300以上
240以上
150以上
布基礎

主筋：径12mm以上の鉄筋
120以上
補強筋：径9mm以上の鉄筋 鉄筋@300以下
径9mm以上の鉄筋 縦横@300以下
300以上
外部 内部
120以上
120以上
べた基礎

底盤の幅：告示第1第4項二号の表による

開口補強筋（ひび割れ防止）縦横補強筋と同じ
開口補強筋（開口端部）主筋と同じ
主筋：径12mm以上の鉄筋
縦横補強筋：径9mm以上の鉄筋@300mm以下

開口部まわりの補強例

地盤の許容応力度（令93条）※3

地盤の許容応力度、基礎杭の許容支持力はH13告示1113号によること
地盤調査を行わない場合は下表によることができる。

地盤の種類に応じて定められた許容応力度

地　盤	長期応力に対する許容応力度 (kN/m²)	短期応力に対する許容応力度 (kN/m²)
岩盤	1000	長期応力に対する許容応力度のそれぞれの数値の2倍とする
固結した砂	500	
土丹盤	300	
密実な礫層	300	
密実な砂質地盤	200	
砂質地盤	50	
堅い粘土質地盤	100	
粘土質地盤	20	
堅いローム層	100	
ローム層	50	

地盤調査の方法（H13告示1113号）※3

地盤の許容応力度、基礎杭の許容支持力を求めるための地盤調査の方法は次による
（地盤の許容応力度については上記の数値によることができる）

1. ボーリング調査　　4. ベーン試験　　7. 平板載荷試
2. 標準貫入試験　　　5. 土質試験　　　8. 載荷試験
3. 静的貫入試験　　　6. 物理探査　　　9. くい打ち試験
　　　　　　　　　　　　　　　　　　　10. くい載荷試験

※1 時刻歴計算（大臣認定）又は限界耐力計算の場合は、耐久性等関係規定以外の規定は適用除外される

※2 H12.5.13告示1347号第2「1）許容応力度計算、2）自重による沈下その他の地盤の変形等を考慮して建築物又はその部分に有害な損傷、変形及び沈下が生じないことの確認」により適用除外となる

※3 これらは参考として掲載したものであり、仕様規定ではないため、適用除外規定はない

表3-Ⅴ-3　許容相対沈下量の目安（圧密沈下の場合）[24]

構造種別	コンクリートブロック造	鉄筋コンクリート造		
基礎形式	連続（布）基礎	独立基礎	連続（布）基礎	べた基礎
標準値（cm）	1.0	1.5	2.0	2.0～(3.0)
最大値（cm）	2.0	3.0	4.0	4.0～(6.0)
許容変形角（rad）	$0.5～1.0×10^{-3}$	$1.0～2.0×10^{-3}$		

注：（　）内の数値は大きい梁せいあるいは二重スラブ等で十分剛性が大きい場合

表3-Ⅴ-4　許容最大沈下量の目安（圧密沈下の場合）[24]

構造種別	コンクリートブロック造	鉄筋コンクリート造		
基礎形式	連続（布）基礎	独立基礎	連続（布）基礎	べた基礎
標準値（cm）	2	5	10	10～(15)
最大値（cm）	4	10	20	20～(30)

注：（　）内の数値は大きい梁せいあるいは二重スラブ等で十分剛性が大きい場合

表3-Ⅴ-5　許容最大沈下量の目安（即時沈下の場合）[24]

構造種別	コンクリートブロック造	鉄筋コンクリート造		
基礎形式	連続（布）基礎	独立基礎	連続（布）基礎	べた基礎
標準値（cm）	1.5	2.0	2.5	3.0～(4.0)
最大値（cm）	2.0	3.0	4.0	6.0～(8.0)
許容変形角（rad）	$0.3～1.0×10^{-3}$	$0.5～1.0×10^{-3}$		

注：（　）内の数値は大きい梁せいあるいは二重スラブ等で十分剛性が大きい場合

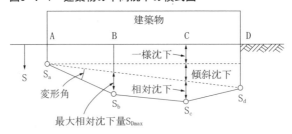

図3-Ⅴ-7　建築物の不同沈下の模式図[24]

5 木造の仕様規定（令40条〜49条）

表3-Ⅴ-6　木造の構造基準

項目	基準	耐久性等関係規定※1	適用除外規定
(1) 木材 (令41条)	節・腐れ・繊維の傾斜・丸身等によって、耐力上欠点がないこと	○	
(2) 基礎・土台 (令42条)	土台は構造耐力上、主要な柱の最下階に設け、基礎に緊結する。但し柱を直接基礎に緊結する場合は不要 また地盤が軟弱な区域として指定された区域外で平家建で足固めを使用した場合も土台は不要。伝統的構法により土台を設けず柱と基礎をだぼ継ぎする方法も、H28告示690号に基づき引張応力が生じないを確かめることで可能 地盤が軟弱な区域として指定された区域外で延べ面積50m²以内の平家建の土台は基礎に緊結しなくてもよい		
(3) 柱 (令43条)	①建築物の構造と用途に応じ、柱の小径を横架材の相互間の垂直距離に対して下表の割合以上とする ②地上2階を超える建築物の1階の構造耐力上主要な柱は13.5cm角以上とする ③柱断面の1/3以上を欠きとる場合は、そえ木等をあて、補強する ④階数≧2のすみ柱は通し柱とする ⑤有効細長比 λ≦150		H12告示1349号 （この規定の内容は、H13告示1024号第1に規定する木材の圧縮材の座屈の許容応力度を用いて許容応力度計算を行うこと）
(4) 梁等の横架材 (令44条)	中央部付近の下側に耐力上支障のある欠込みをしないこと		
(5) 筋かい (令45条)	①引張用の筋かいは、厚さ1.5cm・幅9cm以上の木材又は、9mm以上の鉄筋を使用し、圧縮用の筋かいは、厚さ3cm、幅9cm以上の木材を使用する ②端部は補強金物で緊結する ③タスキがけにして欠き込んだ場合は補強をする		
(6) 軸組等 (令46条)	①一定基準に適合する建築物を除き、各階の張間方向・桁行き方向に、壁又は筋かい入りの軸組をつりあいよく配置する ②床組・小屋梁組には木板等を打ち付け※2、小屋組には振れ止めを用いる ③階数≧2又は延べ面積>50㎡の建築物には、床面積による地震力計算、見付面積による風圧力計算をする（次頁の図を参照）		①令46条1項 ②S62告示1899号
(7) 継手・仕口 (令47条)	①継手・仕口はH12告示1460号による。なお、柱に耐力上支障のある局部応力が生じるおそれがあるときは、そえ木等で補強する ②ボルト締には相応の座金を使用する		
(8) 防腐措置等 (令49条)	①外壁を鉄網モルタルぬり等の腐りやすい仕上げとした場合は、下地に防水紙等を使う ②柱・筋かい・土台で、地面から1m以内の部分には、防腐措置をし、必要に応じて防蟻措置をする		

(3) 柱の表：

柱の小径 / 横架材垂直スパンの最小値		張り間方向又は桁行方向に相互の間隔が10m以上の柱又は学校、保育所、劇場、映画館、演芸場、観覧場、公会堂、集会場、物品販売業を営む店舗（床面積の合計10m²以内のものを除く）若しくは公衆浴場の用途に供する建築物の柱		左欄以外の柱	
建築物		最上階又は階数が1の建築物の柱	その他の階の柱	最上階又は階数が1の建築物の柱	その他の階の柱
(1)	土蔵造の建築物その他これらに類する壁の重量が特に大きい建築物	1/22	1/20	1/25	1/22
(2)	(1) に掲げる建築物以外の建築物で屋根を金属板、石板、木板その他これらに類する軽い材料でふいたもの	1/30	1/25	1/33	1/30
(3)	(1) 及び (2) に掲げる建築物以外の建築物	1/25	1/22	1/30	1/28

※1　時刻歴計算（大臣認定）又は限界耐力計算の場合は、耐久性等関係規定以外の規定は適用除外される

※2　平成28年の改正で伝統的構法を念頭に緩和され、それまで隅角に火打ち材を用いることとされてきたが、H28年告示691号の基準に従って木板等を打ち付けることでも可となった。なお、構造用合板の釘打ちも火打材とみなす

(注)①　上記の規定は、茶室、あずまや等の建築物、又は延べ面積≦10m²の物置・納戸等には適用しない

②　学校の木造校舎に関しては、令48条によるほか、JISA・3301-1993を参照されたい

③　枠組壁工法に関しては、令80条の2に基づくH13告示1540号、1541号を参照されたい

表3-Ⅴ-7　木造の軸組計算（令46条）

1. 計算方法	張間及び桁行方向においてそれぞれ下記の①、②を満足すること ①Σ（軸組の長さ×下記2の倍率）≧床面積×（下記3の値）　（地震力に対するチェック） ②Σ（軸組の長さ×下記2の倍率）≧見付面積×（下記4の値）（風圧力に対するチェック） ・下記3の値は地盤軟弱区域に指定されたところでは1.5倍にした数値とする ・見付面積とは建物の張間方向又は桁行方向の鉛直投影面積をいう ・見付面積を出す時は階別に分ける必要はない ・見付面積を出す時は床面より高さ1.35m以下の部分は算入しない

2. 軸組の種類別倍率	軸組の種類		仕様	倍率
	壁仕上	①土塗壁	ー	0.5
		②木ずり打又はこれに類するもの	片面	0.5
			両面	1.0
	筋かい	③木材（厚1.5cm×幅9cm）若しくは鉄筋（9mm）又は同等以上の耐力のあるもの	一方向	1.0
			たすき掛	2.0
		④木材（厚3cm×幅9cm）又は同等以上の耐力があるもの	一方向	1.5
			たすき掛	3.0
		⑤木材（厚4.5cm×幅9cm）又は同等以上の耐力があるもの	一方向	2.0
			たすき掛	4.0
		⑥木材（9cm×9cm）又は同等以上の耐力があるもの	一方向	3.0
			たすき掛	5.0
	特殊	⑦大臣が定めるもの（S56告示第1100号）	ー	0.5～5.0

3. 地震力に対する軸組の必要長さ	階の床面積に乗ずる数値 （階数には地階は入れない） 単位：cm/m²	階数が1の建築物	階数が2の建築物		階数が3の建築物		
	建築物		1階	2階	1階	2階	3階
	①壁の重量の大きい建築物（土蔵造、瓦葺）	15	33	21	50	39	24
	②屋根の軽い建築物（金属、ストレート葺）	11	29	15	46	34	18

4. 風圧力に対する軸組の必要長さ	区域	特定行政庁が認める強風指定区域	左記以外の区域
	見付面積に乗ずる数値 （単位cm/m²）	50を超え75以内で規則で定める	50

図3-Ⅴ-8　見付面積の算定方法[71]

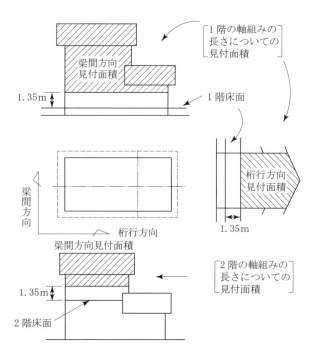

6 補強コンクリートブロック造の仕様規定 （令62条の2〜62条の8）

表3-Ⅴ-8　補強コンクリートブロック造の構造基準

項　目	基　　準	適用除外規定
(1) 適用範囲 (令62条の2)	建築物の高さ＞4m又は延べ面積＞20m² (それより小規模の場合は表下の注①〜③のみ適用)	
(2) 耐力壁 (令62条の4)	面積　$A = XY \leq 60\text{m}^2$　（A：耐力壁の中心線で囲まれた部分の面積） 壁量　$\Sigma X/A = \dfrac{x_1+x_2+x_3+x_4}{A} \geq 15\text{cm/m}^2$　（A：各階の床面積） 　　　　$\Sigma Y/A = \dfrac{y_1+y_2+y_3+y_4}{A} \geq 15\text{cm/m}^2$ 壁の厚さ　$t_1 \geq Y/50$ かつ $t_1 \geq 15\text{(cm)}$ 　　　　　$t_2 \geq X/50$ かつ $t_2 \geq 15\text{(cm)}$ 端部・隅角部は、12ϕの鉄筋をタテに配置する 一般部は、9ϕの鉄筋をタテ・ヨコ80cm間隔に配置する	
(3) 鉄　筋 (令62条の4)	タテ筋は末端部をカギ状に折り曲げ、鉄筋径の40倍以上を、基礎梁と臥梁に定着するヨコ筋は末端部をカギ状に折り曲げる 継手・定着長さは25倍以上とする (溶接する場合を除く)	
(4) 臥　梁 (令62条の5)	耐力壁の各階の壁頂には、鉄筋コンクリート造の臥梁を設ける (平家建で鉄筋コンクリート造スラブがある場合を除く) 有効幅≧20cmかつ耐力壁の水平力に対する支点間距離×1/20 あばら筋間隔≦30cm	
(5) 帳　壁 (令62条の7)	表下の(注)③による	
(6) 塀 (下図参照) (令62条の8)	高さh≦2.2m 厚さt≧15cm (高さh≦2mのものは厚さt≧10cm) 壁頂・基礎にはヨコに、壁の端部・隅角部にはタテに9ϕ以上の鉄筋を配置する 壁内は9ϕ以上の鉄筋をタテ、ヨコ80cm間隔に配置する (鉄筋の末端はカギ状に折り曲げ、カギかけして定着する。但し、タテ筋は基礎に40d定着させればカギかけしないでよい) 長さB≦3.4mごとに、径9mm以上の鉄筋を配置した控壁で基礎の部分において、壁面からの高さの1/5以上突き出したもの (b≧h/5) を設ける (高さh≦1.2mのものは除く) 基礎の丈D_0≧35cm、根入れの深さD_1≧30cm (高さh≦1.2mのものは除く)	H12 告示 1355号

(注) ① コンクリートブロックは、その目地塗面全部にモルタルをつめ、鉄筋を入れた空洞部及び縦目地に接する空洞部は、モルタル等で埋める
② 耐力壁・門・塀の縦筋は、コンクリートブロック空洞部内で継がない (溶接する場合を除く)
③ 帳壁は鉄筋で、木造・組積造 (補強コンクリートブロックを除く) 以外の構造耐力上主要な部分に緊結する
※ 補強コンクリートブロック造に関する上記規定は全て耐久性等関係規定ではないので、時刻歴計算（大臣認定）又は限界耐力計算の場合には適用除外される

図3-Ⅴ-9　補強コンクリートブロック造の塀[59)]

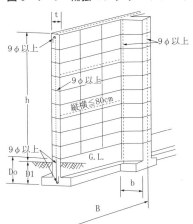

図3-Ⅴ-10　補強コンクリートブロック造の塀[59)]

塀の高さhは2.2m以下
塀の厚さtは15cm以上 (高さ2m以上→厚さ10cm以上)
基礎丈Doは35cm以上、根入れの深さD1は30cm以上
控え壁間隔Bは3.4m以下、控えbはh/5以上
目地と縦筋のモルタル (下図)

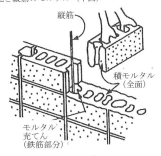

7 鉄骨造の仕様規定

（令63条〜70条）

表 3- Ⅴ -9　鉄骨造の構造基準

項目	基準	耐久性等関係規定※1	適用除外規定
(1) 材料 (令64条)	構造耐力上主要な部分の材料は炭素鋼・ステンレス鋼・鋳鉄（鋳鉄は圧縮応力又は接触応力部分のみ使用可）		
(2) 柱 （圧縮材） (令65条,70条)	① 有効細長比 λ ≦200（柱以外の圧縮材は λ ≦250） ② 階数≧3(地階を除く)の建築物は1の柱のみの火熱による耐力の低下によって建築物全体が容易に倒壊するおそれがある場合の柱は、モルタル等で防火被覆をする	②	
(3) 柱脚 (令66条)	柱の脚部は下表の基準（H12 建告 1456 号）に従って基礎に緊結する （下表参照）		左表中に記載

柱の脚部は下表の基準（H12 建告 1456 号）に従って基礎に緊結する

柱脚の形式	規定	許容応力度計算により適用除外されるもの※2
露出形式	イ アンカーボルトが柱の中心に対して均等 ロ アンカーボルトには座金を用い、ナットの戻り止め（溶接、二重ナット等）を施す ハ アンカーボルトの基礎への定着長≧20d、かつフック ニ アンカーボルトの断面積≧柱の20% ホ ベースプレート厚≧アンカーボルトの径 ×1.3 ヘ アンカーボルト孔径≦アンカーボルト径＋5、かつ縁端距離が規定※3の値以上	イ、ニ、ホ、ヘ ハは付着およびコーン破壊の計算により免除
根巻き形式	イ 根巻き部分の高さ≧柱幅（大きい方）×2.5 ロ 主筋は4本以上で頂部フック、定着長さが次の表以上 ハ 帯筋を配筋する（100 ピッチ）	イ、ロ ロの定着長さは付着の計算により免除
埋込み形式	イ 埋め込み深さ≧柱幅（大きい方）×2.0 ロ 側柱／隅柱では、9φ以上のU字型の補強筋等で補強 ハ 埋め込み部の鉄骨のかぶり厚さ≧柱幅（大きい方）	

（根巻き形式 ロ の表）

定着位置	鉄筋の種類	
	異形鉄筋	丸鋼
根巻き部分	25 d	35 d
基礎	40 d	50 d

※2：許容応力度計算においては、各計算ルートに応じた割増や制限などは適用される
※3：アンカーボルトの縁端距離の規定値は告示を参照されたい

項目	基準	耐久性等関係規定※1	適用除外規定
(4) 接合 (令67条)	① 構造耐力上主要な部分は、高力ボルト、リベットまたは溶接による ② ボルト（中ボルトのこと）接合を使用できる建物の規模 　軒高≦9mで、張り間≦13m, かつ延面積≦3000m² 　なお、ボルトはコンクリートで埋めこむ、ナット部分を溶接する、二重ナットを使用する、又はこれらと同等の戻り止めをする、のいずれかによること ③ 主要な継手・仕口は、その部分の存在応力を伝える構造とする（H12 建告 1464 号に規定）		①について保有水平耐力計算
(5) 高力ボルト・ボルト・リベット (令68条)	① 高力ボルト・ボルト・リベットの中心距離≧2.5d(d: 高力ボルト、ボルト、リベットの径) ② 高力ボルトの孔の径≦d+2mm 　（但し d≧27 で構造耐力上支障がない場合は d+3mm 可） ③ ボルトの孔の径≦d+1mm 　（但し d≧20mm で支障のない場合は d+1.5mm 可） ≧2.5d		②について大臣認定 ③について保有水平耐力計算
(6) 斜材・壁 (令69条)	軸組・床組・小屋梁組には、鉄骨・鉄筋の斜材または鉄筋コンクリート造の壁・屋根版・床版を釣合いよく配置する		S62 告示1899 号

※1　時刻歴計算（大臣認定）又は限界耐力計算の場合は耐久性等関係規定以外の規定は適用除外される

8 鉄筋コンクリート造の仕様規定

（令71条〜79条）

(1) 共通事項

表3- V -10　鉄筋コンクリート造の構造基準

項目	基準	耐久性等関係規定※1	適用除外規定
(1) 適用範囲 （令71条）	建築物の高さ>4m又は延べ面積>30 ㎡ （それより小規模の場合は、表中の(3)①②⑥、(4)⑤に限る）	○	
(2) 型枠・支柱 （令76条）	コンクリートの型枠・支柱はコンクリート自重・施工中の荷重によって著しい変形・ひび割れ等の損傷を受けない強度になるまで、取りはずしてはならない（技術的基準はS46告示110号による）		
(3) コンクリート （令72条, 74条, 75条）	①骨材・水・混和材は、鉄筋をさびさせたり、コンクリートの凝結・硬化を妨げるような酸・塩・有機物・泥土を含まない ②骨材は適切な粒度、粒形のもので、コンクリートに必要な強度、耐久性、耐火性が得られるものであること ③4週圧縮強度は、12N/㎟（軽量骨材を使用するときは9N/㎟）以上とする（JISによる強度試験を行う） ④設計基準強度（設計に際し採用する圧縮強度）との関係において、一定の基準に適合すること（一定の基準はS56告示1102号による）強度試験は大臣指定の方法による ⑤打ち上がりが、均質・密実になるように調合を定める ⑥養生は、打ちこみ後5日間はコンクリート温度が2℃を下がらないようにし、コンクリートの凝結・硬化を妨げない（コンクリートの凝結、硬化を促進するための特別の措置をした場合は除く）	○ （全て）	
(4) 鉄筋 （令73条, 79条）	①末端はカギ状に折り曲げ、コンクリートに充分定着する（異形鉄筋は柱・梁の出すみ部分・煙突以外は末端を折り曲げないことができる） ②主筋等の継手は、応力の小さい場所に設ける ③重ね長さは細い方の主筋径の25倍以上、（主筋等の継手を引張力の最も小さい部分に設けることができない場合は40倍以上） ④梁主筋の柱への定着長は主筋径の40倍以上とする（柱主筋に溶接する場合を除く） ⑤鉄筋のかぶり厚さは右記の表中の数値に制限される 建築物の部分／かぶりの厚さ 壁 耐力壁以外の壁 一般 2cm／土に接する 4cm 壁 耐力壁 一般 3cm／土に接する 4cm 床 一般 2cm／土に接する 4cm 柱・梁 一般 3cm／土に接する 4cm 基礎 一般 6cm（捨コン天端から）／土に接する立ち上り部分 4cm	⑤	①〜④については保有水平耐力計算また③についてはH12告示1463号 ④についてはH23告示432号
(5) 梁 （令78条）	①主要な梁は、複筋梁とする ②あばら筋は、梁丈の3/4以下（がりょうは30cm以下）の間隔に配置する		

253

(6) 柱 (令77条)	①主筋≧4本 ②主筋は帯筋と緊結する ③柱の小径≧主要支点間距離 　×1/15 ④帯筋の径≧6mm、その間隔≦ 　15cm 　（柱に接合する梁等の横架材 　から上方又は下方に2D以内 　は10cm以下）で、最も細い 　主筋径の15倍以下とする ⑤帯筋比≧0.2％ ⑥主筋の断面積の和≧コンク 　リート断面積×0.8％ 　（柱梁接合部の帯筋は間隔≦ 　15cm、 　帯筋比≧0.2％が望ましい）	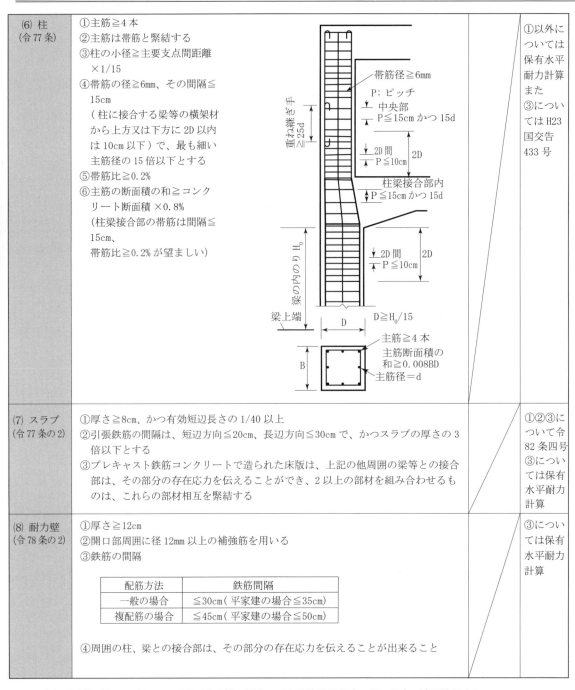	①以外については保有水平耐力計算また③についてはH23国交告433号
(7) スラブ (令77条の2)	①厚さ≧8cm、かつ有効短辺長さの1/40以上 ②引張鉄筋の間隔は、短辺方向≦20cm、長辺方向≦30cmで、かつスラブの厚さの3倍以下とする ③プレキャスト鉄筋コンクリートで造られた床版は、上記の他周囲の梁等との接合部は、その部分の存在応力を伝えることができ、2以上の部材を組み合わせるものは、これらの部材相互を緊結する		①②③について令82条四号 ③については保有水平耐力計算
(8) 耐力壁 (令78条の2)	①厚さ≧12cm ②開口部周囲に径12mm以上の補強筋を用いる ③鉄筋の間隔 | 配筋方法 | 鉄筋間隔 | |---|---| | 一般の場合 | ≦30cm（平家建の場合≦35cm） | | 複配筋の場合 | ≦45cm（平家建の場合≦50cm） | ④周囲の柱、梁との接合部は、その部分の存在応力を伝えることが出来ること		③については保有水平耐力計算

※1　時刻歴計算（大臣認定）又は限界耐力計算の場合は耐久性等関係規定以外の規定は適用除外される

(2) **鉄骨鉄筋コンクリート造**

（令79条の2～79条の4）

鉄骨に対するコンクリートのかぶり厚さ≧5cm
鉄骨及び主筋の断面積の和
　　　　　≧コンクリート柱の断面積×0.8％

その他、鉄骨造、鉄筋コンクリート造の規定が準用される。

(3) 壁式鉄筋コンクリート造

（令80条の2一号　H13告示1026号）

基本的には鉄筋コンクリート造の基準に準じている。その他特殊なものについては表3–V–11による。

同表には「壁式鉄筋コンクリート造設計施工指針」（国土交通省国土技術政策総合研究所他）の解説を盛り込んでいる。

表3–V–11　壁式鉄筋コンクリート造の構造設計基準[42]

項目	基準	耐久性等関係規定※1	適用除外規定
(1) コンクリート	設計基準強度18N/mm²	○	
(2) 規模	①5階建以下、軒高20m以下、　②各階の階高3.5m以下（屋根勾配がある時は、最も低い部分の屋根版と耐力壁の接する部分の階高3.5m以下）		②については保有水平耐力計算
(3) 壁量	①梁間、桁行それぞれの耐力壁長さ/床面積（上階バルコニー等の1/2を加える）が次の表の数値以上 ②壁厚によっては緩和規定あり ③RC造のルート1の壁量（H19告示593号二号イ）		①③については保有水平耐力計算
(4) 耐力壁	①壁長ℓは45cm以上かつ同一の実長を有する開口高さhの30%以上（令78条の2） ②厚さ ③壁筋は縦横ともφ9以上の鉄筋を300mmピッチ（複配筋の場合は450mm）平家の場合は350mmピッチ（複配筋500mm）で配筋（令78条の2） ④壁筋比 ⑤開口部周囲にφ12以上の補強筋（令78条の2） ⑥端部、隅角部にφ12以上の補強筋（令78条の2） ⑦端部に次表の曲げ補強筋が望ましい		①③については保有水平耐力計算 ②については12cmを下回らない範囲で許容応力度計算（面内応力度の検討及び面外座屈の検討、但し左表の※を満足すれば座屈検討は不要） ④については0.15%を下回らない範囲で許容応力度計算

(3) 壁量 ①の表

階		cm/m²
地上階	平屋・最上階から3つ目より上の階	12
	最上階から4つ目、5つ目の階	15
地下階		20

(4) 耐力壁 ②厚さの表

階		壁の厚さ t₀(cm)	備考
地上階	平屋	12 （h/25※）	*右欄適用除外規定参照 h: 構造耐力上主要な鉛直支点間の距離（cm）
	2階建の各階 3,4,5階建の最上階	15 （h/22※）	
	その他の階	18 （h/22※）	
地下階		18 （h/18※）	

(4) 耐力壁 ④壁筋比の表

階		鉄筋比（単位%）
地上階	地階を除く階数が1の建築物	0.15
	地階を除く階数が2以上の建築物 最上階	0.15
	最上階から数えた階数が2つ目の階	0.2
	その他の階	0.25
地階		0.25

項目	基準	耐久性等関係規定※1	適用除外規定
(4) 耐力壁 (つづき)	表7.1 耐力壁の端部曲げ補強筋の推奨値（ＷＲＣ造） 〔注〕h_0（m）：曲げ補強筋に沿った開口縁の高さ（開口部の上部又は下部の小壁が耐力壁と同等以上の構造でない場合は、その部分の高さを加算した高さとする）（下図参照）		
(5) 壁梁	①せいは45cm以上（原則） ②複筋梁（上下に主筋）とし、主筋は$\phi12$以上 ③あばら筋比は0.15%以上（地震時せん断力割増係数はn=2が推奨されている） ④耐力壁頂部に連続して設ける ⑤幅は耐力壁の厚さ以上 ⑥屋根スラブ、床スラブと一体となっていない壁梁の有効幅Bは支点間距離の1/20以上（L形、T形等水平荷重を考慮した形状の時は下記による） B：壁梁の有効な幅　　t：フランジ厚さ b：壁梁の幅　　　　t_e：15cm以上（平屋では12cm以上） D：壁梁のせい		①については許容応力度計算 ②については保有水平耐力計算
(6) 床版、屋根版	①鉄筋コンクリート造とし、水平力が有効に耐力壁又は壁梁に伝えられる剛性・耐力をもたせる ②最下階の床（軟弱地盤を除く）、階数が2以下のときの最上階の屋根では、他の構造でもよい		保有水平耐力計算

表7.1 耐力壁の端部曲げ補強筋の推奨値（ＷＲＣ造）

階	耐力壁の端部などの曲げ補強筋	
	$h_0 \leqq 1m$	$h_0 > 1m$
平家	1-D13 (1-13ϕ)	1-D13 (1-13ϕ)
2階建の各階 3, 4, 5階建の最上階	1-D13 (1-13ϕ)	2-D13 (2-13ϕ)
3, 4, 5階建の最上階から数えて2つ目の階	2-D13 (2-13ϕ)	2-D13 (2-13ϕ)
平家建、2階建の地下階 3階建の1階及び地下階 4階建の2階、1階及び地下階 5階建の3階及び2階	2-D13 (2-13ϕ)	2-D16 (2-16ϕ)
5階建の1階及び地下階	2-D16 (2-16ϕ)	2-D19 (2-19ϕ)

※1 時刻歴計算（大臣認定）又は限界耐力計算の場合は耐久性等関係規定以外の規定は適用除外される

9 建築設備の構造強度

（法20条1項、令129条の2の4）

法20条1項の規定により、全ての建築物の建築設備は令129条の2の4に規定（表3-V-12）の構造強度を有すること。

表3-V-12 建築設備の構造強度

項　目	基　　準	耐久性等関係規定	適用除外規定
昇降機（一号）	令129条の2の4第1項参照	/	/
昇降機以外の建築設備（特に給湯設備）（二号）	H12告示1388号による 施行規則1条の3第4項表1（十）項により、「昇降機以外の建築設備の構造方法」を「構造詳細図」に明示することが規定されている。特に15kgを超える給湯設備については注意	/	/
屋上から突出する水槽、煙突等（三号）	H12告示1389号による	/	/

●目安箱●

◆確認申請時の構造図への記載例（東京都建築士事務所協会）◆

　確認申請時には建築設備の具体的な計画が確定されておらず構造図に示すことが難しい場合が多くあります。そのような場合は、下記のような記載と、設計者（構造設計一級建築士の関与が必要な建築物の場合は、構造設計一級建築士であることに注意）の記名押印を行うことにより申請図書とする運用も行われています。

建築基準法施行令第129条の2の4「建築設備の構造強度」に関する事項[58]

※設計が該当する場合には□にチェックを入れる
建築物に設ける建築設備にあっては、構造耐力上安全なものとして、以下の構造方法による。
□ 建築設備（昇降機を除く）、建築設備の支持構造部及び緊結金物は、腐食又は腐朽のおそれがないものとすること。
□ 屋上から突出する水槽、煙突、冷却塔その他これらに類するもの（以下「屋上水槽等」という）は、支持構造部又は建築物の構造耐力上主要な部分に、支持構造部は、建築物の構造耐力上主要な部分に緊結すること。
□ 煙突の屋上突出部分の高さは、れんが造、石造、コンクリートブロック造又は無筋コンクリート造の場合は鉄製の支枠を設けたものを除き、90cm以下とすること。
□ 煙突で屋内にある部分は、鉄筋に対するコンクリートのかぶり厚さを5cm以上とした鉄筋コンクリート造又は厚さが25cm以上の無筋コンクリート造、れんが造、石造若しくはコンクリートブロック造とすること。
□ 建築物に設ける給水、排水その他の配管設備（給湯設備※を除く）は、
　　□ 風圧、土圧及び水圧並びに地震その他の震動及び衝撃に対して安全上支障のない構造とすること。
　　□ 建築物の部分を貫通して配管する場合においては、当該貫通部分に配管スリーブを設ける等有効な管の損傷防止のための措置を講ずること。
　　□ 管の伸縮その他の変形により当該管に損傷が生ずる場合においては、伸縮継手又は可撓継手を設ける等有効な損傷防止のための措置を講ずること。
　　□ 管を支持し、又は固定する場合においては、つり金物又は防振ゴムを用いる等有効な地震その他の震動及び衝撃の緩和のための措置を講ずること。
□ 法第20条第1項第一号から第三号までの建築物に設ける屋上水槽等にあっては、平成12年建設省告示第1389号により、風圧並びに地震その他の震動及び衝撃に対して構造上安全なものとすること。
□ 給湯設備※は風圧、土圧及び水圧並びに地震その他の震動及び衝撃に対して安全上支障のない構造とすること。満水時の質量が15Kgを超える給湯設備については、地震に対して安全上支障のない構造として、平成12年建設省告示第1388号第5に規定する構造によること。
※「給湯設備」建築物に設ける電気給湯器その他の給湯設備で、屋上水槽等のうち給湯設備に該当するものを除いたもの

　　　　　構造設計一級建築士登録　　　第　　　号
　　　　　構造設計一級建築士氏名

❿ 屋根ふき材の緊結等（令39条）、耐風計算（令82条の4　H12告示1458号）、特定天井（令39条、H25告示771号）

（1）屋根ふき材の緊結等

表3-Ⅴ-13　屋根ふき材の緊結等の基準

項　目		基　準	耐久性等関係規定※1	適用除外規定
一　般		屋根ふき材、内装材、外装材、帳壁や建築物の外部に取り付けられる広告塔、装飾塔等は風圧、地震等の震動・衝撃によって脱落しないようにすること	○	
屋根ふき材 （S46告示109号）		① 屋根ふき材は荷重、外力により脱落又は浮き上がりを起こさないように、たるき、梁、桁、野地板等の構造部材に取り付けるものとする ② 屋根ふき材、緊結金物等が腐食、腐朽するおそれがある場合は有効なさび止め、防腐のための措置をすること ③ 屋根瓦は、軒、けらばから2枚通りまでを一枚ごとに、その他の部分のうち棟にあっては一枚おきごとに、銅線、鉄線、くぎ等で下地に緊結する等はがれ落ちないようにふく		
外装材 （S46告示109号）		① 建築物の屋外に面する部分に取り付ける飾石・張り石等はボルト、かすがい、銅線等の金物で軸組、壁、柱等に緊結すること ② 建築物の屋外に面する部分に取りつけるタイル等は銅線、くぎその他の金物又はモルタル等で下地に緊結すること		
屋外に面する帳壁（S46告示109号）	地上3階以上の建築物	① 荷重外力ににより脱落することがないように構造耐力上主要な部分に取り付ける ② PC版を使用する帳壁は、その上部又は下部の支持構造部分において可動すること（構造計算又は実験で張壁及び支持構造部分に著しい変形が生じないことを確かめた場合を除く） ③ 鉄網モルタル塗に使用するラスシート、ワイヤラス、メタルラスはJISの基準に適合し、間柱、胴縁等の下地材に緊結すること ④ 窓にはめごろしガラス戸を設ける場合は、原則として硬化性のシーリング材を使用しないこと（網入りガラスを除く）		
	高さ31mを超える建築物 高さ31m以下の部分で高さ31mを超える部分の構造耐力上の影響を受けない部分を除く	① 高さの1/150の層間変位に対して脱落しないこと（構造計算で脱落しないことを確かめた場合を除く）		
屋根ふき材 屋外に面する帳壁 の耐風計算 （令82条の4 H12告示1458号）		風圧に対して大臣が定める構造計算を行う 適用範囲 ① 屋根ふき材　すべての建築物 ② 屋外に面する帳壁　高さ＞13mの建築物 　　但し、高さ13m以下で、次の部分の帳壁は除外 　　イ 高さ13m超の部分の構造耐力上の影響を受けない部分（帳壁の天端レベルが13mを超えれば行わなければならない） 　　ロ 1階の部分 　　ハ 1階に類する屋外からの出入口がある階の部分 風圧力の計算・ガラスの板厚の計算はH12告示1458号によること		

※1　時刻歴計算（大臣認定）の場合も限界耐力計算の場合も、耐久性等関係規定以外の規定は適用除外されるが、それぞれの方法で安全性を確認する必要がある

(2) 特定天井

表3-Ⅴ-14　特定天井の基準[46]

項目	基　　準	耐久性 等関係 規定※1	適用除 外規定
特定天井の構造方法 (H25告示771号)	①特定天井（脱落によって重大な危害を生ずるおそれがある天井）とは、下記全てに該当するもの 　・高さ＞6m 　・水平投影面積＞200 ㎡ 　・単位面積質量＞2kg/㎡ 　・人が日常利用する場所に設置されている吊り天井 ②特定天井の構造方法には3つのルートがあり、選択する 　イ　仕様ルート・・・・・一定の仕様に適合するもの 　ロ　計算ルート・・・・・計算により構造耐力上の安全性を検証するもの 　ハ　大臣認定ルート・・・上記によらない方法を（一般・個別）大臣認定を受けて採用可能 構造方法の具体的な解説や設計例が一般社団法人　建築性能基準推進協会のHP (https://www.seinokyo.jp/tenjou/top/) 等に公開されているので参考とされたい ③特定天井で特に腐食等の劣化のおそれのあるものには、腐食等の劣化しにくい材料又は有効なさび止め、防腐その他の劣化防止のための措置をした材料を使用しなければならない。	③	

※1　時刻歴計算（大臣認定）又は限界耐力計算の場合は、耐久性等関係規定以外の規定は適用除外される

11 荷重及び外力

1．許容応用度計算で用いられる荷重及び外力

荷重及び外力の種類としては、以下の5項目を考慮しなければならない（令83条）。

・固定荷重（令84条）

・積載荷重（令85条）

・積雪荷重（令86条）

・風圧力（令87条）

・地震力（令88条）

他に、実況に応じて土圧、水圧、振動、衝撃による外力を考慮しなければならない。

2．積載荷重（令85条）

積載荷重は、建築物の実況に応じて計算しなければならないが、表3-Ⅴ-15の用途の室については、表中の数字によることができる。

表3-Ⅴ-15 積載荷重

（単位：N/㎡）

構造計算の対象／室の種類		積載荷重		
		床	大梁、柱、基礎	地震力
①	住宅の居室、住宅以外の建築物の寝室又は病室	1,800	1,300	600
②	事務室	2,900	1,800	800
③	教室	2,300	2,100	1,100
④	百貨店、店舗の売場	2,900	2,400	1,300
⑤	劇場、映画館、演芸場、観覧場、公会堂、集会場等の客席又は集会室 固定席の場合	2,900	2,600	1,600
	その他の場合	3,500	3,200	2,100
⑥	自動車車庫及び自動車通路	5,400	3,900	2,000
⑦	廊下、玄関又は階段	③から⑤までの室に連絡するものでは⑤の「その他の場合」の数値による		
⑧	屋上広場又はバルコニー	①の数値による。但し、学校又は百貨店では、④の数値による		

倉庫業を営む倉庫の床用については、実況に応じて計算した数値が3900N/㎡を下回った場合でも、3900N/㎡としなければならない。

※東京都指針では以下の取扱いがある

・乗用車専用車庫

床	3900 N/㎡
大梁・柱・基礎	2900 N/㎡
地震力	1500 N/㎡

・屋上を使用しないもの（非歩行の屋上）では、表3-Ⅴ-15住宅用の1/2 程度

3．積雪荷重（令86条）

表3-Ⅴ-16 積雪荷重

①	積雪荷重	単位重量 × 垂直積雪量
②	単位重量	積雪量1cmごとに20N/㎡（特定行政庁が規則で定めた場合にはその数値）
③	垂直積雪量	特定行政庁が規則で定める数値
④	屋根勾配による積雪荷重の低減	屋根に雪止めを設けていない場合 低減率＝$\sqrt{\cos(1.5\beta)}$ β：屋根勾配 $\beta>60°$ では0
⑤	多雪地帯の常時荷重の低減	①〜④の70%
⑥	風圧力、地震力と同時に採用する場合	①〜④の35%
⑦	雪降ろしを行う地方での低減	垂直積雪量が1mを超える場合でも1mとして良い。その際は出入口等の見やすい場所にその旨を表示する

④の詳細表：

屋根勾配	15°	30°	45°
低減率	0.96	0.84	0.62

4. 風圧力 （令87条）

表3-Ⅴ-17 風圧力

①	風圧力 W	$W=q \cdot C_f$ W：風圧力（N/m²） q：速度圧（N/m²） C_f：風力係数
②	速度圧※ q	$q=0.6 \cdot E \cdot V_0{}^2$ E：速度圧の高さ方向の分布を示す係数 （当該建築物の高さや周辺の状況（地表面粗度区分）に応じた算出式で求める） V_0：その地方における基準風速（m/s） 建築物に近接してその建築物を風の方向に対して有効にさえぎる他の建築物、防風林その他これらに類するものがある場合においては、その方向における速度圧は、1/2まで減らすことができる
③	風力係数※ C_f	$C_f=C_{pe}-C_{pi}$ C_{pe}：外圧係数（屋外から当該部分を垂直に押す方向を正とする） C_{pi}：内圧係数（室内から当該部分を垂直に押す方向を正とする） 風力係数を風洞実験で定めることもできる

※ q、C_f の数値・数式については、H12告示1454号を参照

5. 地震力 （令88条）

表3-Ⅴ-18 地震力

①	地震力	$Q_i=\Sigma W_i \cdot C_i$ $C_i=Z \cdot R_t \cdot A_i \cdot C_0$ Q_i：i階の層せん断力 ΣW_i：i階より上部の重量の和 C_i：層せん断力係数 Z：地震地域係数※（1.0〜0.7） R_t：振動特性係数※ A_i：層せん断力分布係数※ C_0：標準層せん断力係数（ベースシア係数）
②	C_0 標準層せん断力係数（ベースシア係数）	1次設計用≧0.2 但し、地盤が著しく軟弱な区域の 　木造建築物≧0.3 保有水平耐力≧1.0
③	地下部分の地震力	$Q_i=Q_1+\Sigma (W_i \cdot k)$ $k \geqq 0.1(1-\dfrac{H}{40})Z$ Q_i：地下i階の層せん断力 Q_1：1階の層せん断力 W_i：地下i階の重量 k：水平震度（0.1〜0.05） H：地下i階の地盤面からの深さ 　　（20を超えるときは20）（m）

※ Z、R_t、A_i の数値・数式については、S55告示1793号を参照

6. 許容応力度計算における荷重の組合せ （令82条）

表3-Ⅴ-19 許容応力度計算における荷重の組合

	荷重・外力の状態	組合せ	
		一般の区域	多雪区域 （特定行政庁が指定）
長期	常時	G+P	G+P
	積雪時		G+P+0.7S
短期	積雪時	G+P+S	G+P+S
	暴風時※	G+P+W	G+P+W
			G+P+0.35S+W
	地震時	G+P+K	G+P+0.35S+K

$\left.\begin{array}{l}G：固定荷重\\P：積載荷重\\S：積雪荷重\\W：風圧力\\K：地震力\end{array}\right\}$ によって生ずる力（軸方向力、曲げモーメント、せん断力等）

※ 暴風時において、建築物の転倒、柱の引抜き等を検討する場合のPは建築物の実況に応じて積載荷重を減らした数値とすること

261

12 指定建築材料
（法37条）

指定建築材料とは、建築物の基礎、主要構造部その他重要な部分（令144条の3に定められており、「構造耐力上主要な部分※」が含まれる）に使用する大臣が定める材料を言い、H12告示1446号第1に規定されている。建築材料の品質を定めているものである。

指定建築材料（H12.5.31告示1446号第1）
(1) 構造用鋼材及び鋳鋼
(2) 高力ボルト及びボルト
(3) 構造用ケーブル
(4) 鉄筋
(5) 溶接材料
　（炭素鋼、ステンレス鋼及びアルミニウム合金材）
(6) ターンバックル
(7) コンクリート
(8) コンクリートブロック
(9) 免震材料
(10) 木質接着成形軸材料
(11) 木質複合軸材料
(12) 木質断熱複合パネル
(13) 木質接着複合パネル
(14) タッピンねじその他これに類するもの
(15) 打込み鋲
(16) アルミニウム合金材
(17) トラス用機械式継手
(18) 膜材料及びテント倉庫用膜材料及び膜構造用フィルム
(19) セラミックメーソンリーユニット
(20) 石綿飛散防止剤
(21) 緊張材
(22) 軽量気泡コンクリートパネル

指定建築材料は次の①または②に該当する必要がある。

① 大臣が指定するJISまたはJASに適合する品質のもので、H12告示1446号に定められている。

② 大臣認定品
即ち、①のJISかJASの品質に該当しないものは、②の大臣認定を受けなければ、建築物の重要な部分には使用してはならない。なお、①は必ずしもJISマーク等

の付与品を求めるものではないが、その場合には規格適合を十分に説明する資料が必要であり容易ではない。指定建築材料でも令144条の3に規定された重要な部分以外に使用される場合には適用されない。また、指定建築材料以外の材料に対しては構造耐力上主要な部分等に使用される場合でも適用されない。

法37条は、指定建築材料以外の材料の使用を禁止するものではないが、それ以外の材料に対しては、それらを使った構造方法や材料強度等が規定されていなかったので、結局は使用できない仕組みとなっていた。

しかし、平成26年の法改正（平成27年施行）により、大臣認定を得ることで特殊な構造方法や建築材料を用いることができるとする法38条が復活し、その道が開けた。

※構造耐力上主要な部分（令1条三号）とは基礎、基礎ぐい、壁、柱、小屋組、土台、斜材（筋かい、方づえ、火打材等）、床版、屋根版、横架材で建築物の自重、積載荷重、積雪荷重、風圧、土圧、水圧、地震等の震動・衝撃を支えるもの。「主要構造部」（法2条五号）との区別に注意。

また、平成28年にH12告示1446号が改正され、[1]法20条1項1号（時刻歴）の大臣認定を受けた建築物に使用される建築材料で上記①のJIS又はJASの基準に適合するもの、[2]法85条5項による特定行政庁の許可を受けた仮設建築物に使用される建築材料、[3]現に存する建築物で法37条に違反していない建築物に使用されている建築材料は指定建築材料として扱わないこととなった。[3]は旧38条認定で特殊な材料を用いている既存不適格建築物の増改築の場合に、上記②の大臣認定を不要とする緩和である。

※構造耐力上主要な部分（令1条三号）とは基礎、基礎ぐい、壁、柱、小屋組、土台、斜材（筋かい、方づえ、火打材等）、床版、屋根版、横架材で建築物の自重、積載荷重、積雪荷重、風圧、土圧、水圧、地震等の震動・衝撃を支えるもの。「主要構造部」（法2条五号）との区別に注意。

13　許容応力度と材料強度

　許容応力度と材料強度は告示等に定められた基準強度を基に計算される。その計算式が政令の各条文に定められている。特殊な材料の許容応力度等は別途告示に定められている。

　具体的な数値は下表の各規定を参照されたい。

　許容応力度は許容応力度計算に用いられ、長期と短期がある。長期許容応力度とは固定荷重など長期間にわたってかかる力に対して、短期許容応力度とは地震や風など短期間に作用する力に対して、部材が損傷しない（許容しうる損傷に収まる）ための限度である。材料強度は建物が倒壊したり、部材が破壊しないことを確かめる保有水平耐力計算に用いられる強度を言う。基準強度は、各材料の許容応力度や材料強度を計算するための基となる値である。

表3-Ⅴ-20　許容応力度と材料強度諸規定

材　料（※1）		許容応力度 （許容応力度計算 に用いる）	材料強度 （保有水平耐力計 算に用いる）	告　　示
木　　材		令89条	令95条	H12告示1452号（基準強度）
鋼　材　等		令90条	令96条（※2、4）	H12告示2464号（基準強度） H12告示1451号（高強度の炭素鋼の許容応力度と材料強度）
コンクリート		令91条	令97条	H12告示1450号（引張、せん断の許容応力度と材料強度）
溶　　接		令92条	令98条	H12告示2464号（基準強度）
高力ボルト		令92条の2（摩擦接合の許容応力度）	令96条（※4）	H12告示2466号（基準張力、引張の許容応力度、材料強度の基準強度）
地盤・基礎杭		令93条	－（※3）	H13告示1113号（地盤の許容応力度、基礎杭の許容支持力等）
特殊な材料	木材のめりこみ・圧縮材の座屈	令94条	令99条	H13告示1024号（特殊な許容応力度と材料強度）
	鋼材等の支圧、圧縮座屈、曲げ座屈、高強度鉄筋			
	亜鉛メッキ高力ボルト			
	他			

※1　法37条第二号の大臣認定を受けた指定建築材料は大臣指定の基準強度を用いる
※2　材料強度を計算する時、JIS適合の炭素鋼であれば、基準強度を1.1倍できる
※3　基礎構造は、保有水平耐力計算に含まれないので材料強度の規定はないが、塔状比が4を超える建築物の転倒の検討を行う場合には「極限支持力」を求める必要がある。極限支持力は規定化されていないが、長期許容支持力の3倍の値が用いられる
※4　保有耐力接合の計算では鋼材の「破断強度」が用いられるが、その場合はJISにおける引張強さの下限の値を適用する

14 構造計算適合性判定（通称：構造適判）

1. 構造計算適合性判定の手続き

表 3-Ⅴ-21　構造計算適合性判定

項　目	内　　容	備　考
構造適判の必要な建築物（法 6 条の 3 第 1 項）	下記の構造計算（特定構造計算基準）を行った建築物は構造適判が必要 ①構造計算ルート 3 ②構造計算ルート 2（但し、高度な専門知識等を有すると認められた建築主事等が確認審査する場合は不要） ③構造計算ルート 1 で大臣認定プログラムを使用の場合 　ルート 1,2,3 の建築物の範囲は、木造、鉄骨造、RC 造、SRC 造ごとに 3 章を参照。なお、例えば、ルート 1 の規模でも、構造設計者の判断でルート 3 で計算された場合等は、構造適判が必要 ④限界耐力計算 ⑤併用構造（混構造）の場合、H19 告示 593 号 3・4 号に示されるもの。この条文は「以外のもの」と、否定形で示されているので注意。次ページを参照	・新築で、「一の建築物」であっても EXP.J で分離されていれば、それぞれ別建築物として判断する（法 20 条 2 項、令 36 条の 2） ・既存不適格建築物の増築でも、増築部分が EXP.J で分離されていれば同様に判断する（特定増改築構造計算基準）
構造適判の手続きの流れ	①' 建築主は審査を都道府県知事または指定構造計算適合性判定機関に直接申請する（確認審査は別途①申請する） ②都道府県知事又は指定構造計算適合性判定機関から適合判定通知書の交付を受ける ③適合判定通知書を、確認審査を行っている建築主事または指定確認検査機関に提出する ④建築主事または指定確認検査機関から確認済証の交付を受ける 改正案　①建築確認　→　建築主事等による建築確認 建築主　③判定結果通知書　← 　　　　④確認済証　← 　　　　①' 判定申請　→　指定構造計算適合性判定機関等による構造計算適合性判定 　　　　②判定結果通知書　← ※建築主事等は、最終的に判定結果通知書をもって判断	必要書類（正・副） ・申請書一式 ・委任状 ・意匠図（設備図は不要） ・構造図 ・構造計算書一式 ・その他

●目安箱●

◆確認申請の指摘項目ワースト 10（構造編）◆

1. 地耐力算定根拠について
2. EXP.J がある場合の位置、建物間の寸法不備
3. 壁の構造スリットについて
4. 片持ち部材の出寸法の未記載
5. 特殊荷重・集中荷重の影響について
6. 保有水平耐力・剛性率・偏心率等について
7. 鉄骨接合部の仕口・継手について
8. 構造設計一級建築士の記入・捺印もれ
9. 構造計算書の誤記・記入もれ
10. 意匠図・計算書と構造図とのくい違い

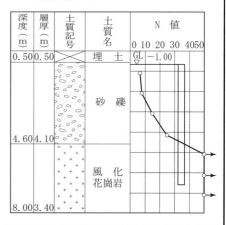

2. ルート1となる併用構造（混構造）

図3-V-11　併用構造の解説とイメージ図（H1告示593号　第3号）[62]

（下記の建築物以外の併用構造建築物はルート2以上を適用する。）

木造、組積造、補強コンクリートブロック造及び鉄骨造のうち二以上の構造を併用する建築物又はこれらの構造のうち一以上の構造と鉄筋コンクリート造若しくは、鉄骨鉄筋コンクリート造とを併用する建築物であって、次に該当するもの

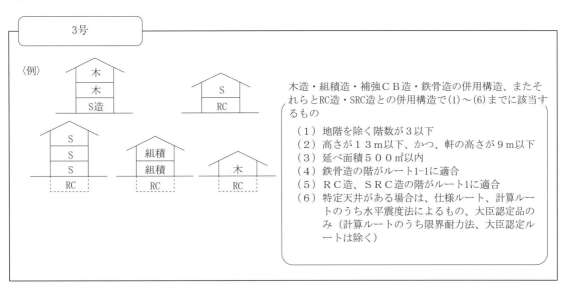

3号

〈例〉

木造・組積造・補強ＣＢ造・鉄骨造の併用構造、またそれらとRC造・SRC造との併用構造で(1)〜(6)までに該当するもの
(1) 地階を除く階数が３以下
(2) 高さが１３ｍ以下、かつ、軒の高さが９ｍ以下
(3) 延べ面積５００㎡以内
(4) 鉄骨造の階がルート1-1に適合
(5) ＲＣ造、ＳＲＣ造の階がルート1に適合
(6) 特定天井がある場合は、仕様ルート、計算ルートのうち水平震度法によるもの、大臣認定品のみ（計算ルートのうち限界耐力法、大臣認定ルートは除く）

第３号本文中に『次号イ又はロに該当するものを除く。』とあるため、第４号イ、ロに示す組合わせパターンに該当しない木造とＲＣ造の併用構造は、上記第３号に該当するか確認が必要である。

第４号イ又はロに該当しない木造とＲＣ造の併用構造　例

●目安箱●

◆風力係数の謎◆

法律全般に言えることですが、規制についての解説がついていません。たとえば、なぜこういう規定にしたのかを知ったうえで解釈すれば、もしかすると、難しい条文も理解できるかもしれません。特に、建築関連法規のように、数量的な条文を多く含むものには必要だと思います。ことに立体的なものの規制を示すには、絵解きが必要です。なぜ法律はすべて文章によらなければならないのか、不思議に思います。しかし、建築基準法関連告示の中に、図示している告示があります。「風力係数の図」です。これが実にわかりやすい。こんな図が、沢山増えれば法律アレルギーは救われることでしょう。改正の時には、図解を望みたい…（H12告示1454号、H19告示1231号参照）。

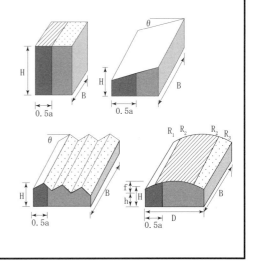

図3-Ⅴ-12　併用構造の解説とイメージ図（H19告示第593号　第4号）[62]

（下記の建築物以外の併用構造建築物はルート2以上を適用する。）

木造と鉄筋コンクリート造の構造を併用する建築物であって、次のイ、ロのいずれかに該当するもの

4号イ

(1) 木造とRC造を併用する建築物

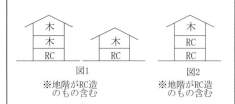

※地階がRC造のもの含む

図1及び図2に示すもので(2)～(10)までに該当するもの
(2) 高さが13m以下かつ、軒高が9m以下
(3) 延べ面積500㎡以内
(4) 地上部分層間変形角1/200（1/120）
(5) 図1に該当するもののうち階数が3のものは、2及び3階部分が剛性率0.6以上 を確認
(6) 図2に該当するものは、1及び2階部分が剛性率0.6以上を確認
(7) 各階の偏心率が0.15以下を確認
(8) ＲＣ造部分　$\Sigma 2.5Aw + \Sigma 0.7Ac \geq 0.75ZWAi\beta$
(9) 木造部分について筋かいβによる水平力割増、筋かい等の破断防止を確認
(10) 特定天井がある場合は、仕様ルート、計算ルートのうち水平震度法によるもの、大臣認定品のみ（計算ルートのうち限界耐力法、大臣認定ルートは除く）

4号ロ

(1) 木造とRC造を併用する建築物

※地階がRC造のもの含む

図に示すもので(2)～(5)までに該当するもの
(2) 上記イの(2)(4)及び(7)(8)(9)に該当するもの
(3) 延べ面積3,000㎡以内
(4) 2階部分の地震力について標準せん断力係数を0.3以上とする許容応力度計算をして安全を確認
(5) 特定天井がある場合は、仕様ルート、計算ルートのうち水平震度法によるもの、大臣認定品のみ（計算ルートのうち限界耐力法、大臣認定ルートは除く）

第4号本文中に『前号に該当するものを除く。』とあるため、上記第4号イ、ロに示す組合わせパターンに該当しない木造とＲＣ造の併用構造は、第3号に該当するか確認が必要である。なお、述べ面積500㎡超で、地下RC、地上木造1階の場合に4号ロが適用できるかどうかについては、明示されていないので、特定行政庁等に確認が必要。

15 構造設計一級建築士制度と安全証明書

表 3- Ⅴ -22　構造設計一級建築士制度と安全証明書 [49]

項　　　目	内　　　容
構造設計一級建築士の免許	構造設計一級建築士の免許は、一級建築士で5年以上の構造設計業務従事者が、法定講習を受講し、考査に合格して交付される
構造設計一級建築士の関与（士法20条の2）	①「関与」とは、自ら設計すること、または、構造設計一級建築士でない一級建築士が作成した図書の法適合確認を行うことをいう ②法適合確認を行った場合には、構造図及び計算書表紙に「構造関係規定に適合することを確認した」と表示して記名押印する
構造設計一級建築士の関与が必要な建築物（士法20条の2）	①一級建築士でなければ設計できない建築物（士法3条1項）のうち基準法20条1項一号または二号に該当する建築物。従って、ルート2以上、限界耐力計算、時刻歴応答解析（基準法20条1項三号に該当する建築物を設計者判断でルート3で計算した場合は構造設計一級建築士の関与は不要、構造適判は必要）。 ②仮設建築物でも上記に該当すれば関与が必要 ③工事監理および既存不適格建築物の増改築の設計には関与は不要
構造計算の安全証明書（士法20条）	①構造設計者は、構造計算が行われた場合に「構造計算の安全証明書」を委託者（建築主や意匠設計事務所等）に交付をしなければならない。確認申請図書にも写しを添付する ②EXP.Jで分離されている場合は、独立部分ごとに必要 ③構造設計一級建築士の関与が必要な建築物には、安全証明書の交付は不要 ④安全証明書は、表紙に割印して構造計算書とともに設計の委託者に交付する。確認申請時に構造計算書の副本の表紙に直接割印した副本に添付されることが多いようである。その場合、正本にそれらのコピーを添付して、その表紙には改めて朱印を押印する

安全証明書が必要な建築物（士法20条）

○: 要　－: 不要

関係条文	添付の要否	備　　　考
法20条1項一号（時刻歴）	－	
法20条1項二号イ、ロ号（ルート3, 2）	－	※1
法20条1項三号イ、ロ号（ルート1）	○	※2
法20条1項四号イ（計算不要）	－	※3
法20条1項四号ロ（不要でも計算した）	○	※2
法68条の10、法68条の20（型式）	－	※4
法85条2項、同5項（仮設）	－	
令10条（確認の特例）	－	法20条第四号イの場合※3
令137条の2、令137条の12（既存不適格の増築）	○	
施行規則1条の3（図書省略）	－	構造計算書の添付が省略される申請
法6条13項による追加説明書等	○	構造計算が伴う場合

※1　法第20条1項二号であっても、士法上一級建築士以外でも設計できる建築物の場合には添付を要する
※2　法第20条1項一号の基準に適合し、大臣の認定を取得した場合も、法第20条1項一号又は二号でなければ、構造計算の安全証明書の添付は必要
※3　法第20条1項四号イである仕様規定のただし書きの構造計算は、構造計算の安全証明書の交付が不要
※4　法68条の10、法第68条の20は、原則は添付不要（構造計算を行った場合は添付要）

16　耐震改修促進法の規定について

　建築物の地震に対する安全性の向上の促進を図るため、1995年の阪神・淡路大震災を受けて平成7年12月25日に施行され、倒壊等のおそれがある多数の者が利用する建築物等（特定建築物）に対して努力義務を課し、特定行政庁が指導や助言を行い建築物の耐震化の促進を行ってきた。その後、平成18年1月26日に、東海・東南海・南海地震、宮城県沖地震、首都圏直下型地震等の発生の逼迫性が指摘され一部改正された法律が施行されている。
　また、耐震化の遅れと南海トラフの巨大地震や首都直下型地震の切迫性が指摘される中、耐震化を強力に促進することを目的として、義務化を含めた規制強化と円滑な促進を進めるために、平成25年11月25日に、さらなる改正が行われ施行された。この改正では、マンションや戸建て住宅等の小規模建築物を含む、基本的に全ての旧耐震基準で設計された建築物を「既存耐震不適格建築物」とし、耐震性の確認と耐震化について所有者に努力義務を課せられることとなった。

1．用語の定義

(1)　既存耐震不適格建築物
　建築基準法における新耐震基準（S56.6.1施行）導入以前に建築等が行われた全ての建築物。

図3-Ⅴ-13　既存耐震不適格建築物の区分け

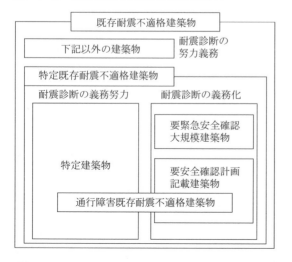

(2)　特定既存耐震不適格建築物
　政令で定められた一定規模以上の建築物（表3-Ⅴ-23）。特定行政庁は、指導・助言・立入り検査を行うことが出来る。また、指示に従わない場合は公表が出来る。
・学校、病院、劇場等の不特定多数の者が利用する建築物（共同住宅は除く）
・危険物貯蔵庫
・要安全確認計画記載建築物以外の通行障害耐震不適格建築物

(3)　要安全確認計画記載建築物
　都道府県又は市町村の耐震改修促進計画で指定された下記の建築物。記載された期限までに耐震診断結果の報告義務がある。
・都道府県が指定する庁舎や避難所などの防災建築物（小・中学校、ホテルなど）
・地方公共団体が指定する通行障害既存耐震不適格建築物（緊急輸送道路等の避難路沿道建築物）

(4)　要緊急安全確認大規模建築物
　国により規定された一定規模以上の下記の特定建築物（表3-Ⅴ-23）。平成27年12月31日までに特定行政庁に耐震診断結果を報告する義務が定められた。報告がなされない場合、特定行政庁は報告を行うよう公表の上、命ずることができ、従わない場合は罰金が課せられる。
・病院、店舗、旅館等の不特定多数の者が利用する建築物
・小学校、老人ホーム等の避難弱者が利用する建築物
・火薬類等危険物の貯蔵場・処理場のうち大規模なもの

(5)　通行障害既存耐震不適格建築物
　緊急輸送道路等の避難路沿道建築物とも言う。地方公共団体が指定する。地震によって倒壊した場合、道路を塞ぎ多数の者の避難を困難とする危険性がある建築物。全面道路幅員の1/2超の高さの建築物。（但し、6m超）

表3-Ⅴ-23 特定既存耐震不適格建築物及び要緊急安全確認大規模建築物として指定される建築物の用途と規模

用途	特定既存耐震不適格建築物 所管行政庁が指導・助言できる	特定既存耐震不適格建築物 所管行政庁が指示できる	要緊急安全確認大規模建築物
小学校、中学校、中等教育学校の前期課程若しくは特別支援学校	階数2以上かつ1,000 m²以上	階数2以上かつ1,500 m²以上	階数2以上かつ3,000 m²以上
上記以外の学校	階数3以上かつ1,000 m²以上	—	—
体育館(一般公共の用に供されるもの)	階数1以上かつ1,000 m²以上	階数1以上かつ2,000 m²以上	階数1以上かつ5,000 m²以上
ボーリング場、スケート場、水泳場その他これらに類する運動施設	階数3以上かつ1,000 m²以上	階数3以上かつ2,000 m²以上	階数3以上かつ5,000 m²以上
病院、診療所			
劇場、観覧場、映画館、演芸場			
集会場、公会堂			
展示場			
卸売市場		—	—
百貨店、マーケットその他の物品販売業を営む店舗		階数3以上かつ2,000 m²以上	階数3以上かつ5,000 m²以上
ホテル、旅館			
賃貸住宅(共同住宅に限る)、寄宿舎、下宿		—	—
事務所			
老人ホーム、老人短期入所施設、福祉ホームその他これらに類するもの	階数2以上かつ1,000 m²以上	階数2以上かつ2,000 m²以上	階数2以上かつ5,000 m²以上
老人福祉センター、児童厚生施設、身体障害者福祉センター、その他これらに類するもの			
幼稚園、保育所	階数3以上かつ500 m²以上	階数2以上かつ750 m²以上	階数2以上かつ1,500 m²以上
博物館、美術館、図書館	階数3以上かつ1,000 m²以上	階数3以上かつ2,000 m²以上	階数3以上かつ5,000 m²以上
遊技場			
公衆浴場			
飲食店、キャバレー、料理店、ナイトクラブ、ダンスホール、その他これらに類するもの			
理髪店質屋貸衣装屋銀行その他これらに類するサービス業を営む店舗			
工場(危険物の貯蔵場または処理場の用途に供する建築物を除く)		—	—
車両の停車場又は船舶若しくは航空機の発着場を構成する建築物で旅客の乗降又は待合の用に供するもの		階数3以上かつ5,000 m²以上	階数3以上かつ5,000 m²以上
自動車車庫その他の自動車又は自転車の停留又は駐車のための施設			
保健所税務署その他これらに類する公益上必要な建築物			
一定量以上の危険物の貯蔵場又は処理場の用途に供する建築物	政令で定める数量以上の危険物を貯蔵または処理する全ての建築物	500 m²以上	階数1以上かつ5,000 m²以上(敷地境界線から一定距離以内に存する建築物に限る)

図3-Ⅴ-14 通行障害建築物の要件

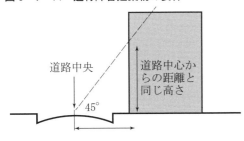

(6) 耐震診断

　昭和56年6月1日以前の旧耐震基準で設計された建築物に対して、現行の新耐震基準相当の耐震性能(震度6強程度の大規模地震に対する安全性)の有無を確認すること。

(7) 耐震改修

地震に対する安全性の向上を目的として、増築、改築、修繕、模様替、一部の除却、又は敷地の整備をすることをいう。建替を含む場合もある。

(8) 特定行政庁

原則として特定行政庁をいうが、政令で定められる一定の建築物については、市町村又は特別区の区域でも都道府県知事となる。

(9) 危険物関連

危険物の貯蔵場又は処理場の用途に供する建築物は、周辺市街地の住民等の生命・身体に被害を及ぼすことを防止するために耐震化が必要なものであるため、危険物の区分に応じ、その外壁・柱から敷地境界線までの距離が国土交通大臣が定める距離（離隔距離）以下のものに限定することとされた。

危険物の貯蔵場または処理場に該当する建築物を表3-Ⅴ-24に示す。また、離隔距離の基本的考え方は次の①②による。

表 3-Ⅴ-24　耐震改修促進法 14 条 2 号【危険物の貯蔵場又は処理場の用途に供する建築物】

政令 7条2項	用　途		数量
第1号	火薬類	火薬	10t
		爆薬	5t
		工業雷管若しくは電気雷管又は信号雷管	50 万個
		銃用雷管	500 万個
		実包若しくは空包、信管若しくは火管又は電気導火線	5 万個
		導爆線又は導火線	500 km
		信号炎管若しくは信号火箭又は煙火	2t
		その他火薬又は爆薬を使用した火工品	当該火工品の原料となる火薬又は爆薬の区分に応じ、それぞれ火薬・爆薬に定める数量
第2号	石油類		危険物の規制に関する政令別表第3の類別の欄に掲げる類、品目の欄に掲げる品名及び性質の欄に掲げる性状に応じ、それぞれ同表の指定数量の欄に定める数量の 10 倍の数量
	消防法 2 条 7 項に規定する危険物（石油類を除く）		
第3号	危険物の規制に関する政令別表第 4 備考第 6 号に規定する可燃性個体類		30t
第4号	危険物の規制に関する政令別表第 4 備考第 8 号に規定する可燃性液体類		20 m³
第5号	マッチ		300 マッチ t ※ 1 マッチ t ＝並型マッチで 7,200 個、約 120 kg
第6号	可燃性ガス（第 7 号、第 8 号に掲げるものを除く）		2 m³
第7号	圧縮ガス		20 m³
第8号	液化ガス		2,000t
第9号	毒物及び劇物取締法 2 条 1 項に規定する毒物		20t
第10号	毒物及び劇物取締法 2 条 2 項に規定する劇物（液体又は気体のものに限る）		200t

注）上記に該当する建築物のうち、昭和 56 年 5 月 31 日以前に着工（※）した建築物が該当する。
（※）当該建築物の建築基準法 6 条 1 項による確認通知日など

① 火薬類

離隔距離は、火薬類取締法施行規則の定められている第一種保安物件（重要文化財、学校、病院等）に対する保安距離とされている。当該保安距離は、停滞量や火薬類の種類により規定されており、同規則4条1項4号に揚げる表の上限量よりも多い量を停滞する場合には、同規則と同様、算定式により距離を求める。

② 消防法第2条第7項に規定する危険物、可燃性固体類、可燃性液体類、マッチ

離隔距離は、最も厳しい距離として、危険物の規制に関する政令9条に規定されている重要文化財に対する距離の50m。可燃性固体類、可燃性液体類、マッチに離隔距離は定められていないが、消防法と同様の離隔距離とされている。但し、敷地が河川、海等に接する場合は、建築物の外壁又はこれに代わる柱の面から敷地境界線までの距離を、建築物の外壁又はこれに代わる柱の面から川、海等の建築物のある側と反対側の境界線までの距離とみなす。これは、敷地が川や海に接する場合は延焼のおそれが少ないためである。

2．既存耐震不適格建築物に対する所有者の義務・努力と特定行政庁の権限

(1) 既存耐震不適格建築物の所有者の努力等

（特定既存耐震不適格建築物、要安全確認計画記載建築物を除く）

耐震診断を行い、必要に応じて、耐震改修を行うよう努める必要がある。特定行政庁は、所有者に対して、耐震診断及び耐震改修について必要な指導及び助言をすることができる。

(2) 特定既存耐震不適格建築物の所有者の努力

耐震診断を行い、その結果、地震に対する安全性の向上を図る必要がある場合には、耐震改修を行うよう努める必要がある。

(3) 要安全確認計画記載建築物の所有者の義務と努力

耐震診断を行い、建築物の区分に応じ定められた期限までに特定行政庁に診断結果を報告する義務がある。また、その結果、地震に対する安全性の向上を図る必要がある場合には、耐震改修を行うよう努める必要がある。

(4) 特定既存耐震不適格建築物に対する特定行政庁の指導、助言、指示等

① 特定行政庁は、所有者に対して、耐震診断及び耐震改修について必要な指導及び助言をすることができる。

② 特定行政庁は、必要な耐震診断及び耐震改修が行われないと認める場合は、所有者に対して、技術指針事項を勘案し、必要な指示をすることができる。

③ 特定行政庁は、指示を受けた特定既存耐震不適格建築物の所有者が、正当な理由がなく、指示に従わなかったときは、その旨を公表することができる。

④ 特定行政庁は、特定既存耐震不適格建築物の所有者に対し、特定既存耐震不適格建築物の地震に対する安全性に関る事項に関し報告させ、又はその職員に、特定既存耐震不適格建築物の建築物・敷地・工事現場に立ち入り、建築物・敷地・建築設備・建築材料・書類その他の物件を検査させることができる。

(5) 要安全確認計画記載建築物に対する特定行政庁の指導、助言、指示等

① 特定行政庁は、所有者に対して、耐震改修について必要な指導及び助言をすることができる。

② 特定行政庁は、必要な耐震改修が行われないと認める場合は、所有者に対して、技術指針事項を勘案し、必要な指示をすることができる。

③ 特定行政庁は、指示を受けた要安全確認計画記載建築物の所有者が、正当な理由がなく、指示に従わなかったときは、その

旨を公表することができる。

④ 特定行政庁は、要安全確認計画記載建築物の所有者に対し、要安全確認計画記載建築物の地震に対する安全性に関する事項に関し報告させ、又はその職員に、要安全確認計画記載建築物の建築物・敷地・工事現場に立ち入り、建築物・敷地・建築設備・建築材料・書類その他の物件を検査させることができる。

(6) 耐震診断の結果の公表

特定行政庁は、耐震診断の結果の報告義務がある建築物について、報告を受けた場合は、国土交通省令で定めるところにより、内容を公表する。公表の内容は、所有者の氏名、建築物の名称・位置・用途、耐震診断の結果等である。

なお、報告に当っては、所管官庁によっては耐震診断評定又は耐震改修評定の取得を求められる場合がある。

３．耐震化推進のための各種認定制度

(1) 耐震改修計画の認定制度（法17条〜21条）

① 手続き

建築物の耐震改修を行うものは、耐震改修計画を作成し、特定行政庁の認定を取得することができる。認定を取得することにより、下記に示す特例措置を受けることができる。

耐震改修計画の認定は、特定行政庁が適切と認めた者（指定性能評価機関等）により耐震診断基準に適合していることの評定等を経て、特定行政庁に申請する。特定行政庁は認定建築物に対して耐震改修の状況の報告を求めることができる。たとえば東京都では計画通りに工事されたことを確認している。

② 認定の基準

耐震改修計画の認定の基準概要を表3-Ⅴ-25に示す。

表3-Ⅴ-25　耐震改修の認定基準

1	建築物の耐震改修の事業の内容が耐震関係規定又は地震に対する安全上これに準ずるものとして建設大臣が定める基準（今後基準が示される）に適合していること
2	資金計画が建築物の耐震改修の事業を確実に遂行するために適切なものであること
3	申請に係る建築物、建築物の敷地又は建築物若しくはその敷地の部分が耐震関連規定及び耐震関係規定以外の建築基準法又はこれに基づく命令若しくは条例の規定に適合せず、かつ、既存不適格建築物である場合において、当該建築物又は建築物の部分の増築、改築、大規模の修繕又は大規模の模様替えをしようとするものであり、かつ当該工事後も、引続き、当該建築物、建築物の敷地又は現地物若しくはその敷地の部分が耐震関係規定以外の建築基準法等に適合しないこととなる場合は、1, 2に示す基準のほか、次に示す基準に適合していること
	① 当該工事が地震に対する安全性の向上を図るために必要と認められるものであり、当該工事後も引き続き、当該建築物等が耐震関係規定以外の建築基準法等の規定に適合しないことがやむを得ないと認められるものであること
	② 工事の計画に係る建築物及び建築物の敷地について、交通上の支障の度、安全上・防火上・避難上の危険の度、衛生上・市街地の環境の保全上の有害の高くならないものであること
4	申請に係る建築物が耐震関係規定に適合せず、かつ、既存不適格建築物の規定の適用を受けている耐火建築物である場合において、当該建築物について壁を設け、又は柱・梁の模様替をすることにより、当該建築物が建築基準法から耐火建築物の規定（建築用途による耐火規定（法27条）、防火地域等による耐火規定（法61条・62条））に適合しないこととなるものであるときは、1, 2に示す基準のほか、次に示す基準に適合していること
	① 当該工事が地震に対する安全性の向上を図るために必要と認められるものであり、かつ、当該工事により、当該建築物が建築基準法の耐火建築物の規定に適合しないこととなることがやむを得ないと認められるものであること
	② 工事の計画に係る建築物及び建築物の敷地について、交通上の支障の度、安全上、防火上及び避難上の危険度ならびに衛生上及び市街地の環境の保全上の有害の度が高くならないこと 建築物の耐震改修の計画が建築基準法上の規定による確認又は通知を要するものである場合は、計画の認定をしようとするときは、特定行政庁は、あらかじめ、建築主事の同意を得なければならない 建築物の耐震改修の計画が建築基準法上の規定による確認又は通知を要するものである場合、計画の認定をしようとするときは、特定行政庁が計画を認定したときは、確認済証の交付があったものとみなす。特定行政庁は、その旨を建築主事に通知する

図3-Ⅴ-15 主棟を免震改修し、免震ピットを設置するのと併せて附属棟を改築する場合[86]

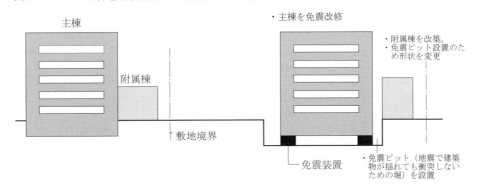

③ 耐震改修計画の認定取得による特例
- 地震に対する安全性が確保される場合は既存不適格のままで可とする特例。即ち、増築時に既存遡及しなくとも良いという取扱いが適用できる。
- 耐震補強工事に必要と認められる範囲で、建築基準法における耐火建築物・容積率・建ぺい率の規定が緩和される。

(2) 建築物の地震に対する安全性に係る認定（法22条～24条）

建築物の所有者は所管行政庁に対し、地震に対する安全性に係る基準に適合している旨の認定を任意に申請することができる。

耐震性が確保されている旨の認定を受けた建築物についてその旨を表示できる制度。特定行政庁より「基準適合認定建築物」と表示されたプレートが交付され、建築物の入口などに表示できる。

(3) 区分所有建築物の耐震改修の必要性に係る認定（法25条～27条）

耐震改修の必要性の認定を受けた建築物について、大規模な耐震改修を行おうとする場合の決議要件を緩和（区分所有法の特例：議決権の3／4→1／2）

区分所有法上の認定の申請決議、資格者による構造計算書等を添えて所管行政庁に申請する。なお、特定行政庁の規則で構造計算書を不要とすることができる。

図3-Ⅴ-16 既存建築物の外側に新たに柱、梁及び床を増設し耐震補強を行う場合[86]

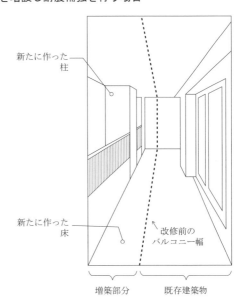

図3-Ⅴ-17 耐震性に関わる表示制度（法第22条3項）[54]

この制度はS56.6.1以降に新耐震基準により立てられた建築物も含め、全ての建築物が対象となる

表3-Ⅴ-26　耐震診断の実施可能者

耐震診断建築物の構造種別	必要とする建築士資格			必要資格講習
	一級建築士	二級建築士	木造建築士	
鉄筋コンクリート造	○	○	×	鉄筋コンクリート造耐震診断資格
鉄骨造	○	○	×	鉄骨造耐震診断資格
鉄骨鉄筋コンクリート造	○	○	×	鉄骨鉄筋コンクリート造耐震診断資格
木造	○	○	○	木造耐震診断資格

4．耐震診断の資格（規則5条）

要緊急安全確認大規模建築物および要安全確認計画記載建築物の耐震診断は、建築士でかつ大臣が定める講習を修了した者（他に、大臣が定める資格者）でなければ行うことができない。

5．技術指針及び認定診断法

耐震診断及び耐震改修の技術指針は、「建築物の耐震診断及び耐震改修の促進を図るための基本的な方針」（法4条、H18告示184号）の別添に定められている。また、この告示の別添第一ただし書の規定により、大臣がこの耐震診断の技術指針の一部又は全部と同等以上の効力を有すると認めた方法（「認定診断法」）が技術的助言に示されている（表3-Ⅴ-27）。

6．支援制度

支援制度は耐震改修促進法の重要な骨格の一つである。今回の改正により、耐震診断が義務付けられたことに対応し、助成金の増加など支援制度が拡充された。但し、期限が定められている。詳しくは、国土交通省、日本建築防災協会、各地方自治体のホームページ等を参照されたい。

図3-Ⅴ-27 耐震診断の技術指針及び認定診断法の規定

	耐震診断の方法（認定診断法）	対応する指針の規定	耐震性のないことを判断することができる認定診断法に適用可能（※）
(1)	「公立学校施設に係る大規模地震対策関係法令及び地震防災対策関係法令の運用細目」（昭和55年7月23日付け文管助第217号文部大臣裁定）	指針第1第二号	○
(2)	日本建築防災協会「木造住宅の耐震診断と補強方法」に定める「一般診断法」及び「精密診断法」（時刻歴応答計算による方法を除く）	指針第1第一号	○
(3)	日本建築防災協会「既存鉄骨造建築物の耐震診断指針」	指針第1第二号	○
(4)	日本建築防災協会「既存鉄筋コンクリート造建築物の耐震診断基準」及び「既存鉄骨鉄筋コンクリート造建築物の耐震診断基準」に定める「第1次診断法」により想定する地震動に対して所要の耐震性を確保していることを確認する方法（想定する地震動に対して所要の耐震性を確保していることを確認できる場合に限る）	指針第1第二号	—
(5)	日本建築防災協会「既存鉄筋コンクリート造建築物の耐震診断基準」及び「既存鉄骨鉄筋コンクリート造建築物の耐震診断基準」に定める「第2次診断法」及び「第3次診断法」	指針第1第二号	○
(6)	建築保全センター「官庁施設の総合耐震診断基準」	指針第1第二号	○
(7)	「屋内運動場等の耐震性能診断基準」	指針第1第二号	○
(8)	プレハブ建築協会「木質系工業化住宅の耐震診断法」	指針第1第一号	○
(9)	プレハブ建築協会「鉄鋼系工業化住宅の耐震診断法」	指針第1第二号	○
(10)	プレハブ建築協会「コンクリート系工業化住宅の耐震診断法」	指針第1第二号	○
(11)	日本建築防災協会「既存壁式プレキャスト鉄筋コンクリート造建築物の耐震診断指針」に定める「第1次診断法」により想定する地震動に対して所要の耐震性を確保していることを確認する方法（想定する地震動に対して所要の耐震性を確保していることを確認できる場合に限る）	指針第1第二号	—
(12)	日本建築防災協会「既存壁式プレキャスト鉄筋コンクリート造建築物の耐震診断指針」に定める「第2次診断法」	指針第1第二号	○
(13)	日本建築防災協会「既存壁式鉄筋コンクリート造等の建築物の簡易耐震診断法」（規模・構造、立地・敷地、平面形状、立面形状、コンクリート強度及び経年劣化に関する要件をすべて満たしていることを確認できる場合に限る）	指針第1第二号	—
(14)	建築物の構造耐力上主要な部分が昭和56年6月1日以降におけるある時点の建築基準法(昭和25年法律第201号)並びにこれに基づく命令及び条例の規定（構造耐力に係る部分（構造計算にあっては、地震に係る部分に限る）に限る）に適合するものであることを確認する方法（当該規定に適合していることを確認できる場合に限る）	指針第1第一号及び第二号	

※ 建築物の耐震改修の促進に関する法律第25条に規定する区分所有建築物の耐震改修の必要性に係る認定およびマンションの建替え等の円滑化に関する法律第102条に規定する除却の必要性に係る認定においては、耐震性のないことを判断することができる認定診断法のみ適用可能であることから、別途大臣認定が施された

●目安箱●

◆駐日外交機関の大使館と建築基準法の適用◆

国際慣習法上その国の法令に必ずしも従わなくてもよいと認められています。しかしながら反面、その特権及び免除を害することなくその国の法令を尊重しなければならないことも認められています。従ってその国の法令は強制手段をもたないものとして適用することになります。

建築基準法は、日本の領土内である限り適用されるのは当然ですが、駐日外交機関の建築行為については取扱いが異なります。まず、確認申請を自発的に行った場合は別として、提出するよう命ずることはできません。又、実体規定に違反していても是正命令等の法的強制手段は行使できず、法を尊重するよう事実上の勧告を行うか、外務省を通じて正式の要請をするほか方法はありません。

17 既存不適格建築物への増築

図3-Ⅴ-18 既存建築物への増築等に関する審査フロー[45)]

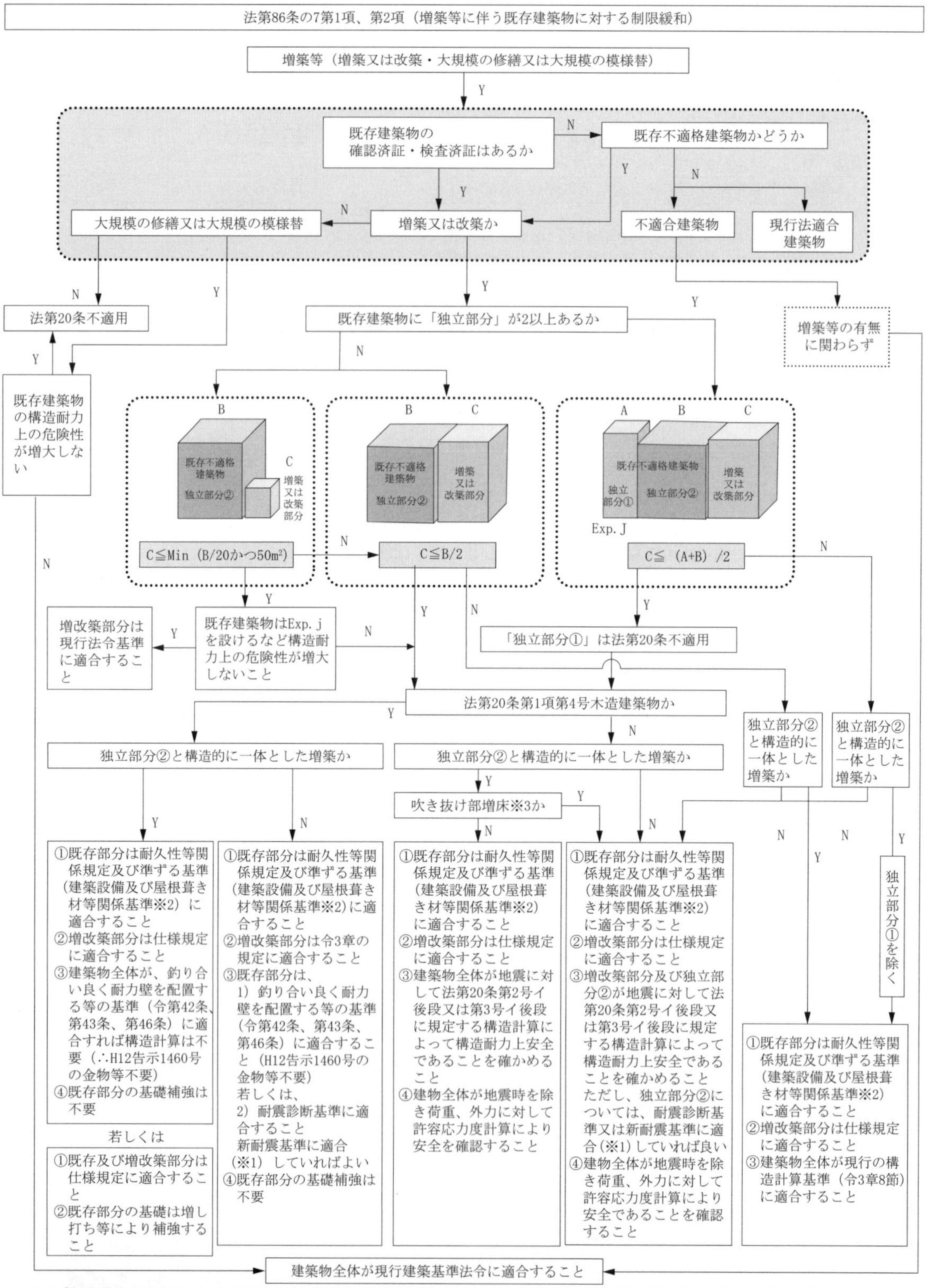

法第86条の7第1項、第2項（増築等に伴う既存建築物に対する制限緩和）

増築等（増築又は改築・大規模の修繕又は大規模の模様替）

既存建築物の確認済証・検査済証はあるか

既存不適格建築物かどうか

不適合建築物

現行法適合建築物

大規模の修繕又は大規模の模様替

増築又は改築か

法第20条不適用

既存建築物の構造耐力上の危険性が増大しない

既存建築物に「独立部分」が2以上あるか

増築等の有無に関わらず

$C ≦ Min (B/20かつ50m^2)$

$C ≦ B/2$

Exp. J

$C ≦ (A+B) /2$

増改築部分は現行法令基準に適合すること

既存建築物はExp. jを設けるなど構造耐力上の危険性が増大しないこと

「独立部分①」は法第20条不適用

法第20条第1項第4号木造建築物か

独立部分②と構造的に一体とした増築か

独立部分②と構造的に一体とした増築か

独立部分②と構造的に一体とした増築か

独立部分②と構造的に一体とした増築か

吹き抜け部増床※3か

独立部分①を除く

①既存部分は耐久性等関係規定及び準ずる基準（建築設備及び屋根葺き材等関係基準※2)に適合すること
②増改築部分は仕様規定に適合すること
③建築物全体が、釣り合い良く耐力壁を配置する等の基準（令第42条、第43条、第46条）に適合すれば構造計算は不要（∴H12告示1460号の金物等不要)
④既存部分の基礎補強は不要

若しくは

①既存及び増改築部分は仕様規定に適合すること
②既存部分の基礎は増し打ち等により補強すること

①既存部分は耐久性等関係規定及び準ずる基準（建築設備及び屋根葺き材等関係基準※2)に適合すること
②増改築部分は令3章の規定に適合すること
③既存部分は、
1）釣り合い良く耐力壁を配置する等の基準（令第42条、第43条、第46条）に適合すること（H12告示1460号の金物等不要)
若しくは、
2）耐震診断基準に適合すること
新耐震基準に適合（※1）していればよい
④既存部分の基礎補強は不要

①既存部分は耐久性等関係規定及び準ずる基準（建築設備及び屋根葺き材等関係基準※2)に適合すること
②増改築部分は仕様規定に適合すること
③建築物全体が地震に対して法第20条第2号イ後段又は第3号イ後段に規定する構造計算によって構造耐力上安全であることを確かめること
④建物全体が地震時を除き荷重、外力に対して許容応力度計算により安全を確認すること

①既存部分は耐久性等関係規定及び準ずる基準（建築設備及び屋根葺き材等関係基準※2)に適合すること
②増改築部分は仕様規定に適合すること
③増改築部分及び独立部分②が地震に対して法第20条第2号イ後段又は第3号イ後段に規定する構造計算によって構造耐力上安全であることを確かめることただし、独立部分②については、耐震診断基準又は新耐震基準に適合（※1）していれば良い
④建物全体が地震時を除き荷重、外力に対して許容応力度計算により安全であることを確認すること

①既存部分は耐久性等関係規定及び準ずる基準（建築設備及び屋根葺き材等関係基準※2)に適合すること
②増改築部分は仕様規定に適合すること
③建築物全体が現行の構造計算基準（令3章8節）に適合すること

建築物全体が現行建築基準法令に適合すること

※1 「新耐震基準に適合」とはS56年6月1日以降に適法に建築されたものをいう。但し、限界耐力計算の場合はそれに含まれない
※2 「建築設備及び屋根葺き材等関係基準」とは、建築設備（屋上水槽、配管設備、昇降機）、屋根葺き材、特定天井、外装材等についてH17告示566号第1に定められている基準をいう
※3 吹き抜け部分の増床等、建築物内部に床を増設する小規模な一体増築で、既存部分の主架構に追加・変更がない場合

VI その他

1 バリアフリー法による高齢者・身障者に対する配慮

1. 高齢者、身体障害者等の移動等の円滑化の促進に関する法律(バリアフリー法)の概要

(1) 法律の必要性

本格的な高齢社会の到来を迎え、高齢者や障害者の自立と積極的な社会参加が望まれることから、不特定多数の者が利用する公共的性格を有する建築物を高齢者、障害者等が円滑に利用できるよう措置していく必要がある。このため、建築主への指導、誘導等の総合的措置を講じ、速やかに良質な建築ストックの形成を図ることが求められている。

高齢者や障害者等の自立した日常生活や社会生活を確保するために、

① 旅客施設・車両等、道路、路外駐車場、都市公園、建築物に対して、バリアフリー化基準（移動等円滑化基準）への適合を求めるとともに、

② 駅を中心とした地区、高齢者や障害者等が利用する施設が集中する地区（重点整備地区）において、住民参加による重点的かつ一体的なバリアフリー化を進めるための措置等を定めている。

図3-VI-1　バリアフリー法の概要

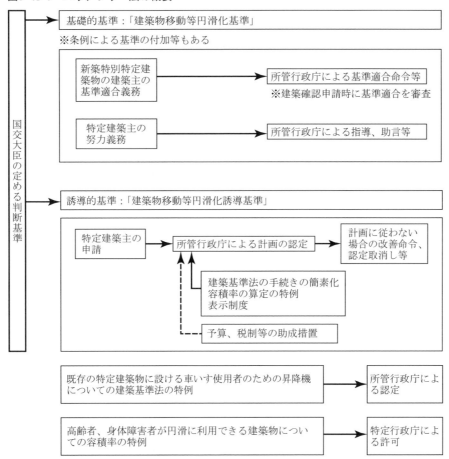

図3-Ⅵ-2　バリアフリー化の義務付け措置の概要

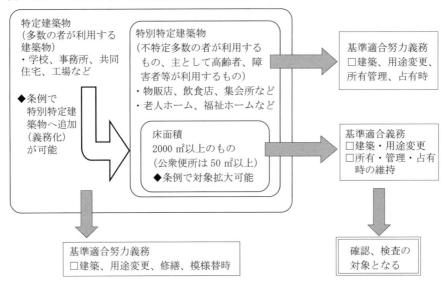

2．特定建築物等

(1) 特定建築物等の用途

表3-Ⅵ-1　特定建築物・特別特定建築物に定められる建築物

1. 特定建築物	2. 特別特定建築物
⑴　学校	⑴　特別支援学校
⑵　病院・診療所	⑵　病院・診療所
⑶　劇場・観覧場・映画館・演芸場	⑶　劇場、観覧場、映画館又は演芸場
⑷　集会場・公会堂	⑷　集会場・公会堂
⑸　展示場	⑸　展示場
⑹　卸売市場・百貨店・マーケット・その他物品販売業を営む店舗	⑹　百貨店・マーケット・その他の物品販売業を営む店舗
⑺　ホテル・旅館	⑺　ホテル・旅館
⑻　事務所	⑻　保健所・税務署・その他不特定かつ多数の者が利用する官公署
⑼　共同住宅・寄宿舎・下宿	⑼　老人ホーム・福祉ホーム・その他これらに類するもの（主として高齢者、障害者等が利用するもの）
⑽　老人ホーム・保育所・身体障害者福祉ホーム・その他これらに類するもの	⑽　老人福祉センター・児童厚生施設・身体障害者福祉センター・その他これらに類するもの
⑾　老人福祉センター・児童厚生施設・身体障害者福祉センター・その他これらに類するもの	⑾　体育館（一般公共の用に供されるもの）・水泳場（一般公共の用に供されるもの）・ボーリング場・遊技場
⑿　体育館・水泳場・ボーリング場・その他これらに類する運動施設・遊技場	⑿　博物館・美術館・図書館
⒀　博物館・美術館・図書館	⒀　公衆便所
⒁　公衆浴場	⒁　飲食店
⒂　飲食店・キャバレー・料理店・ナイトクラブ・ダンスホール・その他これらに類するもの	⒂　理髪店・クリーニング取次店・質屋・貸衣装屋・銀行・その他これらに類するサービス業を営む店舗
⒃　理髪店・クリーニング取次店・質屋・貸衣装屋・銀行・その他これらに類するサービス業を営む店舗	⒃　車両の停車場・船舶・航空機のターミナルの旅客乗降・待合所
⒄　自動車教習所・学習塾・華道教室・囲碁教室・その他これらに類するもの	⒄　自動車の駐停車のための施設（一般公共の用に供されるもの）
⒅　工場	⒅　公衆便所
⒆　車両の停車場・船舶・航空機ターミナルの旅客の乗降・待合所	⒆　公共用歩廊
⒇　自動車の駐停車のための施設	
㉑　公衆便所	
㉒　公共用歩廊	

※1 特定建築物に該当しない主な建物用途
(1) 事務所・研究所
(2) 共同住宅・寄宿舎
(3) 学校
(4) 倉庫
(5) 工場
(6) 神社・寺院・教会
(7) ガソリンスタンド
(8) 映画スタジオ・テレビスタジオ
(9) キャバレー・カフェ・ナイトクラブ・バー・ダンスホール
(10) カラオケボックス・マージャン屋・勝馬投票券発売所・場外車券売場
※2 グループホームについては、老人ホーム等の他、使用形態により寄宿舎と扱う特定行政庁もあるので確認が必要

(2) 複合用途建築物の扱い

　複合用途建築物においては、そのうちの一つの用途で特定建築物となる用途がある場合には、当該用途部分と、それに至る経路が特定建築物と解されることとなる。たとえば、1～2階がスーパーマーケットで3階以上が住宅の建築物の場合には、1～2階部分のみで特定建築物と解され、この建築物の部分の特定施設について、高齢者や障害者の方々が円滑に利用できるよう措置を講じる努力義務がかかることとなる。また1～5階が事務所で6階がレストランの建築物においては、6階部分とそれに至る玄関ホール、エレベーター等の経路、及びそれと一体として整備される便所等の共用部分が、特定建築物と解されることとなるものである。

(3) 都道府県知事による指示の対象となる特別特定建築物の規模

　床面積の合計が 2000 ㎡以上のもの（増築・改築・用途変更の場合は、当該増築・改築・用途変更に係わる部分の床面積とする）

　公衆便所にあっては 50 ㎡以上

3. 特定施設

　高齢者、身障者等が円滑に利用できる建築物の施設の措置を講ずるべき建築物の構成部分として、表3-Ⅵ-2 の施設が適用されている。

表3-Ⅵ-2　対象となる特定施設

No.	特定施設	特定施設の考え方
1	出入口	建物の出入口及び建築物の各室の出入口が含まれる
2	廊下等	ホール、ロビー、ラウンジ等が含まれる
3	階　段	（通常は一般の通行の用に供されていない屋外避難階段等は適用対象とならない）
4	傾斜路	踊場が含まれる
5	昇降機	（従業員専用のエレベーター等は適用対象とならない）
6	便　所	適用されるのは不特定多数が利用する便所のみ （従業員専用便所やホテルの客室内の便所等は除かれる）
7	ホテル又は旅館の客室	客室
8	敷地内通路	駐車場及び敷地に接する道路等から建物出入口に至る道路が含まれる
9	駐車場	特定建築物（特別特定建築物を含む）に設けられる駐車場はすべて特定施設となるが、適用対象となるのは一般公共の利用に供する部分のみ （荷さばきのための駐車施設、従業員専用のもの、月極の部分等は除かれる）
10	浴室・シャワー室等	浴室・シャワー室（ユニットバスを含む）

4. 基礎的基準と誘導的基準

表3-Ⅵ-3　基礎的基準と誘導的基準[11]

	基礎的基準「建築物移動等円滑化基準」	誘導的基準「建築物移動等円滑化誘導基準」
出入口	① 建築物の一つの出入口を車いすが通行できるものとする ・幅を 80cm 以上とする ・戸は自動的に閉鎖する構造等の扉又は車いす使用者が円滑に開閉して通過できるものとする ・段を設けない ・出入口に接する部分は水平とする ・出入口から受付等までの間には原則として誘導用ブロック等を設ける ② 客席、売場等に通じる 1 以上の出入口は車いす使用者が通過できる構造とし、幅を 80cm 以上とする	① 建築物のすべての出入口を車いすで円滑に利用できるものとすることとし、 ・主要な出入口は自動的に開閉する構造等の扉とし幅を 120cm 以上とするとともに、他の出入口についても幅を 90cm 以上とする ・出入口から受付等までの間には原則として誘導用ブロック等を設ける ② 客席、売場等に通じる出入口は車いす使用者が通過できる構造とし、幅を 90cm 以上とする
廊下等	① 車いす使用者が通行できるものとする。幅 120cm 以上とする。通路の区間 50m 以内ごとに車いす使用者が転回可能なスペースを設ける ・表面は粗面又は滑りにくい材料で仕上げる ② 階段又は斜経路（階段の代わり、又は併設）の上端に近接する廊下等の部分（不特定かつ多数の者が利用し、又は主として視覚障害者が利用するものに限る）には、点状ブロック等※を敷設すること（H18.12.15 告示 1497 号による除外規定あり） ※ 点状ブロック等…視覚障害者に対して、段差又は傾斜の存在の警告を行うために床面に敷設されるブロック等で、点状の突起が設けられており、かつ、周囲の床面との色の明度の差が大きいこと等により容易に識別できるもの ③ 高低差を設ける場合には、段差解消機又はスロープを設置する ④ 戸を設ける場合には、自動的に開閉する構造等、車いす使用者が容易に開閉して通過できる構造し、かつ、その前後に高低差がないようにする	① 車いす使用者同士がすれ違え自由に方向転換できるものとする。幅は 180cm 以上とする。但し、区間 50m 以内ごとに車いす使用者同士がすれ違えるペースを設けた場合は 140cm 以上とする ② 階段又は斜経路（階段の代わり、又は併設）の上端に近接する廊下等の部分（不特定かつ多数の者が利用し、又は主として視覚障害者が利用するものに限る）には、点状ブロック等※を敷設すること（H18.12.15 告示 1497 号による除外規定あり） ※ 点状ブロック等…視覚障害者に対して、段差又は傾斜の存在の警告を行うために床面に敷設されるブロック等で、点状の突起が設けられており、かつ、周囲の床面との色の明度の差が大きいこと等により容易に識別できるもの ③ 高低差を設ける場合には、段差解消機又はスロープを設置する
階段	不特定かつ多数の者が利用し、又は主として高齢者、障害者等が利用する階段について（（幅≧140 cm、けあげ≦16 cm、踏面≧30 cm）） ① 踊場を除き、手すりを設置する ② 表面は、粗面とし、又は滑りにくい材質で仕上げること ③ 踏面の端部とその周囲の部分との色の明度の差が大きいこと等により段を容易に識別できるものとする ④ 段鼻の突き出しがないこと等によりつまずきにくい構造とすること ⑤ 段がある部分の上端に近接する踊場の部分（不特定かつ多数の者が利用し、又は主として視覚障害者が利用するものに限る）には、点状ブロック等を敷設すること（H18 告示 1497 号による除外規定あり） ⑥ 主たる階段は、回り階段でないこと（回り階段以外の階段を設ける空間を確保することが困難であるときは、除外）	
階段又は昇降機	——	多数の者が利用する階段を設ける場合は、これに代わる傾斜路又は昇降機を設けること
傾斜路（階段の代わり又は併設）	不特定かつ多数の者が利用し、又は主として高齢者、障害者等が利用する傾斜路（階段の代わり又は併設）について ① 手すりを設置（（両側に手すり）） ・勾配 1/12 以下または高さ 16 cm 以下の傾斜部分は免除	不特定かつ多数の者が利用し、又は主として高齢者、障害者等が利用する傾斜路（階段の代わり又は併設）について ① 手すりを設置（（両側に手すり）） ・勾配 1/12 以下または高さ 16 cm 以下の傾斜部分は免除

表3-VI-3 基礎的基準と誘導的基準（つづき）

	基礎的基準「建築物移動等円滑化基準」	誘導的基準「建築物移動等円滑化誘導基準」
傾斜路（階段の代わり又は併設）	② 表面は、粗面とし、又は滑りにくい材料で仕上げること ③ その前後の廊下等との色の明度の差が大きいこと等によりその存在を容易に識別できるものとすること ④ 傾斜がある部分の上端に近接する踊場の部分（不特定かつ多数の者が利用し、又は主として視覚障害者が利用するものに限る）には、点状ブロック等を敷設すること（H18国交告1497号による除外規定あり） 移動等円滑経路を構成する傾斜路（上欄のほか） ⑤ 階段の代わりの場合、幅120 cm以上（（150 cm以上）） ⑥ 階段に併設する場合、幅90 cm以上（（120 cm以上）） ⑦ 勾配1/12以下（高さ16 cm以下のものは勾配1/以下） ⑧ 高さが75 cmを超える場合、高さ75 cm以内ごとに踊場（踏幅150 cm以上）を設置（勾配1/20以下の場合は免除）	② 表面は、粗面とし、又は滑りにくい材料で仕上げること ③ その前後の廊下等との色の明度の差が大きいこと等によりその存在を容易に識別できるものとすること ④ 傾斜がある部部の上端に近接する踊場の部分（不特定かつ多数の者が利用し、又は主として視覚障害者が利用するものに限る）には、点状ブロック等を敷設すること（H18国交告1497号）による除外規定あり）
昇降機	① かごは必要階（利用居室、車いす使用者用便房又は駐車施設のある階、地上階）に停止すること ② かごおよび昇降機の出入口の幅は80 cm以上 ③ かごの奥行きは135 cm以上 ④ 乗降ロビーは水平で、150 cm角以上 ⑤ かご内および乗降ロビーに車いす使用者が利用しやすい制御装置を設置 ⑥ かご内に停止予定階、現在位置を表示する装置を設置 ⑦ 乗降ロビーに到着するかごの昇降方向を表示する装置を設置 ⑧ 不特定多数の者が利用する2,000 ㎡の建築物に設けるものの場合 ・上記①から⑦をみたすもの ・かごの幅は140 cm以上 ・かごは車いすが回転できる形状 ⑨ 不特定多数の者または主に視覚障害者が利用するものの場合 ・上記①から⑧を満たすもの ・かご内に到着階、戸の閉鎖を知らせる音声装置を設置 ・かご内及び乗降ロビーに視覚障害者が利用しやすい制御装置を設置 ・かご内または乗降ロビーに到着するかごの昇降方向を知らせる音声装置を設置	① 2階建以上のものには、エレベーターを設ける ② 左記の基礎的基準に加え、不特定多数の者が利用する場合1以上のエレベーターは下記仕様とする ・かご及び昇降機の出入口の幅を90cm以上 ・かごの奥行135cm以上 ・乗降ロビーは水平で180cm角以上 ・かごの幅は160cm以上 ③ 上記1以外の他のエレベーター仕様は下記でよい ・かご及び昇降機の出入口の幅を80cm以上 ・かごの奥行135cm以上 ・乗降ロビーは水平で150cm角以上 ・かごの幅は140cm以上
特殊な構造又は使用形態の昇降機	① エレベーターの場合 ・段差解消機はH12告示1413号第1第7号のもの ・かごの幅は70 cm以上とし、かつ奥行きは120 cm以上 ・かごの床面積は十分確保する（車いす使用者がかご内で方向を変更する必要がある場合） ② エスカレーターの場合 ・車いす使用者用エスカレーターはH12告示1417号第1ただし書のもの	① エレベーターの場合 ・段差解消機はH12告示第1413号1第7号のもの ・かごの幅は70 cm以上とし、かつ奥行きは120 cm以上 ・かごの床面積は十分確保する（車いす使用者がかご内で方向を変更する必要がある場合） ② エスカレーターの場合 ・車いす使用者用エスカレーターはH12告示1417号第1ただし書のもの

便 所	不特定かつ多数の者が利用し、又は主として高齢者、障害者等が利用する便所の1以上について ① 便所（男女の区別があるとき各々）内に、車いす使用者が円滑に利用することができるものとして、車いす使用者用便房（H18国交告1496号）を1以上設置 ② 便所内に、障害者用の水洗器具のある便房を1以上設けること ③ 不特定かつ多数の者が利用し、又は主として高齢者、障害者等が利用する男子用小便器のある便所を設ける場合には、そのうち1以上に、床置式の小便器を1以上設置	不特定かつ多数の者が利用し、又は主として高齢者、障害者等が利用する便所の1以上について ① 便所（男女の区別があるとき各々）内に、車いす使用者が円滑に利用することができるものとして、車いす使用者用便房（H18国交告1496号）を1以上設置（各階ごとに原則として2%以上） ② 便所内に、障害者用の水洗器具のある便房を1以上設けること ③ 不特定かつ多数の者が利用し、又は主として高齢者、障害者等が利用する男子用小便器のある便所を設ける場合には、そのうち1以上に、床置式の小便器を1以上設置（（各階ごとに1設置） ④ 多数の者が利用する便所は、 イ 多数の者が利用する便所の設置階ごとに車いす使用者用便房等を設置 ・イの数…＜総数が200以下の場合＞2%以上 　　　　　＜総数が200を超える場合＞1%＋2以上 ・出入口の幅は80cm以上 ・戸は自動的に開閉する構造等とし、前後の部分は水平とする。 ロ イの便房がない場合は、手すりのある腰掛便座を1以上設置 ハ 男子用小便器の設置階ごとに、床置式小便器等を1以上設置
ホテル・旅館の客室	① 客室の総数が50以上の場合、車いす使用者用客室を1以上設置 　＜総数が200以下の場合＞2%以上、＜総数が200を超える場合＞1%＋2以上 ② 車いす使用者用客室の基準（不特定かつ多数の者が利用できる車いす使用者用便房が設置されている階は除外） 　・便所内に車いす使用者用便房を設置 　・出入口の幅は80cm以上 　・戸は自動的に開閉する構造等とし、前後の部分は水平とする ③ 浴室又はシャワー室の基準（不特定かつ多数の利用できる車いす使用者用浴室等設置されている階は除外） 　・車いす使用者が円滑に利用できるものとして、H18国交告1497に適合すること 　・出入口の幅は80cm以上 　・戸は自動的に開閉する構造等とし、前後の部分は水平とする	
駐車場	・不特定かつ多数の者が利用し、又は主として高齢者、障害者等が利用する駐車場を設ける場合には、そのうち1以上に、車いす使用者用駐車施設を1以上設置（（原則として2%以上）） ・車いす使用者用駐車施設は、次に揚げるものでなければならない ① 駐車スペースの幅は350cm以上 ② 移動等円滑化経路（令18条1項3号）に定める経路（利用居室までの経路等）の長さができるだけ短くなる位置に設置	
浴室等		（車いす使用に対応すること）
敷地内通路	不特定かつ多数の者が利用し、又は主として高齢者、障害者等が利用する敷地内通路について ① 表面は、粗面とし、又は滑りにくい材料で仕上げること ② 段がある部分は、次に揚げるものであること 　・手すりを設置 　・路面の端部とその周囲の部分との色の明度の差が大きいこと等により、段を容易に識別できるものとする 　・段鼻の突き出しがないこと等によりつまずきにくい構造とする ③ 傾斜路は、次に揚げるものであること	不特定かつ多数の者が利用し、又は主として高齢者、障害者等が利用する敷地内通路について ① 表面は、粗面とし、又は滑りにくい材料で仕上げること ② 段がある部分は、次に揚げるものであること 　・手すりを設置 　・路面の端部とその周囲の部分との色の明度の差が大きいこと等により、段を容易に識別できるものとする 　・段鼻の突き出しがないこと等によりつまずきにくい構造とする ③ 傾斜路は、次に揚げるものであること

敷地内通路	・勾配＞1/12 又は高さ＞16㎝、かつ、勾配＞1/20の傾斜がある部分には、手すりを設置 ※ 勾配 1/12 以下で高さ 16㎝以下、または勾配 1/20 以下の傾斜部分は免除 ・前後の通路との色の明度、色相、彩度の差が大きいこと等により識別できるものとする ○移動等円滑化経路を構成する敷地内の通路（上欄のほか）（（ ））内はこれ以外でも多数の者が利用する場合の誘導基準 ・出入口の幅は 120㎝以上（（180㎝以上）） ・50㎝以内ごとに車いすの転回に支障ない場所を設置 ・戸を設ける場合には、自動的に開閉する構造等、車いす使用者が容易に開閉して通過できる構造とし、かつ、その前後に高低差がないこと ○傾斜路は、次に掲げるものであること ・段の代わりの場合 　幅は 120cm以上（150cm） ・段に併設する場合 　幅は 90cm以上（120cm） ・勾配 1/12 以下 　（高さ 16cm以下のもの、勾配 1/8 以下のもの） ・高さ 75cm超、かつ勾配 1/20 超の場合 　高さ 75cm以内ごとに踊場（150cm以上）を設置	・勾配＞1/12 又は高さ＞16㎝、かつ、勾配＞1/20の傾斜がある部分には、手すりを設置する ※ 勾配 1/12 以下で、高さ 16㎝以下、又は勾配 1/20 以下の傾斜部分は免除 ・前後の通路との色の明度、色相、彩度の差が大きいこと等により識別できるものとする
標識	① 昇降機、便所または駐車施設の付近に、標識を設置 ② 標識の内容が JISZ8210 に適合させる	
案内設備	① 昇降機等、便所または駐車施設の配置を標示した案内設備または案内所を設置 ② 昇降機等または便所の配置を点字等により視覚障害者に示す案内設備または案内所を設置	
案内設備までの経路	道等から案内設備または案内所までの1以上の経路を視覚障害者移動等円滑化経路とする 　イ　線上ブロック等・点状ブロック等の敷設または音声誘導設備を設ける 　ロ　車路に近接する部分に点状ブロック等を設置 　ハ　段・傾斜がある部分の上端に近接する部分に点状ブロック等を設置 　　（H18 国交告 1497 号による除外あり）	
増築・改築・用途変更の取扱い基準	建築物の増築等※1 をする場合には、「廊下等」から「案内設備までの経路」までの規定は、次に掲げる建築物の部分に限り、適用する ※1増築等・・・増築又は改築（用途変更により特別特定建築物にすることを含む） ① 増築等に係る部分 ② 道等から①の部分にある利用居室までの1以上の経路を構成する出入口、廊下等、階段、傾斜路、昇降機及び敷地内の通路 ③ 不特定かつ多数の者が利用し、又は主として高齢者、障害者等が利用する便所 ④ ①の部分にある利用居室(利用居室がないときは、道等)から車いす使用者便房までの1以上の経路を構成する出入口、廊下等、階段、傾斜路、昇降機及び敷地内の通路 ⑤ 不特定かつ多数の者が利用し、又は主として高齢者、障害者等が利用する駐車場 ⑥ 車いす使用者用駐車施設からの①の部分にある利用居室（利用居室がないときは、道等）までの1以上の経路を構成する出入口、廊下等、階段、傾斜路、昇降機及び敷地内の通路	増築等又は修繕等※2 をする場合は、左記の基礎的基準の規定を次の部分に限り、適用する ※2修繕等・・建築物特定施設に係る修繕又は模様替 ① 増築等又は修繕等に係る部分 ② 道等から①の部分までの1以上の経路を構成する出入口、廊下等、階段、傾斜等、昇降機、敷地内通路 ③ 多数の者が利用する便所のうちの1 ④ ①の部分から車いす使用者便房までの1以上の経路を構成する出入口、廊下等、階段、傾斜等、昇降機、敷地内通路 ⑤ ホテル・旅館の客室のうち1以上のもの（移動等円滑化基準のうち設置数の規定については緩和あり） ⑥ ①の部分から⑤までの1以上の経路を構成する出入口、廊下等、階段、傾斜等、昇降機、敷地内通路 ⑦ 多数の者が利用する駐車場のうちの1（移動等円滑化基準のうち設置数の規定については緩和あり） ⑧ ①の部分から⑦までの1以上の経路を構成する出入口、廊下等、階段、傾斜等、昇降機、敷地内通路 ⑨ 多数の者が利用する浴室等 ⑩ ①の部分から車いす使用者用浴室等までの1以上の経路を構成する出入口、廊下等、階段、傾斜等、昇降機、敷地内通路

図3-Ⅵ-3　移動等円滑化基準適用の例

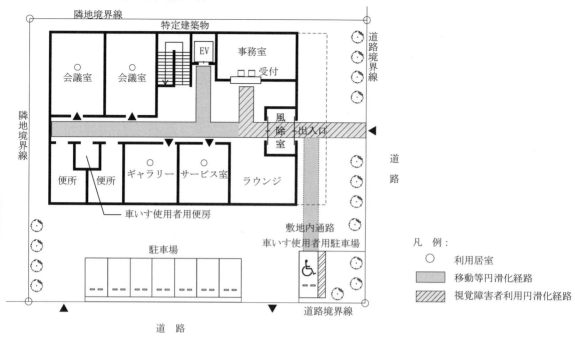

図3-Ⅵ-4　廊下での回転スペースの例

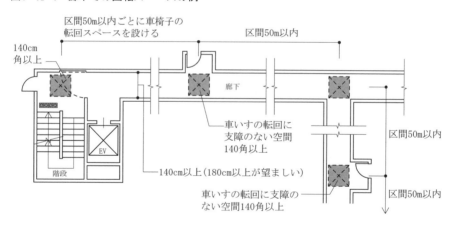

図3-Ⅵ-5　スロープ・踊り場の例

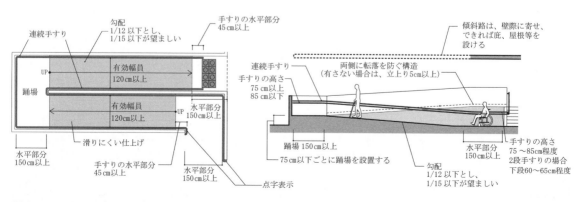

図3-Ⅵ-6　出入口の有効幅員

●引き戸の場合

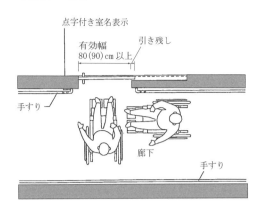

●開き戸の場合

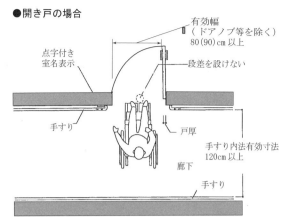

●自動扉の場合

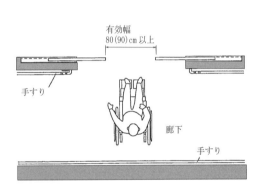

●両開き戸の場合

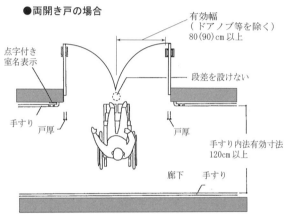

（　）内は移動等円滑化誘導基準の数値を示す

●目安箱●

◆確認申請の指摘項目ワースト10（設備編）◆

1. 換気上無窓居室の換気計算未記入
2. 24時間換気の風量不足、換気経路の明示不足
3. 防火区画貫通ダクトのFD、SFDの未設置
4. 感知器の設置場所の不足
5. 非常用照明の設置場所の不足
6. 消防用設備等の設置不備（消火器、避難はしご、火災警報器、誘導灯等）
7. 延焼のおそれのある部分の換気口等のFD未設置
8. 防火区画貫通部の配管、配線の処理不適合
9. 給湯設備の転倒防止対策の記載不足

❷ 防災評定が必要な建築物

防災評定に伴う防災計画書の作成については、昭和45年の建築基準法改正で高さ制限が廃止され、高層建築物（31m超）が可能になったことを受け、防災対策を充実させる必要が生じ、「S47通達389号」によって、その作成が指導されることとなったのがはじまりである。

その後、昭和56年の新耐震設計法の施行により、それまで以上に高層建築物や大規模施設が増加する勢であったことから、「S56通達190号」によって高層建築物以外でも、大規模・複合用途の建築物について、防災計画書の作成対象となった。

昭和57年2月8日に発生したホテル・ニュージャパンの火災を受けて、「S57通達16号」により、旅館・ホテルの用途にも防災計画書の作成対象が拡大された。

平成11年の地方分権推進法により機関委任事務と国の包括的指揮監督権限が廃止され、建築行政も自治事務になったことから、「H13通達15号」によって、前記の防災計画書の作成指導のための通達は、法令に根拠を有しないものとして廃止された。

それ以降は特定行政庁ごとの判断により、防災計画書の取扱いが定められ運用されている。

今後、防災計画書の作成を指導する特定行政庁で計画を行う場合は、事前に十分に協議すること。

表 3- Ⅵ -4　防災計画書の作成を指導している特定行政庁及びその内容

特定行政庁	高層建築物等の防災計画書の作成及び評定取得が指導される建築物等	備考
大阪府内	(1) 高さが31mを超えるもの（所管する特定行政庁（以下「所管特定行政庁」という）が不要と認めたものを除く） (2) 高さが31m以下で次に掲げるもの（所管特定行政庁が不要と認めたものを除く） 　① 旅館、ホテルの用途に供する建築物で、5階以上の階又は地階におけるその用途に供する部分の床面積の合計が2,000㎡を超えるもの 　② 建築基準法施行令147条の2各号に掲げる用途に併せて供する複合建築物で、5階以上の階又は地階におけるその用途に供する部分の床面積の合計が2,000㎡を超えるもの 　③ 劇場等における収容人員の合計が、2,000人を超えるもの 　④ 3階以上の階において不特定多数が利用する建築物で、床面積の合計が10,000㎡（駐車場の床面積を除く）を超えるもの	規模・内容により、評定機関の評定取得と、特定行政庁の指導のみに分けられる
兵庫県内（神戸市を除く）	(1) 高さが31mを超える建築物 　但し、高さが31mを超える部分に居室があり、居室の天井面が31mを超える場合に限る 　なお、当該建築物の用途上利用者が少数の者に限定される場合等、防災上の問題が少ないことが明らかな場合においてはこの限りではない (2) 高さ31m以下の建築物 　建築基準法施行令147条の2に該当する建築物及び特に必要と認めるもの (3) 増築、改築等の場合、(1)または(2)に該当する建築物 　既存部分も含め該当の有無を判断する 　但し、増築部分が別棟とみなせ、防災計画上も既存部分から明確に分離されている場合は、増築部分についてのみ該当の有無を判断する	

表 3- Ⅵ -4　防災計画書の作成を指導している特定行政庁及びその内容（つづき）

特定行政庁	高層建築物等の防災計画書の作成及び評定取得が指導される建築物等	備考
神戸市	(1)建築基準法施行令 147 条の 2 の各号に規定する規模の建築物 ① 百貨店、マーケットその他の物品販売業を営む店舗（床面積が 10 ㎡以内のものを除く）又は展示場の用途に供する建築物で、3 階以上の階又は地階におけるその用途に供する部分の床面積の合計が 1,500 ㎡を超えるもの ② 病院、診療所（患者の収容施設があるものに限る）又は児童福祉施設等の用途に供する建築物で、5 階以上の階におけるその用途に供する部分の床面積の合計 1,500 ㎡を超えるもの ③ 劇場、映画館、演芸場、観覧場、公会堂、集会場、ホテル、旅館、キャバレー、カフェ、ナイトクラブ、バー、ダンスホール、遊技場、公衆浴場、待合、料理店若しくは飲食店の用途又は前 2 号に掲げる用途に供する建築物で 5 階以上の階又は地階におけるその用途に供する部分の床面積の合計が 2,000 ㎡を超えるもの ④ 地下の工作物内に設ける建築物で居室の床面積の合計が 1,500 ㎡を超えるもの (2) 高さが 31m を超える建築物 　　31m を超える部分に居室又は居室の一部を有しない建築物を除く (3) 地下街（前 (1) に掲げるものを除く） (4) 次に掲げる用途に供する建築物で、その用途に供する部分の床面積（自動車車庫その他専ら自動車又は自転車の停留又は駐車のための施設（誘導車路、操車場及び乗降場を含む）の用途に供する部分の床面積を除く）の合計が 10,000 ㎡を超え、かつ、階数が 2 以上であるものとする ① 百貨店、マーケットその他の物品販売業を営む店舗又は展示場 ② 病院、診療所（患者の収容施設があるものに限る）又は児童福祉施設等 ③ 劇場、映画館、演芸場、観覧場、公会堂、集会場、ホテル、旅館、キャバレー、カフェ、ナイトクラブ、バー、ダンスホール、遊技場、公衆浴場、待合、料理店又は飲食店	増築しようとする場合においては建築物が増築後において各号のいずれかに該当するものとなる場合又は、建築物の用途を変更して (1) に掲げる建築物とする場合も含む
埼玉県	(1) 高さが 31m を超える建築物 (2) 建築基準法施行令 147 条の 2 各号に掲げる建築物 　　埼玉県内の特定行政庁 11 市（川口市、川越市、上尾市、所沢市、草加市、越谷市、春日部市、さいたま市、狭山市、新座市、熊谷市）を除いた市町村内において適用する。上記の特定行政庁 11 市は、特定行政庁毎の指導による	
横浜市	(1) 高さが 31m を超える建築物。但し、建築基準法施行令 129 条の 13 の 2 の各号の一に該当する建築物（ホテル、旅館及び中廊下形式の共同住宅を除く）又は、用途上利用者が少数に限定される建築物（倉庫等）はこの限りでない (2) 高さが 31m 以下の大規模複合用途建築物で、各々の用途に供する部分の床面積が 10,000 ㎡を超える建築物又は避難施設を共用する床面積の合計が 20,000 ㎡を超える建築物 (3) 旅館又はホテルの用途に供する建築物で 5 階以上の階又は地階におけるその用途に供する部分の床面積の合計が 2,000 ㎡を超える建築物 (4) 建築基準法施行令に基づく国土交通大臣の認定（構造に関するものを除く）を受ける建築物	
和歌山市	(1) 高さが 45m を超える建築物 (2) 高さが 31m を超え 45m 以下の建築物で、以下の①から③以外のもの ① 令 129 条の 13 の 2（非常用の昇降機の設置を要しない建築物）の各号の一に該当する共同住宅のうち、2 以上の避難階段（令 123 条に規定による。以下同じ）を設けたもので、防災上支障がないもの ② フロアラインで 31m を超える部分の階数が、1 かつ住戸数が 2 以下の共同住宅で、防災上支障がないもの ③ 用途上利用者が少数のものに限定される建築物のうち、フロアラインで 31m を超える部分の階数が 1 で、その階の床面積が 500 ㎡以下かつ避難階段が 2 以上あり、防災上支障がないもの (3) 高さが 31m 以下の大規模建築物、複合用途建築物等で利用者数及び平面計画の複雑さ等を勘案し、特定行政庁が特に必要と認めるもの	

特定行政庁	高層建築物等の防災計画書の作成及び評定取得が指導される建築物等	備考
京都市	(1) 高さが45mを超える建築物 (2) 高さが31mを超える建築物で、高さが31mを超える部分に居室を有するもの (3) 建築基準法施行令147条の2各号に掲げる建築物 　① 百貨店、マーケットその他の物品販売業を営む店舗又は展示場の用途に供する建築物で3階以上の階又は地階におけるその用途に供する部分の床面積の合計が1,500㎡を超えるもの 　② 病院、診療所（患者の収容施設があるものに限る）又は児童福祉施設等の用途に供する建築物で5階以上の階におけるその用途に供する部分の床面積の合計が1,500㎡を超えるもの 　③ 劇場、映画館、演芸場、観覧場、公会堂、集会場、ホテル、旅館、キャバレー、カフェ、ナイトクラブ、バー、ダンスホール、遊技場、公衆浴場、待合、料理店若しくは飲食店の用途又は前二号に掲げる用途に供する建築物で5階以上の階又は地階におけるその用途に供する部分の床面積の合計が2,000㎡を超えるもの 　④ 地下の工作物内に設ける建築物で居室の床面積の合計が1,500㎡を超えるもの (4) 下記の①から③に掲げる用途に供する建築物で、その用途に供する部分の床面積の合計が1万㎡を超えるもの 　① 百貨店、マーケットその他の物品販売業を営む店舗又は展示場 　② 病院、診療所（患者の収容施設があるものに限る）又は児童福祉施設等 　③ 劇場、映画館、演芸場、観覧場、公会堂、集会場、ホテル、旅館、キャバレー、カフェ、ナイトクラブ、バー、ダンスホール、遊技場、公衆浴場、待合、料理店又は飲食店	
松山市	(1) 安全措置建築物（建築基準法施行令147条の2に掲げる建築物） (2) 超高層建築物（高さが60mを超える建築物） (3) 高層建築物（高さが31mを超え60m以下の建築物） 　但し、建築基準法施行令120条の13の2の規定により、非常用昇降機の設置が免除されるもの、又は高さが31mを超える部分が平易な計画であるものを除く (4) 大規模建築物（延べ面積が10,000㎡を超える建築物） 　但し、平易な計画の部分を除けば、延べ面積が10,000㎡以下となるものを除く (5) 地下街（居室の合計が1,500㎡以下のものを除く） ※次の各号に揚げる建築物は、防災計画書の作成に当って、公的機関の評価を受ける 　① 超高層建築物 　② 高さが31mを超える部分又は地下3階以下の部分が、安全措置建築物に該当するもの 　③ 大規模建築物で、安全措置建築物の部分を有するもの 　④ 特に高度な手法により設計された建築物等で、特定行政庁では適正な対応が困難と判断されるもの	
福井市	(1) 高さが31mを越える建築物 (2) 旅館及びホテルの用途に供する建築物で、5階以上の階又は地階におけるその用途に供する部分の床面積の合計が2,000㎡を超えるもの (3) その他建築主事が必要と認める建築物 ※　次の各号に掲げる建築物以外については、一般財団法人　建築センターの評定を受けなければならない 　① 開放廊下型若しくは階段室型の共同住宅で、高さが45m以下の建築物 　② 建築基準法施行令129条の13の2に該当する建築物で、高さが45m以下の建築物	

3 ヘリコプターの屋上緊急離着陸場等の設置

1. 屋上緊急離着陸場等の設置の考え方

過去の超高層建築物の火災を教訓として、「高層建築物等におけるヘリコプターの屋上緊急離着陸場等の設置の推進について（H2.1.11建設省通達14号）」が出された。超高層建築物等の火災時の消防活動及び防災関係公共機関（庁舎等）及び救急救助センター（高度医療施設等）の震災非常時の災害活動に対応するため、屋上緊急離着陸場等の設置が指導されている、

現状では強制力を持っていないが、防災評定及び確認申請（消防同意）において、指導があるので注意が必要である。

なお、屋上緊急離着陸場等が設置されても、何らかの設備が緩和されることはなく、あくまでも万一の手段（フェールセーフ）と考えられている。

詳細については、「ヘリコプターの屋上緊急離着陸場等の設置に関する指針・同解説（日本建築センター刊）」を参考にされたい。

2. 用語の定義（概要）

(1) 屋上ヘリポート

航空法38条により、屋上を常時飛行場として設置許可された場所をいう（国土交通大臣の許可要）。

(2) 飛行場外離着陸場

航空法79条のただし書きにより、飛行場以外の場所を使用の都度許可を得て、離着陸する場所をいう。

(3) 緊急離着陸場

航空法81条の2（捜索、救助のための特例）により、建築物の屋上に緊急用ヘリコプターが離着陸する場所をいう。

(4) 緊急救助用スペース

航空法81条の2（捜索、救助のための特例）により、建築物の屋上で緊急用ヘリコプターがホバリングする場所をいう。

(5) 緊急離着陸場等

建築物の屋上等で緊急用ヘリコプターが離着陸等できる場所の総称で(1)～(4)をいう。

3. 適用される建築物

原則として、高さ31mを超え非常用ELVの設置を要する建築物や公共機関（庁舎や病院等）に設置の指導がなされているが、その内容は行政庁により異なる。建築場所の地域及び周辺状況、消防署の保有するはしご車の性能、及び消防局等の保有するヘリコプターの性能等により判断される。

表3-Ⅵ-5　適用される建築物と緊急離着陸場等（東京都の場合）

適用される建築物　　　救急離着陸場等	概ね100mを超える高層建築物	概ね45mを超える高層建築物	防災関係公共機関（庁舎等）	救急救命センター（高度医療施設）
屋上ヘリポート	△	△	△	△
緊急離着陸場	○	△	○	○
緊急救助用スペース	◎	○		

※　◎:必ず要望されるもの　○:要望されるもの　△:推奨されるもの

4. 屋上緊急離着陸場等の設置基準

表 3- Ⅵ -6　屋上緊急離着陸場等の設置基準 [15]

緊急離発着場			
項目		基　準	図　解
離着陸帯	大きさ	20×20m以上（進入表面を直線の2方向とした場合、20×15m以上とすることができる）	
	標識	ライン、認識番号等は、アクリルウレタン樹脂系塗料又は、トラフィックペイントの黄色で表示	
		地の色は、アクリルウレタン樹脂系塗料又は、トラフィックペイントの緑色で表示	
	強度	短期衝撃荷重 10,750kg 以上	
	構造	プラットホーム式又は、通常床とする．床面は、滑り防止策を施す	
	勾配	最大縦横勾配は、2.0%以下とする	
進入表面	進入表面	直線の2方向とする（進入経路と出発経路が同一方向に設定できない場合は、各経路90度以上の間隔を設ける）	
	長さ及び幅	長さは500m、幅は離着陸帯から500m離れた地点で200m確保	
	勾配	1/5以下とし、同表面上と物件等が突出しないこと	
移転表面	移転表面	進入表面に沿って360mの点までとする	
	長さ及び幅	長さは45m、幅は離着陸帯と同じとする	
	勾配	1/1以下とし、同表面上と物件等が突出しないこと	
脱落防止施設等	脱落防止施設	機体の脱落防止施設（高さ400mm以上の手摺等）を設置当該施設は、進入表面及び転移表面から突出しない位置に設置	
	燃料流出防止施設	雨水排水口に機体搭載燃料を流さないよう、燃料流出防止施設を設置	
	待避場所退避標識	待避場所を確保（300㎡を標準とする）退避場所に退避標識を掲出（掲出場所、材質、枠、文字の幅については不問）	
	消火設備等	連結送水管及び泡消火設備又は強化液消火器のいずれかを設置（泡消火設備を設置した場合、当該部分には連結送水管の省略可）	

図解内テキスト: 認識番号、20m、17m、1.5m、17m、1.5m、1.5m、20m、1.5m、着陸帯、最大荷重標識、離着陸帯

進入表面、90°、200m、200m、500m、進入表面　勾配 1/5以下

転移表面（網かけの部分）両側2方向にとる。勾配 1/1以下、4.5m、4.5m、20m、20m、500m、360m、進入表面

待避標識、消火設備等、待避場所（300㎡）

飛行場灯台等		離着陸帯の付近に進入表面及び転移表面上に突出しない範囲に設置（白色の閃光型（軽易なもので可））	
夜間照明設備・非常電源	着陸区域境界灯等	着陸帯の境界線上に着陸区域境界灯を等間隔に8個以上設置	
	航空障害灯	離着陸帯から10m以内の区域で、勾配1/2の表面から突出した、避雷針等の夜間視認が困難な物件に設置（蛍光塗料の黄でも可）	
	夜間照明方式	防災センター等から遠隔操作方式とする	
	非常電源装置	連続4時間以上の継続供給が可能な自家発電設備を設置	
	配線	非常電源から夜間照明までの配線は、耐火電線とする	
その他	インターホン	離着陸帯の直近に防災センター等と連絡できるインターホンを設置	
	排煙口	離着陸帯から水平距離で10m以上離す	
	経路	退避場所が避難階段等及び非常用エレベーターと有効に通じていること	
	最終扉表示	屋上へ通ずる最終の扉の屋内側に「緊急離発着場」と表示する	
	施錠方法	屋上へ通ずる最終の扉は、火災時に遠隔解錠できる解錠装置や煙感知器等の連動による自動解錠装置等により、屋上・屋内間の進入及び避難を妨げないようにする	
	維持管理	航空消防活動に支障とならないように清掃・整備等に努める	

図解内テキスト: 飛行場灯台等（閃光型）、着陸区域境界灯（8個以上）

10m、10m、10m、10m、排煙口の設置を避ける範囲

表3-Ⅵ-6 屋上緊急離着陸場等の設置基準（つづき）

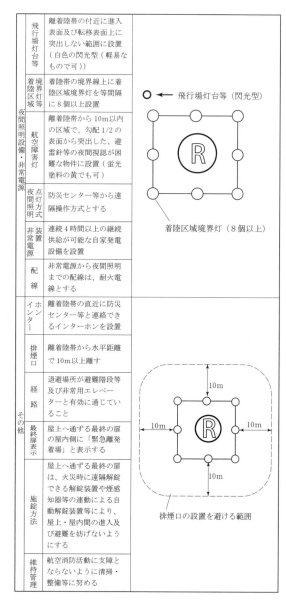

291

Ⅰ　法の体系と用語

第4章　法令のしくみ

第4章　法令のしくみ

I　法の体系と用語

1　法の体系

1．法令の種類

表4-I-1　法令の種類[69]

全国適用	憲　法	国の最高法規（国の組織と活動の根本を定めたもの）	―
	法　律	国会の議決を経て制定する（国民の権利・義務について、制限の基本的事項を示す）	建築基準法（法）
	政　令	内閣の発する命令（上記制限の具体的事項を示す）	建築基準法施行令（令）
	省　令	各省大臣の発する命令（主として手続き関係を定める）	建築基準法施行規則（規則）
	告　示	公の機関が一般に知らせるもの（法令規則の補則）	国土交通省告示（告示）
地方公共団体の区域内のみに適用	条　例	地方公共団体が議会の議決を経て制定するもの（一般に法律により委任された事項に限定）	都道府県市建築基準条例（条例）
	規　則	地方公共団体の長が発する命令（主として手続関係を定めている）	都道府県市建築基準法施行細則（細則）（一般に施行細則ともいう）

2．法令に準ずるものの種類

表4-I-2　法令に準ずるものの種類

通達（技術的助言）	上級行政機関より下級行政機関に対して法令の解釈、運用の方法、職務執行上の細目事項を指示したもの	指示したものにすぎず拘束力がなく、独自の取扱いをする特定行政庁もある
要綱指針	議会の議決なくして役所の立場で決めたもの（本来、強制力はない）	強制力はないものの、現実としては守らないと申請手続や工事が先に進まない
内　規	議会の議決なくして役所の課や係単位で決めたもの	一般に行政指導といわれるもの（非公開なので入手するのが難しい）

3．法文の構成

(1) 図4-I-1のように第○条○項○号イと表示する。

図4-I-1　法令に準ずるものの種類

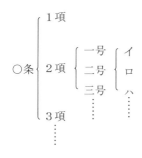

(2) 「項」は算用数字1、2、3…、「号」は和数字一、二、三…で表す。

(3) 法文においては、従来からの慣習として「1項」の「1」は表示していない。

(4) 「項」には本文に加えただし書が添えられる場合がある。

(5) 条文を追加する場合は、その条文に「の」をつけ、他の条文の番号はつけかえない。たとえば、法56条と法57条の間に入れる場合「法56条の2」のように表示する。

295

2 法文上の用語

表4-Ⅰ-3 法文上の用語

用　語	解　　　説	備　　考
以上、 以下、以内	数量の比較に用いる 「A以上」、「A以下」、「A以内」とは共にAを含む （起算点を含む）	（図）
未満、 超える	数量の比較に用いる 「A未満」、「Aを超える」とは共にAを含まない	
及び 並びに	併合される目的の言葉 （2つの併合の時→A及びB) （3つ以上の併合の時→A、B及びC) （大小グループ併合の時→A及びB並びにC及びD)	即ち、AとBと両方加えた意味 即ち、AとBとCの全部を加えた意味 即ち、AとBにCとDを加えた意味
又は 若しくは	選択される目的の言葉 （2つの中からの選択→A又はB) （3つ以上の中からの選択→A、B又はC) （大小グループからの選択→A若しくはB又はC若しくはD)	即ち、AかBのうちどちらか 即ち、AかBかCのうちどちらか 又はの方が若しくはよりも大きな選択の意味あり
かつ	AかつBとは、AとBの両方の意味 （併合される目的の言葉であるが、どちらか厳しい方の選択をする目的の言葉でもある）	
準用する	類似内容の条文を改めて書かずに、 その条文に必要な読み替え上の変更を加えて適用する意味である	
この限り ではない	適用されないの意味	
次の各号に 該当するも の	「次の各号に該当するもの」とはAにもBにもCにもどれにも当てはまるものを意味している	
次の各号の 一に該当す るもの	「次の各号の一に該当するもの」とはAかBかCのどれか一つに当てはまるものということである	

3 許可と確認等

許　可──法律が一般に禁止していることを、特定の場合に法律の範囲内で解除することであり、権限者（特定行政庁）の裁量が働く行為である。

但し、同じ許可でも営業許可のように一定の資格、基準等を満たしていれば通常許可されるものと具体的な許可基準がなく、全くの載量行為といえるものもあり、実務上は法律の定め方により同一とはいえない。

確　認──特定の事実又は、法律上の判断を表示する覊束（きそく）行為（判断の自由はなく、それに従わなければならず、拘束されているという意味の法律用語）であり、裁量の働く余地のない行為である。

したがって、建築確認は申請建築物の計画内容が法令の規定に適合していることについて、法の定めにより確認したことを申請者に通知する行為である。

しかし、建築確認は、建築主事等が建築に関する一般的禁止を解除する許可に近いものとして、建築主事等の裁量が働くことも実務上はあるようである。

認　可―――第3者の行為に同意を与え、その効力を補充することによって効力を完成させる行為であり、許可に近い行政行為である。
　なお、建築基準法には、認可という行為はない。

認定・承認―――実質的には、その法律等の内容によって許可、認可又は、確認のいずれかと同等となるようである。

4　行政手続法による用語

法　令―――法律、法律に基づく命令(告示を含む。)、条例及び地方公共団体の執行機関の規則(規程を含む)をいう。

申　請―――法令に基づき、行政庁の許可、認可、免許その他の自己に対し何らかの利益を付与する処分(許認可等)を求める行為であって、当該行為に対して行政庁が諾否の応答をすべきこととされているものをいう。

行政指導―――行政機関がその任務又は所掌事務の範囲内において、一定の行政目的を実現するため特定の者に一定の作為又は不作為を求める指導、勧告、助言その他の行為であって処分に該当しないものをいう。

届　出―――行政庁に対し一定の事項の通知をする行為(申請に該当するものを除く)であって、法令によって直接に当該通知が義務付けられているもの(自己の期待する一定の法律上の効果を発生させるためには当該通知をすべきこととされているものを含む)をいう。

●目安箱●

◆姑の小言のような建築関連法規◆

赤本と呼ばれる建築関係法令集が、年々厚くなってきています。その分だけ中味が充実すれば良いのですが、姑のように小うるさくなっただけです。もし家政全般法令があったとすると、嫁は輿入れから一年位の勉強が必要で、理解しても解釈の行き違いから何度も姑にしかられます。
さらに年々小言という改正や告示が増えできます。但し、この法令に関しては、嫁は逃げる手段があり、姑はいつかはいなくなります。
しかし、建築基準法の場合は、逃げ出せないし、なくなりません。では、どうすれば良いのでしょう。法を決めた主旨、つまり法の精神をわきまえることです。そして、何よりも良い建築を創りたいという情熱がそれを解決すると思います。

| I | 確認申請 |
| II | 建築基準法の
許可申請等 |

第5章 申請手続き

第5章　申請手続き

I　確認申請

1　確認申請提出前に必要な各種手続き

　この章は建築基準法で規定している確認申請について解説するものである。最近は建築基準法以外の法律も複雑にからみ合っており、又、各地方自治体による指導要綱等もあることから、確認申請の提出に至るまでの経緯が複雑になっている。

　ここでは、確認申請前に必要な手続きを整理してみる。

表 5-I-1　確認申請前に必要な各種手続き

開　発　許　可　申　請
開発許可申請は、事前審査、32 条協議から始まって、本申請が許可されるまでかなりの日数を要するが、確認申請を提出（又は確認済証を取得）する為には、検査済証の取得又は 37 条制限解除（工事完了公告以前の建築承認）の取得が必要となる。

自 治 体 と の 事 前 協 議
各地方自治体の指導要綱等に基づくもので主に次のものがある。
・宅地開発指導要綱等の名称がつけられているもので、公共施設の整備や負担を規制しており、事前協議の終了や協定の締結を確認申請の提出前に行わなければならない（事前協議は都市計画法の 32 条協議と併行して行っている特定行政庁もある）。
・中高層建築物条例等の名称をつけているもので、事前看板の設置、近隣住民への説明の義務づけ、報告書の提出や審査等を確認申請の提出前に行わなければならない。
・その他 CASBEE 届出、景観条例 etc

地　域　関　係　申　請
風致地区許可、宅地造成規制許可、区画整理許可、自然公園内許可、臨港地区許可、農地転用許可 etc

敷　地　関　係　申　請
官民境界査定、官地払下げ申請、道路位置指定申請 etc

営　業　関　係　申　請
工場立地法の届出、住宅金融公庫の融資申請、大規模小売店舗の届出、各種営業許可の事前申請（地域により異なる）、旅館業法、倉庫業法、食品衛生法、興行場法、公衆浴場法、風営法、etc
※営業関係の申請は竣工前や竣工後の手続きが多いが、建築計画に反映する内容が多いため必ず確認申請前に打合せ・確認をすること。

公 害・衛 生 関 係 申 請　（地域により異なる）
環境影響評価、浄化槽事前審査、排水放流先の同意 etc

建　築　関　係　許　可　等
用途地域内の建築許可、総合設計制度許可、一団地認定申請、防災計画書の評定（自治体による）、構造評定、大臣認定 etc

建　築　関　係　規　定
消防法、屋外広告物法、駐車場法、水道法、下水道法、宅地造成等規制法、都市計画法、景観法、浄化槽法、バリアフリー法、省エネ法、建築物省エネ法（H29.04 適合義務）etc

確認申請

2 確認申請
（法 6 条 1 項〜3 項、6 条の 2 第 1 項）

1．確認申請が必要な建築物（法 6 条 1 項）

建築主は一定規模以上の建築物を建築しようとする場合は、建築主事の確認を受けなければならない。

表 5-Ⅰ-2 でわかるように 4 号が含まれていることにより、ほとんどの建築物の計画にあたっては確認申請の提出が必要となる。

表 5-Ⅰ-2　確認申請が必要な建築物

区　域	法 6 条 1 項 用途・構造		規　模	工事種別	確認期間	消防同意 期　間
都市計画区域内外を問わず全域	1 号	特殊建築物	特殊建築物の用途に供する部分の床面積の合計＞100 ㎡	新築・増築 改築・移転 大規模の修繕 大規模の模様替 特殊建築物への用途変更	35 日	7 日
	2 号	木　造	次のいずれかに該当するもの 階　数≧3 延べ面積＞500 ㎡ 高　さ＞13 m 軒　高＞9 m			
	3 号	木造以外	階　数≧2 又は 延べ面積＞200 ㎡			
都市計画区域 準都市計画区域 準景観地区 知事の指定区域	4 号	1 号から 3 号以外のすべての建築物		新築・増築 改築・移転	7 日	3 日

※ 1　防火・準防火地域外の増築・改築・移転で、その部分の床面積の合計が 10 ㎡以内のものは申請不要
　　　但し、最終の完了検査後の増築等の面積の合計が 10 ㎡を超えた時点で 10 ㎡以内の部分までさかのぼり確認申請が必要となる
※ 2　特殊建築物用途への 100 ㎡を超える用途変更は確認申請が必要となる

また、当該建築物の計画が次の a 若しくは b に該当する場合は、確認申請に対して、構造計算適合性判定を受ける必要があるため、建築主はこれにかかるコストや工程に注意すること。

a　法 20 条 2 号イに該当するもの
b　法 20 条 3 号イに該当するもの
※確認申請にかかる構造計算適合性判定を図 5-Ⅰ-1 に示す

図 5-Ⅰ-1　構造計算適合性判定手続きフロー

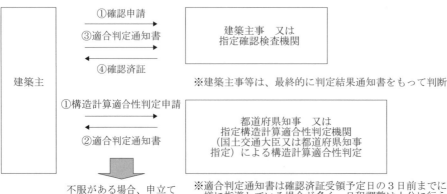

２．確認の特例（法6条の4、令10条）

次の4種類の建築物については、建築基準法の単体規定の一部が確認申請の審査の対象から除かれる。

(1) 一戸建の型式住宅（新築に限る）

(2) 長屋又は共同住宅である型式住宅

(3) 法6条の4、1項3号の建築物で防火地域又は準防火地域以外に建築される一戸建住宅又は住宅以外の床面積の合計が1/2未満かつ、50㎡以下の併用住宅

(4) (3)以外の法6条の4、1項3号の建築物

※(1)(2)は国土交通大臣が指定したもの

　　(3)(4)は建築士が設計したものに限る

なお(1)で防火、準防火地域以外のものと(3)については消防同意は不要である。

３．確認申請の提出

(1) 申請手数料──確認申請を提出する際には手数料を納めなければならない（令10条）。

特定行政庁に提出する場合、手数料の納入方法は道府県、又は市の証紙を購入し、確認申請書に添付しているのが通常だが、東京都では役所内の金融機関の出張所に払込み、領収書を確認通知書に添付している。

又、指定確認検査機関の場合は所定の金融機関等へ振込みとなる。

(2) 提出部数──法で定められているものは正・副各1通だが、次のような取扱いをしている特定行政庁もあるため、事前確認が必要である。

① 正・副各1通＋消防用の書類（副又は独自の書式）

② 正・副各1通＋市町村の控え（正又は副又は独自の書式）

③ 正・副各1通＋消防用＋市町村の控え

※構造計算適合性判定の副本と合格証の写し

(3) 添付書類

① 必ず添付しなければならない書類

・確認申請図書（副本には通知書）

・代理人により手続きをする場合の委任状

・建築工事届（正本に添付）

・建築計画概要書（正本に添付）

・開発行為時の許可書、及び37条制限解除の通知書の写し

・都市計画施設内の許可書の写し等

② 特定行政庁により添付を求めている書類

・工場の場合の工場調書

・公図の写し

・給水、電気等の引込みの証明用の書類

・誓約書（近隣問題に対するもの）

・借地の場合の承諾書等

・開発行為等に関する証明書等（都計法規則60条の証明書）

※特に、開発許可を不要とした計画の時に求められることが多い。

※必ず特定行政庁等に確認すること

(4) 確認期間（特定行政庁の建築主事に提出した場合）

確認申請の期間については35日又は7日となっている。なお、期間内に確認済証が交付できない合理的理由がある時には、35日の範囲内（最大70日）で交付期間を延長することができる。

(5) 特定行政庁

① 都道府県はすべて特定行政庁である。

確認申請の審査、処理については本庁と出先機関との取扱いを下記のように、特定行政庁ごとに定めている。

イ 都道府県の本庁が全ての建築物を審査

ロ 都道府県が一定規模以上のものを審査し、それ以下のものは、出先機関の土木事務所等で審査

ハ 出先機関の土木事務所等がすべての建築物を審査

② 人口25万人以上の市もすべて特定行政庁である

③ 人口25万人未満の市でも都道府県知事と協議の上、特定行政庁となる場合がある。
④ ②③の他、小規模な建築物（法6条1項4号建築物等）のみの確認に関する事務を行うために、市町村が特定行政庁となっているところがある
⑤ 東京23区は特別区として特定行政庁となっている

なお、建築主事とは、特定行政庁における確認申請に関する事務を行う地方公共団体の職員であり、通常は建築担当課の課長であることが多い。

4．確認申請の流れ

(1) 提出先

特定行政庁に提出する場合と、指定確認検査機関に提出する場合のフローを図5-Ⅰ-2に示す。

特に、特定行政庁に提出する場合は、決裁機関が自治体により異なるので必ず確認すること。

また、確認申請を受けるためには、計画建物により、申請者が別途構造計算適合性判定を申請する必要があるので注意すること。平成29年4月1日より非住宅用途における一定規模以上の建物について建築物省エネ法の申請及び適合が義務付けられる。

(2) 消防の同意

確認申請の審査には消防の同意が必要になる。

同意の期間は、法6条1項4号の建築物は3日以内、その他の建築物は7日以内となり、期間内に審査結果の通知が行われる。

なお、大都市では、消防署と消防本庁に別れているところもあり、確認申請の審査をどちらで行うか、事前に調査しておくこと。

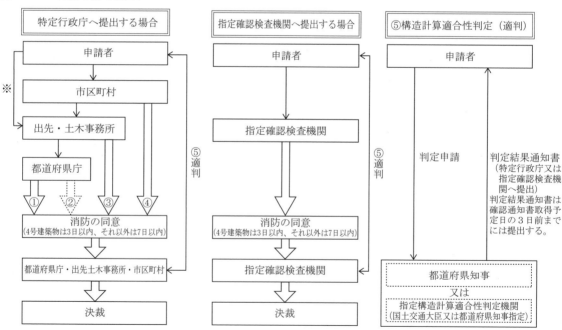

図5-Ⅰ-2　確認申請の提出フロー

※市区町村を経由しない場合もある
①一般的な流れの場合
②本庁での決裁規模を限定している場合（特定建築物・大規模物件等）
③全ての規模を土木事務所に委ねている場合
④市区町村が特定行政庁の場合
⑤確認申請決裁前までに適合判定通知書を別途提出する

(3) 合議先

それぞれの物件により、建築担当課以外の部署や、他の役所への合議がある場合があり、一般的に表5-Ⅰ-3のケースが考えられる。

表5-Ⅰ-3 確認申請の合議先

項　　目	関係各課
計画道路があったり、敷地内で用途地域が分れている場合	都市計画課
開発行為又は宅地造成の可能性がある場合	宅地課又は開発課
工場その他の公害発生施設がある場合	公害課又は環境課
病院、ホテル、飲食店等の建築物	保健所
マンション計画による児童数の増加に対して学校の受入れ能力に問題が生じる場合	教育委員会
大規模物品販売店等の建築物	商業課又は商工課
駐車場の出入口の位置に問題がある場合	警察署
道路関係に不明な点があった場合	道路課又は建築課
企業の寮・寄宿舎の建築物	労働基準監督署

※確認申請提出前に特定行政庁に調査すべき事項

① 特定行政庁名及び都道府県の場合の決裁機関（本庁か出先機関か）

② 確認申請経路（提出先、消防の同意時期等）

③ 受付時の注意事項（添付書類の有無、関係各課への照会等）

④ 提出部数（市町村の控、消防用書類の有無）

⑤ 申請書類の形式（製本、ファイル折・ファイルとじ、袋入りの有無）

⑥ 合議先

5．計画通知（法18条）

国、都道府県、建築主事を置く市町村が建築主の場合は、手続上の特例があり確認申請を不要として、計画通知を行う。

計画通知は手数料が不要で、添付図書も簡略化（構造関係図書等が不要）されているが、この二点を除けば確認申請とほぼ同様の手続きである。

計画通知は建築主事によって審査を受け、その結果は機関の長又はその委任者に通知される。

なお、完了時は工事完了届とほぼ同様の手続きによって工事完了通知を行い、建築主事からの検査済証を受けることになる（取扱い要領：S50.3.29通達7号）。

6．確認申請図書の明示事項

(1) 提出図書の種類

① 法で定めている図書の種類（建築基準法施行規則1条の3）

建築基準法施行規則1条の3に必要図書ごとに明示事項が明記されているので、参照されたい。

② その他の図面で提出が要求されるもの

イ 建具表（特定行政庁により提出要求がない場合がある）

ロ 昇降機設備、機械式駐車施設の詳細図

ハ 特に法的な規制を図示するもの

・採光、換気計算書 ┐
・排煙計算書　　　 │平面図又は立・断面
・地盤面算定　　　 │図に記入してもよい
・斜線制限検討 　　┘

(2) 確認申請書類「第二面」の記載について

① 構造設計一級建築士の関与が必要な場合

建築基準法20条1号、2号に該当する建築物

イ 高さ60mを超える建築物

ロ 高さ60m以下の建築物で、以下に該当するもの

・木造の建築物で、高さが13mまたは軒の高さが9mを超えるもの

・鉄筋コンクリート造または鉄骨鉄筋コンクリート造の建築物、もしくは鉄筋コンクリート造と鉄骨鉄筋コンクリート造とを併用する建築物で、高さが20mを超えるもの

・鉄骨造の建築物で、地階を除く階数が4以上のもの、または高さが13mまたは軒の高さが9mを超えるもの

・組積造または補強コンクリートブロッ
ク造の建築物で、地階を除く階数が4
以上のもの

・木造、組積造、補強コンクリートブロ
ック造、鉄骨造のうち2以上の構造を
併用する建築物またはこれらの構造の
うち1以上の構造と鉄筋コンクリート
造もしくは鉄骨鉄筋コンクリート造と
を併用する建築物で、地階を除く階数
が4以上のもの、もしくは高さが13
mまたは軒の高さが9mを超えるもの

・H19.5.18告示593号に定める建築物

② 設備設計一級建築士の関与が必要な場合
階数が3以上で床面積の合計が5000㎡
を超える建築物

③ 確認申請書 第2面「7. 構造計算適合
性判定の申請」欄について
申請先については、特定行政庁・民間審
査機関共に名称の後に「○○県○○市」程
度で記載する。

(3) 確認申請書における用途区分
確認申請書に記載の用途区分については、
次の表による。

表 5-I-4　用途区分記号表

建築物又は建築物の部分の用途の区分	用途を示す記号
一戸建ての住宅	08010
長屋	08020
共同住宅	08030
寄宿舎	08040
下宿	08050
住宅で事務所、店舗その他これらに類する用途を兼ねるもの	08060
幼稚園	08070
小学校	08080
中学校又は高等学校	08090
特別支援学校	08100
大学又は高等専門学校	08110
専修学校	08120
各種学校	08130
幼保連携型認定こども園	08132
図書館その他これに類するもの	08140
博物館その他これに類するもの	08150
神社、寺院、教会その他これらに類するもの	08160
老人ホーム、身体障害者福祉ホームその他これらに類するもの	08170
保育所その他これに類するもの	08180
助産所	08190
児童福祉施設等（建築基準法施行令第19条第1項に規定する児童福祉施設等をいい、前3項に掲げるものを除く。）	08210
公衆浴場（個室付浴場業に係る公衆浴場を除く。）	08230
診療所（患者の収容施設のあるものに限る。）	08240
診療所（患者の収容施設のないものに限る。）	08250
病院	08260
巡査派出所	08270
公衆電話所	08280
郵便法（昭和二十二年法律第百六十五号）の規定により行う郵便の業務の用に供する施設	08290
地方公共団体の支庁又は支所	08300
公衆便所、休憩所又は路線バスの停留所の上家	08310
建築基準法施行令第130条の4第5号に基づき国土交通大臣が指定する施設	08320
税務署、警察署、保健所又は消防署その他これに類するもの	08330
工場（自動車修理工場を除く。）	08340
自動車修理工場	08350
危険物の貯蔵又は処理に供するもの	08360
ボーリング場、スケート場、水泳場、スキー場、ゴルフ練習場又はバッティング練習場	08370
体育館又はスポーツの練習場（前項に掲げるものを除く。）	08380
マージャン屋、パチンコ屋、射的場、勝馬投票券発売所、場外車券売り場その他これらに類するもの又はカラオケボックスその他これに類するもの	08390
ホテル又は旅館	08400
自動車教習所	08410
畜舎	08420
堆肥舎又は水産物の増殖場若しくは養殖場	08430
日用品の販売を主たる目的とする店舗	08438
百貨店、マーケットその他の物品販売業を営む店舗（前項に掲げるもの及び専ら性的好奇心をそそる写真その他の物品の販売を行うものを除く。）	08440
飲食店（次項に掲げるものを除く。）	08450
食堂又は喫茶店	08452
理髪店、美容院、クリーニング取次店、質屋、貸衣装屋、貸本屋その他これらに類するサービス業を営む店舗、洋服店、畳屋、建具屋、自転車店、家庭電気器具店その他これらに類するサービス業を営む店舗で作業場の床面積の合計が50平方メートル以内のもの（原動機を使用する場合にあっては、その出力の合計が0.75キロワット以下のものに限る。）、自家販売のために食品製造業を営むパン屋、米屋、豆腐屋、菓子屋その他これらに類するもので作業場の床面積の合計が50平方メートル以内のもの（原動機を使用する場合にあっては、その出力の合計が0.75キロワット以下のものに限る。）又は学習塾、華道教室、囲碁教室その他これらに類する施設	08456
銀行の支店、損害保険代理店、宅地建物取引業を営む店舗その他これらに類するサービス業を営む店舗	08458
物品販売業を営む店舗以外の店舗（前2項に掲げるものを除く。）	08460
事務所	08470
映画スタジオ又はテレビスタジオ	08480
自動車車庫	08490
自転車駐車場	08500
倉庫業を営む倉庫	08510
倉庫業を営まない倉庫	08520
劇場、映画館又は演芸場	08530
観覧場	08540
公会堂又は集会場	08550
展示場	08560
料理店	08570
キャバレー、カフェー、ナイトクラブ又はバー	08580
ダンスホール	08590
個室付浴場に係る公衆浴場、ヌードスタジオ、のぞき劇場、ストリップ劇場、専ら異性を同伴する客の休息の用に供する施設、専ら性的好奇心をそそる写真その他の物品の販売を目的とする店舗その他これらに類するもの	08600
卸売市場	08610
火葬場又はと蓄場、汚物処理場、ごみ焼却場その他の処理施設	08620
その他	08990

7．確認申請の対象法令

　昭和61年3月28日付の建設省通達80号に示された。対象法令は表5-Ⅰ-6の範囲とする。

表5-Ⅰ-5　確認申請の対象法令の主旨

対象法令の審査	建築主事の直接の確認又は他部局への合議、いずれの方法で行ってもよいが、確認申請書に明示された事項で判定できる範囲で行う
対象法令以外の法令	必要に応じ関係部局と連絡調整を図り、申請者に対して他法令による許可を受ける必要性等について指導を行い建築行為が円滑かつ適正に行われるよう留意する
対象法令の基準	具体的な技術的基準であり、裁量性の少ないものであること

表5-Ⅰ-6　確認申請の建築関係規定（令9条）

	対象法令	対象法令内の適用範囲
1	消防法（危険物に関する政令）	消防設備の設置基準 火気使用設備の基準 危険物の規制基準
2	屋外広告物法	屋外広告物の設置の禁止又は制限
3	港湾法	分区内の建築物規制
4	高圧ガス取締法	家庭用圧縮天然ガスの設置基準
5	ガス事業法	ガス消費機器の技術基準
6	駐車場法	路外駐車場の構造設備基準、駐車場付置義務
7	水道法	給水装置の構造材質基準
8	下水道法	排水設備の設置構造基準
9	宅地造成等規制法	宅地造成に関する工事の許可及び変更の許可
10	流通業務市街地の整備に関する法律	流通業務地区内の建築規制
11	液化石油ガス保安の確保及び取引の適正化に関する法律	LPG消費設備の技術基準
12	都市計画法	開発行為許可基準
13	特定空港周辺航空機騒音対策特別措置法	航空機騒音防止地区及び同特別地区内の建築制限
14	自転車の安全利用の促進及び自転車等の駐車対策等の総合的推進に関する法律	自転車駐車場付置義務
15	浄化槽法	浄化槽の型式認定
16	特定都市河川浸水被害対策法	排水設備の技術上の基準に関する特例

8．確認申請に関係する各種届出

　設計変更や名義変更の手続きは特定行政庁の施行細則で定められている。特定行政庁での手続きには違いはあるが、概要は下記の通りである。

（1）工事監理者、工事施工者の届出

　確認申請時に工事監理者又は工事施工者が決まっていない場合は、工事着手前に「工事監理者届」又は「工事施工者届」を提出する。

（2）建築主等の変更

　建築主、工事監理者、工事施工者を変更する場合は「名義変更届」又は「工事監理者届」又は「工事施工者届」を提出する。

　なお、設計者の変更については建築士法との兼ね合いもあり、名義変更は原則として認められていない。

（3）設計変更の場合

　確認済証を受けた後に当該建築物等の計画を変更（施行規則3条の2に規定する軽微な変更（以下「軽微な変更」という。）を除く。）する場合は、計画変更の確認申請を行う必要がある。計画変更確認申請を行った場合は、この確認済証の交付後でなければ当該部分の工事に着手することができない。

　変更内容が軽微な変更に該当する場合は、検査の申請時に「軽微な変更説明書」等により特定行政庁・民間審査機関等に報告することになるので計画変更確認申請は必要ない。但し、軽微な変更に該当するか判断できない場合等は、その変更が発生した時に特定行政庁や民間審査機関等に確認し、検査の時点で計画変更にならないように注意をすること。

　なお、施工の関係上やむを得ず発生する可能性の高い変更事項についての対応を、計画段階であらかじめ検討し、その結果等を当初の確認申請の際に含めて、申請して確認済証を得ておくことで、その検討結果の範囲内の変更については、計画変更の確認手続を省略することができる。但し、これについては当初の確認申請の時点で特定行政庁や民間審査機関等との調整を十分に行う必要がある。

① 計画変更確認申請の手続き
　（規則1条の3第8項）
　計画変更確認申請の手続きは確認申請と同様となる。添付図書は、「変更前」、「変更後」を明示した図書を添付すること。
　主に次の場合は計画変更申請が必要となることを前提とする
　　イ　防火区画の位置の変更
　　ロ　排煙区画における床面積の増加及び自然排煙窓面積の減少
　　ハ　建物高さの増加による日影及び天空率の再算定
② 軽微な変更（規則3条の2）
　軽微な変更については規則3条の2第1項の1号から15号に定められたもので、かつ、「変更後も建築物の計画が建築基準関係規定に適合することが明らかなもの」としている。軽微な変更項目は表5-Ⅰ-7のとおりである。

軽微な変更に対する手続きは、中間検査や完了検査の申請時にその申請書に添付するか、各検査前に事前に特定行政庁、民間審査機関等へ報告を行う。
③ 計画変更確認申請の申請手数料算定
　計画変更の申請手数料を算定するため、国が準則で「計画変更部分の床面積の算定方法」を示した。それを参考にして各民間審査機関及び各特定行政庁は、計画変更の内容によって計画の変更に係る部分を床面積とみなし、その面積に応じた手数料を設定するといった方法等により申請手数料を定めているので、必ず確認すること。
(4) 確認申請の取下げ
　確認申請中に計画が中止になった場合は「取下届」を提出する。確認通知後や工事中に工事が取りやめになったり、改めて全体の確認申請をうけたりする場合は「取止届」を提出する。

●目安箱●

◆確認申請の有効期間◆

確認申請の有効期間について法律上の定めはなく、又、有効期間を指定することもできません。従って、その効力は無期限であるといえます。しかし、確認取得後に建築基準法が改正された場合には、その改正後に着工する建築物については着工時点に施行されている法令の規定に適合している必要があります。
つまり、以前に確認を受けたとしても、その確認に関係する設計内容が改正法令の規定に適合してない場合はその設計に従って建築することはできません。この意味においては確認の効力は確認取得後にはじめて行なわれる同法令の改正時までといえるでしょう。

表 5-Ⅰ-7　軽微な変更項目一覧[11]

	項目	軽微な変更とみなされる場合
1	道　路	敷地に接する道路の幅員及び敷地が道路に接する部分の長さの変更（都市計画区域内、準都市計画区域内及び法 68 条の 9 第 1 項の規定に基づく条例により建築物又はその敷地と道路との関係が定められた区域内にあっては敷地に接する道路の幅員が大きくなる場合（敷地境界線が変更されない場合に限る。）及び変更後の敷地が道路に接する部分の長さが 2 m（条例で規定する場合にあってはその長さ）以上である場合に限る）
2	敷　地	敷地面積が増加する場合の敷地面積及び敷地境界線の変更（当該敷地境界線の変更により変更前の敷地の一部が除かれる場合を除く）
3	建物高さ	建築物の高さが減少する場合における建築物の高さの変更（建築物の高さの最低限度が定められている区域内の建築物に係るものを除く）
4	階　数	建築物の階数が減少する場合における建築物の階数の変更
5	建築面積	建築面積が減少する場合における建築面積の変更（都市計画区域内、準都市計画区域内及び法 68 条の 9 第 1 項の規定に基づく条例により日影による中高層の建築物の高さの制限が定められた区域内において当該建築物の外壁が隣地境界線又は同一の敷地内の他の建築物若しくは当該建築物の他の部分から後退しない場合及び建築物の建築面積の最低限度が定められている区域内の建築物に係るものを除く）
6	床 面 積	床面積の合計が減少する場合における床面積の変更（都市計画区域内、準都市計画区域内及び法 68 条の 9 第 1 項の規定に基づく条例の適用を受ける区域内の建築物に係るものにあっては次の（1）又は（2）に掲げるものを除く） 　（1）当該変更により建築物の延べ面積が増加するもの 　（2）建築物の容積率の最低限度が定められている区域内の建築物に係るもの
7	用　途	用途の変更（令 137 条の 17 で指定する類似の用途相互間におけるものに限る）
8	構造耐力上主要な部分	構造耐力上主要な部分である基礎ぐい、間柱、床版、屋根版又は横架材（小梁その他これに類するものに限る）の位置の変更（変更に係る部材及び当該部材に接する部材以外に応力度の変更がない場合であって、変更に係る部材及び当該部材に接する部材が令 82 条各号に規定する構造計算によって確かめられる安全性を有するものに限る）
9	構造耐力上主要な部分である部材	構造耐力上主要な部分である部材の材料又は構造の変更（変更後の建築材料が変更前の建築材料と異なる変更及び強度又は耐力が減少する変更を除き、第 12 号の表の上欄に掲げる材料又は構造を変更する場合にあっては、同表の下欄に掲げる材料又は構造とする変更に限る）
10	構造耐力上主要な部分以外の部分	構造耐力上主要な部分以外の部分であって、屋根ふき材、内装材（天井を除く）、外装材、帳壁その他これらに類する建築物の部分、広告塔、装飾塔その他建築物の屋外に取り付けるもの若しくは当該取付け部分、壁又は手すり若しくは手すり壁の材料若しくは構造の変更（第 12 号の表の上欄に掲げる材料又は構造を変更する場合にあっては、同表の下欄に掲げる材料又は構造とする変更に限る）又は位置の変更（間仕切壁にあっては、主要構造部であるもの及び防火上主要なものを除く）
11	構造体力上主要な部分以外の部分である天井の材料	構造耐力上主要な部分以外の部分である天井の材料若しくは構造の変更（次の表 5-Ⅰ-8 の左欄に掲げる材料又は構造を変更する場合にあっては同表の右欄に掲げる材料又は構造とする変更に限り、特定天井にあっては変更後の建築材料が変更前の建築材料と異なる変更又は強度若しくは耐力が減少する変更を除き、特定天井以外の天井にあっては特定天井とする変更を除く）又は位置の変更（特定天井以外の天井にあっては、特定天井とする変更を除く）
12	材料構造	建築物の材料又は構造において、同等以上の性能を有するものへの変更（第 9 号から第 11 号までに係る部分の変更を除く）
13	井　戸	井戸の位置の変更（くみ取便所の便槽との間の距離が短くなる変更を除く）
14	開 口 部	開口部の位置及び大きさの変更（次の（1）から（4）までに掲げるものを除く） 　（1）当該変更により法 28 条の適用を受ける開口部に係る変更で採光及び換気に有効な面積が減少するもの 　（2）耐火建築物、準耐火建築物又は防火地域若しくは準防火地域内にある建築物で耐火建築物及び準耐火建築物以外のものの開口部に係る変更で当該変更により延焼のおそれのある部分にある外壁の開口部に該当することとなるもの 　（3）令 117 条の規定により令 5 章 2 節の規定の適用を受ける建築物の開口部に係る変更で次のイ及びロに掲げるもの 　　イ　当該変更により令 120 条 1 項又は令 125 条 1 項の歩行距離が長くなるもの 　　ロ　令 123 条 1 項の屋内に設ける避難階段、同条 2 項の屋外に設ける避難階段又は同条 3 項の特別避難階段に係る開口部に係るもの 　（4）令 126 条の 6 の非常用の進入口に係る変更で、進入口の間隔、幅、高さ及び下端の床面からの高さ並びに進入口に設けるバルコニーに係る令 126 条の 7 第 2 号、3 号及び 5 号に規定する値の範囲を超えることとなるもの
15	建築設備	建築設備の材料、位置又は能力の変更（性能が低下する材料の変更及び能力が減少する変更を除く）

表 5- I -8　軽微な変更項目一覧の「12」欄の内容

不燃材料	不燃材料
準不燃材料	不燃材料又は準不燃材料
難燃材料	不燃材料、準不燃材料又は難燃材料
耐火構造	耐火構造
準耐火構造	耐火構造又は準耐火構造
防火構造	耐火構造、準耐火構造又は防火構造
令109条の3第一号の技術的基準に適合する構造	耐火構造、準耐火構造又は令109条の3第一号の技術的基準に適合する構造
令109条の3第二号ハの技術的基準に適合する構造	耐火構造、準耐火構造又は令109条の3第二号ハの技術的基準に適合する構造
令113条1項三号の技術的基準に適合する構造	耐火構造、準耐火構造又は令113条1項三号の技術的基準に適合する構造
令115条の2第1項四号の技術的基準に適合する構造	耐火構造、準耐火構造又は令115条の2第1項四号の技術的基準に適合する構造
令129条の2の3第1項一号ハ（2）の技術的基準に適合する構造	耐火構造、準耐火構造又は令129条の2の3第1項一号ハ（2）の技術的基準に適合する構造
法23条の技術的基準に適合する構造	耐火構造、準耐火構造、防火構造又は法23条の技術的基準に適合する構造
法63条の技術的基準に適合する構造	法63条の技術的基準に適合する構造
法22条1項の技術的基準に適合する構造	法63条の技術的基準に適合する構造又は法22条1項の技術的基準に適合する構造
特定防火設備	特定防火設備
令114条5項において準用する令112条16項の技術的基準に適合する防火設備	特定防火設備又は令114条5項において準用する令112条16項の技術的基準に適合する防火設備
法2条九号の二ロの技術的基準に適合する防火設備	特定防火設備、令114条5項において準用する令112条16項の技術的基準に適合する防火設備又は法2条九号の二ロの技術的基準に適合する防火設備
令110条の3の技術的基準に適合する防火設備	特定防火設備、令114条5項において準用する令112条16項の技術的基準に適合する防火設備、法2条九号の二ロの技術的基準に適合する防火設備又は、令110条の3の技術的基準に適合する防火設備
法64条の技術的基準に適合する防火設備	特定防火設備、令114条5項において準用する令112条16項の技術的基準に適合する防火設備、法2条九号の二ロの技術的基準に適合する防火設備又は法64条の技術的基準に適合する防火設備
第二種ホルムアルデヒド発散建築材料	第一種ホルムアルデヒド発散建築材料以外の建築材料
第三種ホルムアルデヒド発散建築材料	第一種ホルムアルデヒド発散建築材料及び第二種ホルムアルデヒド発散建築材料以外の建築材料
第一種ホルムアルデヒド発散建築材料、第二種ホルムアルデヒド発散建築材料及び第三種ホルムアルデヒド発散建築材料以外の建築材料	第一種ホルムアルデヒド発散建築材料、第二種ホルムアルデヒド発散建築材料及び第三種ホルムアルデヒド発散建築材料以外の建築材料

※　左欄の材料又は構造を右欄の材料又は構造とする変更は軽微な変更とする

3 バリアフリー関係規定の手続き

1．確認申請とバリアフリー法計画認定申請の関係について

平成18年6月21日より、バリアフリー法（高齢者、障害者等の移動等の円滑化の促進に関する法律）が公布された。

バリアフリー法17条の規定による認定は、特定行政庁に申請する事ができ、確認申請と併せて申請する場合は、次の(1)、(2)のようになる。

(1) 確認申請を特定行政庁に申請する場合
「認定申請」＋「確認申請」で申請を出す事ができ、その場合は認定通知が確認済証を含む。

(2) 確認申請を指定確認検査機関等に申請する場合
特定行政庁に「認定申請」のみ申請を出し、認定通知を受けた後に、その認定通知書を付けて、指定確認検査機関に「確認申請」を出す事ができる。

なお、認定申請を行い、容積率の緩和を受ける場合は、確認申請前に認定を受ける必要があるため、注意すること。

図5-Ⅰ-3　バリアフリーの手続フロー

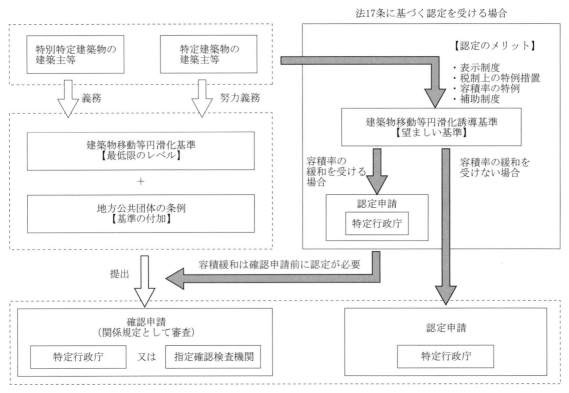

Ⅱ 建築基準法の許可申請等

1 許可申請等の種類

表 5-Ⅱ-1 許可申請等の種類

緩和項目	条項	許可例外的条件	公聴会	審査会
敷地の 2 m 接道義務	法 43 条 1 項	許可	×	○
道路内の建築制限	法 44 条 1 項 2・4 号	許可	×	○
壁面線を超える柱・門・塀の制限	法 47 条	許可	×	○
住居系地域の用途規制	法 48 条 1〜7 項	許可	○	○
近隣商業地域の用途規制	法 48 条 8 項	許可	○	○
商業地域の用途規制	法 48 条 9 項	許可	○	○
準工業地域の用途規制	法 48 条 10 項	許可	○	○
工業地域の用途規制	法 48 条 11 項	許可	○	○
工業専用地域の用途規制	法 48 条 12 項	許可	○	○
卸売市場等位置の制限	法 51 条	許可	×	×
計画道路がある場合の容積率	法 52 条 10 項	許可	×	○
壁面線がある場合の容積率	法 52 条 11 項	許可	×	○
指定容積率を超える場合	法 52 条 14 項	許可	×	○
建ぺい率制限の除外	法 53 条 4・5 項 3 号	許可	×	○
最低敷地面積の最低限度	法 53 条の 2 第 1 項 3・4 号	許可	×	○
第 1・2 種低層住居地域内の絶対高さ制限	法 55 条 3 項	許可	×	○
日影規制	法 56 条の 2 第 1 項	許可	×	○
高度利用地区	法 59 条 1 項 3 号、4 項	許可	×	○
仮設建築物の建築許可	法 85 条	許可	×	×
道路の位置指定を受けるとき	法 42 条 1 項 5 号	指定		
建築協定の認可	法 73〜77 条	認可		
総合的設計による一団地の建築物の取扱い（一団地認定）	法 86 条	認定		—
1 種・2 種低層住専内の高さ 12 m までの認定	法 55 条 2 項	認定		
計画決定計画道路を前面道路とみなす取扱い	令 131 の 2	認定		
仮使用承認申請	法 7 の 6 第 1 項 1 号	認定		

2 手続きフロー

1．許可の手続き

※許可手続きは確認申請前の手続きであり、特定行政庁毎に異なる為、適宜調査すること。

(1) 許可申請の手続きの流れ

図 5-Ⅱ-1 許可申請の手続フロー（川崎市の例）

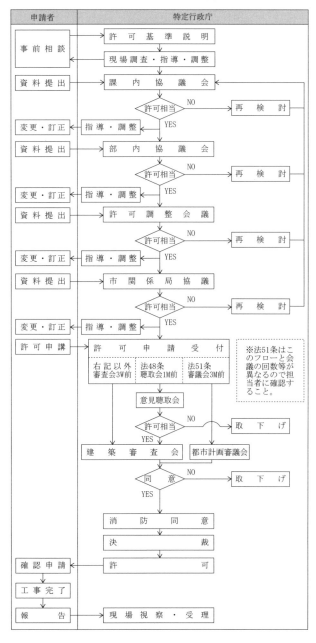

(2) 建築審査会等の提出資料
① 概要書
② 許可基準
③ 案内図
④ 現況写真
⑤ 配置図
⑥ 平面図
⑦ 立面図
⑧ 断面図
⑨ その他（手続き許可により異なるので確認が必要。一例を下記に示す）
・日影図（法56条の2）
・公開空地案内図（法59条の2）
・許可申請理由書

2．仮使用認定申請の手続き（詳細は第8章参照）

平成27年の法施行により特定行政庁の他、指定確認検査機関でも仮使用認定申請を行うことができる様になった。

(1) 手続きの流れ
（図5-Ⅱ-2　仮使用認定フロー）
(2) 添付図書
① 申請図
② 配置図
③ 各階平面図
④ 安全計画書
⑤ 工事工程表

図5-Ⅱ-2　仮使用認定フロー

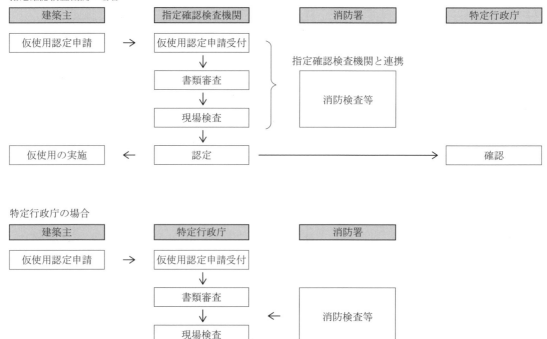

3 定期報告

一定規模以上の特定建築物等、昇降機及び一定規模以上の特定建築物等の建築設備（昇降機を除く）の所有者（又は管理者）は、これらの維持管理及び防災性能の向上のために、定期に有資格者による調査、検査を行い特定行政庁に報告しなければならない。

表5-Ⅱ-2　定期報告を要する特定建築物等防火設備・建築設備・昇降機等（東京都の例）

	用　　途	規模 又は 階　※いずれかに該当するもの	報告時期
特定建築物	劇場、映画館、演芸場	・地階 若しくは F ≧ 3 階 ・A ≧ 200 ㎡ ・主階が 1 階にないもので A > 100 ㎡	毎年報告
	観覧場（屋外観覧席のものを除く。）、公会堂、集会場	・地階 若しくは F ≧ 3 階 ・A ≧ 200 ㎡ （平家建て、かつ、客席及び集会室の床面積の合計が 400 ㎡未満の集会場を除く。）	
	旅館、ホテル	F ≧ 3 階 かつ A > 2000 ㎡	
	百貨店、マーケット、勝馬投票券発売所、場外車券売場、物品販売業を営む店舗	F ≧ 3 階 かつ A > 3000 ㎡	
	地下街	A > 1500 ㎡	
	児童福祉施設等（※ 4 に掲げるものを除く。）	・F ≧ 3 階　（平家建て、かつ、床面積の合計が 500 ㎡未満のものを除く。） ・A > 300 ㎡	3年ごとの報告
	病院、診療所（患者の収容施設があるものに限る。）、児童福祉施設等（※ 4 に掲げるものに限る。）	・地階 若しくは F ≧ 3 階 ・A ≧ 300 ㎡ （平家建て、かつ、床面積の合計が 500 ㎡未満のものを除く。）	
	旅館、ホテル（毎年報告のものを除く。）		
	学校、学校に附属する体育館	・F ≧ 3 階 ・A > 2000 ㎡	
	博物館、美術館、図書館、ボーリング場、スキー場、スケート場、水泳場、スポーツの練習場、体育館（いずれも学校に附属するものを除く。）	・F ≧ 3 階 ・A ≧ 2000 ㎡	
	下宿、共同住宅又は寄宿舎の用途とこの表（事務所等を除く。）に掲げられている用途の複合建築物	F ≧ 5 階 かつ A > 1000 ㎡	
	百貨店、マーケット、勝馬投票券発売所、場外車券売場、物品販売業を営む店舗（毎年報告のものを除く。）	・地階 若しくは F ≧ 3 階 ・A > 500 ㎡	
	展示場、キャバレー、カフェ、ナイトクラブ、バー、ダンスホール、遊技場、公衆浴場、待合、料理店、飲食店		
	複合用途建築物 （共同住宅等の複合用途及び事務所等のものを除く。）	・F ≧ 3 階 ・A > 500 ㎡	
	事務所その他これに類するもの	A > 1000 ㎡ （5 階建て以上、かつ、延べ面積が 2000 ㎡を超える建築物のうち、F ≧ 3 階のものに限る。）	
	高齢者、障害者等の就寝の用に供する共同住宅又は寄宿舎（※ 4 に掲げるものに限る。）	・地階 若しくは F ≧ 3 階 ・A ≧ 300 ㎡（2 階部分）	
	下宿、共同住宅、寄宿舎（※ 4 に掲げるものを除く。）	F ≧ 5 階 かつ A > 1000 ㎡	

第5章

315

表 5-Ⅱ-2　定期報告を要する特定建築物等防火設備・建築設備・昇降機等（東京都の例）（つづき）

	用　　途	規模 又は 階　※いずれかに該当するもの	報告時期
防火設備	随時閉鎖又は作動をできるもの（防火ダンパーを除く。）	・上記の特定建築物に該当する建築物に設けられるもの ・以下に掲げる用途 A ≧ 200 ㎡の建築物に設けられるもの 　・病院、診療所（患者の収容施設のあるものに限る。） 　・高齢者、障害者等の就寝の用に供する用途（※ 4）	毎年報告 （前年の報告日の翌日から起算して1年を経過する日まで） （遊戯施設等は6か月ごとに報告）
建築設備	換気設備（自然換気設備を除く。）	上記の特定建築物に該当する建築物に設けられるもの	
	排煙設備（排煙機又は送風機を有するもの）		
	非常用の照明装置		
	給水設備及び排水設備（給水タンク等を設けるもの）		
昇降機等	エレベーター（労働安全衛生法の性能検査を受けているものを除く。）		
	エスカレーター		
	小荷物専用昇降機（テーブルタイプを除く。）		
	遊戯施設等（乗用エレベーター、エスカレーターで観光用のものを含む。）		

※ 1　F ≧ 3 階、F ≧ 5 階、地階若しくは F ≧ 3 階とは、それぞれ 3 階以上の階、5 階以上の階、地階若しくは 3 階以上の階で、その用途に供する部分の床面積の合計が 100 ㎡を超えるものをいう
※ 2　A は、その用途に供する部分の床面積の合計をいう
※ 3　共同住宅（高齢者、障害者等の就寝の用に供するものを除く。）の住戸内は、定期調査・検査の報告対象から除く
※ 4　高齢者、障害者等の就寝の用に供する用途とは、共同住宅及び寄宿舎（サービス付き高齢者向け住宅、認知症高齢者グループホーム、障害者グループホームに限る。）並びに児童福祉施設等（助産施設、乳児院、障害児入所施設、助産所、盲導犬訓練施設、救護施設、更生施設、老人短期入所施設その他これに類するもの、養護老人ホーム、特別養護老人ホーム、軽費老人ホーム、有料老人ホーム、母子保健施設、障害者支援施設、福祉ホーム及び障害福祉サービスを行う施設に限る。）をいう
※ 5　報告対象の換気設備は、火気使用室、無窓居室又は集会場等の居室に設けられた機械換気設備に限る
※ 6　一戸建て、共同住宅等の住戸内に設けられたホームエレベーター等は報告対象から除く
※ 7　新築の建築物は、検査済証の交付を受けた直後の時期については報告する必要はない

表 5-Ⅱ-3　定期報告の項目（概要）（東京都の例）

敷地及び地盤	地盤、敷地 敷地内の通路等 共同住宅等の主要な出入口からの通路等 窓先空地及び屋外通路 塀、擁壁、がけ 敷地に直接設置した広告塔及び広告板	避難施設等	通路等 廊下 出入口等 屋上広場 避難上有効なバルコニー 階段 排煙設備等 非常用の進入口等 非常用エレベーター 非常用の照明装置
建築物の外部	基礎、土台（木造に限る） 躯体等 外装仕上材等 窓サッシ等 外壁に緊結された広告板、空調室外機等	その他	地下街等 特殊な構造等（膜構造、免震構造等） 避雷設備 煙突 自動回転ドア（条例 8 条の 7 の規定に適合するものであり、かつ、自動回転ドアとして通常使用している場合に限る）
屋上及び屋根	屋上面、屋上周り（屋上面を除く）、屋根 機器及び工作物（冷却塔設備、広告塔等）の状況		
建築物の内部	防火区画 壁の室内に面する部分 床 天井（特定天井含む） 防火設備（防火戸、シャッターその他これらに類するものに限る） 照明器具、懸垂物等 居室の採光及び換気 石綿等を添加した建築材料		

図5-Ⅱ-3　定期報告書提出のフローチャート（東京都の例）

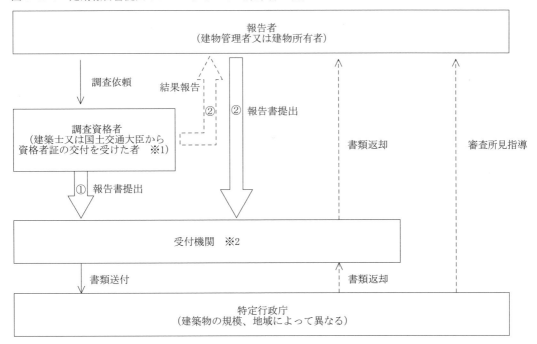

①報告書提出を委任する場合

②報告書提出を委任しない場合

※1　建築物調査員　　　　　：特定建築物調査員
　　　建築設備等検査員　　　：防火設備検査員、建築設備検査員、昇降機検査員

※2　特定建築物等、防火設備：公益財団法人　東京都防災・建築まちづくりセンター
　　　建築設備　　　　　　　：一般財団法人　日本建築設備・昇降機センター
　　　昇降機・遊戯施設等　　：一般社団法人　東京都昇降機安全協議会
　　　なお、行政によっては、受付機関を通さずに直接特定行政庁に提出する場合がある

●目安箱●

◆よく使う法文略称一覧（手続き編）◆

12条報告（建築基準法12条5項）――――工事の計画、施行状況等、各種報告。変更手続きを指す時もある

43条許可（建築基準法43条）――――――建築物の敷地に対する接道規定に関する許可

48条許可（建築基準法48条）――――――用途地域内で建築が禁止されている建物用途の許可申請

86条認定（建築基準法86条）――――――総合的設計による一団地認定

29条許可（都市計画法29条）――――――開発行為の許可申請

32条協議（都市計画法32条）――――――開発行為に関する公共施設の同意協議

37条制限解除（都市計画法37条）――――開発行為の工事完了公告以前の建築承認

53条許可（都市計画法53条）――――――都市計画施設等の区域内の建設許可（都市計画道路内の建設許可等）

76条許可（土地区画整理法76条）――――土地区画整理事業地区内の施行認可公告後後の建築許可

60条証明（都市計画法施行令60条）―――都市計画法の開発許可または建築許可を要しない計画に適合していることの証明

I 既存不適格
建築物の取扱い

第6章 増築・改築の規定

第6章　増築・改築等の規定

I　既存不適格建築物の取扱い

1 既存不適格建築物に対する制限の緩和（法86条の7〜9）

既存不適格建築物の緩和規定

既存不適格建築物とは、建築当時は適法であったが、その後、建築基準法の部分的な改正や都市計画による用途地域の変更等により、現行規定に適合しなくなった建築物をいう。法律は遡って適用されないことより、違反建築物とはならない（法3条2項）。

但し、既存不適格建築物を増改築する場合は、増改築部分の規模に応じて現行法規が適用される。

その場合、増改築によって既存部分すべてに現行法を適用することは現実的ではないため、建築基準法では、増改築時に適用が緩和される法規定と、その範囲を政令で定めている（令137条の2〜137条の11）。

又、大規模の修繕・模様替の場合は、増改築に対する緩和規定とは別に緩和規定が定められている（令137条の12）。

その他増築時に、増築部分を含む部分とそれ以外の部分を独立させるように区画した場合も、増築部分を含まない既存部分に現行法は適用されない。既存部分の独立性や緩和される規定の内容は、増改築部分の面積や区画の方法、既存不適格部分の耐震診断等で判断される（法86条の7第2項、令137条の14）。

増改築部分が政令の定める範囲を超える場合は、既存部分を含めた建築物全体に現行法規定が適用される。

なお、既存不適格建築物が保安上著しく危険であるか、衛生上著しく有害であると認められる場合は、増改築か否かにかかわらず、特定行政庁は相当の猶予期限を設けて所有者等に建築物の除却等を命令できる（法10条）。

図6-I-1　区画方法と適用の緩和

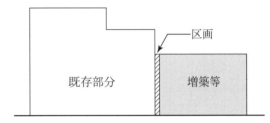

既存部分は遡及適用されない。適用が緩和される規定は「区画方法」で異なる

表6-I-1　区画方法と適用の緩和

区画の種別	緩和される規定（既存部分には遡及不要）
建築物をエキスパンションジョイント等、相互に応力を伝えない構造方法のみで区画した場合	構造耐力規定（法20条）
開口部のない耐火構造の床・壁で区画した場合	避難規定（廊下、避難階段、出入口、非常用照明）
開口部のない準耐火構造の床・壁又は、常時閉鎖式等の防火設備で区画した場合	排煙設備規定

表6-Ⅰ-2　緩和規定一覧表

条文	不適格の内容	緩和（遡及が免除）となる範囲・内容	既存部分への対応
法47条	壁面後退	増改築時→緩和規定なし 大規模な修繕・模様替時→緩和（遡及免除）	増改築時は全て遡及 大規模な修繕・模様替の時は遡及免除
法48条1項〜13項	用途地域内の用途制限（用途変更を伴わないもの）	増改築時 →基準時の敷地内、増改築後の延べ面積・建築面積＝法定制限内 　増築後の床面積＝基準時の床面積の1.2倍以下 　増築後の不適格部分の床面積 　　＝基準時のその部分の床面積の1.2倍以下 　増設後の原動機の出力、台数、容量の合計 　　＝基準時の出力等合計の1.2倍以下 大規模な修繕・模様替時→遡及免除	増改築時は左記の範囲を超えた場合は遡及 大規模な修繕・模様替の時は遡及免除
法51条	卸売り市場等の位置	増改築時→緩和規定なし 大規模な修繕・模様替時→遡及免除	増改築時は全て遡及 大規模な修繕・模様替の時は遡及免除
法52条1項・2項・7項	容積率	増築時 →増築は自動車車庫等、備蓄倉庫、蓄電池・自家発電設備・貯水槽設置部分 （以下「対象部分」という）に限る 　増築後対象部分の床面積の合計 　　＝増築後の延べ面積の各対象部分毎の割合以下 （自動車車庫等1/5、備蓄倉庫・蓄電池1/50、自家発電設備・貯水槽設置部分1/100） 　増築以前の対象部分以外の床面積の合計 　　＝基準時の対象部分の床面積以下 改築時 →改築は自動車車庫等、備蓄倉庫、蓄電池・自家発電設備・貯水槽設置部分 （以下「対象部分」という）に限る 　改築後対象部分の床面積の合計 　　＝増築後の延べ面積の各対象部分毎の割合以下 （自動車車庫等1/5、備蓄倉庫・蓄電池1/50、自家発電設備・貯水槽設置部分1/100） 　かつ、基準時における各対象部分の割合を超えている場合は基準時における各対象部分の床面積以下 大規模な修繕・模様替時→遡及免除	増改築時は左記の範囲を超えた場合は遡及 大規模な修繕・模様替の時は遡及免除
法53条1項・2項	建ぺい率	増改築時 →緩和規定なし 大規模な修繕・模様替時 →遡及免除	増改築時は全て遡及 大規模な修繕・模様替の時は遡及免除
法54条1項	第1・2種低層住居専用地域内の外壁後退		
法55条1項	第1・2種低層住居専用地域内の高さ		
法56条1項	斜線制限（建築物の高さ）		
法56条の2	日影規制		
法57条の4第1項	特例容積率適用地区内の高さ		

条文	不適格の内容	緩和（遡及が免除）となる範囲・内容	既存部分への対応
法57条の5 第1項	高層住居誘導地区の制限	増改築時 →緩和規定なし	増改築時は全て遡及
法58条	高度地区	大規模な修繕・模様替時 →遡及免除	大規模な修繕・模様替の時は遡及免除
法59条 第1・2項 法60条の2 第1・2項	高度利用地区 都市再生特別地区	増築時 →増築後の延べ面積 　　＝基準時の延べ面積の1.5倍以下 　増築後の建築面積 　　＝基準時の建築面積の1.5倍以下 　増築後の容積率 　　＝都市計画に定める容積率の最低限度の2/3以下 　増築後の建築面積 　　＝都市計画に定める建築面積の最低限度の2/3以下 改築時 →改築部分の床面積 　　＝基準時の延べ面積の1/2以下 大規模な修繕・模様替時→遡及免除	増改築時は左記の範囲を超えた場合は遡及 大規模な修繕・模様替の時は遡及免除
法60条 第1・2項	特定街区	増改築時→緩和規定なし 大規模な修繕・模様替時→遡及免除	増改築時は全て遡及 大規模な修繕・模様替の時は遡及免除
法61条 法67条の2 第1項、 第5〜7項	防火地域 特定防災街区整備地区	増改築時 →基準時以降の増改築部分の床面積の合計 　　＝50㎡以下、かつ、基準時の延べ面積以下 　増改築後の階数が2以下で、かつ、延べ面積が500㎡以下 　増改築部分の外壁、軒裏は防火構造とする 　※木造建築物にあっては外壁・軒裏が防火構造のものに限る 大規模な修繕・模様替時→遡及免除	増改築時は左記の範囲を超えた場合は遡及 大規模な修繕・模様替の時は遡及免除
法62条1項	準防火地域	増改築時 →基準時以降の増改築部分の床面積の合計 　　＝50㎡以下 　増改築後の階数が2以下 　増改築部分の外壁、軒裏は防火構造とする 　※木造建築物にあっては外壁・軒裏が防火構造のものに限る 大規模な修繕・模様替時→遡及免除	増改築時は左記の範囲を超えた場合は遡及 大規模な修繕・模様替の時は遡及免除
法68条 第1・2項	景観地区	増改築時→緩和規定なし 大規模な修繕・模様替時→遡及免除	増改築時は全て遡及 大規模な修繕・模様替の時は遡及免除
法20条	構造耐力	増改築時 →区画の方法により基準あり　第6章Ⅰ❷参照 大規模な修繕・模様替時 →構造耐力上危険性が増大しない場合は遡及免除	増改築 →第6章Ⅰ❷参照 大規模な修繕・模様替 →左記以外は遡及
法26条	防火壁	増改築時 →基準時以降の増改築等部分の床面積の合計 　　＝50㎡以下 大規模な修繕・模様替時→遡及免除	増改築時は左記の範囲を超えた場合は遡及 大規模な修繕・模様替の時は遡及免除

第6章

323

表 6-I-2　緩和規定一覧表（つづき）

条文	不適格の内容	緩和（遡及が免除）となる範囲・内容	既存部分への対応
法27条	特殊建築物の耐火・準耐火制限	増改築時 →基準時以降の増改築等部分の床面積の合計 　＝50㎡以下（但し増築に関しては、劇場の客席、病院の病室、学校の教室は除く） 大規模な修繕・模様替時→遡及免除	増改築時は左記の範囲を超えた場合は遡及 大規模な修繕・模様替の時は遡及免除
法28条第1・2項	居室の採光・換気	増改築時 →当該増改築部分、既存の改修部分以外の居室は遡及免除 大規模な修繕・模様替時 →既存の未改修部分は居室ごとに遡及免除	既存の未改修部分は居室単位で遡及免除 既存の改修部分は遡及
法28条第3項	特殊建築物の居室換気、火気使用室	増改築時 →当該増改築部分、既存の改修部分以外の居室・火気使用室は遡及免除 大規模な修繕・模様替時 →既存の未改修部分は居室・火気使用室ごとに遡及免除	既存の未改修部分は居室・火気使用室単位で遡及免除 既存の改修部分は遡及
法28条の2第1・2号	石綿使用制限	増改築時 →当該増改築部分の床面積の合計 　＝基準時の延べ面積の1/2以下 大規模な修繕・模様替時 　→既存の未改修部分は遡及免除 ※増改築、大規模修繕・模様替ともに対象部分は遡及	増改築時は左記の範囲を超えた場合は遡及 既存の未改修部分は遡及免除 既存の改修部分は遡及
法28条の2第3号	シックハウス	改築時 →増改築部分は緩和規定なし 大規模な修繕・模様替時 →換気経路とならない部分は遡及免除 ※上記はホルムアルデヒドに関する規制のみ（クロルピリホス関係は除く）	増改築、大規模修繕・模様替時、既存部分と建具等で区画し既存部分が換気経路とならない場合は、既存部分は遡及免除
法30条	長屋・共同住宅の界壁	増築時 →増築部分の床面積の合計 　＝基準時の延べ面積の1.5倍以下 改築時 →改築部分の床面積の合計 　＝基準時の延べ面積の1/2以下 大規模な修繕・模様替時→遡及免除	増改築時は左記の範囲を超えた場合は遡及 大規模な修繕・模様替の時は遡及免除
法31条	便所	増改築時 →当該増改築部分、既存の改修部分以外は遡及免除 大規模な修繕・模様替時 →既存の未改修部分は便所ごとに遡及免除	既存の未改修部分は便所単位で遡及免除 既存の改修部分は遡及
法32条	電気設備	増改築時 →当該増改築部分、既存の改修部分以外の電気設備は遡及免除 大規模な修繕・模様替時 →既存の未改修部分は電気設備ごとに遡及免除	既存の未改修部分は電気設備単位で遡及免除 既存の改修部分は遡及

条文	不適格の内容	緩和（遡及が免除）となる範囲・内容	既存部分への対応
法34条1項	昇降機	増改築時 →昇降機ごとに適用 ※乗場扉の遮煙性能は竪穴計画によるため、建物ごとに適用 大規模な修繕・模様替時 →既存の未改修昇降機は昇降機ごとに遡及免除	増改築→昇降機ごとに適用 但し乗場扉の遮煙性能の遡及は建物ごとの適用より、同一建物内の全ての昇降路に遡及 大規模な修繕・模様替の時は改修する昇降機ごとで遡及
法34条2項	非常用昇降機	増築時 →増築部分の床面積の合計 　＝基準時の延べ面積の1/2以下かつ増築部分の高さ31m以下 改築時 →改築部分の床面積の合計 　＝基準時の延べ面積の1/5以下かつ 　改築部分の高さ＝基準時の高さ以下 大規模な修繕・模様替時→遡及免除	増・改築時は左記の範囲を超えた場合は遡及 大規模な修繕・模様替の時は遡及免除
法35条	廊下幅 直通階段・避難階段 出入口 非常用照明	増改築時 →増改築部分は緩和規定なし →増改築部分と既存部分を開口部の無い耐火構造の床・壁で区画した場合は、既存部分は遡及免除	左記の条件以外は全て遡及
法35条	排煙設備	増改築時 →増改築部分は緩和規定なし →増改築部分と既存部分を開口部の無い準耐火構造の床・壁で区画した場合は、既存部分は遡及免除	左記の条件以外は全て遡及
法35条 法36条	消火設備	緩和規定なし ※開口部の無い耐火構造の床・壁により区画された部分を消防法上別建物とする規定あり （消防法施行令8条）	建物全体に遡及 （消防設備については別途設備ごとに遡及条件が定まる）
法35条の2	特殊建築物の内装制限	緩和規定なし	全て遡及
法35条の3	無窓の居室等の主要構造部	増改築、大規模修繕・模様替以外の既存部分は遡及免除	既存の未改修部分は居室単位で遡及免除 既存の改修部分は遡及
法36条	居室の天井高さ、床高さ、床の防湿方法	増改築、大規模修繕・模様替以外の既存部分は遡及免除	既存の未改修部分は居室単位で遡及免除 既存の改修部分は遡及
法36条	階段、手すり	増改築時→緩和規定なし 大規模修繕・模様替時 →階段を改修する場合はその階段のみ遡及	増改築時は遡及 大規模な修繕・模様替時は改修する階段のみ遡及
法36条	給排水・配管設備、浄化槽、煙突	改修する給排水・配管設備、浄化槽、煙突等のみ遡及	既存の未改修部分は設備単位で遡及免除

第6章

2 構造耐力規定に係る既存不適格建築物の増改築における緩和
(法86条の7第1項、令137条の2)

構造耐力規定（法20条）の適用を受けない既存不適格建築物については、一定の増改築に対して構造制限緩和を受ける事ができる。

図6-Ⅰ-2 [16]　構造規定緩和における適用フロー

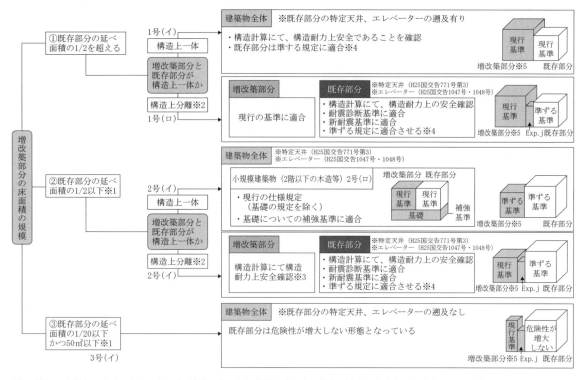

※1　構造耐力規定の改正により、改正前は適法であった建築物が改正後の規定に適合しなくなった時点の延べ面積

※2　「構造上分離」とは、新たにエキスパンションジョイント等相互に応力を伝えない構造方法とし、構造上2以上に分けて増改築を行うもの

※3　小規模な木造住宅については構造計算を要しない別途の緩和基準がある

※4　準ずる規定：耐久性等関係規定に適合し、かつ、以下の基準に適合すること
　イ　法20条1号から3号までに掲げる建築物に設ける屋上から突出する水槽、煙突その他これらに類するものについて、H12.5.29告示1389号に定める基準に従った構造計算により構造耐力上安全であることを確かめること

　ロ　建築物に設ける給水、排水その他の配管設備について、構造耐力上主要な部分を貫通して配管する場合において建築物の構造耐力上支障を生じないようにすること等を求めること

　ハ　建築物に設けるエレベーター及びエスカレーターについて、主要な支持部分等が構造耐力上安全であることや駆動装置等の地震時の転倒・移動防止措置を講ずることのほか、エレベーターのかごについては、かご内の人又は物による衝撃を受けた場合において、かご内の人又は物が昇降路内に落下し、又はかご外の物に触れるおそれのない構造であること（H20.12.10告示1455号第1第1号から3号まで及び5号から7号までの規定に適合することのほか、かごの壁又は囲い及び出入口の戸について、任意の5cm²の面にこれと直角方向の300Nの力がかご内から作用した場合において、き裂その他の損傷が生じないことを確かめること）

　ニ　屋根ふき材、外装材及び屋外に面する帳壁について、昭和46年建設省告示第109号に定めるところにより、構造耐力上主要な部分に緊結すること等に適合すること

※5　建築基準法の改正（平成27年7月1日施行）により構造計算適合性判定の対象の見直しが行われ、既存不適格建築物について増改築を行う場合にも構造計算適合性の判定の対象になる平成28年6月1日より137条の2の一部が改正され、高さ60mを超える超高層建築物も既存不適格のまま増改築等を行うことができる

3 既存不適格建築物を用途変更する場合の規定

建築物の用途変更をして、法別表1（い）欄に揚げる特殊建築物で、その用途に供する部分の床面積の合計が100㎡を超えるものは用途変更の確認申請が必要となる。また、100㎡以下の用途変更であっても、関係規定に適合するものとしなければならない。なお、当該用途の変更が、令137条の17で指定された「類似の用途相互間」におけるものは確認申請は不要となる。

表6-I-3　既存不適格建築物を用途変更する場合の規定

○：遡及が必要

対象条文			法87条3項（用途変更時既存遡及）	法87条4項（法86条の7第2項、3項の準用）
遡及適用除外条文		政令	令137条の18	令137条の15
法20条	構造耐力		既存部分の構造耐力上危険性が増大しない事が条件	—
法24条	特殊建築物の外壁		○	—
法27条	耐火特殊建築物		○	—
法28条1項	採光	令19条、20条	○	○（部分適用にのみ適用）
法28条3項	火気使用室	令20条の3	○	○（部分適用にのみ適用）
法29条	地下居室	令22条の2	○	○（部分適用にのみ適用）
法30条	長屋・共同住宅の界壁	令22条の3	○	○（部分適用にのみ適用）
法35条	廊下階段出入口	令117条〜128条	○	○（部分適用にのみ適用）
法35条	排煙設備	令126条の2、126条の3	○	○（部分適用にのみ適用）
法35条	非常用照明	令126条の4、126条の5	○	○（部分適用にのみ適用）
法35条の2	特殊建築物の内装制限	令128条の3	○	-
法35条の3	無窓居室	令111条	○	○（部分適用にのみ適用）
法36条	補足技術的基準	令19条〜129条の15	○（採光・廊下・階段・出入口・排煙・非常用照明・進入口・敷地内通路に関するもののみ）	○（居室の採光面積にかかわる部分に限り部分適用を適用）
法39条2項	災害危険区域条件付加		○	—
法40条	条例付加		○	—
法43条2項	接道条件付加	令144条の6	○	—
法43条の2	4m未満接道条件付加		○	—
法48条1項〜13項	用途地域関係		○	—
法49条〜50条	用途地域条例制限	令130条の2	○	—
法51条	卸売市場等の位置	令130条の2の2	○	—
法68条の2第1項・5項	条例による用途制限		第1項のみ適用	—
法68条の3第7項	沿道地区計画緩和		—	—
法68条の9第1項	条例による集団規程制限	令136条の2の9	○	—

※　構造計算方法について大臣認定を取得した建物や、総合設計制度等を活用した建物の用途変更を行う際は事前に評定機関又は特定行政庁との協議が必要
※　東京都建築安全条例等は既存不適格規定がないことから、現行法がすべて遡及されるので注意する
※　駐車場条例、バリアフリー条例は増築等の取扱いが規定されているので、その取扱いによる

4 用途変更における確認申請を要しない類似の用途

（令137条の17）

類似の用途間における建物用途の変更で大規模修繕や大規模な模様替えを伴わないものは、確認申請は不要となる。

表6-Ⅰ-4　確認申請を要しない類似の用途

1．劇場、映画館、演芸場
2．公会堂、集会場
3．診療所（患者の収容収容施設があるものに限る）、児童福祉施設等
4．ホテル、旅館
5．下宿、寄宿舎
6．博物館、美術館、図書館
7．体育館、ボーリング場、スケート場、水泳場、スキー場、ゴルフ練習場、バッティング練習場
8．百貨店、マーケット、その他の物品販売業を営む店舗
9．キャバレー、カフェ、ナイトクラブ、バー
10．待合、料理店
11．映画スタジオ、テレビスタジオ

5 全体計画認定制度

（法86条の8）

1．既存不適格建築物の増築等を行う場合に、段階的な改修を可能にする措置

既存不適格建築物について2以上の工事に分けて増築等を含む工事を行う場合、特定行政庁がその2以上の工事の全体計画が一定の基準に適合すると認めたときは、段階的に法適合させながら改修工事をすることができる。また、その2以上の工事の間に法令が改正施行されたような場合にはその規定は適用しないことになった。

この制度を利用すると、最長20年以内に建築物全体が建築基準法に適法となるように計画すればよいことになる。

但し、全てが20年以内ではなく避難規定等を優先的に整備する様に指導している特定行政庁もあり、採用の検討にあたっては、十分に特定行政庁と打合せが必要である。

2．全体計画認定制度のポイント

（全体計画ガイドライン　H17.6.1国住指667号）

（1）対象工事

既存不適格建築物の増築、改築、大規模の修繕、大規模の模様替

（2）対象不適格規定

建築基準法、これに基づく命令、条例

（3）認定の基準

①建築物の用途の特性や資金的な理由から、工事を分けて実施するやむを得ない理由があること。

（例）・学校を夏休みごとに改修する

（授業の都合）

・病院を数度に分けて改修する

（入院患者等の都合）

・公営住宅を数度に分けて改修する

（毎年度の予算の都合）

②計画に係るすべての工事が完了することで、計画に係る建築物とその敷地が建築基準法令の規定に適合することとなる。但し、増改築等を行う際の既存不適格建築物の制限の緩和規定はうけることができる。なお、個々の工事が建築基準法6条1項に規定する建築であるときは、個々に建築確認等をうけなければならない。

③計画の期限が明示されていること。また、期限が来たときに不適格規定を遡及させることを明確にしなければならない。

期間は5年程度以下であること、そして延長は1年以内とすることが望ましい。但し、既存部分が別棟となる接合（エキスパンションジョイント）がなされ、新耐震設計基準で設計されているか、又は耐震診断結果で安全とされた場合は、5年を20年とすることができる。但し、特定行政庁によっては防火・避難規定のみ20年ではなく3年〜5年以内に全て遡及対応する様に求める場合等もあり、十分な協議・打合せが必要である。

④全体工事が長期に及ぶことを考慮し、計画期間中、交通上、安全上、防火上及び衛生上の支障が生じないと認められること。これは「各規定の危険性が増大しないこと」という意味であり、その考え方を表6-Ⅰ-5に示す。

表6-Ⅰ-5 全体計画認定制度の関係規定

構造関係規定	構造耐力上主要な部分を取り除き、又は既存部分の荷重等が増加するにも係らず、構造耐力に関する十分な措置を行わず、構造安全上の負荷が増大する場合
防火関係規定	床面積の増加に伴い防火関係規定の適用に変更があるにも係らず、防火に関する十分な措置を行わず、火災安全上の負荷が増大する場合
避難関係規定	床面積の増加に伴い在館者数が増加し、又は歩行距離が長くなるにも係らず、避難安全に関する十分な措置を行わず、避難安全上の負荷が増大する場合
設備関係規定	床面積の増加に伴い在館者数が増加し設備関係規定の適用に変更があるにも係らず、設備に関する十分な措置を行わず、衛生上の負荷が増大する場合

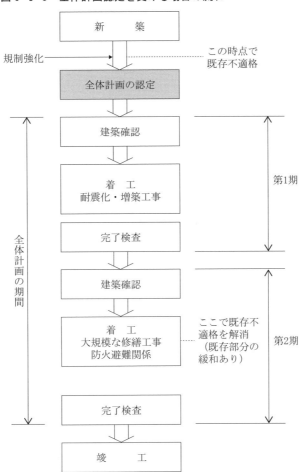

図6-Ⅰ-3 全体計画認定を受ける場合の流れ

6 公共事業に伴う敷地面積減少による不適格建築物

(法86条の9、令137条の16)

表にある事業による敷地面積の減少により、従来適法であった建築物が、敷地面積に関する規定(建ぺい率制限、容積率制限、最低敷地面積)に適合しなくなった場合は、その建築物を既存不適格建築物として扱う。

表6-Ⅰ-6　公共工事に伴う既存不適格建築物の取扱い

事　業	除外されるもの	
・土地収用法3条各号に揚げる事業 ・都市計画法により土地を収用し使用できる都市計画事業 ・これらの事業に係る土地収用法16条に規定する関連事業		
・土地区画整理法による土地区画整理事業	同法3条1項の規定により施行するもの	個人施行によるもの
・都市再開発法による第1種市街地再開発事業	同法2条の2第1項の規定により施行するもの	
・特別措置法による住宅街区整備事業 　(大都市地域における住宅及び住宅地の供給の促進)	同法29条1項の規定により施行するもの	
・法律による防災街区整備事業 　(密集市街地における防災街区の整備の促進)	同法119条1項の規定により施行するもの	

7 石綿(アスベスト)の使用制限

1. 制限を受けない増改築の範囲

(令137条の4の3)

(1) 増築又は改築に係る部分の床面積の合計が、「基準時」の延べ床面積の1/2を超えないこと
(2) 増築又は改築に係る部分に、規制対象の石綿材料が使用されていないこと
(3) 増築又は改築に係る部分以外の部分が、建築材料から石綿を飛散させるおそれがないものとして石綿が添加された建築材料を被覆(囲い込み)し、又は添加された石綿を建築材料に固着する措置(封じ込め)について、国土交通大臣が定める基準に適合すること(H18.9.29国交告1173号)

図6-Ⅰ-4　既存アスベストの措置範囲

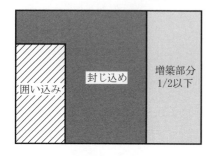

増築又は改築規模が基準時の延べ面積の1/2以下の場合
→既存のアスベストは「囲い込み」又は「封じ込め」とする

増築又は改築規模が基準時の延べ面積の1/2を超える場合
→既存のアスベストは除去し、現行法への適合が必要となる

人が活動することが想定される空間に露出しているものに対し、措置を講ずる必要がある（「人が活動することが想定される空間」とは、継続的な活動が想定される居室だけではなく、作業のために一時的に立ち入る機械室、昇降路、空調ダクト等の居室、非居室と連続した空間も含まれる）。

平成24年の法改正により、基準時延べ面積の1/2を超える増築が可能になったが、その場合は、既存建物に存在するアスベストは除去する必要があるので、注意すること。

2. 囲い込み、封じ込めの基準

（H18.9.29 国交告 1173 号）

法28条の2第1号及び2号に適合しない材料が、人の活動することが想定される空間に露出している材料に対しては、下記表のいずれかの措置を講じるものとする。

表6-Ⅰ-7　アスベストの措置方法

1号	対象建築材料を囲い込む措置	イ	対象建築材料を板等の材料であって次のいずれにも該当するもので囲い込むこと (1) 石綿を透過させないものであること (2) 通常の使用状態における衝撃及び劣化に耐えられるものであること。石綿を透過させないものであること
		ロ	イの囲い込みに用いる材料相互、又は当該材料と建築物の部分が接する部分から、対象建築材料に添加された石綿が飛散しないよう密着されていること
		ハ	維持保全のため点検口を設けること
		ニ	対象建築材料に劣化又は損傷の程度が著しい部分がある場合にあっては、当該部分に十分な付着が確保されるよう必要な補修を行うこと
		ホ	対象建築材料と下地との付着が不十分な場合にあっては、当該部分に十分な付着が確保されるよう必要な措置を講じること
		ヘ	結露水、腐食、振動、衝撃等により対象建築材料の劣化が進行しないよう必要な措置を講じること
2号	建築材料に添加された石綿を封じ込める措置	イ	対象建築材料に、法37条2項に基づく認定を受けた石綿飛散防止剤を均等に吹付け、又は含浸させること
		ロ	石綿飛散防止剤を、吹付け又は含浸させた対象建築材料は、通常の使用状態における衝撃及び劣化に耐えられるものであること
		ハ	対象建築材料に石綿飛散防止剤を、吹付け又は含浸させることによって当該対象建築材料の撤去を困難にしないものであること
		ニ	1号ニ〜ヘまでに適合すること

第7章 消防法の規定

Ⅰ 防火対象物
と無窓階

Ⅱ 消防設備

Ⅲ 消防設備の緩和
と技術基準

Ⅳ 防火管理と
防炎性能

Ⅴ 危険物

第7章　消防法の規定

I　防火対象物と無窓階

1 消防法のチェックフロー

消防法の規定は、防火対象物（建物用途による分類）ごとに、建物規模と建物条件（令8区画、棟の判定、無窓階等）、収容人員により必要消防設備が定められている。その他の危険物や防火管理を含めたチェックフローは、図7-I-1となる。

図7-I-1　消防法のチェックフロー

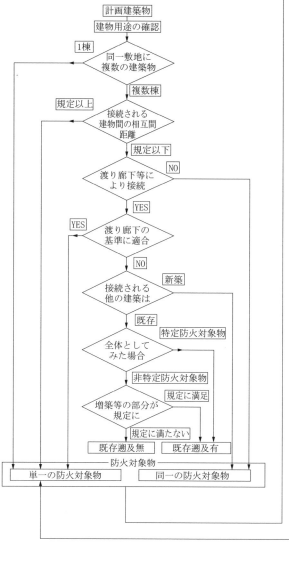
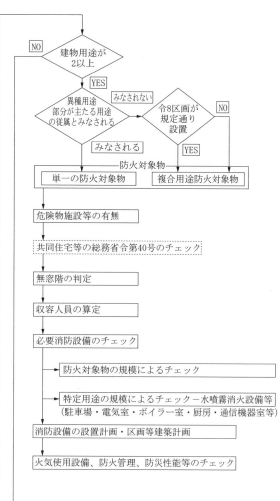

2 防火対象物

1．防火対象物の分類（令別表第1）

表7-Ⅰ-1　防火対象物の分類[15]

項別		防火対象物（▨特定防火対象物）	含まれる建築用途
(1)	イ	劇場・映画館・演劇又は観覧場	客席を有する各種競技施設（野球場、相撲場、競馬場、競輪場、競艇場、体育館等）、寄席
	ロ	公会堂・集会場	区民会館、市民会館、福祉会館、音楽室、貸ホール、貸講堂
(2)	イ	キャバレー・カフェ・ナイトクラブその他これらに類するもの	クラブ、バー、サロン、ホストクラブ
	ロ	遊技場・ダンスホール	ボーリング場、パチンコ店、スマートボール場、撞球（ビリヤード）場、ビンゴ場、射的場、ディスコ、ダンス教習所、カラオケ施設
	ハ	風俗営業等の規制及び業務の正当化等に関する法律に規程する性風俗関連特殊営業を営む店舗（ニ並びに (1)・(4)・(5) イ及び (9) イに掲げる防火対象物の用途に供されているものを除く）その他これに類するものとして総務省令で定めるもの	ファッションヘルス、性感マッサージ、イメージクラブ、SMクラブ、のぞき部屋（興行場法の適用のないもの）、レンタルルーム（異性同伴）、アダルトビデオ、レンタルショップ、セリクラ、出会い系喫茶
	ニ	カラオケボックスその他遊興のための設備又は物品を個室（これに類する施設を含む）において客に利用させる役務を提供する業務を営む店舗で総務省令で定めるもの	カラオケボックス、漫画喫茶、複合カフェ（個室（これに類する施設を含む）を設け、インターネット利用等のサービスの提供を行う店舗）、テレフォンクラブ、個室ビデオ
(3)	イ	待合・料理店その他これらに類するもの	茶家、料亭、割烹
	ロ	飲食店	喫茶店、スナック、結婚披露宴会場、食堂、そば屋、すし屋、レストラン、ビアホール、スタンドバー、ライブハウス
(4)		百貨店・マーケットその他の物品販売業を営む店舗・展示場	魚店、肉店、米店、パン店、乾物店、衣料店、洋服店、家具店、電気器具店等の小売店舗、店頭において販売行為を行う問屋、卸売専業店舗、営業用給油取扱所、スーパーマーケット、展示を目的とする産業会館、博覧会場、見本市会場
(5)	イ	旅館・ホテル・宿泊所その他これらに類するもの	保養所、ユースホステル、山小屋、ロッジ、貸研修所の宿泊室、青年の家、モーテル、ウィークリーマンション（旅館業法の適用のあるもの）
	ロ	寄宿舎・下宿・共同住宅	寮、事業所用の研修のための宿泊所、シェアハウス（ゲストハウス）
(6)	イ	① 次のいずれにも該当する病院（火災発生時の延焼を抑制するための消火活動を適切に実施することができる体制を有するものとして総務省令で定めるもの（※A）を除く） 　a 診療科名中に特定診療科名（内科、整形外科、リハビリテーション科その他の総務省令で定める診療科名（※B）をいう。②bにおいて同じ）を有すること 　b 医療法に規定する療養病床又は一般病床を有すること ② 次のいずれにも該当する診療所 　a 診療科名中に特定診療科名を有すること 　b 4人以上の患者を入院させるための施設を有すること ③ 病院（①に掲げるものを除く）、患者を入院させるための施設を有する診療所（②に掲げるものを除く）又は入所施設を有する助産所 ④ 患者を入院させるための施設を有しない診療所又は入所施設を有しない助産所 ※A 次のいずれにも該当する体制を有する病院 　① 勤務させる医師、看護師、事務職員その他の職員の数が、病床数が 26 床以下のときは 2、26 床を超えるときは 2 に 13 床までを増すごとに 1 を加えた数を常時下回らない体制 　② 勤務させる医師、看護師、事務職員その他の職員（宿直勤務を行わせる者を除く。）の数が、病床数が 60 床以下のときは 2、60 床を超えるときは 2 に 60 床までを増すごとに 2 を加えた数を常時下回らない体制 ※B 特定診療科名とは、 　医療法施行令 3 条の 2 に規定する診療科名のうち、13 診療科名（肛門外科、乳腺外科、形成外科、美容外科、小児科、皮膚科、泌尿器科、産婦人科、眼科、耳鼻いんこう科、産科、婦人科、歯科）以外のものをいう 　なお、医療法施行令の一部を改正する政令（H20 政 36）による改正前の医療法施行令 3 条の 2 に規定する診療科名にあっては、小児科、形成外科、美容外科、皮膚泌尿器科、こう門科、産婦人科、眼科、耳鼻いんこう科、歯科、矯正歯科、小児歯科、歯科口腔外科、皮膚科、泌尿器科、産科及び婦人科以外のものをいう	医院、クリニック

項別		防火対象物（▭特定防火対象物）	含まれる建築用途
(6)	ロ	① 老人短期入所施設、養護老人ホーム、特別養護老人ホーム、軽費老人ホーム（介護保険法に規定する要介護状態区分が避難が困難な状態を示すものとして総務省令で定める区分に該当する者（以下「避難が困難な要介護者」という）を主として入居させるものに限る。）、有料老人ホーム（避難が困難な要介護者を主として入居させるものに限る。）、介護老人保健施設、老人福祉法に規定する老人短期入所事業を行う施設、小規模多機能型居宅介護事業を行う施設（避難が困難な要介護者を主として宿泊させるものに限る）、認知症対応型老人共同生活援助事業を行う施設その他これらに類するものとして総務省令で定めるもの ② 救護施設 ③ 乳児院 ④ 障害児入所施設 ⑤ 障害者支援施設（障害者の日常生活及び社会生活を総合的に支援するための法律に規定する障害者又は障害児であって、障害支援区分が避難が困難な状態を示すものとして総務省令で定める区分に該当する者（以下「避難が困難な障害者等」という）を主として入所させるものに限る。）又は短期入所若しくは共同生活援助を行う施設（避難が困難な障害者等を主として入所させるものに限る。ハ⑤において「短期入所等施設」という）	老人保健施設 福祉型障害児入所施設 医療型障害児入所施設 認知症高齢者グループホーム 障害者ケアホーム
	ハ	① 老人デイサービスセンター、軽費老人ホーム（ロ①に掲げるものを除く）、老人福祉センター、老人介護支援センター、有料老人ホーム（ロ①に掲げるものを除く）、老人福祉法に規定する老人デイサービス事業を行う施設、小規模多機能型居宅介護事業を行う施設（ロ①に掲げるものを除く）その他これらに類するものとして総務省令で定めるもの ② 更生施設 ③ 助産施設、保育所、幼保連携型認定こども園、児童養護施設、児童自立支援施設、児童家庭支援センター、児童福祉法に規定する一時預かり事業又は家庭的保育事業を行う施設その他これらに類するものとして総務省令で定めるもの ④ 児童発達支援センター、情緒障害児短期治療施設又は児童福祉法に規定する児童発達支援若しくは放課後等デイサービスを行う施設（児童発達支援センターを除く） ⑤ 身体障害者福祉センター、障害者支援施設（ロ⑤に掲げるものを除く）、地域活動支援センター、福祉ホーム又は障害者の日常生活及び社会生活を総合的に支援するための法律に規定する生活介護、短期入所、自立訓練、就労移行支援、就労継続支援若しくは共同生活援助を行う施設（短期入所等施設を除く）	軽費老人ホームＡ型、軽費老人ホームＢ型、ケアハウス 老人福祉センターＡ型（例：老人福祉センター、福祉会館） 老人福祉センターＢ型（例：シルバーセンター、いこいの家、老人館） 在宅介護支援センター 認可保育所、認証保育所、保育室、事業所内保育所、院内保育所、ベビーホテル、認定こども園、一時預かり事業を行う施設、家庭的保育事業を行う施設 虚弱児施設 福祉型児童発達支援センター、医療型児童発達支援センター こども家庭支援センター 身体障害者福祉ホーム、知的障害者福祉ホーム、精神障害者福祉ホーム 障害者ケアホーム 自立訓練（機能訓練）事業所、自立訓練（生活訓練）事業所 就労継続支援（Ａ型）事業所、就労継続支援（Ｂ型）事業所 障害者グループホーム
	ニ	幼稚園・特別支援学校	
(7)		小学校・中学校・高等学校・中等教育学校・高等専門学校・大学・専修学校・各種学校その他これらに類するもの	消防学校、消防大学校、自治大学校、警察学校、警察大学校、理容学校、美容学校、洋裁学校、タイピスト学校、外語学校、料理学校、防衛大学校、防衛医科大学校、自衛隊学校、看護学校、看護助産学校、臨床検査技師学校、視能訓練学校、農業者大学校、水産大学校、海技大学校、海員学校、航空大学校、航空保安大学校、海上保安学校、国土交通大学校
(8)		図書館・博物館・美術館その他これらに類するもの	郷土館、記念館
(9)	イ	公衆浴場のうち、蒸気浴場・熱気浴場・その他これらに類するもの	
	ロ	イに掲げる公衆浴場以外の公衆浴場	銭湯、鉱泉浴場、砂湯、酵素風呂、岩盤浴
(10)		車両の停車場又は船舶若しくは航空機の発着場 （旅客の乗降又は待合いの用に供する建築物に限る）	
(11)		神社・寺院・教会その他これらに類するもの	
(12)	イ	工場・作業場	授産施設、宅配専門ピザ屋、給食センター（学校と敷地を異にするもの）
	ロ	映画スタジオ・テレビスタジオ	
(13)	イ	自動車車庫・駐車場	
	ロ	飛行機又は回転翼航空機の格納庫	
(14)		倉庫	
(15)		前各項に該当しない事業場	官公署、銀行、事務所、取引所、理容室、美容室、ラジオスタジオ、発電所、変電所、ごみ処理場、火葬場、ゴルフ練習場、卸売市場、写真館、保健所、新聞社、電報電話局、郵便局、畜舎、研修所、クリーニング店（取り次店に限る。）、職業訓練所、自動車教習所、納骨堂、温室、動物病院、新聞販売所、自動車教習所、採血センター、場外馬券売場、モデル住宅、コミュニティーセンター、体育館、レンタルルーム、水族館、貸レコード店、学童保育クラブ、駐輪場、はり灸院、屋内ゲートボール場（観覧席がないもの）、ミニゴルフ場、車検場

第7章

表 7- I -1 防火対象物の分類 (つづき)

項別		防火対象物 (⬜特定防火対象物)	含まれる建築用途
(16)	イ	複合用途防火対象物のうち、その一部が、(1) ～ (4)・(5) イ・(6) 又は (9) イに揚げる防火対象物の用途に供されているもの	
	ロ	イに揚げる複合用途防火対象物以外の複合用途防火対象物	
(16 の2)		地下街	
(16 の3)		建築物の地階 ((16 の 2) に揚げるものの各階を除く) で連続して地下道に面して設けられたものと当該地下道とを合わせたもの ((1) ～ (4)・(5) イ・(6) 又は (9) イに揚げる防火対象物の用途に供される部分が存するものに限る)	
(17)		文化財保護法の規定により、重要文化財・重要有形民俗文化財・史跡若しくは重要な文化財として指定され、又は旧重要美術品等の保存に関する法律の規定によって重要美術品として認定された建造物	旧江戸城桜田門、増上寺三解脱門、旧加賀屋敷御守殿門 (赤門)、湯島神社表鳥居、旧寛永寺五重塔、明治丸、八幡橋、旧宮崎家
(18)		延長≧ 50 mのアーケード	
(19)		市町村長の指定する山林	
(20)		総務省令で定める舟車 (規則 5 条 3 項)	

2. 複合用途の判定

(S50.4.15 消防庁通達 41 号、改正 H27.2.27 消防庁通達 81 号)

一つの建物に 2 以上の建物用途がある場合で、令 8 区画や、渡り廊下等による別棟扱いされない場合は表 7- I -2 により判定する。

※所管消防により取扱いが異なる場合があるので、必ず協議の上確認すること。

複合用途防火対象物には 16 項イ (特定用途を含む複合用途防火対象物) と 16 項ロ (特定用途を含まない複合用途防火対象物) があり、16 項イになるとロに比べ消防設備の設置基準が強化されるので複合用途の防火対象物の判定に注意すること。

表 7- I -2 複合用途の防火対象物の判定

用途分類	判定条件	判定
1. 主・従の関係 (表 7- I -3) にある用途部分がある場合	次の (1) ～ (3) のすべてに該当する場合 (1) 管理権原を有する者が同一人であること (2) 利用者が同一であるか又は密接な関係にあること (3) 利用時間がほぼ同一であること	単体用途防火対象物として扱う
2. 独立した用途部分が混在する場合	次の (1)、(2) のすべてに該当する場合 (1) 主たる用途部分の床面積合計≧延べ面積× 0.9 (2) 主たる用途以外の独立した用途部分の床面積の合計< 300 ㎡ 備考 主たる用途に供される部分の床面積には、他の用途と共用される廊下・階段・通路・便所・管理室・倉庫・機械室等の部分及び他の独立した用途に供される部分のそれぞれの床面積に応じて按分するものとする	単体用途防火対象物として扱う
3. 一般住宅 (個人の住居の用に供されるもので、寄宿舎、下宿及び共同住宅以外) が含まれている場合 [一般住宅の場合は、上記 1、2 の方法で判定した上で右記条件についても判定する]	(1) 次の①、②のすべてに該当する場合 ① 令別表第 1 の用途に供される部分の床面積の合計が一般住宅の用に供される部分の床面積より小さい場合 ② 令別表第 1 の床面積の合計≦ 50 ㎡	一般住宅として取扱う
	(2) 次の①又は②に該当する場合 ① 令別表第 1 の用途部分の床面積の合計が一般住宅部分の床面積の合計より大きい場合	単体用途防火対象物とする
	② 令別表第 1 の用途部分の床面積の合計が一般住宅の床面積の合計よりも小さく、かつ、令別表第 1 の用途部分の床面積の合計が 50 ㎡を超える場合	複合用途防火対象物とする
	(3) 令別表第 1 の用途部分の床面積の合計が、一般住宅部分の床面積の合計と、概ね等しい場合	複合用途防火対象物とする

(1) 主・従の関係にある用途部分がある場合

　　防火対象物の主たる用途に供される部分に機能的に従属していると認められる用途を表7-Ⅰ-3に示す。

表7-Ⅰ-3　防火対象物の主たる用途と機能的に従属する用途（東京消防庁　消防同意事務審査要領）[15]

区分		(イ) 主たる用途部分	(ロ) 従属的用途部分
(1) 項	イ	舞台部、客席、映写室、ロビー、切符売場、出演者控室、大道具・小道具室、衣装部屋、練習室、舞台装置及び営繕のための作業室	食堂、喫茶室、売店、専用駐車場、ラウンジ、クローク、展示博物室、プレイガイド、プロダクション、観覧場の会議室及びホール
	ロ	集会室、会議室、ホール、宴会場、その他上欄を準備する	食堂、喫茶室、売店、専用駐車場、クローク、展示博物室、図書室、浴室、遊戯室、体育室、遊技室、託児室、サロン、診療室、談話室、結婚式場
(2) 項	イ	客室、ダンスフロアー、舞台部、調理室、更衣室	託児室、専用駐車場、クローク
	ロ	遊技室、遊技機械室、作業室、更衣室、待合室、景品場、ゲームコーナー、ダンスフロアー、舞台部、客席	食堂、喫茶室、売店、専用駐車場、クローク、談話室、バー、サウナ室、体育館
	ハ	客室、通信機械室、リネン室、物品庫、更衣室、舞台部、休憩室、事務室	託児室、専用駐車場、売店、クローク
	ニ	客席、客室、書棚コーナー、ビデオ棚コーナー、事務室、倉庫	厨房、専用駐車場、シャワー室
(3) 項	イ	客席、客室、厨房、宴会場、リネン室	専用駐車場、結婚式場、売店、ロビー
	ロ	客席、客室、厨房、宴会場、リネン室	専用駐車場、結婚式場、託児室、娯楽室、サウナ室、会議室
(4) 項		売場、荷さばき室、商品倉庫、食堂、事務室	専用駐車場、託児室、写真室、遊技室、結婚式場、美容室、理容室、診療室、集会場、催物場（展示博物館を含む）、貸衣装室、料理・美容等の生活教室、現金自動支払機室
(5) 項	イ	宿泊室、フロント、ロビー、厨房、食堂、浴室、談話室、洗濯室、配膳室、リネン室	娯楽室、バー、ビアガーデン、両替所、旅行代理店、専用駐車場、美容室、理容室、診療室、図書室、喫茶室、宴会場、会議室、結婚式場、売店（連続式形態のものを含む）、展望施設、プール、遊技室、催物室、サウナ室
	ロ	居室、寝室、厨房、食堂、教養室、休憩室、浴室、共同炊事場、洗濯室、リネン室、物置、管理人室	売店、専用駐車場、ロビー、面会室、来客用宿泊室
(6) 項	イ	診療室、病室、産室、手術室、検査室、薬局、事務室、機能訓練室、面会室、談話室、厨房、付添人控室、洗濯室、リネン室、医師等当直室、待合室、技工室、図書室	食堂、売店、専用駐車場、娯楽室、託児室、理容室、浴室、ティールーム、臨床研究室
	ロ	居室、集会室、機能訓練室、面会室、食堂、厨房、診療室、作業室	売店、専用駐車場
	ハ	居室、集会室、機能訓練室、面会室、食堂、厨房、診療室、作業室	売店、専用駐車場
	ニ	教室、職員室、遊技室、休養室、講堂、厨房、体育館、診療室、図書室	食堂、売店、専用駐車場、音楽教室、学習塾
(7) 項		教室、職員室、体育館、講堂、図書室、会議室、厨房、研究室、クラブ室、保健室	食堂、売店、喫茶室、談話室、専用駐車場、学生会館の集会室、合宿施設、学童保育室、同窓会及びPTA事務室
(8) 項		観覧室、展示室、書庫、ロッカー室、ロビー、工作室、保管格納庫、資料室、研究室、会議室、休憩室、映写室、鑑賞室	食堂、売店、喫茶室、専用駐車場
(9) 項	イ	脱衣室、浴室、休憩室、体育室、待合室、マッサージ室、ロッカー室、クリーニング室	食堂、売店、専用駐車場、喫茶室、娯楽室、託児室
	ロ	脱衣室、浴室、休憩室、クリーニング室	食堂、売店、専用駐車場、サウナ室（小規模な簡易サウナ）、娯楽室、有料洗濯室
(10) 項		乗降場、待合室、運転指令所、電力指令所、手荷物取扱所、一時預り所、ロッカー室、仮眠室、救護室	食堂、売店、喫茶室、旅行案内所、専用駐車場、理容室、両替所
(11) 項		本堂、拝殿、客殿、礼拝堂、社務所、集会堂、聖堂	食堂、売店、喫茶室、専用駐車場、図書室、宴会場、厨房、結婚式場、宿泊室（旅館業法の適用のあるものを除く）、娯楽室
(12) 項	イ	作業所、設計室、研修室、事務室、更衣室、物品庫、製品展示室、会議室、図書室	食堂、売店、専用駐車場、託児室、診療室
	ロ	撮影室、舞台部、録音室、道具室、衣装室、休憩室、客席、ホール、リハーサル室	食堂、売店、喫茶室、専用駐車場、ラウンジ
(13) 項	イ	車庫、車路、修理場、洗車場、運転手控室	食堂、売店
	ロ	格納庫、修理場、休憩室、更衣室	専用駐車場
(14) 項		物品庫、荷さばき室、事務室、休憩室、作業室（商品保管に関する作業を行うもの）	食堂、売店、専用駐車場、展示場
(15) 項	事務所 金融機関 官公署 研究所	事務室、休憩室、会議室、ホール、物品庫（商品倉庫を含む）	食堂、売店、喫茶室、娯楽室、体育室、理容室、専用駐車場、診療室、展示室、展望施設
	新聞社	事務室、休憩室、会議室、ホール	食堂、売店、喫茶室、談話室、ロビー、診療室、図書室、専用駐車場、旅行案内室、法律・健康等の相談室
	区市民センター 文化センター 児童館 老人館	事務室、集会室、談話室、図書室、ホール	食堂、売店、診療室、遊技室、浴室、視聴覚教室、娯楽室、専用駐車場、体育室、トレーニング室、結婚式場、宴会場
	研修所	事務室、教室、体育室	食堂、売店、診療室、喫茶室、談話室、娯楽室、専用駐車場
	観覧席を有しない体育館	体育室、更衣室、控室、浴室	食堂、売店、診療室、喫茶室、専用駐車場、映写室、図書室、集会室、展示博物室

(2) 独立した用途部分が混在する場合
　（S51.4.8 東京消防庁通達）
① 16項の防火対象物になるもので、特定防火対象物の用途（1、2、3、4、5イ、6、9イ）が存するものであっても、下記のイかつロに該当する場合は16項ロとして扱う（16項イとは扱われない）
　イ　特定防火対象物の用途部分の床面積の合計が、当該防火対象物の延べ面積の10%未満
　ロ　特定防火対象物の用途部分の床面積の合計が、300㎡未満
　　この場合に当該特定用途部分は、消防設備の設置にあたって、主要用途部分と同一の用途に供されるものとして扱う。

図7-Ⅰ-2　独立した用途が混在する場合の防火対象物

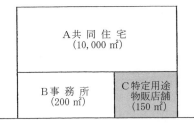

図7-Ⅰ-2の場合、独立用途部分の床面積の合計（B＋C部分）が300㎡以上あり表7-Ⅰ-2の2に該当しないので、特定防火対象物の用途部分が存する複合用途防火対象物であるが、特定防火対象物の用途部分の床面積（C部分）が防火対象物の延べ面積の10%未満であり、かつ300㎡未満（CがAの10%未満かつ300㎡未満）であるので、A＋C＋Bで16項ロの防火対象物として取扱う。

② 令8区画がある場合は、それぞれ区画された部分ごとに①の扱いとする。

図7-Ⅰ-3　令8区画された混在用途の防火対象物

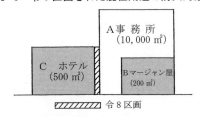

図7-Ⅰ-3の場合、消防用設備等の設置にあたって「A+B」部分は15項（B部分は、A部分の従属的な部分と認められる。）の防火対象物として取扱い、Cの部分は5項イの防火対象物として取扱う。

3 別の防火対象物としての扱い

1．令8区画（消防令8条）

開口部のない耐火構造の壁又は床で区画されたものをいい、その区画された部分はそれぞれ別の防火対象物とみなす。

図7-Ⅰ-4　令8区画された防火対象物

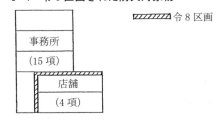

令8区画がなければ16項イの防火対象物になるが、令8区画することにより、それぞれ4項、15項の防火対象物になる。

令8区画の求められる構造上の要件は、次のとおりとされている（H7.3.31消防予53号、H7.10.30消防予226号、H13.3.30消防予103号）。

(1) 令8区画の構造
① 鉄筋コンクリート造、鉄骨鉄筋コンクリート造又はこれらと同等に堅牢かつ容易に変更できない耐火構造であること。
② 建築基準法施行令107条1号に定める通常の火災時の加熱に耐える時間（以下「耐火性能時間」という）が2時間以上の耐火性能を有すること。
③ 令8区画の耐火構造の床又は壁の両端又は上端は、当該防火対象物の外壁面又は屋根面から50cm以上突き出していること。
　但し、令8区画を設けた部分の外壁又は屋根が、当該令8区画を含む幅3.6m以上にわたる耐火構造であり、かつ、これらの部分に開口部がない場合、又は開口部があ

り令8区画を介して接する相互の距離が90cm以上確保され、これに特定防火設備又は防火設備が設けられている場合においては、その部分についてはこの限りではない。

イ　50cm以上の突き出しを設ける場合

図7-Ⅰ-5　令8区画を設けた場合の外壁面又は屋根面の措置1

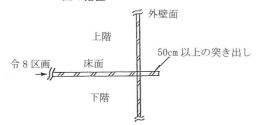

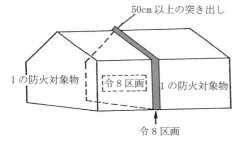

ロ　外壁面又は屋根面から50cm以上の突き出しを設けなくてよい場合
a-1　外壁又は屋根が当該令8区画を含む幅3.6m以上にわたり耐火構造かつ、これらの部分に開口部がない場合

図7-Ⅰ-6　令8区画を設けた場合の外壁面又は屋根面の措置2

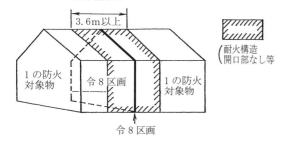

a-2　外壁又は屋根が当該令8区画を含む幅3.6m以上にわたり耐火構造かつ、これらの部分の開口部が令8区画を介して接する相互の距離が0.9m以上確保され、これに防火設備が設けられていること。

図7-Ⅰ-7　令8区画を設けた場合の外壁面又は屋根面の措置3

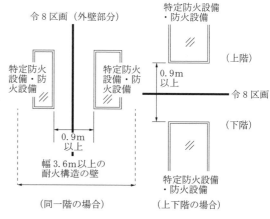

※1　外壁面又は屋根面に開口部を設ける場合には、その周囲の部分は耐火構造となるようにすること
※2　令8区画を介して接する相互の距離が90cmの以上の開口部間の距離取扱いは、躯体寸法とする。耐火建築物又は準耐火建築物の場合は、開口部間に、次に掲げるもので貫通部に埋め戻しがなされている場合は、設けて良い。
①　換気上必要な給気口又は換気口で内径150mm未満のもの又は150mm以上のものでFD付のもの。
②　厨房のレンジフードからの排気口でFD付のもの。
③　空調機器を設置するためのスリーブ配管等。
b　同一階で開口部が相対し、かつ、相互間の距離が3.6m以下の場合、当該開口部に防火設備が設けられていること。

図7-Ⅰ-8　相対する開口部が3.6m以下の場合

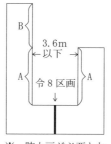 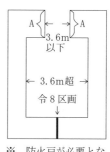

※　防火戸が必要となる面は、Aとなる（Bは不要）　　※　防火戸が必要となる面は、Aとなる

341

(2) 令8区画を貫通する配管等
① 配管の用途は、原則として、給排水管であること。
② 配管の外径は、200mm以下であること。
③ 配管を貫通させるために令8区画に設ける穴が直径300mm以下となるような工法とすること。
　なお、当該貫通部の形状が矩形となるものにあっては、直径300mmの円に相当する面積以下であること。
④ 配管を貫通させるために令8区画に設ける穴相互の離隔距離は、当該貫通するために設ける穴の直径の大なる方の距離（当該直径が200mm以下の場合にあっては、200mm）以上であること。
⑤ 配管等の耐火性能は、当該貫通する区画に求められる耐火性能時間（2時間以下の場合にあっては2時間）以上であること。
⑥ 貫通部は、モルタル等の不燃材料で完全に埋め戻す等、十分な気密性を有するとともに、当該区画に求められる耐火性能時間（2時間以下の場合にあっては2時間）以上の耐火性能を有するよう施工すること。
⑦ 熱伝導により、配管の表面に可燃物が接触した場合に発火するおそれのある場合には、当該可燃物が配管の表面に接触しないような措置を講ずること。

図7-Ⅰ-9　令8区画を貫通する配管等

イ　令8区画に設ける穴と配管

a：配管直径200mm以下
b：穴の直径300mm以下

ロ　令8区画に設ける貫通のための穴

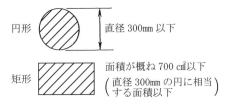

ハ　穴相互の離隔距離

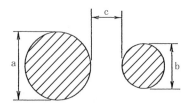

a：穴の直径300mm以下
b：穴の直径300mm以下
c：穴相互の離隔距離
cは、次の条件を満たすこと
・c≧Max a or b
・c≧200mm

ニ　令8区画の端部と穴の離隔距離

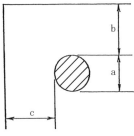

b及びcは、aの直径（aが200mm未満の場合は200mmとする）以上とすることが望ましい

表 7- I -4　東京消防庁の令 8 区画の考え方

貫通しているもの	令 8 区画の適用の可否及び条件			
鋼　　　　管 鋳　鉄　管	適用できる。但し令 8 区画を貫通している部分及びその両側 1 m以上の管材指定がある 但し、多数の配管が集中する場合を除く			
ダクト(防火ダンパー付)	適用できない			
塩化ビニル管				
	配管種別	呼称寸法（mm）	材質	その他
繊維補強軽量 モルタル被覆塩ビ管	給水管 排水管 付属通気管	40 〜 150	硬質塩化ビニル管（JIS K 6741）の外周を 繊維補強軽量モルタルで被覆したもの	照会、質疑等で認められているものに限る 但し、多数の配管が集中する場合を除く
繊維強化モルタル 被覆塩化ビニル管	〃	〃	硬質塩化ビニル管（JIS K 6741）の外周を 繊維強化モルタルで被覆したもの	
繊維モルタル 　　ビニル二層管	〃	〃	硬質塩化ビニル管（JIS K 6741）の外周を 繊維モルタルで被覆したもの	

※　電気ケーブルは、地中又は外部に引き回す以外は認められていない

2．渡り廊下等により接続された場合

（S50.3.5 消防庁通達 26 号）

　建築物と建築物が渡り廊下、地下連絡路、洞道（共同溝）で接続されている場合は、原則として 1 棟であるが以下に示す基準に適合するものは、別棟として扱うことができる。

（1）渡り廊下（地階で接続されるものを除く）

表 7- I -5　別棟として扱う渡り廊下の基準

種　別	要　　　　　件					
廊下の用途	通行又は運搬の用途のみに使用されるもので可燃物等の在置がないこと					
廊下の幅員	接続する建築物の主要構造部の構造が木造の場合は 3 m未満、木造以外の場合は 6 m未満					
接続する建築物相互間の距離 （(2)の場合でも東京消防庁では 1 m以上の建築物相互間の距離を指導している）	(1) 建築物相互間の距離が 1 階の場合は 6 m、2 階以上の場合は 10 mを超えるもの					
	(2) 上記の数値未満の場合	接続される建築物の外壁及び屋根の構造開口部の大きさ等 〔渡り廊下の接続部分からそれぞれ 3 m以内の部分に限る〕	構　造 〔右の①、②又は③のいずれか〕	①　耐火構造又は防火構造であること ②　耐火構造又は防火構造の塀が設けてあること ③　スプリンクラー設置又はドレンチャー設備が設けてあること		
			開口部	①　面積の合計が 4 ㎡以下であること（片面ごと） ②　防火設備である防火戸であること		
		廊下の構造等	吹抜け等の開放式であること			
			開放式以外の場合	構　造	構造耐力上主要な部分（右の①、②又は③のいずれか）	①　鉄骨造 ②　鉄筋コンクリート造 ③　鉄骨鉄筋コンクリート造
					その他の部分は不燃材料、準不燃材料	
				接続部の開口部	開口部の大きさ―― 4 ㎡以内	
					開口部の構造〔特定防火設備又は防火設備で、随時開くことができ、かつ自動閉鎖装置付のもの又は煙感知器の作動と連動して閉鎖するもの〕	
				排煙設備 〔右の①、②又は③のいずれか〕	①　自然排煙開口部 ②　機械排煙設備 ③　スプリンクラー設備又はドレンチャー設備	

343

図7-Ⅰ-10　建物相互間の距離が6m未満の開放式以外の渡り廊下

図7-Ⅰ-12　渡り廊下の自然排煙開口部

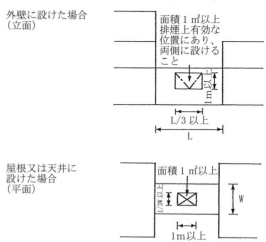

① 接続される建築物
（渡り廊下から3m以内の部分）
イ　構造は耐火構造又は防火構造であること。
ロ　開口部の面積の合計は4m²以下であること。
　（イ＋ハ≦4m²、ロ≦4m²）
※（イ＋ロ＋ハ≦4m²）と扱っている消防署もあるので必ず確認すること。
ハ　開口部は防火設備である防火戸であること。
② 渡り廊下の構造
構造耐力上主要な部分は鉄骨造、鉄筋コンクリート造、鉄骨鉄筋コンクリート造であること。
③ 接続部の開口部
イ　大きさはそれぞれ4m²以内とすること。
　（A≦4m²、B≦4m²）
ロ　防火設備である防火戸で煙感知器連動又は常時閉鎖式とすること。
④ 渡り廊下の排煙設備
自然排煙、又は機械排煙とすること。
但し、渡り廊下の両端の接続部にスプリンクラー設備、又はドレンチャー設備を設けたときは代替できる。
（自然排煙、機械排煙不要）

(2) 地下連絡路

図7-Ⅰ-13　別棟扱いの地下連絡路[4]

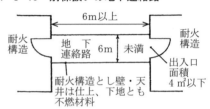

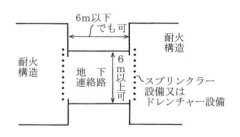

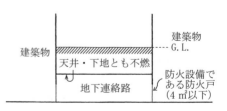

① 接続される建築物の主要構造部は耐火構造。
② 通行・運搬の用のみに供されること。
　可燃性物品等は置かず、通行の支障のないようにしておくこと。

図7-Ⅰ-11　接続部の3m以内の計り方の例

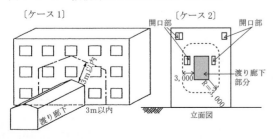

③ 地下連絡路の長さ
（両端出入口の防火戸間の距離）
長さ≧6m、かつ幅員＜6m
（但し、双方の建築物の接続部に、閉鎖型のスプリンクラー設備、又はドレンチャー設備を設けた場合は、地下連絡路の長さを6m以下、幅員を6m以上とすることができる）

④ 建築物と地下連絡路とは、両端の出入口部分を除き開口部のない耐火構造の壁又は床で区画されていること。

⑤ 地下連絡路の出入口
出入口の面積 ≦4㎡
開口部は、特定防火設備である防火戸であること。
（常時閉鎖式、又は煙感知器連動）

⑥ 地下連絡路は、耐火構造でかつその天井・壁を下地、仕上とも不燃材料とする。

⑦ スプリンクラー設備が設けられていないときには、非常電源付の機械排煙設備を設け煙を有効に排除できること。

(3) 洞道（共同溝）
洞道とは、換気・暖冷房用の風道（ダクト）、給排水管、配電管等を布設するためのものをいう。

図7-Ⅰ-14 別棟扱いの共同溝[70]

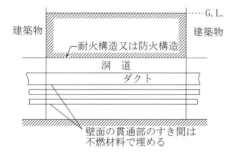

① 洞道は、耐火構造又は防火構造としその内側の仕上は下地とも不燃材料
② 点検又は換気のための開口部
イ 点検のための開口部は防火設備の防火戸で、2㎡以下とする（2㎡以上のものとする場合は自閉装置付とする）

ロ 換気のためのものには、防火ダンパーを設ける。
③ 洞道内のダクトその他の配管・配線等の壁・床の貫通部のすき間は不燃材料で埋めてあること（但し、洞道の長さ20m以上のときはこの限りでない）。

図7-Ⅰ-15 洞道の開口部の処理[70]

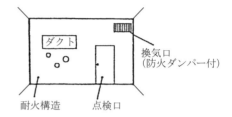

(4) 増築等における既存遡及の取扱い
下記の①又は②の場合は原則消防法による既存遡及の適用を受ける。
※①又は②に該当しない場合でも計画の内容により一部指導等を受ける場合がある。
① 増築又は改築の場合で次のいずれかに該当した場合
イ 増築又は改築の部分の床面積の合計が1000㎡以上となる場合
ロ 増築又は改築の床面積の合計が既存部分の延べ面積の1/2以上となる場合
② 大規模の修繕及び模様替えをした場合

4 無窓階

(規則5条の2)

1．無窓階の判定

表7-Ⅰ-6　無窓階の判定基準

無窓階とは	建築物の地上階のうち、避難上又は消火活動上有効な開口部を有しない階をいい、床面積に対する開口部の割合、開口部の位置、開口部の構造により決まる ※建築基準法にも無窓という用語があるが、居室単位で判定している。しかし、消防法ではその性格上「階」を単位として、無窓階かどうか判定している	
無窓階の判定	対象階	下記条件に該当しない階は無窓階となる
	11階以上の階	直径50cm以上の円が内接することができる開口部の面積合計 $> \dfrac{1}{30} \times$ （当該階の床面積）
	10階以下の階	直径1m以上の円が内接又は、幅≧75cm、高さ≧1.2mの開口部を2以上有し、かつ、直径50cm以上の円が内接することができる開口部との面積の合計 $> \dfrac{1}{30} \times$ （当該階の床面積）
開口部の構造	(1) 床面から開口部下端までの高さは、1.2m以内であること (2) 開口部は、道又は道に通ずる幅員1m以上の通路その他の空地に面したものであること（但し、11階以上の階の開口部の場合は適用しない） (3) 開口部は、格子その他の内部から容易に避難できないような構造としないこと、かつ、外部より開放又は容易に破壊し進入できるものであること (4) 開口部は、開口のため常時良好な状態に維持されていること	

図7-Ⅰ-16　無窓階の判定例

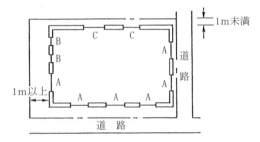

A：道又は道に通ずる幅1m以上の空地に面し、50cm以上の円に内接する開口部
B：道に通ずる幅1m以上の空地に面しているが、50cm以上の円に内接していない開口部
C：50cm以上の円に内接している開口部だが、道に通ずる幅1m以上の空地に面していない開口部

図7-Ⅰ-16の場合、無窓階算定上の開口部はAのみとなる（10階以下の階は、Aのうち2以上は幅≧75cm、高さ≧1.2m又は1mの円が内接するものとする）。

図7-Ⅰ-17　無窓階算定上の開口部の構造

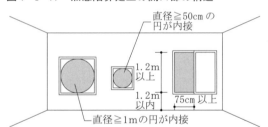

2．無窓階になった場合の規制内容

(1) 無窓階になることにより消防設備の設置基準が強化される（無窓階になることで必要になる消防設備もある。無窓階の場合、誘導灯は必ず設置しなければならない）。

(2) 消防設備の設置の緩和が受けられない（スプリンクラー設備の規則13条の適用、誘導灯の避難口を容易に見通すことが出来る場合の歩行距離の緩和等）。

(3) 一定の防火対象物にあっては、自動火災報知設備の感知器を煙感知器としなければならない。

3．開口部の構造について

（1）ガラスの種類による扱い

表 7-I-7　ガラスの種類による無窓階判定（東京消防庁の扱い）[15]

ガラス開口部の種類	開口部の条件		無窓判定（省令5条の2）			
			足場有り	足場なし		
				窓ガラス用フィルムなし	窓ガラス用フィルムA	窓ガラス用フィルムB
普通板ガラス フロート板ガラス 磨き板ガラス 型板ガラス 熱線吸収板ガラス 熱線反射ガラス	厚さ8mm以下（厚さが6mmを超えるものは、ガラスの大きさが概ね2㎡以下かつガラスの天端の高さが、設置されている階の床から2m以下のものに限る）	引き違い	○	○	○	△
		FIX	○	○	○	×
網入り板ガラス 線入り板ガラス	厚さ6.8mm以下	引き違い	△	△	△	△
		FIX	×	×	×	×
	厚さ10mm以下	引き違い	△	×	×	×
		FIX	×	×	×	×
強化ガラス 耐熱板ガラス	厚さ5mm以下	引き違い	○	○	○	△
		FIX	○	○	○	×
合わせガラス	フロート板ガラス6.0mm以下＋PVB（ポリビニルブチラール）30mil（膜厚0.76mm）以下＋フロート板ガラス6.0mm以下	引き違い	△	△	△	×
		FIX	×	×	×	×
	網入り板ガラス6.8mm以下＋PVB（ポリビニルブチラール）30mil（膜厚0.76mm）以下＋フロート板ガラス5.0mm以下	引き違い	△	△	△	×
		FIX	×	×	×	×
	フロート板ガラス5.0mm以下＋PVB（ポリビニルブチラール）60mil（膜厚1.52mm）以下＋フロート板ガラス5.0mm以下	引き違い	△	×	×	×
		FIX	×	×	×	×
	網入り板ガラス6.8mm以下＋PVB（ポリビニルブチラール）60mil（膜厚1.52mm）以下＋フロート板ガラス6.0mm以下	引き違い	△	×	×	×
		FIX	×	×	×	×
	フロート板ガラス3.0mm以下＋PVB（ポリビニルブチラール）60mil（膜厚1.52mm）以下＋型板ガラス4.0mm以下	引き違い	△	×	×	×
		FIX	×	×	×	×
	フロート板ガラス6.0mm以下＋EVA（エチレン酢酸ビニル共重合体）中間膜0.4mm以下＋PETフィルム0.13mm以下＋EVA中間膜0.4mm以下＋フロート板ガラス6.0mm以下	引き違い	△	△	△	×
		FIX	×	×	×	×
	フロート板ガラス6.0mm以下＋EVA（エチレン酢酸ビニル共重合体）中間膜0.8mm以下＋フロート板ガラス6.0mm以下	引き違い	△	△	△	×
		FIX	×	×	×	×

第7章

表7-I-7　ガラスの種類による無窓階判定（東京消防庁の扱い）（つづき）

ガラス開口部の種類		開口部の条件	無窓判定（省令5条の2）			
			足場有り	足場なし		
				窓ガラス用フィルムなし	窓ガラス用フィルムA	窓ガラス用フィルムB
合わせガラス（つづき）	網入り板ガラス6.8mm以下＋EVA（エチレン酢酸ビニル共重合体）中間膜0.4mm以下＋PETフィルム0.13mm以下＋EVA中間膜0.4mm以下＋フロート板ガラス5.0mm以下	引き違い	△	△	△	×
		FIX	×	×	×	×
	網入り板ガラス6.8mm以下＋EVA（エチレン酢酸ビニル共重合体）中間膜0.8mm以下＋フロート板ガラス5.0mm以下	引き違い	△	△	△	×
		FIX	×	×	×	×
倍強度ガラス	―	引き違い	×	×	×	×
		FIX	×	×	×	×
複層ガラス	構成するガラスごとに本表（網入りガラス及び線入り板ガラス（窓ガラス用フィルムを貼付したもの等を含む）は、厚さ6.8mm以下のものに限る）により評価し、全体の判断を行う					

〔備考〕

1　ガラスの厚さの単位は、日本工業規格（JIS）において用いられる「呼び厚さ」の「mm」を用いる

2　「足場有り」とは、避難階段又はバルコニー（建基政令126条の7第5号に規定する構造以上のもの）、屋上広場等破壊作業のできる足場が設けられているもの

3　「引き違い」とは引き違い窓、片開き戸、開き戸等、通常は部屋から開放することができ、かつ当該ガラスを一部破壊することにより外部から開放することができるもの

4　「FIX」とは、はめ殺し窓をいう

5　合わせガラス及び倍強度ガラスは、それぞれJIS R 3205及びJIS R 3222に規定するものとする

6　「窓ガラス用フィルムなし」は、ポリエチレンテレフタレート（以下「PET」という）製窓ガラス用フィルム（JIS A 5759に規定するもの。以下同じ）等を貼付していないガラスをいう

7　「窓ガラス用フィルムA」は、次のものをいう

　　(1)　PET製窓ガラス用フィルムのうち、多積層（引裂強度を強くすることを目的として数十枚のフィルムを重ねて作られたフィルムをいう。以下同じ）以外で、基材の厚さが100μm以下のもの（内貼り用、外貼り用は問わない）を貼付したガラス

　　(2)　塩化ビニル製窓ガラス用フィルムのうち、基材の厚さが400μm以下のもの（内貼り用、外貼り用は問わない）を貼付したガラス

　　(3)　低放射ガラス（通称Low-E膜付きガラス）（金属又は酸化金属で構成された薄膜を施した低放射ガラスであること）

8　「窓ガラス用フィルムB」は、次のものをいう

　　(1)　PET製窓ガラス用フィルムのうち、多積層以外で、基材の厚さが100μmを超え400μm以下のもの（内貼り用、外貼り用は問わない）を貼付したガラス

　　(2)　PET製窓ガラス用フィルムのうち、多積層で、基材の厚さが100μm以下のもの（内貼り用、外貼り用は問わない）を貼付したガラス

9　「足場有り」欄の判定は、窓ガラス用フィルムの有無にかかわらず、すべて（窓ガラス用フィルムなし、窓ガラス用フィルムA、窓ガラス用フィルムB）同じ判定であること

10　合わせガラスに用いるEVA（エチレン酢酸ビニル共重合体）中間膜は株式会社ブリヂストン製のものに限る

〔凡例〕

○　：　省令5条の2第2項3号後段に規定する開口部として取り扱うことができる

△　：　ガラスの一部を破壊し、外部から開放できる部分（引き違い窓の場合概ね1／2の面積で算定する）を省令5条の2第2項3号後段に規定する開口部として取り扱うことができる

×　：　省令5条の2第2項3号後段に規定する開口部として取り扱うことはできない

(2) 開口部として扱うことができるシャッターの扱い
　① 軽量シャッター（JIS A 4704で定めるスラットの板厚が1.0mm以下のものをいう。以下同じ）の開口部
　　イ　煙感知器と連動により解錠した後、屋内外から手動で開放できるもの（非常電源付きのものに限る）
　　ロ　避難階又はこれに準ずる階に設けられたもので、屋外より消防隊が特殊な工具を用いることなく容易に開放できるもの
　　ハ　共同住宅の雨戸として設けられたもので、開口部に建基政令126条の7第5号に規定するバルコニー等の消防活動スペースが確保され、かつ、屋外より消防隊が特殊な工具を用いることなく容易に開放できるもの
　　ニ　屋外から常時手動で解錠できるサムターン付軽量シャッター
　② 防火設備（シャッター）の開口部
　　イ　防災センター、警備員室又は中央管理室等常時人がいる場所から遠隔操作で開放できるもの（非常電源付きのものに限る）
　　ロ　屋内外から電動により開放できるもの（非常電源付きのものに限る）
　　ハ　屋外から水圧によって開放できる装置を備えたもので、開放装置の送水口が1階にあるもの（シャッター等の水圧開放装置に関する取扱いについて（S52.12.19消防予251号）に適合しているものに限る）
　③ 二重窓等
　　イ　はめ殺しの窓等で、a又はbに掲げるもの
　　　a　普通板ガラス、フロート板ガラス、磨き板ガラス、型板ガラス、熱線吸収板ガラス又は熱線反射ガラスでガラス厚さ8mm以下のもの（厚さ6mmを超えるものは、ガラス面積が概ね2m²以下かつガラス天端の高さが床面から2m以下に限る）
　　　b　強化ガラス又は耐熱版ガラスでガラス厚さ5mm以下のもの
　　ロ　屋内外から開放できるガラス窓付扉等
　　ハ　避難階に設けられた屋内から手動で開放できる軽量シャッターとガラス窓付扉等
(3) 開口部の算定方法
　開口部の有効寸法の算定は、開口部の形式等により異なる。（表7-Ⅰ-8）開口部の有効寸法の算定方法により判断するものであること。
(4) その他
　① 営業中は、省令5条の2で定める開口部を有するが、閉店後は、重量シャッター等を閉鎖することにより無窓階となる階で、かつ、防火対象物全体が無人となる防火対象物の当該階については、無窓階以外の階として取り扱うことができる場合がある。
　② 吹き抜けのある場合の床面積及び開口部の取扱いは、次によるものとする（図7-Ⅰ-18）。
　　イ　床面積の算定は、当該階の床が存する部分とする。
　　ロ　開口部の面積の算定は、床が存する部分の外壁開口部の合計とする。

図7-Ⅰ-18　吹き抜けのある場合の床面積及び開口部の取扱い

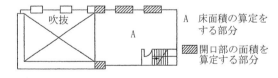

　③ 精神病院等の階が無窓階になる場合は、昭和49年法律64号の附則4項により消防用設備等が遡及適用されるものに限り、病室以外の部分が省令5条の2の規定により無窓とならない当該階については、無窓階以外の階として取り扱うことができる。
　④ 十分に外気に開放されている部分で、かつ、屋内的用途に該当する部分については、床面積の算定上は当該部分を算入して行うが、無窓階の判定を行う上ではこれによらないものとする（図7-Ⅰ-19）。

図7-Ⅰ-19 十分に外気に開放されている屋内的用途に該当する部分の例

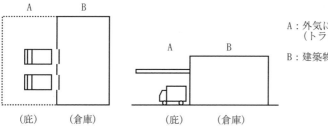

A：外気に十分に開放されている庇
　（トラックバース等）
B：建築物の屋内の部分

表7-Ⅰ-8 開口部の有効寸法の算定方法[15]

	型　式	判　断
突出し窓	（注）θは、最大開口角度（0度〜90度）	Aの部分とする （注）A＝B（1−cosθ）
回転窓	（注）θは、最大開口角度（0度〜90度）	Aの部分とする （注）A＝B（1−cosθ）
引き違い窓（上げ下げ窓を含む）	（注）Aは、50cmの円の内接又は1mの円の内接 　　　Cは、有効開口部分	B×Cとする
外壁側にバルコニー等がある場合		Aの部分とする 　なお、Bは1m以上で手すりの高さは、床面から1.2m以下とする （注）バルコニーの幅員は概ね60cm以上の場合に限る。これによることが難しい場合はCを開口寸法とする

⑤ 店舗等で開口部の前面に商品棚、間仕切壁等が設置されている場合、次の条件に適合し、避難上支障ないと認められた場合に限り有効な開口部として取り扱える。

イ　商品棚と外壁との間(以下「通路」)の部分は、通行又は運搬の用途のみとし、かつ可燃物等が存置されないことなど常時通行に支障のない状態であること。

ロ　通路の幅員(X)及び間仕切壁等の出入口の幅員(Y)は、概ね1m以上であること。また、商品棚と外壁との間の幅員が場所により異なる場合は、その最小のものとすること。

ハ　間仕切等の出入口と、当該開口部との歩行距離(Z)は、概ね10m以下であること。

図 7-Ⅰ-20　店舗等における有効な開口部の取扱い

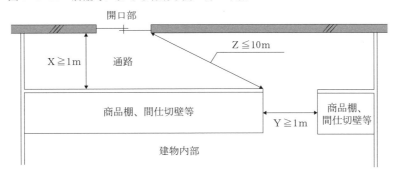

⑥ 既存の無窓階に該当する防火対象物に増築をしたことにより、外壁の開口部の合計が床面積に対して1/30を超える階となる場合は、普通階となる。但し増築部が室を構成する十分なスペースがあり、かつ既存部分から当該増築部への出入口の開口部が十分であること。

⑦ ガラス小窓付き鉄扉を対象開口部する場合は、下図のようにガラス小窓を局部破壊しサムターン錠を開錠できる場合であること。

図 7-Ⅰ-21　対象開口部となるガラス小窓付き鉄扉　　［単位　mm］

姿図 寸法	図1 2250 × 1700 ガラス小窓 150×600、上端1050、下端100	図2 2250 × 1100 ガラス小窓 150×600、上端1050、下端100
施錠 方法	外：シリンダー錠 内：サムターン錠	外：シリンダー錠 内：サムターン錠

5 防火対象物の収容人員算定

（規則1条）

表7-Ⅰ-9　防火対象物の収容人員の算定 [70]

区　　分		収 容 人 員 の 算 定 方 法	
(1) 項 (イ・ロ)		1　従業者の数 2　（客席部分） 　　イ　固定式のいす席→いす席の数（長いすの場合は、幅0.4mごとに1人　端数切捨） 　　ロ　立見席→0.2 ㎡ごとに1人 　　ハ　その他の部分→0.5 ㎡ごとに1人 ※客席の部分には入口・便所・廊下を含まないこと　※その他の部分にはます席、たたみ席等が含まれる	合算計算 する
(2) 項 (イ・ロ・ ハ・ニ)	遊技場	1　従業者の数 2　機械器具を使用して遊技を行うことができる者の数 3　観覧・飲食・休憩用の固定式いす席→いす席の数 　　（長いす式の場合は、幅0.5mごとに1人　端数切捨）	合算計算 する
(3) 項 (イ・ロ)	その他	1　従業者の数 2　（客席部分） 　　イ　固定式のいす席→いす席の数（長いすの場合は、幅0.5mごとに1人　端数切捨） 　　ロ　その他の部分→3.0 ㎡ごとに1人	合算計算 する
(4) 項		1　従業者の数 2　（主として従業者以外の者の使用に供する部分） 　　イ　飲食・休憩用の部分→3.0 ㎡ごとに1人 　　ロ　その他の部分→4.0 ㎡ごとに1人 ※売場の床面積は売場内の通路を含む	合算計算 する
(5) 項	イ	1　従業者の数 2　（宿泊室） 　　イ　洋式の宿泊室→ベッド数 　　ロ　和室の宿泊室→6.0 ㎡ごとに1人 　　　　（簡易宿所又は主として団体客を宿泊させるものは3.0 ㎡ごとに1人） 3　（集会・飲食・休憩用の部分） 　　イ　固定式のいす席→いす席の数（長いすの場合は、幅0.5mごとに1人　端数切捨） 　　ロ　その他の部分→3.0 ㎡ごとに1人 ※ダブルベッドは2人として算定する	合算計算 する
	ロ	居住者の数により算定	
(6) 項	イ	1　医師・歯科医師・助産婦・薬剤師・看護婦その他従業者の数 2　病室内の病床の数 3　待合室→3.0 ㎡ごとに1人	合算計算 する
	ロ・ ハ	1　従業者の数 2　老人・乳児・幼児・身体障害者・知的障害者その他の要保護者の数	合算計算 する
	ニ	1　教職員の数 2　幼児・児童又は生徒の数	合算計算 する
(7) 項		1　教職員の数 2　児童・生徒又は学生の数	合算計算 する
(8) 項		1　従業者の数 2　閲覧室・展示室・展覧室・会議室・休憩室の床面積の合計→3.0 ㎡ごとに1人	合算計算 する
(9) 項 (イ・ロ)		1　従業者の数 2　浴場・脱衣場・マッサージ室・休憩用の部分の床面積の合計→3.0 ㎡ごとに1人	合算計算 する
(10) 項		従業者の数	
(11) 項		1　神職・僧侶・牧師その他従業者の数 2　礼拝・集会・休憩の用に供する部分の床面積の合計→3.0 ㎡ごとに1人 ※新興宗教等も (11) 項のこれらに類するものに含まれる	合算計算 する
(12) 項 (イ・ロ)		従業者の数	
(13) 項 (イ・ロ)		従業者の数	
(14) 項		従業者の数	
(15) 項		1　従業者の数 2　主として従業者以外の者の使用に供する部分→3.0 ㎡ごとに1人 ※ (15) 項の事業場として官公署・銀行・その他事務所等の防火対象物を含む	合算計算 する
(16) 項 (イ・ロ) (16の2) 項		上記の各用途部分ごとに分割して、それぞれの用途部分ごとに収容人員を算定し、合算する	
(17) 項		床面積5.0 ㎡ごとに1人	

注　収容人員により規制をうける消防設備　①非常警報設備　②非常放送設備　③避難器具

6 指定可燃物

（危令別表第 4）

表 7-I-10　指定可燃物の品名と指定数量

品　　　　　名		数　　量	備　　　　　考
綿花類		200 kg	不燃性又は難燃性でない綿状又はトップ状の繊維及び麻糸原料をいう
木毛及び、かんなくず		400 kg	
ぼろ及び紙くず		1,000 kg	不燃性又は難燃性でないもの（動植物油がしみこんでいる布又は紙及びこれらの製品を含む）をいう
糸類		1,000 kg	不燃性又は難燃性でない糸（糸くずを含む）及び繭をいう
わら類		1,000 kg	乾燥わら、乾燥繭及びこれらの製品並びに干し草をいう
再生資源燃料		1,000 kg	資源の有効な利用の促進に関する法律（H3 法律 48 号）2 条 4 項に規定する再生資源を原材料にとする燃料をいう
可燃性固体類		3,000 kg	固体で次のイ、ハ又はニのいずれかに該当するもの（1 気圧において温度 20℃を超え 40℃以下の間において液状となるもので、次のロ、ハ又はニのいずれかに該当するものを含む）をいう イ　引火点が 40℃以上 100℃未満のもの ロ　引火点が 70℃以上 100℃未満のもの ハ　引火点が 100℃以上 200℃未満で、かつ、燃焼熱量が 8000 cal/g 以上であるもの ニ　引火点が 200℃以上で、かつ、燃焼熱量が 8000 cal/g 以上であるもので、融点が 100℃未満のもの
石炭・木炭類		10,000 kg	コークス、粉上の石炭が水に懸濁しているもの、豆炭、練炭、石油、活性炭及びこれらに類するものを含む
可燃性液体類		2 ㎥	液体又は液状であるもので次のものをいう イ　第 2 石油類で、液体であるもの（塗料類等で、可燃性液体量が 40％以下であって、引火点が 40℃以上、燃焼点が 60℃以上のものを除く） ロ　第 3 石油類及び第 4 石油類で、1 気圧において温度 20℃で液状であるもの（塗料類等で、可燃性液体量が 40％以下のものを除く） ハ　動植物油で、1 気圧において温度 20℃で液状であるもの（タンクに加圧しないで常温で貯蔵保管されているものを除く）
木材加工品及び、木くず		10 ㎥	
合成樹脂類	発泡させたもの	20 ㎥	不燃性又は難燃性でない固体の合成樹脂製品、合成樹脂半製品、原料合成樹脂及び合成樹脂くず（不燃性又は難燃性でないゴム製品、ゴム半製品、原料ゴム及びゴムくずを含む）をいい、合成樹脂の繊維、布、紙及び糸並びにこれらのぼろ及びくずを除く
	その他のもの	3,000 kg	

Ⅱ　消防設備

1　消火設備・排煙設備

表 7-Ⅱ-1　消防設備、排煙設備設置基準一覧表 [74]

防火対象物の区分（消防法施行令別表第1）▨……は特定防火対象物			消火器具（令10条）延べ面積	消火器具（令10条）地階・無窓階又は3階以上の床面積	消火器具（令10条）指定可燃物等	屋内消火栓設備（令11条）延べ面積	屋内消火栓設備（令11条）地階・無窓階又は4階以上の床面積	屋内消火栓設備（令11条）指定可燃物等	備考
(1)	イ	劇場、映画館、演芸場又は観覧場	全部	全部	少量危険物は、指定数量の1/5以上で指定数量未満のもの、指定可燃物は、危険物政令別表4に掲げる数量以上のものを貯蔵し、又は取扱うもの	500(1000)[1500]	100(200)[300]	指定数量（危険物政令別表4）の750倍以上の指定可燃物（可燃性液体を除く）を貯蔵又は取扱うもの	※「防火上主要な部分」の床の合計を加えた数値の内、いずれか小さい数値　[六]イ(1)(2)及びロ(規則12条の2で規定する火災発生時の延焼を抑制する構造を有する以外のもの)については、当該数値又は、1000㎡に規則13条5の2に規定する
	ロ	公会堂又は集会場	150	50					
(2)	イ	キャバレー、カフェ、ナイトクラブ、その他これらに類するもの	全部	全部		700(1400)[2100]	150(300)[450]		
	ロ	遊技場、ダンスホール							
	ハ	ファッションヘルス、性感マッサージ、イメージクラブ、SMクラブ、のぞき部屋、セリクラ							
	ニ	カラオケボックス、個室ビデオ、インターネットカフェ、漫画喫茶、テレフォンクラブ							
(3)	イ	待合、料理店の類	全部	全部		700(1400)[2100]			
	ロ	飲食店							
(4)		百貨店、マーケット、その他の物品販売業を営む店舗又は展示場	150	50					
(5)	イ	旅館、ホテル又は宿泊所	全部	全部					
	ロ	寄宿舎、下宿、共同住宅							
(6)	イ	(1)避難のために患者の介助が必要な病院※1	全部	全部		700(1400※)[2100※]	150(300)[450]		
		(2)避難のために患者の介助が必要な有床診療所※2							
		(3)病院((1)を除く)、有床診療所((2)を除く)、有床助産所※3				700(1400)[2100]			
		(4)無床診療所、無床助産所※4	150	50		700(1400)[2100]			
	ロ	(1)老人短期入所施設等※5	全部	全部		700(1400※)[2100※]			
		(2)救護施設							
		(3)乳児院							
		(4)障害児入所施設							
		(5)障害者支援施設等※6							
	ハ	老人デイサービスセンター等※7	150	50		700(1400)[2100]			
	ニ	特別支援学校等※8							
(7)		小学校・中学校・高等学校・中等教育学校・高等専門学校・大学・専修学校・各種学校の類	300	50		700(1400)[2100]			
(8)		図書館、博物館、美術館、その他これらに類するもの							
(9)	イ	公衆浴場の内、蒸気浴場、熱気浴場、その他これらに類するもの	150			700(1400)[2100]			
	ロ	イに掲げる公衆浴場以外の公衆浴場							
(10)		車両の停車場、船舶又は航空機の発着場	300			1000(2000)[3000]	200(400)[600]		
(11)		神社、寺院、教会、その他これらに類するもの							
(12)	イ	工場又は作業場				700(1400)[2100]	150(300)[450]		
	ロ	映画スタジオ又はテレビスタジオ				700(1400)[2100]			
(13)	イ	自動車車庫又は駐車場	150			×	×		
	ロ	飛行機又は回転翼航空機の格納庫							
(14)		倉　庫				700(1400)[2100]	150(300)[450]		
(15)		前各項に該当しない事業場	300			1000(2000)[3000]	200(400)[600]		
(16)	イ	複合用途防火対象物のうちその一部が(1)〜(4)(5)イ、(6)項又は(9)項イに掲げる防火対象物の用途に供されているもの	各用途ごとの基準による	同左		各用途ごとの基準によりその部分に設置する			
	ロ	イに掲げる複合用途防火対象物以外の複合用途防火対象物							
(16の2)		地下街	全部	全部		150(300)[450]			
(16の3)		準地下街　建築物の地階で地下道に面して設けられたものと、当該地下道とを合わせたもので、特定用途に供される部分が有するもの					×		
(17)		重要文化財、重要有形民俗文化財、史跡、重要美術品等の建造物				×			
(18)		延長 ≧ 50 mのアーケード							
(19)		市町村長の指定する山林	×	×					
(20)		総務省令で定める舟車（規5-3）							

設備の種類	連結送水管	消防用水	排煙設備
根拠条文	令29条	令27条	令28条
設置基準	設置基準	設置基準	設置基準

防火対象物の区分 (消防法施行令別表第1) ■……は特定防火対象物		連結送水管	消防用水	排煙設備
(1)	イ	劇場、映画館、演芸場又は観覧場	一、地階を除く階数が7以上のもの（地階1、2階設置除外）　二、地階を除く階数5以上で延6000㎡以上（地階1，2階設置除外）	道路の用に供される部分を有するもの　／　一、敷地の面積が20000㎡以上のもの（但し二に掲げる建築物を除く）で地階を除く延べ面積で1階又は2階の部分の床面積合計が(イ)耐火建築物15000㎡以上(ロ)準耐火建築物10000㎡以上、(ハ)その他の建築物5000㎡　二、31mを超える建築物で地階を除く延べ面積が25000㎡以上のもの　三、敷地面積が20000㎡以上である同一敷地内にある二以上の建築物で、相互の外壁間の中心から距離が1階にあっては3m以下、2階にあっては5m以下である部分を有し、商の合計を①耐火建築物の場合は15000㎡、②準耐火建築物の場合は10000㎡、③その他建築物の場合は5000㎡でそれぞれ除した商が1以上となるもの　かつ建築物の1階及び2階の床面積の合計を①耐火建築物の場合は15000㎡、②準耐火建築物の場合は10000㎡、③その他建築物の場合は5000㎡	舞台部　床500
	ロ	公会堂又は集会場			
(2)	イ	キャバレー、カフェ、ナイトクラブ、その他これらに類するもの			地階、無窓階　床1000
	ロ	遊技場、ダンスホール			
	ハ	ファッションヘルス、性感マッサージ、イメージクラブ、SMクラブ、のぞき部屋、セリクラ			
	ニ	カラオケボックス、個室ビデオ、インターネットカフェ、漫画喫茶、テレフォンクラブ			
(3)	イ	待合、料理店の類			×
	ロ	飲食店			
(4)		百貨店、マーケット、その他の物品販売業を営む店舗又は展示場			地階、無窓階　床1000
(5)	イ	旅館、ホテル又は宿泊所			×
	ロ	寄宿舎、下宿、共同住宅			
(6)	イ	(1)避難のために患者の介助が必要な病院※1			
		(2)避難のために患者の介助が必要な有床診療所※2			
		(3)病院((1)を除く)、有床診療所((2)を除く)、有床助産所※3			
		(4)無床診療所、無床助産所※4			
	ロ	(1)老人短期入所施設等※5			
		(2)救護施設			
		(3)乳児院			
		(4)障害児入所施設			
		(5)障害者支援施設等※6			
	ハ	老人デイサービスセンター等※7			
	ニ	特別支援学校等※8			
(7)		小学校・中学校・高等学校・中等教育学校・高等専門学校・大学・専修学校・各種学校の類			
(8)		図書館、博物館、美術館、その他これらに類するもの			
(9)	イ	公衆浴場の内、蒸気浴場、熱気浴場、その他これらに類するもの			
	ロ	イに掲げる公衆浴場以外の公衆浴場			
(10)		車両の停車場、船舶又は航空機の発着場			地階、無窓階　床1000
(11)		神社、寺院、教会、その他これらに類するもの			×
(12)	イ	工場又は作業場			地階、無窓階　床1000
	ロ	映画スタジオ又はテレビスタジオ			
(13)	イ	自動車車庫又は駐車場			地階、無窓階　床1000
	ロ	飛行機又は回転翼航空機の格納庫			
(14)		倉庫			×
(15)		前各項に該当しない事業場			
(16)	イ	複合用途防火対象物のうちその一部が(1)～(4)(5)項イ、(6)項又は(9)項イに掲げる防火対象物の用途に供されているもの			各用途ごとの基準によりその部分に設置する
	ロ	イに掲げる複合用途防火対象物以外の複合用途防火対象物			
(16の2)		地下街	延1000	その他の建築物5000㎡	延1000
(16の3)		準地下街 建築物の地階で地下道に面して設けられたものと、当該地下道とを合わせたもので、特定用途に供される部分が有するもの	上記一、二		×
(17)		重要文化財、重要有形民俗文化財、史跡、重要美術品等の建造物			
(18)		延長≧50mのアーケード	全部		
(19)		市町村長の指定する山林			
(20)		総務省令で定める舟車（規5-3）	×	×	

第7章

355

表7-Ⅱ-1　消防設備、排煙設備設置基準一覧表（つづき）

スプリンクラー設備（令12条）は「平屋建以外で規則13条部分を除く床面積で定める場合／地階・無窓階床面積／4以上の階、地下階以下の階の上階床面積10／地階数が11以上・火除く対象上物階／11階以上の階／指定可燃物」の各欄。屋外消火栓設備は令19条、連結散水設備は令28条の2。

防火対象物の区分（消防法施行令別表第1） ▨……は特定防火対象物			平屋建以外で規則13条部分を除く床面積で定める場合	地階・無窓階床面積	4以上の階・地下階以下の階の上階床面積10	地階数が11以上・火除く対象上物階	11階以上の階	指定可燃物	屋外消火栓設備（令19条）設置基準	連結散水設備（令28条の2）設置基準
(1)	イ	劇場、映画館、演芸場又は観覧場	6000 又は ※9 ※13	1000 ※9	1500 ※9 ※13	全部 ※13	全部 ※13	指定可燃物（危険物政令別表第4）の1000倍以上の指定可燃物（可燃性液体を除く）を貯蔵又は取扱うもの	一、同一敷地内にある2以上の建築物（耐火建築物及び準耐火建築物を除く）で相互の外壁間の中心線からの距離が1階にあっては3m以下、2階にあっては5m以下である部分を有するものは一の建築物とみなす　二、1階の床又は1階及び2階の床面積の合計が、(イ)耐火建築物9000㎡以上、(ロ)準耐火建築物6000㎡以上、(ハ)その他の建築物3000㎡以上のもの	地階の困合計が700㎡以上
(1)	ロ	公会堂又は集会場	6000 又は ※9 ※13	1000 ※9	1500 ※9 ※13	全部 ※13	全部 ※13			
(2)	イ	キャバレー、カフェ、ナイトクラブの類	6000（規則13条部分も含む）	1000	1000	全部	全部			
(2)	ロ	遊技場、ダンスホール								
(2)	ハ	ファッションヘルス、性感マッサージ、イメージクラブ、SMクラブ、のぞき部屋、セリクラ								
(2)	ニ	カラオケボックス、個室ビデオ、インターネットカフェ、漫画喫茶、テレフォンクラブ								
(3)	イ	待合、料理店の類	6000 ※13		1500 ※13	全部 ※13	全部 ※13			
(3)	ロ	飲食店								
(4)		百貨店、マーケット、その他の物品販売業を営む店舗又は展示場	3000（ニ項と同じ）		1000	全部	全部			
(5)	イ	旅館、ホテル又は宿泊所	6000 ※13		1500 ※13	全部 ※13	全部 ※13			
(5)	ロ	寄宿舎、下宿、共同住宅	×	×	×		全部			
(6)	イ(1)	避難のために患者の介助が必要な病院※1	全部 ※14 ※A	全部 ※15 ※A	全部 ※16 ※A	全部				
(6)	イ(2)	避難のために患者の介助が必要な有床診療所※2	全部 ※14 ※A	全部 ※15 ※A	全部 ※16 ※A					
(6)	イ(3)	病院（(1)を除く）、有床診療所（(2)を除く）、有床助産所※3	3000 ※13	1000	1500 ※13					
(6)	イ(4)	無床診療所、無床助産所※4	6000 ※13		1500 ※13 ※B					
(6)	ロ(1)	老人短期入所施設等※5	全部 ※17 ※B	全部 ※15 ※B	全部 ※16 ※B	全部 ※13				
(6)	ロ(2)	救護施設	全部 ※17 ※18 ※B	全部 ※15 ※18 ※B	全部 ※16 ※18 ※B					
(6)	ロ(3)	乳児院	全部 ※17 ※B	全部 ※15 ※B	全部 ※16 ※B					
(6)	ロ(4)	障害児入所施設	全部 ※17 ※B	全部 ※15 ※B	全部 ※16 ※B					
(6)	ロ(5)	障害者支援施設等※6	全部 ※17 ※18 ※B	全部 ※15 ※18 ※B	全部 ※16 ※18 ※B					
(6)	ハ	老人デイサービスセンター等※7	6000 ※13	1000	1500 ※13					
(6)	ニ	特別支援学校等※8	6000 ※13	1000	1500 ※13					
(7)		小学校・中学校・高等学校・中等教育学校・高等専門学校・大学・専修学校・各種学校その他これらに類するもの	×	×	×	×	全部 ※13			
(8)		図書館、博物館、美術館、その他これらに類するもの	×	×	×	×				
(9)	イ	公衆浴場の内、蒸気浴場、熱気浴場、その他これらに類するもの	6000 ※13	1000	1500 ※13	全部 ※13				
(9)	ロ	イに掲げる公衆浴場以外の公衆浴場								
(10)		車両の停車場、船舶又は航空機の発着場								
(11)		神社、寺院、教会の類								
(12)	イ	工場又は作業場	×	×	×	×				
(12)	ロ	映画スタジオ又はテレビスタジオ								
(13)	イ	自動車車庫又は駐車場								
(13)	ロ	飛行機又は回転翼航空機の格納庫	ラック式倉庫							
(14)		倉庫	700（1400）※10 ［2100］	同左	同左					
(15)		前各項に該当しない事業場	×	×	×					
(16)	イ	複合用途防火対象物のうちその一部が(1)～(4)(5)項イ、(6)項又は(9)項に掲げる防火対象物の用途に供されているもの	※11 ※19	1000 ※19	500 ※12（1000）※19	全部 ※13				
(16)	ロ	イに掲げる複合用途防火対象物以外の複合用途防火対象物	×							
(16の2)		地下街	特1000 ※20 ※21 ※C							特700
(16の3)		準地下街　建築物の地階で地下道に面して設けられたものと、当該地下道とを合わせたもので、特定用途に供される部分が有するもの	特1000 かつ 特困合計500	×	×	×			×	×
(17)		重要文化財、重要有形民俗文化財、史跡、重要美術品等の建造物					全部 ※13		上記一、二	地階困700
(18)		延長≧50mのアーケード	×							
(19)		市町村長の指定する山林				×				×
(20)		総務省令で定める舟車（規5-3）								

※A 施行の際(H28.4.1)に現に存するもの並びに現に新築、増築、改築、移転、修繕又は模様替えの工事中のものについては、H37.6.30までは従前の例による
※B 施行の際(H28.4.1)に現に存するもの並びに現に新築、増築、改築、移転、修繕又は模様替えの工事中のものについては、H30.3.31までは従前の例による
※C (6)項イ又は(2)の用途部分については施行の際(H28.4.1)、現に存するもの並びに現に新築、増築、改築、移転、修繕又は模様替えの工事中のものについては、H37.6.30までの間は従前の例による

※1 次のいずれにも該当する病院(火災発生時の延焼を抑制する為の消火活動を適切に実施することができる体制を有するものとして総務省令で定めるもの(※Aを除く)
　①診療科名中に特定診療科名(内科、整形外科、リハビリテーション科その他の総務省令で定める診療科名(※B)をいう。※2①において同じ)を有すること
　②医療法に規定する医療病床又は一般病床を有すること
　※A 次のいずれにも該当する体制を有する病院
　　①勤務させる医師、看護師、事務職員その他の職員の数が、病床数が26床以下のときは2、26床を超えるときは2に13床までを増やすごとに1を加えた数を常時下回らない体制
　　②勤務させる医師、看護師、事務職員その他の職員(宿直勤務を行わせる者を除く)の数が、病床数が60床以下のときは2、60床を超えるときは2に60床までを増やすごとに2を加えた数を常時下回らない体制
　※B 特定診療科名とは、医療法施行令3条の2に規定する診療科名のうち、13診療科名(肛門外科、乳腺外科、形成外科、美容外科、小児科、皮膚科、泌尿器科、産婦人科、眼科、耳鼻いんこう科、産科、婦人科、歯科)以外のものをいう。なお、医療法施行令の一部を改正する政令(H20政36)による改正前の医療法施行令3条の2に規定する診療科名にあっては、小児科、形成外科、美容外科、皮膚泌尿科、肛門科、産婦人科、眼科、耳鼻いんこう科、歯科、矯正歯科、小児歯科、歯科口腔外科、皮膚科、泌尿器科、産科及び婦人科以外のものをいう
※2 次のいずれにも該当する診療所
　①診療科名中に特定診療科名を有すること
　②4人以上の患者を入院させるための施設を有すること
※3 病院(※1に掲げるものを除く)、患者を入院させるための施設を有する診療所(※2に掲げるものを除く)又は入所施設を有する助産所
※4 患者を入院させるための施設を有しない診療所又は入所施設を有しない助産所
※5 老人短期入所施設、養護老人ホーム、特別養護老人ホーム、軽費老人ホーム(介護保険法に規定する要介護状態区分が避難が困難な状態を示すものとして総務省令で定める区分に該当する者(以下「避難が困難な要介護者」という)を主として入居させるものに限る)、介護老人保健施設、老人福祉法に規定する老人短期入所事業を行う施設、小規模多機能型居宅介護事業を行う施設(避難が困難な要介護者を主として宿泊させるものに限る)、認知症対応型老人共同生活援助事業を行う施設その他これらに類するものとして総務省令で定めるもの
※6 障害者支援施設(障害者の日常生活及び社会生活を総合的に支援するための法律に規定する障害者又は障害児であって、障害支援区分が避難が困難な状態を示すものとして総務省令で定める区分に該当する者(以下「避難が困難な障害者等」という)を主として入所させるものに限る)又は短期入所若しくは共同生活援助を行う施設(避難が困難な障害者等を主として入所させるものに限る。※7⑤において「短期入所等施設」という)
※7 以下のものをいう
　①老人デイサービスセンター、軽費老人ホーム(※5に掲げるものを除く)、老人福祉センター、老人介護支援センター、有料老人ホーム(※5に掲げるものを除く)、老人福祉法に規定する老人デイサービス事業を行う施設、小規模多機能型居宅介護事業を行う施設(※5に掲げるものを除く)その他これらに類するものとして総務省令で定めるもの
　②更生施設
　③助産施設、保育所、幼保連携型認定こども園、児童養護施設、児童自立支援施設、児童家庭支援センター、児童福祉法に規定する一時預り事業又は家庭的保育事業を行う施設その他これらに類するものとして総務省令で定めるもの
　④児童発達支援センター、情緒障害児短期治療施設又は児童福祉法に規定する児童発達支援若しくは放課後等デイサービスを行う施設(児童発達支援センターを除く)
　⑤身体障害者福祉センター、障害者支援施設(※6に掲げるものを除く)、地域活動支援センター、福祉ホーム又は障害者の日常生活及び社会生活を総合的に支援するための法律に規定する生活介護、短期入所、自立訓練、就労移行支援、就労継続支援若しくは共同生活援助を行う施設(短期入所等施設を除く)
※8 以下のものをいう
　幼稚園・特別支援学校
※9 舞台が地階・無窓階又は4階以上にある場合300㎡以上、その他の階にある場合500㎡以上の舞台部
※10 天井の高さが10mを超え、かつ、延が同表のもの(貯蔵する物品が不燃材の場合緩和されることがある)
※11 特部分(規則13条で定める部分を除く)の床合計3000㎡以上で当該部分の在する階(但し、(2)及び(4)項が存する場合、規則13条で定める部分も含む)
※12 (2)項又は(4)項に供する部分が階にあっては1000㎡以上
※13 規則13条で定める部分を除く床1500㎡以上
※14 平屋建にも必要。平屋建又は規則13条で定める部分を除く床合計3000㎡未満の場合で、火災発生時の延焼を抑制する機能を備える構造として総務省令で定める構造を有するものは除く。基準面積1000㎡未満の場合は、特定施設水道連結型スプリンクラー設備を設置することができる
※15 床1000㎡未満の場合で、火災発生時の延焼を抑制する機能を備える構造として総務省令で定める構造を有するものは除く。基準面積1000㎡未満の場合は、特定施設水道連結型スプリンクラー設備を設置することができる
※16 規則13条で定める部分を除く床1500㎡未満の場合で、火災発生時の延焼を抑制する機能を備える構造として総務省令で定める構造を有するものは除く。基準面積1000㎡未満の場合は、特定施設水道連結型スプリンクラー設備を設置することができる
※17 平屋建にも必要。平屋建又は規則13条で定める部分を除く床合計6000㎡未満の場合で、火災発生時の延焼を抑制する機能を備える構造として総務省令で定める構造を有するものは除く。基準面積1000㎡未満の場合は、特定施設水道連結型スプリンクラー設備を設置することができる
※18 介助がなければ避難できない者として総務省令で定める者を主として入所させるもの以外にあっては、延275㎡以上の場合
※19 各用途部分の設置基準による
※20 地下街の延とは、地下道に面した店舗、事務所その他これらに類するものと当該地下道部分を合わせたものをいう
※21 床1000㎡未満のものについては、(6)項イ(1)若しくは(2)又はロの用途に供される部分に必要。但し火災発生時の延焼を抑制する機能を備える構造として総務省令で定める構造を有するものを除く。この場合、基準面積1000㎡未満のものには、特定施設水道連結型スプリンクラー設備を設置することができる

基準面積…防火上有効な措置が講じられた構造を有するものとして総務省令で定める部分(規則13条の5の2)以外の部分の床面積の合計

注
( )……主要構造部を耐火構造又は内装を制限した準耐火構造のもの
[ ]……主要構造部を耐火構造とし、内装を制限したもの

延………延べ面積
床………床面積
特………特定用途部分
×………不要

❷ 警報設備・誘導灯・非常コンセント

表 7-Ⅱ-2　警報設備、誘導灯、非常コンセント設置基準一覧表 [74]

防火対象物の区分（消防法施行令別表第1）▨……特定防火対象物		自動火災報知設備 令21条							
		延べ面積	特定一階段防火対象物	地階・3階以上・無窓階又は2階以上	地階の床面積・又は2階以上	11階以上の階	指定可燃物	その他	※1 ※2 ※3 ※4 ※5 ※6
(1)	イ　劇場、映画館、演芸場又は観覧場	300			駐車の用に供する部分の200㎡以上（但し駐車するすべての車両が同時に屋外に出ることができる構造の階を除く。）	全部	指定数量の500倍以上の指定可燃物を貯蔵又は取扱うもの	通信機器室500㎡以上、防火対象物の道路の用に供する部分で屋上部分600㎡、その他の部分400㎡以上	（下記「備考」参照）
	ロ　公会堂又は集会場			300					
(2)	イ　キャバレー、カフェ、ナイトクラブ、その他これらに類するもの	300	全部						
	ロ　遊技場、ダンスホール			300 ※6					
	ハ　ファッションヘルス、性感マッサージ、イメージクラブ、SMクラブ、のぞき部屋、セリクラ								
	ニ　カラオケボックス、個室ビデオ、インターネットカフェ、漫画喫茶、テレフォンクラブ	全部		全部					
(3)	イ　待合、料理店の類	300	全部	300 ※6					
	ロ　飲食店								
(4)	百貨店、マーケット、その他の物品販売業を営む店舗又は展示場	300		300					
(5)	イ　旅館、ホテル又は宿泊所	全部		全部					
	ロ　寄宿舎、下宿、共同住宅	500	同左	300					
(6)	イ (1) 避難のために患者の介助が必要な病院※1	全部※A	全部	全部					
	イ (2) 避難のために患者の介助が必要な有床診療所※2								
	イ (3) 病院（(1)を除く）、有床診療所（(2)を除く）、有床助産所※3								
	イ (4) 無床診療所、無床助産所※4	300		300					
	ロ (1) 老人短期入所施設等※5	全部		全部					
	ロ (2) 救護施設								
	ロ (3) 乳児院								
	ロ (4) 障害児入所施設								
	ロ (5) 障害者支援施設等※6								
	ハ　老人デイサービスセンター等※7	300 ※4※A		300					
	ニ　特別支援学校等※8								
(7)	小学校・中学校・高等学校・中等教育学校・高等専門学校・大学・専修学校・各種学校の類	500	同左	300					
(8)	図書館、博物館、美術館、その他これらに類するもの	500		300					
(9)	イ　公衆浴場の内、蒸気浴場、熱気浴場、その他これらに類するもの	200	全部						
	ロ　イに掲げる公衆浴場以外の公衆浴場	500		300					
(10)	車両の停車場、船舶又は航空機の発着場	500		300					
(11)	神社、寺院、教会、その他これらに類するもの	1000		300					
(12)	イ　工場又は作業場	500		300					
	ロ　映画スタジオ又はテレビスタジオ	500		300					
(13)	イ　自動車車庫又は駐車場	500		300					
	ロ　飛行機又は回転翼航空機の格納庫	全部		全部					
(14)	倉庫	500							
(15)	前各項に該当しない事業場	1000	同左	300					
(16)	イ　複合用途防火対象物のうちその一部が(1)～(4)(5)項イ、(6)項又は(9)項イに掲げる防火対象物の用途に供されているもの	300		300 ※6					
	ロ　イに掲げる複合用途防火対象物以外の複合用途防火対象物	※2		300					
(16の2)	地下街	300 ※5※A		300					
(16の3)	準地下街　建築物の地下で地下道に面して設けられたものと、当該地下道とを合わせたもので、特定用途に供される部分が有するもの	500 ※3 (300)		500 ※3 (300)					
(17)	重要文化財、重要民俗資料、史跡、重要美術品等の造物	全部		全部					
(18)	延長≧50mのアーケード	×	×	×					
(19)	市町村長の指定する山林	×		×			×	×	
(20)	総務省令で定める舟車（規5-3）					×	×	×	×

備考（※1〜※6）

(2)項イから、(3)項の地階又は無窓階は100㎡以上、(16)項イにあっては地階又は無窓階に存する(2)項又は(3)項の用途に供する部分の床面積の合計が100㎡以上のもの／(2)項ニ、(5)項イ、(6)項イ(1)から(3)、(6)項ロ、(6)項ハ（利用者を入居させ、又は宿泊させるものに限る）の防火対象物の用途に供する部分が300㎡以上のものにあっては全部／(6)項ロ(2)、(6)項ハ（利用者を入居させ、又は宿泊させるものに限る）の用途に供する部分の床面積の合計が100㎡以上のもの1の／(6)項ハ（利用者を入居させ、又は宿泊させるものに限る）の防火対象物の用途に供する部分がある場合は全部／各用途の設置基準より、その部分の床面積の按分合計する。／利用者を入居させ、又は宿泊させるもので、かつ、その部分の床面積が300㎡以上のもの／用途(二)又は(三)に供される部分の地階、無窓階の床面積合計が100㎡以上のもの

注　延………延べ面積　　○………必要
　　床………床面積　　　×………不要
　　特………特定用途部分

項	ガス漏れ火災警報設備 令21条の2　地階の床面積の合計	（ガス漏れ設備の備考）	漏電火災警報器 令22条　延べ面積	非常警報設備 令24条　非常ベル、自動式サイレン、放送設備のうちいずれか1種　収容人員（人）建物全体	地階無窓階	非常放送設備＋非常ベル又は自動式サイレン　建物全体	階数	誘導灯・誘導標識 令26条　誘導灯　建物全体	誘導灯 地11階以上・無窓階／誘導標識	非常コンセント設備 令29条の2　設置基準
(1)イ／ロ		温泉の採取のための設備（令21の2-1-3）（規24の2の2）温泉井戸、ガス分離設備及びガス排出口並びにこれらの間の配管（可燃性天然ガス滞留するおそれのない場所に設けられるものは除く。）	※7 ※8　地階の床合計が1000㎡以上で、かつ、延1000㎡以上のもの　特部分床合計が500㎡以上のもの	※9※10※11（注）間柱（根太・野縁）この他各用途の基準によりその部分に設置　延500㎡以上で、かつ特部分床合計が300㎡以上のもの　50		300	※12※13　この他各用途の基準によりその部分に設置　地階を除く階数が11以上のもの、又は地階の階数が3以上のもの	※12※13　○客席誘導灯を含む	全部（避難口誘導灯又は通路誘導灯を令26条2項により設置した場合は、これらの誘導灯の有効範囲内には設置しないことができる）	※14（1）項用途部分において客席誘導灯を令26条2項により設置した場合は、これらの誘導灯の有効範囲内には設置しないことができる　地階を除く階数が11以上、地下街で延1000㎡以上
(2)イ／ロ／ハ／ニ	1000		300 又は ※10	50		300		○		
(3)イ／ロ										
(4)										
(5)イ			150 又は ※10	20		300		×		
(5)ロ	×			50		800				
(6)イ／ロ／ハ／ニ	1000		300 又は ※10	20／50	20	300		○		
(7)	×		500			800		×		
(8)			500							
(9)イ	1000		150	20／50		300		○		
(9)ロ										
(10)			500							
(11)			500							
(12)イ／ロ	×		300	50		×		×		
(13)イ／ロ			×							
(14)			1000							
(15)			1000 又は ※10							
(16)イ	※7		※9 ※10			500		○ ※14		
(16)ロ			※10 ※11					○ ※14		
(16の2)	延1000		300	50		全部		○ ※14		
(16の3)	※8		×					○		
(17)	×		全部	50		×	※13	全部	×	×
(18)			×					×	×	
(19)		×	×	×		×		×		×
(20)										

第7章

359

3 水噴霧消火設備等

(令 13 条)

表 7-Ⅱ-3　水噴霧消火設備等設置基準一覧表 [74]

適用場所 (面積は床面積を示す)	消火設備 (○は適合する消火設備を示す)	スプリンクラー	水噴霧	泡	二酸化炭素	ハロゲン化物	粉末
飛行機、又は回転翼航空機の格納				○			○
屋上部分で回転翼航空機、垂直離着陸航空機の発着場所				○			○
自動車の修理、又は整備に供される部分	地階又は2階以上 ≧ 200 ㎡			○	○	○	○
	1 階 ≧ 500 ㎡			○	○	○	○
駐車の用に供される部分	地階又は2階以上（※1） ≧ 200 ㎡	○	○	○	○	○	○
	1 階（※1） ≧ 500 ㎡	○	○	○	○	○	○
	屋上部分（※1） ≧ 300 ㎡	○	○	○	○	○	○
	機械式駐車　収容台数 10 以上	○	○	○	○	○	○
発電機、変圧器等の電気設備の部分 ≧ 200 ㎡					○	○	○
鍛造場、ボイラー室、乾燥室等多量の火気使用（350kW 以上）部分 ≧ 200 ㎡					○	○	○
通信機器室 ≧ 500 ㎡					○	○	○
指定数量の 1,000 倍の指定可燃物を貯蔵し又は取扱うもの	綿花類、木毛、かんなくず、ぼろ、紙くず（動植物油がしみこんでいる布又は紙及びこれらの製品を除く）糸類、わら類、合成樹脂類（不燃性又は難燃性でないゴム製品、ゴム半製品、原料ゴム及びゴムくずに限る）、再生資源燃料	○	○	○	○ (全)		
	ぼろ、紙くず（動植物油がしみ込んでいる布又は紙及びこれらの製品に限る）、石炭・木炭類	○	○	○			
	可燃性固体類、可燃性液体類、合成樹脂類（不燃性又は難燃性でないゴム製品、ゴム半製品、原料ゴム及びゴムくずを除く）	○	○	○	○	○	○
	木材加工品、木くず	○	○	○	○ (全)	○ (全)	

※1　駐車するすべての車両が同時に屋外に出られる構造の階を除く

※2　（全）とは全域放出方式を示す

4 防火対象物の道路の用に供される部分の消防設備

(令 14 条 3 項、令 21 条 12 項、令 29 条 1 項 5 号)

表 7-Ⅱ-4　消防設備の設置基準

必要消防設備	設置基準
水噴霧消火設備等 自動火災報知設備	道路の用に供される部分の床面積が下記の場合に設置 1　屋上部分にあっては 600 ㎡以上 2　その他の部分にあっては 400 ㎡以上
連結送水管	道路の用に供される部分を有する防火対象物の全て （放水口は水平距離 25 m以下とする）

5 避難器具

（令 25 条）

表 7-Ⅱ-5　避難器具設置一覧表[70]

対象防火建築物 （令別表第1）			避難器具を必要とする条件		その階の収容人員 M（人）	必要個数 算定基準 （　）内→※1	適応避難器具 地階	2階	3階	4・5階	6階以上
(6) イ (6) ロ (6) ハ (6) ニ	病　　院　　等 老人短期入所施設等 老人デイサービスセンター等 幼　稚　園　等		2階以上の階又は地階		M ≧ 20	M ≦ 100（200） までに1個 100（200）人 増すごとに1個	C・D	C・D・E・F・G・H	E・F・G・H	E・F・G・H	E・G・H
			下階に令別表第1の (1)～(4)、(9)、(12)イ、(13)イ、(14)、(15) 項に掲げる防火対象物のあるもの		M ≧ 10						
(5) イ (5) ロ	旅館・ホテル等共同 住宅・寄宿舎・下宿		2階以上の階又は地階		M ≧ 30	M ≦ 100（200） までに1個 100（200）人 増すごとに1個	C・D	A・B・C・D・E・F・G・H	C・D・E・F・G・H	C E・F・G・H	C E・F・G・H
			下階に令別表第1の (1)～(4)、(9)、(12)イ、(13)イ、(14)、(15) 項に掲げる防火対象物があるもの		M ≧ 10						
(1) イ、ロ (2) イ,ロ,ハ,ニ (3) イ、ロ (4) (7) (8) (9) イ、ロ (10) (11)	劇　　場　　等 キャバレー等 飲　食　店　等 百　貨　店 学　　　校 図　書　館 特殊浴場・公衆浴場 停　車　場　等 神　社　等		2階以上の階又は地階 ［但し、主要構造部を耐火構造とした建築物の2階を除く］		M ≧ 50	M ≦ 200（400） までに1個 200（400）人 増すごとに1個	C・D	A・B・C・D・E・F・G・H	C・D・E・F・G・H	C E・F・G・H	C E・F・G・H
(12) イ (12) ロ (15)	工　　　場 スタジオ等 一般事務所等	3階以上の階又は地階	3階以上の無窓階又は地階		M ≧ 100	M ≦ 300（600） までに1個 300（600）人 増すごとに1個	C・D	（不要）	C・D・E・F・G・H	C E・F・G・H	C E・F・G・H
			その他の階		M ≧ 150						
令別表第1	上記に該当しない全対象物		3階 ［但し、キャバレー・飲食店等並びに特定複合用途防火対象物で、2階にキャバレー・飲食店等の用途部分があるものは2階］ 以上の階のうち、その階（避難上有効な開口部（※2）を有しない壁で区画されている部分がある場合は、その部分）から避難階又は地上に通ずる階段が2以上設けられていない階		M ≧ 10	M ≦ 100（200） までに1個 100（200）人 増すごとに1個	（不要）	A・B・C・D・E・F・G・H	C・D・E・F・G・H	C E・F・G・H	C E・F・G・H

※1　主要構造部が耐火構造であり、かつ、避難階段又は特別避難階段が2以上あるものは（　）内の数字に読みかえる
※2　直径1m以上の円が内接可能な開口部又はその幅、高さがそれぞれ75cm以上、1.2m以上の開口部で、次の①～③に適合するもの（規4の2の2）
　　　①　床面から開口部の下端までの高さが、15cm以内のもの
　　　②　格子等、容易に避難することを妨げる構造を有しないもの
　　　③　開口のため、常時良好な状態に維持されているもの
※3　1階（避難階）及び11階以上は避難器具は不要

上表の適応避難器具
A：滑り棒
B：避難ロープ
C：避難はしご
D：避難用タラップ
E：滑り台
F：緩降機
G：避難橋
H：救助袋

第7章

361

Ⅲ　消防設備の緩和と技術基準

1　消火器具

（規則8条）

屋内消火栓、スプリンクラー設備、水噴霧消火設備等を設置した場合は、必要とされる能力単位数の1/3までを減少してよい（但し、11階以上の階では適用できない）。

2　屋内消火栓

(1) 設置の緩和について（令11条2項）

① 　内装制限（難燃材料）をした場合に2倍読み、3倍読みとして設置基準が適用される。設置基準の内装制限の対象は、建築物のすべての部分についてであり、床面から1.2m以下の部分や、建築基準法の内装制限では緩和されている居室以外の部屋（押入等も含む）も対象となるので注意を要する。但し、東京消防庁では押入等で、下記のイ及びロに該当するものは内装制限の対象としていない。

イ　主要構造部を耐火構造としたもの

ロ　収納のために出入りするような規模形態を有していないもの

② 　スプリンクラー、水噴霧消火設備等を設置した有効範囲内の部分は、屋内消火栓の設置が免除されるが、階段・便所等のスプリンクラー設備の未警戒部分は屋内消火栓で警戒することになる（又は補助散水栓）。

③ 　屋外消火栓及び動力消防ポンプ設備を設置した場合の有効範囲内の部分は、1、2階に限って屋内消火栓の設置が免除されるが、消防により免除されないケースもあるので、必ず確認すること。

(2) 技術基準

① 　1号消火栓と2号消火栓について（令11条3項）

設置する場合に1号消火栓と2号消火栓とは選択できることになっているが、工場、倉庫、指定可燃物の一定量を貯蔵又は取扱うものに設置するものは1号消火栓に限定される。

又、旅館、ホテル、社会福祉施設、病院等の就寝施設は、1号消火栓（易操作性）、2号消火栓を指導される場合があり、事前に打合せすること。

※消火栓の設置範囲については、水平距離にて定められているが、歩行距離にて設置する様に求められる場合があるので必ず消防に確認すること。

表7-Ⅲ-1　消火器具の設置数の算定方法（規則6条）

構造区分 防火対象物の区分（令別表第1）	一般のもの 能力単位の数値の合計数	主要構造部を耐火構造とし、かつ、壁・天井（屋根）の室内に面する部分の仕上が、不燃材料・準不燃又は難燃材料のもの 能力単位の数値の合計数
(1)項イ、(2)項、(16の2)項、(16の3)項、(17)項	$\geqq \dfrac{延べ面積又は床面積}{50\,㎡}$	$\geqq \dfrac{延べ面積又は床面積}{100\,㎡}$
(1)順ロ、(3)項〜(6)項、(9)項及び(12)項〜(14)項	$\geqq \dfrac{延べ面積又は床面積}{100\,㎡}$	$\geqq \dfrac{延べ面積又は床面積}{200\,㎡}$
(7)項、(8)項、(10)項、(11)項及び(15)項	$\geqq \dfrac{延べ面積又は床面積}{200\,㎡}$	$\geqq \dfrac{延べ面積又は床面積}{400\,㎡}$

1　設置場所に適応する消火器具を設置すること
2　階ごとに設置すること
3　防火対象物の各部分から、歩行距離20m以内に設置すること
　　（歩行距離とは実際に人間が歩行する経路の長さで測定するものであり、図面上の直線距離ではない）
※　この他、特殊な場所（電気室、ボイラー室）は別にそれぞれの算定方法により設置する

表 7-Ⅲ-2　1 号消火栓と 2 号消火栓 [4)]

区分 項目		1 号消火栓（令 11 条 3 項 1 号）		2 号消火栓（令 11 条 3 項 2 号）	
		易操作性以外	易操作性	広範囲型以外	広範囲型
防火対象物の区分		①　(12) 項イ〔工場〕、(14) 項〔倉庫〕の防火対象物 ②　令別表第 1 に掲げる建築物その他の工作物で、指定可燃物（可燃性液体類を除く）を危令別表 4 で定める数量の 750 倍以上を貯蔵し又は取り扱うもの ③　①及び②以外の防火対象物		左欄の①及び②以外の防火対象物	
屋内消火栓及び放水に必要な器具		消防庁長官が定める基準（H25 消告 2 号）に適合するものとすること			
消火栓	水平距離※	25 m 以下		15 m 以下	25 m 以下
	放水圧力	0.17MPa～0.7MPa〔1.7kgf/㎠～7kgf/㎠〕		0.25MPa～0.7MPa〔2.5kgf/㎠～7kgf/㎠〕	0.17MPa～0.7MPa〔1.7kgf/㎠～7kgf/㎠〕
	放水量	130ℓ/min 以上		60ℓ/min 以上	80ℓ/min 以上
	開閉弁の高さ	床面から 1.5 m 以下又は天井（天井に設ける場合は自動式のものとすること）			
	始動表示灯	消火栓箱の内部又は直近の箇所に設けること（但し、位置表示灯を点滅させることにより加圧送水装置の始動を表示できる場合は、設けないことができる）			
	位置表示灯	赤色の灯火 消火栓箱の上部に設けること（但し、屋内消火栓の開閉弁を天井に設ける場合にあっては、規 12-1-3-ハによること）			
	消火栓箱の表示	「消火栓」			
ホース	長さ	ホース接続口からの水平距離が 25 m の範囲内の当該階の各部分に有効に放水することができる長さ		ホース接続口からの水平距離が 15 m の範囲内の当該階の各部分に有効に放水することができる長さ	ホース接続口からの水平距離が 25 m の範囲内の当該階の各部分に有効に放水することができる長さ
	操作性	—	1 人で操作することができるものとして総務省令の基準（規 11 の 2）に適合するもの ①　保形ホース ②　延長及び格納の操作が容易にできるものとして消防庁長官が定める基準（H25 消告 2 号、改正 H26 消告 26 号）に適合するように収納されていること		
ポンプ等	吐出能力	150ℓ/min×消火栓設置個数（最大 2）		70ℓ/min×消火栓設置個数（最大 2）	90ℓ/min×消火栓設置個数（最大 2）
	ポンプ起動方式	制御盤で起動及び停止ができ、かつ、消火栓箱附近の押ボタンからの遠隔操作でも起動できること	制御盤で起動及び停止ができ、かつ、開閉弁の開放、ホースの延長操作等と連動して起動できること		
配管	立上がり管材質及び継手	呼称 50mm 以上 JIS　G3442 等に定めるもの		呼称 32mm 以上 JIS　G3442 等に定めるもの	呼称 40mm 以上 JIS　G3442 等に定めるもの
水源水量		2.6 ㎥×消火栓設置個数（最大 2）		1.2 ㎥×消火栓設置個数（最大 2）	1.6 ㎥×消火栓設置固数（最大 2）
非常電源		非常電源専用受電設備（特定防火対象物で延べ面積 1,000 ㎡以上のものを除く） 自家発電設備 蓄電池設備 燃料電池設備			

※　ホースの長さは、水平距離範囲内に有効に放水できる長さとする

3 スプリンクラー設備

(1) 規則13条区画の緩和

規則13条区画の適用の考え方には2種類ある。

① 防火対象物そのものにスプリンクラー設備が不要となる場合（規則13条区画をした部分を除いた面積が基準面積を超えない場合にスプリンクラー設備が不要）

② 防火対象物の一部にスプリンクラーヘッドが不要となる場合（規則13条区画をした部分にヘッドが不要）

※①の適用については(2)項、(4)項(5)項(ロ)及び(16)項イで(2)項(4)項(5)項(ロ)の用途が存するものは除かれる。

又、地階及び無窓階は、①、②とも対象とならない。

表7-Ⅲ-3 スプリンクラー設備の規則13条区画

	耐火構造の壁・床で区画された部分で下記（イ）～（ニ）に該当するもの	耐火構造の壁・床で区画された「廊下」で下記（イ）及び（ハ）に該当するもの
（イ）	壁・天井（天井のない場合は屋根）の室内に面する部分の仕上を難燃材料とする	壁、天井の室内に面する部分の仕上を、準不燃材料とする
（ロ）	区画部分の開口部の面積の合計は8㎡以下で、かつ、一つの開口部面積が4㎡以下であること	（規制なし）
（ハ）	（ロ）の開口部には ① 特定防火設備である防火戸（常時閉鎖又は随時閉鎖でき、かつ、煙感知器の作動と連動して閉鎖） 又は 下記条件に適合する場合、鉄製網入りガラス入り戸とすることができる（網入りガラス入アルミサッシ「防火設備」を含む） 条件 { 1) 二方向避難のできる部分の出入口以外の開口部であること 2) 直接外気に開放されている廊下、階段等に面すること 3) 面積の合計は4㎡以内であること ② 居室から地上に通ずる主たる廊下・階段等にあっては、直接手で開けることができ、かつ、自動的に閉鎖する部分を有すること その部分の大きさ { 幅≧75cm、高さ≧1.8m 下端の床面からの高さ≦15cm ※1 廊下と階段とを区画する部分以外の開口部にあっては、上記の特定防火設備として防火シャッターは除かれている ※2 この区画を貫通するダクトにはSFDが必要	
（ニ）	・区画された部分の床面積は10階以下の場合は200㎡以下とする （スプリンクラーヘッドの設置を要しない部分の適用にあたっては16項イの非特定用途階にあたっては400㎡以下） ・11階以上の場合は100㎡以下とする	（面積制限なし）

※ 規則13条区画の適用にあたっては事前に十分消防と打合せされたい
※ 各火災予防条例によるスプリンクラー規準についても規則13条の適用については十分消防と打合せすること
※ 区画部分の開口部の面積は、扉やサッシの有効開口部の面積ではなく躯体間の開口部面積の為、注意すること

(2) スプリンクラーヘッドの設置を要しない部分

前記の規則13条区画の緩和の他に、表7-Ⅲ-4に示す部分にはスプリンクラーヘッドの設置を要しない。

表7-Ⅲ-4　スプリンクラーヘッドの設置を要しない部分

①	階段（但し（2）項、（4）項、（16）項イで（2）項、（4）項に掲げる用途に供される部分、（16の2）項部分の階段は避難階段又は特別避難階段に限る）	⑧	手術室、分娩室、内視鏡検査室、人工血液透析室、麻酔室、重症患者集中治療看護室その他これらに類する室
②	浴室、便所その他これらに類する場所	⑨	レントゲン室及びこれらに関連する室
③	通信機器室、電子計算機器室、電子顕微鏡室その他これらに類する室	⑩	（1）項の用途部分で、固定椅子が設けられていて、かつ、スプリンクラーヘッドの取付部分の高さが8m以上にある部分
④	エレベーター機械室、機械換気設備の機械室その他これらに類する室	⑪	複合用途防火対象物で車両等の停車場等のうち、乗降場、これに通ずる階段・通路の部分
⑤	発電機、変圧器その他これらに類する電気設備が設置されている場所	⑫	（6）項、（16）項イ、（16の2）項、（16の3）項の防火対象物の地下道で、通行の用に供される部分
⑥	エレベーターの昇降路、リネンシュート、パイプダクトその他これらに類する部分	⑬	（16）項イの防火対象物のうち特定用途部分から一定構造の防火区画された（5）項ロを除く非特定用途（但し、11階以上のもの、地階・無窓階を除く）
⑦	直接外気に開放されている廊下その他外部の気流が流通する場所		

(3) 補助散水栓

屋内消火栓の2号消火栓の基準と同時に設けられたもので、スプリンクラーヘッドの未警戒部分を有効に警戒するためのものである。技術上の基準は2号消火栓の基準に準じて定められている。

4 水噴霧消火設備等

(1) 移動式の泡消火設備等の基準

火災のとき煙が著しく充満するおそれのある場所以外の場所は、移動式の泡、二酸化炭素、ハロゲン化物、粉末消火設備とすることができる。

※以下、東京消防庁の基準を示す。

「火災のとき著しく煙が充満するおそれのある場所」以外の場所は、開口部が一の壁面のみにある場合や壁面の下方部のみにある場合等、当該開口部が偏在する等により、法2条4号の防火対象物関係者が、安全な初期消火活動及び安全な避難ができないおそれのあるもの以外で、防護部分が次によるものであること。

また、防護部分の開口部には、火災時に閉鎖されることを前提とする開口部（延焼のおそれのある部分の開口部）、目隠しのためのルーバー又はガラリを設けた開口部等は含まないこと。

① 駐車場等の部分に設けるもの

イ　完全開放の屋上駐車場又は高架下の駐車場等で、周壁がなく柱のみである部分、若しくは周囲が危害防止上の鉄柵のみで囲まれている部分

ロ　外気に面する外壁開口部が常時開放された構造のもので、かつ、排煙上有効な開放部分の合計面積が当該床面積の15%以上ある部分

ハ　長辺の一辺の全面について常時外気に直接開放されており、かつ、他の一辺について当該壁面の面積の二分の一以上が常時外気に直接開放されている部分

図7-Ⅲ-1　煙が著しく充満するおそれのない場所

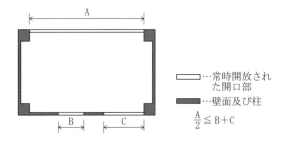

ニ　四辺（構造上必要な柱部分以外の当該場所の全周）の上部50cm以上の部分が常時外気に開放されている部分

ホ　天井部分（上階の床を兼ねるものを含む）の開口部（物品が置かれる等して、閉鎖されるおそれのないものに限る）の有効開口面積の合計が当該場所の面積の合計の15%以上確保されている部分

ヘ　地上階にある防護区画で、当該防護区画外から手動又は遠隔操作により容易に（一の動作又は操作で可能であるものをいう）開放することができる次のいずれかの開口部分（外気に面する扉等）を有するもの

a　排煙上有効な開口部分の有効面積の合計が床面積の20%以上のもの

b　有効な排煙装置を有するもので、開口部分の有効面積の合計が床面積の15%以上（有効な排煙装置とは、5回毎時以上の排煙能力のあるもの）

c　排煙上有効な越屋根を有するもので、開口部分の有効面積の合計が床面積の15%以上のもの（排煙上有効な越屋根とは、越屋根部分の開口部の面積の合計が床面積の5%以上あるものをいう）。（図7-Ⅲ-2）

図7-Ⅲ-2　越屋根の例[61]

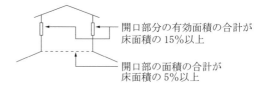

※前ロ、ホ及びヘにおいて、開口部の割合を算定する基準となる床面積は、移動式泡消火設備で防護する部分の水平投影面積とする

※各消防により開口面積の大きさ等取扱いが異なる場合があるので注意すること

(2) 防護区画（令16条）

　　固定式の二酸化炭素消火設備、ハロゲン化物消火設備、粉末消火設備、泡消火設備は不燃材料で造った壁、柱、床又は天井により区画され、かつ開口部に特定防火設備、防火設備又は不燃材料で造った自動閉鎖装置（各消火設備の放射と連動して閉鎖する装置を含む）を設けた防護区画内に設けること。

図7-Ⅲ-3　二酸化炭素消火設備、ハロゲン化物消火設備の防護区画[68]

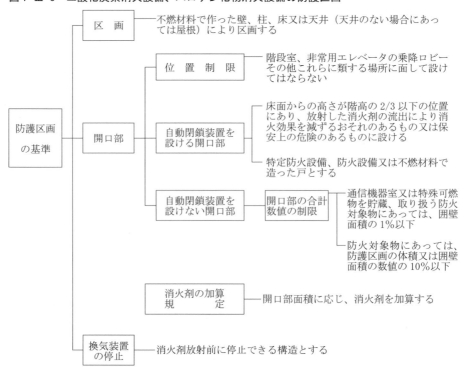

(3) その他の取扱い

① 機械式駐車で収容台数10台以上の基準には、2段式又は3段式駐車場を含む。この場合2段式又は3段式駐車場が建築基準法上の建築物であるか否かを問わず適用される。又、開放率が確保されていれば移動式でよいことになる。

② 多量の火気を使用する部分には、火葬炉、ごみ焼却炉、金属溶解設備、温風暖房設備、厨房設備、給湯設備が含まれ、ともに設置部分の床面積が200㎡以上であり、かつ最大消費熱量の合計が、350kW/h以上の場合に特殊消火設備が必要になる（S51.7.20消防庁通達37号）。

　尚、東京消防庁では厨房については、スプリンクラー設備を設置し、かつフード、ダクトレンジ、フライヤー等に簡易自動消火装置が設置されていれば、32条特例を適用し特殊消火設備の設置が免除される（S58.7.29東京消防庁通達1038号）。

③ 電気設備については、次に示すいずれかの場合、32条特例を適用し大型消火器の設置により特殊消火設備の設置が除外される（S51.7.20消防庁通達37号）。

イ　電気容量1000kVA未満

ロ　電気容量1000kVA以上15000kVA未満で密封方式かつ絶縁劣化、アーク等の発火の危険性が低い

ハ　密封方式のOFケーブル油槽

ニ　自家発電設備（S48.2.10消防庁告示1号、改正H18.3.29消防庁告示6号）、蓄電池設備（S48.2.10消防庁告示2号、改正H26.4.14消防庁告示10号）、キュービクル式非常電源専用受電設備（S50.5.28消防庁告示7号、改正H12.5.31消防庁告示8号）の基準に適合する構造のキュービクルに収納されている

ホ　発電機・変圧器で、冷却・絶縁に油類を使用せず、可燃性ガスの発生のおそれがない

5 屋外消火栓

（令19条、規則22条）

表7-Ⅲ-5　屋外消火栓の設置基準

①	水平距離40m以下
②	水源（消火水槽）設置個数（2を超えるときは2とする）に7㎡を乗じて得た量以上を確保
③	加圧送水装置 全ての消火栓（設置個数が2を超えるときは2とする）を同時に使用した場合にそれぞれのノズル先端の放水圧力は0.25MPa以上、かつ、放水量400ℓ/分以上の性能を確保
④	屋外消火栓、ホース格納箱、位置表示灯、ポンプ起動装置及び運転確認表示灯設置（通常、位置表示灯を点滅させる）
⑤	ポンプが水源より上にある場合、呼水槽設置（減水警報用電極付及び自動補給装置）
⑥	配管（省令12条1項6号の規定による）
⑦	非常電源は必要
⑧	屋外消火栓の開閉弁は、地盤面からの高さが1.5m以下又は地盤面からの深さが0.6m以内の位置に設けること（規則22条1項）

6 連結散水設備

(1) 地階の床面積（令別表第1（16の2）項に掲げる防火対象物は延べ面積）の合計が700㎡以上の時に必要になる。この面積は地下2階の建物では、地下1階と地下2階の床面積の合計である。スプリンクラー設備又は水噴霧消火設備等が設置されていれば、その有効範囲内の部分には設置免除されるが、設置の要否の床面積の判定は、あくまでスプリンクラー設備等を設けた部分を含めた床面積の合計である。また、連結送水管を令29条により設置した場合で、かつ排煙設備を令28条により設置した部分又は、規則29条に適合する部分については、連結散水設備の設置を免除される。

(2) 地階の判定

建築基準法上の地階の判定とするが、ドライエリア等が設けられている場合は、32条特例により設置が免除される（S50.6.16 消防庁通達65号）。

主要構造部を耐火構造とした防火対象物で外周（外壁）が二面以上、及び周長の2分の1以上がドライエリアその他の外気（以下「ドライエリア等」という）に開放されており、かつ、次の条件のすべてを満足するもの。

① ドライエリア等に面して消火活動上有効な開口部（直径1m以上の円が内接することができる開口部又はその幅及び高さがそれぞれ0.75m以上及び1.2m以上の開口部）を2以上有し、かつ、当該開口部は、省令5条の2第2項各号（第2号を除く）の規定に該当するものであること。

② 開口部が面するドライエリア等の幅は当該開口部がある壁から2.5m以上であること。但し、消火活動上支障のないものはこの限りではない。

③ ドライエリア等には地上からその底部に降りるための傾斜路、階段等（以下「傾斜路等」という）の施設が設けられていること。

④ ドライエリア等の面する部分の外壁の長さが30mを超えるものは2以上の傾斜路等を有すること。

(3) 散水ヘッドの設置を要しない部分
（規則30条の2）

① 主要構造部を耐火構造とした防火対象物のうち、耐火構造の壁若しくは床又は自動閉鎖の防火設備である防火戸で区画された部分で、当該部分の床面積が50㎡以下のもの（ダクト貫通部にはFD設置）。

（階段室にあっても地上階の部分と合せて50㎡以上ある場合には、50㎡区画しないと設置免除できないのが原則である）

② 浴室、便所その他これらに類する場所

③ 主要構造部を耐火構造とした防火対象物のうち、耐火構造の壁若しくは床又は自動閉鎖の特定防火設備である防火戸で区画された部分で、エレベーターの機械室、機械換気設備の機械室、その他これらに類する室又は通信機器室、電子計算機器室その他これらに類する室の用途に供されるもの。

④ 発電機、変圧器その他これらに類する電気設備が設置されている場所

⑤ エレベーターの昇降路、リネンシュート、パイプダクトその他これらに類する部分

7 連結送水管

（令29条2項、規則31条）

表 7-Ⅲ-6　連結送水管の設置基準

項　目		内　容
放水口の設置位置	一般建築物	3階以上の階で水平距離50 m以下
	地下街	水平距離50 m以下
	アーケード	水平距離25 m以下
	上記の内容かつ、階段室、非常用エレベーターの乗降ロビーその他これらに類する場所で消防隊が有効に消火活動を行うことができる位置とする（階段からの歩行距離5 m以内）	
送水口	双口形とし、消防ポンプ自動車が容易に接近することができる位置とする	
11階以上の建築物	11階以上の部分に設ける放水口は双口形とする（東京都の場合には単口形とすることができる）	
	放水用器具（長さ20 mのホース4本以上及び筒先2本以上）を格納した箱を放水口に附置する。70 mを超える建築物にあっては湿式とするとともに加圧送水装置を設ける	
	放水用器具を格納した箱は、一の直通階段について階数3以内毎に、一の放水口から歩行距離5 m以内に設ける	
	但し、消防長等が認める場合において、非常用エレベーターが設置され、消火活動上必要な放水用器具を容易に搬送することができる場合は、この限りでない	

8 消防用水

（令27条3項）

表 7-Ⅲ-7　消防用水の設置基準

項　目			内　容	
消防用水の水量	消防用水を必要とする建築物			必要とされる有効水量
	(1)　敷地面積 ≧ 20,000 ㎡	耐火建築物	1、2階の合計床面積 ≧ 15,000 ㎡	延べ面積（建物全体）7,500 ㎡又はその端数ごとに …………………………………………… 20 ㎥
		準耐火建築物	1、2階の合計床面積 ≧ 10,000 ㎡	延べ面積（建物全体）5,000 ㎡又はその端数ごとに …………………………………………… 20 ㎥
		その他の建築物	1、2階の合計床面積 ≧ 5,000 ㎡	延べ面積（建物全体）2,500 ㎡又はその端数ごとに …………………………………………… 20 ㎥
	(2)　高さ> 31 m、かつ、延べ面積（地階を除く部分）≧ 25,000 ㎡			延べ面積（建物全体）12,500 ㎡又はその端数ごとに …………………………………………… 20 ㎥
	(3)　一個の消防用水の有効水量は20 ㎥以上（流水の場合は0.8 ㎥ / 分以上）とすること			
消防用水の位置	消防用水を中心とした水平距離100 mの半径内に建築物の各部分を覆うことができるように配置すること かつ、消防ポンプ自動車が2 m以内に接近できる場所であること			
水　深	消防ポンプ自動車の吸管を投入する部分の水深は、その消防用水の所要水量の全てを有効に吸い上げる深さとする ※防火水槽のように有蓋のものには、適当な大きさの吸管投入口を設けること （円形で直径0.6 m以上又は0.6 m角以上）			

9 排煙設備

(1) 排煙設備の設置を要しない部分（規則29条、30条6（ロ））

屋根又は外壁に表7-Ⅲ-8に示す床面積に対する割合以上の排煙上有効な開口部がある場合は、排煙設備の設置が不要となる。

表7-Ⅲ-8 排煙設備の設置を要しない排煙上有効開口部の割合

排煙設備の設置を要する防火対象物	消火活動拠点以外の開口部の床面積に対する割合	消火活動拠点
劇場、映画館等の舞台部で床面積が500㎡以上のもの	有効面積 1/50	有効面積 2㎡ （特別避難階段の付室と非常用エレベーターの乗降ロビーを兼用するものにあっては3㎡）
下記の防火対象物の地階又は無窓階で床面積1000㎡以上のもの (2)項　遊技場、カラオケボックス等 (4)項　店舗、展示場 (10)項　車両の停車場等 (13)項　自動車車庫、飛行機格納庫等	有効面積 1/50	
(16-2)項　地下街で床面積が1000㎡以上のもの	有効面積 1/50	

※ 排煙設備の規準は、建築基準法に基づく規準とする。H12.5.31告示1436号等の告示緩和は使用できない

(2) 地下駐車場における扱い（S56.10.8消防庁通達241号参照）

表7-Ⅲ-9 地下駐車場における消防法の排煙設備の取扱い

内　容	取　扱　い
店舗の地階が店舗に附属する機械室及び駐車場であり、その床面積が1,000㎡以上の場合に、排煙設備が必要か	駐車場のみの面積ではなく機械室を含めて1,000㎡以上となれば必要となる
同上の場合、ハロゲン化物消火設備等の設置によりH12.5.31告示1436号により、消防法による排煙設備を緩和されるものとしてよいか	H12.5.31告示1436号による取扱いは消防法上行われないので、消防法に基づく排煙設備が必要である （排煙設備の技術規準は建築基準法に基づくものとする）
店舗、ホテル、事務所を含む複合用途防火対象物の地階、駐車場及び空気調和機械室の1,000㎡の面積判定はどう行われるか	地階の部分についてそれぞれの専用部分に応じた比例按分した結果、店舗に従属すると見なされる駐車場の部分が1,000㎡以上の場合は排煙設備が必要となる
事務所ビルの地階に1,000㎡以上の駐車場がある場合に排煙設備が必要か	駐車場を含めて15項の防火対象物であり、消防法の排煙設備は不要である （ホテル、病院等の防火対象物についても同じく不要である） 但し、排煙設備の設置を指導している消防もあるので、事前に打合せが必要となる

●目安箱●

◆エスカレーターは階段ですか？◆

「非常の場合に、エスカレーターも階段とみなして避難計画に組み込めるでしょうか」答はもちろん「No」です。第一に、エスカレーターは建築設備であって、階段は建築物の主要構造部の一部です。第二に、通常のエスカレーターは、その幅、蹴上げの寸法が階段の規定に合致しません。第三に、…

しかし、エスカレーターが階段になり得ない本当の理由は法文に書かれていない部分、つまり人間の動作の中に隠されています。位置によって、けあげの異なる階段は、日常の体験からもわかるように、階段として失格なのです。もし、ひとりでもつまずいたら…と想像してみてください。「法規以前の問題から階段として扱えない」これが理由です。

🔟 自動火災報知設備

（令 21 条 2 項、規則 23 条、24 条）

表 7-Ⅲ-10　自動火災報知設備の設置基準[6]

設置免除部分	スプリンクラー・水噴霧・泡の各消火設備を設置したときは、その有効範囲内（いずれも規則 23 条 3 項の閉鎖型スプリンクラーヘッドを備えているものに限る）の部分は設置免除 （但し、(1) ～ (4)、(5) イ、(6)、(9) イ、(16) イ、(16 の 2)、(16 の 3) に掲げる防火対象物又はその部分並びに煙感知器等の設置が必要な階又は部分は免除できない）				
感知器の種類と設置場所	設置場所　＼　感知器の種別	煙感知器 （アナログ式含む）	熱煙複合式感知器	炎感知器	熱感知器 （アナログ式含む）
	1　階段、傾斜路	○			
	2　廊下、通路（令別表第 1 (1) 項～ (6) 項、(9) 項、(12) 項、(15) 項、(16) 項イ、(16 の 2) 項、(16 の 3) 項に掲げる防火対象物の部分に限る）	○	○		
	3　エレベーターの昇降路、リネンシュート、パイプダクト、その他これらに類するもの	○			
	4　遊興のための設備又は物品を客に利用させる役務の用に供する個室（これに類する施設を含む）（令別表第 1 (2) 項ニ、(16) 項イ、(16 の 2) 項及び (16 の 3) 項に掲げる防火対象物（同表 (16) 項イ、(16 の 2) 項及び (16 の 3) 項に掲げる防火対象物にあっては、同表 (2) 項ニに掲げる防火対象物の用途に供される部分に限る。）の部分に限る	○	○		
	5　感知器を設置する区域の天井等の高さが 15 m 以上 20 m 未満の場所	○		○	
	6　感知器を設置する区域の天井等の高さが 20 m 以上の場所			○	
	7　左欄 1 ～ 6 の場所以外の地階、無窓階、11 階以上の部分（令別表第 1 (1) 項～ (4) 項、(5) 項イ、(6) 項、(9) 項イ、(15) 項、(16) 項イ、(16 の 2) 項、(16 の 3) 項の防火対象物又はその部分に限る）	○	○	○	
	8　左欄 1 ～ 7 の場所以外の地階、無窓階、11 階以上の階（7 欄に掲げる防火対象物以外の防火対象物又はその部分）※ 1	○	○	○	○ ※ 2
	9　左欄 1 ～ 8 の場所以外の場所（廊下（2 欄に掲げる防火対象物の廊下を除く）、便所、その他これらに類する場所を除く）（地階、無窓階以外の 10 階以下の部分）	その使用場所に適応する感知器			
右表中○印は設置すべき感知器を示す	※ 1　地階、無窓階、11 階以上の階には、2 及び 7 欄に掲げる防火対象物以外の防火対象物の廊下、通路を含むものであること ※ 2　8 欄の部分に設ける熱感知器は、差動式又は補償式感知器は 1 種又は 2 種、定温式感知器は特種又は 1 種（公称作動温度 75℃以下のものに限る）のものであること。なお、熱アナログ式感知器にあっては、火災表示に係る設定表示温度を 75℃以下とする				
感知器の設置を要しない場所	(1)　感知器（炎感知器を除く）の取付面の高さが 20 m 以上である場所 (2)　上屋その他外部の気流が流通する場所で、感知器によっては当該場所における火災の発生を有効に感知することができないもの (3)　天井裏で天井と上階の床との間の距離が 0.5 m 未満の場所 (4)　煙感知器及び熱煙複合式スポット型感知器にあっては、(1) から (3) までに掲げる場所のほか、次の①～⑧に掲げる場所 　　①　じんあい・微粉・水蒸気が多量に滞留する場所 　　②　腐触性ガスが発生するおそれのある場所 　　③　厨房等正常時に煙が滞留する場所 　　④　著しく高温となる場所 　　⑤　排気ガスが多量に滞留する場所 　　⑥　煙が多量に流入するおそれのある場所 　　⑦　結露が発生する場所 　　⑧　①～⑦に掲げる場所のほか、感知器の機能に支障を及ぼすおそれのある場所 (5)　炎感知器にあっては、(3) に掲げる場所のほか、次に掲げる場所 　　①　(4) ②～④、⑥、⑦に掲げる場所 　　②　水蒸気が多量に滞留する場所 　　③　火を使用する設備で、火、炎が露出するものが設けられている場所 　　④　①～③に掲げる場所のほか、感知器の機能に支障を及ぼすおそれのある場所				

表 7-Ⅲ-10　自動火災報知設備の設置基準（つづき）

警戒区域		警戒区域とは、自動火災報知設備の1回線が火災の発生を有効に感知できる区域をいい、下記の要件を満たすこと (1)　2以上の階にわたらないこと 〔但し、1の警戒区域の面積が500 ㎡以下で、かつ、2の階にまたがる場合又は階段・パイプシャフト等に煙感知器を設ける場合はこの限りでない〕 (2)　1警戒区域の面積≦600 ㎡ （但し、主要な出入口より見通すことができる場合には、その面積を1,000 ㎡以下とすることができる） (3)　1辺の長さ≦50 m（光電式分離型感知器の場合1辺の長さ≦100 m）
受信機		(1)　受信機は感知器、中継器又は発信機の作動と連動し警戒区域を表示できるものであること (2)　総合操作盤を設ける場合は受信機の作動と連動して (1) の警戒区域を表示できるものであること (3)　受信機の操作スイッチの高さは床面より0.8 m～1.5 m（いすに座って操作する場合0.6 m～1.5 m） (4)　交信機は守衛室（又は中央監理室）等常時人が居る場所に設けること
地区音響装置	設置位置	各階ごとにその階の各部分から1の地区音響装置までの水平距離が25 m以下となるように設ける
	設置方法	(1)　感知器の作動と連動して全区域に有効に報知できるように設ける (2)　地階を除く階数が5以上で、延面積が3,000 ㎡を超える防火対象物又はその部分にあっては、次の鳴動方式ができること　区分鳴動方式　（出火した階）（警報を発することができる階） (a)　2階以上の場合…出火階及びその直上階 (b)　1階の場合………出火階・その直上階及び地階 (c)　地階の場合………出火階・その直上階及びその他の地階 音声により警報を発するものについては、区分鳴動方式により警報を発する部分又は全区域に火災が発生した場所を報知できるものであること
発信機	設置位置	各階ごとに、その階の各部分から1の発信機までの歩行距離が50 m以下となるよう配置する
	設置方法	(1)　床面からの高さ…………0.8 m～1.5 m (2)　直近の箇所に「表示灯」を設けること (3)　表示灯は、赤色の灯火で、取付け面と15度以上の角度となる方向に沿って、10 m離れた所から点灯していることを容易に識別できるものであること (4)　P型1級受信機、GP型1級受信機、R型受信機及びGR型受信機に接続するものはP型1級発信機とし、P型2級受信機及びGP型2級受信機に接続するものはP型2級発信機とすること
	設置免除	P型2級受信機及びGP型2級受信機で接続することができる回線数が1のもの P型3級受信機、GP型3級受信機に設ける場合又は非常警報設備を規第25条の2第2項に定めるところにより設置した場合を除く
非常電源		常用電源・非常電源・予備電源の3種類がある 自動火災報知設備の非常電源は、非常電源専用受電設備又は蓄電池設備によるものとする （但し、特定防火対象物で延面積1,000 ㎡以上は蓄電池設備に限定）

11 非常警報設備

（令24条4項、規則25条の2）

(1)　技術規準

　　自動火災報知設備等の火災信号により起動する「音声警報」となっている。なお、音声警報は階別情報を含む発報放送と火災放送の2段階の自動音声警報である。

①　発報放送：シグナル音＋自動放送「ただいま○階の火災感知器が作動しました。係員が確認しておりますので、次の放送にご注意ください」

②　火災放送：シグナル音＋自動放送「火事です、火事です。○階で火災が発生しました。落ち着いて避難してください」＋スイープ音［10秒］

③　非火災放送：シグナル音＋自動放送「さきほどの火災感知器の作動は、確認の結果、異常がありませんでした。ご安心ください」

(2)　既存防火対象物への適用

　　既存の防火対象物については、原則として適用せず「従前の規定を適用する」とされている。つまり、従前の規定に適合していれば良いということである。

　　しかし、例外規定及び指導があるので、所轄の消防機関に確認することが大切である。なお、例外規定は次のとおりである。

①　従前の基準に違反している場合

② 一定規模以上の増改築等を行った場合（当該防火対象物の延べ面積の1/2以上又1000㎡以上の増改築及び壁についての大規模の模様替又は大規模の修繕）

③ 自主的な設置等により基準に適合するに至った場合

④ 特定防火対象物の場合（特に（5）項イについては十分に配慮する）

(3) 操作部又は遠隔操作器の報知区域

1の防火対象物に設ける操作部又は遠隔操作器（以下遠隔操作器等）は、防火対象物の全区域に火災を報知できるものを設置する。

但し、全区域に報知できる遠隔操作器等が1以上守衛室その他常時人がいる場所（中央管理室が設けられている場合は、当該中央管理室）に設けられている防火対象物にあっては、令32条の特例を適用して、次の場合は全区域としないことができる。

図7-Ⅲ-4 管理区分又は用途が異なる場合[82]

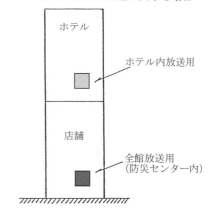

図7-Ⅲ-5 避難が独立して行われる場合[82]

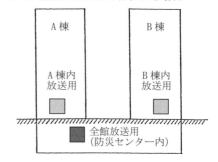

図7-Ⅲ-6 一定の場合のみを避難誘導の対象とすることが適切と考えられる場合[82]

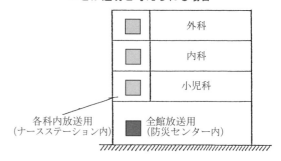

表 7-Ⅲ-11　非常警報設備の設置基準[70)]

項　　目	内　　　　容
音響装置	非常ベル又は自動式サイレンの音響装置は下記による (1)　音圧…音響装置の中心より 1 m離れた位置で90dB 以上 (2)　各階ごとに、その階の各部分から 1 の音響装置までの水平距離は、25 m以下となるように配置する (3)　地上 5 階建以上、かつ、延べ面積 3,000 ㎡を超える大規模な防火対象物は一斉鳴動のほか下記のように部分鳴動もできるものとする 　　　（一斉鳴動によるパニックを防止するため） （出火階）／（鳴動範囲） 2 階以上の場合／出火階及びその直上階のみ 1 階の場合／出火階、その直上階及び地階のみ 地階の場合／出火階、その直上階及びその他の地階のみ 4F 3F 2F 1F B1F B2F B3F 出火階が 2 階以上の場合／出火階が 1 階以上の場合／出火階が地階の場合 ■出火階　■放送階
起動装置	非常警報設備の起動装置は下記による (1)　各階ごとに、その階の各部分から 1 の起動装置までの歩行距離が 50 m以下となるよう配置する (2)　床面からの高さ…………0.8 m～ 1.5 m (3)　起動装置の上方に「表示灯」を設けること (4)　表示灯は、赤色の灯火で、取付け面と 15 度以上の角度となる方向に沿って、10 m離れた所から点灯していることを容易に識別できるものであること
放送設備	(1)　スピーカーの音圧

（放送設備 続き）

スピーカー種別	取付けられたスピーカーより 1 m離れた位置の音圧
L　　　級	92dB 以上
M　　　級	87dB 以上 92dB 未満
S　　　級	84dB 以上 87dB 未満

(2)　スピーカーの位置

設置場所	スピーカー種別	放送区域大きさ	設置方法	備　　考
階段傾斜路以　外	L	100 ㎡を超える	放送区域の各部分からスピーカーまでの水平距離 10 m以下	放送区域とは防火対象物の 2 以上の階にわたらず、かつ、床・壁・戸で区画された部分をいう（但し、ふすま・障子を除く）
	L、M	50 ㎡を超え 100 ㎡以下		
	L、M、S	50 ㎡以下		
階段傾斜路	L	――	垂直距離 15 m ごと	

（例外規定）下記の①及び②に適合する放送区域はスピーカーの設置免除

①	②
・居室及び居室から地上に通じる主たる廊下その他の通路で、6 ㎡以下の放送区域 ・上記以外で30 ㎡以下の放送区域	・左記放送区域の各部分から隣接の放送区域のスピーカーまでの水平距離が 8 m以下

(3)　操作部及び遠隔操作……床面から 0.8 m以上 1.5 m以下の箇所部のスイッチの高さ（椅子に座って操作する場合 0.6 m以上）
(4)　操作部及び遠隔操作器は起動装置又は自動火災報知設備の作動と連動して、それらの階又は区域を表示するものとする
(5)　総合操作盤を設ける場合にはその総合操作盤は操作部及び遠隔操作器の作動と連動して (4) の階又は区域を表示できること
　　なおこの中の一つは守衛室等常時人が居る場所に設けること

配　線	配線用の電線は他の電線とは同一の管・ダクト等の中に設けないこと
非常電源	非常電源専用受電設備又は蓄電池設備（延べ面積が 1,000 ㎡以上の特定防火対象物では蓄電池設備に限る）とし、10 分間以上作動できること

12 誘導灯

　誘導灯は、非常時に避難口に誘導する為の設備であり、避難口の扉や、避難口に通じる通路に設置する。
　その為、誘導灯の配置は、消防的観点からすれば、視認性のよい場所に設置が要求される。配置計画にあたっては、消防と事前に打合せ又は、現地を確認すること。

表7-Ⅲ-12　誘導灯の設置基準（規則28条の3）[4]

対象及び種類　　防火対象物令別表第1			避難口誘導灯 当該階の床面積		通路誘導灯（居室に設けるもの） 当該階の床面積		通路誘導灯（廊下に設けるもの）	通路誘導灯（階段又は傾斜路に設けるもの）	客席誘導灯	誘導標識
			1,000 ㎡以上	1,000 ㎡未満	1,000 ㎡以上	1,000 ㎡未満				
(1)	イ	劇　場　等	①	③	②	④	④		設置	設置　但し、避難口誘導灯又は通路誘導灯を設置したときは、その有効範囲内には誘導標識を設置しないことができる
	ロ	集　会　場　等								
(2)	イ	キャバレー等							不要	
	ロ	遊　技　場　等								
	ハ	性風俗関連特殊営業店舗等								
	ニ	カラオケボックス等								
(3)	イ	料　理　店　等								
	ロ	飲　食　店								
(4)		百　貨　店　等								
(5)	イ	旅　館　等								
	ロ	共　同　住　宅　等	③		④		④			
(6)	イ	病　院　等	③		④		④			
	ロ	老人短期入所施設等								
	ハ	老人デイサービスセンター等								
	ニ	特別支援学校等								
(7)		学　校　等	③		④		④			
(8)		図　書　館　等	③		④		④			
(9)	イ	蒸　気　浴　場　等	①		②		④			
	ロ	一　般　浴　場	③		④		④			
(10)		車　両　停　車　場	①		②					
(11)		神　社　等	③		④		④			
(12)	イ	工　場　等								
	ロ	スタジオ等								
(13)	イ	車　庫　等								
	ロ	特殊格納庫								
(14)		倉　　庫								
(15)		前各号以外								
(16)	イ	特定用途の存する複合	①	③	②	④	④		(1)項用途部分設置	
	ロ	イ以外の複合	③		④		④		不要	
(16の2)		地　下　街	①		②		④		(1)項用途部分設置	不要
(16の3)		準　地　下　街							不要	

▨ の対象物では、その建物のどの階にあっても設置

▨ の対象物では、その建物の地階、無窓階及び11階以上の部分に設置

① A級又はB級で表示面の明るさが20cd以上又は点滅機能を有するもの。(16)イにあっては、(1)〜(4)、(9)イの用途に供される部分が存する階に限る（それ以外の階についてはC級以上（矢印付きはB級以上））

② A級又はB級で表示面の明るさが25cd以上のもの。(16)イにあっては、(1)〜(4)、(9)イの用途に供される部分が存する階に限る（それ以外の階については、C級以上）

③ C級以上（矢印付きはB級以上）

④ C級以上

点滅機能を有する誘導灯は、規則28条の3　3項1号イ又はロに掲げる避難口についてのみ設置可能であること

③・④の防火対象物又はその部分についても、背景輝度の高い場所や光ノイズの多い場所、催し物の行われる大空間の場所等にあっては、同様の措置を講ずることが望ましい

表7-Ⅲ-13　誘導灯が設置緩和される歩行距離（規則28条の2）[4]

種類／免除対象 防火対象物 令別表第1 （■＝特定防火対象物）			避難口誘導灯				通路誘導灯				誘導標識	
			居室の各部分から主要な避難口を容易に見とおし、かつ、識別できるものでその一に至る歩行距離が下表以下のもの		避難階（床面積が500㎡以下で,かつ床面積が150㎡以下のもの）で下表の場合は不要	避難階にある居室で下表の場合は不要	同左		避難階にある居室で下表の場合は不要	同左	避難階（床面積が500㎡以下で,かつ床面積が150㎡以下のもの）で下表の場合は不要	避難階にある居室で下表の場合は不要
			避難階（無窓階を除く）	避難階以外（地階・無窓階を除く）			避難階（無窓階を除く）	避難階以外（地階・無窓階を除く）				
(1)	イ	劇場等			※1						※2	
	ロ	集会場等										
(2)	イ	キャバレー等										
	ロ	遊技場等										
(3)	イ	料理店等										
	ロ	飲食店										
(4)		百貨店等										
(5)	イ	旅館等										
	ロ	共同住宅等										
(6)	イ	病院等										
	ロ	老人短期入所施設等										
	ハ	老人デイサービスセンター等										
	ニ	特別支援学校等										
(7)		学校等	≦20m	≦10m	—	※3	≦40m	≦30m	※4	≦30m	—	※5
(8)		図書館等										
(9)	イ	蒸気浴場等										
	ロ	一般浴場										
(10)		車両停車場										
(11)		神社等										
(12)	イ	工場等										
	ロ	スタジオ等										
(13)	イ	車庫等										
	ロ	特殊格納庫										
(14)		倉庫										
(15)		前各号以外										
(16)	イ	特定用途の存する複合用途										
	ロ	イ以外の複合用途										

注　16項の2及び16項の3は緩和規定なし

※1　①客席避難口（客席に直接面する避難口をいう。以下同じ。）を2以上有すること
　　②客席の各部分から客席避難口を容易に見とおし、かつ、識別することができ、客席の各部分から当該客席避難口に至る歩行距離が20m以下であること
　　③すべての客席避難口に、火災時に当該客席避難口を識別することができるように照明装置（自動火災報知設備の感知器の作動と連動して点灯し、かつ、手動により点灯することができるもので、非常電源が附置されているものに限る。以下同じ。）が設けられていること
※2　①客席避難口を2以上有すること
　　②客席の各部分から客席避難口を容易に見とおし、かつ、識別することができ、客席の各部分から当該客席避難口に至る歩行距離が30m以下であること
　　③すべての客席避難口に、火災時に当該客席避難口を識別することができるように照明装置が設けられていること
※3　①規28の3-1-1イに掲げる避難口（主として当該居室に存する者が利用するものに限る。以下同じ。）を有すること
　　②室内の各部分から、規28の3-1-1イに掲げる避難口を容易に見とおし、かつ、識別することができ、室内の各部分から当該避難口に至る歩行距離が30m以下であること
　　③燐光等により光を発する誘導標識（以下「蓄光式誘導標識」という。）がH11消告2により設けられていること
※4　①規28の3-1-1イに掲げる避難口を有すること
　　②室内の各部分から規28の3-1-1イに掲げる避難口又はこれに設ける避難口誘導灯若しくは蓄光式誘導標識を容易に見とおし、かつ、識別することができ、室内の各部分から当該避難口に至る歩行距離が30m以下であること
※5　①規28の3-1-1イに掲げる避難口を有すること
　　②屋内の各部分から規28の3-1-1イに掲げる避難口又はこれに設ける避難口誘導灯若しくは蓄光式誘導標識を容易に見とおし、かつ、識別することができ、室内の各部分から当該避難口に至る歩行距離が30m以下であること

表 7-Ⅲ-14　避難口誘導灯・通路誘導灯の有効範囲（規則 28 条の 3 第 2 項）[4]

避難口誘導灯及び通路誘導灯の有効範囲は、原則、当該誘導灯までの歩行距離が次の (1) 又は (2) に定める距離のうちいずれかの距離以下とする

(1)

区　　　　　分			距離（m）
避難口誘導灯	A 級	避難の方向を示すシンボルのないもの	60
		避難の方向を示すシンボルのあるもの	40
	B 級	避難の方向を示すシンボルのないもの	30
		避難の方向を示すシンボルのあるもの	20
	C 級		15
通路誘導灯	A 級		20
	B 級		15
	C 級		10

(2)

$D = kh$

D は、歩行距離（m）

h は、避難口誘導灯又は通路誘導灯の表示面の縦寸法（m）

k は、次の表の左欄に掲げる区分に応じ、それぞれ同表の右欄に掲げる値

区　　　　　分		k の値
避難口誘導灯	避難の方向を示すシンボルのないもの	150
	避難の方向を示すシンボルのあるもの	100
通路誘導灯		50

【算定例】
1. 区分：避難口誘導灯 A 級（避難の方向を示すシンボルなし）
   　表示面縦寸法：0.5 m
   　150 × 0.5 ＝ 75 m
2. 区分：避難口誘導灯 B 級（避難の方向を示すシンボルあり）
   　表示面縦寸法：0.3 m
   　100 × 0.3 ＝ 30 m
3. 区分：通路誘導灯 A 級
   　表示面縦寸法：0.5 m
   　50 × 0.5 ＝ 25 m

※　有効範囲は、上記のいずれの方法によるかは、設置者が選択できる

※　避難口誘導灯のうち C 級のものについては、避難口であることを示すシンボルについて一定の大きさを確保する観点から、避難の方向を示すシンボルの併記は認められない

※　誘導灯の有効範囲は表示面の裏側には及ばない

第 7 章

13 避難器具

表 7-Ⅲ-15　避難器具の設置の緩和（規則 26 条）[70]

1. 避難階段又は特別避難階段を設置した場合の個数減 直通階段を次に揚げるものとしたときは必要とされる避難器具の数から、これらの階段の数を引いた数とすることができる。この場合、引いた数が 1 に満たないときは、当該階に避難器具を設置しないことができる 　イ　特別避難階段 　ロ　屋外避難階段 　ハ　屋内避難階段で、階段の各階又は各階の中間部ごとに直接外気に開放された 2 ㎡以上の排煙上有効な開口部があり、かつ、開口部の上端は、その階段の天井の高さにあること 　　（但し、最上階の天井に 500cm² 以上の外気に面した排煙上有効な換気口がある場合は最上階の開口部上端は天井の高さでなくてもよい（H14.11.28 消防庁告示 7 号））
2. 耐火建築物間に渡り廊下を設置した場合の個数減 耐火建築物相互間に、耐火構造又は鉄骨造の渡り廊下が設けられ、かつ、渡り廊下の両端の出入口に自閉式の特定防火設備（防火シャッターを除く）が設けられており、その用途が避難・通行・運搬以外の用途に供されないものであるときは、渡り廊下の設けられている階の避難器具の設置個数は渡り廊下の数の 2 倍の数だけ減じてよい （たとえば渡り廊下が 1 ヶ所設けられている階の避難器具は、必要個数より 2 個引いた数になる）
3. 屋上に避難橋を設置した場合の個数減 耐火建築物の屋上広場（有効面積 ≧ 100 ㎡）相互間に避難橋が設けられ、その屋上広場へは、避難階段又は特別避難階段が 2 以上設けられている場合は、その屋上広場の直下階に限り、必要とされる避難器具個数から、避難橋の 2 倍の数だけ減じてよい 　（但し、屋上広場に面する窓・出入口には、特定防火設備（又は鉄製網入りガラス戸）が設けられており、出入口から避難橋へ至る経路は避難上支障なく、かつ、経路に設けられている扉等は避難のときに容易に開閉できること）
4. 避難器具の設置を要しない階（次の(1)～(4)のいずれかに該当する場合） ⑴　次に該当する階には、避難器具の設置を要しない 　　（令別表第 1．⑴項から⑻項までの防火対象物―イ～への全てに該当すること 　　令別表第 1．⑼項から⑾項までの防火対象物―イ、ニ、ホ、へに該当すること 　　令別表第 1．⑿項及び⒂項の防火対象物―――イ、ホ、へに該当すること） 　イ　主要構造部が耐火構造であること 　ロ　耐火構造の床・壁で区画され、開口部には特定防火設備又は鉄製網入りガラス戸を設けること 　ハ　上記の区画内の収容人員が、令 25 条による避難器具の設置を要する最低収容人員以内であること 　ニ　壁・天井が不燃化されているか又はスプリンクラー設備が設けられていること 　ホ　直通階段は、避難階段又は特別避難階段であること 　ヘ　バルコニー等が避難上有効に設けられ二方向避難が可能であること ⑵　主要構造部が耐火構造であり、居室は外気に面する避難上有効なバルコニー等があり、かつ、バルコニー等から地上に通ずる階段・その他避難のための設備若しくは器具が設けられ、又は他の建築物に通ずる設備・器具が設けられていること 　　（⑸項及び⑹項の防火対象物では必ずバルコニーが設けられており、そこから地上に通ずる階段が設けられている場合に限る） ⑶　主要構造部が耐火構造であり、その階の収容人員が 30 人未満である場合で居室又は住戸から直通階段に直接通じており、直通階段に面する開口部には特定防火設備（防火シャッターを除く）を設けたもの 　　（特定防火設備は随時開くことが出来る自閉式又は煙感知器連動自動閉鎖式（くぐり戸幅 ≧ 75cm、高さ ≧ 1.8 m、床面からの高さ ≦ 15cm） 　　直通階段は、屋外避難階段、特別避難階段又は屋内避難階段で排煙上有効な開口部があるものに限る（H14 消防庁告示 7 号）） ⑷　主要構造部を耐火構造とし、令別表第 1 の⑵、⑶、⑺～⑿、⒂項の用途に供する階で面積が 1,500 ㎡以上の避難上安全な屋上広場の直下階で、屋上広場及び地上に通ずる避難階段又は特別避難階段が 2 以上設けられていること

表 7-Ⅲ-16　避難器具の種類と開口部の大きさ等（H14.6.11 消防予 172 号）[70]

避難器具の種類	開口部・降下空間・避難空地等の大きさ
救助袋 （斜降式）	（操作面積） 器具　2.25 m² 1.5 m　1.5 m （操作面積） 概ね幅 1.5 m、奥行 1.5 m（器具の設置部分を含む）以上であること。但し、操作に支障のない範囲内で形状を変えることができ、この場合の面積は 2.25 m² 以上とする （降下空間） 25°　35°　L　H L＝H×0.2　25°　1m　救助袋 （避難空地） 救助袋　2.5 m　1m 1m
救助袋 （垂直式）	（開口部） 60cm 以上　60cm 以上 （降下空間） 1m　救助袋　30cm 以上 （避難空地） 救助袋　壁　1m　30cm 以上
緩降機 （多人数用を除く）	（開口部）80cm 以上 100cm 以上 50cm 以上　45cm 以上 （降下空間）0.5m 15〜30cm （避難空地） 壁　0.5m　15〜30cm 器具を中心とした半径 0.5m の円柱型の範囲内
避難はしご	（開口部） 80cm 以上 100cm 以上 50cm 以上　45cm 以上 （降下空間） 20cm　20cm 10cm 以上　65cm 以上 （避難空地） 20cm　20cm 10cm 以上　65cm 以上　避難はしご
滑り台	（開口部） 80cm 以上 滑り台の最大幅以上 （降下空間） 20cm　20cm　1m　滑り面 （避難空地） 滑り面　1.5m 以上　0.5m 0.5m
避難用タラップ 避難橋 避難ロープ 滑り棒	（開口部） 避難用タラップ・避難橋の場合 開口部の大きさは高さ≧180cm 幅はタラップの最大幅以上 避難ロープ・滑り棒は避難はしごと同じ寸法 （降下空間） 0.5m　2m 以上 （踏面より） 避難タラップ　避難橋 （避難空地） 避難上支障のない広さを確保

379

14 消防防災システム、総合操作盤、防災センター

消防庁通知により、一定規模以上の防火対象物等について、消防防災システム評価を受け、優良な消防防災システムの整備をはかるように、消防機関により指導がなされることとしている。又、防災センターに設置される総合操作盤も同様である。

評価機関は日本消防設備安全センターである。現状では評価対象とされている防火対象物等のすべてが、必ずしも同機関の評価を受けてはおらず、所轄の消防機関の範囲で指導している場合もあるので、十分に打合せすること。

表 7-Ⅲ-17　消防用設備等に関する評価制度の概要一覧表[50]

評価機関		制度の目的	関係法令	評価（届出）する防火対象物	規制の種類	評価（届出）の申請者	工事・点検に必要な資格	添付図書
特殊消防用設備等の性能評価制度	日本消防検定協会－性能評価委員会　日本消防設備安全センター－性能評価委員会	消防分野の新技術開発を促進し、防火対象物の高層・深層化、大規模・複合化に対応するため、消防法令の体系の見直しにより、従来仕様規定一本によるルートがAルート（現行の仕様規定）、Bルート（性能規定）、Cルート（総務大臣認定）の3ルートに多様化されたCルートの総務大臣による特殊消防用設備等の認定前に、設置維持計画書に基づく性能に関する評価を行うこととされた	消防法 17 条の 2　消防法 17 条の 2 の 2　規則 31 条の 2 の 2　規則 31 条の 2 の 3　規則 34 条の 2 の 3　H16.4.22 消防予 66 号	仕様規定で定められている消防用設備に代えて特殊消防用設備等を設置する防火対象物　現行の消防法令で予想しない特殊な技術による消防防災システム　技術基準が定められていない高度な消防防災システム（例：一の防火対象物の火災関連情報を複数の総合操作盤により監視・制御するシステム）	評価は義務　評価取得は消防機関の指導	防火対象物の関係者（所有者　管理者　占有者）等	【工事】甲種特類消防設備士　【点検】甲種特類消防設備士又は特殊消防設備点検資格者	①性能評価申請書②設備等設置維持計画書③特殊消防用設備等の設計図④特殊消防用設備等の明細書⑤性能の検証に関する計算書⑥特殊消防用設備等の試験成績表
消防設備システム評価制度	日本消防設備安全センター－消防設備システム評価委員会	従来安全センターにおいてシステム評価を行ってきた消防防災システムが、全て消防法 17 条 3 項に基づく総務大臣認定の対象（後述 3 参照）となるわけではない。しかしながら、防火対象物の関係者等には、防火対象物の防火安全性の向上に資するため高度な専門技術的知見を有する機関の評価を求めることが予想されるので、大臣認定制度の対象とならない案件についての評価制度（安全センターが自主的に行う評価制度）	H9.9.16 消防予 148 号通知	次に掲げる防火対象物　① 消防法施行令 29 条の 4 第 1 項の規定に基づく客観的検証法によって、申請に係る防火対象物に設置する消防用設備等の防火安全性能が、通常用いられる消防用設備等の防火安全性能と同等以上であると認める評価　② 「総合消防防災システムガイドライン」（H9.9.16 消防予 148 号）に照らして、申請に係る防火対象物に設置する総合消防防災システムが十分な防災安全性能を有するものと認める評価　③ 申請に係る防火対象物に設置する消防用設備等が消防法令に定める防火安全性能を上回っている場合において、当該消防用設備等が有する高度な防火安全性能の有効性を判定する評価　④ 消防長又は消防署長が消防法施行令 32 条の規定の適用を判断するにあたり参考となる情報として、申請に係る防火対象物の位置、構造又は設備の状況についてその防火安全性の有効性を判定する評価	評価取得は消防機関の指導若しくは自主	防火対象物の関係者（所有者　管理者　占有者）等	該当する消防設備士	①防火対象物の概要を記載した図書②消防設備システムの性能について記載した図書③消防設備システムの設置方法について記載した図書④消防設備システムの維持管理について記載した図書⑤その他消防設備システムの評価に関し理事長が必要と認める事項を記載した図書

評価機関		制度の目的	関係法令	評価（届出）する防火対象物	規制の種類	評価（届出）の申請者	工事・点検に必要な資格	添付図書
消防設備システム評価制度	日本消防設備安全センター 消防設備システム評価委員会			⑤ その他防火対象物に設置する消防用設備等の防火安全性能の有効性について、防火対象物の関係者（以下、「関係者」という）から判定を求められる評価（該当消防用設備等の運用に関連する維持管理の有効性等の判定を含む） ※但し、消防法17条3項に定める特殊消防用設備等として総務大臣の認定を受けるものを除く				
防災センター評価制度（東京都）	東京防災設備保守協会 防災センター評価委員会	大規模化、高層化が進むと同時に用途も多様化する防火対象物では、消防用設備等の監視、制御、操作等が増え、日常的な維持管理及び火災時の対応は、益々複雑化する。東京消防庁では、火災予防条例の集中管理計画の届出制度により、防災センター内に設置される防災システムのハード面と防災センターが有効に機能するためのソフト面について、十分に確保されているか確認するための評価等を行う （新制度はソフト面のチェック内容が追加された）	S50.3.12 火災予防条例55条の2の2 H16.5.31 消防庁告示7号 H21.5.20 消防予予183号	・(1)～(4)項、(5)項イ、(6)項、(9)項イ、(16)項イで、階数11以上で、かつ、延べ面積10,000㎡以上、又は階数5以上10以下で、かつ、延べ面積20,000㎡以上 ・延べ面積1,000㎡以上の地下街 ・(5)項ロ、(7)項、(8)項、(9)項ロ、(10)～(15)項、(16)項ロで、階数15以上で、かつ、延べ面積30,000㎡以上 ・上記以外の令別表第1に掲げる防火対象物で延べ面積50,000㎡以上	評価取得は消防機関の指導 集中管理計画届出書の提出は義務付け	防災センターの設置について、権限を有する建築主等（所有者・管理者・占有者）等	消防設備士	①防災センター概要表 ②防火対象物概要表 ③防火対象物概要図 ④防災センター配置図 ⑤構造図等 ⑥設備機器の配置図等 ⑦機能等に関する図書 ⑧防火管理体制概要表 ⑨防火管理計画に関する図書 ⑩監視場所及び遠隔監視場所に関する図書等

表7-Ⅲ-18 防災センターの構造等（東京都）

項 目	主 な 基 準
設置対象	(1) 火災予防条例55条の2の2に掲げる防火対象物とする （表7-Ⅲ-17の防災センター評価制度の評価対象物と同じ）
位 置	(1) 避難階又は直上階又は直下階とし、消防隊が外部から容易に出入りできる位置とする (2) 非常用エレベーターの乗降ロビー及び特別避難階段、その他の避難階段の付近とし、災害時においても上下階へ容易に到達できる位置であること (3) 集中豪雨による浸水等被害を受けない位置であること
面 積	(1) 設置された防災システムを監視、操作等及び維持管理が容易にでき、かつ、消防拠点としての使用を考慮した有効な広さ（40㎡以上）を有する。また、消防隊活動スペース（12㎡以上）も必要となる
構 造	(1) 専用の室であること。なお、中央管理室との兼務はできるものとする (2) 防火対象物の防災センター、中央管理室（建築基準法施行令20条の2第2号に規定する中央管理室をいう）、守衛室その他これらに類する場所（常時人がいる場所に限る。以下「防災センター等」という） (3) 出入口は、自動閉鎖式の防火扉に限られている (4) 換気、冷暖房設備は専用とする等、防火的に区分すること (5) 換気、暖房又は冷房の設備の風道が設けられている場合には、当該風道の部分の給気口及び排気口等に火煙の流入防止するため有効に閉鎖することができる建築基準法施行令112号条1項に規定する特定防火設備が設けられていること (6) 常用照明が消えた場合に有効な照度の確保が必要 (7) 水が浸入し、又は浸透するおそれがない措置が講じられていること（特に天井面） (8) 防災センターの関係者以外の者が、容易に侵入できないように施錠管理等の措置が示されていること (9) 防災要員のための仮眠、休憩所等を設ける場合は、当該防災センターに近接した場所（防火・防煙区画が必要）で、防災センターの関係者との間に有効に情報連絡がとれる措置が講じられていること (10) 入り口の見やすい箇所に防災センターの旨が表示されていること (11) 消防隊が容易に防災センターに到達できる措置（案内表示・施錠管理等）が講じられていること

第7章

図 7-Ⅲ-7 総合操作盤による各設備の集中監視・制御の例

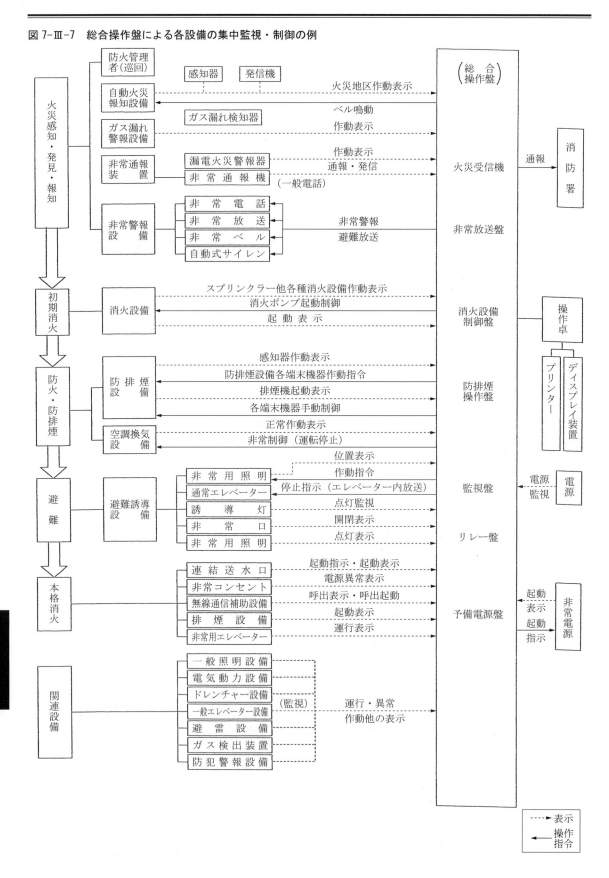

15 高層建築物の火気使用

（東京消防庁の扱い）

(1) 適用範囲

　非常用エレベーター及び特別避難階段が法令上必要とされる高層建築物

(2) 出火防止対策

① 防災センター、管理室等により災害時の対応が常時可能な体制がとられていること。

② 厨房設備は、使用中に誤って放置された場合の出火防止性能を有すること。以下の例を参考とし、努めて必要な措置を講ずること。

イ　こんろ等は、調理油過熱防止装置を有すること。

ロ　厨房に従業員が不在になった場合には、自動的に熱源を停止すること。

③ 厨房設備は、長周期地震動の影響も考慮した地震発生時の出火防止性能を有すること。以下の例を参考とし、努めて必要な措置を講ずること。

イ　地震時には、緊急地震速報の受信により熱源を迅速に停止できる体制をとること。又は、自動的に熱源を停止すること。

ロ　高温の調理油と裸火又は水を隣接させない厨房設備のレイアウトとすること。

④ 60 mを超える建築物内に設ける厨房設備の排気ダクトの排気取入口には火炎伝送防止装置として、自動消火装置を設けること。

⑤ 自動消火装置は、「フード等用簡易自動消火装置」に適合するもの又はこれと同等の性能を有するものであること。

⑥ 熱源の燃料等の漏えいを検知する装置等を出火防止に活用できる体制を努めてとること。

⑦ 都市ガスを使用する火気使用設備器具を使用する場合は次の基準によること。

イ　ガス配管等の設計施工は、「高層の建築物のガス安全システム（その1）」（表7-Ⅲ-19）により行うものとする。ただし、60 m以下の建築物にあっては、「高層の建築物のガス安全システム（その2）」（表7-Ⅲ-20）により行うことができるものであること。

ロ　火気使用設備器具は、努めて一定の場所に集中し、当該部分を耐火構造の壁、床又は防火戸で区画するとともに、区画内の壁及び天井の室内に面する部分の仕上げを、準不燃材料とし、かつ、その下地を不燃材料とすること。

⑧ 電気・都市ガスを熱源とするものを除き、ストーブ、パッケージ型温風暖房機等による局所暖房は抑制するものとすること。

⑨ 燃料容器により供給される液化石油ガスを燃料とする火気使用設備器具は、使用しないこと。

⑩ 電気を熱源とする設備器具で入力の合計が23kWを超えるものにあっては、⑦ロによるものとすること。

表 7-Ⅲ-19　高層の建築物のガス安全システム（その1）（高さ60mを超える共同住宅以外の建築物に適用）

遮断装置	ガス配管		ガス漏れ警報器 メーター 自動ガス遮断装置	消費設備	
建築物全体遮断	埋設部 (建築物外壁貫通部含む)	建築物内部配管 (屋外立上り管含む)		ガス栓・接続具	消費機器
1　建築物の引込管の道路境界線近傍の敷地内に地上から容易に操作し得る引込管ガス遮断装置を設置する。 2　建築物の引込部近傍に感震器と連動可能な緊急ガス遮断装置を次のとおり設置する。 ○　感震器は、250Gal以上の地震を感知し作動するものとし、想定応答加速度が最も高いと想定される階層に設置する。 ○　緊急ガス遮断装置が作動することにより、建築物へのガス供給を遮断する（非常電源に用いる常用防災兼用ガス専焼発電設備の配管を除く。）。 ○　非常時に防災センター等から押ボタンで建築物へのガス供給を瞬時に遮断する。 ○　緊急ガス遮断装置は停電時作動可能とする。 ・非常電源駆動式 ・バネ式 ・気体圧駆動式 （空気圧、炭酸ガス等） ○　緊急ガス遮断装置は防災センターに作動を表示し、警報を発する。	1　埋設配管はポリエチレン管又は鋼管とする。 2　耐震及び地震沈下対策を考慮し、必要に応じて建築物外壁貫通部外側にスネーク管、ベンド管等により可とう性を持たせる。 3　日本ガス協会発行「中低圧ガス導管耐震設計指針」に基づき以下の条件で耐震計算を行う。 ○　標準設計地盤変位は低圧管の場合、水平方向5cm以上、鉛直方向2.5cm以上とする。 ○　鋼管の基準ひずみは ε₀ = 3%以内とする。 4　防食措置を施す。	1　竪管及び竪管から分岐第一固定点まで並びに横引配管は日本ガス協会発行「超高層建物用ガス配管設計指針」に基づき設計する。 主な設計内容は以下のとおりである。 ○　自重により座屈しない支持スパンとする。 ○　地震時の層間変位に耐える配管系とする。 ○　建築物と共振しない配管系とする。 ○　温度変化による応力を吸収する配管とする。 ○　配管及び配管支持は建築物の想定加速度に耐えるものとする。 ※　この指針に基づく竪管及び竪管から分岐第一固定点までの接合は、溶接接合又はネジ接合を原則とする。（別添え、1参照）	1　ガス消費機器の使用箇所にはガス漏れ警報器を設置する。 2　メーター本体及びその取付支持は建築物の想定加速度に耐えるものとする。 3　メーター周囲の配管は建築物と共振しない配管系とする。 4　地震時にメーターに大きな力が作用することのないよう配管を堅固に固定する。 5　下記の場所で通気が不可能な場合は、ガス漏れ警報器を設置する。 ○　ガス遮断弁室 ○　ガスメーター室 ○　竪管シャフト （別添え、2参照） 6　厨房には自動ガス遮断装置を設置する。 7　自動ガス遮断装置は感震遮断機能を有するとともに、ガス漏れや火災発生時の外部信号と連動遮断が可能なものとする。 8　自動ガス遮断装置が作動することにより、厨房へのガスの供給を遮断する。 9　防災センター等にガス漏れの表示・警報及び自動ガス遮断装置の操作・作動状況を表示する。	1　業務用消費機器の場合は、次のいずれかとする。 ○　金属管を用いて接続するときは、両端をネジ、フランジ又は溶接により接続する。 ○　金属可とう管を用いて接続するときは、両端をネジ又は迅速継手により接続する。 ○　強化ガスホース又はガスソフトコードを用いて接続するときは、両端をネジ、抜け防止金具又は迅速継手により接続する。 ○　ガスコードを用いて接続するときは、両端を迅速継手により接続する。 ○　直接接続ガス栓を用いて接続するときは、ネジにより接続する。 2　一般家庭用消費機器で固定型消費機器の場合は、過流出安全機構付きガス栓を使用する。ただし、前1に従い接続する場合は、この限りでない。 3　一般家庭用消費機器で移動型消費機器の場合は、過流出安全機構付きガス栓を使用する。	1　固定型消費機器の固定は、想定加速度に耐えるものとする。 2　機器の選定は次のとおりとする。 ○　給湯冷暖房・発電機器は屋外設置型又は密閉燃焼型機器若しくは強制排気方式とする。

表 7-Ⅲ-20　高層の建築物のガス安全システム（その2）（高さ60m以下の共同住宅以外の建築物に適用）

遮断装置	ガス配管		ガス漏れ警報器 メーター 自動ガス遮断装置	消費設備	
建築物全体遮断	埋設部 (建築物外壁貫通部含む)	建築物内部配管 (屋外立上り管含む)		ガス栓・接続具	消費機器
1　建築物の引込管の道路境界線近傍の敷地内に地上から容易に操作し得る引込管ガス遮断装置を設置する。 2　建築物の引込部近傍に感震器と連動可能な緊急ガス遮断装置を次のとおり設置する。 ○　感震器は250Gal以上の地震を感知し作動するものとする。感震器の設置は緊急ガス遮断装置の操作盤内に設置する。 ○　緊急ガス遮断装置が作動することにより、建築物へのガス供給を遮断する（非常電源に用いる常用防災兼用ガス専焼発電設備の配管を除く。）。 ○　非常時に防災センター等から押ボタンによって建築物へのガス供給を瞬時に遮断する。 ○　緊急ガス遮断装置は停電時作動可能とする。 ・非常電源駆動式 ・バネ式 ・気体圧駆動式 （空気圧、炭酸ガス等） ○　緊急ガス遮断装置は防災センターに作動を表示し、警報を発する。	1　埋設配管はポリエチレン管又は鋼管とする。 2　耐震及び地盤沈下対策を考慮し、必要に応じて建築物外壁貫通部外側にスネーク管、ベンド管等により可とう性を持たせる。 3　日本ガス協会発行「中低圧ガス導管耐震設計指針」に基づき以下の条件で耐震計算を行う。 ○　標準設計地盤変位は低圧管の場合、水平方向5cm以上、鉛直方向2.5cm以上とする。 ○　鋼管の基準ひずみは ε₀ = 3%以内とする。 4　防食措置を施す。	1　原則として、配管口径が100mm以上の配管は溶接接合する。 2　配管は日本建築センター発行「建築設備耐震設計・施工指針」に基づき設計施工する。	1　ガス消費機器の使用箇所にはガス漏れ警報器の設置を推奨する。 2　メーター本体及びその取付支持は建築物の想定加速度に耐えるものとする。 3　メーター周囲の配管は建築物と共振しない配管系とする。 4　地震時にメーターに大きな力が作用することのないよう配管を堅固に固定する。 5　厨房には自動ガス遮断装置を設置する。 6　自動ガス遮断装置は感震遮断機能を有するとともに、ガス漏れや火災発生時の外部信号と連動遮断が可能なものとする。 7　自動ガス遮断装置が作動することにより、厨房へのガスの供給を遮断する。 8　防災センター等にガス漏れの表示・警報及び自動ガス遮断装置の操作・作動状況を表示する。	1　業務用消費機器の場合は、次のいずれかとする。 ○　金属管を用いて接続するときは、両端をネジ、フランジ又は溶接により接続する。 ○　金属可とう管を用いて接続するときは、両端をネジ又は迅速継手により接続する。 ○　強化ガスホース又はガスソフトコードを用いて接続するときは、両端をネジ、抜け防止金具又は迅速継手により接続する。 ○　ガスコードを用いて接続するときは、両端を迅速継手により接続する。 ○　直接接続ガス栓を用いて接続するときは、ネジにより接続する。 2　一般家庭用消費機器で固定型消費機器の場合は、過流出安全機構付きガス栓を使用する。ただし、前1に従い接続する場合は、この限りでない。 3　一般家庭用消費機器で移動型消費機器の場合は、過流出安全機構付きガス栓を使用する。	1　機器の固定は、日本建築センター発行「建築設備耐震設計・施工指針」に基づき設計施工する。 2　機器の選定は次のとおりとする。 ○　給湯冷暖房・発電機器は屋外設置型又は密閉燃焼型機器若しくは強制排気方式とする。

Ⅳ　防火管理と防炎性能

❶ 防火管理者

特定防火対象物にあっては収容人員 30 人以上、非特定防火対象物にあっては収容人員 50 人以上の場合に、防火管理者を定めなければならない（令 1 条の 2）。

表 7-Ⅳ-1　防火管理者が必要な防火対象物

		防火対象物の種別	収容人員	延べ面積	取扱い
防　火管　理　者	特　定用　途防　火対象物	(6)ロ (16)イ (16の2) ((16)イ、(16の2)については(6)ロを含むものに限る)	≧10人	—	甲種防火対象物
		(1)〜(4) (5)イ (6)イ、ハ、ニ (9)イ (16)イ (16の2) ((16)イ、(16の2)については(6)ロを含むものを除く)	≧30人	≧300㎡	甲種防火対象物
				<300㎡	乙種防火対象物
	非特定用　途防　火対象物	(5)ロ (7) (8) (9)ロ (10)〜(15) (16)ロ (17)	≧50人	≧500㎡	甲種防火対象物
				<500㎡	乙種防火対象物
統　括防　火管　理　者		高層建築物（>31m）で管理権原が分かれているもの			
		地下街で管理権原が分かれているもの			
		準地下街で管理権原が分かれているもの			
		(6)ロ及び(16)イ、((16)イについては、(6)ロを含むものに限る)で管理権原が分かれているもの （地上3階以上・収容人員10人以上）			
		(1)〜(4)、(5)イ、(6)イ、ハ、ニ、(9)イ、((16)イについては、(6)ロを含むものを除く)で管理権原が分かれているもの（地上3階以上・収容人員30人以上）			
		(16)ロで管理権原が分かれているもの （地上5階以上・収容人員50人以上）			

表 7-Ⅳ-2　防火管理者の責務（令 4 条、規則 3 条）

1	下記に定める組織に関する事項 (1) 自衛消防の組織に関する事項 (2) 防火対象物についての火災防止上の自主検査に関すること (3) 消防用設備等の点検及び整備に関すること (4) 避難通路、避難口、安全区画、排煙又は防煙区画その他の避難施設の維持管理及びその案内に関すること (5) 防火壁、内装その他の防火上の構造の維持管理に関すること (6) 定員の遵守とその他収容人員の適正化に関すること (7) 防火上必要な教育に関すること (8) 消火・通報及び避難の訓練の実施に関すること (9) 火災・地震その他の災害が発生した場合における消火活動、通報連絡及び避難誘導に関すること (10) 防火管理について消防機関との連絡に関すること (11) 増築、改築、移転、修繕又は模様替えの工事中の防火対象物における防火管理者又はその補助者の立合いその他火気の使用又は取扱いの監督に関すること (12) 上記のほか、防火対象物における防火管理に関し必要な事項
2	消防計画に基づく消火、通報、避難等の訓練の実施（特定防火対象物にあっては年 2 回以上実施）
3	消防の用に供する設備、消防用水、消防活動上必要な施設の点検及び整備
4	火気の使用又は取扱いに関する監督及び火元責任者等に対する指示
5	避難又は防火上必要な構造及び設備の維持管理
6	収容人員の管理

385

2 防火対象物に係る表示・公表制度

（表示マーク）（H25.10.31 消防予 418 号）

1．表示の目的

ホテル・旅館等の不特定多数の人を収容する防火対象物の防火安全対策の重要性から、関係者の防火に対する認識を高め、防火管理業務の適正化及び消防用設備の設置、維持管理等を促進することを目的とする。防火・防災管理上の基準に適合している防火対象物については、その情報を利用者等に提供及び公開し、また「表示マーク（金）又は（銀）」が交付される。表示マークの有効期間内に、表示基準に適合しないことが明らかになったり、火災が発生し基準の適合性調査により不適合であることが確認されたりした場合等には表示マークの返還をする必要がある。

2．表示対象物

表 7-Ⅳ-3 に掲げる防火対象物で、表中右欄「条件」に該当するものを表示マークの表示対象物とする。

表 7-Ⅳ-3　表示マークの表示対象物

項目	令別表第1の防火対象物	条件
表示対象物	(5)項イ	消防法8条の適用があるもの かつ 階数（地階を除く）≧ 3
	(16)項イ（(5)項イを含む）	

3．表示基準（点検項目及びその判定基準）

表 7-Ⅳ-4　防火対象物に係る表示マークの判定基準（H25.10.31 消防予 419 号）

点 検 項 目		判 定 基 準
	点検・報告	点検・報告が行われている（法8条の2の2） 点検・報告の特例の認定がされている（法8条の2の3）
	届出	以下に示す届出がされていること (1) 防火管理者選任・解任、防火管理に係る消防計画の作成・変更 (2) 自衛消防組織設置・変更（消防法令4条の2の4に規定する防火対象物） (3) 統括防火管理者の選任・解任、防火対象物全体についての防火管理に係る消防計画 (4) 圧縮アセチレンガス等（S34 政令 306 号1条の10 第1項）を貯蔵、取扱っている場合
防火管理等	消防計画	防火管理に係る消防計画に基づき、以下の事項が適切に行われていること (1) 自衛消防隊の組織 (2) 火災予防上の自主検査、自主検査結果に基づく措置 (3) （特殊）消防用設備等の点検、整備、点検結果に基づく措置 (4) 避難施設の点検、維持管理、避難施設の案内 (5) 防火上の構造の点検、維持管理 (6) 収容人員の適正化 (7) 防火管理上必要な教育 (8) 消火、通報、避難の訓練の実施 (9) 災害が発生した場合における消火活動、通報連絡、避難誘導 (10) 防火管理について消防機関との連絡 (11) 工事中の防火対象物における防火管理者又はその補助者の立会いその他火気の使用又は取扱いの監督 (12) 上記に掲げるものの他、防火管理に関し必要なこと (13) 防火対象物（令4条の2の4）のあっては以下に示すこと 　・火災の被害の軽減のために必要な業務として自衛消防組織が行う業務に係る活動要領 　・自衛消防組織の要因に対する教育、訓練 　・その他自衛消防組織の業務に関し必要なこと (14) 防火管理上必要な業務の一部が防火対象物の関係者及び関係者に雇用されている者以外に委託されている防火対象物にあっては、防火管理上必要な業務の受託者の氏名、住所、受託者の行う防火管理上必要な業務の範囲及び方法

点検項目		判定基準
防火管理等（つづき）	消防計画(つづき)	⒂ 管理について権原が分かれている防火対象物にあっては、防火対象物の権原の範囲 ⒃ 強化地域（規則3条4項）に所在する防火対象物にあっては以下に示すこと 　・大規模地震対策特別措置法（2条13号）に規定する警戒宣言が発せられた場合における自衛消防の組織 　・大規模地震対策特別措置法（2条3号）に規定する地震予知情報及び警戒宣言の伝達方法 　・警戒宣言が発せられた場合における避難誘導 　・警戒宣言が発せられた場合における地震による被害発生の防止、軽減を図るための応急対策 　・大規模な地震に係る防災訓練の実施 　・大規模な地震による被害発生の防止、軽減を図るために必要な教育、広報 ⒄ 消火、避難の訓練の実施回数
	防火・避難施設等	避難上必要な施設及び防火戸について、避難や閉鎖の支障になる物が放置、存置されないように管理されている
	防災対象物品の使用	防災対象物品の使用、規定に従った表示
	火気使用設備・器具	市町村条例で定められた火気の使用に関する制限等の基準に適合
	少量危険物指定可燃物	⑴ 少量危険物及び指定可燃物の貯蔵、取扱い（法9条の4） ⑵ 少量危険物取扱所及び指定可燃物貯蔵取扱所の位置・構造・設備の設置・管理（法9条の4） ⑶ 火災の危険要因の把握、保安に関する計画の作成、火災予防上有効な措置（法9条の4） ⑷ ⑵の規定にかかわらず、基準の特例が適用されている少量危険物貯蔵取扱所及び指定可燃物貯蔵取扱所は、同条の規定の適用を認めた状況で設置、管理されている
	その他	上記の他、法又は法に基づく命令に規定する事項に関し市町村長が定める基準を満たしている
防災管理等	点検及び報告	点検・報告が行われている（法8条の2の2第1項） 点検・報告の特例の認定がされている（法8条の2の3第1項）
	届出	以下に示す届出がされていること ⑴ 防災管理者選任・解任、防火管理に係る消防計画の作成・変更 ⑵ 統括防災管理者の選任・解任、建築物その他の工作物の全体についての防災管理に係る消防計画
	消防計画	防災管理に係る消防計画に基づき、以下の事項が適切に行われていること ⑴ 自衛消防隊の組織 ⑵ 避難施設の点検、維持管理、避難施設の案内 ⑶ 収容人員の適正化 ⑷ 防災管理上必要な教育、訓練の実施 ⑸ 上記の訓練の結果を踏まえ、消防計画の内容検証及び検証結果に基づく消防計画の見直し ⑹ 防災管理について消防機関との連絡 ⑺ 上記に掲げるものの他、防災管理に関し必要なこと ⑻ 地震による被害軽減に関して以下に示すこと 　・地震発生時の被害想定及び対策 　・被害軽減のための自主検査及び自主検査結果に基づく措置 　・被害軽減のために必要な設備及び資機材の点検、整備、点検結果に基づく措置 　・地震発生時の家具等の物品の落下、転倒、移動防止のための措置 　・地震発生時の連絡、避難、救出、救護等、被害軽減に関し必要な事項 　・上記の他、地震被害軽減に関し必要なこと ⑼ 令45条2号に掲げる災害による被害軽減に関して以下に示すこと 　・災害発生時における通報連絡、避難誘導 　・上記の他、被害軽減に関し必要なこと ⑽ 防災管理上必要な業務の一部が建築物の関係者及び関係者に雇用されている者以外に委託されている建築物にあっては、防火管理上必要な業務の受託者の氏名、住所、受託者の行う防災管理上必要な業務の範囲及び方法 ⑾ 管理について権原が分かれているものにあっては、防火対象物の権原の範囲 ⑿ 避難訓練の実施回数

表 7-Ⅳ-4　防火対象物に係る表示マークの判定基準（H25.10.31 消防予 419 号）（つづき）

点検項目		判　定　基　準
消防用設備等	点検・報告	消防用設備等、特殊消防用設備等の点検、報告がされていること
	設置・維持等	以下の（特殊）消防用設備等が設置されていること ⑴　消火器、簡易消火用具（令 10 条 1 項、3 項） ⑵　屋内消火栓設備（令 11 条 1 項、2 項、4 項） ⑶　スプリンクラー設備（令 12 条 1 項、3 項、4 項） ⑷　水噴霧消火設備、泡消火設備、不活性ガス消火設備、ハロゲン化物消火設備、粉末消火設備 　　（令 13 条） ⑸　屋外消火栓設備（令 19 条 1 項、2 項、4 項） ⑹　動力消防ポンプ設備（令 20 条 1 項、2 校、5 項） ⑺　自動火災報知設備（令 21 条 1 項、3 項） ⑻　ガス漏れ火災報知設備（令 21 条の 2 第 1 項） ⑼　漏電火災警報器（令 22 条 1 項） ⑽　消防機関へ通報する火災報知設備（令 23 条 1 項、3 項） ⑾　非常警報器具又は非常警報設備（令 24 条 1 項から 3 項、5 項） ⑿　避難器具（令 25 条 1 項、2 項 1 号） ⒀　誘導灯、誘導標識（令 26 条 1 項、3 項） ⒁　消防用水（令 27 条 1 項、2 項） ⒂　排煙設備（令 28 条 1 項、3 項） ⒃　連結散水設備（令 28 条の 2 第 1 項、3 項、4 項） ⒄　連結送水管（令 29 条 1 項） ⒅　非常コンセント設備（令 29 条の 2 第 1 項） ⒆　無線通信補助設備（令 29 条の 3 第 1 項） ⒇　⑴～⒆に関わらず、必要とされる防火安全性能を有する消防の用に供する設備等は、通常用い 　　られる消防用設備等の防火安全性能と同等以上であると消防長又は消防署長が認めた状況で設 　　置されている ㉑　⑴～⒇に関わらず、現に令 32 条の規定が適用されている消防用設備等は、規定の適用を消防 　　長又は消防署長が認めた状況で設置されている ㉒　⑴～㉑に関わらず、特殊消防用設備等は、設備等設置維持計画に従って設置されている ㉓　⑴～㉒に関わらず、消防用設備等は、消防設備等の設置に係る技術上の基準に関する従前の規 　　定により設置されている ㉔　㉓の他、消防用設備等は用途が変更される前の防火対象物における消防用設備等の設置に係る 　　技術上の基準に関する規定により設置されている ㉕　（特殊）消防用設備等の点検・報告がされている
危険物施設等	届出	以下に示す届出がされていること ⑴　譲渡・引渡し（法 11 条 6 項） ⑵　危険物の品名、数量又は指定数量の倍数変更（法 11 条の 4 第 1 項） ⑶　危険物保安統括管理者（法 12 条の 7 第 2 項） ⑷　危険物保安監督者（法 13 条 2 項）
	設置・維持等	⑴　製造所等の位置、構造及び設備の設置（法 10 条 4 項）、維持（法 12 条） ⑵　自衛消防組織の設置（法 14 条の 4） ⑶　⑴の設置の規定にかかわらず、危険物の規制に関する政令（S34 政令 306 号）23 条の規定が適 　　用されている製造所等にあっては、引き続き、同条の規定の適用を認めた状況で設置及び維持 　　されている
	その他	⑴　危険物の貯蔵・取扱い（法 10 条 3 項） ⑵　許可（法 11 条 1 項） ⑶　完成検査（法 11 条 5 項） ⑷　危険物取扱者以外の者により危険物の取扱いが行われていない（甲種又は乙種危険物取扱者の 　　立会いのある場合を除く）（法 13 条 3 項） ⑸　危険物の取扱作業に従事する危険物取扱者の保安講習受講（法 13 条の 23） ⑹　危険物施設保安員の選任、保安のための適切な業務（法 14 条） ⑺　予防規定の認可を受け、定められた事項が適切に守られている（法 14 条の 2） ⑻　定期点検及びその記録の作成、保存（法 14 条の 3 の 2）

点 検 項 目		判 定 基 準
	定期調査報告	建築基準法（12条）に基づく定期報告が行われている
建築構造等	建築構造等	以下に示すことが現行の建築基準法令に適合している（既存不適格は除く） (1) 建築構造 (2) 防火区画 (3) 階段
	避難施設等	以下に示すことが現行の建築基準法令に適合している（既存不適格を含む） (1) 屋根（建築基準法22条、63条） (2) 外壁（建築基準法23〜25条、64条） (3) 非常用エレベーター（建築基準法34条2項、令129条の13の3） (4) 排煙設備（建築基準法35条、令126条の2、令126条の3） (5) 非常用の照明装置（建築基準法35条、令126条の4、令126条の5） (6) 非常用の進入口等（建築基準法35条、令126条の6、令126条の7） (7) 壁 〔建築基準法35条の2、令107条、令107条の2、令108条の3、令112条、令114条、令115条の2の2、令128条の3の2、令128条の4、令129条の2の5〕 (8) 天井（建築基準法35条の2、令112条、令128条の3の2〜令129条） (9) 床（建築基準法36条、令112条、令115条の2の2、令129条の2の5） (10) (特定) 防火設備 〔建築基準法36条、令112条（上記「建築構造等」に掲げるものを除く）、令115条の2の2、令129条の2の5〕 (11) 避難施設 〔建築基準法36条 通路（令120条、令121条） 廊下（令119条） 出入口（令118条、令124条、125条、令125条の2） 屋上広場（令126条） 避難上有効なバルコニー（令121条）〕 (12) 敷地内の通路（建築基準法36条、令127条、令128条、令128条の2）

③ 防炎性能

（法8条の3、令4条の3）

表7-Ⅳ-5　防炎性能の基準

1	防炎性能が必要な防火対象物	(1) 高さ31 m以上の高層建築物 (2) 特定防火対象物 (3) 工事用建築物
2	防炎対象物品	(1) どん帳 (2) カーテン（アコーディオンドアを含む） (3) 布製のブラインド (4) 暗幕 (5) 絨毯（毛せん、カーペット、ござ、人工芝、合成樹脂製床シート等） (6) 展示用の合板・繊維板 (7) 工事用シート

V 危険物

1 危険物施設の種類
（危険物の規制に関する政令2条、3条）

指定数量以上の危険物を貯蔵又は取扱うものには図7-V-1の種類がある

図7-V-1 危険物施設の種類

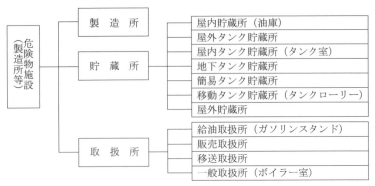

※指定数量未満の危険物については、指定数量の1/5以上の貯蔵、取扱いをする「少量危険物」の扱いを含めて火災予防条例により規制されている

2 危険物の指定数量
（危令別表第3）

表7-V-1 危険物の指定数量

種別	品名・性質	指定数量	種別	品名・件質		指定数量
第1類	第1種酸化性固体	50kg	第3類	第3種自然発火性物質、禁水性物質		300kg
	第2種酸化性固体	300kg	第4類	特殊引火物		50ℓ
	第3種酸化性固体	1,000kg		第1石油類（ガソリン、アセトン等）	非水溶性液体	200ℓ
第2類	硫化りん	100kg			水溶性液体	400ℓ
	赤りん	100kg		アルコール類		400ℓ
	硫黄	100kg		第2石油類（灯油、軽油等）	非水溶性液体	1,000ℓ
	第1種可燃性固体	100kg			水溶性液体	2,000ℓ
	鉄粉	500kg		第3石油類（重油、クレオソート油等）	非水溶性液体	2,000ℓ
	第2種可燃性固体	500kg			水溶性液体	4,000ℓ
	引火性固体	1,000kg		第4類石油類（ギヤー油等）		6,000ℓ
第3類	カリウム	10kg		動植物油類		10,000ℓ
	ナトリウム	10kg	第5類	第1種自己反応性物質		10kg
	アルキルアルミニウム	10kg		第2種自己反応性物質		100kg
	アルキルリチウム	10kg	第6類	酸化性液体		300kg
	第1種自然発火性物質、禁水性物質	10kg				
	黄りん	20kg				
	第2種自然発火性物質、禁水性物質	50kg				

※ 表中の種別、品名、性質は、消防法別表及び危険物の規制に関する政令別表第3の備考を参照のこと

3 製造所・屋内貯蔵所・一般取扱所
(危令9条、19条)

1．製造所・屋内貯蔵所・一般取扱所の基準

一般取扱所とは、給油、販売、移送以外の取扱所をいい、危険物を取り扱う一般の工場等がこれに該当する。

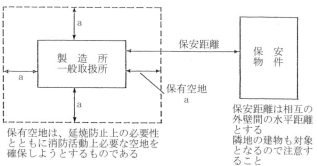

図7-Ⅴ-2　保安距離と保有空地

保安距離とは製造所等と周囲の保安物件との間に取る距離をいう。製造所等の火災や爆発等の災害から周辺の建築物等を守るために確保するものであり、下記の建築物等との間に保安距離をとること。

保有空地とは建築物その他工作物の周囲に設けなければならない空地をいう。製造所等の火災時の消火活動や延焼防止、避難のために必要とされるものである。地盤の高低差や勾配のある場合や駐車場の輪留め・白線引き等も不可とされる場合が多く、注意を要する。

表7-Ⅴ-2　保安距離、保有空地

項　目	建築物等	保安距離
保安距離	1　住居（但し、同一敷地内の住居は除く）	10 m以上
	2　多数の人を収容する施設 　イ　小学校、中学校、高等学校、高等専門学校、盲学校、ろう学校、養護学校、幼稚園（学校教育法で定めるもの） 　ロ　病院（医療法で定めるもの） 　ハ　劇場、映画館、演芸場、公会堂等で収容人員300人以上のもの 　ニ　保護施設、児童福祉施設、老人福祉施設・老人保健施設・身体障害者更生援護施設、知的障害者援護施設、及び母子福祉施設で収容人員20人以上のもの（各関係法律で定めるもの）	30 m以上
	3　重要文化財、重要有形民俗文化財、史跡、重要美術品等の建造物（文化財保護法その他）	50 m以上
	4　高圧ガス施設	20 m以上
	5　特別高圧架空電線（使用電圧 7,000Vを超え 35,000V以下）	水平距離 3 m以上
	6　特別高圧架空電線（使用電圧 35,000Vを超えるもの）	水平距離 5 m以上
	備　考 (1)　緩和……上記1、2、3に限り不燃材料でつくった防火上有効な塀を設けた場合等安全と認めた場合は、市町村長等が定める距離まで短縮できる (2)　製造所の位置に関する規定で「保安距離」が定められているが現実的には製造所そのものに変更がなくても距離を保つ必要のある建築物等が製造所の設置後に出現し製造所等の移転等の事態が発生してくるおそれがあり、また従来許可を受けていた製造所についても同様事態が発生するおそれがあるので、これらを救済することを主な目的として、1、2、3に掲げる建築物等に対しては、不燃材料でつくった防火上有効な塀を設け、あるいはこれと同等の効力があると市町村長等が認める環境であり、又は措置が講じられたときは移転の必要がないことを定めている	
	危険物の数量	周囲距離
保有空地	1　取扱最大数量が指定数量の10倍以下の製造所の場合	3 m以上
	2　取扱最大数量が指定数量の10倍を超える製造所の場合	5 m以上
	備　考 (1)　保有空地は、危険物を取り扱う建築物その他の工作物の周囲に連続して設けるものであること (2)　保有空地は、水平に近いものであり、かつ、当該空地の地盤面及び上空の部分には原則として物件等が介在しないものであること (3)　保有空地は、製造所の構成部分であることから、当該施設の所有者等が排他的、独占的な状態で確保すべきものであること (4)　同一敷地内に他の製造所等と隣接して設置する場合、その相互間の保有空地はそれぞれがとるべき空地のうち大なる空地の幅を保有することをもって足りる	

表 7-Ⅴ-3　建築物と設備の基準（製造所）

建築物	階　数	地階設置の禁止
	壁・柱・床・梁・階段	不燃材料でつくる 延焼のおそれのある外壁は出入口以外の開口部を有しない耐火構造の壁とすること。但し、危険物を取扱う部分と耐火構造の床若しくは壁又は随時開けることができる自動閉鎖の特定防火設備により区画された危険物を取扱わない部分に設ける間仕切壁については準不燃材料でも可（H9.3.26 消防危 31 号）
	屋根	金属板・その他軽量な不燃材料でふく （粉状のもの及び引火性固体を除く第 2 類の危険物施設は耐火構造とすること）
	窓・出入口	防火設備（ガラスは網入りガラス） （延焼のおそれのある部分の出入口は、自閉式特定防火設備とする） 但し、危険物を取扱う部分と耐火構造の床若しくは壁又は随時開けることのできる自動閉鎖の特定防火設備により区画された危険物を取扱わない部分の窓又は出入口は網入りガラス以外のガラスの使用も可。尚、網入りガラス以外のガラスを用いた窓又は出入口は、防火設備でなければならない（H9.3.26 消防危 31 号）
	床	液状の危険物を取扱う施設の床は、危険物が浸透しない構造とし、傾斜をつけ、貯留設備を設置する（ためますも貯留設備の 1 つ）
	その他	内装制限の規定はないが、不燃材料でつくるという規定より、壁、天井とも仕上下地とも不燃材料とすべきである
設　備	採　光 照　明 換　気	危険物を取扱うために必要な採光、照明、換気の設備を設けること （換気設備は、自然換気でよいが可燃性の蒸気、微粉が滞留するおそれのある場所には、強制換気設備が必要）
	屋外の液状危険物を取り扱う施設の囲い等	直下の地盤面はコンクリート等で危険物が浸透しない構造とし、傾斜・ためますを設け、周囲には高さ 15cm 以上の囲い等を設ける 第 4 類（水に溶けないものに限る）の施設には、油分離装置が必要
	電気設備	引火性危険物の蒸気が漏れ、又は滞留するおそれのある場所（下記①②）には防爆構造の電気機械器具（端子箱、電動機、開閉器、照明器具、換気扇、ブザー、表示灯、コンセント、配線等）を設けること ①　引火点が 40 度以下の危険物を貯蔵し、又は取り扱う場合 ②　引火点が 40 度を超える場合であっても、その可燃性液体を当該引火点以上の状態で貯蔵し、又は取り扱う場合 （電気事業法に基づく電気設備に関する技術を定める省令参照のこと）
	避雷設備	取扱最大数量が指定数量の 10 倍以上の場合設置（JIS A4201 のもの） 但し、周辺の状況により安全の場合は不要
	20 号タンク（9 条の 20 号に規定されているので 20 号タンクという）	液体の危険物を取り扱うタンクの周囲には、防油堤を設けなければならない 防油堤の基準 ①　1 のタンクの周囲に設ける 20 号防油堤の容量（告示で定めるところにより算定した容量をいう）は、当該タンクの容量の 50％以上とし、2 以上のタンクの周囲に設ける 20 号防油堤の容量は、当該タンクのうち、その容量が最大であるタンクの容量の 50％に他のタンクの容量の合計の 10％を加算した量以上の容量とすること ②　防油堤の高さは 50cm 以上であること ③　防油堤には、その内部の滞水を外部に排水するための水抜口を設け、これを開閉する弁等を防油堤の外部に設けること
	その他	「製造所」である旨の標識（0.6 m 以上（長さ）× 0.3 m 以上（幅）、白地に黒文字）、「危険物の類別」「品名」「取扱最大数量」等の掲示板（0.6 m 以上（長さ）× 0.3 m 以上（幅）、白地に黒文字）、温度測定装置、加熱乾燥設備、安全装置、静電気除去設備、配管、ポンプ等、金属の使用制限、不燃性ガス等の封入装置の規定がある

表 7-V-4　建築物と設備の基準（屋内貯蔵所）⁴⁾

貯蔵所の種類	項目　危険物の指定	指定数量の倍数	保安距離	保有空地	軒高等	階数制限等	面積制限	防火区画
平屋建の屋内貯蔵所	なし	制限なし	必要（製造所にならう）	必要　倍数と構造に応じた幅　最大15m以上	軒高・6m未満　床・地盤面以上	独立専用棟・平屋建	床面積1,000㎡以下	―
	高引火点　危険物　高引火点	制限なし	倍数＞20に限り高引火点製造所の例により必要	必要　倍数と構造に応じた幅　最大5m以上				
	特定屋内貯蔵所　※1	50以下	不要	必要　倍数に応じた幅　最大2m以上			床面積150㎡以下	―
	特定屋内貯蔵所（高引火点）　高引火点　危険物	50以下	不要	不要				
	高層　第2類　第4類	制限なし	必要（製造所にならう）	必要　倍数に応じた幅　最大10m以上	床・地盤面・6m以上・20m未満	独立専用棟・平屋建	床面積1,000㎡以下	―
	高層（高引火点）　高引火点　危険物	制限なし	倍数＞20に限り高引火点製造所の例により必要	必要　倍数に応じた幅　最大10m以上				
	高層、特定屋内貯蔵所　第2類　第4類	50以下	不要	必要　倍数に応じた幅　最大3m以上			床面積150㎡以下	―
	高層、特定屋内貯蔵所（高引火点）　高引火点　危険物	50以下	不要	必要　倍数に応じた幅　最大2m以上				
平屋建以外の屋内貯蔵所	第2類　第4類　※2※3	制限なし	必要（製造所にならう）	必要　倍数に応じた幅　最大10m以上	各階の床・地盤面以上　階高・6m未満	独立専用棟・階数制限なし	延面積1,000㎡以下	2階以上の階の床には開口部禁止（耐火構造の壁又は防火設備で区画された階段室を除く）
	高引火点　危険物　高引火点	制限なし	倍数＞20に限り高引火点製造所の例により必要	必要　倍数と構造に応じた幅　最大5m以上				
建築物内設置の屋内貯蔵所	※1	20以下	不要	不要	階高・6m未満	耐火建築物の1階又は2階のいずれかの階	床面積75㎡以下	厚さ70mm以上のRC造又はこれと同等以上の強度の壁・床で他と区画する

393

表 7-V-4　建築物と設備の基準（屋内貯蔵所）（つづき）

建物構造							設置				関係法令
壁・柱・床・梁	屋根	天井	窓	出入口	床	階段	換気	照明・採光	避雷	架台	
壁・柱・床：耐火構造（10倍以下又は第2類若しくは第4類の危険物（引火性固体及び引火点が70度未満の第4類を除く）のみの貯蔵にあっては延焼のおそれのない外壁、柱及び床を不燃材料可）梁：不燃材料	軽量な不燃材料※4	禁止（第5類のみの貯蔵にあっては難燃・不燃天井可）	防火設備※5	防火設備※7	不浸透・傾斜・貯留設備	—	必要9	必要	10倍以上	耐震性・堅固な基礎に固定　不燃材料・貯蔵容器落下防止措置・	危令10-1
壁・柱・床：耐火構造（延焼のおそれのない壁は不燃材料可）梁：不燃材料	不燃材料	—	※6	※8			必要	必要	不要	不要・	危令10-1、5　危規16の2の4-2
耐火構造	耐火構造	—	不可	自閉式特定防火設備	同上	—	必要9	照明	10倍以上	同上	危令10-1、4　危規16の2の3-2
							必要	明	不要		危令10-1、4、5　危規16の2の6-2
耐火構造	軽量な不燃材料※4	不可	特定防火設備※5	特定防火設備※7	同上	—	必要9	必要	必要	同上	危令10-1-4但し書　危規16の2
	軽量な不燃材料	不可			同上		必要		必要		危令10-1-4但し書、5　危規16の2の4-3
耐火構造	耐火構造	—	不可	自閉式特定防火設備	同上	—	必要9	照明	10倍以上	同上	危令10-1-4但し書、4　危規16の2の3-3
							必要	明			危令15-1-4但し書、4、5　危規16の2の6-3
耐火構造	軽量な不燃材料※4	不可	防火設備※5	防火設備※7	同上	屋外設置又は専用階段室	必要	必要	10倍以上	同上	危令10-2
不燃材料（延焼のおそれのある外壁は耐火構造）	不燃材料	不可			同上		必要		不要		危令10-2、5　危規16の2の5-2
耐火構造	耐火構造	—	不可	自閉式特定防火設備	同上	—	（防火ダンパー）必要9	照明	10倍以上	同上	危令10-3

備考 ※1 アルキルアルミニウム等は貯蔵できない

※2 引火性固体を除く

※3 引火点70℃以上

※4 第2類（粉状、引火性固体を除く）のみの貯蔵にあっては耐火構造可

※5 延焼のおそれのある外壁には設置禁止

※6 防火設備又は不燃材料若しくはガラスで造られた戸（延焼のおそれのある外壁には設置禁止）

※7 延焼のおそれのある外壁には自閉式特定防火設備

※8 防火設備又は不燃材料若しくはガラスで造られた戸（延焼のおそれのある外壁には自閉式特定防火設備（ガラスは網入りガラス））

※9 引火点70℃未満の場合、排出設備必要

※10 表中「—」については、規定なしの意味

表 7-V-5 消防設備の基準（危令20条、危規33〜36条）[4]

区分	著しく消火困難な製造所等（危令20条、危規33条）		消火困難な製造所等（危規34条-1、-2）	
	設置対象	設置する消火設備	設置対象	設置する消火設備
製造所・一般取扱所	(1) 高引火点危険物を100℃未満の温度で取り扱うもの 延べ面積1,000㎡以上のもの	・1種、2種 又は3種（火災時に煙が充満するおそれのある場所…2種又は移動式以外の3種の消火設備に限る） ・4種及び5種の消火設備（5種の能力単位≧危険物の所要単位）…危険物対象 但し、1種、2種又は3種の消火設備の放射能力範囲内であれば4種は省略できる	(1) 高引火点危険物を100℃未満の温度で取り扱うものにあっては、延べ面積が600㎡以上のもの (2) その他のもの ①指定数量の10倍以上を取り扱うもの（危規72の危険物を除く） ②延べ面積が600㎡以上のもの ③特例が適用される一般取扱所（塗装作業等（危規28の55②）、洗浄作業等（危規28の55の2②・③）、焼入作業等（危規28の56②・③）、ボイラー等（危規28の57②〜④）、油圧作業等（危規28の60②〜④）、切削装置等を設置（危規28の60の2②・③）、熱媒体油循環装置を設置（危規28の60の3②）	・4種を放射能力範囲が建築物等を包含するように設ける ・5種を能力単位≧1/5危険物の所要単位となるように設ける 但し、1種、2種又は3種の消火設備が設置されていれば、その有効範囲部分の4種消火設備が省略できる
	(2) その他 ①指定数量の100倍以上（危規72の危険物を除く）のもの ②延べ面積が1,000㎡以上のもの ③地盤面若しくは消火活動上有効な床面からの高さが6m以上の部分において危険物を取り扱う設備を有するもの（高引火点危険物のみを100℃未満の温度で取り扱うものを除く） ④一般取扱所の用に供する部分以外の部分を有する一般取扱所（一般取扱所の用に供する部分以外の部分と開口部のない耐火構造の床又は壁で区画されているものを除く）	・1種、2種 又は3種（火災時に煙が充満するおそれのある場所…2種又は移動式以外の3種の消火設備に限る） ・4種及び5種消火設備		
	(1)、(2) 共通	・上記消火設備のほか可燃性蒸気又は可燃性微粉が滞留するおそれのある建築物又は室…4種及び5種の消火設備（5種の能力単位≧危険物の所要単位）		

表 7-V-5　消防設備の基準（危令 20 条、危規 33 ～ 36 条）（つづき）

区分	著しく消火困難な製造所等（危令 20 条、危規 33 条）		消火困難な製造所等（危規 34 条 -1、-2）	
	設置対象	設置する消火設備	設置対象	設置する消火設備
屋内貯蔵所	(1) 軒高 6 m 以上の平屋建のもの (2) 建築物の一部に設ける屋内貯蔵所（危令 10 ③）（屋内貯蔵所の用に供する部分以外の部分と開口部のない耐火構造の床又は壁で区画されているものを除く）に該当するもの（第 2 類若しくは第 4 類の危険物〈引火性固体及び引火点が 70℃未満の第 4 類の危険物を除く〉のみを貯蔵し、又は取り扱うものを除く）	・2 類又は移動式以外の 3 種の消火設備 ・4 種及び 5 種消火設備	(1) 第 2 類及び第 4 類の危険物（引火性固体及び引火点が 70℃未満、指定数量以上の危険物を除く）のみの平屋建以外の屋内貯蔵所（危令 10 ②対象物） (2) 特定屋内貯蔵所（危規 16 条の 2 の 3 の②対象物）指定数量以上のもの (3) （①及び②）以外の屋内貯蔵所 指定数量の 10 倍以上（危規 72 の危険物を除く）のもの（高引火点危険物のみを貯蔵し、又は取り扱うものを除く） (4) 延べ面積が 150 ㎡を超えるもの (5) 建築物の一部に設ける屋内貯蔵所（危令 10③対象物）	・4 種を放射能力範囲が建築物等を包含するように設ける ・5 種を能力単位 ≧ 1/5 危険物の所要単位となるように設ける 但し、1 種、2 種又は 3 種の消火設備が設置されていれば、その有効範囲部分の 4 種消火設備が省略できる
	(3) その他 ①指定数量の 150 倍以上の危険物（危規 72 の危険物を除く）を貯蔵し、又は取り扱うもの（高引火点危険物のみを貯蔵し、又は取り扱うものを除く） ②倉庫の延べ面積 150 ㎡を超えるもの（150 ㎡以内ごとに不燃材料で造られた開口部のない隔壁で区画されているもの又は第 2 類若しくは第 4 類の危険物〈引火性固体及び引火点が 70℃未満の第 4 類危険物を除く〉のみを貯蔵し又は取り扱うものを除く）	・1 種の屋外消火栓設備、2 種、3 種の移動式の泡消火設備（泡消火栓を屋外に設けるものに限る）又は移動式以外の 3 種の消火設備 ・4 種及び 5 種の消火設備		
	(1)、(2)、(3) 共通	・上記消火設備のほか可燃性蒸気又は可燃性微粉が滞留するおそれのある建築物又は室…製造所等に準じて設ける		
屋外貯蔵所	(1) 塊状の硫黄等のみを地盤面に設けた囲いの内側で貯蔵し、又は取り扱うものにあっては当該囲いの内部の面積（2 以上の囲いを設ける場合にあっては、それぞれの囲いの内部の面積を合算した面積をいう）が 100 ㎡以上のもの (2) 危令 16 条 4 項の屋外貯蔵所にあっては指定数量が 100 倍以上のもの	・1 種、2 種 又 は 3 種（火災時に煙が充満するおそれのある場所…2 種又は移動式以外の 3 種の消火設備に限る） ・4 種及び 5 種消火設備	(1) 塊状の硫黄等のみを地盤面に設けた囲いの内側で貯蔵し、又は取り扱うものにあっては当該囲いの内部の面積が 5 ㎡以上 100 ㎡未満のもの (2) 危令 16 条 4 項の屋外貯蔵所にあっては指定数量の 10 倍以上 100 倍未満のもの (3) その他のもの 指定数量の 100 倍以上のもの（高引火点危険物のみを貯蔵し、又は取り扱うものを除く）	・4 種を放射能力範囲が建築物等を包含するように設ける ・5 種を能力単位 ≧ 1/5 危険物の所要単位となるように設ける 但し、1 種、2 種又は 3 種の消火設備が設置されていれば、その有効範囲部分の 4 種消火設備が省略できる
移送取扱所		・1 種、2 種 又 は 3 種（火災時に煙が充満するおそれのある場所…2 種又は移動式以外の 3 種の消火設備に限る） ・4 種及び 5 種消火設備		

区分	著しく消火困難な製造所等（危令20条、危規33条）		消火困難な製造所等（危規34条-1、-2）	
	設置対象	設置する消火設備	設置対象	設置する消火設備
給油取扱所	一方のみが開放されている屋内給油所のうち上部に上階を有するもの	・固定泡消火設備 ・可燃性蒸気又は可燃性微粉が滞留するおそれがある建築物又は室…製造所等に準じる ・4種消火設備 ・5種消火設備（能力単位≧建築物等の所要単位）	(1) 屋内給油取扱所（著しく消火困難に該当するものを除く） (2) メタノール又はエタノールを取り扱うもの	・4種を放射能力範囲が建築物等を包含するように設ける ・5種を能力単位≧1/5危険物の所要単位となるように設ける 但し、1種、2種又は3種の消火設備が設置されていれば、その有効範囲部分の4種消火設備が省略できる
	顧客に自ら給油等をさせる給油取扱所	・固定泡消火設備（引火点40℃未満の危険物で、顧客が自ら取り扱うものを包含するように設ける） ・可燃性蒸気又は可燃性微粉が滞留するおそれがある建築物又は室…製造所等に準じる ・4種消火設備（放射能力範囲が建築物等を包含するように設ける） ・5種消火設備（能力単位≧建築物等の所要単位×1/5）		
屋外タンク貯蔵所	(1) 液体の危険物（第6類の危険物を除く）を貯蔵し、又は取り扱うもの（高引火点危険物のみを100℃未満の温度で取り扱うものを除く）で、液表面積が40㎡以上のもの (2) 高さが6m以上のもの (3) 地中タンクに係る屋外タンク貯蔵所又は海上タンクに係る屋外タンク貯蔵所、固体の危険物を貯蔵し、又は取り扱うものにあっては指定数量が100倍以上のもの	地中タンク及び海上タンクに係るもの以外のもの — 硫黄等のみを貯蔵し、又は取り扱うもの： ・水蒸気又は水噴霧消火設備 ・4種及び5種消火設備	著しく消火困難に該当するもの以外のもの（高引火点危険物のみを貯蔵し100℃未満の温度で貯蔵し、又は取り扱うもの及び第6類の危険物のみを貯蔵し、又は取り扱うものを除く）	・4種及び5種の消火設備をそれぞれ1個以上 但し、1種、2種又は3種の消火設備が設置されていれば、その有効範囲部分の4種消火設備が省略できる
		引火点70℃以上の第4類の危険物のみを貯蔵し、又は取り扱うもの： ・水噴霧消火設備又は固定式泡消火設備 ・4種及び5種消火設備		
		その他のもの： ・固定式泡消火設備 ・4種及び5種消火設備		
		地中タンクに係るもの： ・固定式泡消火設備及び移動式以外の不活性ガス消火設備 ・4種及び5種消火設備		
		海上タンクに係るもの： ・固定式泡消火設備及び水噴霧消火設備、移動式以外の不活性ガス消火設備 ・4種及び5種消火設備		

表 7-Ⅴ-5　消防設備の基準（危令 20 条、危規 33 〜 36 条）（つづき）

区分	著しく消火困難な製造所等（危令 20 条、危規 33 条）			消火困難な製造所等（危規 34 条 -1、-2）	
	設置対象		設置する消火設備	設置対象	設置する消火設備
屋内タンク貯蔵所	(1) 液体の危険物（第 6 類の危険物を除く）を貯蔵し、又は取り扱うもの（高引火点危険物のみを 100℃未満の温度で取り扱うものを除く）で、液表面積が 40 ㎡以上のもの (2) 高さが 6 m 以上のもの (3) タンク専用室を平屋建以外の建築物に設けるもので、引火点が 40℃以上 70℃未満の危険物 （タンク専用室以外の部分と開口部のない耐火構造の床又は壁で区画されているものを除く）	硫黄等のみを貯蔵し、又は取り扱うもの	・水蒸気又は水噴霧消火設備 ・4 種及び 5 種消火設備	著しく消火困難に該当するもの以外のもの （高引火点危険物のみを貯蔵し 100℃未満の温度で貯蔵し、又は取り扱うもの及び第 6 類の危険物のみを貯蔵し、又は取り扱うものを除く）	・4 種及び 5 種の消火設備をそれぞれ 1 個以上 但し、1 種、2 種又は 3 種の消火設備が設置されていれば、その有効範囲部分の 4 種消火設備が省略できる
		引火点 70℃以上の第 4 類の危険物のみを貯蔵し、又は取り扱うもの	・水噴霧消火設備、固定式泡消火設備又は移動式以外の不活性ガス、移動式以外の粉末消火設備 ・4 種及び 5 種消火設備		
		その他のもの	・固定式泡消火設備又は移動式以外の不活性ガス、移動式以外の粉末消火設備 ・4 種及び 5 種消火設備		
			・上記消火設備のほか ①可燃性蒸気又は可燃性微粉が滞留するおそれがある建築物又は室…製造所等に準じる ②第 4 類危険物…5 種消火設備を 2 個以上		

その他の製造所等（危規 35 条）

製造所等の例	設 置 対 象	設置する消火設備
地下タンク貯蔵所	全部	5 種消火設備 2 個以上
移動タンク貯蔵所	全部	(1) アルキルアルミニウム以外の危険物にかかわるものにあっては、自動車用消火器のうち、次のいずれかを 2 個以上設ける ①霧状の強化液を放射するもの（充填量 8ℓ 以上） ②二酸化炭素を放射するもの　（充填量 3.2kg 以上） ③消火粉末を放射するもの　　（充填量 3.5kg 以上） (2) アルキルアルミニウムにかかわるものについては、上記によるほか、乾燥砂 150ℓ 以上及び膨張ひる石又は膨張真珠岩 640ℓ 以上を設ける
製　造　所 一　般　取　扱　所 屋　内　貯　蔵　所 屋外タンク貯蔵所 屋内タンク貯蔵所 簡易タンク貯蔵所 屋　外　貯　蔵　所 給　油　取　扱　所 第一種販売取扱所	著しく消火困難な製造所等及び消火困難な製造所等以外の対象全部	5 種消火設備（能力単位 ≧ 建築物及び危険物の所要単位） 但し、1 種、2 種、3 種又は 4 種の消火設備が設置されていれば、その有効範囲部分の 5 種消火設備の能力単位を 5 分の 1 まで減ずることができる

電気設備の消火設備（危規 36 条）

電気設備のある場所の面積 100 ㎡ごとに 1 個以上

表 7-Ⅴ-6　警報設備の基準（危令 21 条、危規 37 条、38 条）[4]

製造所等の区分 （指定数量倍数 ≧ 10 のもの）		貯蔵・取扱数量等	（設置すべき設備） ・＝その内容
1	製造所・ 一般取扱所	延べ面積 ≧ 500 ㎡	（警報設備） ・自動火災報知設備
		屋内で 指定数量倍数 ≧ 100 （高引火点危険物を 100℃未満の温度で取り扱うものを除く）	
		一般取扱所の用に供する部分以外の部分を有する建築物に設けるもの （他の部分と開口部のない耐火構造の床又は壁で区画されているものを除く）	
2	屋内貯蔵所	指定数量の倍数 ≧ 100 （高引火点危険物のみの貯蔵・取扱を除く）	（警報設備） ・自動火災報知設備
		延べ面積 > 150 ㎡ （150 ㎡以内ごとに不燃材料で造られた開口部のない隔壁で区分されているもの又は第 2 類、第 4 類（引火性固体、引火点 70℃未満の第 4 類危険物を除く）のみを貯蔵するものは延べ面積 500 ㎡以上）	
		平屋建で軒高 ≧ 6 m	
		屋内貯蔵所の用に供する部分以外の部分を有する建築物に設けるもの （他の部分と開口部のない耐火構造の床又は壁で区画されているもの。第 2 類引火性固体、第 4 類引火点 70℃未満の危険物のみを貯蔵するものを除く）	
3	屋内タンク貯蔵所	タンク専用室を平屋建以外の建築物に設置する屋内タンク貯蔵所で著しく消火困難に該当するもの	（警報設備） ・自動火災報知設備
4	給油取扱所	一方開放の屋内給油取扱所	（警報設備） ・自動火災報知設備
		上部に上階を有する屋内給油取扱所	
5	前 1、2、3、4 以外の製造所等 （移送取扱所を除く）	指定数量倍数 ≧ 10 （自動火災報知設備を有しないものに設ける）	（警報設備） 次のうち 1 種類以上 ・消防機関に報知ができる電話 ・非常ベル装置 ・拡声装置 ・警鐘

表 7-Ⅴ-7　避難設備の基準（危令 21 条の 2、危規 38 条の 2）[4]

給油取扱所	給油取扱所の 2 階を給油等目的者対象の店舗・飲食店・展示場の用途に供する部分を有するもの （2 階から直接給油取扱所の敷地外へ通ずる出入口並びにこれに通ずる通路、階段、出入口に設ける）	（避難設備） ・誘導灯
	一方開放の屋内給油取扱所で、敷地外に通ずる避難口が設けられ、かつ、壁等で区画された事務所等を有するもの （事務所の出入口、避難口並びに避難口に通ずる通路、階段、出入口に設ける）	

表 7-V-8　適合する消火設備の区分（危令別表第 5）

対象物の区分		第一種 屋内消火栓設備又は屋外消火栓設備	第二種 スプリンクラー設備	第三種 水噴霧消火設備又は水蒸気消火設備	第三種 泡消火設備	第三種 不活性ガス消火設備	第三種 ハロゲン化物消火設備	第三種 粉末消火設備 りん酸塩類等	第三種 粉末消火設備 炭酸水素塩類等	第三種 粉末消火設備 その他のもの	第四種 大型消火器	第五種 小型消火器等
建築物その他の工作物		○	○	○	○			○			△	△
電気設備				○		○	○	○	○		△	△
第 1 類の危険物	アルカリ金属の過酸化物								○	○	△	△
第 1 類の危険物	上記以外	○	○	○	○			○			△	△
第 2 類の危険物	鉄粉、金属粉、マグネシウム								○	○	△	△
第 2 類の危険物	引火性固体	○	○	○	○	○	○	○			△	△
第 2 類の危険物	上記以外							○			△	△
第 3 類の危険物	禁水性物品								○	○	△	△
第 3 類の危険物	上記以外	○	○	○	○						△	△
第 4 類の危険物				○	○	○	○	○	○		△	△
第 5 類の危険物		○	○	○	○						△	△
第 6 類の危険物		○	○	○	○			○			△	△

※ 1　○印は対象物の区分の欄に掲げる各区分ごとに第一種から第三種の消火設備がそれぞれ適応するものであることを示す
※ 2　△印は第四種及び第五種の消火器ごとに適応する区別がされている―危険物の規制に関する政令の別表第 5 参照のこと
※ 3　危険物施設に設ける消火設備の基準は危険物の規制に関する規則 32 条から 32 条の 11 参照のこと
※ 4　第五種小型消火器等とは次のものをいう：小型消火器、水バケツ又は水槽、乾燥砂、膨張ひる石又は膨張真珠岩

2.　一般取扱所の緩和の特例

　危険物の取扱形態が類型化できる一般取扱所については、位置・構造・設備の基準について緩和の特例が定められている（危令 19 条 1、2、3、4 項）。

　ボイラー・バーナー等の使用に関するもの、及び油圧装置等の位置・構造・設備の基準を示す。

　また、1 棟の建築物の中に、複数の令 19 条 2 項に規定する一般取扱所を設けることもできるが、その場合には相互の保安距離に注意が必要である。

　設備単位で部分規制となるもののうち、危令 19 条 2 項で同一の号の規制を受ける設備は、まとめてひとつの一般取扱所とすることもできる。

図7-V-3 複数の設備を一つの一般取扱所として規制する例[80]

ア 危政令19条2項2号

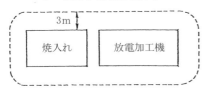

イ 危政令19条2項3号

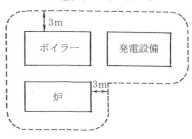

ウ 危政令19条2項6号

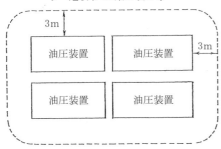

表7-V-9 基準の特例の適用がある一般取扱所[81]

	危険物の取扱態様	取扱い危険物	指定数量の倍数	施設の態様
A（一九条2）	専ら吹付塗装作業を行う一般取扱所その他これに類する一般取扱所 専ら洗浄作業を行う一般取扱所その他これに類する一般取扱所	第2類、第4類の危険物（特殊引火物を除く）	30未満	危険物を取り扱う設備が建築物に設けられている一般取扱所
	焼入れとしての危険物の取扱い	引火点70℃以上の第4類の危険物		
	ボイラー、バーナーその他これらに類する装置で危険物を消費する取扱	引火点40℃以上の第4類の危険物		
	油圧装置又は潤滑油循環装置によって高引火点の危険物のみを100℃未満の温度での取扱い	引火点130℃以上の第4類の危険物	50未満	
	危険物を用いた熱媒体油循環装置の取扱い 車両に固定されたタンクに液体の危険物を注入する取扱い	液体の危険物（アルキルアルミニウム等及びアセトアルデヒド等を除く）	—	
	切削装置又は研削装置で危険物を消費する取扱 固定注油設備で危険物を容器に詰替え、又は車両に固定された容量2000ℓ以下のタンクに注入する取扱い	引火点40℃以上の第4類の危険物	30未満	—
B（一九条3）	蓄電池設備の取扱い 高引火点の危険物のみを100℃未満の温度での取扱い	引火点130℃以上の第4類の危険物	—	—

表7-V-10 ボイラー、バーナー等の特例基準（危規28条の57）

施設使用形態	ボイラー、バーナー等	
危険物の指定	引火点が40℃以上の4類	
危険物の数量	10倍未満	30倍未満
建物構造	天井の無い平屋建	他の部分と区画
保安距離	適用しない	適用しない
保有空地	設備の周囲に3m以上の空地を設ける	適用しない
地階禁止	適用しない	適用しない
主要構造部	壁、柱、床、梁を耐火構造とする（区画となる壁、床は70mm以上のRC造等）	
床	液状危険物が浸透しない構造（傾斜、ためます要）	
屋根（上階無し）	不燃材料	不燃材料
屋根（上階有り）	—	上階の床を耐火構造
窓	—	設置禁止
出入口	防火設備（延焼の恐れのある外壁は自閉式特定防火設備）	
換気設備	必要・防火ダンパーを設ける	
自動強制排出設備	必要・防火ダンパーを設ける	
採光・照明	必要	必要
避雷設備	適用しない	必要
緊急時の対策	地震時及び停電時等→自動遮断装置	
20号タンク	容量の合計を指定数量未満とする 防油堤を設ける	

表 7-V-11　油圧装置の特例基準（危規 28 条の 60）

施設使用形態	油圧装置等		
危険物の指定	高引火点危険物を 100℃未満で取扱う		
危険物の数量	30 倍未満	50 倍未満	
建物構造	天井の無い平屋建	不燃材の平屋建 他の部分と区画	他の部分と区画
保安距離	適用しない	適用しない	適用しない
保有空地	設備の周囲に 3 m 以上の空地を設ける	適用しない	適用しない
地階禁止	適用しない	適用しない	適用しない
主要構造部	壁、柱、床、梁→不燃構造	壁、柱、床、梁→不燃構造 延焼の恐れのある外壁は出入口 以外の開口なし	壁、柱、床、梁→耐火構造
床	液状危険物が浸透しない構造（傾斜、ためます要）		
屋根（上階無し）	不燃材料	不燃材料	不燃材料
屋根（上階有り）	―	―	上階の床を耐火構造
窓	―	防火設備	設置禁止
出入口		防火設備（延焼の恐れのある外 壁は自閉式特定防火設備）	自閉式特定防火設備
換気設備	必要・防火ダンパーを設ける		
自動強制排出設備	必要・防火ダンパーを設ける		
採光・照明	必要	必要	必要
避雷設備	適用しない	適用しない	適用しない
緊急時の対策	当該設備を床に強固に固定する		
20 号タンク	防油堤必要		

4　給油取扱所

　給油取扱所とは、自動車の燃料等を所定の給油設備によって、その燃料タンクに直接給油する施設をいい、ガソリンスタンド等がこれに該当する。取扱う対象によっては、別の基準が設けられている（危令 17 条 3 項、危規 26 条、26 条の 2、27 条、28 条）。

　表 7-V-12 の（1）は扱う危険物の特殊性によるものであり、（2）は緩和規定と考えてよい。

　また、設置形態によって、屋外・屋内に分けられ、さらに屋内のものは一面開放、上階を有する等の条件によって受ける規制が変わってくる。

表 7-V-12　基準の特例が定められる給油施設

	給油施設
(1)	航空機・船舶・鉄道又は軌道車両
(2)	給油取扱所の所有者の所有又は管理又は占有下にある自動車又は原動機付自転車

表 7-Ⅴ-13　給油取扱所の位置・構造・設備の基準（危令 17 条、危規 17 条、18 条、20 条、24 条、25 条）[4][70]

基準別	基準の内容	概　要			
⑴ 給油取扱所の共通基準	給油空地・注油空地の地盤 （危令 17-1-4、5）	漏れた危険物が浸透しないよう舗装する。また、漏れた危険物及び可燃性の蒸気が滞留せず、かつ、危険物その他の液体が空地外に流出しないよう措置を講ずる 舗装の要件（危規 24 の 16） ・浸透防止性 ・荷重による損傷防止性 ・耐火性			
	タンク等の容量制限 （危令 17-1-7、8）	専用タンク…容量制限無し（地下タンクに限定） 廃油タンク等 1 基当たり ≦ 10,000 ℓ（地下タンクに限定） 但し、防火地域・準防火地域以外の地域においては、地盤面上に固定給油設備に接続する容量 600 ℓ 以下の簡易タンク×3 個まで設置可			
	給油空地 （危令 17-1、2）	固定給油設備のホース機器の周囲（懸垂式はホース機器の下方）に間口 ≧ 10 m、奥行 ≧ 6 m の空地を保有 自動車等が出入りし、通行し、給油を受けるために必要な広さ　　　（危規 24 の 14）			
	固定給油設備の位置 （危令 17-1-12）	イ　道路境界線からの距離（下表）			
		固定給油設備の区分	懸垂式 ………………………………………………………… 間隔 4 m 以上		
			その他	最大給油ホース全長 3 m 以下 …………………… 間隔 4 m 以上	
				〃　　　3 m を超え 4 m 以下 ………………… 間隔 5 m 以上	
				〃　　　4 m を超え 5 m 以下 ………………… 間隔 6 m 以上	
		ロ　敷地境界線からの距離 ………………………………………………… 2 m 以上			
		ハ　建築物の壁からの距離 ………………………………………………… 2 m 以上 　　（壁に開口部がない場合）　　　　　　　　　　　　　　　　　（1 m 以上）			
	注油空地 （危令 17-1-3）	固定注油設備のホース機器の周囲（懸垂式の固定注油設備にあっては、ホース機器の下方）に灯油・軽油の詰替え、又は 4,000 ℓ 以下のタンク車への注入のための空地を給油空地以外に保有 容器へ詰替え、又は、車両に固定されたタンクへ注入するために必要な広さ 　　　　　　　　　　　　　　　　　　　　　　　　　　　　（危規 24 の 15）			
	固定注油設備の位置 （危令 17-1-13）	イ　固定給油設備からの距離（略） 　　（固定給油設備の区分表により間隔に応じた距離をとる）			
		ロ　道路境界線からの距離（下表）			
		固定注油設備の区分	懸垂式 ………………………………………………………… 間隔 4 m 以上		
			その他	最大給油ホース全長 3 m 以下 …………………… 間隔 4 m 以上	
				〃　　　3 m を超え 4 m 以下 ………………… 間隔 5 m 以上	
				〃　　　4 m を超え 5 m 以下 ………………… 間隔 6 m 以上	
		ハ　敷地境界線からの距離 ………………………………………………… 1 m 以上			
		ニ　建築物の壁からの距離 ………………………………………………… 2 m 以上 　　（壁に開口部がない場合）　　　　　　　　　　　　　　　　　（1 m 以上）			
	ホース引出口の高さ	懸垂式の固定給油設備及び固定注油設備のホース機器の引出口の高さは、地盤面から 4.5 m 以下とする　　　　　　　　　　　　　　　　　　　　　　　（危令 17-1-14）			
	建築物の大きさ及び種類 （危令 17-1-16）	給油又はこれに附帯するための総務省令で定める用途に供する建築物以外の建築物・工作物を設けないこと。この場合において給油取扱所の係員以外の者が出入する建築物の部分で総務省令で定めるものの床面積の合計は避難又は防火上支障がないと認められる総務省令で定める面積（300 ㎡）を超えてはならない			

第 7 章

403

表 7-Ⅴ-13　給油取扱所の位置・構造・設備の基準（危令 17 条、危規 17 条、18 条、20 条、24 条、25 条）（つづき）

基準別	基準の内容	概　要
(1) 給油取扱所の共通基準（つづき）	建築物の構造 （危令 17-1-17）	壁・柱・床・梁・屋根 ……………………………………… 耐火構造又は不燃材料 （但し、危険物を取り扱う部分と耐火構造若しくは不燃材料の壁又は随時開けることのできる自動閉鎖の防火設備により区画された危険物を扱わない部分の間仕切壁又は危険物を取り扱わない建築物に設ける間仕切壁については、準不燃材料・難燃材料でも可（H9.3.26 消防危 31 号）） 窓・出入口 ………………………………………………………………… 防火設備 さらに総務省令で定める用途（給油取扱所の所有者等が居住する住居又はこれらの者に係る他の給油取扱所の業務を行うための事務所）部分とは、開口部のない耐火構造の床又は壁で区画し、かつ、防火上必要な総務省令で定める構造（給油取扱所の敷地に面する側の出入口がない構造）が必要
	可燃性蒸気の流入防止	自動閉鎖式の出入口　　　　　　　　　　　　　　　　　　（危令 17-1-18） 犬走り、又は出入口の敷居の高さ≧15cm　　　　　　　　（危規 25 の 4） 犬走り等にスロープを設ける場合　最下部から最上部までの差≧15cm （H9.3.14 消防危 26）
	塀・壁	自動車の出入側を除いて高さ 2 m 以上の塀又は壁であって耐火構造又は不燃材料で造られたものを設置する　　　　　　　　　　　　　　　　　（危令 17-1-19） 隣接する敷地に存する建築物における想定される火災による幅射熱が一定以下 　　　　　　　　　　　　　　　　　　　　　　　　　　（危規 25 の 4 の 2） （防火設備（はめ殺し戸に限る）のガラス戸（網入りガラス）を設けることも可） 総務省令で規定
	その他	ポンプ室・整備室・油庫等の構造・照明・換気等の規制がある また消火・避難・警報設備等の規制がある（略）
	標識 掲示板	総務省令で規定（標識・掲示板の大きさ、幅≧0.3 m、長さ≧0.6 m） 　　　　　　　　　　　　　　　　　　　　　（危令 17-1-6、危規 17、18）
(2) 屋内給油取扱所の共通基準	建築物の用途・構造等	壁・柱・床・梁は耐火構造であること　　　　　　　　　　（危令 17-2-1）
		令別表第 1(6)項の用途部分を有しない建築物に設置すること　（危令 17-2-1） 備考　令別表第 1(6)項建築物とは病院・福祉関係施設・幼稚園等がある
		他用途部分とは開口部の無い区画とすること　　　　　　　（危令 17-2-5）
		住居等とは、水平・垂直遮断をすること　　（危令 17-2-6、危規 25 の 4-4）
		出入口等は防火設備、犬走り高さ≧15cm　　（危令 17-2-7、8、危規 25 の 4-3、5） 1 階の二方について自動車等の出入側又は通風及び避難の空地に面し、かつ壁を設けないこと　　　　　　　　　　　　　　　　　　　　　　（危令 17-2-9）
	窓・出入口ガラス	網入りガラス　　　　　　　　　　　　　　　　　　（危令 17-2-7 の 2）
	その他の設備等	安全装置の設置　　　　　　　　　　　　　　　　　　　　（危令 17-2-3）
		通気管先端の位置制限　　　　　　　　　　　（危令 17-2-3、危規 20-5）
		専用タンクに過剰注入防止装置　　　　　　　　　　　　　（危令 17-2-4）
		蒸気の滞留する穴・くぼみ等設けないこと　　　　　　　（危令 17-2-10）
		給油取扱所で発生した火災を他用途部分に自動的に報知できる設備の設置 　　　　　　　　　　　　　　　　　　　　　（危令 17-2-1、危規 25 の 7）
(3) 一方開放の屋内給油取扱所の基準	建築物の避難構造	敷地外に通ずる避難口（10 m 以内に設置）により適時外に避難できること 　　　　　　　　　　　　　　　　　（危令 17-2-9 ただし書、危規 25 の 9-1）
		整備室・ポンプ室に可燃性ガス検知装置の設置　（危令 17-2-9、危規 25 の 9-4）
	その他の設備等	専用タンクの注入口の設置場所の制限　　　（危令 17-2-9、危規 25 の 9-2）
		引火点 40℃未満の通気管の先端が屋内側に在る場合の可燃性蒸気回収設備の設置 　　　　　　　　　　　　　　　　　　　（危令 17-2-9、危規 25 の 9-3）
		固定給油設備等の衝突防止措置（ガードパイプの設置等）
		自動火災報知設備の設置

基準別	基準の内容	概要	
(4) 上階を有する屋内給油取扱所の基準	建物の上階への延焼防止措置	屋根と外壁は接続すること　　　　　　　　　　　　　　　　（危令17-2-11、危規25の10-1）	
		耐火性能を有する1.5m以上張り出した屋根又は庇を設けること 但し、当該開口部の上端部から高さ7m以内に開口部の無い場合は除く 開口部のある場合は ①防火設備のFIX ②延焼防止措置の開口部分のFIX 　（但し、特定用途を除く）　　　　　　　　　　（危令17-2-11、危規25の10-3、4）	
	その他の設備等	漏洩局限化設備 （注入口周囲は15㎡以下の局限化措置及び4㎡以上の収容設備、ガス検知設備を設けること） 　　　　　　　　　　　　　　　　　　　　　　　（危令17-2-11、危規25の10-2）	
		注入口の位置制限（延焼防止上安全な場所） 　　　　　　　　　　　　　　　　　　　　　　　（危令17-2-11、危規25の10-1）	
		自動火災報知設備（他用途部分への自動通報設備）	

図7-V-4　給油取扱所の基準の考え方（危規25条の6）[70]

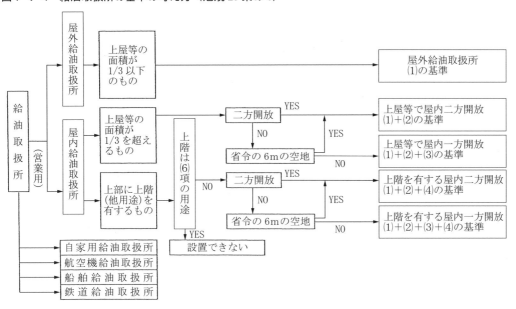

※1　(6)項用途とは、令別表第1(6)項の建築物で病院等・老人短期入所施設等・老人デイサービスセンター等・幼稚園等の場合をいう
※2　二方開放とは、二方を自動車等の出入する側、又は総務省令で定めた空地に面するもので壁を設けないものをいう（危令17条2項9号）

第8章　工事施工時の要点

I 工事施工と法規制のかかわり合い

II 工事中の建築物の使用制限等

III 工事中の法規制の注意点

IV 工事中の検査と手続き

第8章　工事施工時の要点

Ⅰ　工事施工と法規制のかかわり合い

1　工事工程における要点

　工事施工の工程ごとに、法規制の要点と検査、報告事項を下記にまとめる。

　建物ごとの「建設地」「建物用途」「建物構造」「建物規模」により要点はその都度異なるが、工事施工と法規制のかかわり合いということで理解されたい。

表8-Ⅰ-1　工事工程における法規制の要点及び手続きと検査

工事工程		法規制の要点	手続きと検査
着工前		①法的条件の把握 　・境界点の確認 　・敷地と建物配置、レベルの確認 　・構造、材料制限 　・防災設備 ②手続きの把握 　・事前手続きの種類と規制内容 　・中間検査、報告書類の確認 ③確認申請図との照合	（確認申請） （各種事前手続き）
工事中	工事着手	①形態規制に適合した建物配置、レベル設定 ②必要空地及び避難経路幅員等の確保	①確認済の標識設置 ②施工計画書等の提出 ③工事監理者届、工事施工者届の提出 　（確認申請時に未定の場合） ④着工届等の提出 　（特定行政庁により着工届がある場合有）
	躯体工事	①形態規制に適合した建物高さ ②階段、廊下、開口部等必要寸法の確保	①中間検査の実施1 　（建物配置、構造関係）
	仕上工事	①内装制限等に適合した材料 ②シックハウス対象材料 ③必要防災設備の確保 ④必要開口部の確保 ⑤計画変更があったときの防災面等の対応	①中間検査の実施2 　（消防、設備関係） ②計画変更があった時の手続きの対応
竣工時		①検査手続きと工程の確認 ②事前自主検査の実施	①検査時に必要な資料・書類・サンプル・図書等の整理、確認、準備 ②検査手続き ③竣工検査の実施 ④検査済証の取得 ⑤工事監理報告書の提出

※　住宅性能評価を取得している場合は、別途検査が必要となる

Ⅱ　工事中の建築物の使用制限等

1　仮使用認定制度
（法 7 条の 6）

　新築建築物における一部竣工部分の仮使用及び、増築等（増築、改築、移転、大規模修繕・模様替）の工事を行う既存建築物についての検査済証の交付を受ける前に、仮に使用する事を認める制度である。

　平成 26 年の法改正により、特定行政庁・建築主事の他、指定確認検査機関でも一定の条件の下で認定をすることができるようになった。

表 8-Ⅱ-1　仮使用認定申請が必要な建築物

用途 構造 規模	特殊建築物 （法別表第一-（い）欄）	床面積が100㎡を超えるもの
	木造	階数3以上、延べ面積500㎡を超えるもの、高さ13mを超えるもの、又は軒高が9mを超えるもの
	木造以外	階数2以上、又は延べ面積200㎡を超えるもの
工事種別 工事範囲	新築の場合は、全て	
	増築、改築、移転、大規模の修繕・模様替（共同住宅以外の住宅及び居室を有しない建築物を除く）の場合は、避難施設等に関する工事を含むもの（表8-Ⅱ-2）	

※ 1　共同住宅における棟内モデルルームを仮使用する場合、モデルルームについて、「共同住宅における住戸」という扱いではなく、「集会所・展示場」として扱われる場合があるので、必ず消防を含め、特定行政庁と協議すること
※ 2　上棟以降でないと仮使用を認めていない特定行政庁もある為、時期については確認が必要となる
※ 3　工事種別にある「新築」には「棟別増築」の場合も含む

表 8-Ⅱ-2　避難施設等の範囲（令 13 条、令 13 条の 2）

(1)	出入口、廊下等の通路	避難階以外の階にあっては、居室から直通階段に通ずる通路、出入口
		避難階にあっては、階段及び居室から屋外の出口に通ずる通路、出入口
(2)	客席からの出口の戸、直通階段、避難上有効なバルコニー、屋外通路等、屋外への出入口、屋上広場	
(3)	地下街の各構えの接する地下道、地下道への出入口	
(4)	スプリンクラー設備、水噴霧消火設備、泡消火設備で自動式のもの	
(5)	排煙設備	
(6)	非常用照明	
(7)	非常用エレベーター	
(8)	防火区画	

※ 1　上表に該当するものであっても、それがなくても次の規定にその建築物が適合している場合は、「避難施設等」として扱わない（任意で設置したもの）
　　① 防火区画（令 112 条）
　　② 廊下、歩行距離、2 以上の直通階段、避難階段、物販店の階段幅、屋外への出入口（令 5 章 2 節）
　　③ 排煙設備（令 5 章 3 節）
　　④ 非常用照明（令 5 章 4 節）
　　⑤ 地下街（令 128 条 4 節）
　　⑥ 非常用エレベーター（令 129 条の 13 の 3）
　　⑦ スプリンクラー設備、水噴霧消火設備等（消防法施行令 12 条から 15 条）
※ 2　避難施設等に関する工事に含まれない軽易な工事として、下記のものがある
　　① バルコニーの手すりの塗装の工事
　　② 出入口、屋外の出口の戸に用いるガラスの取替えの工事
　　③ 非常用照明に用いる照明カバーの取替え工事
　　④ その他の避難施設等の機能の確保に支障を及ぼさないことが明らかな工事

2 仮使用認定申請の手続き

1．手続きの流れ

図 8-Ⅱ-1 仮使用認定フロー

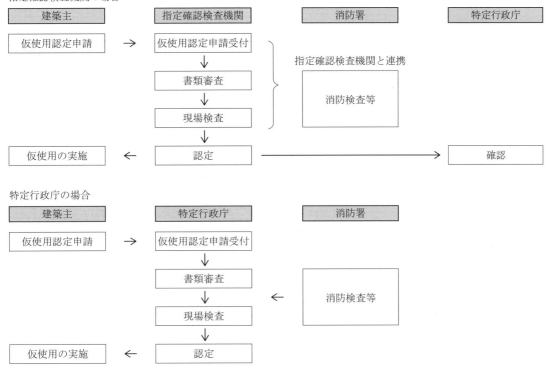

2．添付図書 （規則4条の16）

表 8-Ⅱ-3 必要な添付図書

令138条の工作物に規定する 工作物を仮使用する場合	昇降機以外の工作物と建築物又は建築物 及び建築設備とを併せて仮使用する場合	それら以外の場合
・仮使用認定申請書 ・配置図 ・安全計画書	・仮使用認定申請書 ・各階平面図 ・配置図 ・安全計画書	・仮使用認定申請書 ・各階平面図 ・安全計画書

※ 当該認定申請に係る建築計画の確認に要した図書及び書類の提出を求められる場合がある
※ 令147条の2に規定する建築物に係る仮使用をする場合、当該安全計画書に代えて、規則11条の2第1項の表に掲げる工事計画書及び安全計画書を提出する

表 8-Ⅱ-4 添付図書に明示すべき事項

各階平面図	縮尺、方位、間取、各室の用途、新築又は避難施設等に関する工事に係る建築物又は建築物の部分及び申請に係る仮使用の部分
配置図	縮尺、方位、工作物の位置及び申請に係る仮使用部分
工事計画書 (規則11条の2)	工事により機能の確保に支障を生ずる避難施設等の種類、箇所及び工事期間、工事に伴う火気の種類、使用場所及び使用期間、工事に使用する資材及び機械器具の種類、量並びに集積、設置等の場所、方法及び期間、工事に係る部分の区画の方法並びに工事に係る部分の工事完了後の状況
安全計画書 (規則11条の2)	工事の施工中における使用部分及びその用途並びに工事により機能の確保に支障を生ずる避難施設等に係る代替措置の概要、使用する火気、資材及び機械器具の管理の方法その他安全上、防火上又は避難上講ずる措置の内容

表 8-Ⅱ-5　安全計画書の書式例

安 全 計 画 書				
Ⅰ．工事計画概要				
1．工事名称	○○ビル新築工事			
2．工事場所	東京都○○区○○町1-2-3			
3．工事種別	新築			
4．建築概要	イ．用途	店舗、共同住宅	ロ．構造	RC
	ハ．高さ	軒の高さ○○．○○m・最高の高さ○○．○○m		
	ニ．階数	地上　○　階・地下　○　階・塔屋　○　階		
	ホ．建築面積	○○○　㎡	ヘ．延べ面積	○,○○○㎡
5．昇降機・建築設備又は工作物の概要					
Ⅱ．仮使用承認申請部分				
1．仮使用部	別添図面に黄緑色で表示			
2．用　途	共同住宅	3．申請面積	概ね　○○○	㎡
（注意）				

Ⅲ．基本的な施工計画

1．工事施工手順の概要（概念図）

2．工事区画の位置及び構造　別添図面に（工事区画の位置は朱線で）表示
RCの壁、床及び開口部は特定防火設備

3．工事工程　別添工事工程表に表示

4．工事用資材等の搬出入及びその管理方法
(1) 別添図の如く工事施工範囲と仮使用部分の区画を明確にし、資材搬出入時は、警備員を配置する。
(2) 敷地内の仮使用部分から使用者動線（避難動線）と工事用資材搬出入動線は分離する。
(3) 可燃性資材等は、必要最小限の搬入とし、1ヶ所当りの総量も余り大きくならない様に分散配置する。
(4) 工事現場内の整理整頓をし、残材・ゴミ等は1日の作業終了後、外部に搬出する。

記入要領
Ⅰ．工事計画概要
　1)「1．工事名称」「2．工事場所」「3．工事種別」「4．建物概要」は建築確認申請書（法12条3項の報告等がある場合は変更後のものとします。）に表記されたものと同じとします。
　2)「5．昇降機、建築設備又は工作物の概要」は、避難施設等に係る工事がある場合のみその内容を記入します。
Ⅱ．仮使用承認申請部分
　1)「1．仮使用部分」は別添図面及び〔Ⅲ基本的な施工計画（工事施工手順の概要(概念図)〕に黄緑色で表示します。
　2)「2．用途」は仮使用部分の用途を具体的に記入します。
　3)「3．申請面積」は概数で、建築確認時の床面積を算入した部分を記入します。

Ⅲ．基本的な施工計画
　1)「1．工事施工手順の概要(概念図)」は建物の全体形状を示す簡単な平面図・断面図等（仮使用部分は黄緑色で表現します。）を用いてどの部分で工事が行われ、どの部分を仮使用するか分かりやすく表現します。
　2)「2．工事区画の位置及び構造」の位置は、別添図面の屋内部分について朱線で表示し、構造は壁、床及び開口部の種類を記入します。
　3)「3．工事工程」は原則として別に添付します。仮使用部分と工事部分の相互の安全性を図りながらどの様な手順と期間を要するものであるかを簡潔に表現します。
　4)「4．工事用資材等の搬出入及び管理方法」は添付図面に工事用資材等の搬出入経路、工事者出入口、使用者動線（避難動線）等を矢印で表示し、その各々が安全に区分されていることを表現します。

Ⅳ　工事により機能の確保に支障を生じる避難施設等、その他安全施設等及びその代替措置等					
	種　　類	箇　　所	工事期間及び時間	代替措置の概要	管　理　の　方　法
1 避難施設等	イ．廊下その他の通路	直通階段から屋外通路	階段工事中の期間	仮設避難通路の設置	誘導標識の設置
	ロ．直通階段等	同上	同上	仮設屋外階段の設置	同上
	ハ．地下道等	なし			
	ニ．スプリンクラー設備等	機能低下を生じない			
	ホ．排煙設備等	同上			
	ヘ．非常用の照明装置	3階仮設通路部分	3階部分天井張替期間	仮設非常照明器具（電池内臓形）の設置	
	ト．非常用の昇降機	なし			
	チ．防火区画	3階防火シャッター取替え中にA、B間の区画が成立しない。	○月○日～○月○日	・工事部分を耐火構造の仮囲いで区画する。 ・仮囲いの出入口は特定防火設備とする。 ・消火器を重点配置する。	・この部分の工事を優先して行い仕上工事中はシャッターが作動できるようにしておく。 ・特定防火設備には常時閉鎖・工事関係者以外の立ち入り禁止の表示を行う。
2 その他の安全施設等	イ．消防設備等（1に含まれるものを除く。）	工事部分に消火栓があり、仮使用部分全域	○　月○日～○月○日	仮設の消火栓を設置する。	
	ロ．非常用の進入口	機能低下を生じない。			
	ハ．その他	・敷地内通路が1.3mしかとれない。	全工事期間中	・工事用仮囲いで囲い、危険のないようにする。	通路に障害物が置かれないように管理する。

記入要領
Ⅳ．工事により機能の確保に支障を生じる避難施設等、その他の安全施設等及びその代替措置等
　1)「種類」は仮使用する部分において支障をきたす項目のみ記入します。
　2)「箇所」は支障の生じる階と支障に内容、数等を記入します。
　3)「工事期間及び時間」は、支障の生じる期間を記入します。
　4)「代替措置の概要」は、必要に応じて別添図面に具体的に表現し、ここではその内容を記入します。
　5)「管理の方法」は危険を伴う作業等の安全管理方法を記入します。

V 出火危険防止（火災発生のおそれのあるものに限る。）

		種　類	集積又は設置方法	管　理　の　方　法
1	火気使用	ガス切断器 トーチランプ タバコ等	移動式専用カートへのボンベの固定、非使用時の一定場所への収納。 安定した平坦な場所での使用、火使用時の一定場所への収納。 工事区画内に場所を決めて灰皿を置く。	使用責任者名を表示した火気使用許可証を発行、有資格者証形態の義務化。 使用計画を防火管理者に提出させる。 使用時・事後の巡回点検を行う。
2	危険物等	イ．危険物 　塗料・シンナー・接着剤	施錠できる平坦な一定場所に集積する。 必要量のみ開缶する。 高積みを避ける。 貯蔵量は、少量危険物貯蔵範囲の1／5以下とする。	集積場所、集積量を指定する。 集積場所に使用責任者名、集積物の内容量を明示する。 搬出時、使用時の数量を報告させ、確認する。 火気厳禁の表示をする。
		ロ．可燃性工事用資材 　木材・壁クロス・断熱材	一定集積場所に散乱しないように整理しておく。 必要量以外は、原則として現場内に搬入しない。	火気を遠ざけた一定集積場所を指定し、搬入数量を把握する。 建材のかたづけを徹底させるとともに、整理整頓を行う。
3	機械器具	電気溶接機	一定場所に整列・設置する。 非使用時の2次電線を一定場所へ収納する。 一時側配線に漏電遮断器を設置する。	機器搬入時の性能点検、電気工事有資格者による配線・結線を行う。 使用責任者を表示した機器使用許可証を発行する。 使用計画を防火管理者に提出させる。 有資格者証携帯の義務づけを行う。 防火養生の義務づけを行う。 使用時・事後の巡回点検を行う。

記入要領
V．出火危険防止（火災発生のおそれのあるものに限る。）
　1　「火気使用」は主として裸火等を使用する機器を対象とします。
　2　「危険物等」は消防法に定められている危険物の他、可燃性工事用資材を含みます。
　3　「機械器具」は火気使用機器以外で出火危険のおそれのあるものを対象とします。

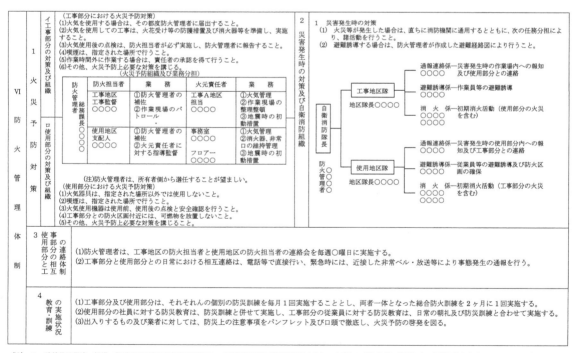

（注）1．建築物の用途、規模、態様及び工事の規模種別等によって組織や係員の増減を図ると共に、上表にこだわらず、実態にあった計画とします。
　　　2．「1．火災予防対策」と「2．災害発生時の対策及び自衛消防組織」における任務は、できるだけ一体性が保てるようにします。
　　　3．本様式で内容が十分に記載できない場合等には、本様式にその旨を記入し、別紙に記載し、本様式のうしろに添付します。

3 仮使用認定に関する基準
（法 7 条の 6、H27.2.23 告示 247 号）

指定確認検査機関が行うことができる仮使用認定は認定対象のうち、大臣が定める基準への適否という裁量性がないものとして確認できる部分のみとされている。

そのため、特定行政庁による仮使用認定の対象と指定確認検査機関による仮使用認定の対象は包含関係にある。

このため、指定確認検査機関が仮使用認定できない場合であっても、特定行政庁が認めるものについては、仮使用認定をすることができる場合がある。

仮使用の期間は、特定行政庁による場合、指定確認検査機関による場合、共に原則 3 年以内とされている。

1．特定行政庁が行う仮使用認定

特定行政庁に仮使用認定申請をしなければならないもの

① 増築等の工事で避難施設等に関する工事が含まれているもので、完了検査申請が受理される前のもの
② 避難施設等の代替措置を要するものなど裁量性のある判断を行うもの

2．指定確認検査機関等で行う仮使用認定

① 仮使用部分と工事部分とが防火上有効に区画されていること等の一定の安全上・防火上・避難上の基準を定め基準告示（H27 告示 247 号）に適合しているものは、指定確認検査機関等で仮使用認定を行うことができる。
  イ 工事部分と仮使用部分が防火上有効に区画されていること。
  ロ 仮使用部分を利用する者の経路と工事関係者が継続的に使用する部分とが重複しないこと。
  ハ 仮使用部分が建築基準関係規定に適合していること。

図 8-Ⅱ-2 指定確認検査機関等が行うことができる仮使用認定

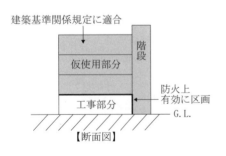
【断面図】

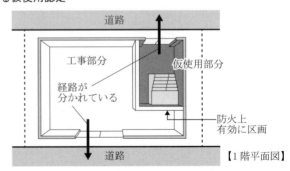
【1 階平面図】

② 仮使用部分と工事部分が別棟の場合
建築物の建替えにより同一敷地内に新たに建築物を建設した後に、既存建築物を除却する間に、新たに建設した建築物を仮使用する場合、やむを得ず集団規定や採光等隣接建築物との距離等との関係性から決定する規定については、既存の建築物の除却が完了するまでは、これらの規定は適用されない。

※排煙設備や非常用進入口等の規定については上記の緩和はない。

③ 避難施設等に関する工事を含む増築等の工事であっても、基準告示（H27.2.23 告示247号）第3に定める工事に該当する場合は指定確認検査機関に申請することができる。

表8-Ⅱ-6 基準告示第3に定める工事（指定確認検査機関等に仮使用認定を申請できる新築以外の工事）[33]

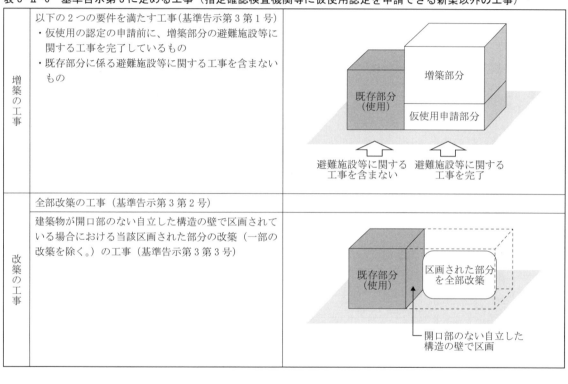

4 仮使用認定に関する旧通達について

表 8-Ⅱ-7　仮使用認定の運用について（S53.11.7 通達 805 号等）

項　　目	基　　　　　準
使用制限を受ける工事中の期間	工事着手より検査済証の交付を受けるまでのすべての期間とするが、増築、改築、移転、大規模修繕・模様替にあっては、建築物を使用しない日のみ工事を行ない、かつ、使用する日に、避難施設等の機能が支障を受けない形態のときは、"工事を行う日のみ使用制限を受ける日"として扱う
建築物の使用	建築物の使用とは、人が相当時間継続して建築物に立ち入ることをいうが、現場管理者、管理人等当該工事保守管理等の業務に直接従事する者が工事、保守管理等の業務を遂行するために立ち入る場合は使用とは扱われない
使用制限の対象となる建築物及び建築物の部分	判定は、建築物の棟別に行い、同一敷地内に多数の棟がある場合は、それぞれの棟ごとに判断する
	建築物が開口部のない耐火構造の床・壁で区画（令117条2項）されているときは、避難施設等に関する工事に係る建築物の部分のみを対象とみなす
その他	貸ビル等でテナント未決定のまま、内装仕上工事に着手しないものは、内装制限の対象となる建築物について、工事が完了したとはみなさない。そのため工事完了とみなす条件としては、「床＋壁」を仕上るか、「床＋天井」を仕上る等の条件にて完了とみなしている場合があるので、各民間審査機関、特定行政庁と協議されたい

表 8-Ⅱ-8　新築建築物、増築工事における増築部分である場合の仮使用認定基準（S53.11.7 通達 805 号）

項　　目	基　　　　　準
① 仮使用部分の適合項目	イ　防火区画（令112条） ロ　廊下、歩行距離、2以上の直通階段、避難階段、物販店の階段幅、屋外への出入口（令5章2節） ハ　排煙設備（令5章3節） ニ　非常用照明（令5章4節） ホ　非常用進入口（令5章5節） ヘ　内装制限（令5章の2） ト　非常用エレベーター（令129条の13の3） チ　消防用設備（消防法17条）
② 区　　画	仮使用部分とその他の部分とは、耐火構造の壁、不燃材料で造られた間仕切壁等により防火上有効に区画すること （建築物の構造、用途、工事内容等に応じて決める）
③ 管　　理	工事計画に応じて、工事に使用する火気、資材等の管理の方法、防火管理の体制等が適切に計画されていること

表 8-Ⅱ-9　既存建築物である場合の仮使用認定基準

項　　目	基　　　　　準
① 仮使用部分の適合項目	イ　竪穴区画に適合していること（令112条9項） 　　（防火区画に用いられる防火戸は遮煙性能でなくともよい） ロ　仮設屋外階段、仮設梯子等が建築物の形態、使用状況等に応じて適切に設置されている場合を除き、歩行距離、2以上の直通、屋外への出口の規定に適合していること ハ　物品販売業を営む店舗にあっては、各階における直通階段の幅の合計が、その直上階以上の階のうち床面積が最大の階における床面積100㎡につき30cm以上の割合で計算した数値以上確保されていること ニ　小規模な居室、バッテリー内蔵型の非常用照明等の設置により、床面において概ね11x程度の明るさが確保されている建築物の部分又は、夜間使用のない建築物で十分の明るさを確保できる開口部が設けられている部分を除き、非常用照明の規定に適合していること ホ　消防機関において、消防活動上支障がないと認める措置がしてある場合を除き、非常用進入口の規定に適合していること
② 区　　画	イ　使用部分とその他の部分とは、耐火構造の壁、不燃材料で造られた間仕切壁等で防火上有効に区画されていること 　　（建築物の構造、用途、工事内容等に応じて決める） ロ　工事施工部分に面する換気等の風道の吹出口等が、鉄板等の不燃材料でふさがれていること
③ 管　理　等	工事計画に応じた避難施設等の代替措置、工事に使用する火気、資材等の管理の方法、防火管理の体制等が適切に計画されていること

5 安全上の措置等に関する届出
（法90条の3）

新築工事中又は、避難施設等に関する工事中（増改築、大規模の修繕、模様替に至らない工事（確認申請を必要としない工事）も含まれる）に、下記の建築物を使用する場合は、安全上、防火上、避難上の措置に関する計画（安全計画書）を作成して、特定行政庁に届け出ることが義務付けられている。

表8-II-10　工事中に使用する場合に安全計画書の作成、届出が必要な建築物（令147条の2）

	工事中の安全上の措置等に関する計画届の必要な場合		緩和規定	申請図書
1	百貨店・マーケット 物品販売業を営む店舗（10 m²を超える） 展示場	地上3階以上の階又は地階のその用途に供する部分の床面積合計＞1500 m²	新築工事又は、避難施設等に関する工事の施工中にこれ等の建築物を使用する場合	法7条の2による仮使用の認定を受けた場合には、届出書の提出だけで足りるものとし、右記の申請図書は提出しなくてよい（仮使用認定申請時に既に提出済みであるため）	附近見取図 配置図 工事着手前の各階平面図 工事計画書 安全計画書
2	病院 診療所（患者収容施設があるものに限る） 児童福祉施設等	地上5階以上の階における床面積合計＞1500 m²
3	劇場・映画館・演芸場・観覧場・公会堂・集会場・ホテル・旅館・キャバレー・カフェ・ナイトクラブ・バー・ダンスホール・遊技場・公衆浴場・待合・料理店・飲食店又は1、2に掲げる建築物	地上5階以上の階における床面積合計又は地階の床面積合計が＞2000 m²
4	地下工作物内の建築物	居室床面積合計＞1500 m²

6 工事中の特殊建築物に対する措置
（法90条の2）

特定行政庁は、建築、修繕、模様替（大規模であるか否かを問わず、又、避難施設等に関する工事の有無を問わない）、除却の工事中に使用されている建築物ついて下記の要領で必要な措置を命ずることができる。

III 工事中の法規制の注意点

1 敷地と建物

表 8-III-1 敷地と建物のチェックポイント

敷地	□敷地境界が明示されているか 　（境界杭、標、塀、フェンス等） □２項道路等道路後退をしているか 　（後退杭等） □すみ切りの設置がされているか □平均地盤面の算定上建物外周部の接する地盤のおさまり（レベル）はよいか □隣地からの越境物はないか、又隣地への越境物はないか
建物配置	□計画建物の位置・設定レベル（地縄確認） □道路斜線上の水平距離は確保されているか □道路斜線上の後退距離の緩和上、ポーチ、物置等の位置、高さ、フェンス等の仕様はよいか □隣地斜線上の水平距離は確保されているか □天空率算定上の水平距離は確保されているか □北側斜線及び日影規制上の水平距離は確保されているか □敷地内避難通路幅は確保されているか 　（有効幅員：照明器具、外灯、雨樋等は出ていないか） □その他必要寸法（外壁後退、前面空地等）が確保されているか □ドア、窓が開放された状態で敷地境界からとび出していないか □窓先空地の幅員は確保されているか（有効幅員：植栽等により狭くなっていないか）
外構	□塀の構造はよいか 　（コンクリートブロック塀の高さ、壁厚、控壁等） □道路斜線の後退距離の緩和上、塀（フェンス等）の構造、高さはよいか □避難通路に支障のある施設がないか（付属建屋、塀、フェンス、植栽（立上り等含む）、樋、外灯等） □避難通路に高低差がある場合に適切な措置がされているか 　（階段、スロープの設置等）
建物高さ	□斜線制限等高さ規制に適合した建物高さになっているか □セットバック部分、下屋屋根、屋外階段屋根、庇等の高さは適合しているか
その他	□確認申請に含まれている付属棟を含めて工事完了しているか（建物、外構共） □確認申請以外の建物（付属棟）が設けられていないか

(1) 敷地境界が不明確な敷地で法規制（斜線制限や必要空地幅の確保）が厳しい物件、特に２面以上の境界線から、法規制が適用されるものは十分注意すること。

図 8-III-1　２面から法規制が適用される例

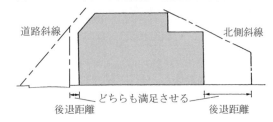

(2) 避難上必要な幅はすべて有効幅員なので、外構との取り合いに注意すること。

図 8-III-2　避難通路幅の有効寸法

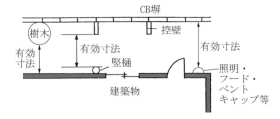

(3) 敷地境界線に近接して建物が配置されている場合で、ドアや窓の開き勝手を変更して道路境界線や、隣地境界線にとび出さないようにすること。

図 8-III-3　窓の変更と敷地境界線

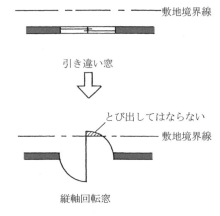

2 構造・材料

表 8-Ⅲ-2　構造・材料のチェックポイント

構造制限	□耐火性能に適合しているか 　（耐火、準耐、防火構造等） □耐火被覆がされているか 　（箇所、材料、厚さ等） □外壁の耐火構造、準耐火構造又は防火構造等はよいか □屋根の30分耐火又は不燃材料はよいか □トップライトがある場合に網入りガラスとなっているか □キャノピー、庇等の材料はよいか □各認定書の内容に適合しているか
内装制限	□居室、廊下、階段等の仕上材料はよいか □排煙緩和している室の下地、仕上材料はよいか（告示仕様） □防火区画緩和している部分の下地、仕上材料はよいか □クロスの下地材はよいか 　（認定条件は良いか） □クロス、材料等の認定ラベルが貼られているか
シックハウス	□仕様材料と仕様部位・範囲はよいか 　（F★★★★など仕様確認） □認定書、納品書、納入時ラベル写真を適切に記録・保管（ファイリング等）してあるか

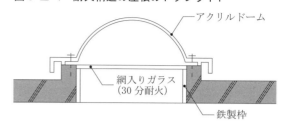

図 8-Ⅲ-4　耐火構造の屋根のトップライト

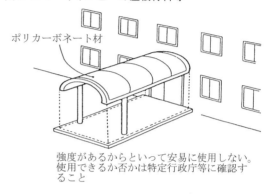

図 8-Ⅲ-5　キャノピーの屋根材料等

強度があるからといって安易に使用しない。使用できるか否かは特定行政庁等に確認すること

図 8-Ⅲ-6　自転車置場の構造

(1) 施工する建築物の防火上の構造制限や内装制限を把握しておくこと。

　特に耐火構造を要求されている建築物に、トップライトを設ける場合や、キャノピー等をポリカーボネート板等で行う場合は、注意を要する。

　自転車置場は鉄骨造（屋根は不燃材）とする。既製品でアルミ造の製品を使用する場合は、H14.5.30 日本建築行政会議「22条区域内における建築物の屋根」、H28.4.22告示693号に基づき床面積30㎡以下とする。又、大臣認定品であれば使用してよい。

　また、防火地域における耐火建築物として建ぺい率の緩和を適用している場合は、別棟の自動車置場棟も耐火建築物とする必要があり、既製品では適用が困難であるため注意すること。

(2) 鉄骨梁の吹付材等による被覆で、所定の厚さがとれていない場合や欠落している箇所がないかよく確認すること。竣工検査で指摘されないよう事前に確認すること。

(3) 内装制限が適用される壁又は天井の部分に柱・梁等の木部が露出する場合であっても、これらの部分が著しく大きくない場合（概ね室内に面する部分が各面の表面積の1/10以内）は、内装制限の対象としないことができる。また、照明器具のカバー等で内装制限の基準に適合しない場合の取扱いも含め1/10以下とする（S44.5.1 住指発149号、S45.1.31 住指発35号）。

図 8-Ⅲ-7　内装制限における柱・梁等の取扱い[76]

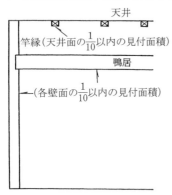

(4) 内装制限は建築基準法の内装制限（令 128 条の 4）以外に排煙設備や防火区画上から規制されたり、消防法からも規制されている場合があるので注意すること。

又、仕上材料だけではなくて下地材の制限がされる場合もある。

表 8-Ⅲ-3　下地材を含めて制限される規制

1	排煙緩和の告示 1436 号 4 号ニ（4）	下地、仕上不燃
2	防火区画の 11 階以上の区画緩和	準不燃の時は 200 ㎡区画 不燃の時は 500 ㎡区画
3	竪穴区画の避難階の直上、直下階の緩和	下地、仕上不燃
4	避難階段、特別避難階段（付室を含む）	下地、仕上不燃
5	エレベーターホール	不燃又は垂れ壁のある時は準不燃
6	非常用エレベーターの乗降ロビー	下地、仕上不燃
7	クロス貼の場合	下地材を含めて認定
8	塗料、吹付材仕上の場合	下地材を含めて認定
9	危険物施設の場合	下地材を含めて不燃
10	電気室、ボイラー室	下地材を含めて不燃

※ 内断熱の材料は工法等により下地材に含まれる場合があるので注意を要する

3　区画の構成

(1) 防火区画に関する規制は竣工検査においてもっとも指摘を受けるものの一つであり、防災上の重要な部分なので、細部にわたってチェックすること。

表 8-Ⅲ-4　区画の構成のチェックポイント

壁、床	□防火区画が構成されているか □天井裏の防火区画が構成されているか □90cm のスパンドレルが構成されているか □防火シャッターの上下において区画が構成されているか □防火区画が構成されているところに消火栓ボックスがないか（その部分が耐火時間に応じた耐火構造になっているか） □EXP.J の防火区画の処理はされているか（耐火帯、EXP.J カバー等の処理） □カーテンウォールのスパンドレルの処理はよいか（取付部材の被覆有無） ※カーテンウォールの取合いについては、国土交通省、協会より規定が出されており、確認すること □防煙区画（不燃材料）が構成されているか □防煙区画のドア上部の下り壁高さが確保されているか（30cm 以上確保等） □防煙垂れ壁が設けられているか □防煙垂れ壁と壁面とのすき間はないか
防火戸等	□特定防火設備・防火設備の区別はよいか □避難に共する扉の有効開口は幅 750mm 以上、高さ 1,800mm 以上、また高さ 150mm 以下となっているか（3 ㎡を超えるドアに付ける子扉も同様） □自閉装置（ドアクローザー、ストッパーなし）は設置されているか □常開の防火戸は煙感連動等になっているか □親子、両開き戸には順位調整器がついているか □防火戸の開き方向はよいか □3 ㎡を超えるドアに子扉等がついているか □戸当り、くつずり等は設けてあるか □防火戸と床のすき間は適切か □15cm 以内に可燃建具がないか（個別認定建具を除く） □階段区画の防火戸にガラリがついていないか □EPS、PS の点検ドアに自閉装置は必要ないか □自閉不燃戸（異種排煙間）の、ガラリの高さはよいか（概ね扉高さの 1/3 以下） □閉鎖機能に問題はないか
防火シャッター	□シャッター幅はよいか（認定仕様通りか） □遮煙性能は必要ないか □手動閉鎖装置が設置され、その床からの高さはよいか □危害防止装置は付いているか
貫通部の処理	□防火区画を貫通する配管の材料はよいか □配管、配線、ダクトの貫通部の埋め戻し処理はよいか □ダクト貫通部にダンパー（FD、SFD）が設置されているか □ダクト貫通部のダンパーの感知器の位置はよいか □ダクト貫通部のダンパーがある部分の点検口はあるか

(2) カウンター窓に防火シャッターが設置されている場合に、カウンター部分を耐火構造とする必要がある（シャッターボックス部分の被覆等防火区画の構成にも注意）。（図8-Ⅲ-8）

図8-Ⅲ-8 カウンターの防火区画構成

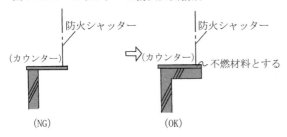

(3) 消火栓ボックスが防火区画を構成している場合は、消火栓ボックスの裏側を耐火構造とすること。（図8-Ⅲ-9）

図8-Ⅲ-9 消火栓ボックスと防火区画

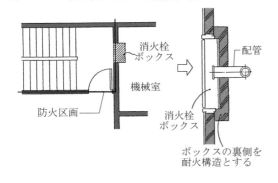

(4) 防煙区画を兼ねている防火戸、自閉不燃戸の上部は30cmの垂れ壁を確保すること。
なお、異種排煙区画（機械排煙と自然排煙等）の不燃戸にガラリを設ける時は、天井高さの1/3以下で小規模なものとすること。

図8-Ⅲ-10 防煙区画の扉

図8-Ⅲ-11 異種排煙の区画のドアガラリ

(5) 可動防煙垂れ壁は材質・構造等が火災時に有効かつ確実に作動しなければならず、図8-Ⅲ-12を標準とする。なお、中央管理室の設置が必要な建築物にあっては、その作動が中央管理室で制御でき、かつ、監視できるようにする。

図8-Ⅲ-12 可動防煙垂れ壁[76]

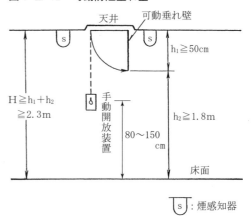

(6) 防火区画における両開き扉、親子扉には両方にドアクローザーを設置し、順位調整器を設ける。

図8-Ⅲ-13 両開き扉の順位調整

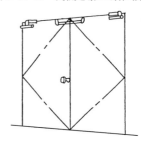

(7) 階段室内の倉庫等のドアにガラリは認められない。階段区画は竪穴区画となっている場合が多く煙感知機能が要求されるので、熱感知機能（ヒューズ付）では適合しない。

図8-Ⅲ-14　階段区画とドアガラリ

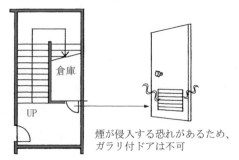

煙が侵入する恐れがあるため、ガラリ付ドアは不可

(8) 面積区画に用いる防火戸（常時開）の感知器は、熱感知器（定温式スポット型，熱複合スポット型）、煙感知器、及び熱煙複合式スポット型とし、防火戸の両側に感知器を設置する。位置は、当該防火戸が閉鎖した位置から1m以上10m以内とする。但し、10m以内に居室等の出入口がある場合は出入口付近に設ける。

図8-Ⅲ-15　スポット型熱感知器等による面積区画の例[77]

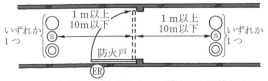

それぞれの感知器において防火戸を閉鎖させる

Ⓢ：煙感知器　◎：熱煙複合式感知器
○：熱感知器　㉣：自動閉鎖装置（防火戸）

(9) 防火戸と床とのすき間等

防火戸と床とのすき間は、床に戸当たり付のくつずりを設けて処理すべきである。

図8-Ⅲ-16　防火戸と床の取り合い1

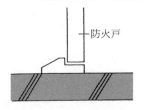

フラットのくつずりを設けて処理したい場合は、床とのすき間を3mm未満として納める。

図8-Ⅲ-17　防火戸と床の取り合い2

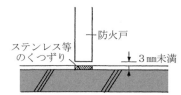

又、防火戸の床にくつずりを設けずに、カーペット、絨毯を敷くべきではない。

図8-Ⅲ-18　防火戸と床の取り合い3

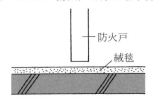

（実際にこのような納まりをして検査に通った例はあるが、特定行政庁、消防の取扱いを把握しておく必要があり、事前に了解を取ること）

なお、防火区画を構成している防火戸の下部を給気用にアンダーカットすることはできない。

図8-Ⅲ-19　防火戸と給気

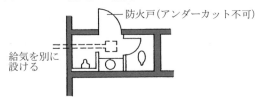

(10) 区画貫通部の配管、配線処理

床面での区画は、問題なく処理されているが、天井面・天井内での区画の処理が不十分の例が多いので注意すること。

(11) 区画貫通ダクトのダンパー

竪穴区画及び異種用途区画を貫通するものはSFDが必要。区画貫通部の両側に換気口がある場合はSFDを設置とし、片側にしか換気口がない場合は他の室へ煙の伝播がなく避難上及び防火上支障ないものとし、FDの設置とする（但し特定行政庁に確認のこと）。

図 8-Ⅲ-20　防火区画貫通部のダンパー

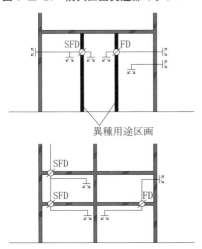

なお、避難階段や非常用 ELV 乗降ロビーを貫通してダクトを設けてはならない。
(SFD を設置しても不可であり、やむを得ず通す場合は、耐火構造で区画すること)

図 8-Ⅲ-21　避難階段のダクト貫通

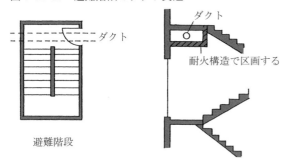

(12) その他、防火区画、防煙区画に関する規制は第 2 章で解説しているので参考にされたい。

4　開口部の規制

(1) 開口部に関しては多くの法規制が絡んでおり注意が必要である。一覧表を第 3 章 Ⅱ **3** にまとめてあるので参考にされたい。
(2) 延焼のおそれのある部分の 100cm² 以下の換気口の防火覆いは、ステンレス製、スチール製又は認定品とすること。アルミ製は特定行政庁により取扱いが違うので注意する。

又、防火覆いとは通常フードを指すが、ベントキャップでも認めている特定行政庁もある。ベントキャップについては材質についても確認をすること。なお、内部の塩ビ製のスリーブは取外すか、又は躯体壁に固定すること。

表 8-Ⅲ-5　開口部のチェックポイント

延焼のおそれのある部分	□網入りガラス等防火設備の仕様になっているか □網入りガラスの 15cm 以内に可燃建具はないか（障子等） □換気口、スリーブに FD は必要ないか □ 100 φ 以下の換気口等の防火覆い等の材料はよいか
採光	□採光上有効開口部が設けられ、その大きさはよいか
換気	□換気上有効開口部が設けられ、その大きさはよいか
排煙	□排煙上有効開口部の大きさはよいか（開放状態での有効幅） □排煙上有効開口部の天井からの下りの位置・高さはよいか □排煙上有効開口部の外倒し窓等の角度はよいか □排煙上有効開口部のオペレーターが設置され、その床からの高さはよいか □排煙上有効開口部のオペレーターはワンタッチ開放式になっているか □排煙オペレーターは見やすい位置に付いているか
非常用進入口及び代る開口部	□開口部の位置、床からの高さ、大きさはよいか（開放状態での有効幅） □開口部の開放方法はよいか（外部ハンドル等を含む） □開口部のガラス厚さはよいか □バルコニーの大きさはよいか □赤色灯又は▽マークがあるか
その他	□屋外避難階段から 2 m 以内に開口部がないか（設備給気口等含む） □屋外避難階段から 2 m 以内に開口部がある場合に、1 ㎡ 以内のはめ殺し防火設備になっているか □消防法無窓階算定上の開口部の床からの高さは 1.2 m 以下になっているか □同上のガラス厚さはよいか

図 8-Ⅲ-22　延焼のおそれのある部分に設ける防火覆い

防火覆い(フード)　　　ベントキャップ

(3) 排煙及び非常用進入口に代る開口部は、開放された状態で有効幅（必要幅）が確保されていなければならない。

図 8-Ⅲ-23　開口部の有効幅

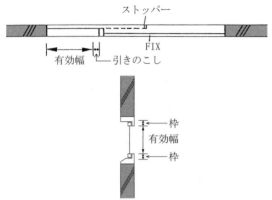

開口部の幅が法規制必要寸法に対して余裕が無い時は注意すること

(4) 排煙開口部が引違い又は軸回転窓の時はクレセントが手動開放装置であり、その高さに注意する。

図 8-Ⅲ-24　排煙窓のクレセント及び排煙オペレーターの位置

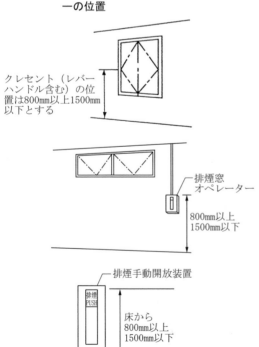

(5) 非常用進入口のバルコニーに設ける開口部が扉の場合の鍵は、外側から開放できるようにサムターン式、又はカバー付の非常錠とすること（内側からは自由に開放でき、外側からは鍵がないと開けられないのでは機能しない）。

(6) 非常用進入口に代わる開口部のガラス厚が網入りガラスで 6.8mm を超える場合の縦軸回転窓は、外側にレバーハンドルを設置する。

(7) 屋外避難階段から 2m 以内には開口部を設置できない（1 ㎡以内のはめ殺し防火設備を除く）。

図 8-Ⅲ-25　屋外避難階段と開口部

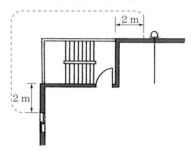

5　避難経路

表 8-Ⅲ-6　避難経路チェックポイント

階段	□幅員、踊場幅、けあげ、踏面の寸法はよいか □直階段の中間踊場の踏幅は 1.2m 以上確保されているか □階段幅 3m を超えるものの中間に手すりが設けられているか □屋外階段としての条件を満足しているか（床面積算定上） □避難階段、屋外避難階段の構造を満足しているか □特別避難階段の構造を満足しているか □特別避難階段の付室の排煙はよいか □片側に内手すりが切れ目なく全ての階に（トップレール等でも良い）付いているか
廊下	□廊下の有効幅員が確保されているか □外廊下の条件を満足しているか（床面積算定上）
バルコニー	□避難上有効なバルコニーの大きさ、幅員等はよいか（室外機等に注意する） □バルコニーの隔板の幅、高さはよいか
出入口ドア	□避難方向のドアノブ等が解錠できるようになっていないか （避難方向はシリンダー錠は不可） （管理上閉鎖が必要ならサムターンとすること）

図 8-Ⅲ-26　階段の有効幅員

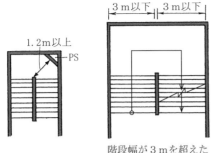

階段幅が 3 m を超えた場合は中間に手すりが必要となる

図 8-Ⅲ-27　外廊下（吹きさらしの廊下）の床面積不算入

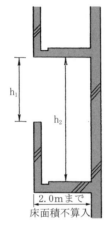

床面積不算入は「$h_1 \geqq 1.1$ m かつ $h_1 \geqq 1/2 h_2$」が条件であり、特に天井高（h_2）の確保に注意する。配管スペースが必要な場合には調整する。

図 8-Ⅲ-28　吹抜に面する外廊下の床面積不算入

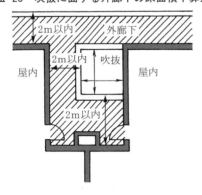

面積不算入とするためには吹抜の有効幅 2 m 以上（特定行政庁によっては 4 m 以上）を確保する。

6 設備

表 8-Ⅲ-7　設備チェックポイント

機械排煙	□排煙口の位置はよいか □排煙口の風量は確保されているか □排煙ダクトの断熱はよいか □排煙機の能力はよいか □排煙機の排煙口の位置は延焼ライン外になっているか □排煙口の手動開放装置は排煙口の直近にあるか
非常用照明	□必要な所に適正に設置されているか □必要照度が確保されているか
非常用ELV	□乗降ロビーの大きさ、防火区画はよいか □乗降ロビーの排煙はよいか □乗降ロビーに避難上必要な事項を明示した標識が掲げられているか
機械換気	□機械換気が適正に設けられているか □機械換気の風量は確保されているか □火気使用室等の給気口の位置はよいか □24時間換気スイッチの表示はよいか
受水槽、高架水槽	□6面点検スペースは確保されているか □高架水槽の回りに手すりはあるか □受水槽室に他の配管がないか
浄化槽	□構造、設備は認定書通りか
避雷針	□設置位置、高さ、保護角はよいか □避雷導体から1.5 m以内の金属物には、アースが設けられているか 　（防水の脱気筒、通気筒等）
ELV	□機械室の換気の位置はよいか □機械室の天井高はよいか □機械室に通ずる階段の寸法はよいか
消防設備	□消火器の設置位置、本数、能力はよいか □誘導灯の設置位置、仕様はよいか □避難器具の設置位置、種類、向きはよいか □その他必要消防設備が適切に設置されているか □表示灯等の設置高さはよいか

(1) 排煙ダクトの断熱

　　天井裏部分の断熱はロックウール又は厚さ25mm以上のグラスウール等とする（グラスウールは密度24kg/m³以上のもの）。

　　なお、排煙ダクトの耐火被覆については法規制はないが、表 8-Ⅲ-8 に示す部分は、耐火被覆すべきである。

表 8-Ⅲ-8 排煙ダクトの耐火処理[66]

設置場所	図　　解	耐火被覆
厨房等の出火の危険性が多い室の上部を他の用途の排煙ダクトが通過する場合		斜線部
避難上主要な経路となる廊下等の短い区間の防火区画を防火ダンパーを設けず通過する場合		斜線部
竪穴区画されたシャフト間に排煙竪ダクトがまたがる場合		斜線部

(2) 同一防煙区画内に複数の排煙口を設ける場合の取扱い

　排煙口の位置が当該防煙区内において30m以内に納まらない場合、及び同一防煙区画内に複数の排煙口を設ける場合は、それぞれの手動開放装置により排煙口を同時開放とする。

図 8-Ⅲ-29　同一防煙区画の複数の排煙口

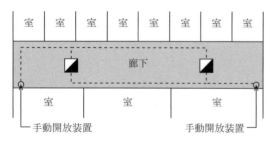

(3) 非常用エレベーター乗降ロビーの出入口の開閉方向は、消防隊が活動しやすい方向としてもよい。但し、特別避難階段の付室と乗降ロビーを兼用する場合及び特別避難階段の付室の出入口は、避難方向に開くものとする。
(4) 非常用エレベーター乗降ロビー扉について
　乗降ロビー内に屋内消火栓、連結送水管の放水口、非常コンセント設備が設けられるため、扉下部にホース通過用の小扉を設置し、その小扉にも自閉機能をもたせること。

図 8-Ⅲ-30　非常用エレベーターの乗降ロビー

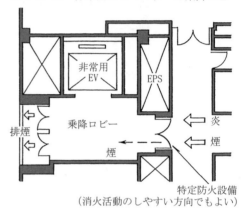

図 8-Ⅲ-31　非常用エレベーターの乗降ロビーの扉

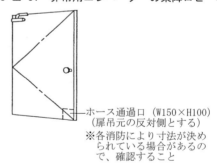

(5) 非常用エレベーターの各階の乗降ロビー内の見やすい位置に、避難階における避難経路と非常用エレベーターを示した図（サイズA3以上、材質はアルミ板又はステンレス板等の不燃材）を掲示する（図8-Ⅲ-32）。

　なお、消防機関により当該階の避難経路も併記するように指導を受けることもある。

図8-Ⅲ-32　非常用エレベータの乗降ロビーに設置する避難経路図の例[78]

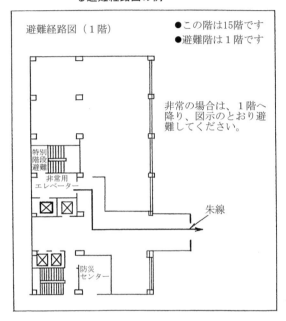

(6) 延焼のおそれのある部分の給湯器等の排気筒について

　開口面積を100cm^{2}以内としてスチール製等の防火覆いを設けるものとし、防火ダンパーは設けないこと。

(7) 高架水槽の点検スペース

　高架水槽の架台高さが2mを超える場合は、高架水槽周囲に点検歩廊を設け、幅0.6m以上、高さ1.1m以上の手すりを設けること。

　なお、高さ2m以下でも、点検スペースの幅が1m以下の場合は1.1m以上の手すりを設置する。

図8-Ⅲ-33　高架水槽の点検スペース[77]

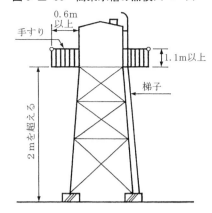

(8) 受水槽室内の飲料水の配管以外の配管

　受水槽室内に飲料水以外の配管は設けてはならず、二重天井又は間仕切壁を設け措置すること。

図8-Ⅲ-34　受水槽室の他の配管の措置[77]

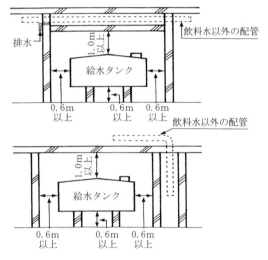

(9) 避雷針の保護について

　屋上に設ける建築設備等を含めてカバーする必要があるため、テレビアンテナや窓ふき用のゴンドラを含めてカバーすること。

(10) エレベーター機械室の頂部すき間

　① 機械室の壁より出代（図8-Ⅲ-35に示すA）が200mm以下のときは、梁の直下に巻上機、制御盤等を設けなければ、梁下寸法（図8-Ⅲ-35に示すB）は制限されない。なお、梁下寸法Bが1.8m未満の場合には、機械室の床面積は梁の内郭で囲まれる部分で算定する。

また、壁より出代Aが200mmを超えるときは、梁下寸法Bは1.8m以上確保し、梁の直下には巻上機、制御盤等を設置しない。

図8-Ⅲ-35　エレベーター機械室の壁面に突出する梁[88]

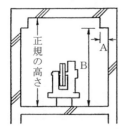

② 複数台のエレベーターが併設された機械室の天井中央部に突出する梁の場合は、梁下寸法（図8-Ⅲ-36に示すH）が1.8m以上で、かつ、梁直下の部分に巻上機、制御盤等を配置せず、保守管理上支障がなければ、その限りではない。

図8-Ⅲ-36　エレベーター機械室の中央に突出する梁[88]

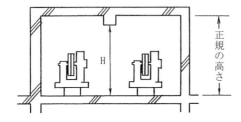

③ 機械室の天井の一部が傾斜している場合は巻上機、制御盤等は天井高さが2.0m以上確保できる範囲に配置し、機械室の天井高さ1.8mの鉛直線のところで機械室内法寸法を算定する。

図8-Ⅲ-37　エレベーター機械室の外壁が傾斜している場合[88]

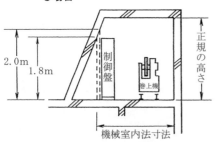

7　その他

表8-Ⅲ-9　その他のチェックポイント

落下防止	□手すりの高さ、形状、手すり子の間隔はよいか（バルコニー、外廊下、屋外階段等）※足かかりに注意すること □屋上の手すりの有無と、無い場合の施錠の確認 □低い腰壁の部分に手すりが必要ではないか □手すりの高さがパラペット立ち上がり部分で適正に取れているか □階段最下段と床との高さは適切か（段の追加が必要ないか）
駐車場	□他用途と防火区画がされているか □出入口の後退、見通し角度が確保されているか □車路幅、内法半径及び車路勾配が確保されているか □車路及び格納部分の天井高さが確保されているか（梁下・ダクト下・誘導灯下等） □警報装置、一時停止標識等が設置されているか □付置義務台数及びその1台当りの大きさが確保されているか □身障者用の表示がされているか
その他	□ガスコンロ、レンジフード回りの壁、吊り戸棚等の不燃材料はよいか

(1) 手すりの高さ

図8-Ⅲ-38　手すりの設置例

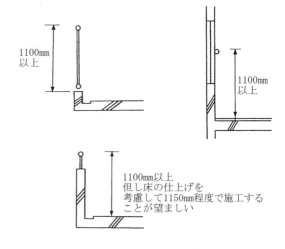

(2) 駐車場の出入口（大規模駐車場の場合）

図 8-Ⅲ-39　大規模駐車場の出入口

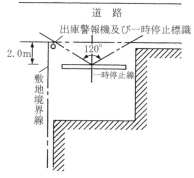

(3) 駐車場の天井高さ

　大規模駐車場（駐車の用に供する部分の床面積の合計が 500 ㎡以上のもので、駐車場法又は建築条例の規制をうけるもの）の天井高さは、格納部分で 2.1 m、車路部分で 2.3 m以上必要。この高さは梁下又はダクト下等での高さとする。又、荷捌き駐車場の場合、東京都では梁下 3 m以上必要。

(4) 調理室等とその他の部分

　ダイニング・キッチンのように火気使用部分とその他の部分とが一体である室については、天井から 50cm 以上下方に突出し、かつ、不燃材料で造り又は覆われた垂れ壁等で当該部分が相互に区画された場合を除き、その室のすべてを内装制限の対象とする。

　なお、区画する場合には、垂れ壁の位置は火源から天井までの高さの 2 分の 1 以上の水平距離を有する位置に設けることとする。

図 8-Ⅲ-40　調理室と一体である室の内装制限[77]

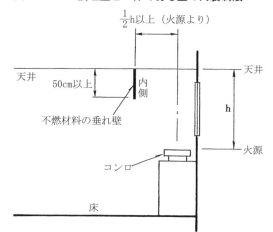

(5) ガスコンロ、レンジフード回りの措置
　（東京都火災予防条例による規制の例）

① 特定不燃材料以外の材料による仕上の場合
　上方 1 m以上、側方及び後方 15cm 以上離してガスコンロを設置する。
　（コンロ本体の上方の側方及び後方をいう）（図 8-Ⅲ-41）

図 8-Ⅲ-41　ガスコンロ周りの措置 1

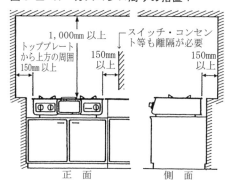

※この距離以上離れていれば、基準法の内装制限を除いて壁の仕上材料の制限やつり戸棚の材料は問わない。

　この距離以内にあるつり戸棚は、つり戸棚底部及びガスコンロ側の側方を不燃材料で仕上る必要がある（前面の扉までは指導されない）。

※ガスコンロの認定仕様により離隔距離が定められているものがあるので、各認定仕様を確認すること。

② 壁を特定不燃材料とした部分及び防熱板を設けた部分の場合

　上方 80cm 以上離せばガスコンロを設置できる。側方及び後方については制限はない。

図 8-Ⅲ-42　ガスコンロ回りの措置 2

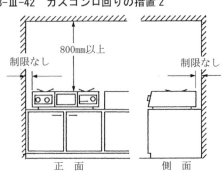

図 8-Ⅲ-44　ガスコンロ回りの措置 3

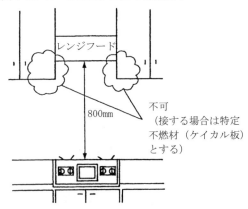

図 8-Ⅲ-43　防燃板の設置例

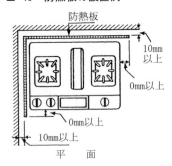

図 8-Ⅲ-45　レンジフード回りの措置

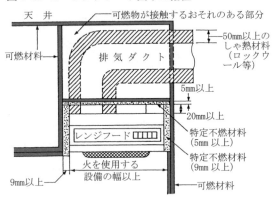

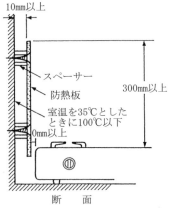

※壁を特定不燃材料としたり防熱板を設けても、ガスコンロから上方80cm以上の距離が必要なので、つり戸棚等を80cm以内（側方15cm以内）に設けることができないので注意する
　（上方の離隔距離については65cm以上として認定を受けているコンロもある）

Ⅳ 工事中の検査と手続き

1 中間検査と報告書類

確認申請時に工事監理者又は工事施工者が未定であった場合は、所定の様式により着工前に各者決定届けを提出すること。

確認通知書に添付された特定行政庁・指定確認検査機関の注意事項等に基づく中間検査の実施と報告書類の提出を行うこと。

工程連絡は、所定の工程報告書等により行うか、又は、電話連絡により検査立合い依頼をする。その後、中間検査等の申請を行う。工程連絡にあたっては、表8-Ⅳ-1の項目に注意されたい。

検査にあたっては確認申請副本を用意し、それまでに軽微変更届を行っている場合は併わせて用意する。

工程報告又は中間検査の時期は特定行政庁により異なるが、表8-Ⅳ-2の工程より特定行政庁ごとに決められている。

表8-Ⅳ-1　工程連絡の注意点

1	特定行政庁によっては、工事監理者の自主検査に委ねているところもある
2	工程報告書の提出のみで検査立ち合いを実施していないところもある
3	上記1、2の場合でも、竣工時に材料試験結果や工事記録写真は、提示又は提出できるようにそろえておくこと
4	電話連絡をした場合で検査立ち合いに役所担当者がこられない時は、連絡した日をメモしておくこと
5	検査立ち合いにより手直し工事の指摘が出た場合は、手直し前後の写真撮影をし、後日報告ができるようにしておく

表8-Ⅳ-2　工程報告又は中間検査の時期
中間検査（特定工程）は法で2階床配筋時と定められているが、特定行政庁にて定めている場合もあるため、必ず確認すること

1	根切り終了時
2	杭打ち時
3	基礎及び各階の配筋時
4	コンクリート打設時
5	鉄骨建方時
6	木造の場合の上棟時
7	換気、空調ダクトの取付時
8	給排水設備の配管等
9	浄化槽の防水工事完了時

●目安箱●

◆工事の着工とは◆

杭打ち工事がある物件は「杭打ち工事をもって着工」とし、杭打ち工事がない物件は「基礎の根切り工事をもって着工」とみなします。従って、これらの工事は建築確認が決裁になって、初めて、工事着手ができることになります。

解体工事や仮設工事（仮囲い、現場事務所の開設等）は着工とは扱われません。ここで問題となるのは、山留工事の扱いです。山留工事を仮設工事と判断してよいか、本体工事として着工と判断するかですが、明確な定義はないものの、通常本体工事として扱うべきと思われます。但し、特定行政庁に取扱いを確認することがが望まれます。又、工事開始にあたっては近隣問題の解決も必要であることは言うまでもありません。

着工前又は工事中の報告書類については、特定行政庁で書式が決められているものと、施工業者又は納入業者の所定の書類を提出するものにわけられる。又、提出にあたって役所の担当者からコンクリートの圧縮試験の検査回数や、鉄骨の超音波探傷の抜取り率について指導されることもある。

表 8-Ⅳ-3　工事報告書類

1	建築工事施工計画報告書	
2	鉄骨工事施工計画報告書	
3	溶接工事作業計画書	工事着手前
4	杭工事作業計画書	
5	山留め工事施工計画書	
6	コンクリート調合計画報告書	
7	建設工事施工結果報告書	工事中
8	鉄骨工事施工結果報告書	又は
9	工事監理報告書	竣工時

※　7 又は 9 には、下記のものを添付する
　・コンクリート圧縮強度試験成績書
　・コンクリート塩化物量の測定結果
　・鉄筋のミルシート
　・鉄筋のガス圧接引張試験成績書
　・杭耐力試験結果
　・工事記録写真
※　8 には、下記のものを添付する
　・鉄骨の超音波探傷試験報告書
　・高力ボルトのすべり係数試験
　・溶接工事欠陥検出試験報告書
　・工事記録写真
※　9 には、設備関係の工事監理報告書の提出を求めている特定行政庁があり、下記のものを添付する
　・水質検査記録書
　・駐車場の機械換気風量測定値(機械式駐車場を除く)
　・火気使用室の換気風量測定値
　・無窓居室の換気風量測定値
　・機械排煙風量測定値
　・避雷設備の接地抵抗測定値
　・非常用の照明装置の照度測定値
　・防火戸・防火ダンパー等設備試験結果記録書
　・予備電源運転・切り替え記録書
　(注)法定値のあるものについては、法定値と測定値が比較できるようにデータを作成すること

　なお、消防の中間検査は法で定められたものではないが実施すること。実施時期はおおむね天井や間仕切壁の下地工事中(軽鉄下地、ボード等を張る前)やダクト、配管の取付け工事中とする。
　消防の中間検査のポイントは、表 8-Ⅳ-4 のとおりである。

※中間検査の時期・実施については、必ず事前に消防と調整・打合せをしておくこと

表 8-Ⅳ-4　消防中間検査のポイント

1	壁・天井の下地材料、仕上材料の確認
2	防火区画貫通部等の埋め戻し方法の確認
3	配管の材質、ダクトの断熱材等の確認
4	火気使用設備周囲の離隔及び不燃処理の確認
5	消防設備の設置位置の確認 (特に誘導灯については、中間検査で位置、種類(大きさ)の確認を行うことが多い)
6	竣工検査時の手続き、提出書類について

2　完了検査の手続き

（1）完了検査の手続き
　　建築主は工事完了の日から 4 日以内に建築主事、指定確認検査機関に完了検査申請書を提出しなければならない。その後、完了検査申請書を受理した日から 7 日以内に検査が行われるが、完了検査は引渡し日から逆算し 1 ～ 3 週間前に受けるようにする。又、特定行政庁により検査日程が詰まっているところは、検査予定日の 2 週間から 1 カ月前ぐらいに予約を入れておくようにすること。
（2）消防への届出
　　確認通知書に添付された消防の指示書又は指導票による届出を行う。

表 8-Ⅳ-5　竣工時の消防署への届出

1	防火対象物使用開始届	配置、案内、平面図、立面図、断面図、仕上表等を添付する
2	消防用設備等設置届	各消防設備について個々に提出するが、各担当業者に任せないで一括して提出するよう管理したい
3	火を使用する設備等の設置届	炉、厨房設備、ボイラー、給湯湯沸設備等火災予防条例に則り届出する

※　必ず事前に消防と調整・打合せを行うこと

❸ 完了検査の受け方

1. 検査を受ける前に判断すべきこと

表 8-Ⅳ-6　検査前の判断内容

1	確認申請の変更手続きを要する設計変更がされていないか
2	1が必要な場合に、完了検査申請書の提出又は検査済証取得時期までに変更手続きが完了する為のスケジュール調整をどうするか
3	仮使用申請が必要とならないか
4	3が必要な場合に、引渡し又は建物オープンまでに仮使用申請を取得する為のスケジュール調整をどうするか
5	検査済証がいつまでに必要で、検査日から検査済証発行までに何日ぐらいかかるか
6	検査済証発行に対して必要な開発行為等の検査済証がそれ以前に取得できるか
7	工事中又は竣工時に必要な構造、材料等の報告がすべてなされているか
8	検査当日までに検査が受けられる状態になっているか（工事が完了しているか）
9	特定行政庁、消防署以外に、保健所の営業許可の為の検査が必要な建築物の時に、オープンまでの施主側対応を含めたスケジュール調整ができているか

2. 未完成部分がある場合の対応

テナント工事部分等の一部未完成部分がある場合は、下記のいずれかの対応を取ること。

(1) 仮使用認定申請の提出

(2) 工事完了とみなせる仕上等の実施

① 床はモルタル金ごて仕上又はPタイル貼り等

② 壁、天井は石こうボード又はモルタル下地にペンキ塗り、又は化粧石こうボート貼り、クロス貼り

③ 一般照明器具の設置

④ 防災設備の設置（非常用照明、感知器等）

※未完成部分が確認申請上「飲食店」又は「厨房」の場合は、厨房機器及び換気設備の設置も必要となる。

また、自然排煙や内装制限等の法的条件を満たすように、天井高や排煙オペレーターの設置、不燃材等の使用が必要となる。

3. 完了検査直前の自主検査について

本章Ⅲで述べる「工事中の法規制の注意点」のすべてにわたって確認することが必要だが、ここでは検査方法別の自主検査内容をまとめる。

表 8-Ⅳ-7　寸法測定検査

外周り	斜線制限等水平距離
	避難通路幅
	窓先空地、前面空地幅
	建物高さ
	外廊下、外階段の敷地境界線からの距離
建物内部	廊下、階段幅
	手すり高さ
	防煙垂れ壁、防煙区画上部の下り壁高さ
	防火シャッターの幅、危険防止装置の有無
	排煙開口部の上端の天井からの下り
	排煙開口部の開放状態での有効幅
	排煙開口部の手動開放装置の床からの高さ
	進入口に代る開口部の大きさ
	屋外避難階段から開口部までの距離
	床面積除外部分の外廊下、バルコニー、外階段の手すり上端の開放部分の寸法
	受水槽の周囲の点検スペース幅
	避難経路の扉の有効開口寸法（幅、高さ、床からの高さ）

表 8-Ⅳ-8　作動検査

1	煙感知器連動の防火戸、シャッター、ダンパー作動
2	排煙口作動（排煙窓のオペレーター含）排煙機作動
3	中央監視遠隔操作
4	非常用照明点灯、予備電源の作動
5	防火戸自閉装置（ドアクローザー、順位調整）の作動、閉鎖の速度
6	防災設備の予備電源の作動

表 8-Ⅳ-9　外観（目視）検査

1	防火材料（耐火構造、防火構造等）
2	仕上材料
3	クロスの認定ラベル
4	防火区画の構成（天井裏、スパンドレル、配管、ダクトの区画貫通部の処理）
5	防火戸の設置（特定防火設備、防火設備の区別、延焼のおそれのある部分の防火設備）
6	非常用照明の位置
7	進入口の赤色灯、▽マーク
8	敷地境界の明示
9	24時間換気の表示

4．検査要領

表 8-IV-10　立合い者

1	設計担当者（必要に応じて設備担当者）
2	工事監理担当者
3	施工担当者（設備、電気の担当者を含む）
4	設備関係協力業者
5	消防検査においては建築主又は管理会社の担当者（特定行政庁検査においては状況に応じて判断する）

※　特定行政庁により法定工事監理者の立合いを求められる場合がある。

表 8-IV-11　防災設備の作動検査の準備

1	煙感連動ドア、シャッター、ダンパーの作動
2	機械排煙の排煙口作動 （発煙筒をたいて行うこともある） （予備電源の切替え運転を含む） （遠隔操作が機能している時又は感知器連動している時はそれらの作動状況を含む）
3	非常用照明の予備電源の作動 （照度測定をその場で行うこともある）

表 8-IV-12　検査当日そろえておくべき書類

1	確認通知書、同変更申請書
2	設備関係測定データ (1) 換気風量測定データ (2) 排煙風量測定データ (3) 非常用照明照度測定データ (4) 避雷針接地極測定データ
3	材料関係の報告書（未提出の時） (1) コンクリート調合計画報告書 (2) コンクリート圧縮強度試験成績書 (3) 鉄筋のガス圧接引張試験成績書 (4) 鉄筋のミルシート (5) 鉄骨超音波探傷試験成績書 (6) 溶接工事欠陥検出試験報告書
4	工事記録写真
5	その他 (1) 耐火被覆施工写真 (2) 給水水質試験結果書 (3) シックハウス対象材料　認定書、納品書、写真

表 8-IV-13　検査前の現場事務所等での対応

1	立合い者の紹介（簡単に）
2	当該検査以外の官庁検査の結果報告
3	建物概要の説明（規模、配置、各階平面構成程度）
4	工事中における変更内容の説明
5	防災設備の概要説明（防火区画、排煙方法、その他設置防災設備の種類）
6	検査手順の確認（班に別かれるか否か、作動検査を行う場所等）

表 8-IV-14　検査時の注意点

1	現場は清掃及び整理整頓を心がける 検査時には他の作業をなるべく中止し、検査が円滑に行なえるよう計る
2	作動検査は手際よく進める 担当者は、検査手順や感知器の警戒区域の範囲を熟知しておくこと
3	防火ダンパーの作動確認や、耐火被覆の施工状態の確認をするので、脚立やライトを用意しておくこと。点検口は事前に開けておく方がよい。検査は任意の場所で行なわれることもあるので、脚立を持ち歩くか、必要箇所に準備しておく
4	防火区画のラインや各部屋の排煙方法等、即座に返答できるように把握している担当者が検査官につくようにしたい

表 8-IV-15　検査後の対応

1	指摘項目については、書類（写真）報告でよいか、再検査になるか確認する
2	書類報告の時に、報告者（工事監理者となるのが一般的）の捺印の有無も確認する
3	その場で是正できるものは、検査終了時までに確認してもらった方がよい
4	検査済証の必要日を伝え、是正報告後の特定行政庁内での必要日数や書類の回り方等を聞いて確認する

※　機械排煙の検査手順（大規模建築物の例）

1. 点火前の人員配置

　　中央管理室、予備電源のある部屋、排煙機のある場所への検査員の配置及び相互の連絡体制を確認する

2. 発煙筒等への点火

　　位置は部屋のほぼ中央とする

3. 点火後の排煙口の開放（手動開放装置にて）

　　煙がほぼ一様に天井に達したときに排煙口を開放する
　　この際給気のために居室と廊下の扉は開放しておく

4. 排煙風量の測定

　　防火戸等の作動、空調機の停止の確認も行う

5. 停電状態にし、予備電源にて起動

　　必要であれば排煙風量の測定を再度行う

6. 感知器による排煙作動、中央管理室での遠隔操作が行なわれているものは、その起動の確認

※　非常用 ELV 乗降ロビー、特別避難階段の付室を機械排煙で行うものは、その検査も上記に準じて行う

4 その他の検査について

営業許可が必要な建築物又は建築物の部分は検査済証がおりたからと言って建物の使用をしてよいものではなく、保健所等関係官庁の検査が終了し営業許可がおりた段階で、建物使用ができることになる。

保健所等の検査は、建物の完成のみならず、施設としての完成が条件であり、ホテルを例にとればロビーのソファーや客室内のベッド、テーブル等が備わり使用できる状態で検査することになる。又、営業許可には、検査済証、消防法令適合通知書等の書類や、受水槽の水質検査成績書の添付が必要となる場合があるので注意すること。

表 8-Ⅳ-16　保健所等の検査が必要な主な建築物

建築物の用途	検査担当官庁	備考
旅館、ホテル	保健所	会社の保養所も含む
飲食店	〃	ホテルその他のレストラン等を含む
公衆浴場	〃	スポーツ施設等の浴室を含む
美容院、理容院	〃	ホテル、病院内の美容院を含む
病院、診療所	保健所又は都道府県	
薬局	保健所・地方厚生局又は都道府県	
風俗営業施設	公安委員会（警察署）	キャバレー、パチンコ店等
危険物施設	消防署	

●目安箱●

◆竣工検査の指摘項目ワースト10◆

1. 防火区画貫通部の埋め戻し処理の未徹底
2. 延焼の恐れのある部分の開口部の網入りガラス、換気口のFD
3. 手すりの高さ1.1mの寸法不足
4. 防火戸の自閉装置（ドアクローザー等）の作動不適合
5. 3㎡を超える防火戸の子扉における床からの高さ不適合
6. 煙感知器と防火戸、防火ダンパーの連動不適合
7. 耐火被覆の厚さ不足
8. 屋外避難経路の幅員不足
9. 自然排煙窓の有効開口部の寸法（高さ、幅）不足
10. 屋外避難階段から2m以内に開口部あり

第9章　建物用途別チェックポイント

I	事務所
II	共同住宅
III	旅館 ホテル
IV	病院 診療所
V	高齢者施設
VI	学校
VII	店舗
VIII	劇場・映画館 集会場等
IX	工場
X	倉庫
XI	自動車車庫
XII	専用住宅
XIII	その他の 建物用途

第9章　建物用途別チェックポイント

Ⅰ　事務所······················ 440

用途地域による制限／ 440
階数、高さ別法規制一覧／ 446
主要な単体規定一覧／ 448
単体規定のチェックポイント／ 449

Ⅱ　共同住宅···················· 450

共同住宅と長屋の区分／ 450
用途地域による制限／ 450
一団地認定／ 451
階数・高さ別法規制一覧／ 456
主要な単体規定一覧／ 457
省令 40 号に基づく特例基準／ 466
単体規定のチェックポイント／ 479

Ⅲ　旅館、ホテル·············· 480

旅館業法による区分／ 480
用途地域による制限／ 480
関連法規一覧／ 483
階数、高さ別法規制／ 488
主要な単体規定一覧／ 489
単体規定のチェックポイント／ 492
手続き上のポイント／ 493

Ⅳ　病院、診療所·············· 495

病院と診療所／ 495
用途地域による制限／ 495
関連法規一覧／ 496
医療法の規制／ 497
老人性病棟施設の規制／ 500
介護保険法の規制／ 501
主要な単体規定一覧／ 504
単体規定のチェックポイント／ 507

Ⅴ　高齢者施設················ 508

主な高齢者施設の概要と位置付け／
508

用途地域による制限／ 510
老人福祉法の規制／ 512
主要な単体規定一覧／ 516
単体規定のチェックポイント／ 517

Ⅵ　学校························· 518

学校教育法による区分／ 518
用途地域による制限／ 518
学校教育法に基づく設置基準／ 519
主要な単体規定一覧／ 521
単体規定のチェックポイント／ 523

Ⅶ　店舗························· 524

用途地域による制限／ 524
大店法の規制／ 525
商調法の規制／ 527
関連法規一覧／ 528
主要な単体規定一覧／ 528
食品衛生法の規制／ 537
単体規定のチェックポイント／ 538

Ⅷ　劇場、映画館、集会場等··· 539

用途地域による制限／ 539
主要な単体規定一覧／ 540
興行場法の規制／ 540
単体規定のチェックポイント／ 545

Ⅸ　工場························· 546

用途地域による制限／ 546
工場立地法の制限／ 549
主要な単体規定一覧／ 555
単体規定のチェックポイント／ 557

Ⅹ　倉庫························· 558

用途地域による制限／ 558
倉庫業法による規制／ 558
主要な単体規定一覧／ 563

単体規定のチェックポイント／ 567

Ⅺ　自動車車庫················ 568

用途地域による制限／ 568
機械駐車場の床面積の算定／ 573
主要な単体規定一覧／ 574
駐車場法による制限／ 577
単体規定のチェックポイント／ 578
駐車場附置義務／ 579

Ⅻ　専用住宅··················· 584

専用住宅とその他の区分／ 584
用途地域による制限／ 585
形態規制／ 588
相隣関係（民法の規定）／ 590
単体規定一覧／ 593
法規制チェックポイント／ 595

ⅩⅢ　その他の建物用途······ 596

保育所／ 596
寄宿舎（事業付属寄宿規定）／ 596
クラブハウス／ 596
体育館／ 597
図書館、博物館（美術館）／ 597
公衆浴場／ 597
神社、寺院、教会／ 597

I　事務所

1 立地上のポイント

1．用途地域による制限

表9-I-1　各用途地域内に建築できる事務所

建築物の用途 用途に供する階	事務所兼用住宅	事務所（同一敷地内に令130条の3第1号の駐車施設を設けるものを除く）					
		≦2階				≧3階	
用途に供する床面積	事務所部分≦50㎡ 事務所≦住宅	≦500㎡ 銀行の支店、損害保険代理店・宅地建物取引業を営む店舗	≦1,500㎡	≦3,000㎡	>3,000㎡	≦3,000㎡	>3,000㎡
第1種低層住居専用地域	○	×	×	×	×	×	×
第2種低層住居専用地域	○	×	×	×	×	×	×
第1種中高層住居専用地域	○	○	×	×	×	×	×
第2種中高層住居専用地域	○	○	○	×	×	×	×
第1種住居地域	○	○	○	○	×	○	×
第2種住居地域	○	○	○	○	○	○	○
準住居地域	○	○	○	○	○	○	○
近隣商業地域	○	○	○	○	○	○	○
商業地域	○	○	○	○	○	○	○
準工業地域	○	○	○	○	○	○	○
工業地域	○	○	○	○	○	○	○
工業専用地域	×	○	○	○	○	○	○
無指定地域	○	○	○	○	○	○	○

○：建築可　×：建築不可（法別表第2）

例）第2種中高層住居専用地域内の事務所は、2階以下かつ延べ面積1,500㎡以下のものであるならば建築可。

この1,500㎡の面積規制は、第1種中高層住居専用地域内に建築できない建物用途の延べ面積の合計の規制なので、1つの建物内にたとえば事務所、店舗、倉庫がある場合は、その床面積の合計が1,500㎡以下でなければならない。

図9-I-1　2種中高層住専内の用途規制の考え方

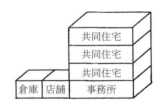

倉庫+店舗+事務所
≦1500㎡

2．特殊手法の活用

容積率制限、斜線制限等の緩和を受けたい場合に特定街区、総合設計制度等の手法の活用を検討することになるが、次の項目に注意すること。

(1) 一定の敷地規模と前面道路を有し、かつ敷地内に一定の空地を確保した計画であること。
(2) 特定街区の指定を受けられる敷地は原則として4面とも道路に接していること。
(3) 容積率の緩和は有効公開空地率に応じ算定される。
(4) 有効公開空地は、歩行者等日常一般に公開される歩道状又は植栽、花壇、池泉等修景施設を含めた広場状空地であること。
(5) 総合設計制度にあっては許可申請、特定街区及び高度利用地区等にあっては都市計画の決定の手続きが必要であるので、事業スケジュール、設計スケジュールとの調整を行うこと。

容積率の割増等については、次ページ以降の比較表を参考にされたい。

●目安箱●

◆併用構造は取扱注意◆

併用構造(混構造や混合構造とも呼ばれています)は、1つの建物に異種構造を組み合わせるものですが、組み合わせ方によってはバリエーションは無限と言ってもよく、そのせいか法規上の定義も明確とは言い難いものとなっています。そのため確認申請では設計者と審査機関との間で意見の食い違いが生じることが多い事項です。では、どのような場合に問題となるのでしょうか。その例を挙げると共にどのように考えればよいのか、以下に一般論的な考え方を述べます。

(1)計算不要と思っていたものが、計算書の提出を求められる場合

| 2階建の木造は、規模など一定の条件下では法6条の3第三号に規定のいわゆる四号特例により、確認申請において構造図や計算書の提出が免除されるが、鉄骨造の外部階段やバルコニーなどが付随している場合に鉄骨造と併用構造と見なされると法6条1項三号の建築物として構造図および計算書の提出が必要となる。 | | 比較的軽量の鉄骨造の階段やバルコニーなどについては運用として併用構造とはみなさないという判断をする特定行政庁が多いようです。
(なお、本体の木造とエキスパンションジョイントで分離する場合は鉄骨造部分は計算が必要となります。) |

(2)ルート1と思っていたものが、ルート3を求められる場合

| 軒高9m超のRC造は、高さ20m以下であればルート1が適用され許容応力度計算を行えばよいが、梁、柱や屋根などに部分的に鉄骨造を用いている場合に併用構造と見なされると、H19国交告593号三号の高さ制限を超えるためルート2以上の計算が必要となる。併用構造の性質上、偏心率や剛性率が収まらない場合も多く、結局ルート3即ち保有水平耐力計算となってしまい、設計の手間が格段に増える。 | | 鉄骨造部分が地震力を負担しなければ併用構造ではないという意見がよく聞かれますが、それは少し危険ではないかと思われます。令36条の2(ルート2となる建築物を定めている)四号には、地震時の応力負担については触れられていません。ピン-ピンの柱でせん断力が発生しないとは言っても、上階を支える柱を鉄骨造とすれば、まずは併用構造と考えるべきと思われます。一方、軸力を生じない間柱や、階段や庇などを鉄骨造とする場合には、建築物の地震力を負担しないのであれば、併用構造ではないとしてよいと思われます。 |

(3)地上木造1階地下RC造が、延べ面積500㎡超でルート2以上となる場合

| この構造はH19国交告593号四号のイ、ロのどちらにも当てはまらず、ルート2を求められる。 | | 併用構造ではなく、ルート1で計算すればよいと考えられます。そもそも、ルート2の計算は法20条1項二号の条文にも、地震力によって建築物の「地上部分」の各階に生ずる水平方向の変形を把握すること、とあるように、ルート1との違いは地上部の扱いにあります。地上部分は木造のみなので、木造の建築物と扱ってよいと考えられます。 |

以上、一般論を述べましたが、特定行政庁によっても判断が異なる事項であり、確認検査機関の判断が、ひっくり返ることもあります。設計の手戻りが生じないよう、早い段階で所管の特定行政庁に問い合わせをすることをお勧めします。

表 9- I -2　容積率の割増しを受ける為の三制度の比較表[7]

総合設計制度			
国の基準		都の基準	

敷地規模

国の基準		都の基準	
第1種・第2種低層住専	3000 ㎡	1種・2種低層住専、1種・2種中高層住専※	1000 ㎡
第1種・第2種中高層住専、第1種・第2種・準住居、準工業、工業、工業専用、無指定	2000 ㎡	その他	500 ㎡
近隣商業、商業	1000 ㎡	※業務商業育成型総合設計制度の場合のみ	
用途地域の指定のない地域	2000 ㎡		

接道規定

国の基準		都の基準	
第1種・第2種低層住専、第1種・第2種中高層住専、第1種・第2種・準住居、準工業、無指定	6 m	第1種・第2種低層住専、第1種・第2種中高層住専、第1種・第2種・準住居、準工業	6 m
近隣商業、商業、工業、工業専用	8 m	近隣商業、商業、工業、工業専用	8 m
無指定	6 m		

※接道長さの指定はなし

近隣商業、商業にあっては、幅6 m以上の道路に周長の 1/4 以上接し、その道路に接して幅4 m以上の歩道状空地を設けた時は8 m道路に接していなくてよい
接道長さ——周長の1/6以上(地区計画等による緩和規定有)

空地率・公開空地率等

基準建ぺい率 (Fo)	空地率	空地率 (容積率緩和なしの場合)
30 ≦ Fo ≦ 50	115 － Fo	110 － Fo
50 ＜ Fo ≦ 55	65	60
55 ＜ Fo ≦ 100	120 － Fo	115 － Fo

基準容積率 (Vo)	最低限有効公開地率 (Po)
Vo ≦ 100	30
100 ＜ Vo ＜ 500	35 － (Vo/20)
500 ≦ Vo	10

特定街区		高度利用地区
国の基準	都の基準	

<table>
<tr><td colspan="2">

国の基準

用途地域	敷地面積
第1種・第2種低層住専	5000 ㎡
第1種・第2種中高層住専．第1種・第2種・準住居、準工業、工業、工業専用	3000 ㎡
近隣商業、商業	2000 ㎡

</td></tr>
</table>

都の基準

原則として 5000 ㎡以上。地域の整備改善等に大幅に寄与する場合は下記とする

基準容積率（Vo）	敷地面積
Vo < 300	5000 ㎡
300 ≦ Vo < 700	4000 ㎡
700 ≦ Vo	3000 ㎡ 都市計画上特に必要があると認められる時は 2000 ㎡

高度利用地区

敷地規模の制限は特になし
　次のいずれかに該当する区域について指定する
(1) 用途地域内における枢要な商業地、業務地又は住宅地として高度に土地利用を図るべき区域であって、当該区域内に現に存する建築物の相当部分の容積率が現に指定されている容積率より著しく低い区域
(2) 用途地域内で土地利用が細分化されていること、公共施設の整備が不十分なこと等により、土地の利用状況が著しく不健全な地区であって、都市環境の改善上又は災害の防止上、土地の健全な高度利用を図るべき区域
(3) 大都市等の都心部に存し、現に都市基盤施設が高い水準で整備されており、かつ、高次の都市機能が集積しているものの、建築物の老朽化又は陳腐化が進行しつつある区域であって、建築物の建替えを通じて都市機能が望ましい姿に更新されるよう誘導を図るべき区域
(4) 区域の大部分が第1種／第2種中高層住居専用地域で、その土地の大部分が建築物その他の工作物の敷地として利用されていない区域で、その全部又は一部が中高層の住宅街区として整備されるべき区域
(5) (1) から (4) に掲げるもののほか、土地の合理的かつ健全な高度利用と都市機能の更新を図るべき区域
※　当該区域の土地利用の高度化を図るために必要な幹線道路等の公共施設が整備されていること、又は当該公共施設に関する都市計画が定められていること

原則として周囲が道路であること

基準容積率 （Vo）	主要道路	主要以外の道路
Vo ≦ 300	8 m	6 m
Vo = 400、500、600	12 m	6 m
Vo = 700、800	16 m	8 m
Vo = 900、1000	22 m	8 m

主要道路は周長の 1/10 以上接すること

原則として周囲が道路であること

基準容積率 （Vo）	主要道路	主要以外の道路
Vo < 300	8 m	6 m
300 ≦ Vo < 500	12 m	6 m
500 ≦ Vo < 700	16 m	8 m
700 ≦ Vo < 900	22 m	8 m
900 ≦ Vo	22 m	8 m

主要道路は周長の 1/8 以上接すること

特になし
但し特定行政庁により指定がある場合あり

基準建ぺい率(Co)	有効空地率(%)
Co < 80	100 － Co
80 ≦ Co ≦ 100	20

基準容積率 （Vo）	有効空地率(Po)
150 ≦ Vo ≦ 400(そ)	50
200 < Vo ≦ 400(商)	40
400 < Vo ≦ 700(商)	35
700 < Vo （商)	30

(商)：商業地域、近燐商業地域
(そ)：住居地域等その他の用途地域

次の (1) 又は (2) により定める
（建ぺい率の最高限度＝ Ck）
(1) Ck ≦ Co の範囲で 10% の整数倍の数値を定める
(2) 次に該当する場合は (1) にかかわらず①〜④による
①近隣商業地域及び商業地域外で、かつ防火地域内にある耐火建築物
……(1) で定める Ck ＋ 10%
②街区の角にある敷地又はこれに準ずる敷地で特定行政庁が指定するものの内にある建築物……(1) で定める Ck ＋ 10%
③①②の両方に該当する建築物
……(1)で定める Ck ＋ 20%
④巡査派出所、公衆便所、公共用歩廊その他これらに類するもの、又は公園、広場、道路、川その他これらに類するものの内にある建築物で特定行政庁が安全上、防火上及び衛生上支障がないと許可したもの
……定めない

	総合設計制度（つづき）	
	国の基準	都の基準

割増容積率

国の基準:

$$V_o \times (P - 0.1) \times Ki$$

Ki：下表による割増係数

基準容積率（Vo）	割増係数（Ki）
$V_o < 100$	$2/3$
$100 \leqq V_o < 900$	$1/3 + (9 - V_o) \times 1/24$
$900 \leqq V_o$	$1/3$

市街地住宅型総合設計	$Ki \times (a \times 3/4 + 1)$

a：建築物における住宅部分の割合

（2/3 を超える時は 2/3 とする→$Ki \times 1.5$ となる）

都の基準:

$$(P - Po) \times \alpha \times ((Vo/400) + Kx \times \beta) \times \gamma \times Ky$$

但し $P - Po \geqq 10$ とする

Kx　一般型総合設計————1.0
　　　市街地住宅型総合設計—3.0（都心部）
　　　　　　　　　　　　　　2.5（センターコアエリア内で都心部を除く）
　　　　　　　　　　　　　　2.0（その他の適用区域）

β　一般型総合設計————1.0

γ　環境性能係数　PAL* 低減率 10%
　　　　　　　　　　ERR10%＋（特に優れた取組）—1.3
　　　　　　　　　　PAL* 低減率 10%
　　　　　　　　　　ERR10%＋（優れた取組）—1.2
　　　　　　　　　　その他—1.0

Ky　敷地規模別係数　敷地面積 5000 ㎡以下—1.0
　　　　　　　　　　敷地面積 5000 ㎡超える場合
　　　　　　　　　　$Ky = (1 + (A - Amin))/(X - Amin) \times W$
　　　　　　　　　　による

α　公開空地の質係数

計画適合評価	A	B	C	D
公開空地の質係数	1.3	1.2	1.1	1.0

割増容積率の限度

一般型総合設計	Vo の 0.5 倍かつ 175%増以内
市街地住宅型総合設計	Vo の 0.75 倍かつ 300%増以内（※）

※　環 7 の外側の区部——0.5 倍かつ 250%
　　多摩地区——0.5 倍かつ 200%

200%増とする為の必要公開空地率の例
商業・防火
Vo = 600

一般型————————82.73

一般型————————（175%増が限度）

各制度により用語の記号は違っているが、この表においては便宜上、右記で統一した　　　　　　　　　　　　（単位：%）

特定街区（つづき）				高度利用地区（つづき）	

特定街区（つづき）

国の基準

用途地域	割増容積率
商業地域 近隣商業地域	$V_O + 20/3 \times [P - \{0.2 + 1/2 (1 - C_O)\}]$
その他の用途地域	・$C_O \geqq 5/10$ の場合 $V_O + 20/3 \times [P - \{0.2 + (1 - C_O)\}]$ ・$C_O < 5/10$ の場合 $V_O + 20/3 (P - 0.7)$

都の基準

基準容積率（V_O）	割増容積率
$150 \leqq V_O \leqq 400$ （そ）	$(P - 40) \times 5$
$200 < V_O \leqq 400$ （商）	$(P - 30) \times 5$
$400 < V_O \leqq 700$	$(P - 25) \times 5$
$700 < V_O$	$(P - 20) \times 5$

（商）：商業地域、近隣商業地域
（そ）：住居地域等その他の用途地域
$V_O < 150$ の区域は、原則として特定街区を指定しないが、住環境等の特段の向上に資すると判断された場合は、下記とする
$[P - \{100 - (F_O - 5)\}] \times 5$

街区種別	割増容積率
一般型持定街区	V_O の 0.5 倍かつ 200% ～ 300% 増以内 ※センターコアエリア等都市構造上の位置付けによる
重要文化財保存型	V_O の 0.75 倍かつ 400% 増以内 ※センターコアエリア等都市構造上の位置付けによる
都心居住型	V_O の 1.0 倍かつ 400% 増以内 ※センターコアエリア等都市構造上の位置付けによる

高度利用地区（つづき）

(1) 次に定めるところによる（割増容積率）

$C_O - C_k$	V_u
10% 又は 20%	$V_O + 50\%$
30% 以上	$V_O + 100\%$

但し、$V_u > V_O$ と定める場合には、壁面の位置の制限を定めなければならない

(2) 道路に沿って幅 4 m 以上（歩道と一体として確保される場合又は主要な歩行者動線として想定する必要のない場合なら 2 m 以上）の空地（梁下高さ 4 m 以上のピロティ状の空地を含む）をとれば、(1) の容積率の数値にさらに＋50％、また、これに加えて広場等の有効な空地が確保される場合には、(1) の容積率の数値にさらに＋100％

(3) 住宅の立地誘導を図るべき区域で、建物の延べ面積の概ね 1/4 以上を住宅の用に供する建築物は (1)(2) の容積率の数値にさらに＋100％

(4) 建築物の一部に屋内広場、集会所、ホール、ギャラリー等文化・交流機能の用に供する部分を備えた建築物は、(1)(2) の容積率の数値にさらに＋100％

(5) (1) ～ (4) により定められるものの上限
V_O が 300％ 未満の場合は、$V_u \leqq V_O + 200\%$
V_O が 300％ 以上の場合は、$V_u \leqq V_O + 300\%$
敷地規模に応じて別に容積率の最高限度を定めることができる
但し、$V_u \geqq V_O + 150\%$ で定める場合、次表に基づき敷地の最低規模を定める

容積率の 最高限度	当該容積率の最高限度の 適用を受ける敷地の 最低規模
$V_O + 150\%$	500 ㎡
$V_O + 200\%$ 以上	1000 ㎡

容積率の最高限度 $V_O + 100\%$
※壁面後退等の条件により＋αあり

基準建ぺい率＝F_O、基準容積率＝V_O、最低限有効空地率及び最低限有効公開空地率＝P_O
有効空地率及び有効公開空地率＝P

３．接　道

各地方公共団体の建築条例により規制内容は異なるが、特に次の項目に注意すること。

(1) 大規模建築物の接する前面道路幅員の制限
東京都建築安全条例では延べ面積が 3000 ㎡を超え、かつ、高さが 15 m を超える建築物の敷地は、幅員 6 m 以上の道路に 10 m 以上接していなければならない。

(2) 駐車場がある場合は、原則として幅員 6 m以上の道路に出入口を設けなければならない。

2 法規制一覧

1. 階数、高さ別法規制一覧

表 9-I-3　事務所の階数、高さ別法規制

階数	高さ	建築基準法	消防法	その他
	100 m			環境アセスメント適用（東京都）（かつ S ≧ 10 万㎡（駐車場面積を含む））
	60 m	大臣認定（構造評定）		航空障害灯の設置
15 階		特別避難階段の設置 歩行距離の強化 （40 m、内装により 50 m）		
11 階		防火区画の強化 （高層区画） （結果として内装制限の強化につながる）	スプリンクラーの設置 非常放送の設置 非常コンセントの設置、誘導灯の設置	
	31 m	商工業系用途地域の隣地斜線 非常用 ELV の設置 中央管理室の制御、監視	（都条例によるスプリンクラー設備の設置）	電波伝搬障害防止区域の規制 高層建築物の指導基準 （特定行政庁、消防庁による）
7 階			連結送水管の設置	
	20 m	住居系用途地域の隣地斜線 避雷針の設置		
6 階		2 以上の直通階段の設置		
5 階		避難階段の設置	連結送水管の設置（S ≧ 6000 ㎡） （都条例による屋内消火栓の設置）	
	15 m			都条例による 6 m 道路の接道 （かつ S ≧ 3000 ㎡）
	10 m	1 種・2 種低層住専以外の日影規制の適用		
3 階		竪穴区画 非常用進入口の設置 排煙設備 ┐ 非常用照明 ├ 階数 3 以上 内装制限 ┘ かつ S > 500 ㎡ 2 以上の直通階段の設置 （居室面積 > 200 ㎡） 2 中高の事務所規制（2 階以下）	避難器具の設置 （収容人員 150 人以上、無窓階は 100 人以上）	
2 階		歩行距離 （50 m、内装して 60 m） 2 以上の直通階段の設置 （居室面積 > 400 ㎡）		
B1 階		歩行距離（無窓居室） （30 m、内装により 40 m） 2 以上の直通階段の設置 （居室面積 > 200 ㎡）	連結散水設備の設置 （地階の床面積の合計 ≧ 700 ㎡）	
B2 階		避難階段の設置		
B3 階		特別避難階段の設置	非常放送の設置	

注) この表は各規制の一般的基準であり、この表以外に強化規定と緩和規定があるので注意すること

S：延べ面積

2．関連法規のポイント

(1) インテリジェントビル

下記の基準が示されている。

① コンピューターシステム、情報通信システムを設置する建築物に係る安全対策基準（H7.8.29 通産省告示 518 号、H9.9.24 通産省告示 536 号）

② 政府系金融機関による融資基準として、高度情報化建築物（インテリジェントビル）整備事業融資推薦基準及び同運用指針（S62.4.30 建設省住指発 125 号）

(2) 官公庁施設

国家機関の建築物に関しては、その災害を防ぎ、公衆の利便と公務の能率増進を図る事を目的として、下記の法律及びその基準が示されている。

これらは建築物の位置、規模、構造に関して規定し、基準を定めたものである。

① 官公庁施設の建設等に関する法律（S26.6.1 法律 181 号、H26.6.4 法律 54 号）

② 国家機関の建築物及びその附帯施設の位置、規程及び構造に関する基準（H6.12.15 建設省告示 2379 号、H19.6.19 国交省告示 833 号）

表 9-Ⅰ-4　事務所の関連法規

対象法令等	適用規模（延べ面積）	規制内容
バリアフリー法	2000 ㎡以上　※5	不特定多数の人が利用する銀行、郵便局、保健所、税務署等の公益施設を中心に高齢者、身体障害者等が円滑に利用できるよう、出入口、廊下等、階段、昇降機、便所、駐車場、敷地内の通路に関する配慮を行う
省エネ法（建築物省エネ法）	2000 ㎡以上の非住宅用途　適合義務 300 ㎡以上 2000 ㎡未満　届出義務	建築物の外壁、窓等を通じての熱の損失の防止、空気調和設備に係るエネルギー等の効率的利用を行う
ビル管法	3000 ㎡以上	空調及び給排水の建築物環境衛生管理基準を満足させる
駐車場附置義務（駐車場条例）	1000 ㎡〜 3000 ㎡以上	地方公共団体の条例による。駐車場整備地区、周辺地区等の指定により床面積の合計に応じた必要台数を確保する。必要台数の 70%は小型乗用車用（2.3 m× 5.0 m）、30%は普通乗用車用（2.5 m× 6.0 m）とし、各建物に 1 台以上は身体障害者用（3.5 m× 6.0 m）のものを設ける（注：カッコ内は 1 台あたりの駐車マス面積）

※1　バリアフリー法の正式名称：高齢者、障害者等の移動等の円滑化の促進に関する法律
※2　省エネ法の正式名称：エネルギーの使用の合理化に関する法律
※3　建築物省エネ法の正式名称：建築物のエネルギー消費性能の向上に関する法律
※4　ビル管法の正式名称：建築物における衛生的環境の確保に関する法律
※5　駐車場条例がない地方公共団体においては駐車場附置義務はない
※6　各自治体による条例により適用規模が強化されている場合がある

3. 主要な単体規定一覧

表 9-Ⅰ-5　事務所の主要単体規定

項目		規制内容					緩和・注意事項
階段までの歩行距離	居室の種類	主要構造部が耐火構造・準耐火構造又は不燃材料				その他	無窓居室とは採光上有効な開口部（1/20）を有しない居室をいう
		14 階以下		15 階以上			
			準不燃以上で内装		準不燃以上で内装		
	一般居室	≦ 50 m	≦ 60 m	≦ 40 m	≦ 50 m	≦ 40 m	
	無窓居室	≦ 30 m	≦ 40 m	≦ 20 m	≦ 30 m	≦ 30 m	
2 以上の直通階段の設置	居室の床面積の合計	主要構造部が耐火構造、準耐火構造又は不燃材料			その他		6 階以上の緩和 1. その階の居室の床面積の合計≦ 200 ㎡ 2. 階段は屋外避難階段か特別避難階段であること 3. 避難上有効なバルコニーを有すること
		避難階の直上階		＞ 400 ㎡	＞ 200 ㎡		
		その他の 5 階以下の階		＞ 200 ㎡	＞ 100 ㎡		
		6 階以上の階		居室があれば必要			
階段の寸法	居室の床面積の合計		幅員	けあげ	踏面		
		地上階＞ 200 ㎡ 地　階＞ 100 ㎡	≧ 120cm（屋外 90）	≦ 20cm	≧ 24cm		
		上記以外	≧ 75cm	≦ 22cm	≧ 21cm		
廊下の幅員	居室の床面積の合計		中廊下		片廊下		3 室以下の専用のものを除く
		地上階＞ 200 ㎡ 地　階＞ 100 ㎡	≧ 1.6 m		≧ 1.2 m		
		上記以外	制限なし		制限なし		
防火区画	区画の種類			区画面積	防火戸種類		
	面積区画	耐火建築物又は任意の準耐火建築物		≦ 1500 ㎡	特定防火設備		スプリンクラー設備等の自動消火設備を設置した部分はその面積を 1/2 として計算して区画する
		法によるイ準耐（1 時間耐火を除く）及びロ準耐第 1 号該当（外壁耐火）		≦ 500 ㎡	特定防火設備		
		法によるイ準耐（1 時間耐火）及びロ準耐第 2 号該当（不燃軸組）		≦ 1000 ㎡	特定防火設備		
	竪穴区画	耐火構造又は準耐火構造で 3 階以上又は地階に居室があるもの			特定防火設備又は防火設備		
	高層区画（11 階以上）	下記以外		≦ 100 ㎡	特定防火設備又は防火設備		
		下地・仕上準不燃		≦ 200 ㎡	特定防火設備		
		下地・仕上不燃		≦ 500 ㎡	特定防火設備		
	異種用途区画	建築物の一部に法 27 条又は法 24 条に該当するものがある場合はその部分と防火区画する			27 条—特定防火設備 24 条—特定防火設備又は防火設備		
内装制限		対象規模		居室		廊下	スプリンクラー設備等の自動消火設備＋排煙設備を設けた部分は緩和 天井高 6 m超の場合は緩和
	大規模建築物	階数 3 以上で延べ面積＞ 500 ㎡ 階数 2 で延べ面積＞ 1000 ㎡ 階数 1 で延べ面積＞ 3000 ㎡		難		準	
	無窓居室	50 ㎡以上（排煙上無窓居室）		準		準	
	火気使用室	（耐火構造としたものを除く）		準		—	
排煙設備	(1) 階数 3 以上で延べ面積 500 ㎡を超える建築物 (2) 延べ面積 1000 ㎡を超える床面積 200 ㎡以上の居室 (3) 排煙上無窓居室（天井から下方 80cm 以内の部分が 1/50 未満）						
非常用照明	(1) 階数 3 以上で延べ面積 500 ㎡を超える建築物 (2) 延べ面積 1000 ㎡を超える建築物 (3) 採光上無窓居室						H12.5.31 告示 1411 号により部分緩和
非常用進入口	高さ 31 m以下にある 3 階以上の各階に設置 （道又は道に通ずる幅員 4 m以上の空地に面する外壁面）						非常用進入口に代わる開口部により代替
居室の採光	不要 但し、無窓居室になることにより、法規制が強化される項目がある						

4．単体規定のチェックポイント

表 9-Ⅰ-6　事務所の単体規定チェックポイント

項目	チェックポイント
避難規制	□ 歩行距離、重複距離に合せた階段配置 　（無窓居室に注意） □ 屋外避難階段の 2 m以内の開口部規制 □ 階段、廊下の有効幅 □ 避難安全検証 □ 2 直階段緩和の場合の避難上有効なバルコニーの位置・構造
防火区画	□ ELV ホールの専用化 □ 駐車場等との異種用途区画 □ 建築条例による防火区画 　（東京都建築安全条例による 8 条区画） □ 11 階以上の高層区画 □ カーテンウォールのスパンドレル、層間区画 □ EXP. J 部分の防火区画 □ 吹抜け部分等の竪穴区画
排煙	□ 廊下の排煙確保 □ 1/50 の有効開口部の確保 □ 防煙区画部分のドア上部の下り壁確保 　（30cm 以上——ELV 扉、階段ドアを含む） □ 機械排煙と異種排煙間の間仕切壁による防煙区画（ドアは不燃自閉戸） □ 避難安全検証 □ 特別避難階段付室、非 ELV 乗降ロビーの排煙窓の面積 □ 排煙オペレーターの高さ
非常用進入口	□ 道路及び 4 m以上の空地に面する外壁面の 10 m以内ごとの進入口に代わる開口部の設置
消防法	□ 消防法による無窓階算定 　（開口部形状及びガラス厚さに注意） □ 下階に店舗等がある場合の防火対象物の判断 　（10%未満かつ 300 ㎡未満による複合防火対象物の判断） □ 下階に店舗等がある場合の令 8 区画の検討
テナント等の間仕切区画 された場合の注意点	□ 歩行距離、重複距離の適合、出入口位置 □ 新たに設ける廊下の有効幅の確保 　（片廊下 1.2 m以上） □ 排煙計画（廊下部分及び各間仕切された事務室） □ 排煙計画等による内装制限 　（告示 1436 号による部分に注意　※特に 31 mを超える階に注意） □ 非常用照明の位置 □ 感知器の位置 □ 誘導灯の位置（16 項イ又は無窓階の部分）
その他	□ 屋上等に太陽光パネルを設置する場合の建物高さ規定 □ 非常用発電機、防災倉庫を設ける場合の容積緩和を行う場合の区画の明示等

II 共同住宅

1 共同住宅と長屋の区分

共同住宅は階段、廊下等2戸以上で共用する部分を有するものをいい、共用部分を有しないで壁、床のみ共用するものは長屋として扱われる。

図9-II-1 共同住宅と長屋

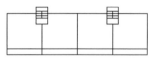

共同住宅

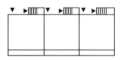

各住戸の出入口が専用で、階段廊下を共用しないものは長屋として扱われる

表9-II-1 共同住宅と長屋の法規制の違い

法律	共同住宅	長屋
建築基準法	特殊建築物として扱われる	特殊建築物ではない
建築条例	主要出入口の位置、階段の構造、居室の構造（窓先空地等）、廊下の構造	出入口の位置、木造長屋の制限、重層長屋の内装等の規制をうける
消防法	5項ロの防火対象物扱い	防火対象物の扱いをうけない

2 立地上のポイント

1．用途地域による制限

表9-II-2 共同住宅の用途地域制限

用途地域	共同住宅
第1種・第2種低層住居専用地域	○
第1種・第2種中高層住居専用地域	○
第1種・第2種・準住居地域	○
近隣商業地域	○
商業地域	○
準工業地域	○
工業地域	○
工業専用地域	×

○：建築可　×：建築不可

なお、準工業・工業地域においては、既存の工場等の生産環境と居住者の居住環境を維持又は保全する目的で、指導要綱等により共同住宅の建設を抑制している特定行政庁もあるので注意を要する。

2．市街化調整区域の制限

市街化調整区域内には原則として共同住宅は建築できないが、下記のものは開発審査会の議を経て開発許可により許可される可能性がある。

(1) 公営住宅で大規模な既存集落（独立して一体的な日常生活圏を構成していると認められる数百戸以上の建築物が連たんしている集落で、都道府県知事が予め指定したもの）に居住する者を入居対象とする目的で建設されるもの

(2) 開発審査会の議を経て開発許可された事業所において業務に従事する者の住宅、寮等で特に当該土地の区域に建築することがやむを得ないと認められるもの

(3) 20ha以上の面積の開発行為で（都道府県の規則で5ha以上20ha未満の範囲内でその面積を別に定めているところもある）市街化を図るうえで支障ないと認められるもの

3．開発行為

市街化区域内では原則として1000㎡以上（首都圏・近畿圏・中部圏の既成市街地、近郊整備区域内では原則500㎡以上）、非線引都市計画区域内では3000㎡以上の敷地で開発行為があるものは開発許可申請が必要となり、次の項目に注意して計画すること。

(1) 開発行為に該当する切盛土や地目の変更、道水路の変更、廃止が生じないか否か

(2) 開発行為に該当した場合の開発許可基準（提供用地の有無、道路の拡幅及び付け替え、遊水池の設置、緑化、消防用水の整備基準等）

4．指導要綱

各市区町村（又は都道府県）の指導要綱の有無と適用範囲、整備基準（戸数制限、人口密度、道路の拡幅、緑化基準、駐車場及び自転車置場の附置、負担金、事前公開及び事前協議手続き）、景観基準に注意する。

なお指導要綱には、いわゆる「中高層」や「宅地開発」の他に、条例になっているものも含めて住宅付置、住居容積率、ワンルームマンション規制等を定めている特定行政庁もある。

5．一団地認定

建築基準法上、一敷地には、一棟の建築物又は用途上不可分の関係のある2以上の建築物に限り建築できる。共同住宅の住棟が2棟以上ある場合は、用途上可分であり、建築基準法上はそれぞれ単独の敷地（単独の敷地を設定して）に建築しなければならないが、複数の住棟を総合的に設計することにより、一団地として同一敷地内にあるものとして法規制を適用できる。

(1) 同一敷地内にあるものとして適用される形態規制

① 接道規制

② 容積率制限

③ 道路斜線、隣地斜線、北側斜線

④ 日影規制

⑤ 建ぺい率制限

⑥ 第1種・第2種低層住居専用地域内の外壁後退

⑦ 総合設計制度

⑧ 高度利用地区内の建築制限

⑨ 特定街区

(2) 一団地認定を受ける為の条件

国の基準はなく、特定行政庁の取扱いによるが、敷地規模、接道条件、日照条件等の規定を設けている。

表 9-Ⅱ-3　東京都の一団地認定取扱い基準（抜粋）

一団地の面積	500 ㎡以上
建築物の構造	原則耐火又は準耐火建築物
接 道 条 件	敷地 3000 ㎡超の場合 幅員 4 m道路に外周の 1/6 以上に接すること 敷地 3000 ㎡以下の場合 幅員 6 m道路に外周の 1/4 以上に接すること
日　影	原則、別棟の居住の用に共する部分へ日影をかけない様にする

6．接　道

特定行政庁の建築条例で次の項目が規制されているので注意すること。

・　敷地が接する前面道路の幅員

・　前面道路に接する敷地の長さ

・　路地状部分の制限

※東京都建築安全条例による制限

(1) 敷地が接する前面道路の幅員

延べ面積が 3000 ㎡を超え、かつ高さが 15 mを超える建築物の敷地は、幅員が 6 m以上の道路に 10 m以上接しなければならない。
（延べ面積が 3000 ㎡を超えても高さが 15 mを超えない建築物や、高さが 15 mを超えても延べ面積が 3000 ㎡を超えない建築物は 6 m道路に接しなくてもよい）

(2) 前面道路に接する敷地の長さ

表 9-Ⅱ-4　東京都条例による接道長さ

建築物の規模（㎡）	接する長さ
3 階建以上の建築物	4 m以上（※）
A ≦ 500	4 m以上
500 ＜ A ≦ 1000	6 m以上
1000 ＜ A ≦ 2000	8 m以上
2000 ＜ A	10 m以上

A：共同住宅の用に供する部分の床面積の合計

この接する長さの規定は、(1) により 6 m道路に接しなければならない建築物の敷地の場合、6 m道路に必要接道長さがなければならない。

451

図9-Ⅱ-2 東京都条例による道路幅員と接道長さ

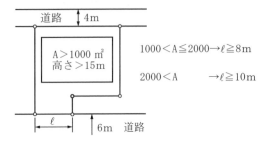

(3) 原則として路地状部分のみによって接する敷地に特殊建築物である共同住宅は建築できない。但し、耐火建築物で下記の項目に該当する場合は、安全上支障がないと判断され緩和される可能性がある。
① 路地状部分の間口がその奥行きに比べて比較的広く、かつ避難上支障のない場合
② 2階建以下の建築物
③ 3階建以上の建築物にあっては、路地状部分に接続して幅員4m以上の空地を確保し、その空地に面して非常用進入口又はこれに代わる開口部が設けられ、避難上支障なく、その建築物の規模及び敷地の形状等を総合的に勘案して判断される

7. 形態規制と容積率

共同住宅は法規制限度いっぱいの計画をすることが多く、表9-Ⅱ-5の点に注意すること。

表9-Ⅱ-5 共同住宅の形態規制注意点

道路斜線	1. 道路の路面の中心線の高さと地盤面の取り合い 2. 後退距離の緩和の玄関ポーチ及び附属棟の位置、高さ、間口率、道路側門・堀の高さ・形状
北側斜線	1. 真北方向の水平距離と建物高さ 2. PH、高架水槽の制限
日影規制	1. 敷地周辺の規制区域を含めた規制値の適合 2. 規制ライン (5m、10m) の設定―道路側発散方式の可否等 3. 屋上の建築設備 (高架水槽、キュービクル等) を含めた適合
容積率	1. 前面道路幅による低減 2. 床面積の算定 (外廊下、外階段、バルコニー、ピロティー、ポーチ、地階の住宅用途部分、ELVシャフト、防災倉庫等
採光	1. 採光上有効な部分の算定において用途地域に応じた割合の水平距離の確保 2. 採光係数の算定

地階住宅用途の容積対象面積緩和は特定行政庁の条例により、最下階の一層のみと定めている場合がある。斜面地の共同住宅では、複数の地盤面があり、それぞれ地階がある場合でも一番下の地階1層しか緩和出来ない場合があるので注意を要する。

8. 主要出入口の位置と窓先空地

特定行政庁の建築条例で規制されているが、次の項目に注意すること。
・主要出入口と道路との位置関係
・住戸の窓が面する空地幅の確保(窓先空地)

※東京都条例による制限
(1) 主要な出入口と道路との位置関係
共同住宅の避難階における主要な出入口は道路に面して設けるか、又は、出入口の前面に次に定める通路を設けること。(①又は②)
※「主要な出入口」とは通常の主要な出入口のみではなく、直通階段や避難階段の出入口も該当する場合が多いため、必ず事前に特定行政庁又は民間審査機関に確認すること。
① 主要出入口は道路より20m以内とし下記の規模による通路幅を確保する。

表9-Ⅱ-6 東京都条例による主要出入口の通路幅

建築物の規模 (㎡)	通路幅
A≦100	1.5m以上
100＜A≦300	2m以上
300＜A	3m以上

A:車庫、自転車置場の床面積を除く共同住宅の用に供する部分の床面積の合計
(Aは耐火建築物にあっては、この表の2倍の面積とする)

② 主要出入口から道路までの距離が35m以下の通路の場合は4m以上、35mを超える通路の場合は6m以上の通路幅を確保する。(図9-Ⅱ-3)

図9-Ⅱ-3　東京都条例による主要出入口の位置[72]

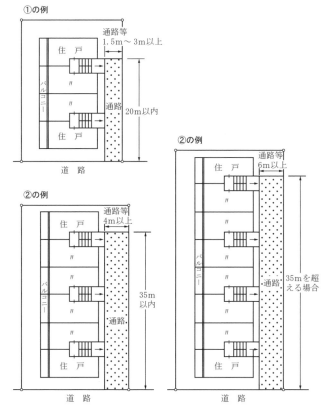

なお、主要出入口は通常玄関ホールであるが、階段が屋外避難階段の場合は、主要な方の屋外避難階段をもって主要出入口と扱う場合があるので注意が必要である。（図9-Ⅱ-4）

図9-Ⅱ-4　主要出入口の位置の注意点

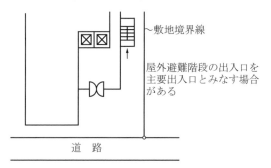

(2) 窓先空地

共同住宅の住戸の1以上の居室は、次の①又は②の窓を設けること。

① 道路に直接面する窓（寸法は有効でW750mm×H1200mmを原則とする）
② 窓先空地（通路その他の避難上有効な空地等）に直接面する窓（寸法は①と同じ）

図9-Ⅱ-5　窓先空地の取扱い

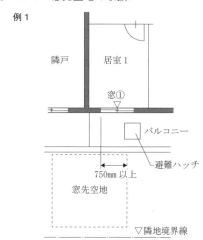

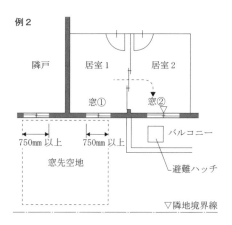

1. 窓先空地に面する居室1の窓①はW750mm×H1200mm以上の有効幅を確保する（窓・手すりの設置に注意）。又面する幅は750mm以上とする
2. 窓先空地に面する居室1から避難ハッチのあるバルコニーに至るルートを確保する（例2）
居室1にバルコニーがない場合には、隣接する居室2を経由して避難ハッチのあるバルコニーに至ってもよい。その場合、居室1と居室2の境壁には2室1室とみなす開口部を設ける
3. 居室1の面積は7㎡以上とする

イ 窓先空地の幅員

表9-Ⅱ-7　東京都条例による窓先空地幅

窓先空地算定床面積A（㎡）	道路幅
A≦100	1.5m以上
100＜A≦300	2m以上
300＜A≦500	3m以上
500＜A	4m以上

（Aは耐火建築物にあっては、この表の2倍の面積とする）

ロ 窓先空地算定床面積（A）
　　道路に直接面する窓を有する住戸又は住室の床面積を除いた住戸又は住室の床面積の合計とする。（図9-Ⅱ-6）
※道路と住戸（住室）との距離については概ね10m程度を最長とするが、特定行政庁により別途定めている場合がある。

図9-Ⅱ-6　東京都条例による窓先空地算定床面積[72]

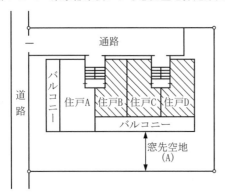

窓先空地の幅員（A）算定に要する面積
住戸面積の合計のうち道路に面する住戸Aの面積を除く

ハ 窓先空地から道路までの避難通路
　　窓先空地算定床面積が200㎡以下の場合は1.5m以上、それを超える場合は2.0m以上の幅で避難上有効に連絡させること。（図9-Ⅱ-7）

図9-Ⅱ-7　東京都条例による窓先空地1[72]
一般的な窓先空地(A)と屋外通路(B)

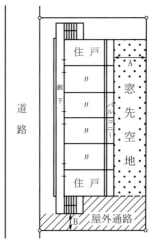

A：1.5～4m以上
B：1.5～2m以上
Aはバルコニーの先端から測る

ニ 窓先空地を下階の屋上広場とする場合は、屋上広場は、特別避難階段又は地上に通ずる幅員90cm以上の専用屋外階段（耐火構造）に避難上有効に連絡させる。（図9-Ⅱ-8）

図9-Ⅱ-8　東京都条例による窓先空地2[81]
屋外階段に連絡した下階の屋上部分

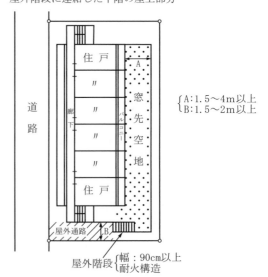

A：1.5～4m以上
B：1.5～2m以上

屋外階段　幅：90cm以上　耐火構造

図 9-Ⅱ-9　東京都条例による窓先空地 3 [18]

屋外に開放された避難上有効に区画された道路 B を通る場合

図 9-Ⅱ-11　横浜市条例による窓先空地 2

窓先空地に面する開口部のうち最も低い位置の中心の高さより低い位置に、建築物若しくは工作物又はこれらの部分を設けることができる

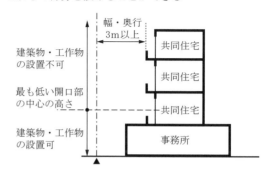

図 9-Ⅱ-10　横浜市条例による窓先空地 1

窓先空地は、青空の空地であることが必要であるが、歩行可能であるか否かは問わない

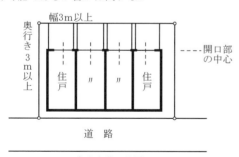

窓先空地の位置

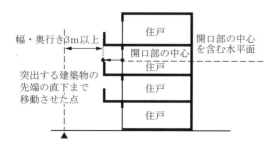

開口部の直上にバルコニーなどがある場合

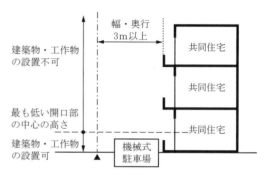

図 9-Ⅱ-12　横浜市条例による窓先空地 3

窓先空地に面する開口部の中心が道路、公園、広場、川等に面する場合、窓先空地の幅及び奥行については、道路、公園、広場、川等も含めて算定することができる。なお、その他これらに類する空地には、線路敷も含む

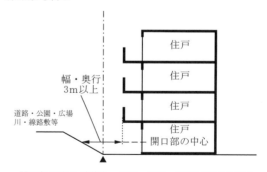

開口部の中心が道路、公園、広場、川等に面する場合

3 単体規定のポイント

1. 階数・高さ別法規制一覧

表 9-Ⅱ-8　共同住宅の階数、高さ別法規制

階数	高さ	建築基準法	消防法	その他
—	60 m	大臣認定（構造評定）	—	航空障害灯の設置（周囲の建物により緩和規定あり）
15 階	—	特別避難階段の設置 歩行距離の強化 （40 m、内装により 50 m）	—	—
—	31 m	非常用 ELV の設置（中央管理室の設置） 内装制限の適用（緩和なし）	—	電波伝搬障害防止区域内の規制 都条例による特別避難階段の設置（一定条件で緩和あり）
11 階		防火区画の強化 （高層区域）	自動火災報知設備の設置（規模等により 10 階以下でも設置） （40 号省令により共同住宅用自火報とすることができる） 誘導灯の設置 非常コンセントの設置 （スプリンクラー設備の設置、非常放送設備の設置—規則 13 条及び 40 号省令による緩和あり）	
—	20 m	避雷針の設置（最下部の接地面からの高さによる）	—	—
7 階	—	—	連結送水管の設置	—
6 階	—	2 以上の直通階段の設置	—	—
—	15 m			都条例による 6 m 道路の接道（かつ S ≧ 3000 ㎡）
5 階	—	避難階段の設置	連結送水管の設置（S ≧ 6000 ㎡）	都条例によるトランク付 ELV の設置（S ≧ 3000 ㎡）
4 階	—	耐火建築物の要求	屋内消火栓（4 階で S ≧ 150 ㎡で設置） ※ 3 階以下でも規模等により設置	—
3 階	—	耐火建築物、準耐火建築物の要求 竪穴区画 非常用進入口の設置	消火器の設置（S ≧ 50 ㎡）	—
2 階	—	歩行距離（50 m、内装により 60 m） 2 以上の直通階段の設置 （居室面積＞ 200 ㎡） 準耐火建築物の要求 （2 階の床面積の合計≧ 300 ㎡）	—	—

注）この表は各規制の一般基準であり、この表以外に強化規定と緩和規定があるので注意すること

　　S：述べ面積

2．主要な単体規定一覧

表 9-Ⅱ-9　共同住宅の主要単体規定

<table>
<tr><td colspan="2">項　目</td><td colspan="6">規　制　内　容</td><td>緩和・注意事項</td></tr>
<tr><td rowspan="6">階段までの歩行距離</td><td rowspan="4">居室の種類</td><td colspan="4">主要構造部が耐火構造・準耐火構造又は不燃材料</td><td rowspan="2">その他</td><td rowspan="6">無窓居室とは採光上有効な開口部（1/20）を有しない居室をいう</td></tr>
<tr><td colspan="2">14 階以下</td><td colspan="2">15 階以上</td></tr>
<tr><td></td><td>準不燃以上で内装</td><td></td><td>準不燃以上で内装</td><td></td></tr>
<tr><td>一般居室</td><td>≦ 50 m</td><td>≦ 60 m</td><td>≦ 40 m</td><td>≦ 50 m</td><td>≦ 30 m</td></tr>
<tr><td>無窓居室</td><td>≦ 30 m</td><td>≦ 40 m</td><td>≦ 20 m</td><td>≦ 30 m</td><td>≦ 30 m</td></tr>
</table>

<table>
<tr><td rowspan="3">2 以上の直通階段の設置</td><td rowspan="2"></td><td>主要構造部が耐火構造・準耐火構造又は不燃材料</td><td>その他</td><td rowspan="3">6 階以上の緩和
1. その他の居室の床面積の合計≦ 200 ㎡
※居間・食堂と一体的なオープンキッチンは、居室面積に含まれる
2. 階段は屋外避難階段か特別避難階段であること
3. 避難上有効なバルコニーを有すること</td></tr>
<tr><td>5 階以下の階</td><td>居室の床面積の合計　　　> 200 ㎡</td><td>> 100 ㎡</td></tr>
<tr><td colspan="2">6 階以上の階</td><td colspan="2">居室があれば必要</td></tr>
</table>

<table>
<tr><td rowspan="3">階段の寸法</td><td rowspan="3">居室の床面積の合計</td><td></td><td>幅員</td><td>けあげ</td><td>踏面</td></tr>
<tr><td>地上階> 200 ㎡
地　階> 100 ㎡</td><td>≧ 120 cm
（屋外90 cm）</td><td>≦ 20 cm</td><td>≧ 24 cm</td></tr>
<tr><td>上記以外</td><td>≧ 75 cm</td><td>≦ 22 cm</td><td>≧ 21 cm</td></tr>
</table>

<table>
<tr><td rowspan="2">廊下の幅員</td><td>居室の床面積の合計> 100 ㎡</td><td>中廊下</td><td>片廊下</td></tr>
<tr><td>上記以外</td><td>制限なし</td><td>制限なし</td></tr>
<tr><td></td><td></td><td>≧ 1.6 m</td><td>≧ 1.2 m</td></tr>
</table>

<table>
<tr><td colspan="6" rowspan="2"></td></tr>
</table>

	区画の種類		区画面積	防火戸種類	
防火区画	面積区画	耐火建築物又は任意の準耐火建築物	≦ 1500 ㎡	特定防火設備	スプリンクラー設備等の自動消火設備を設置した部分はその面積を 1／2 として計算して区画する
		法によるイ準耐（1 時間耐火を除く）及びロ準耐第 1 号該当（外壁耐火）	≦ 500 ㎡	特定防火設備	
		法によるイ準耐（1 時間耐火）及びロ準耐第 2 該当（不燃軸組）	≦ 1000 ㎡	特定防火設備	
	竪穴区画	耐火構造で 3 階以上又は地階に居室があるもの		特定防火設備又は防火設備	
	高層区画（11 階以上）	下記以外	≦ 100 ㎡	特定防火設備又は防火設備	
		下地・仕上準不燃	≦ 200 ㎡	特定防火設備	
		下地・仕上不燃	≦ 500 ㎡	特定防火設備	
	異種用途区画	階数 2 で床面積が 200 ㎡以上の共同住宅とその他の用途部分を防火区画する		特定防火設備又は防火設備	
		3 階以上又は 2 階が 300 ㎡以上の共同住宅とその他の用途部分を防火区画する		特定防火設備	
114 条区画		各戸の界壁は耐火構造、準耐火構造又は防火構造とし、小屋裏又は天井裏に達せしめる			

表 9-Ⅱ-9　共同住宅の主要単体規定（つづき）

項　目	規　制　内　容				緩和・注意事項
内装制限		対象規模	居室	廊下	・スプリンクラー設備等の自動消火設備＋排煙設備を設けた部分は緩和 ・31 m以下の部分で住戸にあっては 200 ㎡、他の居室にあっては 100 ㎡以内に、防火区画した部分は緩和 ・天井高 6 m超の場合は緩和
	耐火建築物	3 階以上の床面積の合計 ≧ 300 ㎡	難 (3 階以上の天井は準)	準	
	準耐火建築物	2 階の床面積　　　　　　≧ 300 ㎡			
	その他の建築物	床面積の合計　　　　　　≧ 200 ㎡			
	大規模建築物	階数 3 以上で延べ面積 ＞ 500 ㎡ 階数 2 で延べ面積　　 ＞ 1000 ㎡ 階数 1 で延べ面積　　 ＞ 3000 ㎡	難	準	
	居室のある地階	—	準	準	
	無窓居室	50 ㎡（排煙上無窓居室）	準	準	
	火気使用室	（耐火構造としたものを除く）	準	—	
排煙設備	1.　延べ面積 500 ㎡を超える建築物 2.　排煙上無窓居室（天井から下方 80 cm以内の部分が 1/50 未満）				100 ㎡又は 200 ㎡以内に防火区画した部分は緩和
非常用照明	全て必要				住戸内は緩和
非常用進入口	高さ 31 m以下にある 3 階以上の各階に設置 （道又は道に通ずる幅員 4 m以上の空地に面する外壁面）				各住戸バルコニー面等に設ければ他の面は緩和
居室の採光	1/7				

3．共同住宅の各種緩和規定（耐火構造の建築物の場合）

表 9-Ⅱ-10　共同住宅の各種緩和規定

規制項目	緩和の概要
排 煙 設 備	100 ㎡以内に防火区画された部分 （高さ 31 m以下の住戸にあっては 200 ㎡以内に防火区画された部分）
非常用照明	住戸内
内 装 制 限	100 ㎡以内に防火区画された部分 （高さ 31 m以下の住戸にあっては 200 ㎡以内に防火区画された部分）
避難階段及び特別避難階段	建物全体を 100 ㎡以内ごとに防火区画した場合（区画に用いる防火戸は特定防火設備及び直接外気に開放されている段階室に面する換気のための窓で開口面積が 0.2 ㎡以下の防火設備に限る）
非 常 用 ELV	高さ 31 mを超える部分の階数が 4 以下で、その部分を 100 ㎡以内ごとに防火区画した場合（区画に用いる防火戸は特定防火設備又は、廊下に面する窓で開口面積が 1 ㎡以内の防火設備に限る）

規制項目	緩和の概要
非常用進入口	各住戸のバルコニー等に進入可能な開口部を設けたものは、他の外壁面には不要
消 防 設 備	省令 40 号による特例基準に基づく建築物は下記の設備を緩和することができる 　1.　消火器具 　2.　屋内消火栓 　3.　スプリンクラー設備 　4.　自動火災報知設備 　5.　非常放送設備 ※緩和できない設備 　1.　連結送水管 　2.　非常警報設備（一定の条件で緩和も可能） 　3.　誘導灯（一定の条件で緩和も可能） 　4.　非常コンセント

注）集会室、管理人室を含む

表9-Ⅱ-11 3階建の下宿、共同住宅又は寄宿舎を準耐火建築物とする際の構造方法等（H27.2.23告示255号）

	項目	条件	
1	防火地域の制限	防火地域以外の区域内	防火地域及び準防火地域以外の区域内
2	階数の制限	地階を除く階数が3	
3	準耐火構造の制限	1時間準耐火基準に適合する準耐火構造	
4	用途の制限	次の(1)及び(2)を満たすもの (1)3階の一部を下宿・共同住宅・寄宿舎以外の特殊建築物の用途としない (2)法27条1項2号(同表(ニ)項から(四)項までに係る部分を除く)から4号までに該当しない	
5	避難上有効な バルコニー	下宿の各宿泊室、共同住宅の各住戸又は寄宿舎の各寝室に避難上有効なバルコニーを設ける。但し、地上に通ずる主たる廊下、階段等の通路が直接外気に開放され、かつ、各宿泊室、住戸、寝室の通路側の開口部が防火設備である場合は除く	
6	避敷地内通路	道路側以外の建築物の周囲(居室に設けられた開口部がある部分は除く)に、幅員3m以上の通路を設ける。但し、次の条件を満たしている場合は除く。 (1)各宿泊室、住戸、寝室に避難上有効なバルコニーが設けられている (2)各宿泊室、住戸、寝室から地上に通ずる主たる廊下、階段等の通路が直接外気に開放され、かつ、それらの通路側の開口部が防火設備である (3)令129条の2の3第1項1号ハ(2)に掲げる基準に適合している	
7	3階部分の開口部	3階の各宿泊室、住戸、寝室の外壁の開口部、及び当該各宿泊室、住戸、寝室以外に面する開口部に防火設備を設ける	―

4．準耐火建築物とできる3階建の共同住宅の基準

図9-Ⅱ-13 開口部から上階の開口部への延焼を防ぐために設ける庇の設置部分について

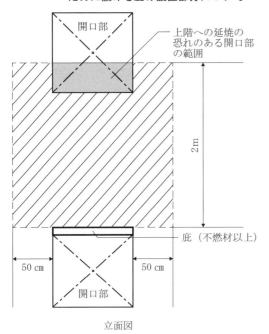

立面図

図9-Ⅱ-14 階段室型共同住宅の階段

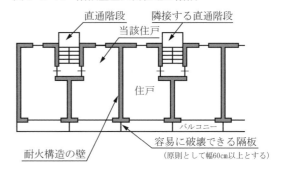

住戸に隣接した直通階段に避難できる場合は、同一建築物内にあるものとして扱ってよい（S54.1.24通達1号）。

(2) スキップフロア型共同住宅の階段の寸法
　次の図（図9-Ⅱ-15）①及び②に該当する場合は、住戸の居住者は、通常当該住戸の面する直通階段により避難し、廊下階の廊下を通って、他の階段によって避難する場合はほとんど考えられないので、建築基準法上、階段幅は75cm以上でよい(S46.2.2通達26号)。

(3) メゾネット型共同住宅の2以上の直通階段の設置等の規定（令120条4項及び令123条の2）
　居室の各部分から直通階段までの歩行距離が40m以下であるメゾネット住戸の、2以

5．単体規定の注意点

(1) 階段室型共同住宅の2以上の直通階段の設置
　1の住戸から容易に破壊できる隔板を設置した避難上有効なバルコニーを経由して当該

図 9-Ⅱ-15 スキップ型共同住宅の階段

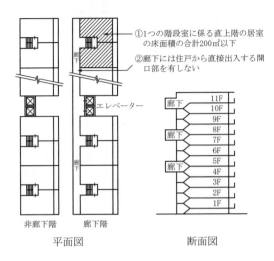

上の直通階段の設置義務については、メゾネット住戸の出入口のある階以外の階は、出入口のある階にあるものと見なされる（廊下の幅の規定、避難階段等の設置義務、特別避難階段の床面積の規定も同様）。

以下に各事例の法律上の解釈をまとめる。

① 5階建の共同住宅において4階と5階がメゾネットであり、4階に出入口がある場合は、4階プラス5階の居室面積が200㎡を超えれば2以上の直通階段が必要になる。

② 2以上の直通階段がある建築物においては、歩行距離40m以内であれば、メゾネット住戸の出入口のある階以外の階には階段を直通させなくてもよい。

③ 歩行距離が40mを超えるものは、メゾネット住戸といえども、4階及び5階とも出入口及び階段が必要になる。

④ なお、メゾネット型共同住宅の6階以上の階の2以上の直通階段の設置義務に関しては、令123条の2において令121条1項5号イの適用がうたわれていないが、耐火建築物において居室面積が200㎡を超える建築物は、6階以上の階に居室を有するものを含めて令121条1項4号に該当するので（5号本文に、「前各号に掲げる階以外の階で」とあるので）前記のような解釈でよいが、居室面積が200㎡以下の建築物

図 9-Ⅱ-16 メゾネット型共同住宅の階段の考え方

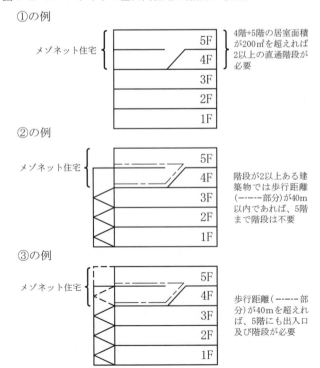

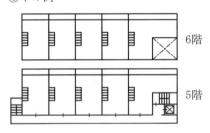

歩行距離40m以内であれば6階も5階にあるものとみなしてこのようなプランはOK（7階以上の建築物も同じ）

④ロの例

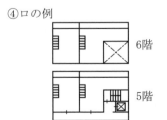

6階を5階にあるとはみなせず、6階に居室があるので、「2以上の直通階段」又は、「屋外避難階段+避難上有効なバルコニー」が必要

（令121条1項5号イに該当）は、令123条の2の適用がないという解釈になる。
たとえば、

イ　5、6階がメゾネット住戸の場合（5階が出入口のある階で、歩行距離40m以下）は、居室面積が200 m²を超える建築物（すでに2以上の直通階段が必要な建築物）の6階に、出入口及び階段はなくてもよい。

ロ　居室面積が200 m²以下の建築物では、6階に出入口及び階段が必要であり、かつ、6階に居室があるので「2以上の直通階段の設置」又は「屋外避難階段＋避難上有効なバルコニー」を設けなければならないことになる。

(4) 階段室型共同住宅の階段に面する換気用開口部の防火戸

竪穴区画に該当する階段に面する開口部は煙感知器連動としなければならないが、避難階段又は特別避難階段以外の階段で次に該当する開口部は、防火設備（FD付）とすればよい（S49.12.28告示1580号）。

① 開口部は便所、密閉式燃焼設備等を設ける浴室その他の居室以外の室で火災の発生のおそれの少ない室に設ける換気のためのもので、その開口面積0.05 m²以下のものであること。

② 階段は次に定める構造とする

イ　各階又は各階の中間部分ごとに直接外気に開放された排煙上有効な開口部を設けること。

ロ　イの開口部の開口面積は2 m²以上とすること。

ハ　イの開口部の上端は、天井の高さとする。但し最上階の開口部については、天井の高さの位置に0.2 m²以上の直接外気に開放された排煙上有効な開口部がある場合はこの限りでない。

③ 各住戸から当該住戸に係る階段を使用しないで、バルコニーその他これに類するものを経由して、他の階段の部分に到達できること。

図9-Ⅱ-17　階段室型共同住宅の換気用開口部

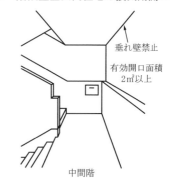

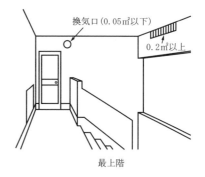

(5) 階段室型又はスキップフロア型共同住宅の避難階段となる階段

階段室の屋外に面する壁に設ける開口部（開口面積が1 m²以内の鉄製網入りガラスのはめ殺しを除く）は、階段室以外の部分に設けた開口部と90cm以上の距離が必要なので、避難階段となった場合は、階段室側の住戸の開口部の位置に注意すること（令123条1項4号）

図9-Ⅱ-18　避難階段と開口部

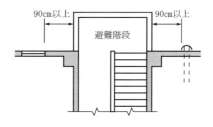

なお、避難階段にならない場合は竪穴区画としての制限に満足すればよいので、90cm以内に開口部があっても防火設備とすればよい。（令112条11項）

(6) メゾネット住戸の階段と防火区画

　メゾネット住戸の階段は主要構造部として鉄骨造等の耐火構造とする（主要構造部ではない局部的な小階段としての扱いをしていない特定行政庁が多い）。

　メゾネット住戸内の階段の防火区画は不要。但し、メゾネット住戸の大きさは、法文上明記されていないが、竪穴区画を緩和している200㎡以内（令112条9項2号）を目安とすべきであろう。

(7) 採光

① 外廊下からの採光は、縁側の規定を準用して有効率7/10としている特定行政庁があるので注意する。（特に床面積に算入される奥行2.0mを超える部分）

② キッチン専用の4.5帖程度の台所は、その部分で食事ができるスペースがなく、食事室又は、居間と一定の区画がされていれば採光は不要として扱っている特定行政庁がある。

③ 採光上有効な部分に面していない部屋を納戸とする場合は、次の項目を指導している特定行政庁があるので事前に打合わせすること。

イ　部屋の大きさは4.5帖程度を目安とする。
ロ　押入れ等の収納スペースを設けない。
ハ　床の仕上の質を他の居室より下げる等。

④ 2室採光

・2室を1室と見なして、採光を確保する場合、接続する部分とを開口部の幅が1.2m以上にて接続した場合、2室採光を認めている場合がある。

※各指定確認検査機関により接続する部分の幅について規定がある場合があるので必ず確認すること。

・商業地域、近隣商業地域においては、2室の境壁に上部欄間を設けることで2室採光を取ることができる。

図9-Ⅱ-19　2室採光と開口部

⑤ コーナーサッシの採光

　L型をしたコーナーサッシにおいては、端部をつないだ線に対して垂直方向を見た有効幅（W1＋W2）を採光計算上の開口幅とできる。但し認めていない特定行政庁・指定確認検査機関もある為、確認を要する。

図9-Ⅱ-20　コーナーサッシの取扱い

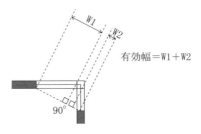

⑥ 外廊下・バルコニー越しの採光

　外廊下・バルコニー越しの採光を確保するに当り、外廊下等の構造が屋外開放規定を満たす事を条件としている場合があるので確認を要する。

⑦ 屋外階段に面する場合

　屋外階段に面する窓の採光について、屋外階段の構造形式により、有効採光の確保の可否が定められている場合があるので確認を要する。

(8) 排煙

・住戸内は高さ31m以下の部分は200㎡区画、高さ31mを超える部分は100㎡区画により排煙が緩和される。

・中廊下、エントランス等の排煙は、告示1436号を適用することも可能であるが、告示の適用を認めていない特定行政庁もある為確認を要する。

・風除けの用途のみで利用される風除室は排煙設備が不要であるが、避難経路として利用す

る場合、排煙設備の設置を求める特定行政庁もあるので確認を要する。

(9) 非常用進入口

建設省通達（S46.11.30第826号）により下記の扱いが示されている。

各住棟ごとに①、②又は③のいずれかの方法で進入可能である場合は、その他の外壁面に窓その他の開口部を設けなくても令126条の6第2号の規定に該当するものとみなす。

表 9-Ⅱ-12 非常用進入口の設置基準

①	各住戸に進入可能なバルコニーを設けること
②	階段室型共同住宅にあっては、各階段室に進入可能な開口部を設けること
③	廊下型共同住宅にあっては、廊下、階段室その他これらに類する部分に進入可能な開口部を各住戸からその位置に至る歩行距離が20m以下となるように設けること

但し、上記各号にいう「進入可能」とは、令126条の6第2号のかっこ書きに示す構造のものとする。

図 9-Ⅱ-21 共同住宅における非常用進入口の特例

階段室型住棟

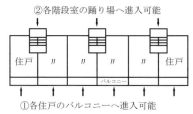

片廊下型住棟

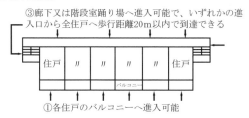

中廊下型住棟

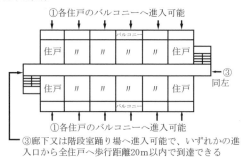

ツイン型住棟

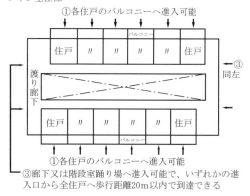

(10) 給湯湯沸設備の位置制限（S57.4.14消防庁通達86号）

① 階段付近の位置制限

火災予防条例による階段、避難口等の付近で避難に支障のある位置に設けてならない規定は下記のように取扱う。

イ 次のa、bの条件を満足する場合は階段を出た正面を避けた位置に設置することができる。

a．設置場所の周囲に延焼のおそれのある可燃物がないこと

b．避難通路幅が確保されていること

図 9-Ⅱ-22 階段付近の給湯湯沸器の位置

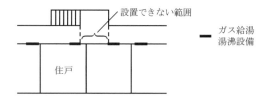

ロ ガス給湯湯沸設備の前面（排気口の部分を除く）を鋼製（メーター検針部分は網入りガラス）の扉で覆ったものはイにかかわらず階段を出た正面にも設置することができるものとする。

図 9-Ⅱ-23　階段付近の給湯湯沸器の位置の特例

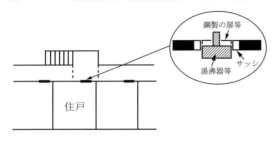

②　一部開放廊下の位置制限
イ　開口部は、ガス機器の給排気口中心より左右に、それぞれ廊下幅（$W \geqq 1.2$ m）の5倍（5W）の範囲内（但し、その値が10 mを超える場合には10 mとする。）にあるもののみを有効な開口部とみなす。

図 9-Ⅱ-24　一部非開放廊下のガス機器の位置

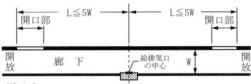

$W \geqq 1.2$ m
$L \leqq 5W \leqq 10$ m（それ以上の場合は10mとする）

①強制排気式のガス機器（排気吹出し方向が下向きのものを除く）の場合は、ガス機器のガス消費量1kW当り横幅2.6cm以上、有効面積0.039㎡以上必要
②上記①以外の場合は、ガス機器のガス消費量1kW当り横幅5.2cm以上、有効面積0.078㎡以上必要

(11) トランク付きエレベーター

東京都においては、建築安全条例で、延べ面積3000 ㎡を超え、5階以上の階に住戸がある建築物に設けるエレベーターは、1基以上を奥行き2 m以上で担架等が利用できる構造（トランク付きのものを含む）としなければならない。

(12) 住宅性能表示制度

住宅性能表示は義務づけを伴うものではなく、住宅取得者や、住宅生産者・販売者等の任意の選択に委ねられ、建物の性能について共通ルールのもと第三者機関の評価が受けられるものである。

住宅性能評価には、設計図書の段階の評価（設計住宅性能評価）と施工段階と完成段階の検査による評価（建設住宅性能評価）の二種類があり、それぞれの評価書が発行される。

①　住宅性能表示制度による性能評価の流れ

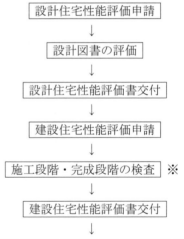

※施工段階の検査は3階建て以下の場合、原則4回行い、4階建て以上の場合は、階数に応じて回数が増加する。
・基礎配筋時
・2階床（1階立上り）配筋時
・中間配筋時
（階数により異なる。断熱や配管躯体高さ等の検査も行う。）
・屋上床配筋時
・完成時

② 住宅性能表示評価項目

表 9-Ⅱ-13　日本住宅性能表示基準の概要[22]

<table>
<tr><td colspan="3" rowspan="3"></td><td rowspan="3">表　示　事　項</td><td colspan="5">表　示　の　方　法
等級が上がれば、それだけ性能が高いことを示す</td></tr>
<tr><td colspan="5">性能が高い　←</td></tr>
<tr><td colspan="5">・等級1は建築基準法をクリアしている
・最高等級は項目により異なる</td></tr>
<tr><td colspan="2" rowspan="7">1. 構造の安定</td><td>1-1</td><td>耐震等級（倒壊等防止）</td><td colspan="2">□等級3</td><td>□等級2</td><td colspan="2">□等級1</td></tr>
<tr><td>1-2</td><td>耐震等級（損傷防止）</td><td colspan="2">□等級3</td><td>□等級2</td><td colspan="2">□等級1</td></tr>
<tr><td>1-3</td><td>その他（地震に対する構造躯体の倒壊等防止及び損傷防止）</td><td colspan="2">□免震建築物</td><td colspan="3">□その他</td></tr>
<tr><td>1-4</td><td>耐風等級（倒壊等防止及び損傷防止）</td><td colspan="2">□等級2</td><td colspan="3">□等級1</td></tr>
<tr><td>1-5</td><td>耐積雪等級（倒壊等防止及び損傷防止）</td><td colspan="2">□等級2</td><td colspan="3">□等級1</td></tr>
<tr><td>1-6</td><td>地盤又は杭の許容支持力等及び設定方法</td><td colspan="5">許容支持力等（数値）と、地盤の調査方法等を表示</td></tr>
<tr><td>1-7</td><td>基礎の構造方法及び形式等</td><td colspan="5">直接基礎の場合は構造方法と形式を、杭基礎の場合は杭種と杭径・杭長（数値）を表示</td></tr>
<tr><td colspan="2" rowspan="7">2. 火災時の安全</td><td>2-1</td><td>感知警報装置設置等級（自住戸火災時）</td><td>□等級4</td><td>□等級3</td><td>□等級2</td><td colspan="2">□等級1</td></tr>
<tr><td>2-2</td><td>感知警報装置設置等級（他住戸等火災時）</td><td>□等級4</td><td>□等級3</td><td>□等級2</td><td colspan="2">□等級1</td></tr>
<tr><td>2-3</td><td>避難安全対策（他住戸等火災時・共用廊下）</td><td colspan="5">排煙形式、平面形状の区分を表示</td></tr>
<tr><td>2-4</td><td>脱出対策（火災時）</td><td colspan="5">脱出対策の区分を表示</td></tr>
<tr><td>2-5</td><td>耐火等級（開口部）</td><td colspan="2">□等級3</td><td>□等級2</td><td colspan="2">□等級1</td></tr>
<tr><td>2-6</td><td>耐火等級（開口部以外）</td><td>□等級4</td><td>□等級3</td><td>□等級2</td><td colspan="2">□等級1</td></tr>
<tr><td>2-7</td><td>耐火等級（界壁及び界床）</td><td>□等級4</td><td>□等級3</td><td>□等級2</td><td colspan="2">□等級1</td></tr>
<tr><td colspan="2">3. 劣化の軽減</td><td>3-1</td><td>劣化対策等級（構造躯体等）</td><td colspan="2">□等級3</td><td>□等級2</td><td colspan="2">□等級1</td></tr>
<tr><td colspan="2" rowspan="4">4. 維持管理・更新への配慮</td><td>4-1</td><td>維持管理対策等級（専用配管）</td><td colspan="2">□等級3</td><td>□等級2</td><td colspan="2">□等級1</td></tr>
<tr><td>4-2</td><td>維持管理対策等級（共用配管）</td><td colspan="2">□等級3</td><td>□等級2</td><td colspan="2">□等級1</td></tr>
<tr><td rowspan="2">4-3</td><td rowspan="2">更新対策（共用排水管）</td><td colspan="2">□等級3</td><td>□等級2</td><td colspan="2">□等級1</td></tr>
<tr><td colspan="5">共用排水立管の位置を表示</td></tr>
<tr><td colspan="2"></td><td rowspan="2">4-4</td><td rowspan="2">更新対策（住戸専用部）</td><td colspan="5">躯体天井高さを表示</td></tr>
<tr><td colspan="2"></td><td colspan="5">住戸専用部の構造躯体の壁又は柱の有無を表示</td></tr>
<tr><td colspan="2" rowspan="2">5. 温熱環境・エネルギー消費量</td><td>5-1</td><td>断熱等性能等級</td><td>□等級4</td><td>□等級3</td><td>□等級2</td><td colspan="2">□等級1</td></tr>
<tr><td>5-2</td><td>一次エネルギー消費</td><td>□等級5</td><td>□等級4</td><td>—</td><td>—</td><td>□等級1</td></tr>
<tr><td colspan="2" rowspan="3">6. 空気環境</td><td rowspan="2">6-1</td><td>ホルムアルデヒド発散等級　内装</td><td colspan="2">□等級3</td><td>□等級2</td><td colspan="2">□等級1</td></tr>
<tr><td>天井裏等</td><td colspan="2">□等級3</td><td>□等級2</td><td colspan="2">—</td></tr>
<tr><td>6-2</td><td>換気対策</td><td colspan="5">居室の換気対策と便所、浴室及び台所の換気設備の区分の表示</td></tr>
<tr><td colspan="2"></td><td>6-3</td><td>室内空気中の化学物質の濃度等　選択項目</td><td colspan="5">測定した化学物質の名称、濃度等を表示</td></tr>
<tr><td colspan="2" rowspan="2">7. 光・視環境</td><td>7-1</td><td>単純開口率</td><td colspan="5">数値を表示</td></tr>
<tr><td>7-2</td><td>方位別開口比</td><td colspan="5">東西南北及び真上についてそれぞれ数値を表示</td></tr>
<tr><td colspan="2" rowspan="6">8. 音環境</td><td rowspan="2">8-1</td><td rowspan="2">重量床衝撃音対策　選択項目</td><td>等級5</td><td>等級4</td><td>等級3</td><td>等級2</td><td>等級1</td></tr>
<tr><td>□27cm以上</td><td>□20cm以上</td><td>□15cm以上</td><td>□11cm以上</td><td>□その他</td></tr>
<tr><td rowspan="2">8-2</td><td rowspan="2">軽量床衝撃音対策　選択項目</td><td>等級5</td><td>等級4</td><td>等級3</td><td>等級2</td><td>等級1</td></tr>
<tr><td>□30dB以上</td><td>□25dB以上</td><td>□20dB以上</td><td>□15dB以上</td><td>□その他</td></tr>
<tr><td>8-3</td><td>透過損失等級（界壁）　選択項目</td><td>□等級4</td><td>□等級3</td><td>□等級2</td><td colspan="2">□等級1</td></tr>
<tr><td>8-4</td><td>透過損失等級（外壁開口部）　選択項目</td><td colspan="2">□等級3</td><td>□等級2</td><td colspan="2">□等級1</td></tr>
<tr><td colspan="2" rowspan="2">9. 高齢者等への配慮</td><td>9-1</td><td>高齢者等配慮対策等級（専用部分）</td><td>□等級5</td><td>□等級4</td><td>□等級3</td><td>□等級2</td><td>□等級1</td></tr>
<tr><td>9-2</td><td>高齢者等配慮対策等級（共用部分）</td><td>□等級5</td><td>□等級4</td><td>□等級3</td><td>□等級2</td><td>□等級1</td></tr>
<tr><td colspan="2">10. 防犯に関すること</td><td>10-1</td><td>開口部の侵入防止対策</td><td colspan="5">住戸の階ごとに、開口部の区分に応じ、それぞれ外部からの侵入を防止するための対策が講じられている旨を表示</td></tr>
</table>

注）登録住宅性能評価機関に住宅性能評価を申請する場合、必ず評価を求める事項（必須事項）と、求めなくてもよい事項（選択事項）がある。新築住宅については、「室内空気中の化学物質の濃度等」と音環境に関する4つの性能表示事項は選択事項とされている

4 省令40号に基づく特例基準

共同住宅等の消防用設備等の技術上の特例基準として、消防法施行令29条の4第1項の規定に基づき、「特定共同住宅等における必要とされる防火安全性能を有する消防の用に供する設備等に関する省令（総務省令40号）」が定められている。

1. 共住省令の規定が適用できる共同住宅

共住省令の規定が適用できる防火対象物は、共同住宅等のうち、位置・構造告示の規定に適合するもの（特定共同住宅等）である。また、当該特定共同住宅等の構造類型を決める必要があり、これらのフローを以下に示す。

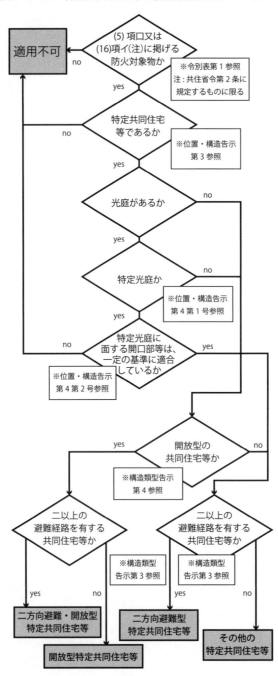

図9-Ⅱ-25　特定共同住宅等の構造類型判定フロー図[85]

2．用語の定義

① 「住戸等」

特定共同住宅等に存する住戸（下宿の宿泊室及び寄宿舎の寝室を含む。）、共用室、管理人室、倉庫、機械室その他これらに類する室をいう。「その他これらに類する室」とは電気室、防災センター等、一般的には共用部分以外の部分で室の形態となっている部分を指すものである。

また消防令別表第1 (5) 項ロに掲げる用途以外の独立した用途に供される部分で、「独立した用途に供される部分」（令別表第1に掲げる防火対象物の取り扱いについて（S50.4.15消防予41号、消防安41号、H27.2.27消防予81号）記1 (2)）に該当するもので住戸等とみなした部分についても住戸等に準じた取扱いとすることとされている。

メゾネット型の住戸等における階数の算定にあっては当該住戸等を一の階数として扱うものではなく、建基令2条1項8号の規定によるものである。

② 「共用室」

特定共同住宅等に存する室のうち、居住者が集会、談話等の用に供する室をいう。具体的には集会室、談話室、キッズルーム等がある。

③ 「共用部分」

特定共同住宅等の廊下、階段、エレベーターホール、エントランスホール、駐車場、駐輪場等で、住戸等以外の部分をいう。

④ 「階段室等」

避難階又は地上に通ずる直通階段で壁、床又は防火設備等で区画されている階段室の他、壁、床又は防火設備等で区画されていない段階を含むものである。

⑤ 「開放型廊下」

廊下が直接外気に開放されており、火災時に生ずる煙を有効に排出することができる廊下をいう。その判断基準は本章Ⅱ**4** 4

③に示す。

⑥ 「開放型階段」

階段が直接外気に開放されており、火災時に生ずる煙を有効に排出することができる階段をいう。その判断基準は本章Ⅱ**4** 4 ③に示す。

⑦ 「二方向避難型特定共同住宅等」

火災時に全ての住戸、共用室及び管理人室から、少なくとも一以上の避難経路を利用することにより安全に避難できるようにするため、廊下、階段、バルコニー等により避難階又は地上に通ずる二以上の異なった避難経路を確保している特定共同住宅等をいう。

⑧ 「開放型特定共同住宅等」

すべての住戸、共用室及び管理人室について、その主たる出入口が開放型廊下又は開放型階段に面してることにより、火災時に生ずる煙を有効に排出することができる特定共同住宅等をいう。

⑨ 「二方向避難・開放型特定共同住宅等」

火災時に、すべての住戸、共用室及び管理人室から、少なくとも一以上の避難経路を利用して安全に避難できるようにするため、廊下、階段、バルコニー等により避難階又は地上に通ずる二以上の異なった避難経路を確保し、かつその主たる出入口が開放型廊下又は開放型階段に面していることにより、火災時に生ずる煙を有効に排出することができる特定共同住宅等で、⑦「二方向避難型特定共同住宅等」及び⑧「開放型特定共同住宅等」の双方の基準を満たしているものである。

⑩ 「その他の特定共同住宅等」

二方向避難型特定共同住宅等、開放型特定共同住宅等、二方向避難・開放型特定共同住宅等のいずれにも該当しない特定共同住宅等をいう。

3．特定共同住宅等における「階数別」の消防用設備等適用図

表 9-Ⅱ-14 二方向避難型（初期拡大抑制性能）[85]

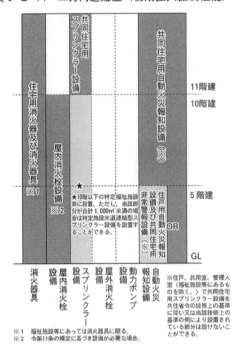

表 9-Ⅱ-15 二方向避難型（避難安全支援性能）[85]

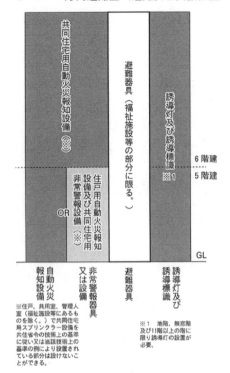

表 9-Ⅱ-16 開放型（初期拡大抑制性能）[85]

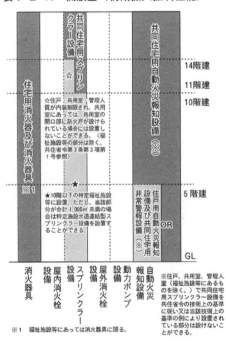

表 9-Ⅱ-17 開放型（避難安全支援性能）[85]

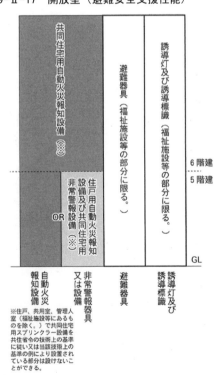

表 9-Ⅱ-18 二方向避難・開放型（初期拡大抑制性能）[85]

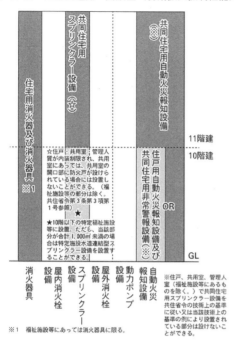

表 9-Ⅱ-19 二方向避難・開放型（避難安全支援性能）[85]

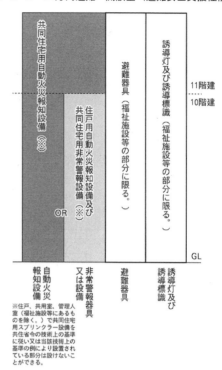

表 9-Ⅱ-20 その他（初期拡大抑制性能）[85]

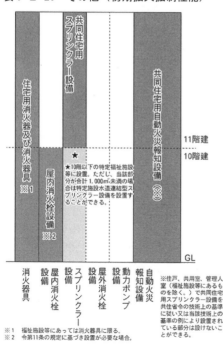

表 9-Ⅱ-21 その他（避難安全支援性能）[85]

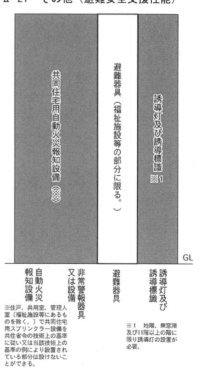

表9-Ⅱ-22 階段室型（消防活動支援性能）[85]

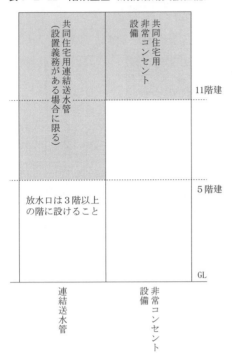

4．特定共同住宅等における必要とされる防火安全性能を有する消防の用に供する設備等に関する基準を適用する場合の建築構造上の要件

① 共通事項

■位置・構造告示（抜粋、同不順）（H17.3.25 消防庁告示2号）

第3条　通常用いられる消防用設備等に代えて、必要とされる防火安全性能を有する消防の用に供する設備等を用いることができる特定共同住宅等の位置、構造及び設備

省令2条1号に規定する特定共同住宅等は、その位置、構造及び設備が次の各号に適合するものとする。

一　主要構造部分が、耐火構造であること。

二　共用部分の壁及び天井（天井のない場合にあっては、屋根。）の室内に面する部分（回り縁、窓台その他これらに類する部分を除く。）の仕上が準不燃材料であること。

三　特定共同住宅等の住戸等は、開口部のない耐火構造の床又は壁で区画すること。但し、特定共同住宅等の住戸等の床又は壁並びに当該床又は壁を貫通する配管又は電気配線その他これらに類するもの及びそれらの貫通部が次に定める基準に適合する場合は、この限りでない。

(1) 床又は壁は、耐火構造であること。

(2) 住戸等の外壁に面する開口部は、当該住戸等に接する他の住戸等の開口部との間に設けられる外壁面から0.5m以上突出した耐火構造のひさし、床、そで壁その他これらに類するもの（以下「ひさし等」という。）で防火上有効に遮られていること。但し、当該住戸等に接する他の住戸等の外壁に面する開口部（直径が0.15m以下の換気口等（防火設備が設けられたものに限る。）及び面積が0.01㎡以下の換気口等を除く。）相互間の距離が、0.9m以上であり、かつ、次に定める基準のいずれか適合する場合は、この限りでない。

イ　上下に設けられた開口部（直径0.15m以下の換気口等及び相互間の距離が3.6m以上である開口部を除く。）に防火設備である防火戸が設けられていること。

ロ　住戸等で発生した火災により、当該住戸等から当該住戸等及びそれに接する他の住戸等の外壁に面する開口部を介して他の住戸等へ延焼しないよう措置されたものであること。

(3) 住戸等と共用部分を区画する壁は、次に定めるところによること。

イ　開口部（（イ）から（ハ）までに掲げる換気口等を除く。）には、防火設備（主たる出入口に設けられるものにあっては、随時開くことができる自動閉鎖装置付のものに限る。）である防火戸が設けられていること。

（イ）直径0.15m未満の換気口等（開放性のある共同部分に面するもの

に限る。）

（ロ）直径 0.15 m 未満の換気口等であって、かつ、防火設備が設けられているもの

（ハ）（イ）及び（ロ）に掲げるもののほか、開放性のある共用部分以外の共用部分に面し、かつ、防火設備が設けられている換気口等。

ロ　開放型特定共同住宅等及び二方向避難・開放型特定共同住宅等以外の特定共同住宅の住戸等（共同住宅用スプリンクラー設備が設置されているものを除く。）にあっては、開口部の面積の合計が一の住戸等につき 4 ㎡（共用室にあっては、8 ㎡）以下であること。

ハ　ロの規定による一の開口部の面積は、2 ㎡以下であること。

（4）床又は壁を貫通する配管等及びそれらの貫通部は、次に定めるところによること。

イ　配管の用途は、給配水管、空調用冷温水管、ガス管、冷媒管、配電管その他のこれらに類するものであること。

ロ　配管等の呼び径は、200mm 以下であること。

ハ　配管等を貫通させるために設ける開口部は、内部の断面積が直径 300mm の円の面積以下であること。

ニ　配管等を貫通させるために設ける開口部を床又は壁（住戸等と共同部分を区画する床又は壁を除く。）に二以上設ける場合にあっては、配管等を貫通させるために設ける開口部相互間の距離は、当該開口部の最大直径（当該直径が 200mm 以下の場合にあっては、200mm）以下であること。

ホ　床又は壁を貫通する配管等及びそれらの貫通部は、次の（イ）又は（ロ）に定めるところによるものであること。

（イ）配管は建築基準法施行令 129 条の 2 の 5 第 1 項 7 号イ又はロに適

合するものとし、かつ、当該配管と当該配管を貫通させるために設ける開口部とのすき間を不燃材料で埋めること。

（ロ）別に告示で定めるところにより、床又は壁を貫通する配管等及びそれらの貫通部が一体として耐火機能を有しているものとして認められたものであること。

ヘ　配管等には、その表面に可燃物が接触しないような措置を講じること。但し、当該配管等に可燃物が接触しても発火するおそれがないと認められる場合は、この限りでない。

② 開放型特定共同住宅等

■共住省令（H17.3.25 総務省令 40 号）

（用語の意義）

第 2 条　この省令において、次の各号に掲げる用語の意義は、当該各号に定めるところによる。一〜八　（略）

九　開放型特定共同住宅等　すべての住戸、共用室及び管理人室について、その主たる出入口が開放型廊下又は開放型階段に面してることにより、特定共同住宅等における火災時に生ずる煙を有効に排出することができる特定共同住宅等として消防庁長官が定める構造を有するものをいう。

十　二方向避難・開放型特定共同住宅等　特定共同住宅等における火災時に、すべての住戸、共用室及び管理人室から、少なくとも一以上の避難経路を利用して安全に避難できるようにするため、避難階又は地上に通ずる二以上の異なった避難経路を確保し、かつ、その主たる出入口が開放型廊下又は開放型階段に面していることにより、特定共同住宅等における火災時に生ずる煙を有効に排出することができる特定共同住宅等として消防庁長官が定める構造を有するものをいう。

十一〜十八　（略）

③ 開放型の廊下及び階段室等の判断基準

■構造類型告示（H17.3.25 消防庁告示 3 号）

第 4 開放型特定共同住宅等

一 省令 2 条 9 号に規定する開放型特定共同住宅等は、特定共同住宅等の住戸等において火災が発生した場合に、当該住戸等が存する階及びその上階の廊下及び階段室等（階段室型特定共同住宅等における階段室等に限る。以下第 4 において同じ。）における消火、避難その他の消防の活動に支障を生じないものとして、次号に定めるところにより、廊下及び階段室等が開放性を有すると認められるものとする。

二 開放型特定共同住宅等は、次に定めるところによるものであること。

(1) すべての階の廊下及び階段室等が隣地境界線又は他の建築物等の外壁との中心線から 1 m 以上離れていること。

(2) すべての階の廊下及び階段室等が特定光庭に面していないこと。

(3) 直接外気に開放されていないエントランスホール等（以下単に「エントランスホール等」という。）が避難階に存する場合にあっては、当該エントランスホール等が次に定める基準に適合すること。

　イ 避難階以外の階及びエントランスホール等に面する住戸等から当該エントランスホール等を経由しないで避難することができる経路があること。

　ロ エントランスホール等は、避難階以外の階にわたらないものとすること。但し、当該エントランスホール等が耐火構造の床又は壁で当該避難階以外の階と区画されている場合（当該エントランスホール等と特定共同住宅等の部分を区画する床又は壁に開口部を設ける場合にあっては、防火設備であるはめごろし戸が設けられているものに限る。）にあっては、この限りでない。

(4) 廊下は、次に定めるところによるものであること。

　イ すべての階の廊下は、次の（イ）又は（ロ）に定めるところによること。

　　（イ）すべての階の廊下は、次の a から d までに定めるところによること。

　　　a 各階の外気に面する部分の面積（廊下の端部に接する垂直面の面積を除く。）は、当該の見付面積の 3 分の 1 を超えていること。

　　　b 外気に面する部分の上部に垂れ壁等を設ける場合は、当該垂れ壁等の下端から天井までの高さは、30cm 以下であること。

　　　c 手すり等の上端から垂れ壁等の下端までの高さは 1 m 以上であること。

　　　d 外気に面する部分に雨風等を遮るために壁等を設ける場合にあっては、当該壁等の幅を 2 m 以下とし、かつ、当該壁等相互間の距離を 1 m 以上とすること。

　　（ロ）特定共同住宅等の住戸等で火災が発生した場合に、当該住戸等の開口部から噴出する煙により、すべての階の廊下において、消火、避難その他の活動の支障になる高さ（床面からの高さ 1.8 m をいう。）まで煙が下降しないこと。

　ロ 外気に面しない部分が存する場合にあっては、当該外気に面しない部分の長さは、6 m 以下であり、かつ、当該外気に面しない部分の幅員の 4 倍以下であること。

(5) 階段室等は、次のイ又はロに定めるところによるものであること。

　イ 平成 14 年消防庁告示第 7 号に適合する開口部を有すること。

　ロ 特定共同住宅等の住戸等で火災が発

生した場合に、当該住戸等の開口部から噴出する煙により、階段室等において、消火、避難その他の消防活動の支障になる高さ（床面から高さ1.8mをいう。）まで煙が下降しないこと。

第5　二方向避難・開放型特定共同住宅等

省令2条10号に規定する二方向避難・開放型特定共同住宅等は、特定共同住宅等における火災時に、すべての住戸、共用室及び管理人室から、少なくとも一以上の避難経路を利用して安全に避難できるようにするため、避難階又は地上に通ずる二以上の異なった避難経路を確保し、かつ、その主たる出入口が開放型廊下又は開放型階段に面していることにより、特定共同住宅等における火災時に生ずる煙を有効に排出することができる特定共同住宅等であって、第3及び第4に挙げる要件を満たすものとする。

④　隣接建物等に対する廊下、階段室等の開放性の判断基準（構造類型告示第4第2号(1)）

■ H17.8.12消防予188号第3、2

(1) 他の建築物等の外壁等について

構造類型告示第4第2号（1）の規定により、すべての廊下及び階段室等は「他の建築物の外壁」との中心線から1m以上離れていることが必要とされているが、同一の特定共同住宅等であっても廊下及び階段室等に面して当該特定共同住宅等の外壁、駐車場の壁、擁壁等がある場合は、「他の建築物の外壁」に準じて取り扱うものであること。適用例を図9-Ⅱ-26に示す。

なお、特定共同住宅等の同一の階に存する廊下又は階段室等のうちの一部が、隣地境界線又は他の建築物の外壁との中心線から1m未満であるときの取扱いは次のとおりとすること。適用例を図9-Ⅱ-27に示す。

①　隣地境界線又は他の建築物等の外壁との中心線から1m未満である部分が廊下端部を含む場合で、当該部分を構造類型告示第4第2号（4）ロの「外気に面しない部分」とみなしたとき、当該規定を満たせば当該部分は隣地境界線又は他の建築物等の外壁との中心線から1m未満の位置にないものとして取り扱って差し支えのないものであること。

②　隣地境界線又は他の建築物の外壁との中心線から1m未満である部分が廊下端部を含まない場合で当該部分を構造類型告示第4第2号（4）イ（イ）dの「風雨等を遮るために設ける壁等」とみなすか、（5）に定める手順によって、非開放部を含む廊下全体を同号（4）イ（ロ）の「消火、避難その他の消防活動に支障になる高さ（床面からの高さ1.8mをいう。）まで煙が降下しないこと」を確認した場合は、当該部分は隣地境界線又は他の建築物の外壁の中心線から1m未満の位置にないものとして取り扱って差し支えないものであること。

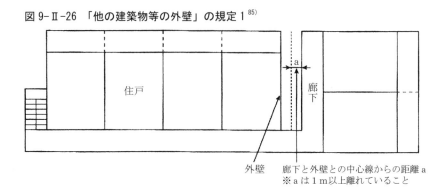

図9-Ⅱ-26　「他の建築物等の外壁」の規定1[85]

図 9-Ⅱ-27 「他の建築物等の外壁」の規定 2[85)]

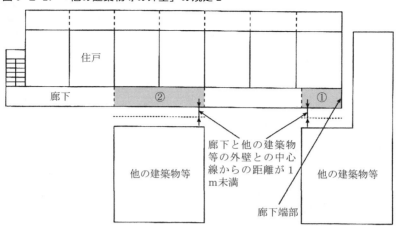

■ H17.8.12 消防予 188 号第 3、2（2）
(2) 直通外気に開放されていない廊下又は階段室等の取扱いについて
① 廊下型特定共同住宅等
　住戸又は共用室の主たる出入口が面する廊下の一部又は全部に周囲の 4 面が壁等により囲まれている部分が存する特定共同住宅等は、開放型特定共同住宅等には該当しないものであること。適用例を図 9-Ⅱ-28 に示す。

② 階段室型特定共同住宅等
　住戸又は共用室の主たる出入口が面する階段室の一部又は全部の周囲に 4 面が壁等により囲まれている部分が存する特定共同住宅等は、開放型特定共同住宅等には該当しないものであること。適用例を図 9-Ⅱ-29 に示す。

図 9-Ⅱ-28 開放型特定共同住宅等に該当しない例 1[85)]

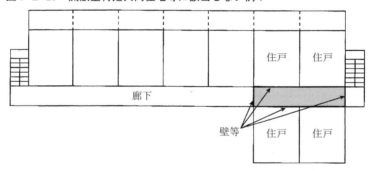

図 9-Ⅱ-29 開放型特定共同住宅等に該当しない例 2[85)]

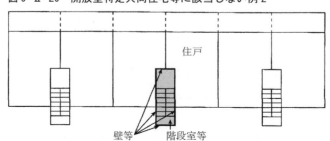

⑤ 二方向避難型特定共同住宅等

■構造類型告示（H17.3.25消防庁告示3号）

第3 二方向避難型特定共同住宅等

一 省令2条8号に規定する二方向避難型特定共同住宅等は、特定共同住宅等の住戸等（住戸、共用室及び管理人室に限る。）において火災が発生した場合に、当該住戸等が存する階の住戸等に存する者が、当該階の住戸等から、少なくとも一以上の避難経路を利用して階段室等（当該住戸等が避難階の存する場合にあっては地上。）まで安全に避難できるようにするため、次号に定めるところにより二以上の異なった避難経路（避難上有効なバルコニーを含む。以下同じ。）を確保していると認められるものとする。

二 二方向避難型特定共同住宅等は、次に定めるところによるものであること。

(1) 廊下型特定共同住宅等の階段室等は廊下の端部又は廊下の端部に接する住戸等の主たる出入口に面していること。

(2) 住戸等の外気に面する部分に、バルコニーその他のこれに類するもの（以下「バルコニー等」という。）が、避難上有効に設けられていること。

(3) バルコニー等に面する住戸等の外壁に、消防法施行規則（昭和36年自治省令6号）4条の2の2に規定する避難上有効な開口部が設けられていること。

(4) 隣接するバルコニー等が隔板等によって隔てられている場合にあっては、当該隔板等が容易に開放し、除去し、又は破壊することができ、かつ、当該隔板等に次に挙げる事項が表示されていること。

  イ 当該バルコニー等が避難経路として使用される旨

  ロ 当該隔板等を開放し、除去し、又は破壊する方法

  ハ 当該隔板等の近傍に避難上支障となる物品を置くことを禁ずる旨

(5) 住戸等において火災が発生した場合に、当該住戸等が存する階の住戸等に存する者が、当該階の住戸等から、少なくとも一以上の避難経路を利用して階段室まで安全に避難することができること。但し、バルコニー等に設けられた避難器具（避難器具用ハッチに格納された金属製避難はしご、救助袋等の避難器具に限る。）により当該階の住戸等から避難階まで避難することができる場合は、この限りでない。

⑥ 特定光庭の基準

■位置・構造告示（H17.3.25消防庁告示2号）

第4 特定光庭の基準等

一 特定光庭は、次の各号に掲げる基準に適合しない光庭をいうものとする。

(1) 光庭に面する一の住戸等で火災が発生した場合において、当該火災が発生した住戸等（以下「火災住戸等」という。）のすべての開口部から噴出する火災等の輻射熱により、当該火災住戸等以外の住戸等の光庭に面する開口部が受ける熱量が10kW/㎡未満であること。

(2) 光庭が避難光庭に該当する場合においては、当該避難光庭は、次に定めるところによるものであること。

  イ 火災住戸等（避難光庭に面するものに限る。以下同じ。）のすべての開口部から噴出する火災等の輻射熱により当該避難光庭に面する廊下及び階段室等を経由して避難する者が受ける熱量が3kW/㎡未満であること。

  ロ 避難光庭にあっては次に定めるところによること。

  (イ) 避難光庭の高さを当該避難光庭の幅で除した値が2.5未満であること。

  (ロ) (イ)により求めた値が2.5以上の場合にあっては、火災住戸等のすべての開口部から噴出する煙層の温度が4K以上上昇しないこと。

475

二　特定共同住宅等に特定光庭が存する場合にあっては、当該光庭に面する開口部及び当該光庭に面する特定共同住宅等の住戸等に設ける給湯湯沸設備等（対象火気設備等の位置、構造及び管理並びに対象火気器具等の取扱いに関する条例の規定に関する基準を定める省令（平成14年総務省令24号）3条10号に規定する給湯湯沸設備及び同条第2号に規定するふろがまをいう。以下同じ。）は、次に定める基準に適合するものであること。

(1) 廊下又は階段室等が特定光庭に面して設けられている場合において、当該特定光庭に面して設ける開口部は、次に定めるところによること。

イ　特定光庭に面する一の開口部の面積が2㎡以下であり、かつ、一の住戸等の開口部の面積の合計が4㎡以下であること。但し、当該開口部が設けられている住戸等に共同住宅用スプリンクラー設備が設けられている場合にあっては、この限りでない。

ロ　特定光庭の下端に設けられた開口部が、常時外気に開放され、かつ、当該開口部の有効断面積の合計が、特定光庭の水平投影面積の50分の1であること。

(2) 特定光庭（(1)に定めるものを除く。）に面する開口部にあっては、次に定めるところによること。

イ　開口部には、防火設備であるはめごろし戸が設けられていること。但し、次に定める特定光庭に面する住戸等の開口部（(ロ)の特定光庭に面するものにあっては、4階以下の階に存するものに限る。）に防火設備である防火戸を設ける場合にあっては、この限りでない。

(イ) 特定光庭に面して階段（平成14年消防庁告示第7号に適合する屋

内避難階段等の部分に限る。）が設けられている当該特定光庭

(ロ) その下端に常時外気に開放された開口部（当該開口部の有効断面積が1㎡以上のもに限る。）が存する特定光庭

ロ　異なる住戸等の開口部の相互間の水平距離は、次に定めるところによること。但し、住戸等の開口部の上端から上方に垂直距離1.5m（当該開口部に防火設備であるはめごろし戸が設けられている場合にあっては、0.9m）以上の範囲にある他の住戸等の開口部については、この限りでない。

(イ) 同一の壁面に設けられるもの（当該開口部相互間の壁面に0.5m以上突出したひさし等で防火上有効に遮られている場合を除く。）にあっては0.9m以上

(ロ) 異なる壁面に設けられているものにあっては、2.4m（当該開口部に防火設備であるははめごろし戸が設けられている場合にあっては、2m）以上

ハ　異なる住戸等の開口部の相互間の垂直距離は、1.5m（当該開口部に防火設備であるはめごろし戸が設けられている場合は、0.9m）以上（同一壁面上の当該開口部同相互間の壁面に0.5m以上突出したひさし等で防火上有効に遮られている場合を除く。）であること。但し、同一の壁面に設けられる場合にあっては、当該開口部の側端から水平方向に0.9m、異なる壁面に設けられる場合にあっては、当該開口部の側端から2.4m（当該開口部に防火設備であるはめごろし戸が設けられている場合にあっては、2m）以上の範囲にある他の住戸等の開口部については、この限りでない。

二　一の開口部の面積が1㎡以下であり、かつ、一の住戸等の一の階の開口部の面積の合計が2㎡であること。

(3) 特定光庭に面して給湯湯沸設備等を設ける場合は、次に定めるところによること。

　イ　平成14年消防庁告示7号に適合する室内避難階段等の部分が存する特定光庭に限り設置することができること。

　ロ　防火上有効な措置が講じられたものであること。

■ H17.8.12 消防予188号第2、8　避難光庭における煙層の上昇温度について

(2) 避難光庭の底部に設けられる常時開放された開口部の給気開口率(避難光庭の底部の開口部と頂部の開口部の比をいう。以下同じ。)を次式により求めること。

$r = 100 \dfrac{S_a}{S_f}$ ……式(15)

r は、避難光庭の底部に設けられる常時開放された開口部の給気開口率(％)

S_a は、避難光庭の底部に設けられる常時開放された開口部の面積(㎡)

S_f は、避難光庭の頂部に設けられる常時開放された開口部の面積(㎡)

(3) 避難光庭における火災住戸等のすべての開口部から噴出する煙層の上昇温度を式(16)により求めること。

$\Delta T = 2.06 \alpha \dfrac{Q_x^{\frac{2}{3}}}{D^{\frac{5}{3}}}$ ……式(16)

ΔT は、避難光庭における火災住戸等のすべての開口部から噴出する煙層の上昇温度(K)

α は、次の式により求められる値

$\alpha = 1.2 + \dfrac{1.32}{r + 0.66}$ ……式(17)

D は、避難光庭の幅(m)

$Q_x = 400 A_x \sqrt{H_x}$

Q_x は等価開口部から噴出する熱気流の発熱速度(kW)

A_x は等価開口部の面積(㎡)

H_x は等価開口部の高さ(m)

■ H17.8.12 消防予188号第2、9　異なる住戸等間の水平距離について

位置・構造告示第4第2号(2)ロの「異なる住戸等の開口部の相互間の水平距離」は、図9-Ⅱ-30の例により、計測すること。

図9-Ⅱ-30　異なる住戸等の開口部の相互間の水平距離の取扱い[85]

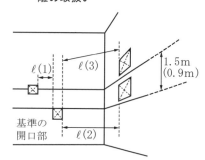

$\ell(1)$及び$\ell(2)$は距離制限を受ける
$\ell(3)$は距離制限を受けない

■ H17.8.12 消防予188号第2、10　異なる住戸等間の垂直距離について

位置・構造告示第4第2号(2)ハの「異なる住戸等の開口部の相互間の垂直距離」は、図9-Ⅱ-31及び図9-Ⅱ-32の例により、計測すること。

図9-Ⅱ-31　異なる住戸等の開口部の相互間の水平距離の取扱い(同一壁面上の場合)[85]

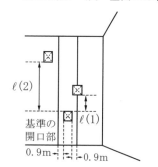

$\ell(1)$は距離制限を受ける
$\ell(2)$は距離制限を受けない

図 9-Ⅱ-32　異なる住戸等の開口部の相互間の水平距離の取扱い（異なる壁面上の場合）[85]

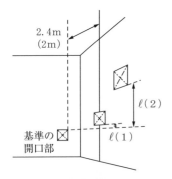

$\ell(1)$は距離制限を受ける
$\ell(2)$は距離制限を受けない

■ H17.8.12 消防予188号第2、11　特定光庭に該当しない光庭について

図9-Ⅱ-33及び図9-Ⅱ-34に示す開放性を有する廊下又は階段室等に面する吹抜けにあっては、特定光庭には該当しないものであること。この場合において、開放性を有する廊下の手すり等の上端から小梁、たれ壁等の下端までの高さは1m以上必要であること。

図 9-Ⅱ-33　特定光庭に該当しない光庭（1）[85]

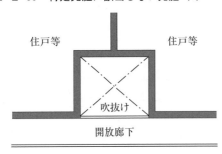

図 9-Ⅱ-34　特定光庭に該当しない光庭（2）[85]

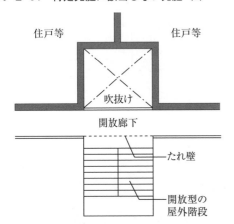

■ H17.8.12 消防予188号第2、12　特定光庭に面して給湯湯沸設備等を設ける場合の措置について

位置・構造告示第4第2号（3）ロの「防火上有効な措置」とは、次の（1）及び（2）の措置をいうものであること。

(1) 給湯湯沸設備等は、次に定める基準に適合していること。
　①ガスの消費量が、70kW以下であること。
　②一の住戸の用に供するものであること
　③密閉式（直接外気から空気を取り入れ、かつ、廃ガスその他の生成分を直接屋外に排出する燃焼方式及びその他室内の空気を汚染するおそれがない燃焼方式をいう。）でバーナーが隠ぺいされていること。
　④圧力調節器により、バーナーのガス圧が一定であること。
　⑤過度に温度が上昇した場合において、自動的に燃焼を停止できる装置及び炎が立消えした場合等において安全を確保できる装置が設けられていること。

(2) 給湯湯沸設備等は、次に定める方法により設置すること。
　①特定光庭から住戸等又は共用部分へ貫通する給湯湯沸設備等の配管は、当該配管と当該配管を貫通させるために設ける開口部とのすき間を不燃材料（建築基準法第2条第9号に規定する不燃材料をいう。）で埋めること。
　②①の配管は、金属又これと同等以上の強度、耐食性及び耐熱性を有するものであること。

5 単体規定のチェックポイント

表 9-Ⅱ-23　共同住宅の法規制チェックポイント

項目	チェックポイント
開発行為	☐ 開発行為の有無 ☐ 開発許可の基準
指導要綱	☐ 指導要綱の有無と適用範囲 ☐ 整備基準
接道	☐ 各自治体の建築条例による制限（駐車場の接道規制を含む）
形態規制	☐ 各斜線制限 ☐ 日影規制
容積率	☐ 前面道路幅による低減 ☐ 特定道路による緩和の有無 ☐ 外廊下等の未算入条件の適合 　　（実装室外機部分の容積算入の確認） ☐ ラウンジ、防災倉庫、地下1/3の位置・範囲の確認
主要出入口の位置の制限	☐ 各自治体の建築条例による制限 ☐ 主要出入口からの道路幅及び道路からの奥行き
窓先空地	☐ 各自治体の建築条例による制限 ☐ 窓先空地の有効幅と窓先空地からの避難通路幅 ☐ 窓先空地に面する建具の有効開口幅の確認 ☐ 窓先空地に面する建具の位置の確認
避難	☐ 2以上の直通階段の設置 ☐ 避難階段の開口部の制限 　　（90cm、2 m） ☐ 避難上有効なバルコニーの設置 　　（セットバック部分に注意） ☐ 階段、廊下の有効幅 ☐ 非常用進入口・代替開口部の位置・寸法 　　（S46.11.30 建設省通達826号の内容確認）
省令40号（消防特例）	☐ 特例対象とする、しないの判断 ☐ 廊下側開口面積の制限 ☐ 開放住戸等の判断 ☐ 2方向避難の判断 　　（バルコニーにタラップ設置の要否） ☐ 光庭の基準の適合
採光	☐ 採光上有効部分の算定（採光算定） ☐ 外廊下側の有効率 　　（7/10 or 10/10） ☐ 独立キッチンの採光有無の確認
排煙	☐ 中廊下、エントランス部分の排煙 ☐ 大型住戸の住戸内防火区画の構成 ☐ 告示緩和における範囲、面積、区画仕様の確認
その他	☐ 延焼のおそれのある部分の措置 　　——網入りガラス、100φ以下の防火覆い等 　　（附属棟との延焼のおそれに注意） ☐ 手すりの高さ 　　（足がかりより1.1 m以上） ☐ 給湯湯沸設備の位置 ☐ ゴミ置場の位置、大きさ ☐ 下階に店舗等がある場合の消防令8区画の構成 ☐ 住宅性能評価に関する規制 ☐ 防火設備から屋内側15cm以内の不燃材規制 　　（個別認定建具の場合をのぞく）

III　旅館、ホテル

▉ 定義

1．旅館業法による区分

表 9-Ⅲ-1　旅館業法の区分

ホテル営業	洋式の構造及び設備を主とする施設を設け、宿泊料を受けて人を宿泊させる営業
旅館営業	和式の構造及び設備を主とする施設を設け、宿泊料を受けて人を宿泊させる営業
簡易宿所営業	宿泊する場所を多人数で共有する構造及び設備を主とする施設を設け、宿泊料を受けて人を宿泊させる営業（カプセルホテル等）
下宿営業	施設を設け1ヶ月以上の期間を単位とする宿泊料を受けて宿泊させる営業

　ホテル等の用途（旅館業法の4区分）とその他の用途との複合建物の場合、入口が同一であってもその後のフロントやELV等の動線についてホテル等を単独で分ける様に指導している場合があるので、必ず各保健所に確認すること。

2．建築基準法による区分

　基本的には旅館業法でいう上記内容の建築物をさす。

(1) 簡易宿所は旅館として扱う。

(2) 下宿営業は寄宿舎として扱う。

(3) 会社等の保養所又は研修所で宿泊室がある場合は旅館又はホテルとして扱う。

(4) ユースホステル、山小屋、ロッヂ、青年の家、モーテルは旅館又はホテルとして扱う。

3．消防法の区分

　ホテル又は旅館の主たる用途以外の部分がある建築物の防火対象物の扱いは下記とする。

　ホテル等に附属する「バー」「ビアガーデン」「旅行代理店」「美、理容室」「喫茶室」は利用者の利便に供される部分として、「宴会場」「会議室」「結婚式場」「娯楽室」「遊技室」「サウナ室」「売店」は密接な関係を有する部分として、それ

ぞれ機能的に従属する用途に供する部分とみなされ、下記の条件により5項イ（旅館、ホテル）として扱われ、これに該当しない場合は、16項イ（特定用途複合防火対象物）として扱われる。

(1) 管理権限を有する者が、主要部分の管理権限を有するものと同一であること。

(2) 利用者が主要部分の利用者と同一あるいは密接な関係を有すること。

(3) 利用時間が主要部分の利用者とほぼ同一であること。

▉ 立地上のポイント

1．用途地域による制限

表 9-Ⅲ-2　旅館、ホテルの用途地域制限

用　途　地　域	旅館・ホテル
第1種・第2種低層住居専用地域	×
第1種・第2種中高層住居専用地域	×
第1種住居地域	△
第2種・準住居地域	○
近隣商業地域	○
商業地域	○
準工業地域	○
工業地域	×
工業専用地域	×

○：建築可　△：条件付で建築可　×：建築不可
第1種住居地域内のホテルは、3,000 ㎡以下のものについては建築可

　用途地域の制限の他に、文教地区等の特別用途地区について条例で制限されているので注意を要する。（東京都は文教地区内の旅館、ホテルは禁止されている）なお、特別用途地区の指定により、用途地域制限が緩和されているところもある（熱海市の第2種中高層住居専用地域内の第2種娯楽・レクリエーション地区等）

2．旅館業法による制限

計画敷地の周囲概ね100m以内の区域内に次の施設がある場合において、その施設の清純な施設環境が著しく害されるおそれがあるときは許可が与えられない場合がある。

(1) 学校教育法による学校（大学を除く）
(2) 児童福祉法による児童福祉施設
(3) 社会教育法による社会教育施設等で、(1)(2)に類するものとして条例で定めるもの（東京都にあっては、図書館、青年の家等が条例により指定されている）

3．風俗営業等の規制及び業務の適性化等に関する法律（風営法）による制限

(1) ラブホテル、モーテル等

風俗関連営業として下記の区域は禁止されている。

① 1団地の官公庁施設、学校、図書館、児童福祉施設、その他条例で定めるもの（東京都では病院、診療所を規定）の敷地から周囲200m以内（東京都では周囲100m以内の地域）

② 条例により禁止される地域

（東京都は、ラブホテルについては近隣商業地域及び商業地域以外は禁止。モーテルについては歌舞伎町周辺等、3つの地域以外は禁止されている。）

(2) ホテル内にナイトクラブ、ディスコ、料理店営業及び内部の見通しのできない場所にゲーム機を設置する場合、条例により定める地域には禁止される。

【東京都における制限】
① 住居系用途地域
② 保護対象施設からの距離制限（表9-Ⅲ-3）

4．自然公園法による制限

リゾートホテル等で国立公園や国定公園内に建築する場合は自然公園法による制限をうける。

(1) 特別保護地区、海域公園地区、第1種特別地域は原則として建てられない。但し既存の建築物の改築、建て替え若しくは災害復旧の為の新築（規模が従前のものを超えないこと）又は、公益上必要と認められる建築物は除く。

(2) 第2種特別地域、第3種特別地域

次ページの表9-Ⅲ-4の規模制限等をうけるが、公園事業による宿舎や特定地域として基準を緩和する地域においては別の取扱いがされている。

(3) 普通地域、各都道府県立自然公園

前記(2)の制限はうけないが、地域により指針、審査基準が定められている場合がある。

表9-Ⅲ-3　東京都における風俗営業の距離制限

地域別		保護対象施設別	20m	50m	100m
風俗営業（ラブホテル・モーテル等）	商業地域	学校（大学を除く）・図書館・児童福祉施設	××××××××××××		
		大学・病院・診療所	×××××		
	近隣商業地域	学校（大学を除く）・図書館・児童福祉施設	××××××××××××××××××××		
		大学・病院・診療所	×××××××××××××		
	その他の地域	学校・図書館・児童福祉施設・病院・診療所	××××××××××××××××××××		

×××は禁止区域

表 9-Ⅲ-4　国立（定）公園の特別地区内の規制

項目＼用途	分譲ホテル・保養所 分譲地内のホテル等	一般のホテル等 集合別荘、集合住宅、保養所
敷地面積	1000 ㎡以上	一般のホテル——規定なし 集合別荘 集合住宅——敷地面積／戸数＝250 ㎡以上
建築面積	2000 ㎡以下	2000 ㎡以下
建ぺい率	20%以下	第2種（敷地面積　500 ㎡未満）10% 第2種（敷地面積 1000 ㎡未満）15% 第2種（敷地面積 1000 ㎡以上）20% 第3種　　　　　　　　　　　　20%
延べ面積	制限なし	制限なし
容積率	第2種　40% 第3種　60%	第2種（敷地面積　500 ㎡未満）20% 第2種（敷地面積 1000 ㎡未満）30% 第2種（敷地面積 1000 ㎡以上）40% 第3種　　　　　　　　　　　　60%
地形勾配	30%以下	30%以下
高　さ	10 m以下	13 m以下
階　数	2階建以下	規制なし
建築物後退 公園事業道路等	20 m以上	20 m以上
建築物後退 それ以外の道路	5 m以上	5 m以上
建築物後退 敷地境界線	5 m以上	5 m以上
そ　の　他	1. 主要な展望地から展望する場合の著しい妨げにならないこと 2. 山稜線を分断する等眺望の対象に著しい支障を与えないこと 3. 屋根及び壁面の色彩並びに形態が周囲の自然との調和を著しく乱さないこと	

※　容積率については駐車場面積を含む
※　建物後退について建築物の水平投影外周線からの距離とする
※　高さについては塔屋を含み（避雷針、煙突は除く）、最低地盤面から建築物の最高部までの高さとする。又、既存建築物
　　が 10 m、13 mを超える場合は、その高さ以下とする

5．風致地区による制限

　各都道府県の条例により建物高さ、建ぺい率、外壁後退等の規制があるが、風致の維持に有効な措置が行われ、周辺の土地の風致と著しく不調和ではないと認められる場合は緩和される場合もある。

3 単体規定のポイント

1．関連法規一覧

表 9-Ⅲ-5　旅館、ホテルの関連法規

対象法令等	適用範囲
旅館業法	旅館業を営むすべての建築物
国際観光ホテル整備法	政府登録を受ける旅館、ホテル
風営法	風俗営業、風俗関連営業を営む場合
食品衛生法	厨房、レストラン部分
水質汚濁防止法及び下水道法	厨房施設、洗濯施設、入浴施設が特定用途に該当し、公共下水道に排水放流する場合は下水道法により、浄化槽を設けて排水放流する場合は水濁法により規制される
バリアフリー法	2000 ㎡以上
省エネ法（建築物省エネ法）	2000 ㎡以上の非住宅は適合義務 300 ㎡以上 2000 ㎡未満　届出義務
ビル管法	3000 ㎡以上
美容師法理容師法	ホテル内に美容所又は理容所を設置する場合
公衆浴場法	ホテル客用の浴室は公衆浴場法の対象外であるが、ホテル内に設置されるスポーツ練習場等に浴室がある場合は対象
プール条例	ホテル内に設置されるプールについては特定行政庁の条例により規制を受ける
旅館業等指導要網	特定行政庁により、ラブホテル禁止等を目的とした指導要網又は条例があるところがある

2．旅館業法の構造設備基準

表 9-Ⅲ-6　旅館業法の構造設備基準（抜）

	ホテル営業	旅館営業
客室の数	10室以上	5室以上
洋式の客室	1客室の面積≧ 9 ㎡ 寝具は洋式とする 出入口、窓は鍵をかけられるようにする 客室と他の客室、廊下との境は出入口、窓を除き壁とする	
和式の客室	1客室の面積≧ 7 ㎡	
衛生措置	適当な換気、採光、照明、防湿、排水の設備を設ける	
浴室	適当な数の洋式浴室又はシャワー室を設ける	近接して公衆浴場がある場合を除き、適当な規模の入浴設備を設ける
洗面設備	適当な規模の洗面設備を設ける	
暖房設備	規模に応じた適当な暖房設備を設ける	—
便所	水洗式とする 座便式のものを設ける 共同用は男女別とする	適当な数の便所を設ける
玄関・帳場フロント	宿泊しようとする者との面接に適する玄関・帳場その他これに類する設備を設ける	
目隠しの措置	学校（大学を除く）の敷地の周囲概ね 100 m 以内にある場合は、客室、ダンスホール等の内部を学校から見通すことをさえぎる設備を設ける	

【東京都における運用基準】

(1) 客室面積の算定

　　押入れ、床の間は含まず、浴室、便所、板の間は含む。壁、柱の内のり計算とする。

図 9-Ⅲ-1　東京都における客室面積の算定

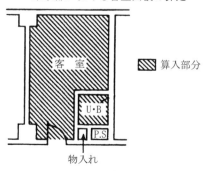

(2) ホテル営業にあってはロビー、フロント、食堂（レストラン）を必ず設けなければならない。

(3) 客室の採光

　　客室の床面積の1/10以上の窓その他の開口部を設けるよう指導している。

3．国際観光ホテル整備法の構造設備基準

表 9-Ⅲ-7　国際観光ホテル整備法による基準

	ホテル	旅館
基準客室の数	ホテル基準客室の数 ・15 室以上、かつ客室総数の 1/2 以上	旅館基準客室の数 ・10 室以上、かつ客数総数の 1/3 以上
基準客室の要件	・洋式の構造、設備 ・床面積は 1 人で使用する客室で 9 ㎡以上、その他のものは 13 ㎡以上 ・適当な採光のできる開口部を設ける ・浴室又はシャワー室及び便所を設ける ・冷温水の出る洗面設備を設ける ・入口には鍵を設ける ・フロント、施設外にかけられる電話を備える ・机、テーブル、いす、洋服を掛ける設備又はこれらに代わるものを設ける（一人部屋はテーブルを省略してもよい） ・和洋折衷の客室において、畳敷きの部分の床面積が洋式の居室部分の床面積を超えるものは、ホテル基準客室には含まれない ・入口の建具は堅牢で防音に適したものでなければならない	・客室全体が日本間として調和がとれている ・畳敷きの部屋を設け、その床面積は 1 人で使用するもので 7 ㎡以上、その他のものは 9.3 ㎡以上 ・適当な採光のできる開口部がある ・季節的に営業するもの等を除き、冷暖房設備を設ける ・洗面設備を備える ・入口には鍵を設ける ・フロント、施設外にかけられる電話を備える ・床の間、洋服を掛ける設備、踏込みを設ける ・隣室との間を壁仕切りにする
基準客室の浴室又はシャワー室及び便所	・すべてのホテル基準客室に設ける	・2 室以上かつ旅館基準客室の 1/10 以上に設ける
	浴室 ・温度調節ができ、使用の度に用水を取り替えられるもの シャワー室 ・温度調整ができ冷温水が出せるシャワーを設ける 便所 ・水洗式とし、洋式便器のものを設ける	
冷温水のある洗面設備をもつ客室	・すべてのホテル基準客室に設ける	・4 室以上設ける （基準客室が 15 を超えるときは、その超える客数の数の 1/4 に 4 室を加えたもの以上）
ロビー等 （表 7-38 参照）	洋式の構造と設備 ・土足で利用可	・内部と調和し、客の通常の利用に適する
	・いす、テーブルを備える ・付近に入口から男女の区別がある共同用の便所を設ける	
食堂	・洋朝食を提供できる厨房を付属させる ・共同用の便所を設ける	―
共同用の便所	・廊下、ロビー等にいる者に便器が見えないように前室、隔壁等を設ける ・水洗式とする ・入口から男女の区別のあるものを設ける	
	・洋式便器を設ける（男女それぞれの便所に大便器が 1 つしかない場合は洋式でなくてもよい）	・洋式便器を設ける ・便所のない旅館基準客室と同一階又はその付近に設ける
共同用の浴室	―	・利用者が一定時間専用可能な、施錠できる共同の浴室、又はシャワー室を設ける （上記には大浴場は含まない。またすべての旅館基準客室に浴室、又はシャワー室がある場合は設けなくてもよい）
昇降機	・客の利用する最下階から 4 番目以上の階を客が利用する場合は、乗用の昇降機を設ける	
暖房設備	・季節的に営業するもの等を除き、全館に設置する	・季節的に営業するもの等を除き、旅館基準客室には設置する

484

	ホテル	旅館
標示するべき事項とその標示場所	・定められた場所にわかりやすく標示する	

標示事項	標示場所
館内の主な施設、設備の配置	玄関、ロビー又はフロント
客室の室名又は室番号	その部屋の外側
共用の主な施設	
会計場所	会計場所
避難設備、消火器等の配置図、避難経路	客室
非常口への道順	廊下、階段その他通路
避難設備、消火器等の標示及び使用方法	その設備の設置場所

	ホテル	旅館
安全、環境	・法律に適合 ・安全に宿泊でき、環境が良好	
客室等の配置、建物	・建物の意匠、使用材料、施工等が良好	
	・施設配置が適正で、開口部に必要に応じ防虫措置が講じられている等、施設や設備が外客向きのホテルの建築としてふさわしい	・施設配置が適正で、開口部に必要に応じ防虫措置が講じられている、庭等がある等、施設や設備が外客向きの旅館の建築としてふさわしい
その他	・客の応接、宿泊名簿の記入等のためフロントを設ける ・非常の際に安全を確保する上で必要な事項を日本語と外国語で記した案内書を客室に備える ・損害賠償のため保険契約を行う	
	・洋朝食が提供できる ・営業時間中自由に出入り可能な玄関を設ける	―

（基準の解釈について）

(1) ロビーの面積

表 9-Ⅲ-8 国際観光ホテルのロビー面積

客室の収容人員（n）	面　積（㎡）
n ≦ 100	20
101 ≦ n ≦ 500	0.2n
501 ≦ n ≦ 1000	0.15n + 25
1001 ≦ n ≦ 2000	0.075n + 100
2001 ≦ n	0.05n + 150

※フロント付近に飲物の注文だけで利用可能なコーヒーショップ等がある場合には、その1/2の面積を表の値から引いた面積以上あればよい

※対象とする面積は、テーブル、イスが備わり、無料で自由に利用できる部分全体から、フロント前1m、エレベーター前1m、店舗部分、エスカレーターや池等の非有効部分及び通路専用の部分を除いたもの

※ロビー等が2室以上ある場合は、その合計面積（但しそれぞれが必要条件を満たすこと）

※客室の収容人員の算出

①洋式の客室

・ベッド1台につき定員1名
（ソファーベッド、補助ベッドは除く）

・ダブルベッドは許可を受けた定員

・1室の最大定員は2名

②和式の客室

・睡眠に用いる畳部分が10㎡以下では1人、10㎡を超える場合は定員2名

③和洋折衷の客室

・畳敷きの部分が洋式の部分を超えない場合は①により算出

・上記以外では洋式部分、畳敷き部分それぞれについて①、②を用いて算出し、それらを合わせる

(2) 食堂の客席部分の面積

客室の収容人員× 0.2 ㎡以上

〈面積の算定方法〉

・客室のある室全体の床面積から、厨房、配膳室、パントリー部、カウンター内側、キャッ

シャー、待合室（席）、食堂内の畳敷きの客席部分等を除いたものを指す
・柱は通常の大きさなら除かなくてもよい。概ね1辺又は直径2m以上で非有効面積が特に大きい場合には除く

(3) 洋室客室の床面積算定
　　浴室、便所を含み、壁芯計算とする。
　　但し、壁厚が20cm以上の場合及び柱型がある場合は、内側面から10cmの線を測定線とする。

図9-Ⅲ-2　国際観光ホテルの客室面積の算定[75]

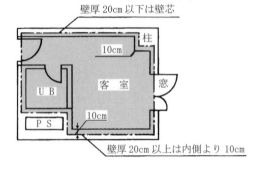

(4) 洋式客室の調度品等
　　少なくとも図9-Ⅲ-3に示すものが備っていなければならない。

図9-Ⅲ-3　国際観光ホテルの洋式客室[75]

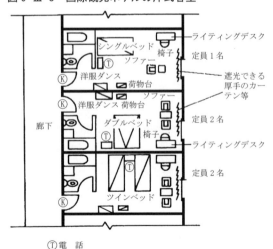

Ⓣ 電話
Ⓚ 鍵付のドア

4．風営法におけるラブホテルの定義

専ら異性を同伴する客の休憩又は宿泊の用に供するもので次の（1）及び（2）の要件を備えているものをいい、一般ホテルと区分している。

(1) 施設面の要件
　　食堂又はロビーの床面積が次の表9-Ⅲ-9のそれぞれの数値に達しないもの（食堂面積の中には調理室を含む）

表9-Ⅲ-9　風営法による食堂、ロビー面積

面積等	収容人員	30人以下	31人～50人まで	51人以上
床面積	食　堂	30 ㎡	40 ㎡	50 ㎡
	ロビー	30 ㎡	40 ㎡	50 ㎡

(2) 設備面の要件
　　次の①～⑤の内、いずれかに該当するもの
① 動力により、振動あるいは回転するベッドがある場合
② 横臥している人の姿態を映す鏡があり、その大きさが1㎡以上ある場合、又は、2以上の特定用途鏡でそれらの面積の合計が1㎡以上ある場合
③ 専ら異性を同伴する客の性的好奇心に応ずるための設備を備えている場合
④ 自動販売機等で性的好奇心をそそる物品を提供している場合
⑤ 長いすその他の設備で専ら異性を同伴する客の休憩の用に供する場合

5．食品衛生法の主な施設基準

表 9-Ⅲ-10　食品衛生法の施設基準

施設基準	注意事項
調理室とその他の部分との区画	常時開閉できるドアでの区画 カウンター形式の場合、ガラス戸での区画又は区画された調理室の設置
床、壁、天井の材料	床及び床から 1 m 以内は耐水材料 床と壁の隅部は、まるみをつける等清掃しやすい構造とする 天井は平滑で掃除しやすく、配管、ダクト、照明器具が露出しないこと
防鼠防虫	外部に面する窓等開口部には網戸等を設置
手洗い設備	調理室内の従業員専用の手洗器の設置
便所	従業員用は調理に影響のない位置及び構造とする
その他	従業員用更衣室の設置 フード、流しの構造 食品庫、食器戸棚の構造

●目安箱●

◆建築士の定期講習制度◆

　建築士法の規定により、建築士事務所に所属する全ての建築士（一級・二級・木造）は、建築士の定期講習を受講しなければなりません。

　また、構造／設備設計一級建築士は、それぞれの構造設計一級建築士定期講習・設備設計一級建築士定期講習を受講しなければなりません。構造／設備設計一級建築士は建築士事務所に所属しているか否かに関わらず、全ての構造／設備設計一級建築士それぞれの定期講習の受講義務があります。

　建築士の定期講習の受講期限は、受講経験がある場合は、前回受講した年度の翌年度の開始日（4 月 1 日）から起算して、3 年後の 3 月 31 日までが受講期限となります。受講経験が無い場合は、建築士に合格した年度の翌年度の開始日（4 月 1 日）から起算して、3 年後の 3 月 31 日までが受講期限となります。

　構造／設備一級建築士の定期講習の受講期限は、それぞれの建築士証の交付又は前回受講した講習の終了した年度の翌年度の開始日（4 月 1 日）から起算して、3 年後の 3 月 31 日までが受講期限となります。

　それぞれ、受講期限内に受講しない場合は、戒告または 2 ヶ月間の業務停止処分の対象となるので注意が必要です。

6. 階数、高さ別法規制

表 9-Ⅲ-11　旅館、ホテルの階数、高さ別法規制

階数	高さ	建築基準法	消防法	その他
	60 m超	大臣認定（構造評定）		航空障害灯の設置（60 m以上）
15 階		特別避難階段の設置 歩行距離の強化（無窓階は 20 m） （40 m、内装制限により 50 m）		
11 階		防火区画の強化 （高層区画）	スプリンクラーの設置 非常放送の設置 非常コンセントの設置	
	31 m超	非常用 ELV の設置 中央管理室の制御、監視 ※防災評定（自治体により条例等 　で定めている）	（都条例によるスプリンク ラー設備の設置）	電波伝搬障害防止区域の規制 火気使用制限（各消防庁の扱いに よる） 都条例による特別避難階段の設置 （一定条件により緩和あり）
7 階			連結送水管の設置	
	20 m超	避雷針の設置		
6 階		2 以上の直通階段の設置		
5 階		避難階段の設置 ※防災評定（5 階以上の床面積の 　合計等にて自治体により条例等 　で定めている）	連結送水管の設置 （S ≧ 6000 ㎡）	
	15 m			都条例による幅員 6 m道路の接道 （かつ S ≧ 3000 ㎡の場合）
3 階		耐火建築物の要求 堅穴区画（居室を有する場合） 非常用進入口の設置 2 以上の直通階段の設置 （居室面積＞ 200 ㎡）		
2 階		歩行距離 （50 m、内装制限により 60 m） 2 以上の直通階段の設置 （宿泊室面積＞ 200 ㎡又は 居室面積＞ 400 ㎡） 準耐火建築物の要求（2 階の床面 積の合計＞ 300 ㎡）		
B1 階		歩行距離（無窓居室） （30 m、内装制限により 40 m） 2 以上の直通階段の設置 （居室面積＞ 200 ㎡）	連結散水設備の設置 （地階の床面積の合計≧ 700 ㎡）	
B2 階		避難階段の設置		
B3 階		特別避難階段の設置	非常放送の設置	

注）この表は各規制の一般的な基準であり、この表以外に規制があるので注意すること
　　S：延べ面積
※　消防法、その他は主要なものを示す

7．主要な単体規定一覧

表 9-Ⅲ-12　旅館、ホテルの主要単体規定一覧

項　目	規　制　内　容					緩和・注意事項
直通階段までの歩行距離	居室の種類	主要構造部が耐火構造・準耐火構造又は不燃材料			その他	無窓居室とは採光上有効な開口部（1/20）を有しない居室をいう
		14 階以下		15 階以上		
			準不燃以上で内装		準不燃以上で内装	
	一般居室	≦ 50 m	≦ 60 m	≦ 40 m	≦ 50 m	≦ 30 m	
	無窓居室	≦ 30 m	≦ 40 m	≦ 20 m	≦ 30 m	≦ 30 m	

項　目	規　制　内　容			緩和・注意事項
2 以上の直通階段の設置		主要構造部が耐火構造・準耐火構造又は不燃材料	その他	6 階以上の緩和 (1.～3. 全て満足) 1. その階の居室の床面積の合計 ≦ 200 ㎡ 2. 階段は屋外避難階段か特別避難階段であること 3. 避難上有効なバルコニーを有すること
	その階の宿泊室の床面積の合計	＞ 200 ㎡	＞ 100 ㎡	
	居室の床面積の合計 ─ 避難階の直上階	＞ 400 ㎡	＞ 200 ㎡	
	その他の 5 階以下の階	＞ 200 ㎡	＞ 100 ㎡	
	6 階以上の階	居室があれば必要		

項　目	規　制　内　容				緩和・注意事項
階段の寸法		幅員	けあげ	踏面	
	居室の床面積の合計 ─ 地上階＞ 200 ㎡ 地　階＞ 100 ㎡	≧ 120 cm （屋外 90）	≦ 20 cm	≧ 24 cm	
	上記以外	≧ 75 cm	≦ 22 cm	≧ 21 cm	

項　目	規　制　内　容			緩和・注意事項
廊下の幅員		中廊下	片廊下	3 室以下の専用のものを除く
	居室の床面積の合計 ─ 地上階＞ 200 ㎡ 地　階＞ 100 ㎡	≧ 1.6 m	≧ 1.2 m	
	上記以外	制限なし	制限なし	

項　目		規　制　内　容			緩和・注意事項
防火区画	区画の種類		区画面積	防火戸種類	
	面積区画	耐火建築物又は任意の準耐火建築物	≦ 1500 ㎡	特定防火設備	スプリンクラー設備等の自動消火設備を設置した部分はその面積を 1/2 として計算して区画する
		法によるイ準耐（1 時間耐火を除く）及びロ準耐第 1 号該当（外壁耐火）	≦ 500 ㎡	特定防火設備	
		法によるイ準耐（1 時間耐火）及びロ準耐第 2 号該当（不燃軸組）	≦ 1000 ㎡	特定防火設備	
	竪穴区画	主要構造部準耐火構造で 3 階以上又は地階に居室があるもの		特定防火設備又は防火設備	
	高層区画（11 階以上）	下記以外	≦ 100 ㎡	特定防火設備又は防火設備	
		下地・仕上準不燃	≦ 200 ㎡	特定防火設備	
		下地・仕上不燃	≦ 500 ㎡	特定防火設備	
	異種用途区画	3 階以上又は 2 階の床面積 300 ㎡以上のホテル、旅館とその他の部分を防火区画する		特定防火設備	

項　目	規　制　内　容	緩和・注意事項
114 条区画	防火上主要な間仕切壁を耐火構造・準耐火構造又は防火構造とし、小屋裏又は天井裏に達せしめる	スプリンクラー設備及び指定面積等告示規準により緩和あり

表 9-Ⅲ-12　旅館、ホテルの主要単体規定一覧（つづき）

項　目	規　制　内　容				緩和・注意事項
		対象規模	居室	廊下	
内装制限	耐火建築物	3階以上の床面積の合計 ≧ 300 ㎡	難 (3階以上の天井は準)	準	スプリンクラー設備等の自動消火設備＋排煙設備を設けた部分は緩和 31 m以下の部分で100 ㎡以内に防火区画した部分は緩和
	準耐火建築物	2階の床面積　　　　　　≧ 300 ㎡			
	その他の建築物	床面積の合計　　　　　≧ 200 ㎡			
	大規模建築物	階数3以上で延べ面積 ＞ 500 ㎡ 階数2で延べ面積　　＞ 1000 ㎡ 階数1で延べ面積　　＞ 3000 ㎡	難	準	
	居室のある地階	―	準	準	
	無窓居室	＞ 50 ㎡（排煙上無窓居室）	準	準	
	火気使用室	（耐火構造としたものを除く）	準	―	
排煙設備	1. 延べ面積 500 ㎡を超える建築物 2. 排煙上無窓居室（天井から下方 80 cm以内の部分が 1/50 未満）				100 ㎡以内に防火区画した部分は緩和
非常用照明	全て必要				H12.5.31 告示 1411 号により部分緩和
非常用進入口	高さ 31 m以下にある 3 階以上の各階に設置 （道又は道に通ずる幅員 4 m以上の空地に面する外壁面）				非常用進入口に代わる開口部による代替可 （非常用 ELV 設置の場合は不要）
居室の採光	不要 但し、無窓居室になることにより、法規制が強化される項目がある （階段までの歩行・重複距離等）				

8. 宴会場、結婚式場を有するホテルの注意点

　ホテル内に宴会場がある場合は、特定行政庁の建築条例により集会場扱いをされることがあるので注意を要する。

(1) 東京都における取扱いと規制内容

　① 集会場扱いされる規模

　　　不特定多数人の集会の用に供する床面積が 200 ㎡を超える集会室（宴会場）を有するものは集会場扱いされる。

　　　これは一室が 200 ㎡を超える宴会場がある場合は集会場扱いされるが、一室が 200 ㎡以下の宴会場が複数あっても集会場扱いされないことになる。

　② 集会場の主な規制内容（耐火構造の場合）

　　　条例による規制の他に、集会場扱いされた場合は、建築基準法より客用の階段は、下記としなければならない。

　　　　階段、踊場幅―― 1.4 m以上

　　　　けあげ―――― 18cm 以下

　　　　踏面―――― 26cm 以上

(2) 他の特定行政庁の扱い

特定行政庁により下記の取扱いが考えられる。

　① 一定規模以上の宴会場は集会場扱いする（200 ㎡以上としている特定行政庁が多い）。

　② 結婚式の宴会又は宿泊宴会以外に使用するものは集会場扱いする。

　③ 固定客席があるもののみ集会場扱いする。

　④ 集会場扱いするが、劇場、映画館等とは区別して部分的規制のみ適用する。

※集会場扱いしていない特定行政庁もある。

表 9-Ⅲ-13　東京都条例による集会場規制

項目	規制内容 （N は集会場の定員）
1.　接道	(1)　前面道路の幅員 　　　　　　　　N ≦ 300　→ 4 m 以上 　　　　　300 < N ≦ 600　→ 6 m 以上 　　　　　600 < N ≦ 1200 → 8 m 以上 　　　　1200 < N ≦ 2400 → 12 m 以上 　　　　2400 < N　　　　→ 16 m 以上 (2)　接する長さ 　　敷地外周の 1/6 以上 (3)　出入口のうち 1 つ以上は必ず (1) の道路に面して設ける
2.　前面空地	(1)　主要な出入口の前面に、面積が 　　　　　N × 0.1 （㎡） 　　以上となるような空地を設ける (2)　空地面積に算入できる寄り付きの条件 　　①壁・柱等をもたない 　　②高さが 4.5 m 以上
3.　建物外側の出入口	(1)　出入口の数 　　2 つ以上設ける (2)　位置 　　1 以上は必ず客席の定員に応じた幅員の道路に面し、残りは屋外の通路に面する (3)　出入口の幅 　　①それぞれの幅は 1.2 m 以上 　　②幅の合計は 　　　　N × 0.8 （cm）以上 (4)　屋外通路の幅員は、その通路を使用する出入口の幅員の合計以上とする (5)　屋外通路は、道路に通じていなけらばならない
4.　階段	(1)　直通階段の幅の合計 　　　　N × 0.8 （cm）以上 (2)　回り階段を設けないこと
5.　宴会場からの出入口等	(1)　出入口の数 　　　　　　　　N ≦ 250　→ 2 以上 　　　　　250 < N ≦ 500　→ 3 以上 　　　　　500 < N ≦ 1000 → 4 以上 　　　　1000 < N ≦ 2000 → 5 以上 　　　　2000 < N　　　　→ 6 以上 (2)　出入口の幅 　　①それぞれの幅は 1.2 m 以上 　　②幅の合計は 　　　　N × 0.8 （cm）以上
6.　客用の廊下	(1)　宴会場の両側及び後方に互いに連絡する廊下を設け、客席部に通じる出入口を設けること 　　但し、避難階にある定員 300 人以下の宴会場で避難上支障がない場合は緩和される (2)　客用の廊下の幅 　　300 < N ≦ 500 の場合は 1.2 m とし、N > 500 の場合は 100 人以内を増すごとに 0.1 m を足す 　　　例　500 < N ≦ 600 → 1.3 m 　　　　　600 < N ≦ 700 → 1.4 m 　　　　　700 < N ≦ 800 → 1.5 m 　　　　　⋮　　　　　　⋮ (3)　床の勾配は 1/10 以下 　　階段状とするときは、3 段以上を設ける (4)　避難方向に向かって廊下幅を狭くしないこと
7.　避難階段以外にある場合	上記各規制の他に、 (1)　他の用途に供する部分と、耐火構造の床若しくは壁、特定防火設備で区画する (2)　直通階段のうち 1 以上を避難階段又は特別避難階段とする (3)　地階にある場合の客席定員は 500 人以下、階数は 1 とする (4)　5 階以上の階に設ける場合は、避難の用に供する屋上広場を設け、2 以上の避難階段又は特別避難階段により通じさせる

9．単体規定のチェックポイント

表 9-Ⅲ-14 旅館、ホテルの単体規定チェックポイント

項　目	チェックポイント
避難規制	□レストラン階、宴会場階の避難 （無窓居室を含めた歩行距離、重複距離の適合） □建築条例等の客室階の2方向避難、宴会場の階段幅等
防火区画	□1500 ㎡区画を含めた吹抜け部分の堅穴区画 □異種用途区画 （管理又は使用対象者の違うスポーツクラブ、小売店舗等） □114条区画 □11階以上がレストラン階等の場合の高層区画 （内装及び防火戸種類に応じた区画）
排　煙	□廊下、ロビー等の排煙計画 □防煙区画部分のドア上部の下り壁確保 （30 cm以上‐階段ドアを含む） □吹き抜け周りの防煙区画 □機械排煙と異種排煙間の間仕切壁による防煙区画 □分割使用される宴会場の排煙計画 □500 ㎡を超える宴会場の告示1436号二の適用 □一防煙区画内に複数の機械排煙口がある場合の連動作動（同時開放） □非常用ELV、特別避難階段の排煙計画（機械排煙の場合の給排気口計画及び給気口の外気取入口の位置）
非常用 照　明	□大浴場、脱衣場 （居室として扱い設置する） □前室と奥部屋が仕切られた客室の設置位置 （避難経路に近い前室に設置が一般的）
非常用 進入口	□道路及び4 m以上の空地に面する外壁面の10 m以内ごとの非常用進入口に代わる開口部の設置
内装制限	□防火区画（1、2階吹き抜け緩和、11階以上の高層区画等）排煙計画（告示緩和）を含めた内装計画
消防法	□防火対象物の判断（5項イか16項イか） （スプリンクラーの設置が5項イ6000 ㎡に対し、16項イ3000 ㎡に注意） □200 ㎡及び350kW（30万kcal/h）以上の厨房等の消火設備等の設置又はダクト自動消火設備の設置 □避難器具の設置 □誘導灯の設置位置とその大きさ □最上階のレストラン等上層階に火気使用がある場合、消防による「高層建築物の火気使用」の規定確認（第7章Ⅲ**15**）

4 増改築工事におけるポイント

1．工事中の営業——仮使用認定について

ホテルの営業方針及び工事作業計画を含めて検討しなければならないが、工事中に継続して営業する場合は仮使用認定申請が必要となり下記の点に注意すること。

(1) 工事中における使用部分の避難経路の確保

特に増築工事側の避難出口、避難通路の確保に注意する。

(2) 防災設備の機能確保

排煙設備、非常用照明、消防設備等の機能確保がされていなければならないが、特に既存部分の改修工事がある場合に注意する。

(3) 工事部分と使用部分の区画

建築物の規模、構造、工事内容に応じて耐火構造又は不燃材料による工事区画を設ける。又、外構についても、避難経路の確保を含めて鋼板製等の仮囲いを設ける。

(4) 大規模な既存改修がある場合

上記 (1) ～ (3) の確保が難しい場合の既存改修工事中に営業を続けることは難しいことがあるので事前にホテル側及び特定行政庁、消防と打合せすること。

2．既存遡及

増築工事においては、原則として現行法規に適合させる必要がある。下記の点に注意すること。

(1) 消防設備

増築後の建物規模により新たに設置しなければならない消防設備が生ずる場合（たとえば既存部分が6000 ㎡未満でスプリンクラー設備が未設置であったものが増築後6000 ㎡を超えて必要となる場合等）に渡り廊下による別棟扱い又はスプリンクラー設備の規則13条による代替区画等の検討を行う。なお渡り廊下による別棟扱いをする場合に、既存建物側の渡り廊下から3 m以内の開口部規制（4 ㎡以内）に注意すること。

(2) 排煙設備

既存部分が昭和46年以前に建築された場合は排煙設備が設けられておらず、新たに対応しなければならないが、2項区画（令126条の2、第2項による区画——排煙上の別棟扱い）の適用及び客室等の100㎡区画による緩和を検討する。なお2項区画の適用に当っては特定行政庁の見解を確認する必要がある。

又、建築工事側の既存外壁面において自然排煙窓がふさがれたり、既存改修を行うことにより排煙計画を変更（自然排煙を機械排煙に変更等）しなければならないケースがあるので注意すること。

(3) 浄化槽

昭和62年に改正された処理対象人員算定基準により既存部分を含めた対応が必要であり、処理対象人員によるBOD規制の強化や既存部分を含めた合併処理浄化槽の設置が必要な場合がある。

5 手続き上のポイント

1．確認申請提出前に必要な手続き

(1) 開発行為許可申請及び37条制限解除申請
(2) 国立公園内等の自然公園法の許可又は届出
(3) 風致地区許可申請
(4) 区画整理許可申請
　　（確認申請と同時手続きでよいところもある）
(5) 一定規模以上の建築物の場合の構造評定、防災評定（各自治体の指導等による）
(6) 特定行政庁による旅館、ホテルの指導要綱又は条例による事前協議
(7) 旅館業法による保健所の事前審査
　　（特定行政庁により取扱いが異なる——東京都は営業許可申請を確認申請提出時に提出しなければならない）
(8) 浄化槽の放流同意
(9) 水質汚濁防止法による特定施設設置届
　　（着工60日前——短縮も可能）

2．竣工時の検査と手続き

以下にフローを示す。旅館業の営業許可申請には、検査済証の写しが必要となる他、消防機関、教育機関等への通知、照会が必要となるので、検査工程を充分打ち合わせされたい。

図9-Ⅲ-4　旅館、ホテルの竣工時の手続きフロー

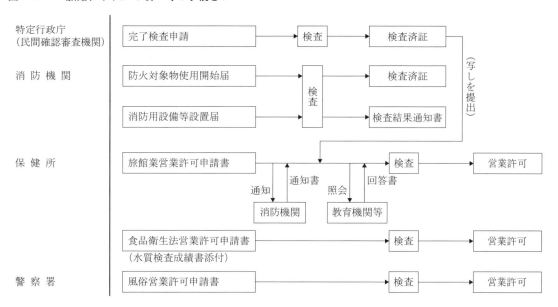

3．国際観光ホテル整備法の政府登録

(1) 提出書類に添付する許認可書類

① 検査済証の写し

② 旅館業営業許可書の写し

③ 消防法令適合通知書

(2) 提出先

各地方運輸局が窓口となっており提出する。

各地方運輸局は窓口業務のみであり、書類はそのまま観光庁に送付され、審査は観光庁にて実施される。

4．防火基準適合表示「表示マーク制度」

(1)「表示マーク制度」は、宿泊施設からの申請に基づいて消防機関が審査した結果、消防関係法令の他、建築構造等に関する基準に適合していると認められた建物に対して「表示マーク」を交付する制度である。

(2) 対象となる建物は、以下の①・②共に該当する宿泊施設である。

① 消防法8条の適用があるもの

② 地階を除く階数が3階以上

※地域の実情により、消防機関が対象を別に定めている場合あり。

(3)「表示マーク」には、金色と銀色の2種類がある。

表示基準への適合が認められた場合「表示マーク（銀）」が交付され、3年間継続して表示基準に適合していると認められた場合は「表示マーク（金）」が交付される。

(4) 表示基準の審査は、消防法・建築基準法に基づく届出等を活用し確認する。又、必要に応じて現地確認が実施される。

表 9-Ⅲ-15　表示基準の点検項目

	点検項目
防火管理等	防火対象物の点検及び報告
	防火管理者等の届出
	自衛消防組織の届出
	防火管理に係る消防計画
	統括防火管理者等の届出
	防火・避難施設等
	防炎対象物品の使用
	圧縮アセチレンガス等の貯蔵等の届出
	火気使用設備・器具
	少量危険物・指定可燃物
防災管理	防災管理対象物の点検及び報告
	防災管理者等の届出
	防災管理に係る消防計画
	統括防災管理者等の届出
消防用設備等	消防用設備等及び特殊消防用設備等の設置及び維持等
	消防用設備等の点検報告
危険物施設等	危険物施設に関する基準・許可・届出
建築構造等	定期調査報告
	建築構造等（①建築構造・②防火区画・③階段）
	避難施設等

Ⅳ　病院、診療所

１ 病院と診療所及び老人保健施設の定義

１．病院と診療所

医療法上、次のように定義される。

（1）診療所

　患者を入院させるための収容施設を有しないもの、又は患者 19 人以下の収容施設を有するもの。

（2）病院

　患者 20 人以上の収容施設を有するもの。

　建築基準法上の扱いは、診療所と病院はそれぞれ別に規定されているが、診療所のうち収容施設を有しないものは法別表第 1 に定める特殊建築物とは扱われないので注意が必要である。（特殊建築物による構造制限、排煙設備、非常照明、内装制限等の規定に違いがある）

　また、消防法上の防火対象物の扱いは、いずれも「6 項イ」である。

表 9-Ⅳ-1　医療法による医療施設の種別 [37]

病院	医業又は歯科医業を行う場所であって、20 人以上の患者を入院させるための施設を有するもの　　　　　　　　　　（医法〈1 の 5〉）
特定機能病院	400 床以上の病院であって、高度の医療提供、高度の医療技術の開発及び評価、高度の医療に関する研修を実施する能力を備え、それにふさわしい人員配置、構造設備等を有するもの　　　　　（医法〈4 の 2〉）
地域医療支援病院	200 床以上の病院であって、かかりつけ医を支援し、地域医療の充実を図ることを目的として、2 次医療圏ごとに整備されるもの　　　　　　　　　　　　　　（医法〈4〉）
診療所	医業又は歯科医業を行う場所であって、患者を入院させるための施設を有しなもの、又は 19 人以下の患者を入院させるための施設を有するもの　　　　　　　（医法〈1 の 5〉）
助産所	助産師が公衆又は特定多数人のため、その業務（病院又は診療所において行うものを除く）を行う場所であって、妊婦、産婦又はじよく婦 9 人以下の入所施設を有するもの　　　　　　　　　　　　（医法〈2〉）

２ 立地上のポイント

１．用途地域による制限

表 9-Ⅳ-2　病院と診療所及び老人保健施設の用途地域制限

	診療所	病　院	老人保健施設	
			19 床以下	20 床以上
1 低 住 専	○	×	○	×
2 低 住 専	○	×	○	×
1 中高住専	○	○	○	○
2 中高住専	○	○	○	○
1 住　居	○	○	○	○
2 住　居	○	○	○	○
準 住 居	○	○	○	○
近 隣 商 業	○	○	○	○
商　業	○	○	○	○
準 工 業	○	○	○	○
工　業	○	×	○	×
工 業 専 用	○	×	○	×

○：建築可　　×：建築不可

２．市街化調整区域による制限

　平成 19（2007）年 11 月 30 日に施行された都市計画法の改正により、病院・診療所・助産所・社会福祉施設・更生保護施設・学校等の公共公益施設が開発許可の対象となり、開発審査会の審査が必要となった。但し、診療所、助産所、地域密着型施設（入所・通所）は審査が不要である。

　開発許可制度については、各自治体の条例等で詳細を定めていることから、注意が必要である。

第 9 章

495

表 9-IV-3　医療施設における開発許可制度運用指針に示される開発許可が認められる建築物[37]

公益上必要な建築物	周辺の地域に居住している者の利用に供する公益上必要な建築物 周辺居住者が利用する診療所、助産所、通所系施設、更生保護施設、周辺地域に居住する者、その家族・親族が入所するための入所系社会福祉施設　等
既存建築物の建替※	(1) 原則、従前の建築物の敷地の範囲内で行われるものであること (2) 原則として従前の建築物と同一の用途であること (3) 規模、構造、設備等が従前のものに比較して過大でなく、かつ、周辺の土地利用の状況等からみて適切なものであること 注）建替え後の床面積の合計が、従前の建築物の1.5倍以下であるものについては従前の構造・用途がほぼ同一であれば、開発許可を要しない改築となる
医療施設関係※	病院、診療所、助産所で国の定めた設置・運営基準等に適合するもので、下記のいずれかに該当するもの (1) 救急医療が求められる地域で、患者等の搬送手段の確保のため周辺の交通基盤等の活用が必要である場合 (2) 施設の入院患者等の療養のために、周辺の自然環境が必要とされる場合 (3) 病床過剰地域にある病院・診療所が病床不足地域に移転する場合

※ 開発審査会の議が必要（都市計画法34条14項）。周辺における市街化を促進する恐れがなく、かつ、市街化区域内において行うことが困難又は著しく不適当と認める開発行為として開発審査会の議を経たものであること

3．病院の開発及び増床について

　病院の開設及び増床については、医療法に基づき各都道府県ごとの医療審議会が定める「地域医療計画」により規制を受ける。

　すなわち、地域医療圏ごとの必要病床数と既存病床数により、すでに必要数に達している又は必要数に近い状態の地域では、病院の開設又は増床ができないことになる。又、必要病床数に足りない地域では、医療法に基づく許可申請前に、病院開設等の許可にかかる計画書を提出し、地域医療計画に基づく審査を受けたのち、病院開設等が認められることになる。

4．病院と介護老人健施設の併設

　(H19.7.30 厚労省医政発0730001号、老発0730001号)

　介護老人保健施設は医療的意味をもつため、病院との併設が認められており、原則以下の条件において可能となるが、関係機関と協議が必要。

・表示等により区分を明確にすること。
・各施設の構造設備は、それぞれの基準を満たし、かつ治療、介護、その他のサービスに支障がない場合に限り、共用が認められる。但し、診察室・医務室、手術室、処置室（機能訓練室を除く）、病室・療養室又は居室、エックス線撮影装置等の共用は認められない。

図 9-IV-1　病院又は診療所と介護老人保健施設等との併設[37]

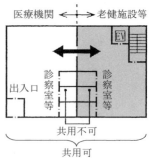

3　単体規定のポイント

1．関連法規一覧

表 9-IV-4　病院と診療所

関連法令等	適用範囲
医療法・健康保険法・介護保険法	病院、診療所の建築物（診療科目等別に設置基準があるので要注意）
薬事法	病院及び診療所内に設置される調剤所は対象外となるので要注意
省エネ法（建築物省エネ法）	2,000 ㎡以上　適合義務 300 ㎡以上 2,000 ㎡未満　届出義務
バリアフリー法	2,000 ㎡以上
水質汚濁防止法及び下水道法	300床以上の病院の厨房施設、洗浄施設、入浴施設が特定用途に該当し、公共下水道に排水放流する場合は下水道法に、浄化槽を設けて排水放流する場合は水質汚濁法により規制される
建築条例	特殊建築物として規制される特定行政庁がある
福祉の条例	条例又は指導要綱により規制される特定行政庁がある（バリアフリー法とは別の規制となるので注意要）

2．医療法の規制

表 9-Ⅳ-5　診療所の施設基準 [37]

定員	無床又は 9 床以下の診療所	10 〜 19 床の診療所	療養病床を有する診療所
一人あたりの居住面積（内法）	1 床室：6.3 ㎡／床以上、多床室：4.3 ㎡／床以上		6.4 ㎡／床以上・4 床以下
	但し、小児だけを入院させる病室の床面積は上記の 2/3 以上とすることができるが、一部屋の大きさが 6.3 ㎡以下であってはならない。　　　　　　　　　　　　　　　　　　　　　　　（医規〈16〉）		
直通階段（医規〈16〉）	—	階段及び踊場の幅：1.2 m 以上（内法）、適当な手すり、けあげ：20cm 以下、踏面：24cm 以上	
廊下幅（医規〈16〉）	—	片側居室：1.2 m 以上 両側居室：1.6 m 以上	片側居室：1.8 m 以上 両側居室：2.7 m 以上 【経過措置（※） 片側居室：1.2 m 以上 両側居室：1.6 m 以上】
所要室（医規 21 の 3、4）	—	—	機能訓練室 談話室 食堂：1 ㎡／人（内法） 浴室 【経過措置（※） 機能訓練室のみ】

※　経過措置とは、平成 13（2001）年 3 月 1 日現在で開設の許可を受けていた建物を利用した場合（医療法施行規則附則 24 条）

表 9-Ⅳ-6　病院の施設基準 [37]

病棟	病棟の概念	・病院である医療機関の各病棟における看護体制の 1 単位をもって病棟として取り扱う
	1 看護単位あたりの病床数	・1 看護単位あたりの病床数は、原則 60 床以下を標準とする ・1 病棟の病床数は、①効率的な看護管理、②夜間における適正な看護の確保、③当該病棟に係る建築物の構造の観点から、総合的に判断した上で決定されること ・精神病棟については 70 床まではやむを得ない ・60 床（精神病棟については 70 床）を上回る場合においては、 　　1．2 以上の病棟に分割した場合に、片方が 1 病棟として成り立たない 　　2．建築構造上の事情で標準を満たすことが困難 　　3．近く建物の改築がなされることが確実である 　　等のやむを得ない理由がある場合に限り認められる
	複数階を 1 病棟とする場合	・高層建築の場合、複数階（原則として 2 つの階）を 1 病棟とすることは可 ・3 つ以上の階を 1 病棟とすることは、サブナースステーションの設置や看護要員の配置を工夫する等の場合に限り特例として認められる
	感染症病棟結核病棟	・感染症病床が別棟にある場合は、隣接して看護を円滑に実施できる一般病棟に含めて 1 病棟とすることができる ・平均入院患者数が 30 名程度以下の小規模な結核病棟の場合には、一般病棟と結核病棟を合わせて 1 看護単位とすることも可能だが、看護配置基準が同じ入院基本料を算定する場合に限る
病室	配置	・病室は地階又は 3 階以上の階には設けない 〈緩和規定〉 ・放射線治療病室は地階に設けることが可能 ・主要構造部が耐火構造の場合は 3 階以上に病室を設けることが可能
	床面積	・6.4 ㎡以上／床（内法） ・小児だけを入院させる病室の床面積は上記の 2/3 以上とできる
	1 病室の病床数	・療養病床については 4 床以下とする ・療養病床以外の病床については基準なし
	その他	・感染症、結核病室については感染症病床の施設基準を参照されたい ・精神病室については精神病床の施設基準を参照されたい

表 9-IV-6　病院の施設基準（つづき）

診察室	・各科専門の診察室を有し、1人の医師が同時に2以上の診療科の診療に当たる場合、その他特別の事情がある場合には、同一の室を使用可
手術室	・下記に該当する場合には手術室の設置が必要である 　診療科名中に、外科、整形外科、形成外科、美容外科、脳神経外科、呼吸器外科、心臓血管外科、小児外科、皮膚科、泌尿器科、産婦人科、産科、婦人科、眼科及び耳鼻咽喉科のどれか1つがある病院、又は歯科のみを診療科名とする病院 ・手術室は、なるべく準備室を附設し、塵埃の入らないようにし、その内壁全部を不浸透質のもので覆い、適当な暖房及び照明の設備を有し、清潔な手洗い設備を設ける
処置室	・なるべく診療科ごとに設ける 　但し、場合により2以上の診療科について兼用し、又は診察室と兼用することができる
臨床検査室	・喀痰、血液、尿、糞便等について、通常行われる臨床検査のできるものであること ・検体検査の業務を委託し、休日・夜間や救急時の体制が確保されている場合にあっては、当該施設を設けないことができる ・生理学的検査を行う場所は原則として病院等の医業が行われている場所に限定する
エックス線装置	・下記に該当する場合にはエックス線装置が必要である 　内科、心療内科、リウマチ科、小児科、外科、整形外科、形成外科、美容外科、脳神経外科、呼吸器外科、心臓血管外科、小児外科、泌尿器科、リハビリテーション科及び放射線科のどれか1つがある病院、又は歯科のみを診療科名とする病院
調剤所	・採光、換気を十分にし、かつ清潔を保ち、冷暗所を設けること
給食施設	・給食施設は入院患者の全てに給食することのできる施設とし、調理室の床は耐水材料をもって洗浄及び排水又は清掃に便利な構造とし、食器の消毒設備を設けること ・調理業務又は洗浄業務を委託する場合には、当該業務に係る設備を設けないことが可能。但し、再加熱等の作業に必要な設備が必要となる
消毒施設 洗濯施設	・感染症病室又は結核病室を有する病院には、下記の消毒施設の他に必要な消毒設備を設けること ・消毒施設及び洗濯施設は、蒸気、ガス、若しくは薬品を用い、又はその他の方法により入院患者及び職員の被服、寝具等の消毒を行えるものとする ・繊維製品の滅菌の業務又は寝具類の洗濯の業務を委託する場合にあっては、当該設備を設けないことが可能
分娩室 新生児の入浴施設	・産婦人科又は産科を有する病院では分娩室及び新生児の入浴施設が必要
食堂	・一般病床については面積規定なし（食堂加算を算定する場合は0.5㎡／床（内法）） ・療養病床については、入院患者1人につき1㎡以上（内法）
歯科技工室	・防塵設備、その他の必要な設備を設ける
療養病床 機能訓練室	・療養病床を有する病院の1以上の機能訓練室は40㎡以上（内法） ・長期にわたる療養を行うにつき、必要な器械及び器具（訓練マットとその付属品、姿勢矯正用鏡、車椅子、各種杖、各種測定用具（角度計、握力計等）等）を備える
療養病床 談話室	・入院患者同士や入院患者とその家族が談話を楽しめる広さを有する ・食堂と兼用可能
療養病床 浴室	・身体の不自由な者が入浴するのに適したもの
その他	・電気、光線、熱、蒸気又はガスに関する構造設備については、危害防止上必要な方法を講じること ・機械換気設備については、感染症病室、結核病室又は病理細菌検査室の空気が風道を通じて病院の他の部分へ流入しないようにする ・火気を使用する場所には、防火上必要な設備を設ける ・消火用の機械、器具を備える

※　主たるものを列記。その他については医療法及び施行規則を参照されたい

病院の廊下幅員、階段については、建築基準法に加えて医療法に規定されている基準（表9-Ⅳ-7）を満たす必要がある。

表9-Ⅳ-7　医療法による病院における廊下・階段の基準 [37]

病室に面する廊下の幅員	一般病床 精神病床（※1）感染症病床 結核病床	・片側居室：内法 1.8 m以上 ・両側居室：内法 2.1 m以上
	療養病床 精神病床（※2）	・片側居室：内法 1.8 m以上 ・両側居室：内法 2.7 m以上
階段	直通階段	・2階以上の階に病室を有するものにあっては、患者の使用する屋内の直通階段を2以上設けること ・但し、患者の使用するエレベーターが設置されているもの又は2階以上の各階における病室の床面積の合計が 50 ㎡（主要構造部が耐火構造、又は不燃材料の場合は100 ㎡）以下のものについては直通階段を1とすることができる
	直通階段の構造	・階段及び踊場の幅：内法で 1.2 m以上 ・蹴上：20 cm以下 ・踏面：24 cm以上 ・適当な手すりを設ける
	避難階段	・3階以上の階に病室を有するものは、避難階段を2以上設ける

※1　大学付属病院（特定機能病院及び精神病床のみを有する病院を除く）並びに内科、外科、産婦人科、眼科、耳鼻咽喉科を有する 100 床以上の病院（特定機能病院を除く）の精神病床
※2　※1以外の精神病床

3．老人性認知症疾患の関連病棟施設の規制等

「認知症治療病棟」は、精神病棟であって、認知症に伴う幻覚、妄想、夜間せん妄、徘徊、弄便、異食等の精神症状及び行動異常が特に著しく、その看護が著しく困難な重度の認知症患者を急性期（2ヶ月）に重点を置いた、集中的に入院治療を提供するための病棟である。

「精神療養病棟」は、精神病棟であって、主として長期的な治療・療養が必要な精神疾患の有する患者に入院治療を提供するための病棟である。

「精神科専門療法」として下記に区分される。

・精神科作業療法：精神疾患を有するものの社会生活機能の回復を目的としている。

・精神科ショート・ケア／デイ・ケア／ナイト・ケア／デイ・ナイト・ケア：精神疾患を有するものの地域への復帰を支援するため、社会生活機能の回復を目的として、個々の患者に応じたプログラムに沿ってグループ毎に治療するもので、実施時間帯・時間数に応じて区分されている。

・重度認知症患者デイ・ケア：精神症状及び行動異常が著しい認知症患者の精神症状等の軽快及び生活機能の回復を目的としている。

以上これらの施設及び構造設備については、次にあげるそれぞれの基準のほか、医療法、建築基準法、消防法、精神病院建築基準（S44.6.23 衛発 431 号）等の関係規定を併せて遵守する。

4．老人性病棟施設の規制

表 9-IV-8　老人性認知症疾患治療病棟整備基準（新築の場合）

(S63 健医発 785、H28 保医発 0304 第 1 号)

項　目	設　置　基　準
目的	・精神症状や問題行動が著しいが寝たきりの状態にない認知症高齢者に対し、入院により精神科的医療と手厚いケアを短期集中的に提供する
施設規模	・1 病棟は概ね 40 ～ 60 床とする ・病棟面積は患者 1 人あたり概ね 18 ㎡以上とする
構造制限	・耐火建築物とする
必要施設	・①病室　②観察室　③生活機能回復訓練室　④デイルーム　⑤浴室　⑥便所　⑦在宅療養訓練指導室　⑧廊下　⑨その他（保護室は不要）
病室	・定員は 4 人以下 ・個室は概ね総病床数の 10％以上 ・床面積≧ 6.40 ㎡ /1 人 ・床面積≧ 8.00 ㎡ /1 人（個室）
観察室	・ナースステーションに隣接させ、ベッド 4 床程度を収容可能な面積を確保 ・酸素吸入装置、吸引装置等身体的医療に必要な機器を設置
生活機能回復訓練室	・床面積≧ 60 ㎡（内法有効） ・専用のリハビリテーション機器を設置
デイルーム	・床面積　規定なし ・生活機能維持室と兼用可能 ・ナースステーションから直接観察できる位置
浴室	・認知症高齢者の入浴に適した構造・設備（スロープ付き風呂、特殊浴槽等）
便所	・昼間の行動範囲、夜間の居室からの距離、使用頻度等に配慮した箇所数
在宅療養訓練指導室	・家族に対し、認知症高齢者の日常生活介助の指導、訓練に必要な浴室、便所等を設置 ・床面積≧ 20 ㎡
廊下	・概ね全長 50 m 以上の回廊部を有する（又は両端にデイルーム等の共有空間（面積の少ない方で 40 ㎡以上を確保）をもち、長さ 35 m 以上の廊下でも可） ・廊下幅≧ 1.80 m、中廊下幅≧ 2.70 m ・段差解消、手すり設置
構造設備の基準	・原則 1 階に設置、2 階以上の場合は ELV を設置するほか、直接屋外へ通ずる避難路を設置 ・消防用設備等を設置 ・空気調和設備等により、適温確保、換気による臭気対策に配慮 ・天井高≧ 2.70 m（新築の場合） ・床材は滑りにくく、衝撃吸収性の高いものとする ・窓には鉄格子を設置しない ・ギャッジベッド、車椅子、ストレッチャー等の設備を必要数確保

表 9-IV-9　重度認知症デイ・ケア施設整備基準

(H28 保医発 0304 第 2 号)

項　目	設　置　基　準
施設規模	・当該施設面積≧ 60 ㎡、かつ、床面積≧ 4.00 ㎡／利用者 1 人 ・1 日の利用者は 25 名以下
構造制限	・耐火建築物とする
必要施設	・①リハビリテーション機器　②便所　③その他（休憩室）
便所	・1 箇所以上設置 ・認知症高齢者の使用に適した構造・設備（手すり設置等） ・汚物洗浄用の温水シャワーの設置が望ましい
構造設備の基準	・原則 1 階に設置、2 階以上の場合は ELV を設置するほか、直接屋外へ通ずる避難路を設置 ・消防用設備等を設置 ・空気調和設備等により、適温確保、換気による臭気対策に配慮 ・床材は滑りにくく、衝撃吸収性の高いものとする ・車椅子等の設備を必要数確保

5．介護保険法の規制

表 9-Ⅳ-10　介護老人保健施設の施設分類 [37]

施設類型	規定	定員	特記事項
基本型介護老人保健施設		規定なし	
分館型介護老人保健施設	基本型の開設者が基本型施設と一体として運営するものとして開設する施設	規定なし	・独立した1の介護老人保健施設であり、独立した1の開設の許可の対象となる。 ・東京都の区部、市部、政令指定都市、過疎地、離島及び奄美群島においてのみ設置可能。
サテライト型小規模介護老人保健施設	本体施設との密接な連携（※）を確保しつつ、本体施設とは別の場所で運営され、入所者の在宅への復帰の支援を目的とするもの	29人以下	・本体施設を利用することにより、調理室、洗濯室又は洗濯場及び汚物処理室を有しないことができる。 ・機能訓練室は 40 ㎡以上
医療機関併設型小規模介護老人保健施設	病院又は診療所に併設され、入所者の在宅への復帰の支援を目的とするもので、サテライト型以外のもの	29人以下	・併設される病院等の施設を利用することにより、療養室及び診察室以外の施設を有しないことができる。 ・機能訓練室は 40 ㎡以上
ユニット型サテライト型小規模介護老人保健施設	ユニットごとに入居者の日常生活が営まれ、これに対する支援が行われるサテライト型小規模介護老人保健施設	29人以下	・本体施設を利用することにより、調理室、洗濯室又は洗濯場及び汚物処理室を有しないことができる。 ・機能訓練室は 40 ㎡以上
ユニット型医療機関併設型小規模介護老人保健施設	ユニットごとに入所者の日常生活が営まれ、これに対する支援が行われる医療機関併設型小規模介護老人保健施設	29人以下	・併設される病院等の施設を利用することにより、療養室及び診察室以外の施設を有しないことができる。 ・機能訓練室は 40 ㎡以上
ユニット型介護老人保健施設		規定なし	

※　サテライト型における「本体施設との密接な連携を確保する具体的要件」は、自動車による移動時間が概ね20分以内の近距離であること、本体施設に対し1か所の設置であること（H12.3.17 老企 44〈第14 ①〉）。医師、支援相談員、理学療法士、作業療法士、栄養士、介護支援専門員等を本体施設と兼務させることができる（H11 厚令 40〈2 ⑥〉）

表 9-Ⅳ-11　介護老人保健施設の設置基準

〈ユニット型〉（健医通知 9）

項　目	設　置　基　準
構造制限	・耐火建築物とする　計画上の留意点(6)参照
必要設備	・①ユニット（療養室、共同生活室、洗面所、便所）　②診察室　③機能訓練室　④浴室　⑤調剤所　⑥サービス・ステーション　⑦調理室　⑧洗濯室又は洗濯場　⑨汚物処理室　⑩その他望ましい設備（家族相談室、ボランティア室、家族介護教室等）
療養室	・床面積≧ 10.65 ㎡ /1 人（洗面所及び収納設備の面積を含めてよい） ・地階不可 ・1 以上の出入口は、避難上有効な空地、廊下又は広間に直接面する ・寝台等の設備設置 ・入所者用の収納設備設置 ・ナースコール設置
診療室	・医師の診察に適切なもの
機能訓練室	・床面積≧ 1.00 ㎡×入所者等（入所者）の定員 ・必要な器械、器具を設置
共同生活室	・ユニットに属する ・2.00 ㎡／人
浴室	・身体不自由者の入浴に適応させる ・一般浴槽のほか、入浴介助の必要者の入浴に適した特別浴槽を設置
サービス・ステーション	・看護、介護職用に、療養室のある階ごとに設置
調理室	・消毒設備及び防虫、防鼠設備設置
汚物処理室	・他の施設と区別する
通所者用のデイ・ルーム	・床面積≧ 2.00 ㎡×通所者の定員
レクリエーション・ルーム	・十分な広さを有し、必要な設備を設置
洗面所	・療養室のある階ごとに設置
便所	・療養室又は共同生活室ごとに設置 ・ブザー等の設備設置 ・身体不自由者の使用に適応させる ・常夜灯を設置
療養室等※を 2 階以上に設置する場合	・療養室等が 2 階以上の階にある場合は、屋内の直通階段及び ELV をそれぞれ 1 以上設置 ・療養室等が 3 階以上の階にある場合は、避難階段を 2 以上設置
階段	・手すり設置
廊下	・廊下幅≧ 1.80 m、中廊下幅≧ 2.70 m廊下の一部を拡張する事で、往来に支障がない場合は、片廊下 1.5 m、中廊下 1.8 m ・手すり設置 ・常夜灯設置
必要設備	・その他サービスに必要な設備を設置
消火設備	・消火設備その他の非常災害に必要な設備を設置

※　「療養室等」とは療養室その他の入所者等の療養生活の充てられる施設を指す

〈従来型〉（健医通知 9）

項　目	設　置　基　準
構造制限	・耐火建築物とする
必要設備	・①療養室　②診察室　③機能訓練室　④談話室　⑤食堂　⑥浴室　⑦レクリエーション・ルーム　⑧洗面所　⑨便所　⑩サービス・ステーション　⑪調理室　⑫洗濯室又は洗濯場　⑬汚物処理室　⑭調剤室　⑮その他望ましい設備（家族相談室、ボランティア室、家族介護教室等）
療養室	・定員は 4 人以下 ・床面積≧ 8.00 ㎡ /1 人（洗面所及び収納設備の面積を含めてよい） ・地階不可 ・1 以上の出入口は、避難上有効な空地、廊下又は広間に直接面する ・寝台等の設備設置 ・入所者用の収納設備設置 ・ナースコール設置
診療室	・医師の診察に適切なもの
機能訓練室	・床面積≧ 1.00 ㎡×入所者等（入所者）の定員 ・必要な器械、器具を設置
談話室	・ソファー、テレビその他の教養娯楽設備等を設置
食堂	・床面積≧ 2.00 ㎡×入所者の定員
浴室	・身体不自由者の入浴に適応させる ・一般浴槽のほか、入浴介助の必要者の入浴に適した特別浴槽を設置（ストレッチャー等の出入りに支障がない構造）
サービス・ステーション	・看護・介護職員用に、療養室のある階ごとに設置
調理室	・消毒設備及び防虫、防鼠設備設置
汚物処理室	・他の施設と区別する
レクリエーション・ルーム	・十分な広さを有し、必要な設備を設置
洗面所	・療養室のある階ごとに設置
便所	・療養室又は共同生活室ごとに設置 ・ブザー等の設備設置 ・身体不自由者の使用に適応させる ・常夜灯を設置
療養室等※を 2 階以上に設置する場合	・療養室等が 2 階以上の階にある場合は、屋内の直通階段及び ELV をそれぞれ 1 以上設置 ・療養室等が 3 階以上の階にある場合は、避難階段を 2 以上設置
階段	・手すり設置
廊下	・廊下幅≧ 1.80 m、中廊下幅≧ 2.70 m ・手すり設置 ・常夜灯設置
必要設備	・その他サービスに必要な設備を設置
消火設備	・消火設備その他の非常災害に必要な設備を設置

※　「療養室等」とは療養室その他の入所者等の療養生活の充てられる施設を指す

【計画上の留意点】

(1) 地方公共団体による基準の策定

平成 23（2011）年の「地域の自主性及び自立性を高めるための改革の推進を図るための関係法律の整備に関する法律」の制定により、設備基準が「従うべき基準」「標準」「参酌すべき基準」に分けられ、「従うべき基準」以外は地方公共団体が条例で基準を設けられることになり、一部の基準が緩和されている。

(2) 居室面積の測定方法

洗面設備、収納設備は含み、便所は除く。内法での測定によるとは明文化されていないが、補助協議においては内法で測定している（H12.3.17 老企 44〈第 3 2⑴②〉）。

(3) 廊下の幅員

平成 14（2002）年の改正により、内法によるものとし手すりから測定する、とされた（H12.3.17 老企 44〈第 3 3⑷①〉）。

(4) 中廊下の定義

中廊下とは、廊下の両側に「療養室等」（療養室、談話室、食堂、浴室、レクリエーション・ルーム、便所等入所者が日常継続的に使用する施設）又はエレベーター室のある廊下をいう（H12.3.17 老企 44〈第 3 3⑷③〉）。

(5) 廊下・階段の手すり

廊下・階段の手すりは、原則として両側に設置すること（H12.3.17 老企 44）。

(6) 建築構造

耐火建築物とすること。但し、療養室等が 2 階及び地階のいずれにも設けていない場合は、準耐火建築物とすることができる。なお、平成 18（2006）年 3 月の改正により一定条件のもとで木造平屋建てとすることが、平成 24（2012）年 3 月には木造 2 階建てができるようになった（H11 厚令 40、H11.9.17 老企 44）。なお、木造とする場合には、H1.3.31 消予 36 通知、H19.6.13 消予 213 通知に基づいた計画とすること（H24.3.30 老発 0330 第 3）。

(7) バルコニー

法令としての規定は無いが、防火安全対策についての通知があり、設置がのぞましいとされている（S63.11.11 老健 24）。また、東京消防庁等条例で、周回バルコニーの設置を強く指導しているところがある。

(8) ユニットの定員

概ね 10 人以下。但し利用定員が 10 人を超えるユニットが当該施設の総ユニット数の半数以下であれば例外的に認められている（H11 厚令 40）。平成 24（2012）年の改正で「参酌すべき基準」になったことを受けて、ユニット定員を 12 人以下とする地方公共団体がある。

(9) 共同生活室

当該ユニットの利用者全員とその介護を行う職員が一度に食事をしたり、談話等を楽しんだりすることが可能な備品を備えたうえで、当該共同生活室内を車いすが支障なく通行できる形状が確保されていること。利用者が、その心身の状況に応じて家事を行うことができるようにする観点から、簡易な流し、調理設備を設けることがのぞましい（H11 厚令 40、H11.9.17 老企 44）。ユニット内への調理設備の設置については通知が出ている（H15.3.31 老計 0331003）。

(10) 療養室

地階は不可。入所者の身の回り品を保管することができる設備及びナースコール（認知症専門棟は除く）を設けること（H11 厚令 40〈41②〉）。

(11) ユニット型準個室

ユニットに属さない療養室を改修したもので、居室の床面積が 10.65 ㎡以上であるもの。入居者同士の視線の遮断の確保を前提にした上で、居室を隔てる壁について、天井との間に一定の隙間（スプリンクラー、排煙を考慮した寸法）が生じていても差し支えない（H12.3.17 老企 44）。

(12) 機能訓練室、談話室、食堂等の一体化

機能訓練室、談話室、食堂、レクリエーション・ルームを区画せず一つのオープンスペースとすることは差し支えないが、全体面積は各々の基準面積を合算したもの以上であること

(H12.3.17 老企 44〈第3 2(1)①〉)。

(13) 浴室

ユニット型では、療養室のある階ごとに設けることがのぞましい。(H12.3.17 老企 44〈第5 3(2)⑧〉)レジオネラ症対策を講じること(H15.7.25 健感 0725001)。

(14) 便所、洗面所

ユニット型では療養室ごと又は共同生活室ごとに適当数設けること。従来型では療養室のある階ごとに設けること。身体の不自由な者が使用するのに適したものとすること(H12.3.17 老企 44〈第5 3(2)⑥、⑦〉)。

(15) 既存施設の経過措置

現行基準の施行以前に開設していた施設については、療養室面積、食堂面積、エレベーターの設置及び廊下幅について緩和措置がある(H11 厚令 40)。

(16) 療養病床等からの転換にかかる経過措置

療養病床等を介護老人保健施設に転換する場合においては、療養室、機能訓練室の面積及び廊下の幅員の規定についての緩和措置がある(H11 厚令 40)。

(17) 併設施設との設備共用

病院、診療所、社会福祉施設等が併設される場合(同一敷地にある場合、又は公道をはさんで隣接している場合をいう)には、療養室、診察室以外の施設を共用することができる。双方の施設基準を満たすとともに利用計画上両施設の処遇に支障がないこと。病院と施設を共用する場合には介護老人保健施設の許可と医療法上の許可の両方が必要(H12.3.17 老企 44〈第3 2(1)③イ、ハ〉)別途詳細な通知がある(H19.7.30 医政発 0730001・老発 0130001)。

6. 主要な単体規定一覧

表 9-Ⅳ-12　病院、診療所（老人保健施設）の主要単体規定一覧

項　目	規　制　内　容					緩和・注意事項
直通階段までの歩行距離	居室の種類	主要構造部が耐火構造・準耐火構造又は不燃材料			その他	無窓居室とは採光上有効な開口部（1/20）を有しない居室をいう
		14 階以下		15 階以上		
			準不燃以上で内装		準不燃以上で内装	
	一般居室	≦ 50 m	≦ 60 m	≦ 40 m	≦ 50 m ／ ≦ 30 m	
	無窓居室	≦ 30 m	≦ 40 m	≦ 20 m	≦ 30 m ／ ≦ 30 m	
2 以上の直通階段の設置	病室の床面積	主要構造部が耐火構造・準耐火構造又は不燃材料			その他	医療法（介護保健法）により別の規定あり
		> 100 ㎡			> 50 ㎡	
	居室の床面積の合計	避難階の直上階	> 400 ㎡		> 200 ㎡	
		その他の 5 階以下の階	> 200 ㎡		> 100 ㎡	
		6 階以上の階	居室があれば必要			
階段の寸法			幅員	けあげ	踏面	医療法上は一律 120 cm、20 cm、24 cm の基準となる
	居室の床面積の合計	地上階 > 200 ㎡ 地　階 > 100 ㎡	≧ 120 cm（屋外 90）	≦ 20 cm	≧ 24 cm	
		上記以外	≧ 75 cm	≦ 22 cm	≧ 21 cm	
廊下の幅員			中廊下		片廊下	3 室以下の専用のものを除く（医療法上この緩和はなし）療養型病床群病院及び老人保健施設は 2.7 m（中廊下）、1.8 m（片廊下）とする
	病院における患者用のもの		≧ 1.6 m		≧ 1.2 m	
	居室の床面積の合計	地上階 > 200 ㎡ 地　階 > 100 ㎡	≧ 1.6 m		≧ 1.2 m	
		上記以外	制限なし		制限なし	

項　目			規　制　内　容			緩和・注意事項
防火区画	区画の種類			区画面積	防火戸種類	
	面積区画		耐火建築物又は任意の準耐火建築物	≦ 1500 ㎡	特定防火設備	スプリンクラー設備等の自動消火設備を設置した部分はその面積を1/2として計算して区画する
			法によるイ準耐（1時間耐火を除く）及びロ準耐第1号該当（外壁耐火）	≦ 500 ㎡	特定防火設備	
			法によるイ準耐（1時間耐火）及びロ準耐第2号該当（不燃軸組）	≦ 1000 ㎡	特定防火設備	
	竪穴区画		耐火構造で3階以上又は地階に居室があるもの		特定防火設備又は防火設備	
	高層区画（11階以上）		下記以外	≦ 100 ㎡	特定防火設備又は防火設備	
			下地・仕上準不燃	≦ 200 ㎡	特定防火設備	
			下地・仕上不燃	≦ 500 ㎡	特定防火設備	
	異種用途区画		3階以上の階又は2階に病室があるもので2階の床面積の合計が300㎡以上の病院、診療所とその他の部分を防火区画する		特定防火設備	
			階数2で床面積の合計が200㎡を超える病院とその他の部分を防火区画する		特定防火設備又は防火設備	
114条区画			防火上主要な間仕切壁を耐火構造・準耐火構造又は防火構造とし、小屋裏又は天井裏に達せしめる			規模及びスプリンクラー設備による緩和規定あり
内装制限				対象規模	居室 廊下	
		耐火建築物	3階以上の床面積の合計 ≧ 300 ㎡		難（3階以上の天井は準） 準	スプリンクラー設備等の自動消火設備＋排煙設備を設けた部分は緩和 31m以下の部分で100㎡以内に防火区画した部分は緩和 天井高6m超の場合は緩和
		準耐火建築物	2階の床面積 ≧ 300 ㎡（病室がある場合に限る）			
		その他の建築物	床面積の合計 ≧ 200 ㎡			
		大規模建築物	階数3以上で延べ面積 ＞ 500 ㎡ 階数2で延べ面積 ＞ 1000 ㎡ 階数1で延べ面積 ＞ 3000 ㎡		難 準	
		居室のある地階	―		準 準	
		無窓居室	＞ 50 ㎡（排煙上無窓居室）		準 準	
		火気使用室	（耐火構造としたものを除く）		準 ―	
排煙設備			1. 延べ面積500㎡を超える建築物 2. 排煙上無窓居室（天井から下方80cm以内の部分が1/50未満）			100㎡以内に防火区画した部分は緩和
非常用照明			全て必要			病院の病室内は緩和
非常用進入口			高さ31m以下にある3階以上の各階に設置（道又は道に通ずる幅員4m以上の空地に面する外壁面）			非常用進入口に代わる開口部により代替
居室の採光			病室（療養室）――――――1/7 病室（療養室）以外の居室――――1/10			

7．単体規定の注意点

（1）廊下、階段の有効幅員

廊下にあってはストレッチャー用手すり、階段にあっては医療法により必要な手すりの内法で必要幅員を確保する（ケースにより壁面で有効幅員確保でよい場合もある）。

図 9-Ⅳ-2　ストレッチャー用手すりと廊下幅員

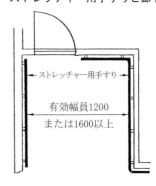

(2) 114条区画（建築基準法施行令）

　防火上主要な間仕切壁を耐火構造、準耐火構造とし、小屋裏又は天井裏に達せしめなければならない。防火上主要な間仕切壁については、次の項目に注意すること。

表 9-IV-13　防火上主要な間仕切壁[37]

建築基準法による規定	・病院、診療所（患者の収容施設を有しないものを除く）、児童福祉施設等（老人福祉施設、有料老人ホーム等を含む）等においては、その防火上主要な間仕切壁を準耐火構造とし、小屋裏又は天井裏に達せしめなければならない ・界壁間仕切壁又は隔壁を貫通する配管・ダクトは、防火区画と同等の措置を行う
防火避難規定による解説	1. 防火上主要な間仕切壁の範囲 　・病室、就寝室等の相互間の壁で、3室以下かつ100 ㎡以下（100 ㎡を超える室にあってはこの限りではない）に区画する壁 　・病室、就寝室等と避難経路を区画する壁 　　※病室や就寝室等以外の室（便所等の火災発生の少ない室を除く）も同様とすることが望ましい 　・火気使用室とその他の部分を区画する壁 2. 防火上主要な間仕切壁の構造 　建築基準法では、準耐火構造とされているが、耐火建築物の場合は耐火構造壁が求められる
その他	・防火上主要な間仕切壁に設けられる建具については、規定されていない ・但し、東京消防庁では、不燃かつ煙感知器連動閉鎖式の建具とすることが指導される

図 9-IV-3　病院の114条区画の例

【計画上の留意点】

　下記にあっては特定行政庁により判断が異なる場合があるため、事前に協議されたい。

① 防火上主要な間仕切壁は、天井裏の延焼防止を目的としているため、防煙区画が必要な場合を除き、天井下での垂壁は不要。

② 建具の性能についても、原則としては、木製建具や扉無し開口も認められる。

③ 天井下の防火上主要な間仕切壁に設置される設備開口部（スイッチ・コンセント類　アウトレット）の措置については、法文等で規定されていない。乾式の耐火間仕切壁の個別認定においても、開口部の措置については明記されていない。建具開口同様に、規定が無いと判断される場合がある一方で、鉄製のボックスを使用する、壁内配管を鉄製とする等、壁への取り込み口を貫通する場合と同様に防火区画貫通処理を行うことが求められる場合がある。

④ 平成26年の法改正により、一定条件のもと、緩和規定が設けられた。緩和規定の内容については第3章 I 2 を参照されたい。

(3) 採光

① 管理部門の居室（一般事務室、受付、ナースステーション等）は、法文上は採光が必要であるが、不要として扱っている特定行政庁もある。

② 「温湿度調整を必要とする作業を行う作業室その他用途上やむを得ない居室」に含まれる居室については、用途上やむを得ない居室として採光不要と扱われているが、ICU等の清浄度管理を要する病室がこれらの居室に該当するかについては特定行政庁に確認が必要。

表 9-Ⅳ-14　採光に必要な開口部（学校、病院、児童福祉施設等の居室の採光）[37)]

	居室の種類	採光に有効な開口部の面積のその床面積に対する割合
(1)	・病院又は診療所の病室	7分の1以上
(2)	・児童福祉施設等の寝室（入所する者の使用するものに限る） ・児童福祉施設等（保育所を除く）の居室のうちこれらに入所し、又は通う者に対する保育、訓練、日常生活に必要な便宜の供与その他これらに類する目的のために使用されるもの	
(3)	・病院、診療所及び児童福祉施設等（※1）の居室のうち入院患者又は入所する者の談話、娯楽その他これらに類する目的のために使用されるもの	10分の1以上

※1　老人ホーム等は建築基準法上、児童福祉施設等に含まれる
※2　診察室、処置室、ナースステーション等（1）、（3）に該当しない部屋は、原則採光不要の取扱いとなる

表 9-Ⅳ-15　温湿度調整を要する作業室その他用途上やむを得ない居室（H7.5.25 住指発 153 号）[37)]

温湿度調整を必要とする作業を行う作業室	手術室（準備室を含む）、X線室 厳密な温湿度調整を要する治療室、新生児室等
その他用途上やむを得ない居室	開口部を設けることが用途上望ましくない居室 (1) 大学・病院等の実験室、研究室、消毒室、クリーンルーム等放射性物質等の危険物を取扱うため、又は遺伝子操作実験、病原菌の取扱い、滅菌作業、清浄な環境の下での検査、治療等を行う上で細菌若しくはほこりの侵入を防ぐため開口部の面積を必要最小限とすることが望ましい居室 (2) 聴覚検査室等外部からの震動・騒音が診察、検査等の障害となる居室 (3) 自然光が診察、検査等の障害となる居室 　① 眼科の診察室、検査室等自然光が障害となる機器を使用する居室 　② 歯科又は耳鼻咽喉科の診察室、検査室等人工照明により診察、検査等を行う居室

8．単体規定のチェックポイント

表 9-Ⅳ-16　病院、診療所（介護老人保健施設）の単体規定チェックポイント

項　目	チェックポイント
避難規制	□医療法（介護老人保健施設）の屋内の直通階段と避難階段の設置 □医療法（介護老人保健施設）の階段、廊下の有効幅員 □歩行距離、重複距離に合せた階段配置 □条例による行き止まり廊下の禁止
防火区画	□令114条区画
排　煙	□廊下の排煙確保 □防煙区画の構成 　（廊下と病室間が防煙区画の場合の欄間の構造等）
採　光	□1/7 又は1/10 の採光上有効開口部の確保

項　目	チェックポイント
非常用進入口	□道路及び4 m以上の空地に面する外壁面の10 m以内ごとの進入口に代わる開口部の設置
消防法	□スプリンクラー設備の設置 □消防法による無窓階算定 　（開口部形状及びガラス厚さに注意） □200 ㎡及び350kW（30 万 kcal/h）以上の厨房等の不活性ガス消火設備等の設置又はダクト自動消火設備の設置 □避難器具の設置 □誘導灯の設置位置とその大きさ

第9章

507

V　高齢者施設

■1　高齢者施設の定義

1．主な高齢者施設の概要と位置付け

表 9-V-1　老人福祉法による老人福祉施設

	施 設 名	位置付け	入所対象	事業主体
老人福祉施設	養護老人ホーム	自立した高齢者のうち低所得者に対して生活の場の提供を行う事を目的とした社会福祉施設	低所得世帯若しくは生活保護世帯のうち健康で自立して生活できる65歳以上の高齢者	・地方自治体 ・社会福祉法人、等
	特別養護老人ホーム	要介護高齢者に対して入所による介護サービスの提供を行う事を目的とした社会福祉施設	要介護認定で要介護1〜5の認定を受けた高齢者	・地方自治体 ・社会福祉法人、等
	軽費老人ホーム （ケアハウス）	自立した高齢者に生活の場の提供を行う事を目的とした社会福祉施設	健康で自立して生活できる60歳以上の高齢者	・地方自治体 ・社会福祉法人 ・医療法人、等
	認知症高齢者 グループホーム	認知症高齢者に対して入居による介護サービスの提供を行う事を目的とした住宅	要介護認定で要支援2及び要介護1〜5の認定を受けた認知症高齢者	・地方自治体 ・社会福祉法人 ・医療法人 ・株式会社等の法人
	小規模多機能型 居宅介護	様態や希望に応じて通所、訪問や泊まりを組み合わせた介護サービスの提供を行う事を目的とした事業	要介護認定を受けた高齢者	・地方自治体 ・社会福祉法人 ・医療法人 ・株式会社等の法人
	福祉系在宅サービス 〔デイサービスセンター ホームヘルパーステーション 短期入所施設、等〕	在宅の要介護高齢者に対して訪問・通所による介護サービスの提供を行う事を目的とした事業	要介護認定を受けた高齢者	・地方自治体 ・社会福祉法人 ・医療法人 ・株式会社等の法人
介護老人保健施設	介護老人保健施設	要介護高齢者に対して入所によるリハビリを行い、家庭復帰を目的とした施設	要介護認定で要介護1〜5の認定を受けた高齢者	・地方自治体 ・医療法人 ・社会福祉法人、等
民間施設	有料老人ホーム	民間のケア付高齢者住宅（厚生労働省認定施設）	施設毎に入居条件を設定	制限なし （近年は株式会社が中心）
	サービス付き 高齢者向け住宅	介護・医療と連携して、高齢者支援サービスを提供する高齢者用賃貸住宅（国交省・厚労省共管による登録施設）	60歳以上の高齢者	制限なし
医療系施設	医療系在宅サービス 〔通所リハビリテーション施設 訪問看護ステーション 短期入所施設、等〕	在宅の要介護高齢者に対して訪問・通所によるリハビリの提供を行う事を目的とした事業	要介護認定を受けた高齢者	・地方自治体 ・社会福祉法人 ・医療法人 ・株式会社等の法人
	療養病床	慢性疾患患者に対する治療と療養を目的とした医療施設	慢性疾患患者 （介護保険適用施設の場合は、要介護1〜5の認定を受けた高齢者）	・地方自治体 ・医療法人 ・社会福祉法人、等

2．建築基準法の扱い

　高齢者施設は、近年多種多様化したため、建築基準法上どの用途に該当するか明確に規定されていないものがみられる。

　特別養護老人ホームについては、建築基準法別表第一(2)の用途のうち「その他これらに類するもの」に該当し、省令を順に追っていくと、建築基準法施行令115条の3の「児童福祉施設等」に該当、建築基準法施行令19条1項の「老人福祉施設」に該当、ということになる。

　介護老人保健施設については、医療法人による運営が多く、また病院に併設される場合が多いため、「病院」とされる場合が多いが、介護保険法の規定を根拠に「老人福祉施設」として扱うところもある。

　認知症高齢者グループホームについては、特定行政庁によって、「老人福祉施設」として扱われる場合と「寄宿舎」に該当する場合がある。「事業主体や運営内容を考慮せず、図面上の形態として見たときに居室群と共同の食堂や浴室等で構成されているので、「寄宿舎」として扱う」と明言している特定行政庁もある。

　サービス付き高齢者向け住宅については、個の居住空間にキッチン、トイレ、浴室等が完備されていれば「共同住宅」、浴室等が共用の場合は「寄宿舎」として扱われる場合が多い。なお、個の居住空間に寝室及びキッチンが完備されていることを「共同住宅」の定義とし、浴室を共用しても「共同住宅」とみなす特定行政庁もある。

3．消防法の区分

表 9-V-2　高齢者施設の防火対象物の区分

高齢者福祉施設の種別	防火対象物
・老人短期入所施設 ・養護老人ホーム ・特別養護老人ホーム ・軽費老人ホーム（避難が困難な要介護者を主として入居させるものに限る） ・有料老人ホーム（避難が困難な要介護者を主として入居させるものに限る） ・介護老人保健施設 ・老人福祉法に規定する老人短期入所事業を行う施設 ・小規模多機能型居宅介護事業を行う施設（避難が困難な要介護者を主として宿泊させるものに限る） ・認知症対応型老人共同生活援助事業を行う施設 ・その他これらに類するものとして総務省令で定めるもの	6項ロ (1)
・老人デイサービスセンター ・軽費老人ホーム（ロ（1）に掲げるものを除く） ・老人福祉センター ・老人介護支援センター ・有料老人ホーム（ロ（1）に掲げるものを除く） ・老人福祉法に規定する老人デイサービス事業を行う施設 ・小規模多機能型居宅介護事業を行う施設（ロ（1）に掲げるものを除く） ・その他これらに類するものとして総務省令で定めるもの	6項ハ (1)

4．高齢者施設の区分

　高齢者（介護福祉）施設の計画については、施設の役割・機能が定義づけられている各根拠法令に基づく施設の最低基準を満たすことが必要である。但し、介護福祉施設の中でも介護保険の対象となる施設については、さらに介護保険上の施設基準も満たさなければならないので注意すること。

表 9-V-3　関係法令表

関連法律名	施　設　名	関　連　す　る　内　容
社会福祉法	社会福祉施設全般	社会福祉事業、社会福祉法人
老人福祉法	養護老人ホーム 特別養護老人ホーム ケアハウス、生活支援ハウス 有料老人ホーム	定義、施設基準
介護保険法	特別養護老人ホーム 介護老人保健施設 認知症高齢者グループホーム 地域密着型サービス事業所 ケアハウス（特定施設） 有料老人ホーム（特定施設）	定義、介護報酬上の施設基準
生活保護法	保護施設（救護施設、更生施設他）	定義、施設基準
児童福祉法	児童福祉施設（保育所他）	定義、施設基準
障害者総合支援法	障害福祉サービス事業所及び支援施設	定義、施設基準
精神保健及び精神障害者福祉に関する法律	精神科病院、精神保健福祉センター他	定義、施設基準
高齢者の居住の安定確保に関する法律	サービス付き高齢者向け住宅	定義、施設基準

定義、施設基準とは、それぞれの法による

2　立地上のポイント

1．用途地域による制限

表 9-V-4　高齢者施設の用途地域制限

用途地域	養護老人ホーム、特別養護老人ホーム、軽費老人ホーム、生活支援ハウス、認知症高齢者グループホーム、有料老人ホーム、児童福祉施設、障害福祉サービス事業所及び支援施設、サービス付き高齢者向け住宅	介護老人保健施設
第一種・第二種低層住居専用地域	○	×
工業地域	○	×
工業専用地域	×	×
上記以外の用途地域	○	○

○：建築可　×：建築不可

2．市街化調整区域による制限

　高齢者施設は、一定の条件により開発審議会の議を経て、許可されれば建築が可能となる。

表 9-V-5　開発許可制度運用指針に示される開発許可が認められる建築物 [37]

有料老人ホーム（※1）	設置及び運営が国の定める基準等に適合する優良なものであって、その立地がやむを得ないもの 1．利用権方式又は賃貸方式のもの 　（分譲方式のものは有料老人ホームには当たらないことから認められない） 2．市街化調整区域に立地する病院又は特別養護老人ホーム等が有する医療、介護機能と密接に連携しつつ、市街化調整区域の立地が必要である場合、入居一時金及び利用料に関する国の基準等がある場合であって適正な料金設定のため市街化調整区域に立地することが不可避である場合等、総合的に判断 3．その開発区域を管轄する市町村の福祉施策、都市計画の観点から支障がないことについて、当該市町村長が承認したもの
サービス付き高齢者向け住宅（※1、※2）	介護・食事の提供・家事・健康管理のいずれかのサービスを提供するサービス付き高齢者向け住宅（老人福祉法に規定する有料老人ホームに該当する施設）であって、設置及び運営が国の定める基準等に適合する優良なものであり、その立地がやむを得ないもの 1．有料老人ホームにおける1．～3．の基準を満たすもの

介護老人保健施設 (※1)	1. 協力病院が近隣に所在する場合等、介護老人保健施設を市街化調整区域に立地させることがやむを得ないと認められる場合 2. 開発許可は介護老人保健施設の開設が確実に許可される見込みであるものが望ましい
社会福祉施設 (※1)	社会福祉法2条・更生保護事業法2条に規定する施設で、それぞれ国の定める設置・運営基準に適合するもので、下記のいずれかに該当するもの 1. 近隣に医療施設、社会福祉施設等が存在し、これらと密接に連携する必要がある場合 2. 施設利用者の安全確保のために立地場所に配慮する必要がある場合 3. 施設が提供するサービスの特性から、周辺の資源、環境等の活用が必要がある場合

(都市計画法34条、開発許可制度運用指針 (H26.8.1 国都計67号))

※1 開発審査会の議が必要（都市計画法34条14項）
周辺における市街化を促進する恐れがなく、かつ、市街化区域内において行うことが困難又は著しく不適当と認める開発行為として開発審査会の議を経たものであること
※2 サービス付き高齢者向け住宅については、開発許可制度運用指針には明記されていないが、介護・食事の提供・家事・健康管理のいずれかのサービスを提供するサービス付き高齢者向け住宅は老人福祉法29条1項の有料老人ホームに該当することから、有料老人ホームの基準が適用される

3 単体規定のポイント

1. 代表的な老人福祉法・介護保険法等に基づく設置基準

　老人福祉法や介護保険法等に基づき、各高齢者施設の設置基準を規定する省令等が示されている。但し、建設に当たり補助金制度・公的融資制度等を受ける場合は、都道府県毎にも別に基準が定められている場合があるので注意が必要である。またサービス付き高齢者向け住宅についても、都道府県での個別の基準もあり、確認が必要である。

表9-V-6　設置基準種別表

種別	規制している省令等
養護老人ホーム	養護老人ホームの設備及び運営に関する基準 (S41.7.1 厚令19号) ※以降改正あり 養護老人ホームの設置及び運営に関する基準について (H12.3.30 老発307号) ※以降改正あり
特別養護老人ホーム	特別養護老人ホームの設置及び運営に関する基準 (H11.3.31 厚生省令39号) ※以降改正あり 指定介護老人福祉施設の人員、設備及び運営に関する基準 (H11.3.17 老発43号) ※以降改正あり
ケアハウス（軽費老人ホーム）	軽費老人ホームの設備及び運営に関する基準 (H20.5.9 厚労令107号、H20.5.30 老発0530002号) ※以降改正あり
介護老人保健施設	介護老人保健施設の人員、施設及び設備並びに運営に関する基準 (H11.3.31 厚令40号、H12.3.17 老企44号) ※以降改正あり
有料老人ホーム	有料老人ホームの設置運営標準指導指針について (H14.7.18 老発0718003号) ※以降改正あり
サービス付き高齢者向け住宅	高齢者の居住の安定確保に関する法律 (H13.4.6 法律26号) ※以降改正あり 高齢者の居住の安定確保に関する法律施行規則 (H13.8.3 国令115号　H13.8.3 国告1296号) ※以降改正あり 国土交通省・厚生労働省関係高齢者の居住の安定確保に関する法律施行規則関連 (H23.8.12 厚国令2号、H23.10.7 厚国告2号、老発1007第1号・国住心37号)
短期入所生活介護事務所（ショートステイ） 通所介護事務所（デイサービス）等	指定居宅サービス等の事業の人員、設備及び運営に関する基準 (H18.3.14 厚生省令37号、H11.9.17 老企25号等) ※以降改正あり
小規模多機能型居宅介護事業所 認知症高齢者グループホーム	指定地域密着型サービスの事業の人員、設備及び運営に関する基準 (H18.3.14 厚労令34号) ※以降改正あり 指定地域密着型サービス及び指定地域密着型介護予防サービスに関する基準について (H18.3.31 老計発0331004号・老振発0331004号・老老発0331017号) ※以降改正あり
軽費老人ホーム（ケアハウス） 有料老人ホーム 養護老人ホーム が、特定施設の指定を受ける場合	指定居宅サービス等の事業の人員、設備及び運営に関する基準 (H11.3.31 厚令37号、H18.3.14 厚労令34号、H11.9.17 老企25号等) ※以降改正あり

2．老人福祉法の規制

表 9-V-7　介護保険法による介護老人福祉施設（特別養護老人ホーム）の分類[37]

類型	定員	施設分類	
ユニット型	30 人以上	介護老人福祉施設（一般）	
	29 人以下	地域密着型介護老人福祉施設	小規模の介護老人福祉施設
			サテライト型居住施設（※）
従来型	30 人以上	介護老人福祉施設（一般）	
	29 人以下	地域密着型介護老人福祉施設	小規模の介護老人福祉施設
			サテライト型居住施設（※）

※　サテライト型居住施設とは、本体施設（同一法人による特別養護老人ホーム、介護老人保健施設、病院、診療所であって、当該サテライト施設に対する支援機能を有するもの）との密接な連携を確保しつつ、本体施設とは別の場所（通常の交通手段を利用して、概ね 20 分以内（H12.3.17 老発 214〈第6　2⑵〉））で運営される指定地域密着型介護老人福祉施設をいう。医師、栄養士、機能訓練指導員、介護支援専門員、調理員、事務員等を本体施設と兼務させることができる

表 9-V-8　養護老人ホームの設置基準

項　目	設　置　基　準
施設規模	・入所人員≧ 20 人（特別養護老人ホーム併設の場合は 10 人以上）
構造制限	・耐火建築物又は準耐火建築物とする
必要設備	①居室　②静養室　③食堂　④集会室　⑤浴室　⑥洗面所　⑦便所　⑧医務室　⑨調理室　⑩事務室　⑪宿直室　⑫職員室　⑬面接室　⑭洗濯室又は洗濯場　⑮汚物処理室　⑯霊安室
居室	・地階不可 ・床面積（収納設備等除く） 　　　≧ 10.65 ㎡／1 人 ・1 以上の出入口は、避難上有効な空地、廊下又は広間に直接面する ・入所者個人別の収納設備設置
静養室	・医務室又は職員室に近接させる ・原則 1 階に設置、寝台等の設備設置 ・地階不可 ・1 以上の出入口は、避難上有効な空地、廊下又は広間に直接面する ・入所者個人別の収納設備設置
洗面所	・居室のある階ごとに設置
便所	・居室のある階ごとに男女別に設置
医務室	・診療のための医薬品、医療機器器具のほか、必要により臨床検査設備を設置
調理室	・火気使用部分は、不燃材料とする
職員室	・居室のある階ごとに居室に近接させる
廊下	・廊下幅≧ 1.35 m、中廊下幅≧ 1.80 m
階段	・傾斜はゆるやか（数値基準なし）
常夜灯	・廊下、便所その他必要な場所に設置

表 9-V-9　特別養護老人ホームの設置基準（ユニット型）

項　目	設　置　基　準
施設規模	・規定なし（地域密着型は 29 名以下）
構造制限	・耐火建築物とする（療養室等が 2 階及び地階のいずれにも設けていない場合は準耐火建築物でよい）
必要設備	・①ユニット型居室※ 1　②共同生活室（2 ㎡／人）　③浴室　④洗面所　⑤便所　⑥医務室　⑦調理室　⑧事務室　⑨洗濯室又は洗濯場　⑩汚物処理室　⑪介護材料室　⑫その他運営に必要な部屋
居室	・地階不可 ・床面積（便所除く） 　≧ 10.65 ㎡／1 人（内法） ・寝台等の設備設置 ・直接外気に面し開放できる窓面積 　≧床面積× 1/14 ・1 以上の出入口は、避難上有効な空地、廊下又は広間に直接面する ・入所者用の収納設備設置 ・ブザー等の設備
共同生活室	・ユニット内に設ける 2 ㎡／人 ・地階に設けないこと
浴室	・要介護者が入浴するのに適したものとする
便所	・ブザー等の設備設置
洗面所	・居室毎か、共同生活室毎に、適当数設ける ・要介護者の使用に適したものとする
医務室	・診療のための医薬品、衛生材料及び医療機械器具のほか、必要により臨床検査設備を設置 ・医療法による診療所であること
調理室	・火気使用部分は、不燃材料とする
ユニット又は浴室を 3 階以上に設置する場合	・原則不可であるが次の条件により設置できる（3 条件とも満たす） 1.　3 階以上の各階に通じる 2 以上の特別避難階段（防炎上有効な傾斜路を有する場合又は車椅子若しくはストレッチャーが通れる幅のバルコニー及び屋外避難階段を有する場合は 1 以上） 2.　3 階以上のユニット又は浴室から地上に通じる廊下、通路の壁、天井の仕上が不燃材料 3.　3 階以上の各階を耐火構造の壁又は特定防火設備により区画する
廊下（※ 2）	・廊下幅≧ 1.80 m、中廊下幅≧ 2.70 m（手すり内法）
階段	・傾斜はゆるやか（数値基準なし）
傾斜路	・居室等が 2 階以上にある場合は、1 以上の傾斜路を設置（居室等が 3 階以上の階にある場合で、ELV を設置すると不要）
常夜灯	・廊下、便所その他に設置

※ 1　1 ユニットの利用定員は原則 10 人以下。他のユニットの利用者が当該共同生活室を通過することなく施設内の他の場所に移動できるようにすること。居室は当該ユニットの共同生活室に近接して一体的に設けること
※ 2　廊下の一部を拡張することで往来に支障がない場合は、片廊下 1.5 m、中廊下 1.8 m 以上
　　　地域密着型は原則片廊下 1.5 m、中廊下 1.8 m 以上で廊下の一部を拡張することで往来に支障がない場合は建築基準法規定による

表 9-V-10　特別養護老人ホームの設置基準（従来型）

項　目	設　置　基　準
施設規模	・規定なし（地域密着型は 29 名以下）
構造制限	・耐火建築物とする（療養室等が 2 階及び地階のいずれにも設けていない場合は準耐火建築物でよい）
必要設備	・①居室　②静養室　③食堂　④浴室　⑤洗面所　⑥便所　⑦医務室　⑧調理室　⑨事務室　⑩介護職員室　⑪看護職員室　⑫機能回復訓練室　⑬面談室　⑭洗濯室又は洗濯場　⑮汚物処理室　⑯介護材料室　⑰その他運営に必要な部屋
居室	・地階不可（※ 1） ・床面積（便所除く） 　≧ 10.65 ㎡／1 人（内法） ・寝台等の設備設置（※ 1） ・直接外気に面し開放できる窓面積（※ 1） 　≧床面積× 1/14 ・1 以上の出入口は、避難上有効な空地、廊下又は広間に直接面する（※ 1） ・入所者用の収納設備設置 ・ブザー等の設備（※ 1）
静養室	・医務室又は介護職員室に近接させる ・前述居室の※ 1 項目を満足させる
浴室	・要介護者が入浴するのに適したものとする
便所	・ブザー等の設備設置
洗面所	・居室のある階ごとに設置 ・要介護者の使用に適したものとする
医務室	・診療のための医薬品、衛生材料及び医療機械器具のほか、必要により臨床検査設備を設置 ・医療法による診療所であること
調理室	・火気使用部分は、不燃材料とする
介護職員室	・居室のある階ごとに居室に近接して設置
居室等（※ 2）を 3 階以上に設置する場合	・原則不可であるが次の条件により設置できる（3 条件とも満たす） 1.　3 階以上の各階に通じる 2 以上の特別避難階段（防炎上有効な傾斜路を有する場合又は車椅子若しくはストレッチャーが通れる幅のバルコニー及び屋外と避難階段を有する場合は 1 以上） 2.　3 階以上の居室等から地上に通じる廊下、通路の壁、天井の仕上が不燃材料 3.　3 階以上の各階を耐火構造の壁又は特定防火設備により区画する
廊下	□廊下幅≧ 1.80 m、中廊下幅≧ 2.70 m（手すり内法）
階段	□傾斜はゆるやか（数値基準なし）
傾斜路	□居室等が 2 階以上にある場合は、1 以上の傾斜路を設置（居室等が 3 階以上の階にある場合で、ELV を設置すると不要）
常夜灯	□廊下、便所その他に設置

※ 2　「居室等」とは居室、静養室、食堂、浴室及び機能回復訓練室を指す

【計画上の留意点】

(1) 地方公共団体による基準の策定

平成 23 (2011) 年の「地域の自主性及び自立性を高めるための改革の推進を図るための関係法律の整備に関する法律」の策定により、設備基準が「従うべき基準」「標準」「参酌すべき基準」に分けられ、「従うべき基準」以外は地方公共団体が条例で基準を設けられることになり、一部の基準が緩和されている (H23.10.7 老発 1007 第6)。

(2) 居室面積の測定方法

平成 14 (2002) 年の改正によりすべて内法での測定によることとし (H12.3.17 老企 214〈第2 1⑪〉)、洗面設備は含むが便所は除くとされた (H12.3.17 老企 214〈第5 4⑤⑤〉)。

(3) 廊下の幅員

平成 14 (2002) 年の改正により、内法によるものとし手すりから測定する、とされた (H12.3.17 老企 214〈第2 1⑫〉)。

(4) 中廊下の定義

中廊下とは、廊下の両側に居室、静養室、共同生活室 (※) 等入所者に日常生活に直接使用する設備のある廊下をいう (H12.3.17 老企 214〈第2 1⑸〉)。

※ユニット型の場合は静養室を共同生活室に読み替える

(5) 耐火性能

耐火建築物とすること。但し、入居者の日常生活の場が2階及び地階のいずれにも設けていない場合は、準耐火建築物とすることができる。なお、平成 18 (2006) 年3月の改正により一定条件のもとで木造平屋建てとすることが、平成 24 (2012) 年3月には木造2階建てができるようになった (H11 厚令 46、H12.3.17 老企 214)。

なお、木造とする場合には、H1.3.31 消予 36 通知、H19.6.13 消予 213 通知に基づいた計画とすること (H24.3.30 老発 0330 第3)。

(6) 傾斜路又はエレベーターの設置

居室、静養室等が2階以上の階にある場合は、1以上の傾斜路を設けるか又はエレベーターを設けること (H11 厚令 46〈11〉)。

表9-Ⅴ-11 軽費老人ホーム（ケアハウス）の設置基準

〔A型―家族同居が困難な老人を対象〕

項　目	設　置　基　準
施設規模	・入所人員 ≧ 50 人
構造制限	・耐火建築物又は準耐火建築物とする
必要設備	・①居室　②応接室（又は相談室）　③静養室 ④医務室　⑤集会室（又は娯楽室） ⑥食堂　⑦炊事室　⑧洗面所　⑨浴室 ⑩洗濯室　⑪便所　⑫事務室　⑬宿直室 ⑭消火設備　⑮避難設備及び避難空地
建物面積	・1 人当り 16.5 ㎡以上
居室	・原則個室とし、 床面積（収納設備等除く） 　　≧ 6.60 ㎡／人
医務室	・医療法の診療所許可を受ける

〔B型―居宅生活が困難な老人を対象（自炊）〕

項　目	設　置　基　準
施設規模	・入所人員 ≧ 50 人 （併設の場合は 20 人以上）
構造制限	・耐火建築物又は準耐火建築物とする
必要設備	・①居室　②調理設備　③洗面所　④応接室 ⑤談話、娯楽室　⑥集会室（又は作業室） ⑦浴室　⑧洗濯室　⑨便所　⑩事務室 ⑪管理人居室　⑫消火設備 ⑬避難設備及び避難空地
建物面積	・1 人当り 24.8 ㎡以上
居室	・個室の床面積（収納設備等除く） 　　≧ 16.5 ㎡ 夫婦室の床面積（収納設備等を除く） 　　≧ 24.8 ㎡ ・設理設備と洗面所を設置

〔ケアハウス―身体機能の低下及び高齢により独立生活及び家族の援助が困難な老人を対象〕

項　目	設　置　基　準
施設規模	・入所人員 ≧ 30 人 （併設の場合は 15 人以上）
構造制限	・耐火建築物又は準耐火建築物とする
必要設備	・①居室　②相談室　③談話・娯楽・集会室 ④食堂　⑤調理室　⑥浴室　⑦洗濯室 ⑧事務・寮母・会議室　⑨宿直室　⑩便所 ⑪洗面所　⑫非常通報設備　⑬消火設備 ⑭避難設備及び避難空地
建物面積	・1 人当り 39.6 ㎡以上
居室	・個室の床面積 　　　　≧ 21.6 ㎡ 　　　　≧ 14.85 ㎡（収納設備等除く） 夫婦室の床面積 　　　　≧ 31.9 ㎡ ・洗面所、便所、収納スペース及び簡易な調理設備を設置
廊下等	・車椅子の利用に配慮する
放送設備	・緊急時の一斉放送設備を設置

表9-Ⅴ-12 老人福祉センターの設置基準

〔特A型―地域の老人に対し、生活・健康相談、健康増進、生業及び就労、機能回復訓練、教養講座、及び老人クラブへの指導・援助を行う〕

項　目	設　置　基　準
施設規模	・床面積 800 ㎡以上とする
構造制限	・耐火建築物又は準耐火建築物とする
必要設備	・①所長室　②事務室　③生活相談室 ④健康相談室　⑤診療室　⑥検査室 ⑦栄養指導室　⑧保健資料室　⑨機能回復訓練室　⑩集会及び運動指導室　⑪教養娯楽室　⑫図書室　⑬浴場　⑭便所
浴場	・公衆浴場法の許可を受ける

〔A型―地域の老人に対し、生活・健康相談、生業及び就労、機能回復訓練、教養講座、及び老人クラブへの指導・援助を行う〕

項　目	設　置　基　準
施設規模	・床面積 495.5 ㎡以上とする
構造制限	・耐火建築物又は準耐火建築物とする
必要設備	・①所長室　②事務室　③生活相談室 ④健康相談室　⑤機能回復訓練室 ⑥集会室　⑦教養娯楽室　⑧図書室 ⑨浴場　⑭便所
浴場	・公衆浴場法の許可を受ける

〔B型―地域の老人に対し、生活・健康相談、教養講座、及び老人クラブへの指導・援助を行う〕

項　目	設　置　基　準
施設規模	・165 ㎡ ≦ 床面積 < 495.5 ㎡
構造制限	・耐火建築物又は準耐火建築物とする
必要設備	・①管理人室　②生活相談室　③健康相談室 ④教養娯楽室　⑤集会室　⑥便所

3．主要な単体規定一覧

表 9-V-13　高齢者施設の主要単体規定一覧

項　　目	規　制　内　容						緩和・注意事項
階段までの歩行距離		主要構造部が耐火構造・準耐火構造又は不燃材料				その他	無窓居室とは採光上有効な開口部（1/20）を有しない居室をいう
	居室の種類	14 階以下		15 階以上			
			準不燃以上で内装		準不燃以上で内装		
	一般居室	≦ 50 m	≦ 60 m	≦ 40 m	≦ 50 m	≦ 30 m	
	無窓居室	≦ 30 m	≦ 40 m	≦ 20 m	≦ 30 m	≦ 30 m	
2 以上の直通階段の設置		主要構造部が耐火構造・準耐火構造又は不燃材料		その他			老人福祉法による別の規定あり（表 7-62）
	居室の床面積の合計	避難階の直上階（5 階以下）		> 400 ㎡	> 200 ㎡		
		その他の 5 階以下の階		> 200 ㎡	> 100 ㎡		
		6 階以上の階		居室があれば必要※緩和あり			
階段の寸法			幅員	けあげ	踏面		建築条例により別の規定がある場合がある
	居室の床面積の合計	地上階> 200 ㎡ 地　階> 100 ㎡	≧ 120 cm（屋外 90）	≦ 20 cm	≧ 24 cm		
		上記以外	≧ 75 cm	≦ 22 cm	≧ 21 cm		
廊下の幅員			中廊下	片廊下			3 室以下の専用のものを除く ※老人福祉法により別の規定あり
	病院における患者用のもの		≧ 1.6 m※	≧ 1.2 m※			
	居室の床面積の合計	地上階> 200 ㎡ 地　階> 100 ㎡	≧ 1.6 m※	≧ 1.2 m※			
		上記以外	制限なし	制限なし			
防火区画	区画の種類			区画面積	防火戸種類		スプリンクラー設備等の自動消火設備を設置した部分はその面積を 1/2 として計算して区画する
	面積区画	耐火建築物又は任意の準耐火建築物		≦ 1500 ㎡	特定防火設備		
		イ準耐（1 時間耐火を除く）及びロ準耐第 1 号該当（外壁耐火）		≦ 500 ㎡	特定防火設備		
		イ準耐（1 時間耐火）及びロ準耐第 2 号該当（不燃軸組）		≦ 1000 ㎡	特定防火設備		
	竪穴区画	耐火構造で 3 階以上又は地階に居室があるもの			特定防火設備又は防火設備		
	高層区画（11 階以上）	下記以外		≦ 100 ㎡	特定防火設備又は防火設備		
		下地・仕上準不燃		≦ 200 ㎡	特定防火設備又は防火設備		
		下地・仕上不燃		≦ 500 ㎡	特定防火設備		
	異種用途区画	3 階以上の階の老人福祉施設とその他の部分の防火区画する			特定防火設備		
		階数 2 で床面積の合計が 200 ㎡を超える老人福祉施設とその他の部分を防火区画する			特定防火設備又は防火設備		
114 条区画	防火上主要な間仕切壁を耐火構造（準耐火構造）又は防火構造とし、小屋裏又は天井裏に達せしめる						スプリンクラー設備及び指定面積等告示規準により緩和あり

表 9-V-13　高齢者施設の主要単体規定一覧（つづき）

項　　目	規　制　内　容			居室	廊下	緩和・注意事項
内装制限		対象規模				スプリンクラー設備等の自動消火設備＋排煙設備を設けた部分は緩和
	耐火建築物	3 階以上の床面積の合計 ≧ 300 ㎡		難 （3 階以上の天井は準）	準	
	準耐火建築物	2 階の床面積　　　　　 ≧ 300 ㎡				
	その他の建築物	床面積の合計　　　　　 ≧ 200 ㎡				31 m 以下の部分で 100 ㎡以内に防火区画した部分は緩和
	大規模建築物	階数 3 以上で延べ面積　＞ 500 ㎡ 階数 2 で延べ面積　　　＞ 1000 ㎡ 階数 1 で延べ面積　　　＞ 3000 ㎡		難	準	天井高 6 m 超の場合は緩和
	居室のある地階	―		準	準	
	無窓居室	＞ 50 ㎡（排煙上無窓居室）		準	準	
	火気使用室	（耐火構造としたものを除く）		準	―	
排煙設備	1．延べ面積 500 ㎡を超える建築物 2．排煙上無窓居室（天井から下方 80 cm 以内の部分が 1/50 未満）					100 ㎡以内に防火区画した部分は緩和
非常用照明	全て必要					H12.5.31 告示 1441 号により部分緩和
非常用進入口	高さ 31 m 以下にある 3 階以上の各階に設置 （道又は道に通ずる幅員 4 m 以上の空地に面する外壁面）					非常用進入口に代わる開口部により代替可
居室の採光	主たる居室―――――1/7 その他―――――――1/10					

4．単体規定、建築条例及び関連法規による制限

　建築基準法上扱いは、児童福祉施設等（特殊建築物）となるので、単体規定もそれに合わせる。

　建築条例は、基本的には「児童福祉施設等」の扱いとなるが、加えて「病院・診療所等」や「共同住宅等」と同じ扱いを受ける場合もあるので注意されたい（東京都は、児童福祉施設等の扱いの他、共同住宅等の扱いも受け、窓先空地や寝室の面積等の規制がある）。

　また、関連法規も明確な定義がなされていない場合があるので、同様に注意すること。

表 9-V-14　高齢者施設の関連法規

関連法規等	適　用　範　囲
老人福祉法	老人福祉施設の施設別に設置基準がある
バリアフリー法	2,000 ㎡以上
建築条例	特殊建築物として規制される特定行政庁がある（「病院・診療所等や共同住宅等」と同じ扱いを受ける場合もあるので注意要）
福祉の条例	条例又は指導要綱により規制される特定行政庁がある（バリアフリー法とは別の規制となるので注意要）

5．単体規定のチェックポイント

表 9-V-15　高齢者施設の単体規定チェックポイント

項　　目	チェックポイント
避難規制	□老人福祉の屋内の直通階段と避難階段の設置 □老人福祉法の階段、廊下の有効幅員 □歩行距離、重複距離に合せた階段配置 □条例による行き止まり廊下の禁止
防火区画	□令 114 条区画（天井裏部分のみの箇所等）
排煙	□廊下の排煙確保 □防煙区画の構成 　・廊下と居室間が防煙区画の場合の欄間の構造等 　・扉上部の下り壁高さと扉の仕様
採光	□1/7 又は 1/10 の採光上有効な開口部の確保
非常用進入口	□道路及び 4 m 以上の空地に面する外壁面の 10 m 以内ごとの進入口に代わる開口部の設置
消防法	□スプリンクラー設備の設置 □消防法による無窓階算定 　（開口部形状及びガラス厚さに注意） □ 200 ㎡及び 350kw（30 万 kcal/h）以上の厨房等への不活性ガス消火設備等の設置又はダクト自動消火設備の設置 □避難器具の設置 □誘導灯の設置位置とその大きさ

517

Ⅵ　学校

⒈ 学校の定義

1．学校教育法による区分

　下記のもので文部省又は都道府県の設置認可を
うけたものをいう。

表 9-Ⅵ-1　学校教育法による学校の分類

1	学校	(1) 小学校、中学校、高等学校、中等教育学校、大学 (2) 高等専門学校 (3) 特別支援学校 (4) 幼稚園
2	専修学校	学校以外の教育施設で、職業、実際生活に必要な能力育成又は教養向上を目的とした組織的な教育を行うもの
3	各種学校	学校、専修学校以外の学校教育に類する教育を行うもの

※　予備校のうち、各種学校又は専修学校として学校教育
　法に基づき認可されたものは建築基準法上も各種学校
　又は専修学校の用途として取り扱う。上記に該当しな
　いものについては、令130条の5の2第5号に規定す
　る学習塾として取り扱う
※　学習塾等文部省の認可を受けていないものは、学校と
　は扱われない。又、保育所は児童福祉施設であり、学
　校には含まれない

2．建築基準法の扱い

　建築基準法上は、表9-Ⅵ-1の1〜3すべてを
学校として扱っている。

3．消防法の区分

表 9-Ⅵ-2　学校の防火対象物の扱い

学校の種別	防火対象物
小学校、中学校、高等学校、中等教育学校、大学、高等専門学校、専修学校、各種学校	7 項
幼稚園、特別支援学校	6 項ニ

⒉ 立地上のポイント

1．用途地域による制限

表 9-Ⅵ-3　学校の用途地域制限

用途地域	幼稚園、小学校、中学校、中等教育学校、高等学校、特別支援学校	大学、高等専門学校、専修学校
第1種・第2種低層住専	○	×
第1種中高層住専	○	○
第2種中高層住専	○	○
第1種住居	○	○
第2種・準住居	○	○
近隣商業	○	○
商　業	○	○
準 工 業	○	○
工　業	×	×
工業専用	×	×

○：建築可　　×：建築不可

　各種学校は、原則として第1・2種低層住居専
用地域内及び工業、工業専用地域では建築不可で
あるが、建設省通達により下記の扱いが示されて
いる（S52.10.31通達778号）。

　この扱いは旧用途地域に対して示されたもので
はあるが、現用途地域にも準用されるものと扱っ
て差しつかえない（S52.10.31通達778号抜粋）。

　大学、高等専門学校、専修学校その他これ
らに類するもの

　「その他これらに類するもの」は、教育施
設、研究施設その他の教育文化施設で第2種
住居専用地域の居住環境を害するおそれが少
ないものであり、これに該当するか否かは名
称等による形式的な判断ではなく、設立目
的、建築物の設計、利用形態等により実質的
に判断すること。具体的には各種学校、職業
訓練校、研修所、学術の研究等が含まれる

が、騒音の発生等により近隣の居住環境を害するおそれのある用途が主である建築物は除かれること。

※市街化調整区域内において、学校教育法による学校は公益上必要な建物とされていない為基本的に建築出来ない。
　（特定行政庁の判断によるため、確認が必要）

表 9-Ⅵ-4　学校教育法による各種設置基準

種　別	規制している省令等
幼　稚　園	文部省令 32 号
小　学　校	文部科学省令 14 号
中　学　校	文部科学省令 15 号
高　等　学　校	文部科学省令 20 号
中等教育学校	文部省令 15 号、20 号
高等専門学校	文部省令 23 号
短　期　大　学	文部省令 21 号
大　　　学	文部省令 28 号
専　門　学　校	文部省令 2 号
各　種　学　校	文部省令 31 号

3　単体規定のポイント 1

1．学校教育法に基づく設置基準

文部省令等に基づく建築上の設置基準は省令等により示されている（表 9-Ⅵ-4）。

2．校舎・校地の基準

表 9-Ⅵ-5　校舎・校地・運動場の基準

種別	校舎（園舎）	運動場	校地
幼稚園	1クラス 　180 ㎡以上 2クラス以上 　320 ＋ 100 ×（N － 2）㎡以上	2クラス以下 　330 ＋ 30 ×（N － 1）㎡以上 3クラス以上 　400 ＋ 80 ×（N － 3）㎡以上	―
小学校	1 人以上 40 人以下 　500 ㎡以上 41 人以上 480 人以下 　500 ＋ 5 ×（a － 40）㎡以上 481 人以上 　2700 ＋ 3 ×（a － 480）㎡以上	1 人以上 240 人以下 　2400 ㎡以上 241 人以上 720 人以下 　2400 ＋ 10 ×（a － 240）㎡以上 721 人以上 　7200 ㎡以上	―
中学校	1 人以上 40 人以下 　600 ㎡以上 41 人以上 480 人以下 　600 ＋ 6 ×（a － 40）㎡以上 481 人以上 　3240 ＋ 4 ×（a － 480）㎡以上	1 人以上 240 人以下 　3600 ㎡以上 241 人以上 720 人以下 　3600 ＋ 10 ×（a － 240）㎡以上 721 人以上 　8400 ㎡以上	―
高等学校	1 人以上 120 人以下 　1200 ㎡以上 121 人以上 480 人以下 　1200 ＋ 6 ×（a － 120）㎡以上 481 人以上 　3360 ＋ 4 ×（a － 480）㎡以上	全日制の課程若しくは定時制の課程の別又は収容定員にかかわらず8400 ㎡以上 但し、体育館等の屋内運動施設を備えている場合の教育上支障がない場合は、この限りでない	―
高等専門学校	基準面積 1クラス　1652. 89 ㎡以上 2クラス　2644. 63 ㎡以上 3クラス　3471. 07 ㎡以上	―	

表 9-VI-5 校舎・校地・運動場の基準（つづき）

種別			校舎（園舎）	運動場	校地
高等専門学校			4クラス　4132.23 ㎡以上 5クラス　4793.39 ㎡以上 6クラス　5289.26 ㎡以上 7クラス以上 　5289.26 + 330.58×(N−6)㎡以上 工学に関する学科の場合は、上記基準面積に下記面積を加えたものとする 1クラス　+ 1652.89 ㎡以上 2クラス以上 　1652.89 ㎡+クラス増加相当面積以上 ※2以上の学科の場合は各学科所要面積の合計	—	a × 10 ㎡以上 （附属施設用地及び寄宿舎の面積を除く）
大学			収容人員数・学部の種類に応じて決められている	—	a × 10 ㎡ + 附属病院建築面積以上 （附属病院以外の附属施設用地及び寄宿舎の面積を除く）
専修学校	高等課程・専門課程	工業、農業医療、衛生教育・社会福祉	40人以下 　260 ㎡以上 41人以上 　260 + 3×(a − 40)㎡以上	目的に応じて設ける	校舎等を備えるのに充分な広さ
		商業実務服飾・家政文化・教養	40人以下 　200 ㎡以上 41人以上 　200 + 2.5×(a − 40)㎡以上	目的に応じて設ける	校舎等を備えるのに充分な広さ
	一般課程	工業、農業医療、衛生教育・社会福祉	40人以下 　130 ㎡以上 41人以上 　130 + 2.5×(a − 40)㎡以上	目的に応じて設ける	校舎等を備えるのに充分な広さ
		商業実務服飾・家政文化・教養	40人以下 　130 ㎡以上 41人以上 　130 + 2.3×(a − 40)㎡以上	目的に応じて設ける	校舎等を備えるのに充分な広さ
各種学校			1人以上150人以下 　2.31 × a ㎡以上 151人以上300人以下 　350 + 2.17×(a − 150)㎡以上 301人以上 　674 + 2.0×(a − 300)㎡以上 ※最低基準面積（定員40人）は116 ㎡以上 ※基準面積の3/5以上は直接生徒の使用する教育・実習室等に充てること。	—	課程に応じて実習場等を備える

※　表中のNは学級数、aは生徒の総定員数

4 単体規定のポイント2

1．主要な単体規定一覧

表 9-Ⅵ-6　学校の主要単体規定

項　目	規　制　内　容						緩和・注意事項
直通階段までの歩行距離	居室の種類	主要構造部が耐火構造、準耐火構造又は不燃材料				その他	無窓居室とは採光上有効な開口部（1/20）を有しない居室をいう
		14 階以下		15 階以上			
			準不燃以上で内装		準不燃以上で内装		
	一般居室	≦ 50 m	≦ 60 m	≦ 40 m	≦ 50 m	≦ 30 m	
	無窓居室	≦ 30 m	≦ 40 m	≦ 20 m	≦ 30 m	≦ 30 m	
2 以上の直通階段の設置		主要構造部が耐火構造・準耐火構造又は不燃材料			その他		6 階以上の緩和 1．当該階の居室の床面積の合計 ≦ 200 ㎡ 2．階段は屋外避難階段か特別避難階段であること 3．避難上有効なバルコニーを有すること ※行政によっては条例等により教室数から階段数を求められる事がある
		—		—		—	
	居室の床面積の合計	避難階の直上階	400 ㎡			200 ㎡	
		その他の 5 階以下の階	200 ㎡			100 ㎡	
		6 階以上の階	居室があれば必要				
階段の寸法			幅員	けあげ	踏面		踊場の位置 小学校の児童用、中学校、高校の生徒用の階段は、高さ 3 m 以内ごと、その他の階段は高さ 4 m 以内ごとに踊場を設置する ※小学校の児童用は 3 章Ⅱ4 参照
	小学校の児童用		140 cm （屋外 90）	16 cm（18 cm）	26 cm		
	中学校、高校の生徒用			18 cm			
	居室の床面積の合計	地上階＞ 200 ㎡ 地　階＞ 100 ㎡	120 cm （屋外 90）	20 cm	24 cm		
		上記以外	75 cm	22 cm	21 cm		
廊下の幅員			中廊下		片廊下		3 室以下の専用のものを除く （取扱いについては、特定行政庁に確認が必要）
	小学校、中学校、高校の児童生徒用		2.3 m		1.8 m		
	上記以外	居室の床面積の合計	地上階＞ 200 ㎡ 地　階＞ 100 ㎡	1.6 m	1.2 m		
			上記以外	制限なし	制限なし		
防火区画	区画の種類			区画面積	防火戸種類		スプリンクラー設備等の自動消火設備を設置した部分はその面積を 1/2 として計算して区画する
	面積区画	耐火建築物又は任意の準耐火建築物		1500 ㎡	特定防火設備		
		法によるイ準耐（1 時間耐火を除く）及びロ準耐第 1 号該当（外壁耐火）		500 ㎡	特定防火設備		
		法によるイ準耐（1 時間耐火）及びロ準耐第 2 号該当（不燃軸組）		1000 ㎡	特定防火設備		
	竪穴区画	耐火構造で 3 階以上又は地階に居室があるもの			特定防火設備又は防火設備		
	高層区画 （11 階以上）	下記以外		100 ㎡	特定防火設備又は防火設備		
		下地・仕上準不燃		200 ㎡	特定防火設備		
		下地・仕上不燃		500 ㎡	特定防火設備		
	異種用途区画	3 階以上の階又は床面積の合計 2000 ㎡以上の学校とその他の部分を防火区画する			特定防火設備		
		全ての学校とその他の部分を防火区画する			特定防火設備又は防火設備		

表 9-Ⅵ-6　学校の主要単体規定（つづき）

項　目	規　制　内　容	緩和・注意事項
114 条区画	防火上主要な間仕切壁を耐火構造・準耐火構造又は防火構造とし、小屋裏又は天井裏に達せしめる	スプリンクラー設備及び指定面積等告示規準により緩和あり
内装制限	火気使用室（耐火構造としたものを除く）――準不燃	左記を除き学校の内装制限は不要
排煙設備	―	学校は排煙不要
非常用照明	―	学校は非常用照明不要（夜間授業を行う学校については設置が望ましい）
非常用進入口	高さ 31 m 以下にある 3 階以上の各階に設置（道又は道に通ずる幅員 4 m 以上の空地に面する外壁面）	代わる開口部により代替可
居室の採光	幼稚園、小学校、中学校、高校、中等教育学校の教室――1/5　その他の居室――1/10	一定基準を満足したものは、割合が緩和される
教室の天井の高さ	2.1 m 以上	

2．居室の採光

採光に必要な開口部の割合は下表のとおりである。（二）の中には大学、高等専門学校、専修学校、各種学校の教室等の居室も含まれる。

表 9-Ⅵ-7　学校の採光

	居　室　の　種　類	割合
（一）	幼稚園、小学校、中学校、高等学校、中等教育学校の教室	1/5
（二）	学校の（一）に掲げる居室以外の居室	1/10

なお告示により、（一）の割合の緩和基準が表 7-76 の通り示されている（S55.12.1 告示 1800 号、改正 H12.12.26 告示 2465 号）

表 9-Ⅵ-8　学校の採光の割合の緩和

緩和する教室の区分	条　　件	緩和する割合
幼稚園、小学校、中学校、高等学校、中等教育学校の教室　※上記以外の学校の教室	1. 床面からの高さが 50cm の水平面において 200 1x 以上の照度を確保する照明設備を設置　2. 床面からの高さが 50cm 以上の部分の採光上有効開口部面積が当該教室面積の 1/7 以上であること	1/7　※ 1/10
小学校、中学校、高等学校、中等教育学校の音楽室、視聴覚教室	1. 令 20 条の 2 に規定する技術的基準に適合する換気設備を設置　2. 床面からの高さが 50cm の水平面において 200 1x 以上の照度を確保する照明設備を設置	1/10

3．学校における防災規定等の緩和

排煙設備、非常用照明、内装制限の 3 つの規制については、学校は緩和されている。

但し、内装制限については、次に掲げる部分については適用があり、又 3 つの規制とも条例により制限をうけている場合がある。

（1）内装制限の対象となる部分

表 9-Ⅵ-9　学校の内装制限

対象部分	内装制限
法 28 条 1 項但し書きにより採光上無窓とした居室	居室及びこれから地上に通ずる廊下、階段は準不燃材料以上とする
排煙上無窓居室	
主要構造部を耐火構造としない建築物の火気使用室	その室を準不燃材料以上とする

（2）東京都建築安全条例による制限

階数が 3 以上又はその用途に供する部分の床面積の合計が 500 ㎡を超える次に示す学校は制限をうける。

表 9-Ⅵ-10　都条例による学校の各種規制

項目	適用対象	規制内容
排煙設備	専修学校　各種学校	教室及びこれから地上に通ずる廊下に設置する
非常用照明	専修学校　各種学校　夜間において授業を行う学校	教室及びこれから地上に通ずる廊下に設置する
内装制限	特別支援学校　専修学校　各種学校	居室――難燃材料以上　廊下 階段 ＞準不燃材料以上
歩行距離	特別支援学校　専修学校　各種学校	各階の教室等の各部分から直通階段の一に至る歩行距離は 30 m 以下とする

4．単体規定のチェックポイント

表9-Ⅵ-11　学校の単体規定チェックポイント

項　目	チェックポイント
避難規制	□歩行距離、重複距離に合せた階段配置 □廊下、階段の有効幅、けあげ、踏面寸法、各手すり
防火区画	□吹き抜け部分を含めた1500 m²区画 □114条区画 □建築条例による防火区画 　（都条例8条区画）
非常用照明	□夜間授業を行う学校については設置が望まれる □体育館で舞台又は固定席等があり、学校の用途以外に観覧場、集会所としての利用があるものには設置する
非常用進入口	□道路及び4 m以上の空地に面する外壁面の10 m以内ごとの代わる開口部の設置
採光	□採光上有効な開口部の確保
避難器具	□収容人員に応じた個数
条例規制	□各自治体による建築条例による内容（教室出入口数、階段数等）
関連法規	□8000 m²以上では、ビル管法に基づき、衛生的な環境を確保（令1条3号に該当する場合は3000 m²以上）

● 目安箱 ●

◆ 開放階段と屋外階段 ◆

昭和61年の国交省通達により、階段の開放状態によって床面積に算入するか否かが、規定されました。その結果、床面積算定上の「開放階段」と、避難施設としての「屋外階段」との間に差異が生じました。特に令121条の「2以上の直通階段の設置義務」において、バルコニー及び令123条2項の「屋外避難階段」が設置されている場合は階段1ヵ所で良いことになります。そこで、屋外階段を設定しても、隣地境界線に近いことを理由に床面積に算入されます。そうすると、階段は2ヵ所必要なのかという疑念も出てきます。
現在では「建築物の防火避難規定の解説」（日本建築行政会議編集）にて「屋外階段」と「屋外避難階段」の取扱いが示され、建築境界線や同一敷地内の他の建築物との距離等が明確になりました。

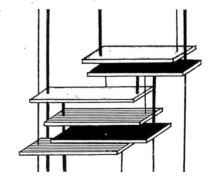

Ⅶ 店舗

1 立地上のポイント

1．用途地域による制限

表 9-Ⅶ-1　店舗の用途地域制限

用途地域	店　舗
第1種低層住居専用地域	×
第2種低層住居専用地域	△
第1種中高層住居専用地域	△
第2種中高層住居専用地域	△
第1種住居地域	△
第2種住居地域	△
準住居地域	△
近隣商業地域	○
商業地域	○
準工業地域	○
工業地域	○
工業専用地域	×

○：建築可　△：条件付で建築可　×建築不可

　住居系用途地域内で建設できる店舗の規模・用途は、本文参照。

　第1種低層住居専用地域でも、第2章Ⅰ**1**表2-Ⅰ-1の条件を満たす店舗併用住宅なら建築可能。単独は不可。

　用途地域の制限の他に文教地区等の特別用途地区について条例で制限されている場合があるので注意を要する。

　（東京都では文教地区内のマーケット、共同住宅の住戸のある階に設ける飲食店及び第1・2種低層住専、第1種中高層住専内の飲食店、第2種中高層住専内の酒類提供飲食店は禁止されている）

2．条例による接道規定等

　一定規模以上の物品販売店舗等は、各地方公共団体の建築条例により前面道路の幅員及び接道長さの規定等があり、注意を要する。

※1　東京都条例による規制

（1）前面道路の幅員

　　延べ面積が 3000 ㎡を超え、かつ高さが 15 mを超える建築物の敷地は、幅員 6 m以上の道路に接しなければならない。

（2）接道長さ等

　　延べ面積が 1000 ㎡を超える建築物の敷地は、延べ面積に応じて次の表に掲げる長さ以上に接道しなければならない。

表 9-Ⅶ-2

延べ面積A（㎡）	接道長さ
1000 ＜A≦2000	6 m以上
2000 ＜A≦3000	8 m以上
3000 ＜A	10 m以上

　物品販売業を営む店舗又は飲食店で、これらの用途に供する部分の床面積の合計が 3000 ㎡を超えるものは、道路に 2 方面以上接する又は、敷地の外周の長さの1/3以上が道路に接しなければならない（知事の認定申請による緩和規定あり）。

※2　横浜市建築条例による規制

　物品販売業を営む店舗等は、その用途に供する部分の床面積の合計に応じて、次の表に掲げる幅員の道路（法42条 2 項又は 3 項の規定により指定された道路を除く）に敷地外周の長さの1/7以上接し、かつ、その接する部分に主要な出入口を設けたものでなければならない。

表 9-Ⅶ-3　横浜市条例の店舗の接道 1

物販店舗等の用途に供する 部分の床面積の合計A（㎡）	道路の幅員
500 ＜A≦1000	4 m以上
1000 ＜A≦2000	6 m以上
2000 ＜A≦3000	8 m以上
3000 ＜A	11 m以上

　但し、敷地外周の長さの1/3以上が 2 以上の道路に接し、かつ、一の道路に 1 箇所で敷地の外周の長さの1/6以上接する場合でその建築物の客用の出口がそれぞれの道路に面する場合においては、表 9-Ⅶ-4 によることかできる。

524

表 9-Ⅶ-4　横浜市条例の店舗の接道 2

物販店舗等の用途に供する部分の床面積の合計A（㎡）	道路の幅員	
	一の道路	他の道路
1000＜A≦2000	5 m以上	4 m以上
2000＜A≦3000	6 m以上	4 m以上
3000＜A	8 m以上	4 m以上

表 9-Ⅶ-5　各室の区分

部分名	定　義
1. 売場	直接物品販売の用に供する部分及び売場間の通路（売場でない部分を通るものを含み、建物と建物を結ぶための上空通路、地下道等は含まない）
2. ショーウインドウ・ショールーム等	ショーウインドウ（但し、階段の壁に設けられたはめ込み式のショーウインドウは含まない）ショールーム、モデルルーム等の商品の展示又は実演の用に供する施設
3. サービス施設	手荷物一時預り所、買物品発送等承り所、買物相談所、店内案内所その他顧客に対するサービス施設
4. 物品の加工修理場のうち顧客から引受（引渡を含む）の用に直接供する部分	カメラ、時計、眼鏡、靴、その他の物品の加工又は修理の顧客からの引受（加工又は修理のための物品の引渡を含む）の用に直接供する部分（加工又は修理を行う場所と間仕切り等で区分されていないものであるときは、その全部を店舗面積に含む）

3. 大店法の規制（大規模店舗立地法）

(1) 適用対象規模

　店舗面積の合計が 1,000 ㎡を超えるものを大規模小売店舗といい、大店立地法の対象となる。

(2) 店舗面積の範囲

① 小売業を営むための店舗を対象とし、飲食店を除き、物品加工修理業を含む。

② 店舗面積に含まれる部分

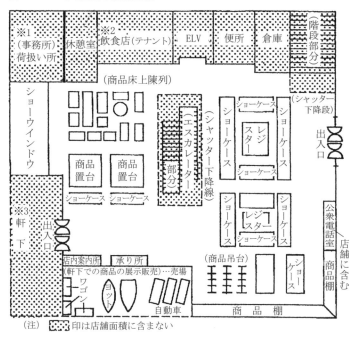

図 9-Ⅶ-1　大店法の店舗面積

※1　事務所、荷扱い所の他に外商事務室、倉庫、機械室、従業員施設等であり、顧客の来集を目的としない施設
※2　飲食店（テナント）の他に食堂、喫茶室等の施設
※3　軒下において展示販売、ワゴン等による商品販売又は、自動販売機を設置し、販売を行う場合は店舗面積に含む
※4　その他店舗に含まない部分については、塔屋（エレベーター室、階段室、物見塔、広告塔等の屋上に突き出した部分）及び屋上の部分。但し物品販売を行う場合は店舗に含む

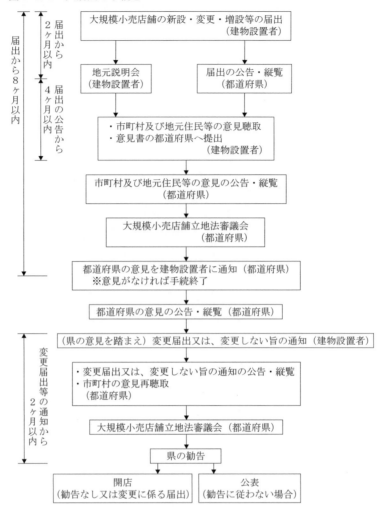

図9-Ⅶ-2 大店法の手続きフロー

(3) 届出

【大規模小売店舗立地法（大店立地法）特例区域】

　この制度は、空洞化が進む中心市街地の活性化のため、大規模小売店舗立地法の特例として創設された。

　都道府県は、大型店の迅速な立地を促進することにより中心市街地の活性化を図ることが特に必要な区域を大店立地法の特例区域として定めることができるもので、特例区域に指定されると、大規模小売店舗の新設等に伴う手続きが緩和され、迅速な立地が可能となる。

　特例区域には、第一種と第二種がある。

第一種大店立地法特例区域

◎根拠法：中活法36条

◎指定可能地域
　国が認定した中心市街地活性化基本化計画に定められた区域（以下「認定中心市街地」という。）内でのみ設定可能。

◎適用される特例
　大型店設置者による大店立地法の新設・変更等の届出や説明会等が不要となり、実質的に出店等の手続きが撤廃。

※店舗撤退や店舗面積1,000㎡以下に縮小する場合には、届出は必要となる。

◎特定の適用時点
　特例区域指定の公告日（県報登載日）

◎特例区域指定後の手続き

大型店設置者：新規出店等を計画

↓

大型店設置者：新規出店等を実施

第二種大店立地法特例区域

◎根拠法：中活法 55 条

◎指定可能地域

中心市街地で設定可能。

◎適用される特例

大型店設置者による大店立地法の新設・変更等の届出の添付書類の簡素化や届出後 8 ヶ月間の実施制限が不要となり、新規出店や変更等が負担が大幅に軽減。

※店舗撤退や店舗面積 1,000 ㎡以下に縮小する場合には、届出は必要となる。

◎特例の適用時点

特例区域指定の公告日（県報登載日）

◎特例区域指定後の手続き

大型店設置者：新規出店等を計画

大店法の届出
生活環境保持への配慮

↓　住民説明会

大型店設置者：新規出店等を実施

大店立地法特例区域に指定されても…

特に第一種特例が適用された場合、大型店設置者に対して求めている生活環境への配慮に係る大店立地法の規定が適用除外となるが、中活法では特例区域内における大型店設置者は、大型店の周辺地域の生活環境の保持について適正な配慮をして、当該大型店を維持、運営するように努めなければならないうえ、こうした大型店設置者に対して当該大型店内で事業活動を行う小売業者も協力するように努めなければならないと規定している。

また、大型店新設等に係る他の法令等に関する手続きは、従前どおり必要となる。

4．商調法の規制
（小売商業調整特別措置法）

指定地域内の建物は、許可を受けた者でなければ、小売市場とする為に、その建物を店舗の用に供する小売商（飲食店を除く）に貸し付け又は譲り渡してはならない。

(1) 小売市場の定義

一の建物内の大部分が 50 ㎡未満の店舗面積に区分され、かつ 10 以上の小売商の店舗の用に供されるものをいう。

(2) 許可の基準と調停

小売市場が開設されることにより、周辺の小売商との競争率が過度に行われることとなり中小小売商の経営が著しく不安定とならないこと。

又、中小小売商団体は、大企業者が同種の物品販売事業を営むことにより相当数の中小小売商の経営の安定に悪影響を及ぼすおそれがある場合は、その開始の時期、規模等に関して、都道府県知事に調査するよう申し出ることができる。紛争が生じた場合は、あっせん又は調停を行うことができる。

(3) 特定行政庁の対応

指導要綱等により、出店に関して中小小売業者への周知及び話合いを指導している特定行政庁がある。東京都では、小売市場に限らず店舗面積 500 ㎡以下（大店法の対象外の店舗）で、大企業者が営む小売店舗の出店に際しては、あらかじめ周辺中小小売業者に周知し、当事者間の円滑な話合いを図るよう要請している。

② 単体規定のポイント

1．関連法規一覧

表 9-Ⅶ-6　店舗の関連法規

対象法令等	適 用 範 囲
大店立地法	店舗面積の合計が 1000 ㎡超える建築物
食品衛生法	食品を販売する場合、飲食店舗
バリアフリー法	2000 ㎡以上
省エネ法 （建築物省エネ法）	2000 ㎡以上　適合義務 300 ㎡以上 2000 ㎡未満　届出義務
ビル管法	3000 ㎡以上
風営法	一定のゲーム機を備え、施設の外から見通しできる場合（一定の区画がされていない場合）に適用

2．主要な単体規定一覧

表 9-Ⅶ-7　店舗の主要単体規定

項　　目	規　制　内　容						緩和・注意事項
直通階段までの歩行距離	居室の種類	建物構造	主要構造部が耐火構造・準耐火構造又は不燃材料			その他	
		階数	14 階以下		15 階以上		
		内装		準不燃以上で内装		準不燃以上で内装	
	主たる居室 無窓居室		≦ 30 m	≦ 40 m	≦ 20 m	≦ 30 m	≦ 30 m
	上記以外		≦ 50 m	≦ 60 m	≦ 40 m	≦ 50 m	≦ 40 m
2 以上の直通階段の設置			主要構造部が耐火構造・準耐火構造又は不燃材料		その他		
	床面積の合計が 1500 ㎡を超える物販店舗の売場がある階		全て必要				
	居室の床面積の合計	5 階以下の避難階の直上階	> 400 ㎡		> 200 ㎡		
		その他の 5 階以下の階	> 200 ㎡		> 100 ㎡		
		6 階以上の階	居室があれば必要				
階段の寸法			幅員	けあげ	踏面		
	床面積の合計が 1500 ㎡を超える物販店舗の客用のもの		≧ 140 cm （屋外 90）	≦ 18 cm	≧ 26 cm		
	上記以外	居室の床面積の合計	地上階 > 200 ㎡ 地　階 > 100 ㎡	≧ 120 cm （屋外 90）	≦ 20 cm	≧ 24 cm	
			上記以外	≧ 75 cm	≦ 22 cm	≧ 21 cm	
廊下の幅員			中廊下		片廊下		3 室以下の専用のものを除く
	居室の床面積の合計	地上階 > 200 ㎡ 地　階 > 100 ㎡	≧ 1.6 m		≧ 1.2 m		
		上記以外	制限なし		制限なし		

表 9-Ⅶ-7　店舗の主要単体規定（つづき）

項　　目		規　制　内　容			緩和・注意事項
防火区画	区画の種類		区画面積	防火戸種類	スプリンクラー設備等の自動消火設備を設置した部分はその面積を 1/2 として計算して区画する
	面積区画	耐火建築物又は任意の準耐火建築物	≦ 1500 ㎡	特定防火設備	
		法によるイ準耐（1 時間耐火を除く）及びロ準耐第 1 号該当（外壁耐火）	≦ 500 ㎡	特定防火設備	
		法によるイ準耐（1 時間耐火）及びロ準耐第 2 該当（不燃軸組）	≦ 1000 ㎡	特定防火設備	
	竪穴区画	準耐火構造で 3 階以上又は地階に居室があるもの		特定防火設備又は防火設備	
	高層区画（11 階以上）	下記以外	≦ 100 ㎡	特定防火設備又は防火設備	
		下地・仕上準不燃	≦ 200 ㎡	特定防火設備	
		下地・仕上不燃	≦ 500 ㎡	特定防火設備	
	異種用途区画	1.　3 階以上又は床面積の合計が 3000 ㎡以上若しくは 2 階の床面積が 500 ㎡以上の店舗とその他の部分を防火区画する		特定防火設備	
		2.　階数 2 で床面積の合計が 200 ㎡を超える店舗とその他の部分を防火区画する		特定防火設備又は防火設備	

項　　目		対象規模		居室	廊下	緩和・注意事項
内装制限	耐火建築物	3 階以上の床面積の合計	≧ 1000 ㎡	難（3 階以上の天井は準）	準	スプリンクラー設備等の自動消火設備＋排煙設備を設けた部分は緩和 天井高 6 m 超の場合は緩和
	準耐火建築物	2 階の床面積	≧ 500 ㎡			
	その他の建築物	床面積の合計	≧ 200 ㎡			
	大規模建築物	階数 3 以上で延べ面積　> 500 ㎡ 階数 2 で延べ面積　　> 1000 ㎡ 階数 1 で延べ面積　　> 3000 ㎡		難	準	
	居室のある地階	—		準	準	
	無窓居室	50 ㎡以上（排煙上無窓居室）		準	準	
	火気使用室	（耐火構造としたものを除く）		準	—	

項　　目	規　制　内　容	緩和・注意事項
排煙設備	1.　延べ面積 500 ㎡を超える建築物 2.　排煙上無窓居室（天井から下方 80 ㎝以内の部分が 1/50 未満）	
非常用照明	全て必要	H12.5.31 告示 1411 号の適用を受ける居室の緩和
非常用進入口	高さ 31 m 以下にある 3 階以上の各階に設置 （道又は道に通ずる幅員 4 m 以上の空地に面する外壁面）	非常用進入口に代わる開口部により代替 非常用エレベーターを設けた場合は緩和
居室の採光	不要 但し無窓居室になることにより、法規制が強化される項目がある	

3．床面積の合計が 1500 ㎡を超える物販店舗

（1）避難階段、特別避難階段の設置

表 9-Ⅶ-8　物販店舗の避難階段

物品販売業を営む 店舗の階	避難階段の設置
3 階以上	各階の売場及び屋上広場に通ずる 2 以上の直通階段を設け、これを避難 階段又は特別避難階段とする
売場が 5 階以上	1 以上を特別避難階段とする
売場が 15 階以上	すべてを特別避難階段とする

（2）避難階段等の幅の規制等

表 9-Ⅶ-9　物販店舗の階段幅等の規制

項目		規制内容
1．避難階段、特 別避難階段の 幅の合計		直上階以上の階（地階にあっては、 当該階以下の階）のうち床面積が最 大の階のおける床面積 100 ㎡につき 60 ㎝以上の割合で計算した数値以 上とする
2．各階における 避難階段、特 別避難階段に 通ずる出入口 の幅の合計	地上階	各階ごとにその階の床面積 100 ㎡につき 27 ㎝の割合 で計算した数値以上とする
	地下階	同上の 100 ㎡につき 36 ㎝ の割合で計算した数値以上 とする
3．避難階におけ る屋外の出口 の幅の合計		床面積が最大の階における床面積の 合計 100 ㎡につき 60 ㎝以上の割合 で計算した数値以上とする

※1　1、2については、もっぱら 1 若しくは 2 の地上階か
　　ら避難階若しくは地上に通ずる階段又は出入口につ
　　いては、その幅が 1.5 倍あるものとみなす
※2　屋上広場は階とみなす

（3）屋上広場の設置

　　建築物の 5 階以上の階を百貨店の売場の用
途に供する場合は、避難の用に供することが
できる屋上広場を設けなければならない。

（4）各規制の解釈

　①　避難施設等の規定において、床面積の合
　　計を算定する範囲は、法文上は明確ではな
　　いが、単に売場や客用スペース（階段・通
　　路等を含む）のみを対象にするのではな
　　く、店舗に関連するバックヤード、倉庫、
　　事務室、従業員施設、管理用スペース等の
　　部分の床面積も原則的に対象とし、店舗の
　　用途に供する部分として扱われると考えら

れる。また、主たる用途でない駐車場部分
の床面積は除外しても支障ないと思われる。
　　なお、適用条文ごとには次のとおりと考
えられる。

イ　2 以上の直通階段の設置（令 121 条 1 項
　　1 号）
　　店舗の用途に供する階で「売場その他に
　　これらに類するもの」には、駐車場の部
　　分及び機械室・事務室・倉庫等の通常客
　　の利用がない部分は該当しない。

ロ　避難階段等の設置（令 122 条 2 項）
　　「売場」のない階は対象としない。従っ
　　て、3 階以上に売場がなく、駐車場・事
　　務室・機械室等の用途の場合は、対象と
　　ならない。

ハ　避難階段等及び出入口の幅（令 124 条 1 項）
　　令 122 条 2 項により避難階段等が設置さ
　　れた場合に、床面積の最大の階の床面積
　　（駐車場の部分は除くことができる）に
　　応じた幅を確保する。

ニ　屋外への出口の幅（令 125 条 3 項）
　　床面積の最大の階の床面積（駐車場の部
　　分は除くことができる）に応じた幅を確
　　保する。

ホ　複合用途の建築物の場合
　　ハ及びニの扱いにおいて、最大の階が物
　　販店舗とその他の用途の床面積の合計と
　　なる場合、「床面積が最大の階」はその
　　階をもって算定する。
　　但し、令 117 条 2 項の区画（開口部のな
　　い耐火構造の区画）がなされていれば、
　　その階は物販店舗のみの床面積と考えて
　　よい。また、令 117 条 2 項の区画がなさ
　　れていなくても避難経路が分けられてい
　　れば、物販店舗のみの床面積と考えてよ
　　いと考えられる場合もあるので特定行政
　　庁と打合せすること。

　②　避難階段等の幅の合計及びそれに通ずる
　　出入口の幅の合計の規定は、避難階段が必

要な建築物の規定であると考えられるので、2階建ての建築物には適用されない。但し、屋外の出入口の幅の合計は1500㎡を超えていれば、2階以下の建築物にも適用されるので注意が必要である。

③ 表9-Ⅶ-9※1の1.5倍の規定は、地上3階建ての建築物では、階段及び出入口のすべてについて1.5倍あるものと考えられる。また、地下及び4階以上の建築物でも、1階と2階又は3階にのみ通ずる階段及び出入口は、その部分について1.5倍あるものと考えても支障ない。

④ 避難階が複数ある場合は、原則として直通階段を最下階の避難階まで設け、避難階段等の場合は最下階の避難階で屋外への出口の幅（令125条3項）を確保することが望ましい。但し、最下階の避難階以外の避難階において、避難階段等の出口が直接屋外に面している場合、又は当該出入口に近接して屋外への出口がある場合は、当該出口の幅を算入することができると考えられる。

⑤ 階段の幅の合計の規定は、階段の踊場幅まで規制されない。たとえば、客用の階段にあっては幅1.4m以上としても踊場幅は1.4mあればよい。

但し、できるだけ同程度とすることが望ましい。

⑥ 屋上広場の面積は、5階以上の階で床面積が最大の階の1/2以上の広さがあり、かつ、次の条件に適合するものとする。但し、上層階がセットバックしている等、屋上が2以上ある場合には、面積はそれぞれの屋上広場の面積の合計とし、そのうち1ヵ所の屋上広場は、当該建築物の床面積が最大の階（5階以上）の1/3以上、又は200㎡以上の広さを確保することが望ましい。

イ　避難上の障害となる建築物又は工作物等の部分については、面積算定から除く。

ロ　特別避難階段がある場合には、屋上広場から特別避難階段に有効に通ずる経路を設ける。

ハ　屋上の床版の耐火性能は、1時間耐火以上（令107条による）とする。

⑦ 屋上広場は、4階以下の建築物には設置義務はないが、自主的に設けた場合も屋上広場として扱うことができる場合がある。

なお、設置義務は法文上「百貨店」とされているが、法の主旨から、百貨店以外の物品販売業を営む店舗を含むと考えるべきである。

図9-Ⅶ-3　避難階段等の幅の合計の考え方

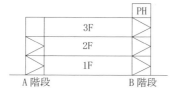

床面積(S)×$\frac{0.6}{100}$≦(A階段の幅＋B階段の幅)×1.5
（直上階以上の最大の階）
※Sは直上階以上の最大の階の床面積とする

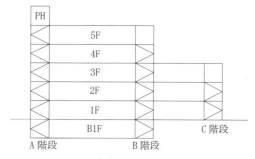

B1F、4F、5F→S×$\frac{0.6}{100}$≦(A階段の幅＋B階段の幅)

2F、3F→S×$\frac{0.6}{100}$≦(A階段の幅＋B階段の幅)
　　　　　　　　　　　　　＋(C階段の幅×1.5)

表 9-Ⅶ-10　物販店舗の階別避難規制一覧表

規定 \ 階数	2階以下	3〜4階	5〜14階	15階以上
1. 階段幅等（令23条）	客用階段の幅（踊り場幅を含む）≧140cm、けあげ≦18cm、踏面≧26cm			
2. 歩行距離（令120条）	30m以内 （内装を準不燃材料以上の場合は40m以内）			20m以内 （同左30m以内）
直通階段の設置（令121条）（令122条） 3. 数	2以上	各階の売場及び屋上広場に通ずるもの2以上		
4. 構造	任意	避難階段又は特別避難階段	1以上を特別避難階段、他を避難階段	すべてを特別避難階段
5. 階段の幅の合計及び階段への出入口の幅の合計（令124条）	任意	(1) 階段幅の合計（m） 〔 S ×$\frac{0.6}{100}$ 〕以上 （直上階以上の床面積が最大の階の床面積：S） (2) 階段への出入口幅の合計（m） ―地上階―　　　　　　　―地下階― 〔 S ×$\frac{0.27}{100}$ 〕以上　〔 S ×$\frac{0.36}{100}$ 〕以上 （当該階の床面積：S） ※1　1若しくは2の地上階専用階段については、1.5倍の幅とみなす ※2　屋上広場は階とみなす"		
6. 避難階段の出口幅（令125条）	屋外の出口の幅の合計（m）〔 S ×$\frac{0.6}{100}$ 〕以上 （床面積が最大の階の面積：S）			
7. 屋上広場の設置（令126条）	任意	避難の用に供する屋上広場		

4．建築条例による制限（東京都建築安全条例）

(1) 大規模物販店舗の制限

店舗及び飲食店の用途に供する部分の床面積の合計が3000㎡を超えるものは下記とする。

① 前面空地

主要な出入口の前面には、間口が出入口幅の2倍以上で、奥行が5m以上、かつ高さが3.5m以上の寄付きその他の空地を設ける。

※店舗及び飲食店の用途に供する部分の床面積の合計が1,000㎡を超える場合、避難階における出入口は2以上設けること（1以上は道路に面して設け、その他の出入口は幅1.5m以上の避難上有効に通ずる通路に面して設ける）。

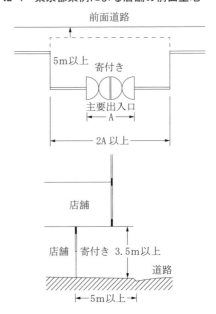

図 9-Ⅶ-4　東京都条例による店舗の前面空地

② 屋上広場

5階以上の階を売場とする建築物に設ける屋上広場は下記とする（知事の認定があればこの限りではない）。

イ　屋上広場の床面積の合計

建築面積の1/2以上とし、屋上広場が2以上ある場合は、1つは建築面積の1/3以上とし、その他のものは、200 m²以上とする。

ロ　避難上障害となる建築物又は工作物を設けないこと。

ハ　特別避難階段に避難上有効に通ずること。

ニ　床の耐火性能は、通常の火災時に1時間以上耐える性能とすること。

(2) 連続式店舗の規制

① 連続式店舗の定義

用途、形態及び規模が次の表に該当するものをいう。

表9-Ⅶ-11　東京都条例による連続式店舗の定義

	条　件
用途	物品販売業を営む店舗又は飲食店
形態	同一階においてそれぞれ独立した店舗が共用通路に面して集合しているもの
規模	法文上規模の定めはないが、同一階における各店舗と共用通路の床面積の合計が500 m²を超えるものが適用対象

連続式店舗と見なされるか否かのポイントは形態上の「それぞれ独立した店舗」の取扱いである。各店舗間又は共用通路側に間仕切壁を設けないで複数のテナントが入る場合は、「それぞれ独立した店舗」とは扱わず、間仕切壁を設けた計画は、連続式店舗とみなされる。

但し、飲食店は、食品衛生法から一定の区画を設けなければならないので連続式店舗と見なされる可能性が高い。

（連続式店舗に扱われたくない場合は、上記の取扱いに注意して特定行政庁と打合せされたい）

② 連続式店舗の規制内容

イ　避難階における歩行距離（30 m以下）

ロ　屋内通路の幅（両側店舗：3 m以上、片側店舗：2 m以上）と天井高さ（2.7 m以上）と床勾配（1/20以下かつ段を設けない）

ハ　500 m²以内ごとの防火区画（自動式スプリンクラー設備等により1,000 m²まで緩和）

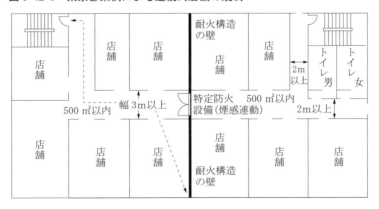

図9-Ⅶ-5　東京都条例による連続式店舗の規制[72]

------ 地下2階以上の場合
歩行距離30m以内

(25条一号、二号、26条一号)

5．火災予防条例による制限
（東京都火災予防条例）

（1）売場内通路

表 9-Ⅶ-12　東京都火災予防条例による売場内通路

主要避難経路（色別等により他の部分と区別する）	地階、避難階、避難上必要があると認めて消防庁が指定した階は（　）の床面積に応じて数値を加算しなければいけない。 　150 ㎡≦S＜　300 ㎡　1.2 m 　300 ㎡≦S＜　600 ㎡　1.6 m 　600 ㎡≦S＜1500 ㎡　1.8 m $\left(\begin{array}{l}1500 ㎡≦S＜3000 ㎡　2.0 m＋0.2 m\\3000 ㎡≦S　　　　　　　2.5 m＋0.7 m\end{array}\right)$
補助避難通路	S≧600 ㎡の売場には避難上必要な位置に、幅1.2 m以上の補助避難通路を設ける

S：各階における売場の床面積

（2）屋上広場

S≧3000 ㎡以上のものの屋上には、一時避難のための広場を有効に保有しなければならない。

（3）火気使用制限

物品販売業を営む店舗の売場内は裸火を使用してはならないが、表 9-Ⅶ-13 に該当する場合は、解除承認申請の提出により緩和される。

表 9-Ⅶ-13　裸火の使用禁止行為に係る解除の基準（百貨店等の建築同意時における留意点）[15]

指定場所	の禁種止類行為	解　除　の　基　準	
		大規模な百貨店等の場合	大規模な百貨店等以外の百貨店等の場合
売 場	裸 火 使 用	1．電気を熱源とする火気使用設備器具は、次の要件を満たす場合に限る 　(1) 使用する場所は、食料品の陳列販売部分以外であること 　(2) 条例第3章において、火災予防上安全な距離が定められている場合は、可燃物から当該距離以上の距離を確保していること 　(3) 可燃物の転倒、落下等のおそれがないこと 　(4) 従業員等による監視、消火、使用後の点検等が講じられていること 　(5) 消火器具を設けること 　(6) 出入口、階段等から水平距離で5 m以上離れていること（特定不燃材料で造った壁で防火上有効に遮断する等の措置を講じた場合を除く） 　(7) 危険物品その他の易燃性の可燃物から水平距離で5 m以上離れていること（特定不燃材料で造ったつい立等で防火上有効に遮断する等の措置を講じた場合を除く）	
		2．気体・固体を熱源とする火気使用設備器具は次の要件を満たす場合に限る 　(1) 売場の部裸火使用の項1.に定める要件に加え、次の要件を満たすこと 　① 気体燃料を熱源とする火気使用設備器具を使用する場合は、次に掲げるものであること 　イ　消費量は1個につき58kW以下であり、総消費量は売場の部裸火使用の項大規模な百貨店等の場合欄2.(2)に規定する使用する場所ごとに175kW以下であること。但し、防火区画されていない場所で、最大消費熱量が12kW以下の簡易湯沸設備（日本工業規格又は火災予防上これと同等以上の基準に適合したものに限る）を使用する場合の総消費量は、同一解除単位内に存する通常顧客の出入りする部分を合算し、175kW以下とすること 　ロ　ガス過流出防止装置又はガス漏れ早期発見のための装置が設置されていること（カートリッジ式火気使用設備器具を除く） 　ハ　液化ガスは、カートリッジタイプの燃料容器であること	2．気体・固体を熱源とする火気使用設備器具は、次の要件を満たす場合に限る 　(1) 売場の部裸火使用の項1.に定める用件に加え、次の要件を満たすこと 　① 気体燃料を熱源とする火気使用設備器具を使用する場合は、次に掲げるものであること 　イ　消費量は1個につき58kW以下であり、総消費量は同一解除単位内に存する通常顧客の出入りする部分で使用する消費量と合算し175kW以下であること。但し、売場の部裸火使用の項大規模な百貨店等の場合の欄2.(2)に規定する使用は場所の要件を満たしている場合は、総消費量を使用する場所ごとに175kW以下とすることができる 　ロ　ガス過流出防止装置又はガス漏れ早期発見のための装置が設置されていること（カートリッジ式火気使用設備器具を除く） 　ハ　液化ガスは、カートリッジタイプの燃料容器であること

		② 固体燃料を熱源とする火気使用設備器具を使用する場合の使用量は、同一解除単位内に存する通常顧客の出入する部分を合算し、一日につき木炭 15 kg、練炭 10 kg、豆炭 5 kg、その他の固体の燃料 5 kg 以下であること (2) 使用する場合は、次に掲げるものであること ① 売場外周部に隣接して防火区画されていること。但し、最大消費熱量が 12kW 以下の簡易湯沸設備のみ使用する場合には、防火区画とする必要はないものとする ② 各階ごとに 1 箇所であること（使用する場合が連続的に複数ある場合は、その 1 団を 1 箇所とみなすことができる）。但し、次に定める設備等が設けられている場合には、各階ごとに複数箇所を使用とすることができる イ 油脂を含む蒸気を発生するおそれのある厨房設備に附属する天蓋及び排気ダクトの排気取入口には、火炎の伝走を防止できる装置としてのフード用等簡易自動消火装置が設置されていること ロ 気体燃料を熱源とする火気使用設備器具については、当該設備又は附属配管部分に地震動等により作動する安全装置（消火装置又は燃料供給停止装置）が設置されていること ③ 防火区画の面積は、150 ㎡ 以下であること ④ スプリンクラー設備又はハロゲン化物消火設備が設けられていること	② 固体燃料を熱源とする火気使用設備器具を使用する場合の使用量は、同一解除単位内に存する通常顧客の出入りする部分と合算して、1 日につき木炭 15 kg、練炭 10 kg、豆炭 5 kg、その他の固体の燃料 5 kg 以下であること (2) 使用する場所は、不燃区画（壁は特定不燃材料とする）されていること 但し、最大消費熱量 12kW 以下の簡易湯沸設備（日本工業規格又は火災予防上これと同等以上の基準に適合したものに限る）のみを使用する場合を除く

通常顧客の出入りする部分（催事場等）	裸火使用	1. 可燃物から安全な距離が確保できること
		2. 可燃物の転倒、落下等のおそれがないこと
		3. 従業員による監視、消火、使用後の点検等の体制が講じられていること
		4. 消火器具を設けること
		5. 出入口、階段等から水平距離で 5 m 以上離れていること（特定不燃材料で造った壁で防火上有効に遮断する等の措置を講じた場合を除く）
		6. 危険物品その他の易燃性の可燃物から水平距離で 5 m 以上離れていること（特定不燃材料で造ったつい立等で防火上有効に遮断する等の措置を講じた場合を除く）
		7. 解除される機器及び範囲は、次に掲げるものであること
		 (1) 電気を熱源とする火気使用設備器具
		 (2) 気体燃料を熱源とする火気使用設備器具は、次に掲げるものであること
		  ① 消費量は 1 個につき 58kW 以下であること
		  ② 総消費量は同一解除単位内に存する売場で使用する消費量と合算して、175kW 以下とすること
		   但し、売場の部裸火使用の項大規模な百貨店等の欄 2.（2）に規定する使用する場所に該当する場所を除く
		  ③ ガス過流防止措置又はガス漏れ早期発見のための装置が設置されていること（カートリッジ式火気使用設備器具を除く）
		  ④ 液体ガスは、カートリッジタイプの燃料容器であること
		 (3) 固体燃料を熱源とする火気使用設備器具の使用量は、同一解除単位内に存する売場で使用する消費量と合算して、1 日につき木炭 15 kg、練炭 10 kg、豆炭 5 kg、その他の固体燃料 5 kg 以下であること	

通常顧客の出入りする部分（兼営事業部分）	裸火使用	1. 通常顧客の出入りする部分（催事場等）の部裸火使用の項 1. から 6. までによること 2. 解除される範囲は、電気を熱源とする火気使用設備器具に限ること	通常顧客の出入りする部分（催事場等）の部裸火使用の項によること

表 9-Ⅶ-13　裸火の使用禁止行為に係る解除の基準（百貨店等の建築同意時における留意点）（つづき）

指定場所	禁止行為の種類	解　除　の　基　準
通常顧客の出入りする部分（直接外気に開放された部分）	裸火使用	通常顧客の出入りする部分（催事場等）の部裸火使用の項 1. から 6. までによること

※1　大規模な百貨店等……百貨店、スーパーマーケット等（連続式店舗を除く）で床面積の合計が 3,000 ㎡以上のものをいう

※2　防火区域………………建基政令 115 条の 2 の 2 第 1 項 1 号に掲げる基準に適合する準耐火構造の床若しくは壁又は建基政令 112 条 1 項に規定する特定防火設備である防火戸（常時閉鎖式又は感知器連動のものに限る。）で区画され、かつ、建基政令 112 条 15 項及び 16 項で定める措置が講じられているものをいう

※3　不燃区画………………不燃材料（建基法 2 条 9 号に規定する不燃材料をいう。）で造った壁、柱、床及び天井（天井のない場合は、梁及び屋根）又は防火戸（建基法 2 条 9 号の 2 ロに規定する防火設備であるもの）で区画され、かつ、区画を貫通する風道には防火ダンパーが設けられているものをいう

※4　表 9-Ⅶ-14　裸火使用に該当する火気使用設備器具の範囲

火気使用設備器具	熱源	取扱い範囲
条例 3 条から 10 条の 2 まで及び 15 条並びに 18 条から 21 条までに定めるもの	気体燃料 液体燃料 固体燃料	直接屋外から空気を取り入れ、かつ、廃ガスその他の生成物を直接屋外に排出する密閉式燃料設備器具（FF 型等）以外のもの
	電　気	トースター、ヘアドライヤー、電気オーブン等発熱部が焼室、風道又は庫内に面しているもの以外で次に掲げるもの 1. 通常の使用状態で目視した時、赤熱して見える発熱部が外部に露出しているもの 2. 外部に露出した発熱部で、可燃物が触れた場合瞬時に着火するおそれのあるもの（発熱部の表面温度が概ね 400 度以上）

6. 食品衛生法の規制

食品衛生法の営業施設の基準は、各都道府県の条例により規制されるが、下記に東京都における飲食店営業の基準を示す。

表9-Ⅶ-15　食品衛生法の厨房の構造

項　目	基　準	注　意　事　項
区　画	使用目的に応じて壁、板その他適当なもので区画すること	客席部分との区画に注意。出入口部分のウエスタンドアの設置、カウンターがある場合の引き違い窓の設置（調理室として独立した区画がない場合）等に注意する
床・壁	床及び床から1m以内の腰壁は耐水材料とし清掃しやすい構造とする	床には排水施設を設け、排水の為の床勾配は1/50～1/100とする 床と壁が交わる隅はまるみをつける
天　井	平滑で清掃しやすい構造とする	ダクト、照明器具等が露出しないこと
明るさ	50 lx以上	
換　気	ガス、蒸気、熱気を排除する為の換気設備を設ける	ダクトによって屋外に排気する場合、近隣に迷惑のかからないよう、その高さ及び方向に注意すること
防虫・防鼠	ハエ、ゴキブリ、ねずみ等の防除の為の設備を設ける	外部の開口部は網戸付、自動ドア等とし、床の排水溝は金網付等とする
洗浄設備	原材料、食品や器具等を洗う為の流水式の洗浄設備及び従業員用の手洗設備と手指の消毒装置を設け、給湯設備を併設する	洗浄槽は2槽以上とし、1槽の大きさは 45 cm（幅）× 36 cm（奥行）× 18 cm（高さ） 以上とする（内径） 手洗器は石鹸水等の消毒装置を設け、槽の大きさは36 cm（幅）× 28 cm（奥行）以上とする（内径）。蛇口は、足踏式、ハンドコック等が望ましい
食品庫 食器戸棚	取扱い量に応じた原材料、食器等の保管ができること	食器保存用に冷蔵庫を設置 食器戸棚は扉付とし、天井とのすき間がないようにする
更衣室	更衣室又はロッカーを厨房外に設置	
便　所	作業に影響のない位置に設ける	防虫、防鼠、手洗設備（消毒装置付）を設ける
汚物処理 清掃器具	廃棄物容器及び、清掃器具格納設備を設置	ふた付で耐水性の清掃しやすいごみ容器とする

図9-Ⅶ-6　食品衛生法の厨房の構造

表 9-Ⅶ-16　食品衛生法の客室の構造

項　目	基　準
客　　室	換気設備を設け、明るさは 10 lx 以上とする（風営法及び旅館業法の適用を受ける営業を除く）
客用便所	客の使用する便所があり、調理場に影響のない位置及び構造とし、防虫、防鼠、専用の手洗い設備（消毒装置付）を設けること

7. 単体規定のチェックポイント

表 9-Ⅶ-17　店舗の単体規定チェックポイント

項　目	チェックポイント
避難規制	□ 1500 ㎡を超える店舗の階段幅、出入口幅の合計の確保 □歩行距離、重複距離に合わせた階段配置（店舗内の間仕切、レイアウト変更に応処できる階段の位置とする） □特別避難階段、屋上広場の確保（5 階以上の場合） □売場内避難通路の確保（火災予防条例による） □前面空地の確保（建築条例による）
防火区画	□ 1500 ㎡区画（スプリンクラー設置の最大3000 ㎡区画を含む） □エスカレーターの堅穴区画のシャッター幅（5 m 又は 8 m 以内） □売場内火気使用部分等の区画（火災予防条例による裸火規制）
排　　煙	□売場内のレイアウトを考慮した自然排煙窓の位置（排煙窓が塞がることがない位置とする） □機械排煙口の位置（水平距離 30 m 以内） □ 500 ㎡以内の防煙区画 □下がり天井部分の垂れ壁の設置方法
非常用進入口	□進入口の間隔（40 m 以下） □進入口のバルコニーの大きさ □ 10 m 以内ごとの代わる開口部の設置 □進入口及び代わる開口部を併用する場合の設置方法
内装制限	□防火区画緩和、歩行距離緩和等の内装制限
消 防 法	□防火対象物の判断（4 項か 16 項イか） □厨房のフード等自動消火装置の設置 □避難器具の設置 □誘導灯の位置と大きさ
その他	□連続式店舗の防火区画、通路幅、天井高さ

VIII 劇場、映画館、集会場等

1 立地上のポイント

1. 用途地域による制限

表 9-VIII-1　興行場等の用途地域制限

用途地域	劇場、映画館、演芸場、観覧場	公会堂、集会場、公民館
第1種・第2種低層住居専用地域	×	○
第1種中高層住居専用地域	×	○
第2種中高層住居専用地域	×	○
第1種住居地域	×	○
第2種住居地域	×	○
準住居地域	△	○
近隣商業地域	○	○
商業地域	○	○
準工業地域	○	○
工業地域	×	○
工業専用地域	×	×

○：建築可　△：条件付で建築可　×：建築不可

第2種中高層住居専用地域内の公会堂、集会場は2階以下かつその用途に供する部分の床面積の合計が1500 m²以下のものであるならば建築可。第1種住居地域の公会堂・集会場は3000 m²以下のものは建築可

準住居地域の劇場・映画館・観覧場は、客席部分の面積が200 m²未満のものであるならば建築可

用途地域制限の他に、文教地区等の特別用途地区については条例で制限されているので注意を要する（東京都は文教地区内の劇場、映画館、演芸場、観覧場は禁止。但し第2種文教地区内の映画館は建築できる）

2. 条例による制限

劇場、映画館、集会場等は、各地方公共団体の建築条例により接道規定、前面空地等の確保の制限があり、注意を要する。なお集会場の定義については各建築条例により取扱いが異なるため、各条例及び特定行政庁の見解を確認が必要。

次に東京都建築安全条例による制限を示す（各規定とも耐火構造の建築物についての制限）。

(1) 接道規定

表 9-VIII-2　東京都条例による興行場等の接道規定

	客席の定員数N（人）	道路幅員
前面道路の幅員	N ≦ 300	4 m以上
	301 ≦ N ≦ 600	6 m以上
	601 ≦ N ≦ 1200	8 m以上
	1201 ≦ N ≦ 2400	12 m以上
	2401 ≦ N	16 m以上
接道長さ	敷地外周の1/6以上（空地等周囲の状況によっては緩和もあり得る）	

※ 2以上の興行場が複合している場合、
・それぞれが耐火構造の床若しくは壁又は特定防火設備で区画されている
・それぞれの主要な出入口が定員に応じた別々の道路に面している
という条件が満たされているときは、
「客席の定員数の最大のものの定員数に応じた幅員の道路に敷地外周の1/6以上が接する」
と読みかえて良い

表 9-VIII-3　東京都条例による客席の定員の算定方法

座席の種別	定員Nの算定方法、いす数＝C いすの長さ＝ℓ（m）、面積＝S
個人式のいす	N＝C
長いす	N＝ℓ/0.4 m
ます席	N＝S/0.3 m²
立ち席	N＝S/0.2 m²

※ 1以下の端数は各区画ごとの合計に対して繰り上げ、固定式でないいす席部分はその利用頻度によりいす席か立ち席かを判断して定員が算定される

図 9-VIII-1　長いす席の定員算定方法

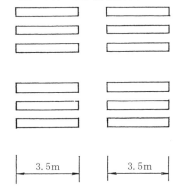

3.5mのいす12個が4つの区画に分かれてある場合
いす1つ当たり　3.5/0.4＝8.75
1区画当たり　8.75×3＝26.25→27人
合計は　27×4＝108人　となる

(2) 前面空地

興行場等の主要な出入口の前面には、客席の定員の数×0.1（㎡）以上の面積をもつ空地を設けなければならない。但し、

① 壁・柱等をもたない
② 高さが4.5 m以上

の2条件を満たす寄りつきの部分は、空地面積に算入してよい。

② 単体規定のポイント

1．興行場法の規制

(1) 定義

興行場とは、映画、演劇、音楽、スポーツ、演芸又は観せ物を、公衆に見せ又は聴かせる施設をいう。

(2) 構造設備基準

興行場法の構造設備基準は、各都道府県の条例により規制されるが、下記に東京都における基準を示す。

2．主要な単体規定一覧

表 9-Ⅷ-4　興行場法の構造設備基準

項　目	基　準
換気設備	1．観覧場（客席）の床面積（以下Sとする）1 ㎡ごとに75 ㎥/h以上の新鮮な外気が供給され、外気取入口は自動車等から排出された有害な物質により汚染された空気を取り入れることのない適当な位置とする 2．換気方式は下記とする <table><tr><td>地下又は、S＞400 ㎡</td><td>第1種換気</td></tr><tr><td>150 ㎡＜S≦400 ㎡</td><td>第1種又は第2種換気</td></tr><tr><td>S≦150 ㎡</td><td>第1種、第2種又は第3種換気</td></tr></table>
照明設備	1．観覧場には200 lx以上の照度を有する照明設備を設ける。但し、観劇、観覧等の観覧場で、衛生上支障がないものは、この限りでない （映写、演技中の観覧場は常に0.2 lx以上の照度を有する照明設備を設ける） 2．観覧場以外の入場者の使用する場所は、20 lx以上の照度を有する照明設備を設けること 3．観覧場、廊下、階段及び出入口には、上記の照明設備の他、他の電源による補助照明を設けること
喫煙所	1．各階ごとに、観覧場と区画された場所に設け、その旨を表示すること 2．喫煙所以外の場所に煙が侵入しない構造とすること 3．専用の換気設備を設けること

表 9-Ⅷ-5　興行場等の主要単体規定

項　目		規　制　内　容					緩和・注意事項
直通階段までの歩行距離	居室の種類	主要構造部が耐火性、準耐火構造又は不燃材料				その他	無窓居室とは採光上有効な開口部（1/20）を有しない居室をいう
		14階以下		15階以上			
			準不燃以上で内装		準不燃以上で内装		
	一般居室	≦ 50 m	≦ 60 m	≦ 40 m	≦ 50 m	≦ 40 m	
	無窓居室	≦ 30 m	≦ 40 m	≦ 20 m	≦ 30 m	≦ 30 m	
2以上の直通階段の設置		主要構造部が耐火構造・準耐火構造又は不燃材料				その他	
	客席を有する階		全て必要			全て必要	
	居室の床面積の合計	避難階の直上階	＞ 400 ㎡			＞ 200 ㎡	
		その他の5階以上の階	＞ 200 ㎡			＞ 100 ㎡	
		6階以上の階	居室があれば必要				
階段の寸法			幅　員	けあげ	踏　面		
	客用のもの		≧ 140 cm（屋外 90）	≦ 18 cm	≧ 26 cm		
	居室の床面積の合計	地上階＞200 ㎡地　階＞100 ㎡	≧ 120 cm（屋外 90）	≦ 20 cm	≧ 24 cm		
		上記以外	≧ 75 cm	≦ 22 cm	≧ 21 cm		

表 9-Ⅷ-5　興行場等の主要単体規定（つづき）

項　目	規　制　内　容				緩和・注意事項
廊下の幅員	居室の床面積	地上階 > 200 ㎡ 地階 > 100 ㎡	中廊下 ≧ 1.6 m	片廊下 ≧ 1.2 m	3室以下の専用のものを除く
		上記以外	制限なし	制限なし	

	区画の種類			区画面積	防火戸種類	
防火区画	面積区画	耐火建築物又は任意の準耐火建築物		≦ 1500 ㎡	特定防火設備	スプリンクラー設備等の自動消火設備を設置した部分はその面積を 1/2 として計算して区画する
		法によるイ準耐（1時間耐火を除く）及びロ準耐第1号該当（外壁耐火）		≦ 500 ㎡	特定防火設備	
		法によるイ準耐（1時間耐火）及びロ準耐第2号該当（不燃軸組）		≦ 1000 ㎡	特定防火設備	
	堅穴区画	耐火構造で3階以上又は地階に居室があるもの			特定防火設備又は防火設備	
	高層区画（11階以上）	下記以外		≦ 100 ㎡	特定防火設備又は防火設備	
		下地・仕上準不燃		≦ 200 ㎡	特定防火設備	
		下地・仕上不燃		≦ 500 ㎡	特定防火設備	
	異種用途区画	3階以上又は客席の床面積の合計が 200 ㎡以上の劇場等及び主階が1階にない劇場、映画館、演芸場とその他の部分を防火区画する			特定防火設備	
		全ての劇場等とその他の部分を防火区画する			特定防火設備又は防火設備	

		対象規模		居室	廊下	
内装制限	耐火建築物	客席の床面積の合計　≧ 400 ㎡		難 （3階以上の天井は準）	準	スプリンクラー設備等の自動消火設備＋排煙設備を設けた部分は緩和
	準耐火建築物	〃 ≧ 100 ㎡				
	その他の建築物	〃 ≧ 100 ㎡				
	大規模建築	階数3以上で延べ面積 > 500 ㎡ 階数2で延べ面積 > 1000 ㎡ 階数1で述べ面積 > 3000 ㎡		難	準	
	居室のある地階	—		準	準	
	無窓居室	50 ㎡以上（排煙上無窓居室）		準	準	
	火気使用室	（耐火構造としたものを除く）		準	—	

排煙設備	1.　延べ面積 500 ㎡を超える建築物 2.　排煙上無窓居室（天井から下方 80 cm 以内の部分が 1/50 未満）	
非常用照明	全てに必要	H12.5.31 告示 1411号により部分緩和
非常用進入口	高さ 31 m 以下にある3階以上の各階に設置 （道又は道に通ずる幅員 4 m 以上の空地に面する外壁面）	非常用進入口に代わる開口部により代替
居室の採光	不要 但し、無窓居室になることにより、法規制が強化される項目がある	

3. 条例による制限（東京都建築安全条例）

※各規定とも耐火構造の建築物の規定を示す。

(1) 避難規制（Nは客席の定員の数を示す）

図 9-Ⅷ-2　東京都条例による興行場等の避難規制

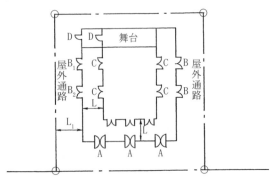

(1) $A+B \geqq N \times 0.8$ (cm)
(2) $C \quad \geqq N \times 0.8$ (cm)
(3) A、B、Cのそれぞれの幅$\geqq 1.2$
(4) $L \geqq 120$ ($N \leqq 300$)
　　60人以内を増すごとに10cmを足す
(5) $L_1 \geqq B_1 + B_2$
(6) 舞台部分にも屋外通路に通じる避難口を設ける
※避難階以上にある場合は上記に加え
　①階段の幅の合計$\geqq 0.8 \times N$ (cm)
　②1以上を屋外避難階段又は特別避難階段

表 9-Ⅷ-6　東京都条例による興行場等の避難規制

各階客室部分の出入口等	1. 出入口の数 　　　　　$N \leqq 250$　　→出入口2以上 　$251 \leqq N \leqq 500$　→出入口3以上 　$501 \leqq N \leqq 1000$　→出入口4以上 　$1001 \leqq N \leqq 2000$　→出入口5以上 　$2001 \leqq N$　　　　　→出入口6以上 2. 出入口の幅 　(1) それぞれの幅は1.2m以上 　(2) 幅の合計 　　　$N \times 0.8$ (cm) 以上 ※出入口は、避難上有効に設置する事
建物外側の出入口等	1. 数 　2つ以上設ける 2. 位置 　1以上は必ず客席の定員に応じた幅員の道路に面し、残りは屋外の通路に面する 3. 出入口の幅 　(1) それぞれの幅は1.2m以上 　(2) 幅の合計 　　　$N \times 0.8$ (cm) 以上 4. 屋外通路の幅員は、その通路を使用する出入口の幅員の合計以上とする 5. 屋外通路は、道路に通じていなければならない
客用の廊下	1. 客席の定員が301人以上の階には、その客席の両側及び後方に互いに連絡する廊下を設け、客席部に通ずる出入口を設けること 2. 客用の廊下の幅 　$301 \leqq N \leqq 500$の場合は1.2m以上とし、$N \geqq 501$の場合は100人以下を増すごとに0.1mを足す 　例　$501 \leqq N \leqq 600 \rightarrow 1.3$m以上 　　　$601 \leqq N \leqq 700 \rightarrow 1.4$m以上 　　　$701 \leqq N \leqq 800 \rightarrow 1.5$m以上 　　　　　　　⋮ 3. 廊下の幅は、避難する方向に向かって狭くしないこと 4. 床の勾配は1/10以下 　階段状とするときは、3段以上を設ける
階段	1. 直通階段は、避難上有効に配置すること 2. 直通階段の幅の合計は、$0.8 \times N$ (cm) とする 3. 回り段を設けないこと
避難階以外にある場合	上記各規制の他に 1. 他の用途に供する部分と、耐火構造の床若しくは壁、特定防火設備で区画する 2. 直通階段のうち1以上を屋外避難階段又は特別避難階段とする 3. 地階にある場合の客席定員は500人以下、階数は1とする 　但し、客席部の各部から地上に通ずる階段の一に至る歩行距離が30m以下かつ特別避難階段又は避難階段とした場合は、この限りでない 4. 5階以上の階に設ける場合は、避難の用に供する屋上広場を設け、2以上の避難階段又は特別避難階段により通じさせる 　但し、避難階に通ずるすべての階段を特別避難階段とした場合は、この限りではない

(2) 客席の構造と通路

① 客席の構造

表 9-Ⅷ-7　東京都火災予防条例・東京都建築安全条例による興行場等の客席の構造

屋　内	いす席	・いす背の間隔 (a) 80 cm 以上 ・いすの間隔 (b) 35 cm 以上 ・占用幅 (c) 42 cm 以上 ・床に固定すること　　　a ≧ 80 cm　b ≧ 35 cm　c ≧ 42 cm　床に固定すること
	立ち席	・立見席の奥行 2.4 m 以下 ・待見席の奥行 1.5 m 以下
	手すり	・客席の最前部（最下階にあるものを除く）及び立ち席を設ける部分とその他の部分との間には高さ 75 cm 以上の手すりを設ける ・立ち席の前面：主階以外の客席の前面及び高さが 50 cm を超える段床に設ける客席の前面には、高さ 75 cm 以上の手すりを設ける。但し客席の前面に、広い幅の手すり壁を設ける等安全上支障がない場合はこの限りでは無い
屋　外	いす席	・いす背の間隔 (a) 75 cm（背なしの場合 70 cm）以上 ・占用幅 (b) 42 cm（背なしの場合 40 cm）以上 ・床に固定すること　　　a ≧ 75 cm（70 cm）　b ≧ 42 cm（40 cm）
	手すり	・立ち席の奥行 3 m 以下ごと、及び立ち席部と横通路の境界に高さ 110 cm 以上の手すりを設ける

② 客席内の通路（いす席の場合）

表 9-Ⅷ-8　東京都火災予防条例・東京都建築安全条例による興行場等の客席内通路

屋　内	縦通路 （いす席）	設置基準	いすの前後間隔が 35 cm のとき 8 席以内とし、前後間隔が 1 cm 増えるごとに、1 席ずつ増やして良いが、20 席を限界とする 　　　　36 cm ≦ a < 37 cm　9 席 　　　　37 cm ≦ a < 38 cm　10 席 　　　　47 cm ≦ a　　　　　20 席 基準の席数の半分（端数切捨て）以内のときは、通路は片側だけでも良い
		通路幅	その通路の中で、避難時の通過人数が最大となる地点での人数 × 0.6（cm）以上となるようにとる。但し、80 cm（片側のみがいす席の場合は 60 cm）未満は不可 通過人数が最大となると思われる地点での人数 × 0.6（cm）
		勾配・段差	勾配は 1/10 以下とする。但し、長さ 3 m 以下かつ有効なすべり止めを付けた場合は、勾配を 1/8 以下とする事が出来る 段を設ける場合は、 　　けあげ……8 ≦ h ≦ 18（cm） 　　踏面　　　d ≧ 26（cm） とする 客席の段床部では、縦通路の高低差 3 m 以内ごとに横通路を設ける

表 9-Ⅷ-8　東京都火災予防条例・東京都建築安全条例による興行場等の客席内通路（つづき）

	横通路 （いす席）	設置基準	いす席縦列20席以内ごと 最下階の客席の最前部に算定幅員以上の幅員を有する横通路を設ける
		通路幅	算定幅員以上、かつ1m以上とする
		勾配・段差	縦通路にならう
	縦横通路 （ます席）	設置基準	2ます以下ごとに縦通路又は横通路を設ける
		通路幅	40 cm以上
	大入場	設置基準幅	客席の幅3 m以下ごとに35 cm以上の縦通路を設ける
	客席の 避難口	設置基準	縦通路、横通路とも客席の避難口（出入口含む）に直通させる また、客席内の通路は、互いに連絡するものとし、行き止まり状としてはならない
屋　外	縦通路 （いす席）	設置基準	10席以内ごとに両側に設ける。いす背がなく、いす背が固定している場合は20席ごと、5席以内（いす背が無いときは10席以内）なら片側で良い
		通路の幅員	80 cm以上
		歩行距離	各座席から歩行距離15 m以内でその通路に達し、かつ歩行距離40 m以内で避難口に達するよう幅1 m以上の通路をもうける
	立席		客席の幅6 m以下ごとに幅1.5 m以上の縦通路を、奥行6 m以下ごとに幅1 m以上の横通路を設けること
	ます席		各ますが縦又は横通路のどちらかに接するように、幅50 cm以上の横通路を設ける。 各ますからの歩行距離が10 m以内となるように、幅1 m以上の通路を設ける
	大入場		客席の幅4 m以下ごとに幅50 cm以上の縦通路 客席奥行4 m以下ごとに幅50 cm以上の横通路

図 9-Ⅷ-3　東京都条例による興行場等の屋内の客席内通路[72]

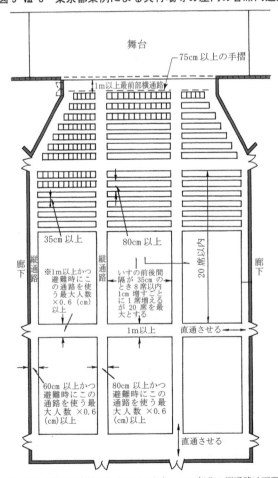

※　横列が基準の席数の半分以下のとき、この部分の縦通路は不要

③ その他、便器の数、照明設備、換気設備、客席と舞台部との区画、舞台部の構造等を規制している。

4. 単体規定のチェックポイント

表 9-Ⅷ-9　興行場等のチェックポイント

項　目	チェックポイント
避難規制	□条例の規制に応じた出入口幅、階段幅、廊下の確保、避難階段の種別 □歩行距離、重複距離に応じた階段配置（無窓居室の場合に注意） □客用の階段幅等の確保 　（幅≧1.4 m、けあげ≦18 cm、踏面≧26 cm） □出口扉の外開き 　（客用の屋外への出口、客席からの出口）
防火区画	□2層以上にまたがる客席とその他の部分と区画（映写室、調光室等との区画に注意） □条例による客席部と舞台部との区画
排煙	□間仕切使用される客席の排煙計画 □500 ㎡を超える客席の告示1436号ニの適用
非常用進入口	□道路及び4 m以上の空地に面する外壁面の進入口又は代わる開口部の設置
内装制限	□防火区画緩和、排煙緩和上の客席部の内装計画
関連法規	□2000 ㎡以上ではバリアフリー法に基づき、高齢者、身体障害者等が円滑に利用できるように配慮 □3000 ㎡以上では、ビル管法に基づき、衛生的な環境を確保

●目安箱●

◆必要と思われるところにコンマを入れよ◆

建基法施行令126条「安全上必要な高さが1.1m以上の手すり壁」の条文中、どこにコンマを打つか、によって意味が違ってきます。「安全上必要な、高さが1.1m」なら、いちばん下の足がかりから上に、1.1m要する。「安全上必要な高さが1.1m、の手すり」なら、途中はどうでも手すりの頂部の高さが、1.1mありさえすれば、意匠はかまわない、ということにもなります。さて、答は…

これは、法律の文章と国語の常識との差異によります。国語は分かり易い様に幅を持つが、法律は逆に幅を狭くしているのです。だから、幾通りにも読めてしまいます。その結果、行政庁(担当者)による判断の違いが生じるのです。

IX 工場

1 立地上のポイント

1. 用途地域による制限

表 9-IX-1　工場の用途地域制限

用途地域	工場 A	工場 B	工場 C	工場 D
第 1 種低層住居専用地域	△	×	×	×
第 2 種低層住居専用地域	△	×	×	×
第 1 種中高層住居専用地域	△	×	×	×
第 2 種中高層住居専用地域	△	×	×	×
第 1 種住居地域	△	×	×	×
第 2 種住居地域	△	×	×	×
準住居地域	△	×	×	×
近隣商業地域	△	○	×	×
商業地域	△	○	×	×
準工業地域	○	○	○	×
工業地域	○	○	○	○
工業専用地域	○	○	○	○

○：建築可　△：条件付で建築可　×：建築不可

※　用途地域制限の他に特別工業地区、文教地区等の特別用途他区について制限されているので注意を要する

表 9-IX-2　工場 A—原動機を使用する工場

用途地域	建築できる工場
第 1 種低層住専	兼用住宅で、工場部分の延べ面積の合計が延べ面積の 1/2 未満かつ 50 ㎡以内であり、出力の合計が 0.75kW 以下の原動機を使用して、自家販売のための食品製造業（食品加工業を含む）を営むパン屋、米屋、豆腐屋、菓子屋、その他これらに類するもの
第 2 種低層住専 第 1 種中高層住専	自家販売のための作業場の床面積の合計が 50 ㎡以内であり、出力の合計が 0.75kW 以下の原動機を使用するパン屋、米屋、豆腐屋、菓子屋、その他これらに類する食品製造業（食品加工業を含む）を営むもの
第 2 中高層住専	作業場の床面積の合計が 50 ㎡以内であり、出力の合計が 0.75kW 以下の原動機を使用するパン屋、米屋、豆腐屋、菓子屋、その他これらに類する食品製造業（食品加工業を含む）を営むもの (魚肉の練製品、糖衣機を使用する菓子の製造は除く)
第 1 種住居 第 2 種住居	自動車修理工場で、作業場の床面積の合計が 50 ㎡以下のもの（空気圧縮機の原動機の出力の合計は 1.5kW 以下） 原動機を使用する工場で、作業場の床面積が 50 ㎡以下のもの 危険性や環境悪化のおそれが非常に少なく、作業場の床面積の合計が 50 ㎡以下のもの
準住居	自動車修理工場で、作業場の床面積の合計が 150 ㎡以下のもの 原動機を使用する工場で、作業場の床面積が 50 ㎡以下のもの 危険性や環境悪化のおそれが非常に少なく、作業場の床面積の合計が 50 ㎡以下のもの
近隣商業 商業	原動機を使用する工場で作業場の床面積の合計が 150 ㎡以内のもの 日刊新聞の印刷所 作業場の床面積の合計が 300 ㎡以内の自動車修理工場 作業場の床面積の合計が 150 ㎡以下の工場で、危険性や環境悪化のおそれが少ないもの

表 9-IX-3　工場 B—法別表第 2（と）項に掲げる工場

（1・2 種低層住専、1・2 種中高層住専、1 種・2 種・準住居で禁止）

次号の各号に掲げる事業を営む工場
（1）　容量 10 ℓ 以上 30 ℓ 以下のアセチレンガス発生器を用いる金属の工作
（1 の 2）　印刷用インキの製造
（2）　出力の合計が 0.75kW 以下の原動機を使用する塗料の吹付
（2 の 2）　原動機を使用する魚肉の練製品の製造
（3）　原動機を使用する 2 台以下の研磨機による金属の乾燥研磨（工具研磨を除く）
（4）　コルク、エボナイト又は合成樹脂の粉砕若しくは乾燥研磨又は木材の粉砕で原動機を使用するもの
（4 の 2）　厚さ 0.5mm 以上の金属板のつち打加工（金属工芸品の製造を目的とするものを除く）又は原動機を使用する金属のプレス（液圧プレスのうち矯正プレスを使用するものを除く）若しくはせん断
（4 の 3）　印刷用平版の研磨
（4 の 4）　糖衣機を使用する製品の製造
（4 の 5）　原動機を使用するセメント製品の製造
（4 の 6）　ワイヤーフォーミングマシンを使用する金属線の加工で出力の合計が 0.75kW を超える原動機を使用するもの
（5）　木材の引割若しくはかんな削り、裁縫、機織、撚糸、組ひも、編物、製袋又はやすりの目立で出力の合計が 0.75kW を超える原動機を使用するもの
（6）　製針又は石材の引割で出力の合計が 1.5kW を超える原動機を使用するもの
（7）　出力の合計が 2.5kW を超える原動機を使用する製粉
（8）　合成樹脂の射出成形加工
（9）　出力の合計が 10kW を超える原動機を使用する金属の切削
（10）　めっき
（11）　原動機の出力の合計が 1.5kW を超える空気圧縮機を使用する作業
（12）　原動機を使用する印刷
（13）　ベンディングマシン（ロール式のものに限る）を使用する金属の加工
（14）　タンブラーを使用する金属の加工
（15）　ゴム練機又は合成樹脂練用のロール機（カレンダーロールを除く）を使用する作業

表 9-IX-4　工場 C—法別表第 2（り）項に掲げる工場

（1・2 種低層住専、1・2 種中高層住専、1 種・2 種・準住居、近隣商業、商業地域で禁止）

次号の各号に掲げる事業を営む工場
（1）　玩具煙火の製造
（2）　アセチレンガスを用いる金属の工作（アセチレンガス発生器の容量 30 ℓ 以下のもの又は溶解アセチレンガスを用いるものを除く）
（3）　引火性溶剤を用いるドライクリーニング、ドライダイイング又は塗料の加熱乾燥若しくは焼付（赤外線を用いるものを除く）
（4）　セルロイドの加熱加工又は機械のこぎりを使用する加工
（5）　絵具又は水性塗料の製造
（6）　出力の合計が 0.75kW を超える原動機を使用する塗料の吹付
（7）　亜硫酸ガスを用いる物品の漂白
（8）　骨炭その他動物質炭の製造
（8 の 2）　せっけんの製造
（8 の 3）　魚粉、フェザーミール、肉骨粉、肉粉若しくは血粉又はこれらを原料とする飼料の製造
（8 の 4）　手すき紙の製造
（9）　羽又は毛の洗浄、染色又は漂白
（10）　ぼろ、くず綿、くず紙、くず糸、くず毛その他これらに類するものの消毒、選別、洗浄又は漂白
（11）　製綿、古綿の再製、起毛、せん毛、反毛又はフェルトの製造で原動機を使用するもの
（12）　骨、角、きば、ひずめ若しくは貝がらの引割若しくは乾燥研磨又は 3 台以上の研磨機による金属の乾燥研磨で原動機を使用するもの
（13）　鉱物、岩石、土砂、コンクリート、アスファルト・コンクリート、硫黄、金属、ガラス、れんが、陶磁器、骨又は貝がらの粉砕で原動機を使用するもの
（13 の 2）　レディミクストコンクリートの製造又はセメントの袋詰で出力の合計が 2.5kW を超える原動機を使用するもの
（14）　墨、懐炉灰、れん灰の製造

表 9-IX-4　工場 C—法別表第 2（り）項に掲げる工場（つづき）

次号の各号に掲げる事業を営む工場
(15) 活字若しくは金属工芸品の鋳造又は金属の溶融で容量の合計が 50 ℓ を超えないつぼ又はかまを使用するもの（印刷所における活字の鋳造を除く）
(16) 瓦、れんが、土器、陶磁器、人造砥石、るつぼ又はほうろう鉄器の製造
(17) ガラスの製造又は砂吹
(17 の 2) 金属の溶射又は砂吹
(17 の 3) 鉄板の波付加工
(17 の 4) ドラム缶の洗浄又は再生
(18) スプリングハンマーを使用する金属の鍛造
(19) 伸線、伸管又はロールを用いる金属の圧延で出力の合計が 4kW 以下の原動機を使用するもの

表 9-IX-5　工場 D—法別表第 2（ぬ）項に掲げる工場

（1・2種低層住専、1・2種中高層住専、1種・2種・準住居、近隣商業、商業、準工業地域で禁止）

次の各号に掲げる事業を営む工場
(1) 火薬類取締法（S25 法律 149 号）の火薬類（玩具煙火の製造を除く）の製造
(2) 消防法（S23 法律 186 号）2 条 7 項に規定する危険物の製造
(3) マッチの製造
(4) ニトロセルロース製品の製造
(5) ビスコース製品、アセテート又は銅アンモニアレーヨンの製造
(6) 合成染料若しくはその中間物、顔料又は塗料の製造（うるし又は水性塗料の製造を除く）
(7) 引火性溶剤を用いるゴム製品又は芳香油の製造
(8) 乾燥油又は引火性溶剤を用いる擬革紙布又は防水紙布の製造
(9) 木材を原料とする活性炭の製造（水蒸気法によるものを除く）
(10) 石炭ガス類又はコークスの製造
(11) 可燃性ガスの製造（アセチレンガス、ガス事業として行われる可燃性ガスの製造を除く）
(12) 圧縮ガス又は液化ガスの製造（製氷又は冷凍を目的とするものを除く）
(13) 塩素、臭素、ヨード、硫黄、塩化硫黄、弗化水素酸、塩酸、硝酸、硫酸、燐酸、苛性カリ、苛性ソーダ、アンモニア水、炭酸カリ、せんたくソーダ、ソーダ灰、さらし粉、次硝酸蒼鉛、亜硫酸塩類、チオ硫酸塩類、砒素化合物、鉛化合物、バリウム化合物、銅化合物、水銀化合物、シヤン化合物、クロールズルホン酸、クロロホルム、四塩化炭素、ホルマリン、ズルホナール、グリセリン、イヒチオールズルホン酸アンモン、酢酸、石炭酸、安息香酸、タンニン酸、アセトアニリド、アスピリン又はグアヤコールの製造
(14) たんぱく質の加水分解による製品の製造
(15) 油脂の採取、硬化又は加熱加工（化粧品の製造を除く）
(16) ファクチス、合成樹脂、合成ゴム又は合成繊維の製造
(17) 肥料の製造
(18) 製紙（手すき紙の製造を除く）又はパルプの製造
(19) 製革、にかわの製造又は毛皮若しくは骨の精製
(20) アスファルトの精製
(21) アスファルト、コールタール、木タール、石油蒸溜産物又はその残りかすを原料とする製造
(22) セメント、石膏、消石炭、生石炭又はカーバイトの製造
(23) 金属の溶融又は精練（容量の合計が 50 ℓ を超えないつぼ若しくはかまを使用するもの又は活字若しくは金属工芸品の製造を目的とするものを除く）
(24) 炭素粉を原料とする炭素製品若しくは黒鉛製品の製造又は黒鉛の粉砕
(25) 金属の厚板又は形鋼の工作で原動機を使用するはつり作業（グラインダーを用いるものを除く）、びよう打作業又は孔埋作業を伴うもの
(26) 鉄釘類又は鋼球の製造
(27) 伸線、伸管又はロールを用いる金属の圧延で出力の合計が 4kW を超える原動機を使用するもの
(28) 鍛造機（スプリングハンマーを除く）を使用する金属の鍛造
(29) 動物の臓器又ははいせつ物を原料とする医薬品の製造
(30) 石綿を含有する製品の製造又は粉砕

2．工場立地法の制限

(1) 次の特定工場の新設又は、変更しようとするものが適用対象となる。

製造業（物品の加工修理業を含む）電気供給業（水力、地熱発電所を除く）、ガス供給業又は熱供給業に係る工場又は事業場でその規模が次に該当するもの。

① 敷地面積―――――――9000 m²以上

又は

② 建築物の建築面積の合計―3000 m²以上

(2) 規制基準（工場立地法の準則による）

表 9-Ⅸ-6　工場立地法の規制基準

規制項目	規制内容	備考
1. 生産施設面積率	業種別に10%〜40%以下（敷地面積に対する割合－2.、3. も同じ）	生産施設の面積はその工場建屋等の水平投影面積とする
2. 緑地面積率	20%以上	―
3. 環境施設面積率	25%以上	緑地面積を含み、噴水、池、野外運動場、広場等をいう（太陽光パネルも可）
4. 特別配置施設の配置	住宅、学校、病院等から原則として100m以上離す	騒音、振動、粉じん、悪臭等の公害の発生する恐れのある施設をいう

※1　工業団地内の工場は1. 〜3. について工業団地全体で判断することが適当と認められる場合は、別の取扱いをする

※2　既存工場は1. 〜3. について別の取扱いをする

(3) 各規制の解説

① 生産施設の定義

イ　製造業における物品の製造工程（加工修理工程を含む）等を形成する機械又は装置が設置される建築物

ロ　製造工程等を形成する機械又は装置でイの建築物の外に設置されるもの（屋外プラント類）

※　製造工程を形成する機械又は装置とは、原材料に最初の加工を行う工程から出荷段階前の最終の製品が出来上がるまでの工程のうち、直接製造、加工を行う工程を形成

する機械又は装置及びこれらに付帯する用役施設をいい、中間製品倉庫を含む（受変電施設及び用水施設を除く）。

以下に具体的な施設について示す。

表 9-Ⅸ-7　工場立地法の生産施設

事務所、研究所、食堂等	独立の建築物	×
倉庫関連施設	原材料、資材、製品、機器類の倉庫等で独立した施設	×
	倉庫に付随した原材料の仕分け施設、納入品の検査所等	×
出荷、輸送関連施設	生産工程の一環として製品の包装、荷造を継続して行う施設	○
	倉庫に付随して最終の製品を出荷するための施設	×
用役施設	自家発電施設、ボイラー棟、コンプレッサー棟（製造工程以外のものは除く）	○
	事務所用のボイラー棟等、工場建屋用空調施設	×
検査所、試験室	製品の検査が生産工程の一環として行われるもの	○
	製品の技術開発を目的とする試験研究のもの	×
修理工場	製造、加工と修理を合わせて行うもの	○
	単に部品の取り換え等によって自らの工場等の生産施設の修理のみ行うもの	×
公害防止施設	自らの工場において排出物を処理するための施設	×
	有用成分の回収又は副産品の生産を行う場合	○

○：生産施設とする　×：生産施設としない

② 生産施設の面積の測定方法

原則として建築物の水平投影面積とし、建築基準法の建築面積の算定方法による。

イ　建築物の一部に製造工程等を形成する機械又は装置が設置される場合にあっては、原則として、当該建築物の全水平投影面積とする。

ロ　同一建築物内の一般管理部門の事務所、食堂、原材料等の倉庫で、壁で明確に仕切られていることにより実質的に別の建築物とみなされる場合は、当該部分を除く。

③ 業種別生産施設面積率の上限

表 9-Ⅸ-8　業種別の生産施設面積率

業　種　名	規制率(%)
化学肥料製造業のうちアンモニア製造業及び尿素製造業	30
石油精製業	
コークス製造業	
ボイラー・原動機製造業	
製材業・木製品製造業（一般製材業を除く）造作材・合板・建築用組立材料製造業（繊維板製造業を除く）	35
非鉄金属鋳物製造業	
一般製材業	40
伸鉄業	
窯業・土石製品製造業（板ガラス製造業、陶磁器・同関連製品製造業、ほうろう鉄器製造業、七宝製品製造業及び人造宝石製造業を除く）	45
農業用機械製造業（農業用器具製造業を除く）	
繊維機械製造業	
鋼管製造業	50
電気供給業	
でんぷん製造業	55
冷間ロール成型形鋼製造業	
建設機械・鉱山機械製造業	
冷凍機・温湿調整装置製造業	
石油製品・石炭製品製造業（石油精製業及びコークス製造業を除く）	60
高炉による製鉄業	
その他の製造業	65
ガス供給業	
熱供給業	

(4) 緑地面積率と環境施設面積率

　　環境施設とは緑地を含むので、緑地面積率を20%確保すれば、残り5%の緑地以外の環境施設を確保することにより、環境施設面積率25%が確保されることになる。又、緑地面積率を25%確保すれば、同時に環境施設面積率も25%となるので、緑地以外の環境施設を確保する必要はない。

(5) 緑地の定義
　① 樹木が生育する10 m²を超える区画された土地で次の基準の一に適合するもの。
　　イ　10 m²あたり高木（成木に達したときの樹高が4 m以上の樹木をいう）が1本以上あること
　　ロ　20 m²あたり高木1本以上及び低木（高木以外の樹木）が20本以上あること
　② 低木又は芝その他の地被植物で表面が被われている10 m²を超える土地

(6) 緑地以外の環境施設の定義
　① 修景施設——噴水、水流、池、滝、つき山、彫像、燈篭、石組、飛石、日陰たな等
　② 屋外運動場——野球場、陸上競技場、バレーボールコート、テニスコート、プール、スケート場、相撲場等
　③ 広場——単なる空地ではなく、休息、散歩、キャッチボール、バレーボール程度の簡単な運動ができる区画されたオープンスペースで公園的に整備されているもの
　④ 屋内運動施設—— 一般利用のもののみ
　⑤ 教養文化施設—— 一般利用のもののみ
　⑥ その他——防火用の貯水池で美観等の面で公園的な形態をととのえているもの

(7) 環境施設の配置
　　敷地面積の15%以上の環境施設を、工場敷地内の周辺部に確保しなければならないが、敷地の周辺部とは、敷地の境界線から、対面する境界線までの距離の1/5程度の距離だけ内側に入った点を結んだ線で境界線との間に形成される部分とする。

図 9-Ⅸ-1　工場立地法の環境施設の配置

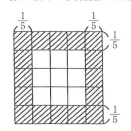

(8) 工業団地の特例

① 計算上の各面積

工業団地共通施設の配分方法は表 9-IX
-9 による。

表 9-IX-9　工場立地法の工業団地の特例

敷 地 面 積	当該工場の敷地面積 ＋ 工業団地共通施設の面積$\times\dfrac{S_1}{\Sigma S}$
緑 地 面 積	当該工場の緑地面積 ＋ 工業団地共有施設のうち緑地の面積 $\times\dfrac{S_1}{\Sigma S}$
環境施設面積	当該工場の環境施設面積 ＋ 工業団地共通施設のうち環境施設の 面積$\times\dfrac{S_1}{\Sigma S}$

※　$\dfrac{S_1}{\Sigma S}=\dfrac{\text{当該工場の敷地面積}}{\text{工業団地内の全工場の敷地面積の合計}}$

※　工業団地共通施設とは、工業団地の造成と一体的に計画されて設置される非分譲の土地であり、緑地、緑地以外の環境施設、公害防止施設、排水施設、工業団地管理事務所、集会所、駐車場等の設けられる敷地をいう

※　特定工場となるべき基準である 9000 ㎡の敷地面積を有するか否かは、その工場の固有の敷地面積（分譲を受けた面積）で判断するものとし、この計算上の敷地面積で判断するものではない

② 工業団地に工場等を設置する場合における特例基準

生産施設面積率＝$\dfrac{\text{当該工場の固有の敷地内の生産施設面積}}{\text{計算上の敷地面積}}$

緑 地 面 積 率＝$\dfrac{\text{計算上の緑地面積}}{\text{計算上の敷地面積}}$

環境施設面積率＝$\dfrac{\text{計算上の環境施設面積率}}{\text{計算上の敷地面積}}$

(9) 既存工場の取り扱い（単一業種の場合）

工場立地法の一部改正に伴なう準則を含めた法の施行日が S49.3.31 であり、その日から 90 日（届出提出後の工事開始の制限日数）後である S49.6.29 以後の増築工事等に関して一定の基準の取扱い（緩和基準）をしている。

① 増設できる生産施設の面積

$$P \leqq r\left(S-\frac{P_0}{r\alpha}\right)-P_1$$
$$\text{但し、}r\left(S-\frac{P_0}{r\alpha}\right)-P_1 \leqq 0 \text{ の時は}$$
$$P = 0 \text{ とする}$$

P ：当該変更に係る生産施設の面積

r ：表 9-IX-10 による敷地面積に対する生産施設の面積の割合

S ：当該工場の敷地面積
（新たに買収した敷地がある場合は、その面積を含み、一部を売却した場合はその面積を除く）

P_0 ：S49.6.28 現在に設置されている生産施設の面積（その時に工事中の生産施設面積を含む）

α ：表 9-IX-11 に示す業種別既存生産施設用敷地計算係数

P_1 ：S49.6.29 以後に生産施設の変更が行なわれた面積の合計

表 9-IX-10　敷地面積に対する生産施設の面積の割合

	業種の区分	敷地面積に対する生産施設面積の割合
第一種	化学肥料製造業のうちアンモニア製造業及び尿素製造業、石油精製業、コークス製造業並びにボイラ・原動機製造業	0.3
第二種	製材業・木製品製造業（一般製材業を除く。）、造作材・合板・建築用組立材料製造業（繊維板製造業を除く。）及び非鉄金属鋳物製造業	0.35
第三種	一般製材業及び伸鉄業	0.4
第四種	窯業・土石製品製造業（板ガラス製造業、陶磁器・同関連製品製造業、ほうろう鉄器製造業、七宝製品製造業及び人造宝石製造業を除く。）、農業用機械製造業（農業用器具製造業を除く。）及び繊維機械製造業	0.45
第五種	鋼管製造業及び電気供給業	0.5
第六種	でんぷん製造業、冷間ロール成型形鋼製造業、建設機械・鉱山機械製造業及び冷凍機・温湿調整装置製造業	0.55
第七種	石油製品・石炭製品製造業（石油精製業及びコークス製造業を除く。）及び高炉による製鉄業	0.6
第八種	その他の製造業、ガス供給業及び熱供給業	0.65

表 9-IX-11　業種別既存生産施設用敷地計算係数

	業種の区分	既存生産施設用敷地計算係数（α）
一	他の項に掲げる製造業以外の製造業及び熱供給業	1.2
二	化学調味料製造業、砂糖製造業、酒類製造業（清酒製造業を除く）、動植物油脂製造業、でんぷん製造業、製材業・木製品製造業、造作材・合板・建築用組立材料製造業、パルプ製造業、紙製造業、加工紙製造業、化学工業（ソーダ工業、塩製造業、有機化学工業製品製造業（合成染料製造業、有機顔料製造業、熱硬化性樹脂製造業及び半合成樹脂製造業を除く）ゼラチン・接着剤製造業及び医療品製造業（医薬品原薬製造業を除く）を除く）、石油製品・石炭製品製造業（コークス製造業を除く）、タイヤ・チューブ製造業、窯業・土石製品製造業（板ガラス製造業、セメント製造業、陶磁器・同関連製品製造業、ほうろう鉄器製造業、七宝製品製造業及び人造宝石製造業を除く）、高炉によらない製鉄業、製鋼・製鋼圧延業、熱間圧延業、冷間圧延業、冷間ロール成型形鋼製造業、銅管製造業、伸鉄業、鉄素形材製造業（可鍛鋳鉄製造業を除く）、非鉄金属第二次製錬・精製業（非鉄金属合金製造業を含む）、非鉄金属・同合金圧延業、非鉄金属鋳物製造業、鉄骨製造業、建設用金属製品製造業、蓄電池製造業、自動車製造業、自動車車体・付随車製造業、鉄道車両製造業、船舶製造・修理業（長さ250m以上の船台又はドックを有するものに限る）、航空機製造業、航空機用原動機製造業、産業用運搬車両製造業、武器製造業、電気供給業及びガス供給業	1.3
三	有機化学工業製品製造業（合成染料製造業、有機顔料製造業、熱硬化性樹脂製造業及び半合成樹脂製造業を除く）、コークス製造業、板ガラス製造業、生産用機械器具製造業（機械工具製造業、金属用金型・同部分品・付属品製造業、非金属金型・同部分品・付属品製造業及びロボット製造業を除く）、はん用機械器具製造業（動力伝導装置製造業、消火器具・消化装置製造業、弁・同附属品製造業、パイプ加工・パイプ附属品加工業、玉軸受・ころ軸受製造業、ピストンリング製造業及び各種機械・同部品製造修理業（注文製造・修理）を除く）、発電用・送電用・配電用電気機械器具製造業（配線器具・配線附属製造業を除く）、産業用電気機械器具製造業及び舶用機関製造業	1.4
四	ソーダ工場、セメント製造業、高炉による製鉄業及び非鉄金属第一次製錬・精製業	1.5

② 生産施設の増設に伴い設置すべき緑地面積

$$G \geqq \frac{P}{r}\left(0.2 - \frac{G_0}{S}\right)$$

但し、

$\dfrac{P}{r}\left(0.2 - \dfrac{G_0}{S}\right) > 0.2S - G_1 > 0$ の時は

$G \geqq 0.2S - G_1$ とし、$0.2S - G_1 \leqq 0$ の時は

$G \geqq 0$ とする。

G ：当該変更に伴い設置する緑地の面積

P ：当該変更に係る生産施設の面積の割合の数値

r ：表9-IX-10による敷地面積に対する生産施設の面積の割合

G_0 ：当該変更に係る届出前に設置されている緑地（当該届出前に届け出られていた緑地の面積に係るものを含む）の面積の合計のうち、S49.6.29以後の変更に伴い最低限設置することが必要な緑地の面積の合計を超える面積

S ：当該工場の敷地面積

G_1 ：当該変更に係る届出前に設置されている緑地の面積の合計

③ 生産施設の増設に伴い設置すべき環境施設面積

$$E \geqq \frac{P}{r}\left(0.25 - \frac{E_0}{S}\right)$$

但し

$\dfrac{P}{r}\left(0.25 - \dfrac{E_0}{S}\right) > 0.25S - E_1 > 0$ の時は

$E \geqq 0.25S - E_1$ とし、$0.25S - E_1 \leqq 0$ の時は

$E \geqq 0$ とする。

E ：当該変更に伴い設置する環境施設の面積

P ：当該変更に係る生産施設の面積

r ：表9-IX-10による敷地面積に対する生産施設の面積の割合

E_0 ：当該変更に係る届出前に設置されている環境施設（当該届出前に届出された環境施設の面積の変更に係るものを含む）の面積の合計のうち、S49.6.29以後の当該

変更以外の生産施設の面積の変更に伴い最低限設置することが必要な環境施設の面積の合計を超える面積

S：当該工場の敷地面積

E_1：当該変更に係る届出前に設置されている環境施設の面積の合計

3．危険物の製造又は取扱いをする工場

(1) 保安距離の確保

危険物の製造又は取扱いをする工場と、住宅、学校、病院等の保安物件と一定距離以上の保安距離を確保しなければならない。

(2) 保有空地の確保

危険物の製造又は取扱いをする工場は、その周囲に一定の幅以上の空地を確保しなければならない。

※ 貯蔵所が隣接して設けられる場合の保有空地の考え方

相互間の保有空地はそれぞれがとるべき空地のうち大なる空地の幅を保有することで足りる。

表9-Ⅸ-12　製造所、一般取扱所の保有空地幅

危険物の数量	空地の幅
指定数量の10倍以下	3m以上
指定数量の10倍を超えるもの	5m以上

図9-Ⅸ-2　保有空地

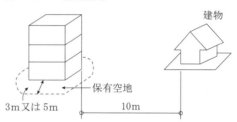

※隣地の保有空地内に建物がある場合も使用できなくなる

図9-Ⅸ-3　危険物施設相互の保有空地の考え方

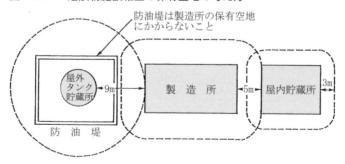

（屋外タンク貯蔵所及び屋内貯蔵所の保有空地とも、指定数量の倍数により異なる）

4．工場にかかわるその他の規制

(1) GMP（適正製造規範）

原料の入庫から製造、出荷にいたる全ての過程において、製品が「安全」に作られ、「一定の品質」が保たれるように定められた規則システムである。

医薬品では、以前より製薬メーカーに義務として課せられている。

最近では近隣アジア諸国にて、サプリメントも GMP が法律で義務付けされるようになってきている。

(2) 食品安全・衛生管理システム

食の安全への意識・関心が世界的に高まる中、HACCP、FSSC22000 等多数の食品安全・衛生管理に関する規格が開発されている。

① HACCP（ハサップ：ハザード分析及び重要管理点）

食品安全を管理するための規格で、「食品の安全性に係る重要な危害要因を特定し、評価し、管理する」システムである。

食品安全に影響を与えるプロセスの特定、ハザード分析に基づく重要管理点の管理によって安全性を確保する。

② FSSC22000（食品安全システム認証）

食品安全マネジメントシステムの規格であり、ISO22000+ カテゴリー固有の前提条件プログラム +FSSC としての要求事項により構成されている。

食品企業によるサプライヤー管理基準としての利用が拡大されている。

② 公害関係法の概要

表 9-Ⅸ-13　公害関係法の概要

種　類	根拠法	代表的な特定施設	規制基準
騒　音	騒 音 規 制 法	空気圧縮機及び送風機——7.5kW 以上 （令別表第 1 による）	公害防止条例により指定地域ごとの騒音基準による
振　動	振 動 規 制 法	圧縮機——7.5kW 以上 （令別表第 1 による）	公害防止条例により指定地域ごとの振動基準による
ばい煙	大気汚染防止法	ボイラー——伝熱面積 10 ㎡以上 　　　　　又はバーナー燃焼能力が重油換 　　　　　算で 50 ℓ /h 以上 （令別表第 1 による）	硫黄酸化物 ばいじん　　｝を規制 有害物質 （施行規則 3 条〜5 条—K 値は地域ごとに規制別表第 1 で指定） 指定地域内（令別表第 3 の 2 及び同 3 の 3）では総量規制あり（規則 7 条の 3〜6）
粉じん	大気汚染防止法	コークス炉——原料処理能力 50t/ 日以上 （令別表第 2 による）	特定施設の種類ごとに構造、使用、管理に関する基準あり （規則別表第 6）
排　水	水質汚濁防止法	し尿処理施設——処理対象人員 501 人以上 （令別表第 1 による） ※指定地域特定施設は 201 人以上	公害防止条例により水域ごとの排水基準による 指定地域内（令別表第 2）では総量規制あり—平均排水量 50 ㎥ / 日以上の事業場 （規則 1 条の 4）

3 単体規定のポイント

1. 主要な単体規定一覧

表 9-IX-14　工場の主要単体規定

項　　目	規　制　内　容					緩和・注意事項
直通階段までの歩行距離		主要構造部が耐火構造・準耐火構造又は不燃材料			その他	無窓居室とは採光上有効な開口部（1/20）を有しない居室をいう
	居室の種類	14 階以下		15 階以上		
			準不燃以上で内装		準不燃以上で内装	
	一般居室	≦ 50 m	≦ 60 m	≦ 40 m	≦ 50 m	≦ 40 m	
	無窓居室	≦ 30 m	≦ 40 m	≦ 20 m	≦ 30 m	≦ 30 m	
2 以上の直通階段の設置			主要構造部が耐火構造・準耐火構造又は不燃材料		その他	6 階以上の緩和 1. その階の居室の床面積の合計 ≦ 200 ㎡ 2. 階段は屋外避難階段か特別避難階段であること 3. 避難上有効なバルコニーを有すること
			―		―	
	居室の床面積の合計	避難階の直上階		> 400 ㎡	> 200 ㎡	
		その他の 5 階以下の階		> 200 ㎡	> 100 ㎡	
		6 階以上の階		居室があれば必要		
階段の寸法			幅員	けあげ	踏面	
	居室の床面積の合計	地上階> 200 ㎡ 地　階> 100 ㎡	≧ 120cm （屋外90）	≦ 20cm	≧ 24cm	
		上記以外	≧ 75cm	≦ 22cm	≧ 21cm	
廊下の幅員			中廊下		片廊下	3 室以下の専用のものを除く
	居室の床面積の合計	地上階> 200 ㎡ 地　階> 100 ㎡	≧ 1.6 m		≧ 1.2 m	
		上記以外	制限なし		制限なし	
防火区画	区画の種類			区画面積	防火戸種類	
	面積区画	耐火建築物又は任意の準耐火建築物		≦ 1500 ㎡	特定防火設備	
		法によるイ準耐（1 時間耐火を除く）及びロ準耐第 1 号該当（外壁耐火）		≦ 500 ㎡	特定防火設備	
		法によるイ準耐（1 時間耐火）及びロ準耐第 2 号該当（不燃軸組）		≦ 1000 ㎡	特定防火設備	スプリンクラー設備等の自動消火設備を設置した部分はその面積を 1/2 として計算して区画する
	竪穴区画	耐火構造で 3 階以上又は地階に居室があるもの			特定防火設備又は防火設備	
	高層区画（11 階以上）	下記以下		≦ 100 ㎡	特定防火設備又は防火設備	
		下地・仕上準不燃		≦ 200 ㎡	特定防火設備	
		下地・仕上不燃		≦ 500 ㎡	特定防火設備	
	異種用途区画	建築物の一部に法 27 条又は法 24 条に該当するものがある場合はその部分と防火区画する			27 条 ― 特別防火設備 24 条 ― 特定防火設備又は防火設備	

555

表 9-IX-14 工場の主要単体規定（つづき）

		対象規模	居室	廊下	
内装制限	大規模建築物	階数 3 以上で延べ面積 ＞ 500 ㎡ 階数 2 で延べ面積 ＞1000 ㎡ 階数 1 で延べ面積 ＞3000 ㎡	難	準	スプリンクラー設備等の自動消火設備＋排煙設備を設けた部分は緩和 天井高 6 m 超の場合は緩和
	無窓居室	50 ㎡以上（排煙上無窓居室）	準	準	
	火気使用室	（耐火構造としたものを除く）	準	—	
排煙設備		1. 階数 3 以上で延べ面積 500 ㎡を超える建築物 2. 延べ面積 1000 ㎡を超える床面積 200 ㎡以上の居室 3. 排煙上無窓居室（天井から下方 80cm 以内の部分が 1/50 未満）			
非常用照明		1. 階数 3 以上で延べ面積 500 ㎡を超える建築物 2. 延べ面積 1000 ㎡を超える建築物 3. 採光上無窓居室			H12.5.31 告示 1411 号により部分緩和
非常用進入口		高さ 31 m 以下にある 3 階以上の各階に設置 （道又は道に通ずる幅員 4 m 以上の空地に面する外壁面）			非常用進入口に代わる開口部により代替
居室の採光		不要 但し、無窓居室になることにより、法規制が強化される項目がある			

2．単体規定の注意点

(1) 構造制限

工場は自動車修理工場及び危険物の貯蔵又は処理の用途に供するものを除き、別表第 1 の特殊建築物ではないため建物用途からの構造制限はない。防火地域の構造制限は受けるものの、工場を建設する地域は、防火指定がないことろが多くその場合、法律上は耐火又は準耐火建築物の要求がないことになる。しかし、延べ面積が 1000 ㎡を超える建築物は法 26 条により防火壁の設置が必要となり、これを免れるために通常、準耐火建築物としている。

(2) 防火区画（面積区画）

工場でその用途上やむを得ない場合は、面積区画が緩和される。用途上やむを得ない場合とは、クレーン・ベルトコンベアー等が設置され、生産工程上、防火区画することにより、建物の機能に支障を及ぼし、防火区画することが困難な部分が該当する。なお、この場合でも、その他の区画できる部分との防火区画は必要である。

この防火区画の緩和を受けるためには、確認申請に（実質的には事前打合せ時に）次の図書を添付する必要がある。

① 防火区画免除願（書式は任意も、行政によっては規定の書類を定めているところもある）
② 生産工程フロー
③ 生産工程ラインの補足説明図

図 9-IX-4 工場における防火区画免除例

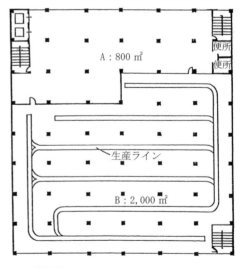

B の作業場の面積は 1500 ㎡を超えるが、生産工程上、防火区画することができない部分であるので、作業場内の防火区画は緩和され、A 部分と防火区画することになる

(3) 排煙設備

① 排煙設備の緩和

排煙設備が未設置でよい建築物として下記の工場がある。

イ　機械製作工場（機械及び機械部品の組立・加工工場を含む）

ロ　不燃性ガス又は粉末消火設備が設置された繊維工場及び危険物貯蔵場、処理場

② 防煙区画の緩和（H12.5.31 告示 1436 号）

天井高さ 3 m 以上の部分について、下記の条件により 500 ㎡ 以内ごとの防煙区画は緩和される。

イ　他の部分と防煙区画されていること

ロ　壁、天井の仕上を不燃又は準不燃材料とする

ハ　排煙機の能力は 500 ㎥/min かつ防煙区画面積（2 以上の防煙区画に係るものはその床面積の合計）1 ㎡につき 1 ㎥以上とする。

図 9-Ⅸ-5　防煙区画の緩和

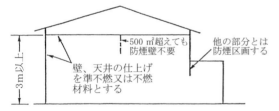

3．単体規定のチェックポイント

表 9-Ⅸ-15　工場の単体規定チェックポイント

項　目	チェックポイント
避難規制	□歩行距離、重複距離に合わせた階段配置（無窓居室に注意） □敷地内通路の設置
構造制限	□延焼のおそれのある部分の外壁の防火構造等（ロ簡耐） □屋根の不燃材料（強化ポリエステル板等に注意）
防火区画	□面積区画（1,500 ㎡、防火区画免除部分以外の部分） □防火区画の外壁側のスパンドレル（90 cm の耐火構造等） □防火区画を構成する柱、梁、天井裏、小屋裏の耐火構造 □防火区画貫通部分の措置（ダクト、配管、ケーブル等）
排煙	□1/50 の有効開口部の確保 □水平距離 30 m 以内 □天井高 3 m を超える部分の H12.5.31 告示 1436 号 2 号の適用
非常照明	□H12.5.31 告示 1411 号適用と採光上有効開口部の確保及び通路想定部分の配置
非常用進入口	□道路及び 4 m 以上空地に面する外壁面の進入口は、進入口に代わる開口部の設置
消防法	□消防法による無窓階算定 □大規模な工場の屋外消火栓、消防用水の設置
危険物施設	□保有空地の確保 □延焼のおそれのある部分の外壁の耐火構造 □屋根の軽量な不燃材料 □外部開口部の防火設備 □電気設備の防爆構造
公害関係	□水質（汚水排水と工場排水）の規制値 □大気汚染（ばい煙、粉じん）の規制値 □騒音・振動の規制値 □公害防止条例を含めた各種必要手続きの申請
防火被覆	□地階をのぞく階数が 3 以上の建築物

Ⅹ 倉庫

1 立地上のポイント

1．用途地域による制限

表9-Ⅹ-1　倉庫の用途地域制限

用途地域	倉庫業を営む倉庫	自己用の倉庫
第1種・第2種低層住専	×	×
第1種中高層住専	×	×
第2種中高層住専	×	△
第1種住居	×	△
第2種住居	×	○
準住居	○	○
近隣商業	○	○
商業	○	○
準工業	○	○
工業	○	○
工業専用	○	○

○：建築可　△：条件付で建築可　×：建築不可

第2種中高層住専内の自己用倉庫は2階以下かつ延べ面積1500㎡以下のものは建築可、第1種住居内の自己用倉庫は、3階以下かつ延べ面積3000㎡以下のものは建築可

※貨物自動車運送事業法に基づく「特別積合わせ貨物運送」に供する建築物の場合は、市街化調整区域内でも都市計画法の開発許可無しで建築できる

2．条例による接道規制
　　（東京都建築安全条例）

　倉庫部分の床面積の合計が200㎡を超えるものは幅員6m以上の道路に接していなけいればならず、又、自動車の出入口を幅員6m以上の道路に面して設けなければならない。

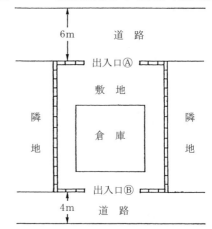

図9-Ⅹ-1　東京都条例による倉庫の接道規制

自動車の出入口はⒶとする（Ⓑは不可）

2 単体規定のポイント

1．倉庫業法による規制

　倉庫業法（S31.6.1法律121号）により倉庫業の定義が定められており、登録を要するものと登録を要しないものに分けられている。

　営業用の倉庫業を営む倉庫の構造、設備については表9-Ⅹ-4の基準による。

　（自己用倉庫については規制を受けない）

表9-Ⅹ-2

形態	倉庫業法の登録を要する（法3条）	倉庫業の登録を要しないもの（法2条2項）						
		他人の物品の保管					自己の物品の保管（寄託契約は存在しない）	他人の物品の収納のため不動産［土地及びその他の定着物（民法86条1項）］の賃貸行為（賃貸借契約が存在する）
		寄託契約が存在するもの				寄託契約が存在しない		
		右記以外	有価証券、貴金属その他の物品の保護預かり（令1条銀行法10条2項10号）	営業に付随して自ら行う当該特定物品の保管（施行令1条2号）	一時預り（令1条）		運送契約（運送取扱を含む）に基づく運送途上の仮置き又は荷さばきのための物品の保管（施行令1条4号）		
					他人の携帯品の保管（施行令1条3号）	他人の使用する自転車、自動車その他これらに準ずる物品の保管			
例	営業倉庫 トランクルーム	銀行の貸金庫	クリーニング業修理業	コインロッカー	駐車場 駐輪場	港湾運送事業、貨物自動車運送事業による一時保管	自家用倉庫	不動産業によるスペース貸し、貸倉庫

図 9-X-2 倉庫業法による倉庫の分類

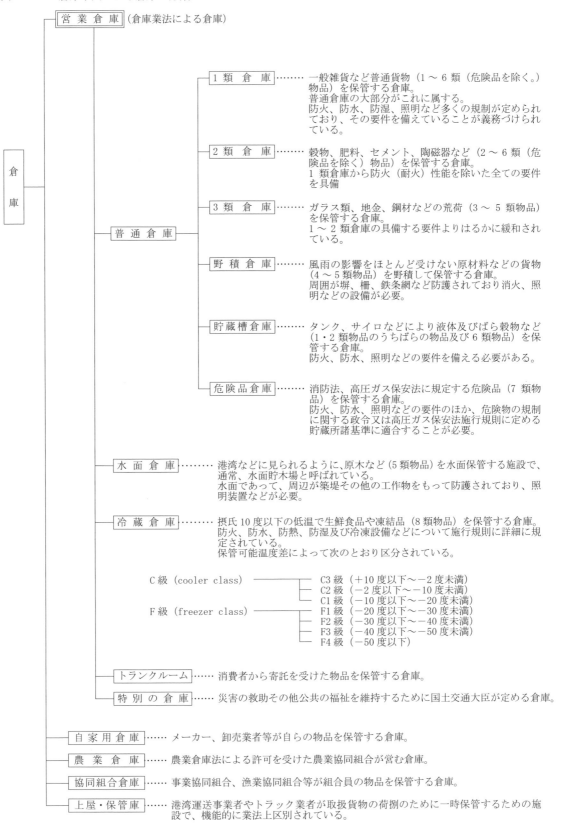

表 9-X-3　倉庫業法による類別物品

保管可能物品	倉庫の種類	1類倉庫	2類倉庫	3類倉庫	野積倉庫	水面倉庫	貯蔵槽倉庫	危険品倉庫	冷蔵倉庫
第1類物品	米、茶、砂糖、繊維原料、繊維製品、紙・パルプ類、機械・器具、合成樹脂、ゴム製品等の第2類～第8類物品以外の物品	○	×	×	×	×	○※2	×	×
第2類物品	麦、でん粉、ふすま、飼料、塩、野菜類、果実類、水産物の乾品及び塩蔵品、皮革、肥料、鉄製品その他金物製品、セメント、石こう、白墨、わら工品、石綿及び石綿製品	○	○	×	×	×	○※2	×	×
第3類物品	板ガラス、ガラス管、ガラス器、陶磁器、タイル、ほうろう引容器、木炭、パテ、貝がら、海綿、農作業用機械その他素材及び用途がこれらに類する物品であって湿気又は気温の変化により変質し難いもの	○※1	○	○	×	×	×	×	×
第4類物品	地金、銑鉄、鉄材、鉛管、鉛板、銅版、ケーブル、セメント製品、鉱物及び土石、自動車及び車両（構造上主要部分が被覆されているものに限る）、大型機械その他の容大品（被覆した場合に限る）、木材（合板及び化粧材を除く）、ドラム缶に入れた物品、空コンテナ、空びん類、れんが、かわら類、がい子、がい管類、土管類、くず鉄、くずガラス、古タイヤ類等野積で保管することが可能な物品	○※1	○	○	○	×	×	×	×
第5類物品	原木等水面において保管することが可能な物品	○	○	○	○	○	×	×	×
第6類物品	容器に入れてない粉状又は液状の物品	○※1	○	×	×	×	○	×	×
第7類物品（危険品）	消防法2条の危険物及び高圧ガス保安法2条の高圧ガス	×	×	×	×	×	×	○	×
第8類物品	農畜水産品の生鮮品及び凍結品等の加工品その他の摂氏10度以下の温度で保管することが適当な物品	×	×	×	×	×	×	×	○

○は保管可、×は保管不可、※1＝危険品を除く、※2＝ばらの物品に限る

表 9-X-4　倉庫業法による倉庫別構造設備基準

項目番号	施設設備基準	1類	2類	3類	野積	水面	貯蔵槽	危険品		冷蔵
								工作物	土地	
1	倉庫及び敷地について所有権その他使用権限を有すること	○	○	○	○	○	○	○	○	○
2	倉庫の種類ごとに国土交通大臣の定める建築基準法その他の法令の規定に適合していること	○	○	○	○	○	○	○	○	○
3	土地に定着し、かつ、屋根及び周囲に壁を有する工作物であること	○	○	○						○
	但し、鋼材その他の重量物の保管のため、天井走行クレーン等の固定荷役機械を設置しており、周囲に壁を設けることができない倉庫にあっては、国土交通大臣が別に定めるところによる			○						
4	軸組み、外壁又は荷ずり及び床の強度が、国土交通大臣の定める基準に適合していること	○	○	○						○
5	構造及び設備が、倉庫内への水の浸透を防止するに足るものとして国土交通大臣の定める基準に適合していること	○	○				○			○
6	土地からの水分の浸透及び床面の結露を防ぐため、床に国土交通大臣の定める防湿措置が講じられていること	○	○							
7	国土交通大臣の定める遮熱措置が講じられていること	○	○							
8	倉庫の設けられている建物が、耐火性能又は防火性能を有するものとして国土交通大臣の定める基準に適合していること	○					○			

項目番号	施設設備基準	1類	2類	3類	野積	水面	貯蔵槽	危険品		冷蔵
								工作物	土地	
9	危険物等を取り扱う施設その他の国土交通大臣の定める施設に近接する倉庫にあっては、国土交通大臣の定める災害防止上有効な構造又は設備を有すること	○	○	○			○			○
10	倉庫の設けられている建物内に事務所、住宅、商店等の火気を使用する施設又は危険物等を取り扱う施設が設けられている場合にあっては、当該施設が、国土交通大臣の定めるところにより区画されていること	○	○	○						○
11	消防法施行規則（S36自治省令6号）6条に定めるところにより消火器等の消火器具が設けられていること（この場合において、倉庫の延べ面積が150 ㎡未満であるときは、これを延べ面積が150 ㎡の倉庫とみなして、同規則第6条の規定を適用する）	○	○	○	○		○	○	○	○
12	国土交通大臣の定める防犯上有効な構造及び設備を有していること	○	○	○			○	○		○
13	国土交通大臣の定めるそ害の防止上有効な設備を有していること	○	○							
14	工作物又は土地であって、その周囲が塀、柵等の国土交通大臣の定める防護施設を持って防護されていること				○				○	
15	国土交通大臣の定めるところにより照明装置が設けられていること				○	○			○	
16	建物の屋上を野積倉庫として用いる場合にあっては、当該屋上の床の強度が国土交通大臣の定める基準に適合しているとともに、保管する物品が屋上から落下することを防ぐ措置が講じられていること				○				○	
17	水面であってその周囲が築堤その他の国土交通大臣の定める工作物をもって防護されていること					○				
18	高潮等による保管する物品の流出を防止するため、周囲の防護施設に保管する物品を係留する等の措置が講じられていること					○				
19	土地に定着し、かつ周壁により密閉された貯蔵槽であること						○			
20	周壁の側面及び底面の強度が国土交通大臣の定める基準に適合していること						○			
21	倉庫内の要所に、倉庫内と外部との連絡のための通報機その他の設備を有すること									○
22	冷蔵室の保管温度が常時摂氏10度以下に保たれるものとして国土交通大臣の定める基準を満たしていること									○
23	見やすい場所に冷蔵室の温度を表示する温度計が設けられていること									○

2．ラック式倉庫等の取扱い（参考資料）

（S60.5.8全国幹事特定行政庁会議決定事項）

（1）ラック式倉庫等の扱い

ラック式倉庫、多層式倉庫の階数の算定、床面積の合計の算定、形態の構造制限、防火区画、開口部の防火措置、避難施設等については、昭和60年5月8日全国建築行政連絡会議において、「特殊な形式の倉庫の扱いについて」（「ラック式倉庫（立体自動倉庫）の取扱い」）が定められている。（平成5年改正）

① 多層式倉庫

多層式倉庫については、人が作業可能な部分を通常の床とみなして階数の算定を行い、これに基づいて建築基準法の規定を適用する。

② ラック式倉庫

　ラック式倉庫とは、「物品の出し入れを搬送する施設によって自動的に行い、通常、人の出入りが少ないもので、かつ、ラック自体が建物の構造体になっているもの」をいう。また、消防法では、「棚又はこれに類するものを設け、昇降機により収納物の搬送を行う装置を備えた倉庫」をいうとしている（令12条1項四号）。

　ラック式倉庫では、保管物品はリフトにより所定の棚に自動的に収納・搬出される。一般の建築物と同様に、床や床面積の概念で括ることは不可能であり、取扱いについての取決めがなされている。

　ラック式倉庫と多層式倉庫を複合した形式の倉庫については、上記の①②の取扱いを勘案して、安全側で判断される。

(2) 階数の算定

　当該部分の階は1とする。

(3) 床面積の合計の算定

① 法3章（5節を除く。）の規定を適用する場合の床面積の合計は、床面から当該部分の高さ5m毎に床があるものとして算定する。

② 法3章（5節を除く。）以外の規定を適用する場合の床面積の合計は、当該部分の階数を1として算定する。

(4) 形態による構造制限

　当該建築物の構造は、地盤面からの当該部分の高さ及び床面積の合計（(3)②による。）に応じて、次の表による。但し、軒高が10mを超えるもので、令109条の3第1項1号の規定による準耐火建築物とするものにあっては、当該建築物の部分の外周にある主要構造部である柱は、耐火構造としなければならない。

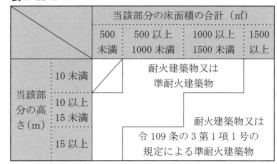

表 9-X-5

(5) 危険物の貯蔵について

　当該部分に、令116条1項の表に規定する数量以上の危険物を貯蔵するものは、耐火建築物又は準耐火建築物（ロ準耐）としなければならない。また、屋根の構造については、消防機関と協議すること。

(6) 防火区画

① 令112条1項から4項までの適用にあっては、当該部分は同条1項1号の建築物の部分とする。

② 当該部分の高さが15mを超えるものにあっては、令112条9項により防火区画とする。

③ 当該部分とその他の用途部分は、令112条13項により防火区画とする。

(7) 開口部の防火措置

　当該部分の外壁に設ける開口部には、防火設備を設ける。

(8) 避難施設等

① 当該部分には、原則として直通階段、避難階段、特別避難階段、非常用の照明装置、非常用の進入口及び非常用のエレベーターの設置を要しない。

② 当該部分が令126条の2第1項4号又はH12.5.31告示1436号の規定に適合する場合は、排煙設備の設置を要しない。

(9) 積載荷重

① 当該部分の積載荷重は、積載物の種類及び各棚の充実率の実況に応じて計算する。

② 各棚の充実率は、応力及び外力の種類に応じて、次の表によることができる。

表9-X-6 棚の充実率

応力の種類	荷重及び外力について想定する状態	ラックの充実率（%）	備　考
長期の応力	常時	100	
短期の応力	積雪時	100	
	暴風時	80	建築物の転倒、柱の引抜等を検討する場合は、ラックの充実率を50%とすること
	地震時	80	

(10) 荷役運搬機械

専ら荷役運搬の用に供する特殊な搬送施設は、法2条3号に該当する昇降機とはみなさない。

(11) 備考

① (3)の床面積はラック部分全体の床面積を算定するものとし、スタッカークレーンの移動部分を含む。

② (6)③の「当該部分」には原則として作業の用途に供する部分を含まないものとし、物品保管の用途に供する部分と作業の用途に供する部分は防火区画を要する。

3．主要な単体規定一覧

表9-X-7 倉庫の主要単体規定

項　目		規　制　内　容					緩和・注意事項
直通階段までの歩行距離	居室の種類	主要構造部が耐火構造・準耐火構造又は不燃材料				その他	無窓居室とは採光上有効な開口部（1/20）を有しない居室をいう
		14階以下		15階以上			
			準不燃以上で内装		準不燃以上で内装		
	一般居室	≦ 50 m	≦ 60 m	≦ 40 m	≦ 50 m	≦ 40 m	
	無窓居室	≦ 30 m	≦ 40 m	≦ 20 m	≦ 30 m	≦ 30 m	
2以上の直通階段の設置		主要構造部が耐火構造・準耐火構造又は不燃材料			その他		6階以上の緩和
	居室の床面積の合計	—		—		—	1. その階の居室の床面積の合計 ≦ 200 ㎡
		避難階の直上階		> 400 ㎡		> 200 ㎡	2. 階段は屋外避難階段か特別避難階段であること
		その他の5階以下の階		> 200 ㎡		> 100 ㎡	3. 避難上有効なバルコニーを有すること
		6階以上の階		居室があれば必要			
階段の寸法	居室の床面積の合計		幅員	けあげ	踏面		
		地上階 > 200 ㎡ 地　階 > 100 ㎡	≧ 120cm（屋外90）	≦ 20cm	≧ 24cm		
		上記以外	≧ 75cm	≦ 22cm	≧ 21cm		
廊下の幅員	居室の床面積の合計		中廊下	片廊下			
		地上階 > 200 ㎡ 地　階 > 100 ㎡	≧ 1.6 m	≧ 1.2 m			
		上記以外	制限なし	制限なし			

第9章

563

表 9-X-7　倉庫の主要単体規定（つづき）

項　目		規　制　内　容			緩和・注意事項
防火区画	区画の種類		区画面積	防火戸種類	スプリンクラー設備等の自動消火設備を設置した部分はその面積を 1/2 として計算して区画する
	面積区画	耐火建築物又は任意の準耐火建築物	≦ 1500 ㎡	特定防火設備	
		法によるイ準耐（1 時間耐火を除く）及びロ準耐第 1 号該当（外壁耐火）	≦ 500 ㎡	特定防火設備	
		法によるイ準耐（1 時間耐火）及びロ準耐第 2 号該当（不燃軸組）	≦ 1000 ㎡	特定防火設備	
	竪穴区画	耐火構造で 3 階以上又は地階に居室があるもの		特定防火設備又は防火設備	
	高層区画（11 階以上）	下記以外	≦ 100 ㎡	特定防火設備又は防火設備	
		下地・仕上準不燃	≦ 200 ㎡	特定防火設備	
		下地・仕上不燃	≦ 500 ㎡	特定防火設備	
	異種用途区画	3 階以上の床面積が 200 ㎡以上又は床面積の合計 1500 ㎡以上の倉庫とその他の部分を防火区画する		特定防火設備	
		階数が 2 で床面積の合計が 200 ㎡を超える倉庫とその他の部分を防火区画する		特定防火設備又は防火設備	

項　目		対象規模	居室	廊下	緩和・注意事項
内装制限	大規模建築物	階数 3 以上で延べ面積 >　500 ㎡ 階数 2 で延べ面積　　 > 1000 ㎡ 階数 1 で延べ面積　　 > 3000 ㎡	難	準	スプリンクラー設備等の自動消火設備＋排煙設備を設けた部分は緩和 天井高 6 m超の場合は緩和
	無窓居室	50 ㎡以上（排煙上無窓居室）	準	準	
	火気使用室	（耐火構造としたものを除く）	準	ー	

項　目	規　制　内　容	緩和・注意事項
排煙設備	1．階数 3 以上で延べ面積 500 ㎡を超える建築物 2．延べ面積 1000 ㎡を超える床面積 200 ㎡以上の居室 3．排煙上無窓居室（天井から下方 80cm 以内の部分が 1/50 未満）	
非常用照明	1．階数 3 以上で延べ面積 500 ㎡を超える建築物 2．延べ面積 1000 ㎡を超える建築物 3．採光上無窓居室	H12.5.31 告示 1411 号により部分緩和
非常用進入口	高さ 31 m以下にある 3 階以上の各階に設置 （道又は道に通ずる幅員 4 m以上の空地に面する外壁面）	非常用進入口に代わる開口部により代替
居室の採光	不要 但し、無窓居室になることにより、法規制が強化される項目がある	

4．単体規定の注意点

（1）避難規制──階段の配置

倉庫は居室ではないため、居室として規制をうける歩行距離及び 2 以上の直通階段の設置は適用されない。但し、荷捌き室部分は居室であり、これらの規制を満足しなければならない。

（2）排煙

倉庫部分の排煙は（居室ではない為）国交省告示 1436 号 4（二）①・②に適合すれば排煙緩和できる。

（3）非常用照明

倉庫部分は居室ではないため、非常用照明は不要であるが、倉庫内の通路想定部分に設置するよう指導している特定行政庁があり注意を要する。

（4）物品の加工作業等を伴う倉庫の取扱い

倉庫は一般的に非居室扱いであるが、物品の加工作業（梱包等）等の作業が発生する場合は、居室扱いとなる場合がある。

(5) 荷捌場の取扱い

　　トラックバース等の荷捌場（スペース）については、倉庫部分と一体的になっている場合もあり、居室・非居室の取扱いが不明確な場合がある。

　　一般的には荷捌作業がある場合は居室扱いとなるが、形態等により特定行政庁や指定確認検査機関に取扱いを確認する必要がある。また、取扱の内容により必要消防設備に違いが発生する場合があるため、消防設備についても確認する必要がある。

(6) ランプウェイ等車路の耐火構造規定

　　ランプウェイ等車路部分の構造体における耐火構造規定について、形態・形状によりその部分のみ耐火被覆等の耐火規定の取扱いが変わる場合がある。

　　特定行政庁や指定確認検査機関に確認する必要がある。

(7) 昇降機の昇降路における容積率の緩和の取扱について

　　容積率算定用延べ面積について、昇降機の昇降路部分は算入しないとなっているが、特定行政庁により、荷物用昇降機の場合の取扱を決めている場合があるため、特定行政庁に確認する必要がある。

(8) 技術資産保護協会（TAPA）の認証

　① TAPA とは

　　『TAPA』とは、技術資産保護協会（Technology Asset Protection Association）の略称。ハイテク製品の保管・輸送中の紛失・盗難等で損失防止を目的に、1997年にアメリカで電子機器や精密機械メーカーが中心となり、輸送会社や警備会社等も参画し設立された NPO。

　　倉庫・輸送におけるセキュリティレベルを審査し認証を与える機関として活動。

　② TAPA 認証について

　　「ハイテクノロジーや高付加価値商品の保全」と「企業の資産」の保護を目的とする倉庫を対象とした認証。

　　『TAPA認証』は、TAPAが定めた『FSR（Freight Security Requirements）』という物流会社がとるべき保安に関する要求事項のなかで、規定の点数をクリアすることで与えられる。会社や部署単位で取得するのではなく、倉庫やセンター等の施設ごとに認証を取得する必要がある。認証の有効期間は2年間で、ISO等と同じく、定期的な更新審査がある。

　　製造―保管―輸送―納入までの製品の安全の確保（セキュリティの要求）を要求している。

　　セキュリティの重要性を再認識したメーカーからのTAPA認証への期待度は高い。また、盗難、破損等による損害保険への請求が増加傾向にあり、企業、損保会社双方のリスク軽減にも貢献すると考えられている。

　③ TAPA 認証の対象と想定される倉庫

・電子機器、精密機器（ハイテク機器）、食品、医療品、貴重品（書類、宝石、絵画等）の倉庫

・倉庫（管理）会社、フォワーダー（陸、海、空の運送会社）の倉庫、保管施設

・空港、港湾隣接の倉庫（保税倉庫）

　④ TAPA 認証の基準

　　TAPA認証制度には、認証レベルのランク付け制度が設けられている。

　　スコアリング内容によって施設・危機・ソフトウェアの改造・増築・追加等をスコアリング結果を参考にし、認証のランク付けの対応を計画する。

図 9-X-3　TAPA認証制度のランク付け[56]

A ランク	B ランク
最も保安体制が優れている。（国内で取得されている物件は殆どA）	認証取得物件ではBランクでの事例は一部あるがレアケース。（国内）

C ランク
最認証取得物件ではCランクでの事例はない。（国内）

※更に認証適合証明証に合格レベルの表示もされる（明確な実質評価の開示）ことにより、TAPA認証に対しての「信頼性」「審査に対しての安全性」「利害関係者からの要求」に対応した、信頼度の高い規格となっている。

ランク（認証クラス）	合格表示	内容
A	Exceeds Requirements	85%〜100%の結果
	Acceptable	70%〜85%の結果
	Minimally Acceptable	60%〜70%の結果

⑤　貨物セキュリティ要求事項（Freight Security Requirements：FSR）審査項目

審査項目は、以下の大項目8、中項目25、個別要求73の項目で構成されている。

大項目1から4が倉庫施設及び一部の手順、5が倉庫関連の手順、6〜8が輸送に関する施設、手順への要求となっている。

イ　周囲セキュリティ
・CCTVシステム
・照明
・周囲の警報装置、探知機
・周囲の窓、戸口、及び他の開口部

ロ　事務所エリアの出入り管理
・事務所の出入口

ハ　施設ドック／倉庫
・事務所とドック／倉庫間の入域管理
・ドック区域への入域制限
・貴重品保管区域の確保
・全てのドック／倉庫戸口不使用時の閉鎖
・CCTV監視システムによる監視
・モーションセンサー警報装置

ニ　セキュリティ・システム
・警備システムのモニタリング
・侵入警報システム
・CCTVシステムの録画
・カードシステムによる出入り管理
・警備システムの保守

ホ　保安安全保護要求
・セキュリティ手順書の適切な文書化
・法律の制約内での経歴確認
・従業員の雇用、退職についての管理

ヘ　トラック・セキュリティ要求事項
・貨物トラック防犯機器の導入
・運行計画の遵守
・荷積及び荷受の管理

ト　事前通報（プリアラート）
・事前通報の確立及び実施

チ　保安強化に関する要求事項
・運転者に対する保安教育
・輸送車両の護衛
・車両の追跡システム

5．単体規定のチェックポイント

表 9-X-8　倉庫の単体規定チェックポイント

項　目	チェックポイント
避難規制	□荷捌き室等居室部分の歩行距離、2以上の直通階段の設置
防火区画	□ 1500 ㎡区画 □耐火被覆範囲
排煙	□荷捌き室の排煙確保 □倉庫部分の告示 1436 号 4（ニ）①又は②の適合 □避難安全検証法により居室扱いする倉庫の排煙免除の要否
非常用照明	□倉庫部分の通路想定部分の設置の要否
非常用進入口	□道路及び 4 m以上の空地に面する外壁面の非常用進入口の確保（40 m間隔）又は、10 m以内ごとの代わる開口部の確保
荷捌場（トラックヤード）	□用途の取扱い確認 （荷捌場・駐車場） □荷捌場との異種用途区画の確認

●目安箱●

◆朱印を押した安全証明書は副本に添付◆

　安全証明書は構造設計の委託者に宛てた書面なので、朱印付の安全証明書は委託者に渡るようにします。確認申請時には、安全証明書が不要の場合とは異なり、朱印と朱印の割り印の付いた安全証明書と計算書の表紙を副本に付けて、その表紙に審査機関の確認済印をもらい確認申請後に返却を受けるのが一般的です。この時正本の計算書表紙と安全証明書はコピーとなりますが、正本表紙には朱印が必要であり、改めて押印することになるので注意してください。なお、朱印付の安全証明書を確認申請図書に添付しないで直接委託者に発行する場合も考えられます。もちろんその場合も確認申請図書にはコピーの添付は必要です。

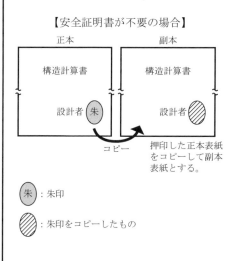

【安全証明書が不要の場合】
押印した正本表紙をコピーして副本表紙とする。

朱：朱印
：朱印をコピーしたもの

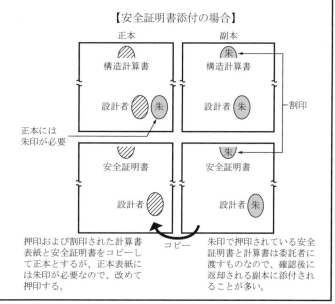

【安全証明書添付の場合】
押印および割印された計算書表紙と安全証明書をコピーして正本とするが、正本表紙には朱印が必要なので、改めて押印する。

朱印で押印されている安全証明書と計算書は委託者に渡すものなので、確認後に返却される副本に添付されることが多い。

XI　自動車車庫

■1　立地上のポイント

1．用途地域による制限

(1)　建築物である自動車車庫の制限

　　自走式、床グレーチング式のものは、建築物扱いであり、階数も算定されるので注意すること。

表 9-XI-1　建築物車庫の用途地域制限

用途地域	建築物に附属する自動車車庫	独立自動車車庫	設けてよい階
第1種・第2種低層住専	△	×	地階、1階
第1種・第2種中高層住専	△	△	地階,1階,2階
第1種・第2種住居地域	△	△	地階,1階,2階
準住居地域	○	○	制限なし
近隣商業地域	○	○	〃
商業地域	○	○	〃
準工業地域	○	○	〃
工業地域	○	○	〃
工業専用地域	○	○	〃

○：建築可　△：条件付で建築可　×：建築不可

　①　附属自動車車庫の制限

　　建築基準法における用途地域の制限については、建築物である自動車車庫と、工作物である自動車車庫の面積の合計に対する規制を受ける。一敷地での規制と、一団地認定（総合的設計による一団地の建築物）を用いた場合の規制とでは制限値が異なる。

表 9-XI-2　通常敷地での面積制限

用途地域	面積の制限（㎡）
第1種・第2種低層住居専用地域	A（＋B）≦ 600 かつ A（＋B）≦ S　（　）内は B > 50 のとき
第1種・第2種中高層住居専用地域	A（＋B）≦ 3,000 かつ A（＋B）≦ S　（　）内は B > 300 のとき
第1種・第2種住居地域	A（＋B）≦ S　（　）内は B > 50 のとき

A：建築物である自動車車庫の面積
B：工作物である自動車車庫
S：同一敷地内の建築物の面積の合計（車庫部分を除く）

　第1種・第2種低層住居専用地域内の附属自動車車庫は2階以上、第1種・第2種中高層住居専用地域、第1種・第2種住居地域内の車庫は3階以上に設けられないが、建築物の屋上に設ける場合は屋上は階数に算入しないので建築可能である。但し、法文上明確でなく、別の取扱いをしている特定行政庁もあるので必ず確認すること。

表 9-XI-4　独立自動車車庫の面積制限

用途地域	面積の制限（㎡）
第1種・第2種低層住居専用地域	建築不可
第1種・第2種中高層住居専用地域	A ≦ 300 かつ 2 階以下のみ但し、都市計画で決定されたものを除く
第1種・第2種住居地域	A ≦ 300 かつ 2 階以下のみ但し、都市計画で決定されたものを除く

A：建築物である自動車車庫の面積

表 9-XI-3　一団地認定を受けた場合の面積制限

用途地域	団地内の一敷地ごとの面積の制限（㎡）	一団地認定の際の面積の制限（㎡）
第1種・第2種低層住居専用地域	A（＋B）≦ 2,000　（　）内は B > 50 のとき	各敷地で 600 と S の大小を比較し、小さいほうの合計
第1種・第2種中高層住居専用地域	A（＋B）≦ 10,000　（　）内は B > 300 のとき	各敷地で 3,000 と S の大小を比較し、小さいほうの合計
第1種・第2種住居地域	A ＋ B ≦ S	ΣA ＋ ΣB ≦ ΣS　ΣB は各敷地内で 300 ㎡を超えるものの合計

A：建築物である自動車車庫の面積　　B：工作物である自動車車庫の築造面積
S：同一敷地内の建築物の面積の合計（車庫部分を除く）

② 独立自動車車庫の制限

住居系用途地域内に吊上げ式自動車車庫（メリーゴーランド式）を設けることができる（S35.12.8第368号通達は住居系用途地域の自動車車庫の建築を禁止するものではない）。

(2) 工作物である自動車車庫（指定工作物）

工作物である自動車車庫は、本来建築物であれば各用途地域内（住居系）に建築できないものを対象として規制している。

① 工作物である自動車車庫の構造建築物に該当しない機械式駐車装置（2、3段駐車装置等）及び屋根に該当しない覆いをした駐車場に（パイプフレームのみが構築されていて必要に応じてシートをかけるようなもの）を対象としており、コンクリート敷にする等地盤を単に工作したにすぎない駐車場は対象としない——S50.3.25第6号通達

② 工作物である自動車車庫の規模

表9-XI-5　工作物車庫の用途地域制限

		対象となる用途地域	自動車車庫の建築可能な規模（㎡）
一敷地での制限	独立自動車車庫	1種・2種低層住専	$B \leqq 50$
		1種・2種中高層住専	$B \leqq 300$
	建築物に附属する自動車車庫	1種・2種低層住専	$B \leqq 50$ かつ $A+B \leqq 600$ 若しくは $A+B \leqq S$
		1種・2種中高層住専	$B > 300$ かつ $A+B \leqq 3000$ 若しくは $A+B \leqq S$
		1種・2種住居	$A+B > S$
総合設計制度による	建築物に附属する自動車車庫	1種・2種低層住専	$B \leqq 50$ かつ 一敷地で $A+B \leqq 2000$ 若しくは 一団地で $\Sigma A+B \leqq \Sigma$（各敷地の600 or Sの小さい方）
		1種・2種中高層住専	$B > 300$ かつ 一敷地で $A+B \leqq 10000$ 若しくは 一団地で $\Sigma A+B \leqq \Sigma$（各敷地の3000 or Sの小さい方）
		1種・2種住居	一団地で $\Sigma A+B \leqq \Sigma S$

※ 各用途地域ごとに対象となる自動車車庫の規模を超えるものは、工作物として法48条を準用されるので、各用途地域に建築できない。建築する場合は、用途地域の許可申請の取得が必要となる
※ この規模以下の自動車車庫は、指定工作物とならず、住居系地域内にあっても建築可能となる
※ 一層2段以上の自走式自動車車庫については、建築物とする

図9-XI-1　車庫の用途地域制限の考え方

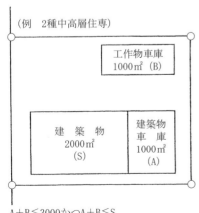

（例　2種中高層住専）

工作物車庫 1000㎡（B）
建築物 2000㎡（S）
建築物車庫 1000㎡（A）

$A+B \leqq 3000$ かつ $A+B \leqq S$
$1000+1000=2000 \leqq 3000$、$1000+1000 \leqq 2000 \therefore OK$

(3) 住居系用途地域内の48条許可の準則

（H2.11.26通達147号）

従来、自動車車庫の設置については、建築基準法48条の用途地域規制により制限されていたが、居住者等が利用する自動車車庫で、居住環境を害するおそれがなく、次に示す基準を満足するものであれば、特定行政庁の許可制度を積極的に活用することとなった。

① 建築物に附属する自動車車庫

次の条件に該当すること。

イ　一種住専では600㎡以下で1階以下にあること（法規制上は300㎡以下）。

二種住専では3000㎡以下で2階以下にあること（法規制上は1500㎡かつ1階以下）

住居地域では3階以下にあること（法規制上は1階以下）

ロ　車庫面積合計が建築物の延べ面積の1/3以下であること

② 独立した自動車車庫※

※独立した自動車車庫とは主要用途が自動車車庫である建築物をいう

・一種住専では300㎡以下で1階以下にあること　　　　　　（法規制上は不可）
・二種住専では1500㎡以下で2階以下にあること　　　　　（法規制上は50㎡以下）
・住居地域では1500㎡以下で3階以下にあること　　　　　（法規制上は50㎡以下）

2．条例による接道規制等

(1) 出入口の前面道路の幅員

自動車車庫は各地方公共団体の建築条例により一定規模以下（50㎡としているところが多い）のものを除き、幅員6m以上の道路に面して出入口を設けなければならない。

図9-XI-2　車庫の接道規定

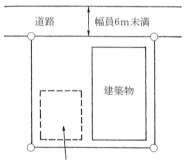

建築物である一定規模以上の自動車車庫は設けられない

なお、建築条例による規制の対象は、建築物である自動車車庫を対象としており、青空駐車場は対象とならないが、次の取扱いがされる。

① 附置義務で設けた駐車場は、青空駐車場であっても建築物に準じて取扱われることがある。

② 駐車場法の路外駐車場（当該建築物利用者専用の駐車場を除く、一般公共の用に供されるもの）で、駐車の用に供する部分の面積が500㎡以上のものは、駐車場法により、幅員6m以上の道路に面して出入口を設けなければならない。

(東京都条例による接道規制)

・表9-XI-6の用途の建築物の敷地には、自動車の出入口を同表右欄の幅員未満の道路に面して設けてはならない。
・建築物に附属する自動車車庫の接道規制の緩和（表9-XI-7）

表9-XI-6　東京都条例による自動車の出入口規制

用　途	幅員
1. 博物館、美術館（床面積200㎡超） 2. 自動車車庫、自動車駐車場、自動車修理工場（床面積50㎡超）自動車洗車場又は自動車教習所 3. タクシー又はハイヤーの営業所（業務車の駐車面積が500㎡未満のもの） 4. 展示場 5. 倉庫又は荷貨物集所 6. 体育館（学校に附属するものを除く） 7. ガソリンスタンド（石油類の貯蔵能力が5万ℓ以下のもの） 8. 液化石油ガススタンド（液化石油ガスの貯蔵能力が35t以下のもの） 9. 危険物の貯蔵場又は処理場	6 m
10. 自動車ターミナル 11. タクシー、ハイヤーの営業所（3に掲げるものを除く） 12. 卸売市場 13. レディミクストコンクリート製造場又はアスファルトコンクリート製造場 14. ボーリング場 15. ガソリンスタンド（7に掲げるものを除く） 16. 液化石油ガススタンド（8に掲げるものを除く）	12 m

表9-XI-7　東京都条例による車庫の接道の緩和

（表9-XI-6に掲げる用途以外の用途に供する建築物に附属するもの）

建築物としての車庫等の床面積の合計	自動車の出入口の道路の条件			左記の道路が有効に接続する一方の道路幅員
	道路幅員	道路状をなす合計幅		
1. 50 m² 以下	規制対象外			
2. 200（300）m² 以下	4.0 m以上（2項道路を除く）	—	（交通の安全上支障ない場合に限る）	
3. 300（400）m² 以下	5.0 m以上	—	—	
	4 m以上	5.0 m以上	5.0 m以上	
4. 400（500）m² 以下	4 m以上	6.0 m以上	6.0 m以上	

※　（　）内は共同住宅又は寄宿舎の用途に供する建築物に附属する車庫の場合
※　3., 4. の場合、特定行政庁に届出が必要となる場合があるので注意すること

図9-XI-3　東京都条例による車庫の接道の緩和

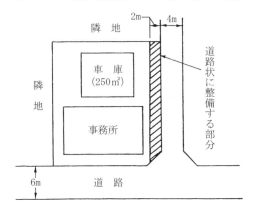

(2) 道路幅員以外の出入口の規制（27条）

① 東京都条例による規制

下記に該当する道路には自動車車庫の出入口を設けてはならない。

イ　道路の交差点若しくは曲がり角、横断歩道又は横断歩道橋（地下横断歩道含む）の昇降口から5m以内の道路

ロ　勾配が1/8を超える道路

ハ　道路上に設ける電車停留場、安全地帯、橋詰め又は踏切から10m以内の道路

ニ　児童公園、小学校、幼稚園、特別支援学校、児童福祉施設、老人ホームその他これらに類するものの出入口から20m以内の道路（出入口からの最短距離とする）

ホ　上記イからニまでのほか、知事が交通上支障があると認めて指定した道路

※1　交差点にはT字路、変形三差路、Y字路を含み、その交差点の向い側の敷地も規制を受ける。

図9-XI-4　東京都条例による交差点の規制

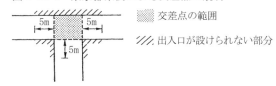

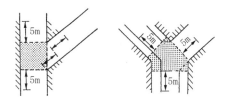

※2　道路、歩道にすみ切りがある部分は、そのすみ切りの角より5m以内の規制となる。

図9-XI-5　すみ切りの角より5mの計り方

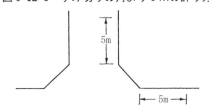

※3　横断歩道と横断歩道橋の規制

図9-XI-6　東京都条例の横断歩道等の規制

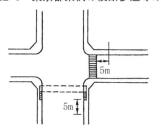

※4　公園、小学校等の出入口の規制は、当該出入口の反対側の敷地も対象とするが、次のイ、ロは反対側の敷地を含まない。

イ　公園等の出入口に接するガードレール等柵の設けられた幅員1.5 m以上の歩道を有する道路

ロ　当該出入口に接する歩道を有し、かつ、縁石線又は柵その他これに類する工作物により車線が往復別に分離されている道路

図9-XI-7　東京都条例による公園等の規制[72]

〔原則〕

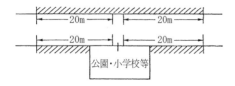

〔緩和イ〕

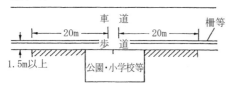

〔緩和ロ〕

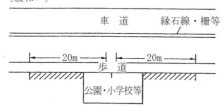

② 駐車場法による規制

路外駐車場で、駐車の用に供する部分の面積が6000 m²以上のものは、出口と入口を分離し、その間隔を道路に沿って10 m以上としなければならない。

図9-XI-8　駐車場法による出入口規制

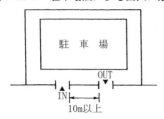

2 特殊な自動車車庫の取扱い

1．自走式立体自動車車庫

最上階に屋根がないものでも、傾斜車路や駐車部分が網目状（穴空きチェッカープレート、エキスパンドメタル等）の床で構成されていて、1階及び屋上部分を自動車の駐車の用途に供しているものは建築物扱いとなる。

こうした「簡易な構造の建築物」の取扱いにおいては、第2章Ⅱ■4を参照されたい。

2．多段式駐車装置

固定して設けられた屋根がある場合は建築物として扱うが、屋根がないものは、第9章■1 (2)で解説したように住居系用途地域内にある一定規模以上のものが指定工作物として扱われ、これに該当しないものは、建築物としても指定工作物としても扱っていない特定行政庁が多い。

（但し、神奈川県は別の取扱いをしているので注意すること）

また、自治体ごとに環境条例等で機械の騒音を規制している場合があるので必ず特定行政庁にて確認すること。

図9-XI-9　多段式駐車装置の建築物扱い

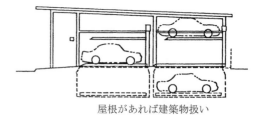

屋根があれば建築物扱い

屋根がなければ建築物扱いしない（但し、施設の規模により取扱いが異なるので、特定行政庁に確認のこと）

3．吊上式自動車車庫（メリーゴーランド式）

原則としては、階数が3以上で延べ面積が150㎡を超える建築物に該当するものと解されるが、次の各号の要件を満たすものについては、建築基準法27条、61条及び62条の規定の運用に関しては、階数が1の建築物として取扱ってさしつかえない。

(1) 耐火建築物又は建築基準法2条9号の3及び令109条の3第1項2号に該当する準耐火建築物とすること。
(2) 木造建築物が密集している市街地内で「他の建築物」（耐火建築物又は準耐火建築物を除く）又は隣地境界線から5m以下の距離に建築する場合には、外壁を不燃材料で覆い、かつ、地盤面からの高さが15m以下の外壁の部分を耐火構造とすること。
(3) 前号の場合で、延焼のおそれのある部分に車両の出し入れ口を設ける場合には、これに特定防火設備を設けること。
(4) 木造建築物が密集している市街地で既存の建築物又は他の建築部分と一体に建築する場合には、当該既存の建築物又は他の部分を(2)にいう「他の建築物」とみなして(2)及び(3)によること。
(5) 住居地域内には建築しないこと。
(6) 吊上機の騒音により周囲の安寧を害するおそれのないものとすること（環境条例等により規制値がある場合があるので必ず確認すること）。
(7) 外周の美観に考慮を払うこと。
（S35.12.8通達368号）

※ この基準はあくまで、法27条、61条、62条において「階数が1の建築物」として扱うということであり、延べ面積が防火地域では100㎡、準防火地域では1500㎡を超える建築物は、耐火建築物としなければならない。

4．機械式駐車場の床面積の算定

吊上式自動車車庫、機械式立体自動車車庫等で、床として認識することが困難な形状の部分については、1台につき15㎡を床面積として算定する。なお、床としての認識が可能な形状の部分については、通常の算定方法による。

表 9-Ⅺ-8　駐車場の床面積の算定

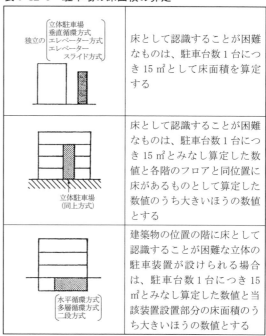

3 単体規定のポイント

1. 主要な単体規定一覧

表 9-XI-9　自動車車庫の主要単体規定

項　　目	規　制　内　容						緩和・注意事項
直通階段までの歩行距離	居室の種類	主要構造部が耐火構造・準耐火構造又は不燃材料				その他	無窓居室とは採光上有効な開口部（1/20）を有しない居室をいう ※車庫の格納部分及び車路は居室でない為、居室として規制される項目は、他に居室がなければ適用されない（以下同じ）
		14 階以下		15 階以上			
			準不燃以上で内装		準不燃以上で内装		
	一般居室	≦ 50 m	≦ 60 m	≦ 40 m	≦ 50 m	≦ 40 m	
	無窓居室	≦ 30 m	≦ 40 m	≦ 20 m	≦ 30 m	≦ 30 m	
2 以上の直通階段の設置		主要構造部が耐火構造・準耐火構造又は不燃材料		その他			6 階以上の緩和 1. その階の居室の床面積の合計 ≦ 200 ㎡ 2. 階段は屋外避難階段か特別避難階段であること 3. 避難上有効なバルコニーを有すること ※条例により避難階段の設置を求めている場合がある
	居室の床面積の合計	避難階の直上階		> 400 ㎡	> 200 ㎡		
		その他の 5 階以下の階		> 200 ㎡	> 100 ㎡		
		6 階以上の階		居室があれば必要			
階段の寸法			幅員	けあげ	踏面		
	居室の床面積の合計	地上階 > 200 ㎡ 地　階 > 100 ㎡	≧ 120cm （屋外 90）	≦ 20cm	≧ 24cm		
		上記以外	≧ 75cm	≦ 22cm	≧ 21cm		
廊下の幅員			中廊下	片廊下			
	居室の床面積の合計	地上階 > 200 ㎡ 地　階 > 100 ㎡	≧ 1.6 m	≧ 1.2 m			
		上記以外	制限なし	制限なし			
防火区画	区画の種類		区画面積	防火戸種類			スプリンクラー設備等の自動消火設備を設置した部分はその面積を 1/2 として計算して区画する
	面積区画	耐火建築物又は任意の準耐火建築物	≦ 1500 ㎡	特定防火設備			
		法によるイ準耐（1 時間耐火を除く）及びロ準耐第 1 号該当（外壁耐火）	≦ 500 ㎡	特定防火設備			
		法によるイ準耐（1 時間耐火）及びロ準耐第 2 号該当（不燃軸組）	≦ 1000 ㎡	特定防火設備			
	竪穴区画	耐火構造で 3 階以上又は地階に居室があるもの		特定防火設備又は防火設備			
	高層区画（11 階以上）	下記以外	≦ 100 ㎡	特定防火設備又は防火設備			
		下地・仕上準不燃	≦ 200 ㎡	特定防火設備			
		下地・仕上不燃	≦ 500 ㎡	特定防火設備			
	異種用途区画	3 階以上の階又は 150 ㎡ を超える自動車車庫とその他の部分を防火区画する		特定防火設備			
		床面積が 50 ㎡ を超える自動車車庫とその他の部分を防火区画する		特定防火設備又は防火設備			

内装制限	全て適用 ――（廊下、階段を含めて準不燃材料以上とする）	スプリンクラー設備等の自動消火設備＋排煙設備を設けた部分は緩和
排煙設備	1. 階数3以上で延べ面積500㎡以上の建築物 2. 延べ面積1000㎡以上で床面積200㎡以上の居室 3. 排煙上無窓居室（天井から下方80cm以内の部分が1/50未満）	(1) 不燃性ガス消火又は粉末消火設備設置部分は緩和 (2) 建告1436号適合部分
非常用照明	1. 階数3以上で延べ面積500㎡以上の建築物 2. 延べ面積1000㎡以上の建築物 3. 採光上無窓居室	H12.5.31告示1411号により部分緩和
非常用進入口	高さ31m以下にある3階以上の各階に設置 （道又は道に通ずる幅員4m以上の空地に面する外壁面）	非常用進入口に代わる開口部により代替
居室の採光	不要 但し、無窓居室になることにより、法規制が強化される項目がある	

2．建築条例による制限
（東京都条例）

※東京都条例による制限は50㎡以上の自動車車庫について適用される。

(1) 前面空地

① 自動車車庫の出入口は、道路境界線から2m後退した車庫の中心線に直角に向かって、左右それぞれ60度以上前面道路の通行の見通しができる空地又は空間を有しなければならない。

但し、交通の安全上支障がないと認められる場合においては緩和される。

図 9-XI-10　東京都条例による車庫の前面空地1（28条）

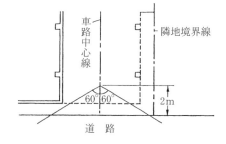

② 自動車を昇降させる設備を設ける車庫は、①に併せて、奥行き及び幅員がそれぞれ6m以上（長さが5m以下の自動車用の設備にあっては、それぞれ5.5m以上）の空地又はこれに代わる車路を設けなければならない（この空地の中にターンテーブルを設けてもよい）。

図 9-XI-11　東京都条例による車庫の前面空地2

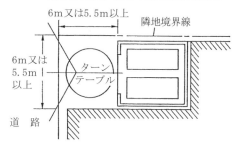

(2) 構造制限と防火区画

① 構造制限

イ　300㎡（一階建の場合は600㎡）を超えるものは耐火建築物とする。

ロ　建築物の一部に設ける車庫で次のいずれかに該当するものは耐火建築物とする。

a．直上に2以上の階があるもの

b．建築物の避難階以外の階に設けるもの
（避難階のみにある150㎡未満の車庫で車庫の主要構造部が耐火構造であり、その他の部分と防火区画（防火戸は特定防火設備に限る）されているものを除く）

② 防火区画

イ　①に該当する車庫は、他の部分と耐火構造の壁、床及び特定防火設備で区画し、①の規模以下のものは、耐火構造、準耐火構造又は防火構造の界壁を設け、開口部には防火設備を設けること。

(3) 一般構造設備
　① 床及び排水設備は、耐水材料をもって構成し、汚水排除の設備を設けること（ガソリントラップ等の駐車場阻集器の設置）。
　② 床が地盤面下にある場合には、二方面以上の外気に通ずる適当な換気口又はこれに代る設備を設けること。
　③ 傾斜路の縦断面勾配は1/6以下とし、かつ、路面は粗面とするか、又はすべりにくく材料で仕上ること。
　④ 延焼のおそれのある部分には耐火構造、準耐火構造又は防火構造とした外壁を設け、かつ、その開口部には特定防火設備又は防火設備を設けること。
　⑤ 避難階以外の階に設ける場合は、避難階若しくは地上に通ずる直通階段又はこれに代わる設備を設けること。
(4) 大規模自動車車庫の構造設備
　格納又は駐車の用に供する部分の床面積の合計が500㎡以上の自動車車庫は下記とする。
　但し、特殊な装置を用いるもので、同等以上の効力があると知事が認める場合は、この限りでない。
　① 車路の幅員は、二方通行の場合にあっては5.5m以上、一方通行の場合にあっては3.5m以上とし、屈曲部の内のり半径は5m以上とすること。但し、ターンテーブルが設けられている場合は内のり半径の規定はこの限りでない。
　② 格納又は駐車の用に供する部分の床から天井又は梁下までの高さは、2.1m以上、車路の部分においては2.3m以上とすること（ダクトが通る場合も、ダクト下で2.1m又は2.3m確保のこと）。
　③ 床面積1㎡ごとに毎時25㎥以上の換気量を有する換気設備を設けること。但し、換気に有効な窓その他の開口部を設け、その開口面積が各階における床面積の1/10以上である場合は、この限りでない。
　④ 自動車の出入口には警報装置を設けること。
　⑤ 前記（3）の⑤の直通階段は避難階段とすること。
　⑥ 自動車用のエレベーターは自動車の格納又は駐車の用に供する部分の床面積の合計（昇降機によらないで格納又は駐車できる部分の床面積を除く）が1000㎡以内ごとに1基の割合で設けること。

図9-XI-12　東京都条例による大規模車庫の車路の回転半径[72]

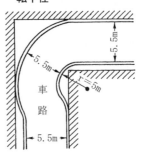

※一方通行の場合、車路幅は3.5mとする

(5) 屋上を自動車の駐車の用に供する建築物
　① 延焼のおそれのある部分への駐車を防止できる構造の車止め等を当該屋上に設けること。但し、令109条2項の防火設備を設けた部分については、この限りでない。
　② 接道規則、前面空地、一般構造設備（(3)の①、③、⑤のみ適用）大規模自動車車庫の構造設備（(4)の①、④、⑥のみ適用）の規定を準用する。

図9-XI-13　東京都条例による屋上車庫の構造規制[72]

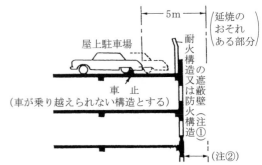

(注①)耐火構造又は防火構造の遮蔽壁など令109条2項の防火設備を設けた場合は、点線のように隣地側に接近させることができる
(注②)自走式認定駐車場の場合は各認定条件により隣地との距離が決められている場合等があるので必ず認定条件を確認すること

3．駐車場法による制限

※路外駐車場（当該建築物利用者専用利用の駐車場を除く一般公共用の用に供されるもの）で駐車の用に供する部分が 500 ㎡を超えるものについて適用される。

(1) 前面空地

　　自動車の出口付近の構造は、当該出口から 2 m 後退した自動車の車路の中心線上 1.4 m の高さにおいて、道路の中心線に直角に向かって左右にそれぞれ 60 度以上の範囲内において、当該道路を通行する者の存在を確認できるようにしなければならない。

(2) 車路

①　自動車の車路の幅員は 5.5 m 以上としなければならない。但し、一方通行の車路にあっては、3.5 m 以上とすることができる。

②　建築物である路外駐車場の規定

イ　梁下の高さは、2.3 m 以上であること。（駐車の用に供する部分は 2.1 m 以上）

ロ　屈曲部は、自動車が 5 m 以上の内のり半径で回転できる構造であること。

ハ　傾斜部の縦断勾配は、17%を超えないこと。

ニ　傾斜部の路面は、粗面とし、又はすべりにくい材料で仕上ること。

(3) その他の構造設備（建築物である路外駐車場）

①　直接地上に通ずる出入口のある階以外の階に自動車の駐車の用に供する部分を設けるときは、避難階段又はこれに代わる設備を設けなければならない。

②　その内部の空気を 1 時間につき 10 回以上直接外気と交換する能力を有する換気装置を設けなければならない。但し、窓その他の開口部を有する階でその開口部の換気に有効な部分の面積がその階の床面積の 1/10 以上であるものについては、この限りでない。

③　次の各号に定める照度を保つために必要な照明装置を設けなければならない。

イ　自動車の車路の路面　　　　　10 lx 以上

ロ　自動車の駐車の用に供する部分の床面

　　　　　　　　　　　　　　　　2 lx 以上

④　自動車の出入及び道路交通の安全を確保するために必要な警報装置を設けなければならない。

4．駐車場の排煙設備

(1) 機械式駐車場、立体式駐車場等の無人の駐車設備は、令 126 条の 2、1 項 4 号に該当するもの（本文緩和）として取り扱うことができる場合がある。

(2) 自走式駐車場で地階部分については、消防法に基づく不燃性ガス消火設備又は粉末消火設備で固定式のものを設ける場合には、建告 1436 号に該当するもの（告示緩和）として取り扱う。

(3) (2) において、建告 1436 号に該当しない（指定外の消火設備とする）場合は、排煙設備が必要となる。なお、スロープ部分については次による取り扱いが可能である。

①　各階においてスロープ部分と駐車部分とが防火区画されている場合には、令 126 条の 2、1 項 3 号と同等の部分とみなし、排煙の対象外の部分として扱う。

②　防火区画を必要としないスロープ部分で、直接外気に接している場合は、排煙の対象外の部分として扱う。この場合、スロープ部分と駐車場部分との境界には防煙区画を設けなくても排煙上支障がないものとして扱う。

(4) 駐車場の天井部分については、一般に天井材を張らずに構造耐力上の梁が露出することが多いが、次の図のように床面積 500 ㎡以内ごとに求めた数値以上の固定防煙壁を設け、排煙口を防煙壁より上部に設置すれば、各々に排煙口を設ける必要はないものとして扱う。

第9章

577

図 9-XI-14　駐車場の防煙区画（梁型が露出の場合）[77]

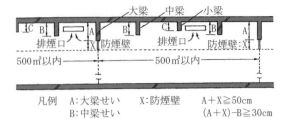

凡例　A：大梁せい　　X：防煙壁　　A＋X≧50cm
　　　B：中梁せい　　　　　　　　(A＋X)−B≧30cm
　　　C：小梁せい

4 単体規定のチェックポイント

表 9-XI-10　自動車車庫のチェックポイント

項　目	チェックポイント
用途地域規制	□住居系用途地域内の車庫面積及び設ける階 □単独か建物附属か
接道規制	□前面道路の幅員（原則として6m以上）、条例規定等確認
出入口	□交差点、横断歩道等からの距離（5m） □公園、小学校等の出入口からの距離（20m）
前面空地	□60度の見通し角度（2m後退した位置） □機械式駐車場の前面空地 　（6m×6m又は5.5m×5.5m）
車路	□大規模駐車場の車路幅、内のり半径 □梁下の天井高さ
防火措置	□耐火建築物の耐火被覆 □延焼のおそれのある部分の防火措置
防火区画	□面積区画 　（倍読み規定を含めた1500 ㎡区画） □車庫以外の部分との異種用途区画（特定防火設備とする。ELVホールとの扉に注意）
排煙	□排煙方法の選択（排煙設備の設置又は不活性ガス消火設備等の設置による緩和等） □消防法による排煙設備の設置（店舗内駐車場、駐車場単独ビルの地階又は無窓階で、その階の床面積1000 ㎡以上の場合）
不活性ガス消火設備等	□面積、台数による設備義務 □移動式でよい場合の開放率の算定
非常用照明	□車路部分の非常用照明の設置の要否
関連法規	□公共用駐車場及び病院、ホテル、物販店舗等の特定建築物については、バリアフリー法に基づき、高齢者、身体障害者等が円滑に利用できるように配慮

5 駐車場附置義務

1．附置義務の考え方

図 9-XI-15　駐車場附置義務の考え方

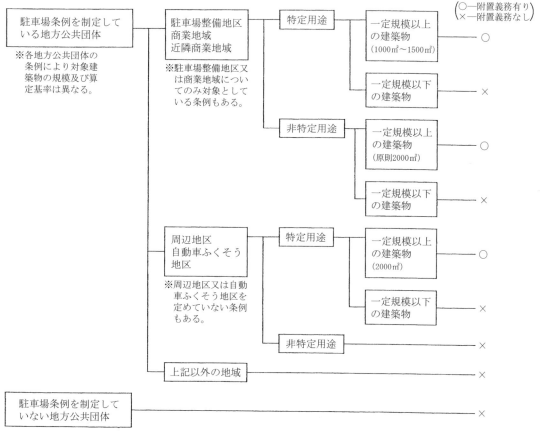

※上記駐車場条例の他に、共同住宅の住戸数に応じた附置義務台数を定めている条例を設けている特定行政庁もあるので、確認を要する。

2．標準駐車場条例の附置義務基準

（H26.8.1 通知 56 号）

標準駐車場条例は、各市町村の条例を定める際のひな型となるものである。

（1）附置義務対象建築物の規模

表 9-XI-11　標準駐車場条例による対象建築物

地域地区	規則対象建築物	
	特定用途	非特定用途
駐車場整備地区 商　業　地　域 近隣商業地域	1. 概ね人口 50 万人以上の都市は 1500 ㎡以上 2. 概ね人口 50 万人未満の都市は 1000 ㎡以上	2000 ㎡
周　辺　地　区 自動車ふくそう地区	2000 ㎡以上	（非対象）

※　2 以上の地域地区にまたがる場合は、過半の地域地区とする

※　駐車施設を建物内に設けた場合は、その用途に供する部分の床面積は対象面積から除かれる

※　特定用途とは、事務所、旅館、ホテル、病院、店舗、劇場、映画館、集会場、工場、倉庫、体育館等をいう

(2) 附置義務台数の算定基準

① 一般的な算定方法

表 9-XI-12 標準駐車場条例附置義務台数の算定表

・概ね 100 万人以上の都市

地域地区	特定用途			非特定用途
	百貨店その他の店舗の用途に供する部分	事務所の用途に供する部分	特定用途（百貨店その他の店舗及び事務所を除く）に供する部分	
駐車場整備地区又は商業地域若しくは近隣商業地域	200 ㎡に 1 台	250 ㎡に 1 台	250 ㎡に 1 台	450 ㎡に 1 台
周辺地区又は自動車ふくそう地区	250 ㎡に 1 台			—

・概ね 100 万人未満の都市

地域地区	特定用途			非特定用途
	百貨店その他の店舗の用途に供する部分	事務所の用途に供する部分	特定用途（百貨店その他の店舗及び事務所を除く）に供する部分	
駐車場整備地区又は商業地域若しくは近隣商業地域	150 ㎡に 1 台	200 ㎡に 1 台	200 ㎡に 1 台	450 ㎡に 1 台
周辺地区又は自動車ふくそう地区	200 ㎡に 1 台			—

② 中規模建築物に対する緩和措置

延べ面積が 6000 ㎡に満たない建築物に対しては、附置義務を課されない建築物との公平性を保つため、一定の附置義務の緩和を行う。

緩和台数は、附置義務算定台数の数値に、次式により算出して得た数値を乗じて得た数値とし、小数点以下の端数が有る場合は、切り上げた数値とする。

イ 駐車場整備地区又は商業地域若しくは近隣商業地域

$$1-\frac{（ア）×（6000 ㎡-延べ面積）}{6000 ㎡×延べ面積-（ア）×延べ面積}$$

（ア）：人口 50 万人以上の都市＝ 1500 ㎡

人口 50 万人未満の都市＝ 1000 ㎡

ロ 周辺地区又は自動車ふくそう地区

$$1-\frac{6000 ㎡-延べ面積}{2×延べ面積}$$

③ 大規模事務所に対する緩和措置

事務所用途の建築物に限り、床面積が 10000 ㎡を超えるものは、10000 ㎡を超える部分の床面積に対して下表の緩和（低減率）を行う。

表 9-XI-13 大規模事務所の低減率

床面積の節分（S）	低減率
10000 ㎡< S ≦ 50000 ㎡	0.7
50000 ㎡< S ≦ 100000 ㎡	0.6
100000 ㎡< S	0.5

※ この表により算出された床面積に 10000 ㎡を加えて、表 7-139 に示す台数算定を行うことになる

(3) 駐車施設の規模

表 9-XI-14 1 台あたりの駐車マスと割合

	マスの大きさ	附置すべき台数に対する割合
1. 小型乗用車用	2.3 m × 5.0 m	70%未満
2. 普通乗用車用	2.5 m × 6.0 m	30%以上
3. 身体障害者用の乗用車用	3.5 m × 6.0 m	各建物に 1 台以上 台数は 2. の内数
4. 荷捌きのための駐車施設	3.0 m × 7.7 m 梁下の高さ 3 m	附置すべき台数以上

3. 東京都における附置義務基準

(1) 適応区域

特別区及び市の区域内、すなわち町村部を除く都内全域とする。

(2) 条例対象区域

- 駐車場整備地区名称

  新宿区、千代田区、大田区、足立区、都市部（中央区、港区）、渋谷（渋谷区）、新宿（渋谷区）、上野・浅草（文京区、台東区）、池袋（豊島区）、中野駅周辺（中野区）、町田、八王子、立川

- 駐車場整備地区等

  特別区内、市の区域内で上記以外の近隣商業、商業地域の区域内

- 周辺地区

  特別区内で上記の2地区以外の都市計画区域と市の区域内の第1種、2種住居地域、準住居地域、準工業地域内

- 自動車ふくそう地区

  市の区域内の第1種、2種中高層住居専用地域、工業地域又は工業専用地域

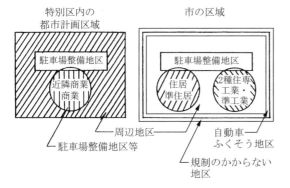

図 9-XI-16　条例対象区域

(3) 附置義務対象建築物の規模

表 9-XI-15　東京都駐車場条例による対象建築物

地域地区	規則対象建築物	
	特定用途	非特定用途
駐車場整備地区 商　業　地　域 近隣商業地域	1,500 ㎡以上	2,000 ㎡以上
周　辺　地　区 自動車ふくそう地区	2,000 ㎡以上	（非対象）

※ 2以上の地域地区にまたがる場合は、過半の地域地区とする

※ 駐車施設を建物内に設けた場合は、その用途に供する部分の床面積は対象面積から除かれる

※ 特定用途とは、劇場、映画館、演芸場、観覧場、放送スタジオ、公会堂、展示場、結婚式場、斎場、集会場、旅館、ホテル、料理店、飲食店、キャバレー、カフェ、ナイトクラブ、バー、ダンスホール、遊技場、ボーリング場、体育館、百貨店その他の店舗、事務所、病院、卸売市場、倉庫若しくは工場又はこれらの二以上のもの

※ 駐車場整備地区等において、特定用途と非特定用途がある場合は、特定用途の床面積＋（非特定用途の床面積）×3/4 として対象建築物の判定を行う

(4) 附置義務台数の算定基準

① 算定方法

表 9-XI-16　附置義務台数算定表

地域地区		特定用途		非特定用途	
		百貨店等店舗・事務所	その他	その他	共同住宅
特別区	駐車場整備地区及び商業・近隣商業地域	250 ㎡に1台	300 ㎡に1台	300 ㎡に1台	350 ㎡に1台
	周辺地区又は自動車ふくそう地区	300 ㎡に1台		—	—
市の区域	駐車場整備地区及び商業・近隣商業地域	200 ㎡に1台	250 ㎡に1台	300 ㎡に1台	300 ㎡に1台
	周辺地区又は自動車ふくそう地区	250 ㎡に1台		—	—

※ 特定用途と非特定用途がある場合は、それぞれの床面積の割合ごとに算定し、合計台数が附置義務台数となる

※ 小数点は切り上げとする

② 緩和措置

以下のものに関しては、附置義務台数の緩和措置がある。

イ 延べ面積が 6,000 ㎡に満たない中規模建築物

算定した合計台数に、以下の激変緩和係数を乗じたものを附置義務台数とする。

a 駐車場整備地区等

$$1 - \frac{1,500 \times (6,000 - 延べ面積)}{6,000 \times \left(\begin{smallmatrix}特定用途\\の床面積\end{smallmatrix} + \begin{smallmatrix}非特定用途\\の床面積\end{smallmatrix} \times \frac{3}{4}\right) - 1,500 \times 延べ面積}$$

b 周辺地区等

$$1 - \frac{6,000 - 延べ面積}{2 \times 延べ面積}$$

ロ 床面積 6,000 ㎡を超える大規模事務所

事務所用途の建築物に限り、床面積が 6,000 ㎡を超えるものは、6,000 ㎡を超える部分の床面積に対して下表の緩和（低減率）を行う。

表 9-XI-17　大規模事務所の低減率（東京都駐車場条例）

床面積の分節（S）	低減率
6000 ㎡< S ≦ 10000 ㎡	0.8
10000 ㎡< S ≦ 100000 ㎡	0.5
100000 ㎡< S	0.4

※この表により算出された床面積に 6,000 ㎡を加えて、表 9-XI-16 に示す台数算定を行うことになる

特別区内の駐車場整備地区の 110,000 ㎡の事務所を例に示す。

ⅰ）調整面積の算定

6,000 ㎡までは

6,000 ㎡× 1 ＝ 6,000 ㎡　……………a

6,000 ㎡を超え 10,000 ㎡以下では

(10,000 ㎡− 6,000 ㎡)× 0.8 ＝ 3,200 ㎡

………b

10,000 ㎡を超え 100,000 ㎡以下では

(100,000 ㎡− 10,000 ㎡)× 0.5 ＝ 45,000 ㎡

……………………………………… c

100,000 ㎡を超える部分では

(110,000 ㎡− 100,000 ㎡)× 0.4 ＝ 4,000 ㎡

………………………………………… d

※ ＿部は床面積の各範囲における低減率 a ～ d の合計により調整面積は 58,200 ㎡

ⅱ）附置義務台数の算定

58,200 ㎡/250 ㎡＝ 232.8 台→ 233 台

ハ 保育園、幼稚園、小学校、中学校及び高等学校

ニ その他の学校

ホ 無人又は建物規模に比較して従業員等の著しく少ない施設（変電所、地域冷暖房施設、コンピューターセンター等）

(5) 駐車施設について

① 一台あたりの規模

規模、設置割合については前述の標準駐車条例に準ずる。機械式駐車場に関しては下表に基準を示すが、機械式駐車場の採用については、知事の認定申請が必要となるので注意すること。

表 9-XI-18　機械式駐車場の基準

	幅	長さ	高さ	車両重量
普通車用	1.9 m	5.3 m	1.55 m	2.2 t
小型車用	1.7 m	4.7 m	1.55 m	1.5 t

※ 上記以上の車両を収容可能なもの

② 障害者用車室は、原則として平面駐車場とする。

③ 出入口

大規模駐車場（500 ㎡以上）にあっては、出入口に一時停止の標識、指定外方向の通行の禁止及び警報器を設置し、必要と認められるときは交通整備員を配置させる等の措置を講じる。

④ 屋外及び工作物である駐車施設にあっては、車室部分が建築物であると考えて、前面道路の幅員等の安全条例の規定を準用されるべきである。

(6) 隔地駐車について

① 隔地駐車が認められる場合

イ 既存建築物の上階に、増築によって駐車施設を設置する際に、構造上、不可能又はきわめて困難な場合。

ロ 駐車場、又は駐車場の出入口が、他の法令により設置不可能又は困難である場合。

ハ 前面道路の交通規制（歩行者天国等長時間にわたる通行禁止）のため、自動車の出入りが不能な場合、又は前面道路の交通上、駐車場を設ける事が好ましくない場合。

ニ 前面道路の歩道の切下げが禁止されている場合。

ホ 敷地の間口が狭い等、駐車場の出入口又は駐車施設を設置する事がきわめて困難な場合。

② 隔地駐車場の設置条件

イ 障害者用の駐車施設を隔地駐車場として設置する事は原則として認められない。又、荷さばき駐車施設の隔地は認められない。

ロ 都市計画駐車場を隔地駐車場として利用することは原則として認められない。

ハ 他の用途への転用が容易な、建築物以外の駐車施設（野天駐車場、工作物の駐車場等）は、原則として認められない。

ニ 当該建築物の敷地から、直線距離で概ね300 m以内の範囲に設置する。

ホ 原則として隔地駐車場は申請者が所有又は管理する。

ヘ 既存の貸し駐車場を賃借する場合は、以下を満たすこと。

・20年以上の契約期間を設定する

・自走式及び併用式駐車場では、駐車位置を確定する

・既設駐車場に、2以上の建築物の附置義務駐車施設を設ける場合には、附置義務台数の合計数以上を有するようにする

(7) 集合住宅における駐車場附置について

東京都集合住宅駐車施設附置要綱（平成26年3月28日改正）による基準がある。

① 適応区域

特別区の区域内で、駐車場整備地区、商業地域、近隣商業地域以外の区域

② 対象建築物

令149条1項各号に掲げる建築物（都庁決裁の建築物＝昇降機付の延べ面積10000 ㎡を超えるもの等）で、集合住宅の用途に併する部分の床面積が2000 ㎡を超えるもの

③ 新築する場合の駐車施設の附置

集合住宅の住居、又は住室の数の30％又は集合住宅用途部分の面積を350 ㎡で除して得た数値のいずれか小さい方の数値以上を附置する。知事が特にやむを得ないと認めた場合は緩和措置がある。

④ 駐車施設の規模

幅2.3 m×奥行5.0 m以上とし、最低1台は幅3.5 m×奥行6.0 m以上のものを設置する。

⑤ 附置の特例

知事が特にやむを得ないと認めた場合は、計画敷地から概ね300 m以内の場所に駐車施設を附置することができる。

⑥ 駐車施設の管理

この要綱により設置した附置駐車施設の所有者及び管理者は、駐車施設が常に良好な状態で使用できるように当該敷地、構造及び設備を管理しなければならない。

XII 専用住宅

1 専用住宅とその他の区分

(1) 専用住宅

専用住宅は居住の目的だけに建てられた住宅で、店舗・作業所・事務所等業務用に整備された部分のないものをいう。建築基準法の扱いは、法別表第2の「住宅」、また、確認申請の用途区分記号表の「1戸建て住宅」が該当する。

(2) 2世帯住宅

高齢化社会の到来により、2世帯住宅が一般化している。基本的には専用住宅に2世帯が住むと考えてよいが、建築基準法上、取扱いが微妙な場合があるので注意されたい。

① 1棟の場合（玄関が互いに独立）

1棟であり、互いに独立した玄関を持ち、台所・風呂・便所等の水廻りをそれぞれ持つ形式の2世帯住宅は、建築基準法上、長屋又は共同住宅と判断される場合がある。そうなると、法的に規制（接道規制、構造規制等）が強化されることがあり、注意が必要である。

特定行政庁との打合せの中で、建築主の要件（親子の連名にする等）だけで説明できない場合は、玄関を1つにしたり、水廻りを共用する等の対応が必要となる。

② 2棟となる場合（1敷地に母屋と離れ）

比較的余裕のある敷地の場合、「母屋と離れ」という1敷地に2棟となる2世帯住宅が考えられる。しかし、離れに台所・風呂・便所等の水廻りがある場合は、独立した専用住宅と判断される場合がある。そうなると、敷地分割（用途上可分）が必要となり、法的に規制（接道規制、建ぺい・容積率等）が強化されることがあり注意が必要である。

1棟の場合と同様に、特定行政庁との打合せの中で、建築主（親子の連名にする等）だけで説明できない場合は、離れの水廻りの一部を取り止める（便所はよいが、台所あるいは風呂は制限される）等の対応が必要となる。

図9-XII-1　母屋と離れがそれぞれ専用住宅とみなされる場合（敷地分割）

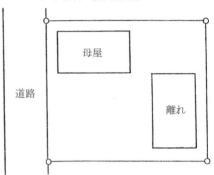

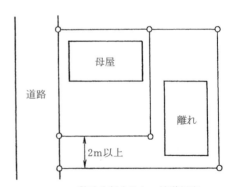

敷地分割すると、接道規定建ぺい・容積率、採光等不利になることが多くなる

(3) 併用住宅（兼用住宅とも呼ぶ）

居住用の部分と業務用に整備された部分とが一体となった住宅で、店舗併用住宅・工場併用住宅等がある。

建築基準法の扱いは、用途地域による建築制限がある。

なお、単体規定は規模が余程大きくない限り追加の規制はないが、排煙・消防法の防火対象物の扱いについて注意が必要である。

(4) ゲストハウス

明確な定義はなく、基本的には専用住宅と考えてよいが、建築基準法上、取扱いが微妙な場合があるので注意が必要である。

特に法的に注意しなくてはならないのは第1種・第2種低層住居専用地域と第1種中高層住居専用地域内に建築する場合の建物用途制限である（法別表第2の制限）。次の①及び②の例のような扱いが考えられる。

① 迎賓を目的とする場合

欧米のように、お客の接待は夫婦単位で自宅に招いて行う考えから、住宅に併設して迎賓を目的とした部屋（レセプションルーム、パーティールーム等）を持つ、会社の役員住宅にみられるゲストハウスがある。この場合、規模等によっては、集会場又は飲食店と同等の規定を受ける場合があるので注意が必要である。

② 宿泊を目的とする場合

お客の接待に宿泊が伴なうもので、住宅に併設して宿泊を目的とした部屋（寝室、客用リビング等）を持つ、別荘地にみられるゲストハウスがある。この場合、規模等によっては、旅館・ホテルと同等の規定を受ける場合があるので注意する必要がある。

なお、単位規定上の扱い（法別表第1）は、併設される部屋の目的により上記と同等の扱いで特殊建築物扱いをされる場合がある。

2 立地上のポイント

1．用途地域による制限

表 9-XII-1　専用住宅の用途地域制限

用途地域	専用住宅
第1種低層住居専用地域	○
第2種低層住居専用地域	○
第1種中高層住居専用地域	○
第2種中高層住居専用地域	○
第1種住居地域	○
第2種住居地域	○
準住居地域	○
近隣商業地域	○
商業地域	○
準工業地域	○
工業地域	○
工業専用地域	×

○：建築可　×：建築不可

2．市街化調整区域内の建築制限

市街化調整区域内においては、住宅の建築は原則的に禁止されている（公共事業、都市計画事業等は除く）。

例外的に次の表に該当する場合は、それぞれ規定の条件のもとに必要な手続きを行うことにより建築が認められる。

表 9-XII-2　市街化調整区域に建築できる住宅

No	対象住宅の種類・条件	根拠法文	必要手続き
1	農林漁業を営む者の居住用建築物	法29条1項2号	(許可等不要)
2	農家の二男・三男が分家する場合の住宅	法34条1項10号ロ S44.12.4第117・156号通達	開発審議会＋許可
3	市街化調整区域の指定に伴なう既存権利者の住宅 ・指定された時点で土地に関する権利を有し、6ヶ月以内に所定の届出を行ない、5年以内に建築するもの	法34条1項13号 令36条1項3号ニ	届出
4	周辺居住者の日常生活に必要な物品の販売、加工、修理等の業務の併用住宅 ・延べ面積50㎡以内かつ店舗部分が延べ面積の1/2以上であるもの (開発行為を伴なうものは敷地面積100㎡以内であること)	法29条1項11号 令22条1項6号 法34条1項5号 令35条1項3号	(許可等不要)
5	既存宅地 ・市街化調整区域の指定時にすでに宅地であった土地で市街化区域に隣接又は近接しているもの (開発行為を伴なわないことが条件) ※実際の運用は都道府県により違いがあるため注意が必要	(旧)法43条1項6号	既存宅地の確認申請 制度としては廃止されている 廃止前までに確認された土地であるか否かの確認が必要である
6	既存建築物の建替 (改築) ・従前の敷地の範囲内で、建替後の床面積が従前の1.5倍以下であり、用途・構造がほぼ同一のもの	法34条1項10号ロ 令36条1項2号ハ S57.7.16第28・31号通達	開発審議会＋許可

3. 農地を購入して住宅を建てる場合

　農地（地目が田・畑）の売買には、農地法により原則として都道府県知事の許可が必要となる。つまり、住宅敷地として農地を購入する場合には、農地以外の地目（通常は宅地）への転用許可が必要とされる。この転用許可のための申請手続きは、売主と買主の双方が署名・捺印して市町村の農業委員会に提出し、都道府県知事が届出を受理してはじめて農地転用が許可（所有権が移転）され、住宅が建てられることになる。

　なお、この転用許可は常に認められるものではなく、その農地の状態で決められる。たとえば、ガス・水道等が施設されている地区であったり、市街地の中に取り残されているような農地は許可されやすいようである。なお、市街化区域内の農地が前提とされ、原則として第1種農地は許可されない。

4. 接道

　建築物の敷地は、原則として幅員4m以上の道路に幅2m以上接する必要がある。(図9-XII-2参照)

図 9-XII-2　接道の条件

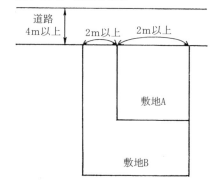

この際の「道路」には下記のものが相当する。
(指定区域内では6m以上)

- 幅員4m以上の公道
- 法律（都市計画法、土地区画整理法等）に基づいてつくられた4m以上のもの
- 建築基準法施行時 (S25.11.23) に存在した幅員4m以上のもの
- 特定行政庁から道路位置指定を受けたもの
- 幅員1.8m以上4m未満の道で、建築基準法施行時にそれに沿って家が立ち並んでいたもの（2項道路：この場合「敷地と道路の境

線」は、道路の中心線から 2 m の場所に設定される）

なお、法的な道路に扱われない既存道路に接している場合に、法 43 条但し書き許可により、一定条件をもって住宅の建築を認めている場合もあり、特定行政庁に相談されたい。

道に接する長さの他に、特定行政庁の建築条例で主に次の項目が規制されているので注意すること。

(1) 路地状部分の制限
(2) 角敷地の制限

※東京都条例による制限

(1) 路地状部分の制限

① 路地状敷地の形態

建築物が、路地状部分のみによって道路（都市区域外の場合には道）に接する場合、路地状部分の幅員は、路地状部分の長さによって規制を受ける。

図 9-XII-3　路地状部分のみで道路に接する敷地

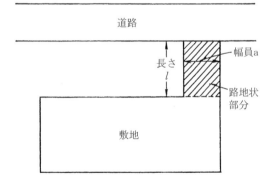

表 9-XII-3　路地状部分の長さと幅員

規模	路地状部分の長さ l	幅員 a
耐火・準耐火建築物以外で延べ面積が 200 ㎡を超えるもの	20 m 以下	3 m 以上
	20 m を超える	4 m 以上
耐火・準耐火建築物及び延べ面積が 200 ㎡以内のもの	20 m 以下	2 m 以上
	20 m を超える	3 m 以上

② 路地状敷地の建築制限

路地状部分の幅員が 4 m 未満である路地状敷地に、階数が 3 以上である建築物を建築するには、耐火建築物、準耐火建築物又は令 136 条の 2 に定める技術基準に適合する木造建築物としなければならない。これらの建築物以外で、3 以上の階数のものを建築するには、路地状部分の幅員を 4 m 以上としなければならない。

(2) 角敷地の制限

幅員がそれぞれ 6 m 未満の道路が 120 度未満の角度で交わる角敷地には、敷地の隅を頂点とする長さ 2 m の底辺の二等辺三角型形を道路状に整備しなければならない（図 9-XII-4、図 9-XII-5 参照）。すなわち三角形の各頂点に杭を打つ等して境界を明確にし、人や自動車が容易に通行できる程度の整備（砂利舗装等）をしなければならない。

図 9-XII-4　角敷地の整備部分

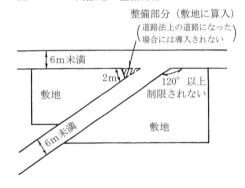

図 9-XII-5　道路に隅切がある場合

また、この三角形部分の高さ 4.5 m 以下の部分には、建築物を突き出して建築したり、交通上支障のある工作物を築造することはできない。（図 9-XII-6）

図 9-XII-6　角敷地の制限

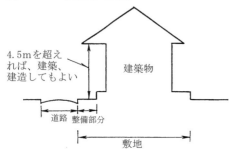

5．形態規制

表 9-XII-4　専用住宅の形態規制注意点

敷地面積	1. 2項道路の道路中心線からの後退及び敷地面積除外 2. 低層住居専用地域の 200 ㎡以内の敷地面積の規制
建ぺい率	1. 建築面積の算定方法（バルコニー、ポーチ、庇等）
容積率	1. 前面道路幅による低減 2. 床面積の算定方法（地下、車庫、小屋裏物置（グルニエ）・出窓、バルコニー、ピロティ等）
道路斜線	1. 平均地盤面と道路路面の中心線との高さの取り合い 2. 後退距離の緩和の玄関ポーチ及び付属棟の位置、高さ、間口率、道路側門・塀の高さ・形状
北側斜線	1. 真北方向の水平距離と建物高さと屋根形状 2. 地方公共団体による高度地区指定
絶対高さ	1. 低層住居専用地域の 10 m 又は 12 m の高さ制限
外壁後退	1. 低層住居専用地域の 1 m 又は 1.5 m の外壁後退規制の有無と距離確保 2. 民法による 50cm の距離制限 3. 地区計画・建築協定による外壁後退の有無と距離確保
日影規制	1. 低層住居専用地域の対象建築物規制（軒高＞7 m 又は 3 階以上が対象） 2. 規制ラインの規制値の適合
採光斜線	1. 用途地域に応じた有効部分の割合による水平距離確保 2. 屋根、バルコニー、庇の形状・高さによる有効部分の算定

6．狭い敷地を大きく使うための手法

様々な規制の中で、住宅の敷地として大きく使うためのポイントは次の通りである。

(1) 小屋裏物置（グルニエ）

次の条件をすべて満たせば、床面積にも階数にも算入されない。(S55 住指発 24 号)

① 1 の階に存する小屋裏物置等の部分の水平投影面積の合計（共同住宅等は住戸単位で算定。）が、当該小屋裏物置等が存する階の床面積の 1/2 未満であること。なお、小屋裏物置等を階の中間に設ける場合には、小屋裏物置等の部分の水平投影面積の合計が、その接する上下それぞれの階の床面積の 1/2 未満であること。

② 小屋裏物置等の最高の内法高さが 1.4 m 以下であること。なお、上下階にそれぞれ小屋裏物置等が存在し、上下に連続する小屋裏物置等にあっては、内法高さの合計が 1.4 m 以下であること。

③ 階の中間に設ける小屋裏物置等は、当該部分の直下の天井高さが 2.1 m 以上であること。

④ 階段等から利用する小屋裏物置等（以下「スキップフロア型小屋裏物置等」という。）についても、余剰空間で上記①〜③全てに該当する場合は階とみなさないこととし、当該部分は床面積に算入しない。

※1 小屋裏物置等とは、小屋裏や床下等の余剰空間を利用するものであり、用途については収納に限定される。

※2 小屋裏物置等に窓等を設ける場合には、開口部の面積の取扱いについて、申請する審査機関に確認が必要である。

※3 小屋裏物置等は、主たる空間でない余剰空間を利用するものであり、当該部分の直下の天井高さは 2.1 m 以上必要となる。

※4　収納として利用するスキップフロア型小屋裏物置等は、階として取り扱わず当該部分の下の階に属するものとする。たとえば、図9-XII-7に示す1階から2階の間の階段等から小屋裏物置等（g）を設ける場合は、当該部分は階として算定せずに1階に属するものとするため、全体としてこの建築物の階数は2となる。

※5　構造や階高等、計画によっては余剰空間と言えない計画もあるので、申請する審査機関に確認が必要である。

※6　図9-XII-7のcのように、小屋裏物置等を水平投影した部分が、当該小屋裏物置等を利用する階の床面積に算入されていない場合は、当該小屋裏物置等とその他の部分が、床、天井、壁、戸等で区画されていること。

※7　小屋裏物置等への専用の階段は、法2条5号に規定する「局部的な小階段」に該当する。

※8　小屋裏物置等は基本的に室内からの利用を想定しており、外部から利用するものは適用外とする。

(2) 車庫

　　車庫や自動車置場に利用される部分の面積は、容積率の算定に際して、全体の延べ床面積の1/5までは算入されない。但し、建築面積（建ぺい率）には算入されるので注意を要する。

(3) 地下室

　　地下室の床面積は、容積率の算定に際して、全体の延べ床面積の1/3までは算入されない。但し、「寝室利用不可」、「前面にドライエリア等が必要」、「換気設備等の制限」、という制限があるが、オーディオルーム、ホビールーム等として利用できる。

(4) ベランダ、バルコニー

　　共同住宅の場合と同様に、ベランダ、バルコニーは、一定の条件を満たせば、2mの幅までは床面積に算入されない（ベランダ、バルコニーの建築面積・床面積算定に関しては第3章III❷及び、第3章III❺参照）。

　　なお、ベランダ、バルコニーの床がすのこ状であれば、その下の空間は柱で囲まれていても通常建築面積にも床面積にも算入されない取扱いもある（特定行政庁により取扱が異なるため打合わせすること）。

図9-XII-7　階とみなさない小屋裏物置等の条件[14]

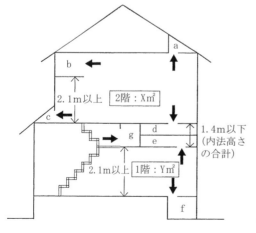

$a + b + c + d < X/2$
$e + f + g < Y/2$
$c + d + e + g < X/2$ かつ $Y/2$

a：2階小屋裏物置の水平投影面積
b：2階物置の水平投影面積
c：2階から利用する1階小屋裏物置の水平投影面積
d：2階床下物置の水平投影面積
e：1階天井裏物置の水平投影面積
f：1階床下物置の水平投影面積
g：階段等から利用する1階天井裏物置の水平投影面積
X：2階の床面積
Y：1階の床面積
→：物の出し入れ方向

※個々具体の事例における余剰空間や適用の判断については、申請する審査機関に確認が必要である

図 9-XII-8　ベランダに関する手法

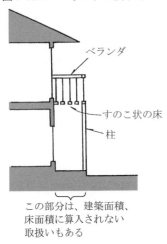

(5) 出窓

　床面からの出窓の下場までの高さが 30cm 以上、周囲の外壁面からの水平距離が 50cm 未満で、かつ、見付け面積の 1/2 以上が窓である場合は床面積に算入されない。（図 9-XII-9）

　但し、次のような場合には床面積に算入されるので注意を要する。

・出窓の天井が天井の位置以上の高さにある
・出窓が屋根と一体で、下屋になっていない
・棚等の物品の保管や格納の用途に用いられる部分が相当ある
・下に地袋がある

図 9-XII-9　床面積に算入されない出窓

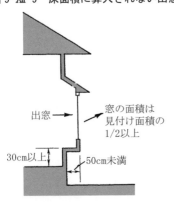

7．相隣関係（民法の規定）

　相隣とのトラブルは、特に住宅の場合に多いようである。そのため、民法には、住宅に限定されるものではないものの、隣接地所有者間（相隣関係）の土地利用を調整するための規定がある。また、民法の規定に直接ない権利関係も併せて次表にまとめる。

　なお、確認申請にあたっては、建築計画が民法上の相隣関係の規定に適合するか否かは審査の対象にはならない。

表 9-XII-5　民法の規定にある相隣関係

規定項目	主な内容
隣地使用権（立入権）	境界又はその付近で建物や塀を築造・修繕するときに隣地の使用を請求できる（民法 209 条。隣人の承諾が必要）。また、隣地を使用して隣人に損害を与えた場合は、損害を賠償しなければならない
袋地（囲繞地）通行権	敷地が他の土地に囲まれて公道に通じていないとき、その土地所有者は囲んでいる隣地を通行できる。必要があれば通行地に通路を開設できるが、建築基準法上の接道義務を満たすために、大幅に幅員を拡張して囲繞地所有者に不利益を強いることは難しい（民法 210・211 条及び判例の傾向）。袋地の賃借人や建物の賃借人の権利については、考えが分かれているが、前者については登記等の対抗力をもてば、認められるという説が強い
下水道	他人の土地や排水設備を使用しなければ、下水を公共下水道に流せないときは、他人の土地に排水設備を設置するか、又は他人の設置した排水設備を使用することができる（下水道法 11 条 1 項前段）
電気ガス上水道	明文の規定はないが、導入設備が隣地の土地を使用するしかない場合は、設置工事の申請で、隣地の承諾を求めるのが一般的。拒否されれば訴訟となる
自然的排水	土地所有者は隣地から水が自然に流れてくるのを妨げてはならない（民法 214 条。但し、隣地の地盛による場合は、この限りでない）
人工的排水	土地所有者は雨水が直接隣地に注ぐ屋根等を設けてはならない（民法 218 条）。また、高地の所有者は家用の排水等のために、下水道等に至るまで、低地に水を通過させることができる（民法 220 条）
界標設置権	土地所有者は隣地所有者との共同費用で境界標を設置できる。費用は折半だが、測量費用は土地の広さに応じて分担する（民法 223・224 条）

囲障設置権	2棟の建物の間に空地があれば、各建物所有者は共同費用で境界に塀や垣根を設置できる。囲障の種類等で双方の協議が整わない場合は、高さ2mの板塀か竹垣とする。（民法225条）。自分で費用を負担すれば、材料や高さを変えられる（民法227条）。異なる慣習がある場合はこの限りでない（民法228条）
隣地の竹木	隣地の竹木の枝が敷地に侵入していれば、その所有者に枝の切取りを請求でき、根なら自分で切り取れる（民法233条）。但し、越境した枝が土地所有者に何の支障も与えないか、損害が極めて僅少な場合等で、竹木所有者の受ける損害が不当に大きいときは、枝の切取りを常に請求できるとは限らない
建物と境界線との距離	建物は境界線より50cm以上離して築造しなければならない（民法234条1項）。この規定に違反して建築する者がいる場合、隣地所有者は建築の着手から1年以内で建物が未完成ならば、その建築の廃止、変更を求めることができる。但し、建基法65条が優先する（防火又は準防火地域内で外壁が耐火構造の建物を隣地境界線に接して建てることができる。最高裁平成元年9月19日判決）
眺望制限	境界線より1m未満の距離で窓等を設けるときは、目隠しを設置しなければならない（民法235条1項）。異なる慣習のある場合を除く（民法236条）。なお、民法の規定によらず、1m未満の窓だけでなく、覗き見されること自体で目隠し設置請求の根拠とされる場合もある（マンションの窓等）

表9-XII-6　民法の規定にない相隣関係

項　目	主　な　内　容
敷地の重複使用	建基法上の一建築物一敷地の原則に違反し、既存建築物の敷地の一部を、新たな建築物の敷地に重複して利用すること。確認申請では、このような私法上の権利関係は審査対象とならないとされているが、重複使用を認めない考えもあるので注意のこと
違反建築の是正措置請求	近隣住民は特定行政庁に対し、違反建築の是正措置を求める権利はないとされている。近隣住民としては、是正措置や代執行をしてもらうよう特定行政庁に陳情するが、建物の除却や損害賠償を求める民事訴訟を提起するしかない。近隣住民が行政処分である建築確認の取消しを求める訴訟を提起するしかない。近隣住民が行政処分である建築確認の取消しを求める訴訟の原告適格があるか否かについては、肯定、否定の両学説・判例がある。民事訴訟で工事差止めや仮処分請求が認められるケースは少なく、また裁判所の判決や決定が出ないまま建物が完成すると、訴訟そのものが不適法として却下される
位置指定道路と通行の自由	位置指定道路は私道であるが、近隣住民の通行の自由があり、通行妨害に対して妨害排除や損害賠償が認められている。但し、日常生活上の必須の利益の侵害となる場合に認められるので、建基法上の損適義務を満たすためだけに私道上のブロック塀等の妨害物を排除することはできない
日照権	日照権の法的根拠は諸説あるが、日照権の侵害は被害者が加害者に対し、建築の差止めや損害賠償を請求できるとされている。但し、違法性の判断は個別具体的になされる。なお、日照規制に違反すると日照権侵害の違法性が認められやすいといわれる。また、たとえ日影規制に違反しなくても日照権侵害の違法性が認められることがある
眺望権	現状では日照権に比べて認められるケースは限られる。工事の禁止が認められたのは観光地での観光旅館の特殊な事例くらいである。一般住宅や別荘地で稀に慰謝料が認められる程度（不動産の財産価値の低下額を損害賠償請求の対象とした判例もある。大阪地裁平成4年12月21日判決）
プライバシー権	プライバシーの権利等に基づいて、侵害者に対し、目隠しの設置を請求できる場合がある

3 単体規定

1．構造制限

表 9-XII-7　防火地域による構造の制限

	構造の規制		緩和の条件
防火地域内	階数が3以上 100 ㎡を超える	耐火建築物	平屋建、50 ㎡以内の附属建築物で外壁・軒裏が防火構造であるものを除く
	階数が2以下かつ 100 ㎡以下	耐火建築物又は準耐火建築物	
準防火地域内	階数が4以上 1,500 ㎡を超える	耐火建築物	
	階数が3以上 500 ㎡を超える	耐火建築物、準耐火建築物又は大臣が安全上・防火上支障がないと認めた構造の建築物	
	階数が2以下かつ 500 ㎡以下	耐火建築物又は準耐火建築物以外の建築物で良い（外壁・軒裏の延焼の恐れがある部分は防火構造とする）	
22条指定区域	耐火・準耐火建築物以外の建築物の屋根は不燃材料で作るか葺く		茶室、あずまや等又は10 ㎡以内の物置等の延焼の恐れのある部分以外
	準耐火建築物以外の木造の建築物は外壁の延焼の恐れのある部分を土塗壁等とする		

※　階数は地下を除いた階数
　　面積には、容積率算定時は含まれない車庫等又は地階の部分を含む

2．採光

住宅の居室では室面積の1/7以上の採光上有効な開口部を設ける。その際、下記の点に注意すること。

- 隣地境界線等の側では、庇の先端から有効部分を算定する。なお半透明の庇等採光上支障の無い部分は除外してよい。
- 居室の外部側に幅90cm以上の縁側がある場合（ぬれ縁を除く）は、縁側が無いものとした場合の開口面積の7/10を採光上有効とみなす。
- 天窓による採光は、通常の3倍となる。
- ふすま、障子等で仕切られた室は1室と考えてよい。（2室採光）

地階に居室を設ける場合については、採光を確保する他、換気設備等による緩和規定がある

図 9-XII-10　庇がある場合の採光斜線の考え方

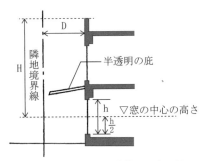

隣地境界線や敷地内の他の建物に面する側に庇が出ている場合、庇が半透明なら、庇がないものと考えて採光係数を算定出来る

図 9-XII-11　出窓の考え方

図 9-XII-12 天窓の考え方

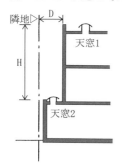

採光上有効な部分にある天窓1は、開口面積の3倍を有効とする。天窓2はD・Hによる算定係数が、負の数値となる場合は採光は認められない

3. 単体規定一覧

表 9-XII-8 住宅の単体規定一覧表

項目	規制事項				緩和条件
直通階段までの歩行距離	主要構造部が耐火構造、準耐火構造又は不燃材料			その他	
		準不燃以上で内装			
	一般居室	≦ 50 m	≦ 60 m	≦ 40 m	
	無窓居室	≦ 30 m	≦ 40 m	≦ 30 m	
2以上の直通階段	避難階の直上階		その他の階		
	耐火建築物準耐火建築物	その他	耐火建築物準耐火建築物	その他	
	> 400 ㎡	> 200 ㎡	> 200 ㎡	> 100 ㎡	
階段の寸法		幅員	けあげ	踏面	
	居室の床面積の合計が地上階で200㎡以下、地下階で100㎡以下	≧ 75cm（屋外60cm）	≦ 23cm	≧ 15cm	
	上記を超える場合	≧ 120cm（屋外90cm）	≦ 20cm	≧ 24cm	
防火区画 竪穴区画	耐火構造又は準耐火構造の建築物の3階以上又は地下に居室を有する場合は、階段、エレベーターの昇降路の部分、吹抜け等の部分と他の部分を区画する		防火戸特定防火設備又は防火設備		3階以下かつ200㎡以下は不要
内装制限		面積	居室	廊下	
	3階建以上	> 500 ㎡	難	準	耐火構造の建物の100㎡以内ごとに耐火構造の壁等で区画
	無窓居室（排煙上無窓）	≧ 50 ㎡	準	準	
	耐火建築物以外の建築物の火気使用室	—	準		平屋建ての建築物又は建築物の最上階の火気使用室
換気	室面積の1/20以上の換気上有効な開口部を設ける				換気設備を有効に設けた室
	火気使用室には換気設備を設ける				密閉式燃料焼機器のみを設けた室
					100㎡以内の住宅の調理室で床面積の1/10以上かつ0.8㎡以上の換気上有効な開口部をもつ室（燃焼機器の発熱量が10,000kcal/h以下のもの）
排煙設備	排煙上無窓居室				2階以下かつ200㎡以下の住宅の居室で床面積の1/20以上の換気上有効な開口部があるもの
非常用進入口	3階以上の外壁面の道路又は幅4m以上の空地に面する側の10m以内ごとに規定される窓が設けられていない場合				
地階の居室の禁止	原則として地階に居室を設けてはならないが、からぼりを設ける等衛生上、安全上支障がないと認められる場合はよい				

4. 防火対象物の取扱い

専用住宅以外の用途を持たない建築物は、防火対象物とはならないが、店舗、事務所等、他の用途を併せ持つ場合には、他の用途部分の用途や規模によっては防火対象物となり、消防設備が必要となる。（第7章Ⅱ**1**、表7-Ⅱ-1）

又、防火対象物とならない住宅でも住宅用火災報知器の設置が必要となる。

5. 住宅金融支援機構による基準

民間金融機関と住宅金融支援機構が提携して提供する住宅ローンについて。

(1) 個人向けの主な住宅ローン

・フラット35

最長35年の長期固定金利住宅ローン。借入時に返済終了までの金利・返済額が確定するローン。

・フラット35S

フラット35を申し込みの際、省エネルギー性、耐震性等に優れた住宅を取得する場合は、借入金利を一定期間引き下げる制度。現在金利Aプランと金利Bプランの2種類の融資が用意されている。

・フラット35借換融資

現在住宅ローンを利用している場合、フラット35借換融資を利用して長期固定金利ローンに借り換える事ができる制度

・フラット50

長期優良住宅の認定を受けた住宅について、償還期間を最長50年に設定できる制度。

・フラット35（保証型）

金融機関が提供する住宅ローンに対して、住宅金融支援機構が保証を引き受けることにより実現した長期固定金利の住宅ローン

・フラット35リフォームパック

中古住宅の購入と同時にリフォームを行う場合に利用できる制度。フラット35と取扱い金融機関が提供するローンの利用で、中古住宅購入資金とリフォーム工事に必要となる資金を一体の手続で借入れができる仕組み

前記のほか、中古住宅向け融資、リフォーム融資等が用意されている。

いずれの融資も、建物について仕様、構造に関する技術的基準に適合する必要があり、適合証明機関等による物件検査を受ける必要がある。

(2) 事業者向けの主なローン

賃貸住宅を建設する際の賃貸住宅融資、賃貸住宅リフォームローン、再開発、マンション建替えを行う事業者向けのまちづくり融資制度がある。

・サービス付き高齢者賃貸融資

サービス付き高齢者向け住宅として登録された一定の賃貸住宅について、住宅金融支援機構が直接融資する制度。併せて国の補助事業の対象となる。機構融資の利用にあたっては、収入、資力、事業運営、事業計画等について審査があるため、事前に機構相談窓口に相談が必要。

・省エネ賃貸住宅建設資金融資・まちづくり融資

個人、中小事業者、建替えを行う組合を対象とした融資制度。建築工事費等借入対象となる事業費の最大100％を融資。借入金利は35年固定金利と15年固定金利が用意されている。申込みの条件等は機構ホームページに詳細が示されている。

上記のほか、サービス付き高齢者賃貸住宅購入資金融資や、サービス付き高齢者賃貸住宅リフォーム融資が用意されている。

いずれの融資も、建物について仕様、構造に関する技術的基準に適合する必要があり、適合証明機関による設計検査及び竣工現場検査を受ける必要がある。

４ 法規制チェックポイント

表 9-ⅩⅡ-9 専用住宅の法規制チェックポイント

項　目	チェックポイント
都市計画	□都市計画区域の確認 □市街化区域の確認（市街化調整区域は原則不可） □都市計画道路の有無 □用途地域の確認（工業専用地域は不可） □防火指定（防火・準防火地域、22条指定区域）の有無 □建ぺい率・容積率
接　道	□法的道路扱いの確認 □2m以上の接道 □建築条例による制限の確認（路地状敷地等） □道路幅の確認（2項道路の後退、容積率の低減）
高さ制限	□絶対高さ制限（第1種・第2種低層住居専用地域の場合） □道路斜線制限 □隣地斜線制限 □北側斜線制限 　（条例による高度地区規制含む） □日影規制
上下水道	□給水の確認 □公共下水道区域の確認 　（区域外の場合は浄化槽等が必要） □雨水放流先の確認（河川、隣地との関係等）
土地造成	□宅地造成地の場合、法による許可の確認 □擁壁の必要性
構造制限	□規模（面積・階数）による制限 □防火指定（防火・準防火地域、22条指定区域）による制限
採　光	□採光 　（隣地との有効距離、屋根等からの高さ） □2室採光、天窓の利用 □縁側は低減される場合あり
床面積	□小屋裏物置（グルニエ）、車庫、地下室、ベランダ、出窓等を考慮
その他	□キッチンの防火構造 □ベランダの手すり高さ（1.1m以上） □相隣関係（民法の規定）

XIII　その他の建物用途

1　保育所

表 9-XIII-1　保育所のチェックポイント

項　目	チェックポイント
関連法規	□児童福祉法に基づく児童福祉施設最低基準による
単体規定	□居室の採光確保（保育室 ≧ 1/5（≧ 1/7 ※）、その他の居室 ≧ 1/10） □2 階に保育室等を設ける場合の傾斜路又は屋外階段の設置、3 階以上に保育室等を設ける場合の歩行距離 30 m 以下、仕上不燃材料に注意 □防火上主要な間仕切壁の令 114 条区画 □排煙確保（特に廊下の排煙に注意）

※　200 lx 以上の照明設備の設置（床面上 50cm における水平面）かつ有効採光面積が 1/7 以上の場合（床面上 50cm 以上の窓等）（S55.12.1 告示 1800 号、改正 H12.12.26 告示 2465 号）

2　寄宿舎

表 9-XIII-2　寄宿舎のチェックポイント

項　目	チェックポイント
関連法規	□労働基準法に基づく事業付属寄宿規定による ※学生寮に関する関連法規はなし ※事業付属寄宿規定の届け出については、単に企業の寄宿舎ということで届け出が必要になるわけではない。必ずこの寄宿舎がなければ、その企業が成立しない等の場合に届け出が必要となり、企業の福利厚生施設として設けられている場合は届出不要。寄宿舎の設置については、必ずその形態を確認し各労働基準監督署と事前打合せを行うこと
単体規定	□居室の採光確保（採光上有効部分の算定に注意） 寝室 ≧ 1/7 □建築条例に基づく主要出入口の位置、窓先空地の確保 □歩行距離、重複距離に合せた階段配置 □2 以上の直通階段の設置又は 6 階以上の一定条件の屋外避難階段の設置 □防火上主要な間仕切壁の令 114 条区画 □中廊下、エントランス部分の排煙 □非常用進入口又は進入口に代わる開口部の確保（3 階以上）

3　クラブハウス

表 9-XIII-3　クラブハウスのチェックポイント

項　目	チェックポイント
関連法規	□厨房にあっては食品衛生法適用 □厨房及び食堂等の床面積の合計が 420 ㎡以上は水濁法適用 □浴室にあっては公衆浴場法適用
立地規制	□開発許可基準の適合 □市街化調整区域内は宿泊施設を有するものは原則不可
単体規定	□法別表第 1 による特殊建築物扱いに注意（宿泊施設のあるものは（二）項扱い。ないものは（四）項扱い又は特殊建築物扱いされない――特定行政庁に確認のこと） 　※1　構造制限及び排煙設備に影響あり 　※2　消防法上は宿泊施設のあるものは 5 項イ、ないものは 15 項扱い □上記扱いに基づく構造制限 □吹抜け部分を含めた 1500 ㎡区画 □車両庫、カート置場（ガソリン使用のものに限る）との異種用途区画（ともに自動車車庫扱い） □ロビー、食堂、ロッカー室、廊下等の排煙計画（吹抜け部分の防煙区画、天井の高さの違う部分の有効開口部算定に注意） □消防法の無窓階算定 □浴室、脱衣室の排煙有無の確認

4 体育館

表 9-XⅢ-4　体育館のチェックポイント

項　目	チェックポイント
関連法規	□第 2 種中高層住居専用地域では 2 階以下かつ 1500 ㎡以下、第 1 種住居地域では 3000 ㎡以下（学校の体育館を除く） □建築条例に基づく接道規制 □ 2000 ㎡以上ではバリアフリー法に基づき、高齢者、身体障害者等が円滑に利用できるように配慮する
単体規定	□耐火建築物における柱、梁、ブレース等の耐火被覆 □ 1500 ㎡区画及びアリーナ部分の防火区画免除をうけた場合のその他の部分との区画 □観覧席がある場合の建築条例を含めた観覧場扱いに注意（接道、空地等の立地規制、階段、出入口幅等の避難規制）

6 公衆浴場

表 9-XⅢ-6　公衆浴場のチェックポイント

項　目	チェックポイント
関連法規	□公衆浴場法適用 □個室を設け異性の客に接触する役務を提供するものは風営法も適用 □ 2000 ㎡以上ではバリアフリー法に基づき、高齢者、身体障害者等が円滑に利用できるように配慮する
立地規制	□公衆浴場法に基づく条例による既設公衆浴場との距離制限（都は原則 300 m以上） □風営法に基づく条例による営業制限地域及び禁止区域の制限
単体規定	□構造制限（建築条例による制限を含む） □建築物の一部に設ける場合の異種用途区画 □脱衣室の排煙 □建築条例及び火災予防条例による火たき場の構造

5 図書館、博物館（美術館）

表 9-XⅢ-5　図書館等のチェックポイント

項　目	チェックポイント
関連法規	□図書館は図書館法 □学校の図書館は学校図書館法 □博物館は博物館法 　（美術館、水族館、植物園も博物館法適用） □ 2000 ㎡以上では、バリアフリー法に基づき、高齢者、身体障害者等が円滑に利用できるように配慮する □ 3000 ㎡以上では、ビル管法に基づき、衛生的な環境を確保
立地規制	□図書館は工業専用地域を除いて建築可 □博物館、美術館等は第 1 種、第 2 種低層住居専用地域、第 1 種中高層住居専用地域及び工業専用地域は建築不可。第 2 種中高層住居専用地域では 2 階以下かつ 1500 ㎡以下、第 1 種住居地域では 3000 ㎡以下とする。 □建築条例による接道規制
単体規定	□吹抜け部分を含めた 1500 ㎡区画 □排煙計画 □ 3 階以上の非常用進入口又は進入口に代わる開口部の確保 □地階の床面積の合計 700 ㎡以上の連結散水設備及び火災予防条例による地階又は無窓階の一定床面積以上のスプリンクラー設備の設置。又は不活性ガス消火設備等の設置の検討

7 神社、寺院、教会

表 9-XⅢ-7　神社等のチェックポイント

項　目	チェックポイント
立地規制	□不特定多数の集会の用に供する集会室を有する場合の集会場扱いによる建築条例上の接道規制、空地の確保等 □不特定多数の集会の用に供する集会室を有する場合、2000 ㎡以上ではバリアフリー法に基づき、高齢者、身体障害者等が円滑に利用できるように配慮する
単体規定	□同上の階段、出入口幅等の避難規制 □吹抜け部分を含めた 1500 ㎡区画 □排煙計画（特に天井高さの違う部分の有効開口部の算定に注意） □非常用進入口又は進入口に代わる開口部の確保（3 階以上）

索 引

【ア】

アスベスト（石綿）　330
泡消火設備　360, 365, 400
安全区画　385
安全計画書　411, 417
安全上の措置等に関する届出
　417
安全証明書　567
案内図　314
アンダーカット　422

【イ】

以上・以下・以内　288
異種排煙区画　171, 421
異種用途区画
　135, 137, 142, 145
イ準耐　57, 133
1号消火栓　362
位置指定道路　15, 21, 591
一団地認定　12, 439, 451
一団の土地　12
一般取扱所（危険物）
　391, 395, 400
一般取扱所の緩和　400
移転　9, 20, 302
移動式の泡消火設備等　365
移動等円滑化経路　282
違反建築物　321
医療法　495, 505, 509
飲食店営業　537
一次設計　242, 245

【エ】

映画館
　18, 28, 144, 173, 336, 539

エキスパンション・ジョイント
　146
エスカレーター　81, 236, 326
エネルギーの使用の合理化に関
　する法律　447
エレベーター（昇降機）
　166, 187, 226, 427
　―の機械室　368
　―ピット下の使用　229
延焼のおそれのある部分
　45, 66, 164, 189
沿道地区計画（沿道整備計画区
　域）　327
煙突　4, 84, 219

【オ】

応急仮設建築物　6
屋外広告物　30, 308
屋外消火栓　356, 367
屋外通路　161, 316, 410, 454
屋外階段　157, 204
屋外避難階段　160
屋外への出入口
　180, 188, 416
屋上緊急離着陸場　289
屋上手摺　117
屋上突出部　89, 92
屋上広場　230, 378, 530
屋内階段　78
屋内消火栓　354, 362
屋内的用途　4, 80
屋内避難階段　163
踊場　157, 166, 424, 490
及び　296

【カ】

カーテンウォールのスパンドレル
　146, 449
海岸保全区域　129
開口部に関する規制　155

階数　94
階段　157
　―に代わる傾斜路　157
　―の寸法　157
　―の幅　157
　―幅の合計　532
　―の手すり　433, 503
階段室型共同住宅　459
改築　9, 10
回転半径（車路）　576
開発許可申請　301, 450
開発行為　13, 303, 317
階避難安全検証法　194
界壁（114条区画）　148, 204
外壁　38
　―耐火（準耐火（ロ準耐1号））
　　57, 58
　―の後退　38
開放型特定共同住宅（消防法
　40号省令）　466, 467
改良便槽式便所　206
火気使用室の換気設備　214
各種学校　9, 518
隔地駐車　583
確認　296, 301
確認申請　301
　―を要しない類似の用途
　　328
　―書　303
　―手数料　303
　―図書の明示事項　305
　―の対象法令　308
　―の取下げ　309
　―が必要な建築物　302
確認済証　302
確認の特例　303
隔壁（114条区画）　148
がけ　126
ガス設備　210, 220
ガス漏れ火災警報設備　359

仮設建築物　6, 7

仮設店舗　6, 7

河川保全区域　129

かつ　296

学校　518

　　—教育法　518, 519

可動防煙垂れ壁　421

角敷地の制限　587

角地の指定（建ぺい率緩和）　71

合併処理浄化槽　207, 210

過半　9

可分不可分　11

からぼり　202, 205

仮使用認定制度　410

簡易な構造の建築物　46

換気　197

　　—設備（第一、二、三種）
　　　212

　　—上の無窓居室　212

　　—経路　216

環境施設（工場立地法）　550

感知器　143, 371

完了検査　432

【キ】

CASBEE　301

機械換気設備　213

機械式駐車場　573

機械室等　92

機械排煙　172

　　—の検査手順　434

危険物（建築基準法）　29, 33

危険物（消防法）　390

寄宿舎　25, 596

基準時　322

基礎　246

規則　295

規則13条区画（消防法）　364

既存遡及　327, 345, 492

既存宅地　586

既存道路　15

既存不適格建築物　276, 321

　　—の制限の緩和　37, 328

北側斜線制限　110

客席の構造（劇場等）　543

急傾斜地崩壊危険区域　129

給湯湯沸設備の位置制限　463

給湯設備の耐震基準　220

給排水設備　431

給油取扱所（危険物）　402

教会　597

行政指導　295, 297

行政手続法　297

狭あい道路　14

共同住宅　450

　　—の共用の廊下・階段　80

　　—の非常用進入口　182

許可　313

　　—申請　313

居室　155

　　—の採光・換気　155

許容応力度（等）計算　263

近郊緑地保全区域　129

切土

共同溝（洞道）　345

給水タンク　210, 211, 427

給気経路　212, 213

【ク】

区域区分非設定区域　36

区画貫通　139

くつずり　138, 422

くみ取便所　206

クラブハウス　596

クロスの認定（内装制限）　433

【ケ】

けあげ（階段）　157

計画建築物　113

計画通知　305

計画道路　15

　　—の建築制限　20

計画変更（確認申請）　308

景観地区　127

傾斜路　157

形態規制　70

　　—一覧　70

軽微な変更　309

軽費老人ホーム　508

劇場　539

ゲストハウス　585

限界耐力計算　264

検査済証　409

建築　9

　　—確認　206

　　—基準関係規定　308

　　—協定区域　129

　　—主事　304

　　—主等の変更（確認申請）
　　　308

　　—制限等　19

　　—設備　206

　　—面積　72

建築物　3

　　—移動等円滑化基準　280

　　—特定施設　283

　　—の高さ　91

建ぺい率　71

建築審査会　313, 314

【コ】

高架水槽の点検スペース　427

公害関係法　554

合議先（確認申請）　305

興業場法　8

航空機騒音障害防止地区　127

広告塔　4

工作物　4

　　—である自動車車庫　569

交差点　571

599

工事完了検査　329

工事完了届　305

工事中の建築物の使用制限
　410

工事中の法規制の注意点　410

工事用仮設建築物　6

公衆浴場　597

　―法　301

工場　546

　―立地法　549

高層区画　134

高層建築物　286

　―の火気使用　383

高齢者、障害者等の移動等の円
　滑化の促進に関する法律
　（バリアフリー法）　312

構造設計一級建築士　267

構造計算　241

　―1次設計　242

　―ルート　264

構造計算適合性判定　264

構造耐力上主要な部分　65

構造評定（構造評価）　301

後退距離　101

公聴会　313

工程連絡　431

高度地区　112

高度利用地区　313

超える　296

国際観光ホテル整備法　484

国立公園（国定公園）　481

小荷物専用昇降機　240

小屋裏物置　588

【サ】

再開発地区計画区域　128

災害危険区域　126

採光　197

　―上有効な開口部　197

　―上有効面積の算定　200

　―上の無窓居室　155

　―補正係数　200

37条制限解除　301

32条協議　301

算定区画の中心線（床面積）　88

【シ】

寺院　597

市街化区域　36

市街化調整区域　36

市街地開発事業　128

市街地開発事業等予定区域　128

市街地再開発事業施行区域　128

市街地再開発促進区域等　128

自家発電設備　222

敷地が2以上の地域、地区に
　またがる場合の規制　39

敷地内（避難）通路　190

敷地の衛生及び安全　126

敷地の定義　11

敷地面積　14

敷地面積の最低限度　38

軸組計算　250

時刻日影図　120

時刻歴応答解析　259

史跡名勝地域　129

自然換気設備　212

自然環境保全地域　128

自然公園　128

自然排煙設備　240

事前協議　301

下地材の制限　420

シックハウス　215

指定可燃物　353

私道　15

児童福祉施設等　8

自動火災報知設備　371

自動車車庫　568

　―等の緩和（住宅等地下部分）
　79

自動車ふくそう地区（駐車場法）
　579

指導要綱　451

し尿浄化槽　206

地盤面　79

事務所　440

遮炎性能　232

遮煙性能　232

遮煙性能シャッター　138

遮熱性　65

遮音性能　204

斜線制限　89

車路　576

集会場　539

　―扱い　490

住居系用途地域の用途規制
　31

修繕　9

住宅　584

　―地下室の容積緩和　78

　―地高度利用地区計画　128

　―性能表示基準　465

　―性能表示制度　464

　―の品質確保の促進等に関す
　る法律　65

集団規定　25

12条報告　317

重複距離　160

周辺地区（駐車場法）　579

収容人員（消防法）　352

重要文化財等の法の適用の除外
　126

集落地区計画区域　128

受水槽　211

手動開放装置（排煙設備）　172

主要構造部　65

主要出入口の位置　452

竣工検査　409

準耐火イー1（1時間耐火）　57

準耐火イー2（45分耐火）　57

準耐火建築物　57
準耐火構造　57
準耐火ロー1（外壁耐火）　57
準耐火ロー2（不燃）　57
準都市計画区域　36
準不燃材料　154
準防火構造　64
準防火地域　43
準防火地域内で建築できる3階
　　木造建築物　44
準用する　296
省エネ法　447
消火器具　362
消火設備　354
浄化槽（処理対象人員算定基
　　準）　207
仕様規定　241
昇降機（エレベーター）　226
　　―設備　305
昇降路の防火区画　232
乗降ロビー（非常用エレベー
　　ター）　188
乗降ロビーの排煙　189
商調法（小売商業調整特別措置
　　法）　527
承認　297
消防設備　354
消防設備、排煙設備設置基準一
　　覧表　354
消防同意　302
消防法　335
消防防災システム　380
消防用水　369, 537
省令　295
条例　295
食品衛生法　487, 537
神社　597
申請　297
新築　9
振動規制法　554

診療所　495
常時閉鎖式防火戸　138

【ス】

水質汚濁防止法　207, 554
随時閉鎖式防火戸　138
水路　12
スキップフロア型共同住宅
　　459
スパンドレル　136
スプリンクラー設備　364
すみ切り　14

【セ】

生産施設（工場立地法）　549
生産緑地地区　127
製造所（危険物）　391
性能規定　380
政府登録（国際観光ホテル整備
　　法）　483, 494
政令　295
積載荷重　260
積雪荷重　260
施工計画報告書　432
施旋装置（屋外の出口等）　167
設計変更　308, 433
絶対高さ制限　110
接道規定　18
設備設計一級建築士　306
全館避難安全検証法　194
全体計画認定制度　328
専修学校　518
前面空地　491, 532, 575
前面道路の幅員による容積率算
　　定　75
専用住宅　584
線路敷の緩和範囲　105

【ソ】

騒音規制法　554

増改築工事の注意点　410
倉庫　558
倉庫業法　558
総合設計制度　441
総合操作盤　380
装飾塔　4
増築　9
増築・改築・用途変更の取扱い
　　283
遡及　321
測定水平面　120
側面空地　161

【タ】

体育館　11, 86, 144, 597
耐火建築物　49
耐火構造　49, 51
耐火性能　57
耐火性能検証法　41
大気汚染防止法　554
大規模建築物の主要構造部の
　　制限　7
大規模の修繕　9
大規模の模様替　9
大規模木造建築物　191
耐久性等関係規定　246
耐震改修　270
　　―の促進に関する法律　268
耐震関係規定　272
耐震診断　269
代替進入口　183
大店法　525
高さ　91
　　―制限一覧　89
　　―制限に関する取扱い（屋上
　　　突出物）　89
宅地造成工事規制区域　129
堅穴区画　134
単体規定　133
ダンパーの構造基準　141

601

断面図　305

【チ】

地域医療計画　496
地域森林計画対象民有林　128
地域地区とその規制一覧　127
地階　95
　―の居室　202, 205
地下街　192
地下連絡路　344
地区計画等　128
地区整備計画区域　128
蓄電池　222
地すべり防止区域　129
地盤面　79
中央管理（中央管理室）　240
中央管理方式の空気調和設備　213
中間検査　431
駐車場　569
　―整備地区　579
　―の出入口　429
　―附置義務　579
　―法　577
駐車場又は自転車置場がある場合の緩和　77
厨房の構造（食品衛生法）　537
超高層建築物　289
重複距離　160
直接外気に開放されている廊下等　236
直通階段　157
　―の設置と歩行距離　159
貯水槽　78
治療病棟　499

【ツ】

通達　295

通路誘導灯　375

【テ】

定期報告　315
デイ・ケア施設　500
出入口の幅　491
適合証明　594
適用距離と算定範囲　70
手摺　157, 167
出窓　85, 590
鉄筋コンクリート造　253
鉄骨造　252
鉄骨鉄筋コンクリート造　254
転回広場（位置指定道路）　21
電気設備　222
天空率　113
　―の算定　114
　―の算定位置（測定点）　114
天井チャンバー方式（排煙）　177
天井高さ　175
天井の脱落対策　259
伝統的建造物群保存地区　126
電搬障害防止区域　129
店舗　524
店舗面積（大店法）　525

【ト】

等時間日影図　120
塔状建築物　263
洞道（共同溝）　345
道路　15
　―位置指定の基準　21
　―斜線制限　99
　―斜線の緩和　101
　―斜線の後退距離に含まれる部分　101
　―内の建築制限　19
　―の上空に設けられた渡り廊

　　下　19
　―の定義　15
　―幅員　16
　―法による道路　15
特殊建築物　8
　―の構造制限　40
特殊手法（一覧）　441
特定街区　323, 441
特定共同住宅等　466
特定行政庁　303
特定天井　259
特定道路　75
特定防火設備　137, 153
特定防火対象物　336
特定用途（駐車場法）　579
特別配置施設（工場立地法）　549
特別特定建築物　278
特別避難階段　163
　―の附室　164
特別養護老人ホーム　8, 508
特別用途地区　37, 127
特別緑地保全地区　127
都市計画区域　36, 127
　―外　36, 39
　―外の規制　39
都市（計画）公園　129
都市計画法　15, 36, 127, 301
　―等による道路　20
都市施設　128
図書館　597
土地区画整理事業施行区域　128
届出　297

【ナ】

内装制限　150
長屋　148, 450
並びに　296

難燃材料　154

【ニ】

2以上の前面道路　104, 107

2以上の地域地区にまたがる
　場合の（措置）規制　39

2以上の直通階段の設置　160

2項区画（117条）　158

2項区画（126条の2）　493

2号消火栓　362

2項道路（みなし道路）と道路
　境界線　17

二酸化炭素消火設備　366

二次設計　242

20号タンク　392, 401

22条指定区域　45

日照　451, 591

2世帯住宅　584

2方向避難　160, 162

　―型特定共同住宅等（消防
　　40号省令）　466, 467

認可　297

認定　297

【ノ】

農地　128, 586

軒裏　43, 57

軒の高さ　93

延べ面積　81

【ハ】

排煙機　172

排煙口　172

　―の配置　246

排煙告示　169, 173

排煙上有効な部分　155, 169

排煙上の無窓居室　168

排煙設備（建築基準法）　168

排煙設備（消防法）　370

排煙風道　172, 176

配置図　411, 417

博物館　597

柱　3, 65

裸火規制　538

発散方式（日影測定線）　124

梁　65

バリアフリー法（高齢者、障害
　者等の移動等の円滑化の促進
　に関する法律）　277, 312

ハロゲン化物消火設備
　366, 400

8条区画（東京都建築安全条
　例）　449, 523

【ヒ】

BOD（生物化学的酸素要求量）
　207, 493

日影規制　120

　―の緩和　123

　―対象建築物　121

日影図　122

光庭（ボイド）　466, 475

飛行場周辺地区　129

被災市街地における建築制限
　126

美術館　597

非常警報器具（設備）　359, 372

非常コンセント設備　222, 359

非常用エレベーター　187

非常用照明　180

非常用進入口　182

　―に代わる開口部　182

備蓄倉庫　78

避難安全検証法　194

避難階　155

避難階段・特別避難階段　163

　―の規定　163

　―の構造　163

避難経路図　427

避難器具　378

避難口誘導灯　375

避難上・消火上必要な敷地内
　通路　190

避難上有効なバルコニー　161

114条区画　148

117条区画　158

病院　495

避雷設備　223

ビル管法　447

必要有効換気量　217

火を使用する室　151

表示マーク（防火基準適合表示）
　386

【フ】

風圧力　260

風営法　481

風致地区　127, 301, 482

吹きさらしの廊下　83

複合用途防火対象物　338

袋路状道路　21

付室（特別避難階段）　163

附属建築物　29

物販店舗　524

不適合建築物　386

不燃軸組構造建築物(ロ準耐2号)
　57

不燃材料　154

踏面（階段）　157

粉末消火設備　222, 365, 400

【ヘ】

平均地盤面　121

平均地盤面（日影規制）　121

平面図　314, 411

壁面線の指定　20

別棟扱い（消防法）　338, 492

ヘリポート　289

便所　206

【ホ】

保安距離（危険物）　391
保育所　596
ボイラー等一般取扱所(危険物)　390
防煙区画　171
防炎性能　385
防煙壁　171
防火安全性能　466
防火管理者　385
防火区画　133
　―に接する外壁の措置　136
　―に設ける防火戸の区分　137
　―を貫通処理する配管　139
　―の免除　144
防火構造　64
防火材料　154
防火上主要な間仕切壁（114条区画）　148
防火設備　153
防火対象物　336
防火地域　43
防火避難規定　506
防火戸　137
防火壁　48,142
防護区画（消防法）　366
防災計画　286
防災センター　240,349,380
防災備蓄倉庫　78
防災評定　286
防燃板　430
法文の構成　295
法律　295
法令の種類　295
補強コンクリートブロック造　251
保健所等の検査　435
歩行距離　159
保有水平耐力　252,263

【マ】

補助散水栓　365
ホテル　480
炎感知器　371
保有空地（危険物）　391
保有水平耐力計算　263
ポリカーボネート板　45
ホルムアルデヒド　215
ホバリングスペース　289

【マ】

埋蔵文化財包蔵地　129
間仕切壁（114条区画）　148
又は　296
間柱　65
窓先空地　452

【ミ】

水噴霧消火設備　360
未線引都市計画区域　38
道　13
見付面積（軸組計算）　249
密閉式燃焼器具　212
みなし道路　15
未満　296
民法　588,590

【ム】

無窓階（消防法）　346
無窓居室　155

【メ】

メゾネット型共同住宅　145,459
面積区画　133
免震構造　316

【モ】

木造　249
　―3階建て建築物　44
若しくは　296
模様替　9

【ヤ】

屋根　3
　―ふき材等　258
　―の強化ポリエステル板等の基準　45
　―ふき材の緊結　258

【ユ】

有効換気面積　202
有効採光面積　197,200
誘導灯　375
誘導標識　375
誘導容積型地区計画　128
床　65
　―の高さ　205
　―面積　81
　―の算定　82

【ヨ】

要綱　295
用語の定義　3
養護老人ホーム　508
容積適正配分型地区計画　128
容積率　74
　―の緩和　78
　―の割増し　442
　―に算入しない部分　77
用途上可分・不可分　11
用途制限　25
用途地域　25
　―の指定のない区域　38
　―制限の例外許可　37
用途別容積型地区計画　128
用途変更　302,327,328
擁壁　4
予定道路　76,107
40号省令基準（消防法）　466
43条許可　317
48条許可　317,569

【ラ】

ラック式倉庫　87, 561

ラブホテル　481, 486

【リ】

立面図　314

流通業務地区　127, 308

理容師法　483

療養型病床群を有する病院
　504

療養病棟　499

旅館　480

　―業法　301, 480

臨港地区　127, 301

隣地斜線制限　109

隣地斜線の緩和　110

【ル】

類似の用途　37, 328

【レ】

冷却塔設備　220

令8区画（消防法）　340

歴史的風土保存地区　127

連結散水設備　368

連結送水管　369

レンジフード回りの措置　429

連続式店舗　533

連動閉鎖式の防火戸　138

【ロ】

廊下の幅員　159

老人性認知症疾患治療病棟
　500

老人性認知症疾患デイ・ケア
　施設　499

老人福祉施設　508

老人福祉センター　515

老人保健施設　508

漏電火災警報器　359

路外駐車場　570

6面点検（受水槽）　211

60条証明　317

路地状部分の制限　451, 587

路地状敷地の建築制限　587

ロ準耐　57

【ワ】

渡り廊下　67, 343

和風便器（防火区画貫通部）
　146

605

目安箱

- 敷地の二重使用について …………………………………………………………… 013
- 行き止まり道路の端部に接道する敷地の接道長さ ………………………………… 018
- 都市計画法による都市計画と用途地域 ……………………………………………… 036
- デッドスペースの面積 ………………………………………………………………… 063
- 屋上目隠しフェンスの取扱い ………………………………………………………… 125
- 確認申請の指摘項目ワースト10（記入もれ編）…………………………………… 129
- 確認申請の指摘項目ワースト15（法規制項目編）………………………………… 135
- 確認申請の指摘項目ワースト10（意匠編）………………………………………… 137
- 非常用エレベーター乗降ロビーと一般エレベーター乗降ロビーの兼用 ………… 192
- よく使う法文略称一覧（規制内容編）……………………………………………… 233
- 確認申請の構造図への記載例（東京都建築士事務所協会）……………………… 257
- 確認申請の指摘項目ワースト10（構造編）………………………………………… 264
- 風力係数の謎 …………………………………………………………………………… 265
- 在日外交機関の大使館と建築基準法の適用 ……………………………………… 275
- 確認申請の指摘項目ワースト10（設備編）………………………………………… 285
- 姑の小言のような建築関連法規 ……………………………………………………… 297
- 確認申請の有効期間 …………………………………………………………………… 309
- よく使う法文略称一覧（手続き編）………………………………………………… 317
- エスカレーターは階段ですか？ ……………………………………………………… 370
- 工事の着工とは ………………………………………………………………………… 431
- 竣工検査の指摘項目ワースト10 …………………………………………………… 435
- 併用構造は取扱注意 …………………………………………………………………… 441
- 建築士の定期講習制度 ………………………………………………………………… 487
- 開放階段と屋外階段 …………………………………………………………………… 523
- 必要と思われるところにコンマを入れよ ………………………………………… 545
- 朱印を押した安全証明書は副本に添付 …………………………………………… 567

引用・参考文献

1) 建築基準法の一部を改正する法律(平成26年法律第54号)について「改正概要」(http://www.mlit.go.jp/common/001081429.pdf),国土交通省
2) 要緊急安全確認大規模建築物とは(http://www.mlit.go.jp/common/001020141.pdf),国土交通省
3) 全体計画認定を活用した既存不適格建築物の増築等について(http://www.mlit.go.jp/jutakukentiku/house/zentaikeikaku.html),国土交通省
4) 建築消防実務研究会(編集):建築消防advice2016,新日本法規出版㈱
5) 建築申請実務研究会(編集):建築申請memo2016,新日本法規出版㈱
6) 設備委員会(編集):自動火災報知設備・ガス漏れ火災警報設備工事基準書,㈳日本火災報知機工業会
7) 都市・建築・不動産企画開発マニュアル2014〜15,㈱エクスナレッジ
8) 「エスカレーターの落下防止対策試案」について(http://www.mlit.go.jp/common/000219566.pdf),国土交通省
9) 谷村広一(著):111のキーワードで学ぶ世界で一番やさしい建築基準法,㈱エクスナレッジ
10) 工場立地法 届出のてびき(http://www.sangyo-rodo.metro.tokyo.jp/sinsei/shoko/ritti/),東京都産業労働局
11) 日本ERI(編著):目からウロコの確認申請(2015年改定建築基準法),理工図書㈱
12) 国土交通省住宅局建築指導課・日本建築行政会議・シックハウス対策マニュアル編集委員会(編集):改正建築基準法に対応した建築物のシックハウス対策マニュアル,工学図書㈱
13) ㈶日本建築センター,㈶日本昇降機安全センター:建築基準法及び同法施行令 昇降機技術基準の解説,1993
14) 日本建築行政会議(編集):建築確認のための基準総則・集団規定の適用事例,㈶建築行政情報センター
15) 東京消防庁(監修):予防事務審査・検査基準Ⅰ(改訂第11版),(公益財団法人)東京防災救急協会
16) 図解建築法規研究会(編集):建築法規PRO 2016図解建築申請法規マニュアル,第一法規㈱
17) 日本建築行政会議・日本建築設備・昇降機センター(編集):建築設備設計・施工上の運用指針2013年版,㈶日本建築設備・昇降機センター
18) 東京都建築安全条例とその解説(改訂34版),㈳東京建築士会
19) 経済産業省商務情報政策局流通政策課(編集):大規模小売店舗立地法の解説(http://www.meti.go.jp/policy/economy/distribution/daikibo/downloadfiles/rittihoukaisetsu-verH17.10.pdf),経済産業省
20) 横浜市消防局(編集):消防用設備等設置規制事務審査基準(http://www.city.yokohama.lg.jp/shobo/koukai/shinsa-shishin/),横浜市消防局
21) 横浜市建築基準条例及び同解説(平成28年版)(http://www.city.yokohama.lg.jp/kenchiku/shidou/jouhou/kenki/jourei/kijunjourei/),横浜市
22) 住宅性能表示ハンドブック『5-1省エネルギー対策等級』他改定版共同住宅等(新築住宅),ハウスプラス住宅保証㈱
23) 国土交通省住宅局建築指導課・日本建築行政会議(編集):昇降路防火区画参考図集(平成14年)(http://www.jcba-net.jp/img/2002.5.27EVkaihou.pdf)
24) 国土交通省住宅局建築指導課・国土交通省国土技術政策総合研究所・独立行政法人建築研究所・日本建築行政会議(監修)の構造関係技術基準解説書編集委員会(編集),㈶日本建築センター(編集協力):2007年版 建築物の構造関係技術基準解説書,全国官報販売協同組合
25) 神戸市建築主事取扱要頂(第2版)(http://www.city.kobe.lg.jp/business/regulation/urban/building/rule/shujiyouryou.html),神戸市役所
26) 四日市市建築基準法取扱集(単体規定編)(平成27年版)(http://www5.city.yokkaichi.mie.jp/menu67483.html),四日市市都市整備部建築指導課
27) 高層の建築物の出火防止対策等の運用基準(http://www.tfd.metro.tokyo.jp/kk/pdf-data/unyoukijun_01-04.pdf),東京消防庁
28) 東京都福祉のまちづくり条例 施設整備マニュアル(http://www.fukushihoken.metro.tokyo.jp/kiban/machizukuri/manu26/manu26.html):東京都福祉保健局
29) 平成15年施行 改正建築基準法:シックハウス対策チラシ(http://www.mlit.go.jp/jutakukentiku/build/jutakukentiku_house_tk_000043.html),国土交通省
30) 日本オーチス・エレベータ㈱(制作):エスカレーター設計施工の資料,日本オーチス・エレベータ㈱
31) 日本規格協会(編集):JISハンドブック ⑲電気設備Ⅰ,(財)日本規格協会
32) ㈱エービーシー商会(制作):S15-SFX耐火仕様,㈱エービーシー商会
33) 国土交通省住宅局建築指導課(編集協力):2014年改正建築基準法対応版 工事中建築物の仮使用認定手続きマニュアル,㈶日本建築防災協会
34) 国土交通省国土技術政策総合研究所・国立研究開発法人建築研究所(監修),国土交通省住宅局建築指導課・日本建築行政会議・㈶日本建築構造技術者協会(編集協力),㈶建築行政情報センター,㈶日本建築防災協会(編集):2015年版建築物の構造関係技術基準解説書,全国官報販売協同組合
35) 国土交通省住宅局建築指導課(編集協力):建築基準法の一部を改正する法律(平成26年法律第54号)について「パンフレット」(http://www.mlit.go.jp/common/001081428.pdf),国土交通省
36) 国土交通省住宅局建築指導課・国土交通省国土技術政策総合研究所・独立行政法人建築研究所・浄化槽の構造基準・同解説編集委員会(編集):浄化槽の構造基準・同解説 2016年版,(財)日本建築センター
37) ㈶日本医療福祉建築協会(編集):医療福祉施設 計画・設計のための法令ハンドブック,中央法規出版㈱
38) 無窓階・普通階の判定基準(https://www.city.narashino.lg.jp/kurashi/shobo/dl/kenchikuto.files/2014musoukaiPDF.pdf),習志野市役所
39) 定期報告リーフレット(東京都版)(http://www.toshiseibi.metro.tokyo.jp/kenchiku/chousa-houkoku/ch_11.html):東京都都市整備局
40) さいたま市建築基準法取扱集 平成28年(http://www.city.saitama.jp/001/007/011/p002794.html):さいたま市
41) 法規委員会監修:既存不適格・用途変更遡及緩和条文リスト(http://www.tokyokenchikushikai.or.jp/anzenjyourei2016/pdf/jobun_6_a3.pdf),㈳東京建築士会

41) 法規委員会監修：既存不適格・用途変更遡及緩和条文リスト(http://www.tokyokenchikushikai.or.jp/anzenjyourei2016/pdf/jobun_6_a3.pdf)，㈳東京都建築士会

42) 国土交通省国土技術政策総合研究所・独立行政法人建築研究所・日本建築行政会議・㈳プレハブ建築協会・㈶日本建築センター，㈶建築行政情報センター(編集)：平成16年 壁式鉄筋コンクリート造設計施工指針，㈱井上書院

43) 給湯設備の転落防止措置に関する告示の改正について「給湯設備転倒防止対応マニュアル」，㈳日本ガス石油機器工業会

44) カーテンウォールの構造方法について(技術的助言)について，㈳カーテンウォール・防火開口部協会

45) 東京都建築構造行政連絡会(監修)：建築構造設計指針2010，㈳東京都建築士事務所協会

46) 国土交通省国土技術政策総合研究所，独立行政法人建築研究所：第Ⅰ編 建築物における天井脱落対策に係る技術基準の逐条解説，㈶建築性能基準推進協会

47) 建築基準等許可手続きの流れ(http://www.city.kawasaki.jp/500/page/0000069270.html)，川崎市

48) 新たな建築制限緩和の基準(http://www.toshiseibi.metro.tokyo.jp/seibihosin/kenchiku-kanwa-kijun.htm)，東京都市整備局

49) 日本建築行政会議(編集)・(画像提供㈱日建設計)：建築構造審査・検査要領—確認審査等に関する指針 運用解説編—，㈳建築行政情報センター

50) 火災報知設備機器カタログ，ホーチキ㈱

51) 倉庫業について(http://wwwtb.mlit.go.jp/chubu/kousei/soukogyou/soukogyo-toha.htm)，国土交通省中部運輸局

52) 営業倉庫の施設設備基準(倉庫業法第6条第1項第4号)(http://www.mlit.go.jp/common/000007378.pdf)，国土交通省

53) バリアフリー法の概要(http://www.mlit.go.jp/common/000234988.pdf)，国土交通省

54) 基準適合認定建築物に係るプレートについて，㈳日本建築防災協会

55) 外部雷保護システム(http://www.acelion.co.jp/gaibu/hogolevel/hogo_level.htm)：エースライオン㈱

56) TAPA認証の基準(http://www.securico.co.jp/products/track/tapa3.html)，㈱セキュリコ

57) TAPAとは(https://www.logi-navi.jp/tapa/tapa.php)：TAPA物流ナビゲーション(物流ウィークリー)

58) 構造設計特記仕様および標準図の解説，㈳東京都建築士事務所協会

59) ㈳日本建築学会：建築法規用教材，1988.

60) ㈶日本建築センター：昭和62年建築基準法改正の解説，1987.

61) 東京消防庁(監修)：予防事務審査・検査基準Ⅱ(改定第11版)，(公益財団法人)東京防災救急協会

62) 告示改正にともなう構造計算適合性判定の要否について(https://www.shizuoka-kjm.or.jp/info/detail.php?d=1136)，㈳静岡県建築住宅，まちづくりセンター

63) TAPA認証について(https://www.logi-navi.jp/tapa/ninsho.php)：TAPA物流ナビゲーション(物流ウィークリー)

64) 神奈川県建築行政連絡協議会(編集)：神奈川県建築基準法取扱基準(http://www.pref.kanagawa.jp/cnt/f5720/)，神奈川県

65) 建築基準法施行令の一部を改正する政令等について—エレベーターに係る容積率制限、階段に係る規制の合理化など—(http://www.a-eri.co.jp/news/2014/news_20140929.pdf)，㈱ERIアカデミー

66) ㈶日本建築センター：新・排煙設備技術指針，1987.

67) 建築基準法技術研究会：建築基準法質疑応答集，第一法規出版㈱

68) 自治省消防庁内消防設備法令研究会：建築・消防法令図説便覧，第一法規出版㈱，1977.

69) 建築申請実務研究会：建築申請memo-95，新日本法規出版㈱，1995.

70) 建築消防実務研究会：建築消防advice-95，新日本法規出版㈱，1995.

71) 図解建築法規—88編集委員会：図解建築法規，新日本法規出版㈱，1988.

72) ㈳東京建築士会：東京都建築安全条例とその解説，1973.

73) 阿部富士弥：建築法規の解説(改訂)，㈳東京建築士会，1988.

74) 青柳真一：消防設備等の早見帳，青企画出版，1984.

75) 東京風俗問題研究会：わかりやすい新風営法，㈱大成出版，1985.

76) 日本建築主事会議：建築物の防火避難規定に関する運用指針，1994.

77) 日本建築主事会議：建築設備設計・施工上の指導指針，1995.

78) 日本建築主事会議：昇降機・遊技施設 設計・施工上の指導指針，1994.

79) ㈶日本建築センター：ヘリコプターの屋上緊急離着陸場等の設置に関する指針・同解説，1990.

80) 東京消防庁危険物課：危険物施設の審査基準，1994.

81) 神戸市危険物安全協会：危険物法令の早わかり，1994.

82) ㈳日本電子機械工業会 非常用放送設備委員会：非常用放送設備マニュアル，1995.

83) 斜線制限の迅速な緩和制度 参考図集，国土交通省

84) ガラス小窓付き鉄扉の取扱いについて(https://www.fdma.go.jp/html/data/tuchi1409/141007syou281.htm#1)，総務省消防庁

85) 特別共同住宅等防火安全対策研究会(編集)：特別共同住宅等の消防用設備等技術基準解説(増補版)，㈱ぎょうせい

86) 耐震改修法研究会(編集)，㈶日本建築防災協会(編集協力)：改正 建築物の耐震改修の促進に関する法律・同施工令等の解説(平成25年)，㈱ぎょうせい

87) 昇降機の昇降路の防火区画について，国土交通省住宅局・日本建築行政会議

メモ欄・備忘録

メモ欄・備忘録

全訂新版　執筆メンバー	旧版　執筆メンバー
㈱熊谷組　設計本部	㈱熊谷組　設計本部
飯田　　宏	中村雄治郎
上村　直明	櫛原　敏弘
佐藤　正彦	富沢　　誠
提坂　剛之	新井　俊昭
太田　圭紀	寺越健太郎
庄司　敏治	木村　裕一
木村　悠佳	浜口　秀樹
松本　尚浩	羽迫　英男
藤原　美幸	堀口　美保
	加藤　信子

建築関連法規の解説　設計実務編　全訂新版

1990 年 8 月 15 日　初版第 1 刷発行
1992 年 3 月 30 日　初版第 3 刷発行
1996 年 1 月 25 日　改定新版発行
2017 年 4 月 11 日　全訂新版第 1 刷発行

企画・編集・著作　株式会社 熊谷組 設計本部

検印省略

発行者　柴 山　斐呂子

発 行 所　理工図書株式会社

〒102-0082　東京都千代田区一番町 27-2
電話 03（3230）0221（代表）
FAX03（3262）8247
振替口座　00180-3-36087 番
http://www.rikohtosho.co.jp

Ⓒ熊谷組設計本部　2017　Printed in Japan
ISBN978-4-8446-0853-0
印刷・製本　藤原印刷

〈日本複製権センター委託出版物〉
＊本書を無断で複写複製（コピー）することは、著作権法上の例外を
除き、禁じられています。本書をコピーされる場合は、事前に日本複
製権センター（電話：03-3401-2382）の許諾を受けてください。
＊本書のコピー、スキャン、デジタル化等の無断複製は著作権法上の
例外を除き禁じられています。本書を代行業者等の第三者に依頼して
スキャンやデジタル化することは、たとえ個人や家庭内の利用でも著
作権法違反です。

★自然科学書協会会員★工学書協会会員★土木・建築書協会会員